AF831757

Verbraucheraktivlegitimation im Lauterkeitsrecht

Europäische Hochschulschriften Recht

European University Studies in Law

Publications Universitaires Européennes de Droit

Band/Volume **6830**

Eric Marcel Schießer

Verbraucheraktivlegitimation im Lauterkeitsrecht

Die Rolle des Verbrauchers und seiner Aktivlegitimation im UWG

PETER LANG
Berlin · Bruxelles · Chennai · Lausanne · New York · Oxford

Bibliografische Information der Deutschen Nationalbibliothek
Die Deutsche Nationalbibliothek verzeichnet diese Publikation in der Deutschen Nationalbibliografie; detaillierte bibliografische Daten sind im Internet über http://dnb.d-nb.de abrufbar.
Zugl.: Erlangen-Nürnberg, Univ., Diss., 2025

DE-29
ISSN (Print) 3052-8291
ISSN (eVersion) 3052-8305
ISBN 978-3-631-94012-9 (Print)
ISBN 978-3-631-94031-0 (E-PDF)
ISBN 978-3-631-94032-7 (E-PUB)
DOI 10.3726/b23031

© 2025 Peter Lang Group AG, Lausanne (Schweiz)
Verlegt durch Peter Lang GmbH, Berlin (Deutschland)

info@peterlang.com

Alle Rechte vorbehalten.

Das Werk einschließlich aller seiner Teile ist urheberrechtlich geschützt. Jede Verwertung außerhalb der engen Grenzen des Urheberrechtsgesetzes ist ohne Zustimmung des Verlages unzulässig und strafbar. Das gilt insbesondere für Vervielfältigungen, Übersetzungen, Mikroverfilmungen und die Einspeicherung und Verarbeitung in elektronischen Systemen.

Diese Publikation wurde begutachtet.

www.peterlang.com

Wir müssen endliche Enttäuschungen hinnehmen, dürfen aber niemals die unendliche Hoffnung verlieren

Martin Luther King Jr.

Die Arbeit wurde an der Friedrich-Alexander-Universität Erlangen-Nürnberg im Sommersemester 2025 als Dissertation angenommen. Die Arbeit berücksichtigt den Stand von Gesetzgebung, Rechtsprechung und Literatur bis einschließlich April 2025.

Mit diesen Worten geht eine über dreijährige Reise zu Ende. Es war eine sehr anstrengende, aber auch lehrreiche Zeit. Mit den eingangs von *Martin Luther King Jr.* zitierten Worten, die auf einem Bild über meinem Schreibtisch stehen, bin ich sehr froh, trotz einiger sehr schwieriger Phasen durchgehalten zu haben.

Danken möchte ich zuvorderst meinem Doktorvater Prof. Dr. *Franz Hofmann*. Seine Betreuung war stets von Unterstützung, Zuspruch und Freiheit in der eigenen Forschung geprägt. Dafür, dass er mich gefördert aber auch immer wieder gefordert hat, möchte ich ihm herzlich danken!

Bedanken möchte ich mich auch herzlich bei meinem Zweitgutachter Prof. Dr. *Robert Freitag*, bei dem ich seit nunmehr über sechs Jahren, zunächst als studentische Hilfskraft und dann als Wissenschaftlicher Mitarbeiter, am Lehrstuhl angestellt bin.

Großer Dank gilt auch *Nico Lerner*, der mich immer unterstützt und an mich geglaubt hat. Auch ohne *Dorna Beigzadeh-Dargahlo*, *Judith Burges*, *Maria Schicktanz*, *Clara Heimerl*, *Dana Mehler*, *Celine Helm*, *Florian Schwarzbeck*, *René López* und *Gustav Kokemoor* wäre das Ganze nicht möglich gewesen. Ihre Unterstützung, Diskussionsbereitschaft und auch Kritik weiß ich sehr zu schätzen!

Der größte Dank gilt zuletzt meiner Mutter *Andrea Schießer-Bonner*, der ich diese Arbeit widme. Sie hat mich als alleinerziehende und selbstständige Witwe großgezogen und immer dafür gesorgt, dass es mir an nichts fehlt. So hat sie mich vom Realschulabschluss über das Abitur, das Jurastudium und letztlich auch diese Promotion getragen.

Kalchreuth im Mai 2025
Eric Marcel Schießer

Inhaltsübersicht

Einleitung

A Individualansprüche des Verbrauchers als „Paradigmenwechsel“?

> „Es ist ein grundlegender, nicht auszurottender Irrtum, daß das deutsche Wettbewerbsrecht auch das Publikum, den Verbraucher, schütze.“[1]

> „Verbraucher, die durch unlautere Geschäftspraktiken geschädigt wurden, haben Zugang zu angemessenen und wirksamen Rechtsbehelfen, einschließlich Ersatz des dem Verbraucher entstandenen Schadens sowie gegebenenfalls Preisminderung oder Beendigung des Vertrags.“[2]

Viel hat sich im Lauterkeitsrecht getan. Von der Ablehnung des Verbraucherschutzes im Allgemeinen bis hin zu der Verbraucheraktivlegitimation in § 9 II UWG hat sich das Lauterkeitsrecht einmal um 180 Grad gedreht. Nun ist freilich der Verbraucherschutz dem UWG schon lange nicht fremd.[3] Er sollte nach

---

1 *Baumbach*, Kommentar zum Wettbewerbsrecht (1929), S. 128.

2 So der Wortlaut der unionsrechtlichen Grundlage des § 9 II UWG, Art. 11a I S. 1 UGP-RL, eingeführt durch Richtlinie (EU) 2019/2161 des Europäischen Parlaments und des Rates vom 27. November 2019 zur Änderung der Richtlinie 93/13/EWG des Rates und der Richtlinien 98/6/EG, 2005/29/EG und 2011/83/EU des Europäischen Parlaments und des Rates zur besseren Durchsetzung und Modernisierung der Verbraucherschutzvorschriften der Union.

3 Zu der Entwicklung desselben statt aller *Hagenmeier*, Lauterkeitsrechtlicher Schutz, S. 46 ff. m. w. N.

dem herkömmlichen Verständnis des UWG aber marktfunktional[4] verstanden werden: Es ging nicht um individuelle Schäden des Verbrauchers.[5] Vielmehr ging es um die Durchsetzung der (auch) verbraucherschützenden Vorschriften durch Private Enforcer[6] zur Erreichung eines lauteren Marktes.[7] Mit anderen Worten war die Einhaltung der Spielregeln am Markt das Ziel und nicht die Beseitigung individueller Nachteile Gegenstand des Lauterkeitsrechts.[8] Ob dem Verbraucher daher individuelle Schäden entstehen, wurde vielfach[9] als irrelevant angesehen, weil damit das subjektive Privatrecht des Verbrauchers adressiert

---

4 Auch hier ergaben sich im Kern durch die UGP-RL aber schon Aufweichungstendenzen, siehe hierzu Kapitel 2 (S. 126 ff.). Da gerade diese Funktion aber Argument für die Bestimmung der Rolle des Verbrauchers im UWG war und hierfür auch vielfach herangezogen wird, soll sie – bevor sie in Kapitel 2 schon vor § 9 II UWG bewertet wird – als Argumentationsgrundlage bemüht werden. Für die jedenfalls (noch) marktverhaltensrechtliche Betrachtung vor § 9 II UWG etwa *Heinze/Engel*, NJW 2021, 2609 (2609), wenn sie von einem „Schlussstein für ein Verständnis des europäischen Lauterkeitsrechts als rechtsschutzorientiertes Marktverhaltensrecht" sprechen. Daraus geht implizit hervor, dass sie ein solches jedenfalls vor § 9 II UWG noch als gegeben ansahen und § 9 II UWG nun als Grund für eine Abkehr des UWG hiervon sehen; gleichwohl ist diese Funktionsweise jedenfalls vor § 9 II UWG wohl noch h. M., in diesem Sinne siehe nur *Alexander*, Schadensersatz, S. 202; *Meier*, Täuschung und Manipulation, S. 282; *Poelzig*, Normdurchsetzung, S. 81 f., 108 ff.; GroKoUWG/*Heinze*, 3. Aufl. (2021), Einl. C. Rn. 85; *Podszun/Deuschle*, WRP 2019, 1102, (1105); *Oppermann/Müller*, GRUR 2005, 280 (287); *Hellgardt*, Regulierung und Privatrecht, S. 168; ebenso *Albrecht*, Die Aktivlegitimation, S. 48 ff.; *Havlik*, Täuschung und Irreführung, S. 36.

5 Allgemein *Alexander*, Schadensersatz, S. 202; ähnlich auch *Thönissen*, ZIP 2023, 1834 (1834) für das Lauterkeitsrecht; ähnlich auch *Hagenmeier*, Lauterkeitsrechtlicher Schutz, S. 18, wenn er davon spricht, dass das individuelle Vertragsverhältnis zwischen Verbraucher und Unternehmer durch das Vertragsrecht geregelt sei.

6 In diesem Sinne *Alexander*, Schadensersatz, S. 202; dazu auch *Thönissen*, ZIP 2023, 1834 (1834).

7 In diesem Sinne schon *Alexander*, Schadensersatz, S. 202; im Ausgangspunkt ähnlich *Schmieder*, Der verbraucherschützende Beseitigungsanspruch, S. 195, 202, der insoweit von zwei Seiten einer Medaille spricht, den Verbraucherschutz aber für vorrangig hält; für diese Grundkonzeption vor der UGP-RL unter aber auch schon zu berücksichtigender Verbraucherschutzkomponenten, K/P/*Piper*, 3. Aufl. (2002), Einf. Rn. 24.

8 Ähnlich auch *Thönissen*, ZIP 2023, 1834 (1834) für das Lauterkeitsrecht; ähnlich *Hagenmeier*, Lauterkeitsrechtlicher Schutz, S. 18.

9 Etwa *Poelzig*, Normdurchsetzung, S. 108 ff.; *Kalski*, Individualansprüche des Verbrauchers, S. 135, 272 ff.; *Hagenmeier*, Lauterkeitsrechtlicher Schutz, S. 246 ff.
In diesem Sinne auch *Hagenmeier*, Lauterkeitsrechtlicher Schutz, S. 25, wenn er anführt, dass das individuelle Vertragsverhältnis durch das Vertragsrecht geregelt wird.

gewesen sein sollte.[10] Darum sollte es einem auf den lauteren Markt angelegten Marktverhaltensrecht aber nach überwiegender Ansicht nicht gehen.[11] Individualansprüche des Verbrauchers im UWG seien daher „systemfremd“[12] und sollten dort nicht normiert werden. Der Verbraucher war beruhend auf diesen – und weiteren[13] – Argumenten *nicht* originär[14] im Lauterkeitsrecht *aktivlegitimiert*[15] und sollte „nur“ „*Schiedsrichter*“ sein.[16] Er durfte daher zur Verteidigung der Lauterkeit des Marktes „an der Ladentheke“[17] entscheiden, ob er ein Produkt erwerben will oder nicht. So konnte er entscheiden, welches Produkt sich am Markt durchsetzt.[18] Insoweit hatte er eine Stellung im Lauterkeitsrecht.[19] Ob ihm dabei aber individuelle Nachteile entstehen, war für das Lauterkeitsrecht irrelevant.[20] Dieser Frage sollte sich das BGB annehmen.[21]

„Alles neu macht der Mai“[22] könnte man nun aber im Hinblick auf die Einführung des § 9 II UWG[23] am 28.05.2022 sagen, der einen solchen[24]

---

10 Statt vieler etwa *Poelzig*, Normdurchsetzung, S. 109 f. m. w. N.

11 In diesem Sinne statt vieler *Alexander*, Schadensersatz, S. 202; ähnlich auch *Thönissen*, ZIP 2023, 1834 (1834).

12 *Poelzig*, Normdurchsetzung, S. 108 ff.; *Kalski*, Individualansprüche, S. 135, 272 ff.; *Hagenmeier*, Lauterkeitsrechtlicher Schutz, S. 246 ff.

13 Insoweit sprechen drei Argumentationsmuster nach dem herkömmlichen Verständnis gegen eine Aktivlegitimation, dazu sogleich Kapitel 1 (S. 13 ff.); hier soll der Übersichtlichkeit halber zunächst das systematische Argument als das am meisten in den Blick genommene Argument bemüht werden.

14 Dazu Kapitel 1 (S. 13 ff.).

15 Statt aller hierzu *Poelzig*, Normdurchsetzung, S. 108 ff. m. w. N.

16 *Hagenmeier*, Lauterkeitsrechtlicher Schutz, S. 206; *Alexander*, Vertrag und unlauterer Wettbewerb, S. 50 ff., 57.; *Plager*, Schutzzwecke, S. 273 ff.; kritisch zur Wahrnehmungsmöglichkeit dieser Rolle ohne Aktivlegitimation *Albrecht*, Die Aktivlegitimation, S. 253 ff., 278; *Drexl*, Die wirtschaftliche Selbstbestimmung, S. 91 ff., 128 ff., 133 ff.; *Beater*, Unlauterer Wettbewerb, S. 43, 421 f.

17 Etwa *Beater*, Unlauterer Wettbewerb, S. 43, 421 f.

18 Statt einiger *Albrecht*, Die Aktivlegitimation, S. 26 f., 253 ff., 278.

19 *Beater*, Unlauterer Wettbewerb, S. 43, 421 f. m. w. N.

20 Statt vieler *Alexander*, Schadensersatz, S. 202.

21 *Hagenmeier*, Lauterkeitsrechtlicher Schutz, S. 25, 246 ff.

22 So die Formulierung von *Ohly*, GRUR 2022, 763 (763) zu den Änderungen durch die Omnibusrichtlinie; schon *von Savigny*, Vom Beruf unsrer Zeit (1840), S. 11 sprach davon, dass sich das Recht wie ein lebender Organismus entwickelt.

23 BGBl. 2021 I 3504.

24 Oft findet sich die These, dass Individualansprüche des Verbrauchers dem Lauterkeitsrecht schon immer fremd waren. Dem ist nicht so. Von 1986 – 2004 kannte das UWG

Individualanspruch des Verbrauchers im Lauterkeitsrecht erstmals normiert. Individuelle Schäden des Verbrauchers müssen jetzt doch berücksichtigt werden. Muss das UWG nun neu gedacht werden?

B Problemstellung, These und Rollenbegriff der Arbeit

Diese drängende Frage wirft die eigentliche Problemstellung auf: Kommt dem Verbraucher und seiner Aktivlegitimation im Lauterkeitsrecht nun eine neue Bedeutung zu oder bleibt doch alles beim Alten? Sieht man sich die aktuelle Literatur hierzu an, scheint es so, als müsse man das UWG tatsächlich neu ausrichten: Vielfach wird von einem „Paradigmenwechsel",[25] „Quantensprung"[26] oder jedenfalls von einem rechtspolitisch bedeutenden Schritt[27] gesprochen. Für den genannten „Paradigmenwechsel" spräche im Ausgangspunkt sicherlich, dass sich eine Aktivlegitimation des Verbrauchers im UWG auf den ersten Blick, bezogen auf das Gesagte, sicherlich als beträchtliche Veränderung[28] für das Recht gegen den unlauteren Wettbewerb darstellt.

Die Arbeit möchte aber zeigen, dass dem nicht so ist. Sie argumentiert, dass vieles beim Alten bleiben wird, wenn auch auf den ersten Blick das Gegenteil der Fall zu sein scheint. Diese Grundthese möchte die Arbeit anhand des nun einzuführenden Rollenbegriffs präzisieren und beantworten.

Die Arbeit beantwortet daher die Frage nach einem „Paradigmenwechsel" oder „Quantensprung" im Lauterkeitsrecht durch die Einführung von § 9 II UWG anhand eines *funktionalen Rollenbegriffs*. Beurteilt wird die Rolle des Verbrauchers und seiner Aktivlegitimation *vor* und *nach* der Einführung von § 9 II UWG. Insoweit wird der „Rollenbegriff" als Grundlage dafür herangezogen, ob alles beim Alten bleibt oder sich doch eine Änderung einstellt.

---

ein Verbraucherrücktrittsrecht nach § 13a UWG a. F, BGBl. I 1986, 1169. Dieses findet im Rahmen der Arbeit dann Berücksichtigung, wenn es relevante Wertungen für die Forschungsfrage bietet.

25 *Schmidt-Kessel*, VuR 2021, 121 (121); ähnlich auch *Birk*, GRUR-PRax 2020, 605 (605); *Scherer*, WRP 2021, 561 (561).

26 *Rauer/Shchavelev*, GRUR-Prax. 2022, 35 (35).

27 *Frey*, VuR 2022, 174 (178).

28 Etwa *Schmidt-Kessel*, VuR 2021, 121 (121); *Birk*, GRUR-PRax 2020, 605 (605); *Scherer*, WRP 2021, 561 (561); *Rauer/Shchavelev*, GRUR-Prax. 2022, 35 (35); *Frey*, VuR 2022, 174 (178).

Anhand dieses Maßstabs würde eine Rollenmodifikation des Verbrauchers und seiner Aktivlegitimation durch § 9 II UWG zu einem entsprechenden „Paradigmenwechsel" führen. Läge indessen auch nach Einführung des § 9 II UWG keine Rollenmodifikation vor, bliebe alles beim Alten. Dann läge ein solcher „Paradigmenwechsel" nicht vor.

Die Arbeit geht dabei von einem *funktionalen zweigliedrigen Rollenbegriff* aus. Einerseits geht es um die *Rolle von Verbraucheraktivlegitimation*.[29] Andererseits geht es um die damit unmittelbar verknüpfte *Rolle des Verbrauchers durch seine Aktivlegitimation* im UWG.[30]

Die Arbeit widmet sich deshalb einerseits dem funktionalen Rollenverständnis der Verbraucheraktivlegitimation: Welche *Funktion* hat die Einführung eines Verbraucherindividualanspruchs im UWG? Insoweit stellt sich die Frage, inwieweit § 9 II UWG auf dogmatischer Ebene eine „Rolle" spielt,[31] er also *Bedeutung* hat. Eine entsprechende funktionale Rolle könnte die Anspruchsberechtigung für die Schutzlückenschließung von Defiziten im BGB[32] und den Schutzzweck des UWG[33] spielen. Zudem wird der Begriff der Rollenbegrenzung[34] in den Blick genommen: Wann darf § 9 II UWG keine Rolle spielen, d. h. nicht angewendet werden? Das wird dann der Fall sein, wenn er konkurrenzrechtlich zurücktreten muss[35] oder in Allgemeinen Geschäftsbedingungen ausgeschlossen werden darf.[36]

Dieses funktionale Rollenverständnis der Verbraucheraktivlegitimation liefert die Grundlage für die darauf aufbauende – gleich begrifflich zu bestimmende – Rolle des Verbrauchers. Die denkbaren „Schutzlücken"[37] bestimmen Fälle, in denen § 9 II UWG zu einer Durchsetzung[38] des Verbrauchers führen kann, wo vorher keine Durchsetzung möglich gewesen sein könnte. Die Schutzzweckbetrachtung[39] liefert eine weitere Grundlage für die Rolle des

---

[29] Kapitel 2 (S. 73 ff.).
[30] Kapitel 3 (S. 205 ff.).
[31] Kapitel 2 (S. 73 ff.).
[32] Kapitel 2 (S. 73 ff.).
[33] Kapitel 2 (S. 125 ff.).
[34] Kapitel 2 (S. 140 ff.).
[35] Kapitel 2 (S. 144 ff.); Kapitel 4 (S. 295 ff.).
[36] Kapitel 2 (S. 141 ff.).
[37] Kapitel 2 (S. 73 ff.).
[38] Kapitel 3 (S. 205 ff.).
[39] Kapitel 1 (S. 59 ff.); Kapitel 2 (S. 125 ff.).

Verbrauchers: Was ist die hinter § 9 II UWG stehende Intention[40] und welche Rolle nimmt der Verbraucher deshalb bei der Durchsetzung im UWG ein?[41] Das gilt zuletzt *in besonderem Maße* für die Frage nach einer Rollenbegrenzung bei konkurrenzrechtlichen Problemen im Hinblick auf das Regelungssystem des BGB und den Ausschluss in AGB. Dann darf § 9 II UWG keine Rolle spielen und nicht angewendet werden.[42] Das hat wiederum unmittelbare Auswirkungen auf die Frage der Rolle des Verbrauchers[43]. Die Fälle, in denen die Verbraucheraktivlegitimation im genannten Verständnis keine Rolle spielen darf, wird der Verbraucher auch nicht durchsetzen dürfen[44] und insoweit keine Rolle einnehmen.

Darauf aufbauend lässt sich andererseits die „Rolle" des Verbrauchers bestimmen, die unmittelbar auf die Erkenntnisse des zweiten Kapitels zurückgreift. Hier ist funktional die Frage adressiert, welche *Aufgabe* dem Verbraucher bei der Durchsetzung des Lauterkeitsrechts zugewiesen wird[45] und ob er diese *Aufgabe* im Rahmen der ihm zugewiesenen „Rolle" auch wahrnimmt.[46] Wie in Kapitel 2 findet sich hier spiegelbildlich die Frage nach einer „Rollenbegrenzung".[47] Damit sind Fälle adressiert, die im Spannungsfeld der Interessen der Unternehmer[48] nicht durchgesetzt werden sollen: Missbräuchliche und unberechtigte Ansprüche. Es handelt sich dann insoweit um eine Rollenbegrenzung, als sich Unternehmer bei der Geltendmachung von missbräuchlichen und unberechtigten Ansprüchen gegenüber den Verbrauchern verteidigen können müssen.[49]

Ziel ist es daher, bezogen auf die Frage des genannten „Paradigmenwechsel" durch die Brille des „Rollenbegriffs" zu beantworten, ob ein solcher „Paradigmenwechsel" durch eine Rollenmodifikation vorliegt oder nicht.

---

40 Kapitel 1 (S. 59 ff.); Kapitel 2 (S. 125 ff.).
41 Kapitel 3 (S. 205 ff.).
42 Kapitel 2 (S. 73 ff.).
43 Kapitel 3 (S. 205 ff.).
44 Kapitel 3 (S. 205 ff.); Kapitel 4 (S. 295 ff.).
45 Kapitel 1 (S. 59 ff.); Kapitel 2 (S. 125 ff.); Kapitel 3 (S. 205 ff.).
46 Kapitel 3 (S. 205 ff.).
47 Kapitel 3 (S. 272 ff.).
48 Kapitel 1 (S. 18), Kapitel 3 (S. 272 ff.).
49 Kapitel 3 (S. 272 ff.); Kapitel 4 (S. 316 ff.).

Die Arbeit entwickelt, dass sich das funktionale Rollenverständnis auch nach der Einführung des § 9 II UWG nach wie vor regelmäßig gleich darstellen wird:

Verbraucheraktivlegitimation hat im UWG vorher keine Rolle[50] gespielt, weil der Verbraucher nicht originär[51] durch das UWG aktivlegitimiert war. Trotz Aktivlegitimation in § 9 II UWG wird sich hieran regelmäßig nichts ändern:

Schutzlücken kann man schon mit bestehenden Rechtsbehelfen schließen.[52] Den Schutzzweck des Lauterkeitsrechts ändert die Verbraucheraktivlegitimtion auch nicht.[53] § 9 II UWG spielt daher im Hinblick auf die Bedeutung für diese Gesichtspunkte nach wie vor keine Rolle. Eine Rollenmodifikation liegt daher auf dogmatischer Ebene nicht vor. Vielmehr muss die Rolle der Verbraucheraktivlegitimation, d. h. deren Bedeutung, im Anwendungsbereich Mängelgewährleistungsrecht begrenzt werden.[54] Gleiches gilt für einen Ausschluss des § 9 II UWG in AGB.[55]

Nichts anderes ergibt sich für die darauf aufbauende Rolle des Verbrauchers.[56] Dieser war – wie zu zeigen sein wird – herkömmlich „Schiedsrichter".[57] Abstrakt wäre es zwar möglich, dass dieser nun „Funktionär der Lauterkeit des Marktes" und „Verteidiger seines subjektiven Privatrechts" ist.[58] Ihm könnte daher eine neue *Doppelrolle* zukommen.[59] Eine Durchsetzung durch den Verbraucher selbst oder durch Kollektivmechanismen wird aber ganz regelmäßig ausscheiden.[60] Der Verbraucher wird daher ganz regelmäßig keine neue Rolle einnehmen. Nimmt er seine Rolle ausnahmsweise einmal doch wahr, bedarf es im Rahmen einer Rollenbegrenzung der Verteidigungsmöglichkeiten des Unternehmers gegen missbräuchliche und unberechtigte Ansprüche.[61]

---

50 Kapitel 1 (S. 13 ff.).
51 Kapiel 1 (S. 13 ff.).
52 Kapitel 2 (S. 73 ff.).
53 Kapitel 2 (S. 125 ff.).
54 Kapitel 2 (S. 157 ff.); Kapitel 4 (S. 297 ff.).
55 Kapitel 2 (S. 140 ff.).
56 Kapitel 3 (S. 205 ff.).
57 Kapitel 1 (S. 14 ff.).
58 Dazu Kapitel 1 (S. 59 ff.); Kapitel 3 (S. 205 ff.).
59 Kapitel 3 (S. 205 ff.).
60 Kapitel 3 (S. 205 ff., 230 ff.).
61 Kapitel 3 (S. 272 ff.); Kapitel 4 (S. 316 ff.).

Es kommt daher insgesamt ganz regelmäßig zu keiner Rollenmodifikation im Rahmen des zweigliedrigen funktionalen Rollenbegriffs als Bewertungsmaßstab. Ein „Paradigmenwechsel" liegt nicht vor. Vielmehr bleibt regelmäßig alles beim Alten: Verbraucheraktivlegitimation spielt *keine Rolle*. Der Verbraucher bleibt in der Rolle des „*Schiedsrichters*".

C Ziel der Untersuchung, Eingrenzung der Forschungsfrage und Forschungsstand

Ziel der Untersuchung ist daher, zu bestimmen, welche Rolle der Verbraucher[62] und seine Aktivlegitimation[63] im Lauterkeitsrecht spielen. Damit eng verbunden ist die Frage, wo und wie diese Rolle begrenzt[64] werden muss. Zuletzt wird in einer Gesamtschau die Rollengewährung und Rollenbegrenzung des Verbrauchers und seiner Aktivlegitimation in den Blick genommen, um einen § 9 II UWG n. F. und einen Umgang bei seiner Durchsetzung vorzuschlagen.[65]

Die Arbeit versteht sich im Rahmen der Eingrenzung der Forschungsfrage bewusst nicht als Abhandlung zu der vorgelagerten und schon untersuchten Frage, ob es einer solchen Aktivlegitimation im Lauterkeitsrecht bedarf.[66] Ob man § 9 II UWG daher wieder aus dem Gesetz streichen sollte oder nicht, ist nicht Gegenstand der Arbeit. Es geht auch nicht um die Beantwortung jeder denkbaren Einzelfrage zum Umfang[67] des § 9 II UWG. Der Umfang

---

[62] Kapitel 3 (S. 205 ff.).

[63] Kapitel 2 (S. 73 ff.).

[64] Kapitel 2 (S. 140 ff. für die Verbraucheraktivlegitimation); Kapitel 3 (S. 272 für die darauf aufbauende Rolle des Verbrauchers); zu einer Ausbalancierung im Hinblick auf die Rollengewährung und Rollenbegrenzung dann Kapitel 4 (S. 295 ff.).

[65] Kapitel 4 (S. 295 ff.).

[66] Gegen eine Aktivlegitimation statt vieler *Leistner*, Richtiger Vertrag, S. 1053, 1032 ff., wenn er von nicht bestehenden Schutzlücken im System des Bürgerlichen Gesetzbuches bei Lauterkeitsverstößen spricht. Nach *Leistner* bestehen zwar Durchsetzungslücken, diese werden aber durch eine Aktivlegitimation im Lauterkeitsrecht nicht beseitigt; offener *Franck*, Marktordnung durch Haftung, S. 319 ff., der einen Ausschluss für zulässig, aber nicht zwingend hält; dafür *Albrecht*, Die Aktivlegitimation, S. 253 ff. über § 823 II BGB i. V. m. den Verhaltensnormen des UWG.

[67] So ist bezüglich der zu ersetzenden Schäden vieles umstritten. Oftmals wird man selbst bei Ersatzfähigkeit derselben aber allenfalls zu einer Anspruchshäufung in

wird daher nur dann in den Blick genommen, wenn er eine Relevanz[68] für die Beurteilung der Forschungsfrage hat.

Zum Verbraucherschutz im UWG gibt es freilich schon viele Werke.[69] Insbesondere zum Erfordernis einer Aktivlegitimation im Lauterkeitsrecht[70] und der Rolle des Verbrauchers im UWG als „Schiedsrichter“[71] wurde geforscht. Die Arbeit geht aber einen Schritt weiter und möchte vor dem Hintergrund des neuen § 9 II UWG beurteilen, ob sich dieses herkömmliche und schon untersuchte Verständnis des Verbrauchers und seiner Aktivlegitimation im

freier Anspruchskonkurrenz kommen, die für die Rolle des Verbrauchers und seiner Aktivlegitimation im Übrigen keinen Mehrwert hat und daher nicht gesondert zu erörtern ist. Hier bestehen regelmäßig Ansprüche aus dem Vertrags- oder Deliktsrecht. Etwa für die *Körper- und Folgeschäden*, dafür *Scherer*, WRP 2021, 561 (565); *dies.*, GRUR 2022, 787 (791); dagegen *Köhler*, GRUR 2022, 435 (442); für die *Nichtausübung vertraglicher Rechte*, *Scherer*, WRP 2021, 561 (565); *Köhler*, GRUR 2022, 435 (443) mit entsprechender Situation; *Glöckner*, WRP 383 (392 f.); für *immaterielle Schäden* etwa H-B/H-B/*Goldmann*, 5. Aufl. (2021), Anhang § 9 Rn. 93, 108, der von einem „durch Gesetz bestimmten Fall“ des § 253 I BGB ausgehen will; für das österreichische Recht unter Beurteilung des Art. 11a UGP-RL *Kodek/Leupold*, Modernisierung, S. 48; dagegen KF/*Köhler*, 40. Aufl. (2022), § 9 Rn. 2.9; ebenso *Maaßen*, GRUR-Prax 2021, 7 (9); *Kreitz*, WRP 2023, 156 (157); ebenso in der Tendenz *Alexander*, GRUR 2021, 1445 (1452) in Fn. 104 mit Verweis auf die Art. 82 I DS-GVO; für den *entgangenen Gewinn*, *Scherer*, GRUR 2021, 561 (565); *Ohly*, GRUR 2022, 763 (771); dagegen statt einiger KF/*Köhler*, 43. Aufl. (2025), § 9 Rn. 2.40 ff.; für die *Zahlung auf eine (nicht) bestehende Schuld*, dazu *Köhler*, GRUR 2022, 435 (443); *Scherer*, WRP 2021, 561 (565).

68 Zu dieser Frage als Untersuchungsmaßstab für den Auslegungsumfang, Kapitel 1 (S. 32).

69 Die Anzahl ist kaum zu überblicken, exemplarisch etwa aber *Leistner*, Richtiger Vertrag; *Poelzig*, Normdurchsetzung; *Alexander*, Schadensersatz; *Alexander*, Vertrag; *Franck*, Marktordnung durch Haftung; *Hagenmeier*, Lauterkeitsrechtlicher Schutz; *Klagge*, Normative Kohärenz; *Schmieder*, Der verbraucherschützende Beseitigungsanspruch; *Albrecht*, Die Aktivlegitimation; *Kalski*, Individualansprüche des Verbrauchers; *Drexl*, Die wirtschaftliche Selbstbestimmung, S. 91 ff., 128 ff., 133 ff.

70 Dagegen statt vieler *Leistner*, Richtiger Vertrag, S. 1053, 1032 ff.; insgesamt auch *Kalski*, Individualansprüche; offener *Franck*, Marktordnung durch Haftung, S. 319 ff., der einen Ausschluss für zulässig, aber nicht zwingend hält; dafür *Albrecht*, Die Aktivlegitimation, S. 253 ff. über § 823 II BGB i. V. m. den Verhaltensnormen des UWG.

71 Dazu etwa *Schmieder*, Der verbraucherschützende Beseitigungsanspruch, S. 196 ff.; *Drexl*, Die wirtschaftliche Selbstbestimmung, S. 91 ff., 128 ff., 133 ff.; *Alexander*, Vertrag, S. 50 ff., 57.; *Plager*, Schutzzwecke, S. 273 ff.; *Hagenmeier*, Lauterkeitsrechtlicher Schutz, S. 206 ff.; *Albrecht*, Die Aktivlegitimation, S. 26 ff., 253 ff.; *Beater*, Unlauterer Wettbewerb, S. 421 f.

Lauterkeitsrecht geändert hat. Dazu gibt es, soweit ersichtlich, noch keine Abhandlung. Kürzlich ist zwar das Werk von *Havlik*[72] erschienen, der sich jedenfalls auch mit § 9 II UWG auseinandersetzt. Dieser untersucht aber übergeordneter das Verhältnis von BGB und UWG bei kollektiver und individueller Rechtsdurchsetzung. Es geht ihm daher in weiten Teilen nicht um die Rolle des Verbrauchers und seiner Aktivlegitimation im UWG. Nur bezüglich etwaiger Auslegungsfragen,[73] Schutzlücken[74] und Konkurrenzen zum BGB[75] lassen sich partiell Überschneidungen aufweisen, die in dieser Arbeit berücksichtigt werden.

D Methode

Es handelt sich methodisch zuvorderst um eine dogmatische Arbeit. Es werden aber auch rechtstatsächliche und rechtsökonomische Grundlagen miteinbezogen. Das gilt im ersteren Fall für eine Tendenzbestimmung des rechtstatsächlichen Verbraucherverhaltens bei der Rechtsdurchsetzung von § 9 II UWG. So kann die Grundlage für die Bewertung der Rolle des Verbrauchers geschaffen werden. Im letzteren Fall wird die Frage nach einem Präventivzweck für den Schutz- und Normzweck des § 9 II UWG und die Rolle des Verbrauchers bei der Durchsetzung des Lauterkeitsrechts virulent. Der Schutzzweck wird auch für die Rollenbegrenzung bei einer Abgrenzung nach Schutzzwecken relevant. Er bietet im Rahmen einer konkurrenzrechtlichen Betrachtung eine Grundlage für die durchsetzbaren Fälle des Verbrauchers. Zuletzt beschäftigt sich die Arbeit neben einer an Prinzipien orientierten Auslegung bei der Konkurrenzfrage auch[76] mit einer Folgenbewertung.

---

72 *Havlik*, Täuschung und Irreführung.

73 *Havlik*, Täuschung und Irreführung, S. 374 ff., 451 ff.

74 *Havlik*, Täuschung und Irreführung, S. 73 ff., 83 ff., 147 ff., 255 ff., 300 ff., 433 ff.

75 *Havlik*, Täuschung und Irreführung, S. 199 ff., 394 ff.

76 Insoweit kann eine Betrachtung nicht nur nach gewünschten oder weniger gewünschten Folgen als alleiniger Maßstab herangezogen werden, sondern muss die prinzipienbasierte Theorie miteinbeziehen. Es muss im Ergebnis vielmehr auf eine Synthese oder, sollte diese nicht möglich sein, zu einer Begründung des jeweiligen Vorrangs ankommen. Ansonsten würde man entweder die Wirkungsintention des Gesetzgebers außer Betracht lassen oder keine normative Begründung für das gefundene Ergebnis geben können. Dazu allgemein für eine Synthese *Hellgardt*, Regulierung und Privatrecht, S. 383 ff.

E Gang der Untersuchung

Die Untersuchung ist in vier Kapitel unterteilt.

Das erste Kapitel (S. 13 – S. 72) beschäftigt sich einerseits mit der Frage nach dem herkömmlichen Verständnis der Rolle des Verbrauchers und seiner Aktivlegitimation im Lauterkeitsrecht. Andererseits wird § 9 II UWG, soweit es für die Forschungsfrage relevant ist, ausgelegt.

Das zweite Kapitel (S. 73 – S. 204) geht der Frage nach, ob die Verbraucheraktivlegitimation im Lauterkeitsrecht eine Rolle für die Schutzlückenschließung bei Defiziten im Bürgerlichen Gesetzbuch spielt. Untersucht wird zudem, welche Rolle die Verbraucheraktivlegitimation für den Schutzzweck des Lauterkeitsrechts spielt. Zuletzt wird die Frage einer Rollenbegrenzung in den Blick genommen: Kann § 9 II UWG in AGB ausgeschlossen werden und kommt es zu Wertungswidersprüchen mit dem BGB, die eine Einschränkung des Anspruchs nach sich ziehen? Die vorgenommene Bestimmung der Rollengewährung und Rollenbegrenzung liefert die Grundlage für Kapitel 3. Der sinnvollerweise zu gewährende Umfang des § 9 II UWG legt fest, was der Verbraucher in welchem Umfang abstrakt durchsetzen kann.

Das dritte Kapitel (S. 205 – S. 294) arbeitet darauf aufbauend die Rolle des Verbrauchers bei der Durchsetzung des § 9 II UWG heraus. Es wird danach gefragt, ob dem Verbraucher eine neue „*Doppelrolle*" zukommt: Ist er nunmehr Verteidiger seines subjektiven Privatrechts, Funktionär der Lauterkeit des Marktes oder gar beides? Zudem wird die Frage nach einer Rollenbegrenzung bei der Geltendmachung missbräuchlicher und unberechtigter Ansprüche aus § 9 II UWG in den Blick genommen.

Das vierte Kapitel (S. 295 – S. 324) diskutiert, wie man die Rolle des Verbrauchers und seiner Aktivlegitimation im Lauterkeitsrecht bei der Rollengewährung und Rollenbegrenzung sinnvoll ausbalancieren kann. Es wird ein § 9 II UWG n. F. und ein Umgang bei seiner Durchsetzung vorgeschlagen.

Grundlagen und Vorüberlegungen zur Rolle des Verbrauchers und seiner Aktivlegitimation im Lauterkeitsrecht

Das erste Kapitel hat zwei Ziele. Erstes ist es, sich mit dem herkömmlichen Verständnis der Rolle des Verbrauchers und seiner Aktivlegitimation im Lauterkeitsrecht zu befassen. Dieses ist zentrale Grundlage für die Bestimmung einer Modifizierung dieser Rollen. Zweites Ziel ist es, den Umfang des § 9 II UWG auszulegen, soweit er für die Forschungsfrage Relevanz hat.

A Herkömmliches Verständnis

Zuvorderst stellt sich die Frage nach dem herkömmlichen[77] Verständnis der Rolle des Verbrauchers und seiner Aktivlegitimation im UWG: Welche Rolle sollte dieselbe spielen und welche Rolle ergab sich hieraus für den Verbraucher? § 1 UWG spricht zwar nunmehr seit über 20 Jahren davon, dass Verbraucher geschützt werden.[78] Welche Rolle dem Verbraucher und

[77] Zu der Entwicklung des Verbraucherschutzes im UWG im Allgemeinen etwa *Hagenmeier*, Lauterkeitsrechtlicher Schutz, S. 46 ff.; *Kalski*, Individualansprüche des Verbrauchers, S. 85 ff.; insgesamt hierzu auch *Schaffernak*, Wettbewerbsrechtliches Vertragslösungsrecht. Diese werden im Rahmen der Arbeit detailliert in den Blick genommen, wenn sie Relevanz für die Forschungsfrage haben.

[78] Siehe die Begründung hierzu, BT-Drs. 15/1487, S. 14 f.

seiner Aktivlegitimation im UWG zukommen soll, ist damit aber noch nicht[79] gesagt.

I Herkömmliche Rollenbestimmung

Die herkömmliche Rollenbestimmung ergibt sich dabei nach hiesigem Dafürhalten aus drei übergeordneten Argumentationsmustern, die in der Gesamtschau gegen[80] eine Aktivlegitimation des Verbrauchers im Lauterkeitsrecht sprechen sollen. Erstens ist die Funktion des Lauterkeitsrechts angesprochen. Zweitens geht es um die gesamtsystematische Abstimmung zum Bürgerlichen Gesetzbuch. Drittens sollte der Gefahr rechtstatsächlich nicht gewollter Folgen begegnet werden. Dem Verbraucher kam, beruhend auf diesen Argumenten, wie zu zeigen sein wird, die Rolle des „*Schiedsrichters*"[81] zu. Er war nicht aktivlegitimiert. Eine Verbraucheraktivlegitimation spielte daher *keine* Rolle.

1 Funktionales Argument

Das erste Argument für diese Rollenbestimmung wurde in der Funktionsweise des UWG gesehen. Seiner aktuelleren[82] Konzeption nach war[83] das

---

[79] In eine ähnliche Richtung gehen die Ausführungen von *Lettl*, GRUR 2004, 449 (450), wenn er davon spricht, dass nicht klar ist, wie der Verbraucher im Rahmen des § 1 UWG nun zu schützen ist. Ähnlich auch *Alexander*, GRUR Int. 2005, 809 (813).

[80] Wenn auch nicht immer alle kumulativ herangezogen werden, sind dies die immer wieder genannten Begründungsmuster für eine Ablehnung. So die ganz h. M. vor § 9 II UWG, siehe hierzu nur *Leistner*, Richtiger Vertrag, S. 1053, 1032 ff.; *Poelzig*, Normdurchsetzung, S. 107 ff. m. w. N.; *Kalski*, Individualansprüche des Verbrauchers, S. 272 ff.; in diese Richtung auch *Hagenmeier*, Lauterkeitsrechtlicher Schutz, S. 246 ff.; offener aber *Alexander*, Schadensersatz, S. 184 ff.; ebenso offen *Franck*, Marktordnung durch Haftung, S. 319 ff.; dafür aber *Albrecht*, Die Aktivlegitimation, S. 253 ff.; *Kessler*, VuR 2018, 241 (241 ff.); *Sack*, GRUR 2011, 953 (959 ff.); *Säcker*, WRP 2004, 1199 (1219); *Augenhofer*, WRP 2006, 169 (176).

[81] Zu dieser Rolle etwa *Hagenmeier*, Lauterkeitsrechtlicher Schutz, S. 206; *Alexander*, Vertrag, S. 50 ff., 57.; *Plager*, Schutzzwecke, S. 273 ff.; kritisch zur Wahrnehmungsmöglichkeit dieser Rolle ohne Aktivlegitimation *Albrecht*, Die Aktivlegitimation, S. 253 ff., 278.

[82] Im Hinblick auf die Entstehung des UWG war dies freilich originär anders, zum rein den Mitbewerber schützenden Verständnis etwa *Poelzig*, Normdurchsetzung, S. 77 f.; *Kalski*, Individualansprüche des Verbrauchers, S. 81.

[83] Jedenfalls vor § 9 II UWG, ob dieser hieran etwas ändert, dazu Kapitel 2 (S. 125 ff.).

Lauterkeitsrecht funktional als Marktverhaltensrecht[84] zu verstehen. In den Blick genommen wurden zwar die Mitbewerber, die Verbraucher und die sonstigen Marktteilnehmer. Diese sollten geschützt werden. Im Kern sollte aber durch deren Schutz ein lauterer Markt[85] mit entsprechenden Spielregeln etabliert werden.[86] Die genannten Marktteilnehmer sind daher zwar geschützt und zum Teil auch individuell anspruchsberechtigt. Es geht aber nicht um die Durchsetzung deren subjektiver Rechte,[87] sondern um die Durchsetzung der Marktverhaltensregeln[88] durch Private Enforcement.[89] Nimmt man dieses Ziel

---

84 Auch hier ergaben sich im Kern durch die UGP-RL aber schon Aufweichungstendenzen, siehe hierzu Kapitel 2 (S. 125 ff.). Da gerade diese Funktion aber Argument für die Bestimmung der Rolle des Verbrauchers im UWG war und hierfür auch vielfach herangezogen wird, soll sie – bevor sie in Kapitel 2 schon vor § 9 II UWG bewertet wird – als Argumentationsgrundlage bemüht werden. Für die jedenfalls (noch) marktverhaltensrechtliche Betrachtung vor § 9 II UWG etwa *Heinze/Engel*, NJW 2021, 2609 (2609), wenn sie von einem „Schlussstein für ein Verständnis des europäischen Lauterkeitsrechts als rechtsschutzorientiertes Marktverhaltensrecht" sprechen. Daraus geht implizit hervor, dass sie ein solches jedenfalls vor § 9 II UWG noch als gegeben ansahen und § 9 II UWG nun als Grund für eine Abkehr des UWG hiervon sehen; gleichwohl ist diese Funktionsweise jedenfalls vor § 9 II UWG wohl noch h. M., in diesem Sinne siehe nur *Alexander*, Schadensersatz, S. 202; *Meier*, Täuschung und Manipulation, S. 282; *Poelzig*, Normdurchsetzung, S. 81 f., 108 ff.; GroKoUWG/*Heinze*, 3. Aufl. (2021), Einl. C. Rn. 85; *Podszun/Deuschle*, WRP 2019, 1102, (1105); *Oppermann/Müller*, GRUR 2005, 280 (287); *Hellgardt*, Regulierung und Privatrecht, S. 168; ebenso *Albrecht*, Die Aktivlegitimation, S. 48 ff.; *Havlik*, Täuschung und Irreführung, S. 36.

85 Zur Diskussion im Hinblick auf den Schutzzweck des GWB auf Makroebene und des UWG auf Mikroebene siehe nur F/B/O/*Fezer*, 3. Aufl. (2016), § 1 Rn. 119; O/S/*Sosnitza*, 8. Aufl. (2023), § 1 Rn. 8.

86 So auch GroKoUWG/*Heinze*, 3. Aufl. (2021), Einl. C. Rn. 85 ff.; *Poelzig*, Normdurchsetzung, S. 81 f.; noch etwas enger *Glöckner*, Europäisches Lauterkeitsrecht, S. 512, wenn er davon spricht, dass „alleine das Allgemeininteresse am Schutz des funktionsfähigen Wettbewerbs das Schutzobjekt eines modern verstandenen Lauterkeitsrechts" sein kann; *Hetmank*, GRUR 2014, 437 (440 ff.); *Koos*, WRP 2006, 499 (500); *Meier*, Täuschung und Manipulation, S. 282.

87 In diesem Sinne statt vieler *Alexander*, Schadensersatz, S. 202; ähnlich auch *Thönissen*, ZIP 2023, 1834 (1834).

88 In diesem Sinne schon *Alexander*, Schadensersatz, S. 202; im Ausgangspunkt ähnlich *Schmieder*, Der verbraucherschützende Beseitigungsanspruch, S. 195, 202, der insoweit von zwei Seiten einer Medaille spricht, den Verbraucherschutz aber für vorrangig hält; für diese Grundkonzeption vor der UGP-RL unter aber auch schon zu berücksichtigender Verbraucherschutzkomponenten, K/P/*Piper*, 3. Aufl. (2002), Einf. Rn. 24.

89 In diesem Sinne *Alexander*, Schadensersatz, S. 202; dazu auch *Thönissen*, ZIP 2023, 1834 (1834).

des Verbraucherschutzes im Rahmen einer funktionalen Auslegung in den Blick, geht es dem Lauterkeitsrecht nach seinem herkömmlichen Verständnis nicht um die Beseitigung der individuellen Nachteile des Verbrauchers. Es geht ihm vielmehr um dessen Rolle als Marktteilnehmer, der gleichwohl „*Schiedsrichter*“[90] im Hinblick auf die Lauterkeit des Marktes ist. Er soll „an der Ladentheke“ entscheiden, von wem er welches Produkt erwirbt.[91] Damit kann er letztendlich entscheiden, welches Unternehmen sich am Markt durchsetzt.[92] Ob ihm dabei aber individuelle Schäden entstehen, ist nicht mehr Frage der Etablierung eines lauteren Marktes. Das ist vielmehr Frage seines subjektiven Privatrechts.[93] Darum ging es dem Lauterkeitsrecht herkömmlich aber nicht. Das ist (oder war)[94] vielmehr alleinige Aufgabe des Bürgerlichen Gesetzbuchs. Dem folgend, wurde einer Verbraucheraktivlegitimation im Lauterkeitsrecht eine Fremdkörpereigenschaft[95] attestiert, die sich argumentativ im Kern auf die fehlende Relevanz subjektiver Rechtspositionen im UWG[96] stützt. Will man diese aber über einen Verbraucherindividualanspruch gewähren, sei das systemfremd.[97] Eng hiermit verknüpft ist die Erfahrung mit § 13a UWG a. F.,[98] der von 1986 bis 2004 ein Vertragsauflösungsrecht des Verbrauchers im Rahmen eines Rücktrittsrechts bei unwahren und irreführenden Werbeangaben

---

90 Zu dieser Rolle etwa *Alexander*, Vertrag, S. 50 ff., 57; *Plager*, Schutzzwecke, S. 273 ff.; kritisch zur Wahrnehmungsmöglichkeit dieser Rolle ohne Aktivlegitimation *Albrecht*, Die Aktivlegitimation, S. 253 ff., 278; *Hagenmeier*, Lauterkeitsrechtlicher Schutz, S. 206; *Schmieder*, Der verbraucherschützende Beseitigungsanspruch, S. 196 ff.; *Beater*, Unlauterer Wettbewerb, S. 43, 421 f.; *Drexl*, Die wirtschaftliche Selbstbestimmung, S. 91 ff., 128 ff., 133 ff.

91 Dazu insgesamt statt einiger *Hagenmeier*, Lauterkeitsrechtlicher Schutz, S. 206 m. w. N.

92 Etwa *Albrecht*, Die Aktivlegitimation, S. 26 f. m. w. N.

93 Allgemein *Alexander*, Schadensersatz, S. 202; ähnlich auch *Thönissen*, ZIP 2023, 1834 (1834) für das Lauterkeitsrecht; ähnlich auch *Hagenmeier*, Lauterkeitsrechtlicher Schutz, S. 18, wenn er davon spricht, dass das individuelle Vertragsverhältnis zwischen Verbraucher und Unternehmer durch das Vertragsrecht geregelt sei.

94 Dazu Kapitel 1 (S. 59 ff.).

95 In diese Richtung *Glöckner*, GRUR 2021, 919 (928); ebenso *Poelzig*, Normdurchsetzung, S. 108 ff.; *Kalski*, Individualansprüche, S. 135, 272 ff.; *Hagenmeier*, Lauterkeitsrechtlicher Schutz, S. 246 ff.

96 In diesem Sinne auch *Hagenmeier*, Lauterkeitsrechtlicher Schutz, S. 25, wenn er anführt, dass das individuelle Vertragsverhältnis durch das Vertragsrecht geregelt wird.

97 Statt vieler etwa *Poelzig*, Normdurchsetzung, S. 109 f. m. w. N.

98 BGBl. I 1986, 1169.

ermöglichte. Praktisch hatte dieser keine Bedeutung.[99] Nimmt man nun wieder die Funktionsweise des UWG in den Blick, ist dies ein weiteres Argument gegen eine Aktivlegitimation. Der Verbraucher war schon einmal nicht in der Lage, die Lauterkeit des Marktes zu verteidigen.

2 Friktionsspezifische und schutzniveauspezifische Argumentationsmuster

Neben genanntes Argument treten noch friktionsspezifische und schutzniveauspezifische Argumentationsmuster. Ersteres Argument bezieht sich darauf, dass das Bürgerliche Gesetzbuch im Rahmen seiner Rechte und Rechtsbehelfe und deren zugrunde liegender Wertungen ein in sich geschlossenes System bildet.[100] Nimmt man exemplarisch für Irreführungen in den Blick, dass dem Verbraucher bei Täuschung etwa im Kaufrecht bei § 434 III Nr. 2 b) BGB oder im Recht der Anfechtung Ansprüche zustehen, lässt sich schnell erkennen, dass die Einführung eines Individualanspruchs einer Wertungsabstimmung[101] bedarf. Ansonsten droht der Grundsatz „pacta sunt servanda" unterlaufen zu werden.[102] Das bedeutet einen Mehraufwand, den es im Hinblick auf das folgende – das schutzniveauspezifische – Argumentationsmuster nicht brauchen soll.[103] So soll insbesondere das Bürgerliche Gesetzbuch ausreichend Schutz gewähren.[104] Die Implementierung einer Verbraucheraktivlegitimation würde nur dazu führen, dass man sich die

---

99 *Schaffernack*, Das wettbewerbsrechtliche Vertragslösungsrecht, S. 214; dazu auch *Alexander*, Schadensersatz, S. 25 f.; *Wolff*, Untersuchungen zur irreführenden Werbung, S. 186; dazu zuletzt auch wieder *Havlik*, Täuschung und Irreführung, S. 375; *Schrader*, WRP 2022, 138 (144); *Augenhofer*, EuZW 2019, 5 (8).

100 Etwa *Kalski*, Individualansprüche des Verbrauchers, S. 274; ähnlich zuletzt *Alexander*, WRP 2021, 136 (142), der sich aber interessanterweise im Hinblick auf § 9 II UWG selbst für eine Schutzlücke im BGB bei Anlockfällen ausspricht; dazu auch schon *Köhler*, GRUR 2003, 265 (270 f.).

101 Aktuell etwa *Alexander*, WRP 2021, 136 (142); *Scherer*, GRUR 2022, 787 (787); auch damals schon *Köhler*, GRUR 2003, 265 (270 f.).

102 Dazu aktuell statt vieler *Schrader*, WRP 2022, 138 (144 ff.); so schon auch damals die Befürchtung von *Weiler*, WRP 2003, 423 (430 f.); *Köhler*, WRP 2003, 265 (270 f.).

103 Statt vieler *Kalski*, Individualansprüche des Verbrauchers, S. 274.

104 Dazu insgesamt statt vieler *Hagenmeier*, Lauterkeitsrechtlicher Schutz, S. 249 m. w. N., wenn er davon spricht, dass solche weder notwendig noch zielführend wären.

Frage nach einem Wertungsabgleich stellen müsste, ohne nach Vornahme und dem damit verbundenen Mehraufwand einen Mehrwert hieraus zu haben.

3 Rechtstatsächliche Argumentationsmuster

Zuletzt wird sich für das Lauterkeitsrecht mit dem Argument der „Klageindustrie“[105] gegen die Aktivlegitimation des Verbrauchers gewandt, die aus der tatsächlich ein Problem darstellenden Erfahrung mit „Abmahnvereinen“ resultiert.[106] Insoweit stand die Befürchtung im Raum, dass das „hohe Verbraucherschutzniveau im UWG“ zu einer vielfachen Geltendmachung eines Individualanspruchs des Verbrauchers im UWG führen würde.[107] Das wiederum sollte mit einer erheblichen und nicht gewollten Belastung von Unternehmen einhergehen.[108] Das erscheint zwar bezogen auf das bei § 13a UWG a. F. Gesagte zweifelhaft. Denkbar[109] wäre es aber schon. Das gilt jedenfalls im Ausgangspunkt umso mehr, wenn man Bündelungsmöglichkeiten durch Kollektivmechanismen in den Blick nimmt.[110] Werden so vielfach Ansprüche von Verbrauchern durchgesetzt, kann dies freilich zu einer Belastung von Unternehmern führen. Eine solche wollte man aber ersichtlich nicht, sodass die Möglichkeit einer vielfachen Geltendmachung im Ausgangspunkt gegen eine Aktivlegitimation sprechen sollte.[111] Damit verbunden sollte ein Standortnachteil sein,[112] weil es eine solche nicht überall gäbe.

---

[105] So auch aktuell der Gesetzgeber im Hinblick auf die Einführung des § 9 II UWG, BT-Drs. 19/27873, S. 59; *Kalbfus/Uhlenhut/Feilke*, CCZ 2022, 99 (106); *Henning-Bodewig*, in: FS Harte-Bavendamm, 2020, S. 319, 324 im Hinblick auf ein etwaiges „Overenforcement“; ebenso schon der Gesetzgeber bei Einführung der Schutzzwecktrias im Jahr 2004, BT-Drs. 15/1487, S. 22; *Köhler*, GRUR 2003, 265 (271); *Beater*, ZHR 159 (1995), S. 217, 220.

[106] Dazu insgesamt statt vieler *Poelzig*, Normdurchsetzung, S. 98, 108 m. w. N.

[107] BT-Drs. 15/1487, S. 22; zu dieser Argumentation auch *Havlik*, Täuschung und Irreführung, S. 377 m.w. N.

[108] Etwa *Poelzig*, Normdurchsetzung, S. 108, die dies als Argumentationsmuster aber ablehnt.

[109] Dazu etwa *Glöckner*, WRP 2022, 383 (384 f.).

[110] Insgesamt hierzu Kapitel 3 (S. 205 ff.).

[111] Dazu aktuell statt vieler *Kalbfus/Uhlenhut/Feilke*, CCZ 2022, 99 (106); *Henning-Bodewig*, in: FS Harte-Bavendamm, 2020, S. 319, 324.

[112] BT-Drs. 15/1487, S. 22; dazu auch *Engels/Salomon*, WRP 2004, 32, (32) für eine Aktivlegitimation vor § 9 II UWG; a. A. *Keßler*, WRP 2005, 264, (272), der einen solchen schon vor Art. 11a UGP-RL nicht feststellen will.

4 Konsequenz für die Rolle vor § 9 II UWG

Dogmatische Konsequenz aus den eben genannten Gesichtspunkten sollte daher nach ganz h. M.[113] sein, dass sich Verbraucherschutz im Rahmen seines funktionalen Verständnisses nur auf die tatsächliche Gewährung von Schutz auswirken solle, soweit damit marktfunktionale Ziele verwirklicht werden. Der Verbraucher solle bei Verstößen gegen die lauterkeitsrechtlichen Verhaltensnormen keine Ansprüche im Bürgerlichen Gesetzbuch[114] oder UWG haben. Deshalb sollen weder die §§ 8 ff. UWG noch § 823 II BGB als Anspruchsgrundlagen bemüht werden dürfen,[115] da die Verhaltensnormen des UWG keine Schutzgesetze seien. Vielmehr habe das UWG eine Abschlussfunktion inne und gewähre im Hinblick auf genannte Argumente auch selbst keinen Schutz subjektiver Rechtspositionen[116] des Verbrauchers. Das Einfügen eines solchen Individualanspruchs würde daher der Funktion des Lauterkeitsrechts widersprechen, sich in das Wertungssystem des BGB nicht einfügen lassen und zudem eine erhebliche, nicht gewollte Belastung für Unternehmen darstellen.

Die Rolle des Verbrauchers erschöpfte sich daher vor § 9 II UWG in der genannten *„Schiedsrichterrolle“*. Verbraucheraktivlegitimation spielte – jedenfalls wieder ab 2004[117] – *keine* Rolle.

---

113 Etwa *Leistner*, Richtiger Vertrag, S. 1053, 1032 ff.; *Poelzig*, Normdurchsetzung, S. 107 ff. m. w. N.; *Kalski*, Individualansprüche des Verbrauchers, S. 272 ff.; in diese Richtung auch *Hagenmeier*, Lauterkeitsrechtlicher Schutz, S. 246 ff.; offener aber *Alexander*, Schadensersatz, S. 184 ff.; ebenso offen *Franck*, Marktordnung durch Haftung, S. 319 ff.; dafür aber *Albrecht*, Die Aktivlegitimation, S. 253 ff.; *Kessler*, VuR 2018, 241 (241 ff.); *Sack*, GRUR 2011, 953 (959 ff.); *Säcker*, WRP 2004, 1199 (1219); *Augenhofer*, WRP 2006, 169 (176).

114 Das ist zwar deswegen schon nicht ganz konsequent, weil er solche insbesondere aus den §§ 280 I, 241 II, 311 II BGB und auch sonstigen Rechten und Rechtsbehelfen faktisch hat, dazu Kapitel 2 (S. 73 ff.). Gemeint sind damit vielmehr originäre Rechte, die an die Verhaltensnormen als solche anknüpfen.

115 So originär BGH GRUR 1975, 150 – *Prüfzeichen* für § 823 II BGB; so auch nach wie vor der Gesetzgeber, BT-Drs. 19/27873, S. 20; für die §§ 8 f. UWG ergibt sich das aus der Gesetzesbegründung, BT-Drs. 19/27873, S. 20.

116 BT-Drs. 15/1487, S. 14; dazu auch statt vieler *Alexander*, Schadensersatz, S. 202.

117 Vorher freilich von 1986 – 2004 anders durch § 13a UWG a. F., dazu siehe insgesamt *Schaffernak*, Das wettbewerbsrechtliche Vertragslösungsrecht.

5 Überzeugungskraft der Konsequenz und Relevanz für Rollenmodifikation

Versteht man die Ziele des UWG im genannten funktionalen Verständnis und betrachtet das gesamtsystematische Abstimmungserfordernis und die rechtstatsächlichen Gefahren, ist es zwar überzeugend, dass es auf einen Zwang der Gewährung subjektiver Rechte des Verbrauchers im UWG nicht ankommen darf. Überzeugend im Hinblick auf die Rolle des Verbrauchers und seiner Aktivlegitimation sind die Argumentationsmuster gleichwohl nicht. Aus dem nun zu Sagenden lässt sich eine erste Erkenntnis für die Rollenmodifikation durch die Aktivlegitimation des Verbrauchers nach § 9 II UWG herleiten.

a Fehlende Überzeugungskraft der funktionalen Argumentation

Das gilt zunächst für das funktionsspezifische Argumentationsmuster. Ein Zusammenhang zwischen Aktivlegitimation und Schutzzweck ist im Hinblick auf die Funktion zwar schon deshalb nicht auszumachen, weil es – trotz Gewährung von wie auch immer ausgestaltetem Schutz – am Ende nicht um diesen selbst im Rahmen der Gewährung subjektiver Rechte geht. In den Blick genommen werden muss vielmehr die Durchsetzung von Verhaltensregeln, für die privatrechtliche Ansprüche als Mittel zum Zweck dienen.[118] Für diese Funktion kann es gleichwohl möglich und potenziell gewinnbringend sein, dem Verbraucher eine Anspruchsberechtigung zuzuweisen. Denn der fehlende Verknüpfungszwang führt umgekehrt nicht zu einem Verknüpfungsverbot. Mit anderen Worten: Es kann auch bei einem funktionalen Verständnis der Verbraucher die Lauterkeit des Marktes verteidigen,[119] ohne

---

[118] Sinngemäß statt vieler *Alexander*, Schadensersatz, S. 202 f.; ebenso *Podszun/Deuschle*, WRP 2019, 1102 (1105).

[119] Ähnlich *Beater*, Unlauterer Wettbewerb, 1. Aufl. (2002), § 13 Rn. 14 ff., der den Verbraucherschutz als unverzichtbares Korrelat zum Mitbewerberschutz sieht. Nur so könne die Komplexität des Wettbewerbs erfasst und die Lauterkeit des Marktes verteidigt werden; in diese Richtung *Plager*, Schutzzwecke, S. 273 ff., der von der Schiedsrichterfunktion spricht und m. w. N. insbesondere eine Bevormundung durch die Rechtsprechung moniert; *Fezer*, in: FS Schricker, (2005), 661 (673 f.); schon damals *Reich/Wegener*, JuS 1974, 561, (564), die zutreffend anführen, dass Wettbewerb nicht nur ein Parallelprozess zwischen Wettbewerbern, sondern auch ein Austauschprozess mit Abnehmern ist; a. A. aber wohl damals *Ahrens*, WRP 1978, 678 (684), der davon ausging, dass das individuelle Absatzgeschehen in keinem inneren Zusammenhang zum Bestehen eines

dass es zu einem zwingenden Systembruch kommt. Insbesondere Mitbewerber können auch rational apathisch sein und Ansprüche nur verfolgen, wenn es sich aus deren Sicht als lohnenswert darstellt.[120] Möglich ist es auch, dass diese nicht zugunsten von Verbraucherinteressen am Markt handeln[121] und so den genannten Funktionszweck im Einzelfall nicht verwirklichen. Das kann insbesondere dann der Fall sein, wenn ein unlauter handelnder Mitbewerber besonders aufmerksam auf das Verhalten seines potenziell ebenso unlauter handelnden Opponenten achtet[122] und diese wechselbezüglich keine Ansprüche geltend machen, um jeweils unlauter handeln zu können. Richtig ist zwar sicherlich, dass es auch in diesen Situationen noch die Verbraucherverbände gibt. Diese unterliegen aber oft finanziellen Hindernissen.[123] Durch eine Aktivlegitimation der Verbraucher könnte ein funktionaler Schutz verstärkt werden. Eine Aktivlegitimation wäre daher im Grundsatz denkbar

---

Wettbewerbsverhältnisses oder der Beeinflussung einer Wettbewerbslage steht. Ersteres stimmt zwar, erklärt aber lediglich, warum ein Verbraucher kein Mitbewerber ist und nicht, warum er das Lauterkeitsrecht nicht verteidigen können soll. Letzteres ist schon im Ausgangspunkt nicht ganz nachvollziehbar, da der Unternehmer gerade die Wettbewerbslage gegenüber jedem einzelnen Verbraucher beeinflusst.

120 GroKoUWG/*Peukert*, 3. Aufl. (2021), § 1 Rn. 313 f.; stark in diese Richtung F/B/O/*Büscher*, 3. Aufl. (2016), § 8 Rn. 241 f.; auch schon *Baudenbacher*, GRUR Int. 1980, 344 (345), wenn er davon spricht, dass wirklicher Verbraucherschutz insoweit nur zufällig erfolgt.

121 Ebenso *Alber*, IPRB 2021, 283 (289); dazu auch schon *Baudenbacher*, GRUR Int. 1980, 344 (345).

122 *Menke*, Wettbewerbsrechtlicher Verbraucherschutz, S. 230; insbesondere kann ein Einwand der „Unclean Hands" dahingehend, dass der selbst rechtswidrig handelnde Mitbewerber keine Ansprüche gegen einen anderen rechtswidrig handelnden Mitbewerber aufgrund des Gleichbehandlungsgrundsatzes geltend machen kann, nicht überzeugen. Es kommt hier richtigerweise vielmehr funktional auf eine Verteidigung des Wettbewerbs an, nicht auf ein in der Sache bestehendes, widersprüchliches Verhalten. Wird ein unlauter handelnder Mitbewerber von einem anderen – nach hiesigem Dafürhalten möglich – in Anspruch genommen, kann dieser dann wiederum auch gegen den diesen in Anspruch nehmenden Mitbewerber vorgehen. Gerade im Hinblick auf die Zielbestimmung des UWG wird so Schutz am besten gewährleistet, ähnlich hierzu auch *Alexander*, Schadensersatz, S. 693 f.

123 Dazu *Alber*, IPRB 2021, 283 (289); damals schon *Schricker*, GRUR Int. 1975, 33 (50 f.), die über das etwaige Erfordernis einer Finanzierungsmöglichkeit für eine Schadensersatzklage von Verbraucherbänden spricht; ebenso *v. Falkenstein*, WRP 1978, 502 (506); das Problem besteht nach wie vor, dazu die Ausführungen zu der Durchsetzung des § 9 II UWG im Rahmen des VDuG, Kapitel 3 (S. 251 ff.).

und auch für ein funktionales Verständnis gerade im Hinblick auf Kollektivmechanismen[124] potenziell gewinnbringend. Sie ist zwar für eine Rolle des Verbrauchers im UWG als „Verteidiger der Lauterkeit des Marktes" nicht zwingend.[125] Daraus aber ein Argument gegen die Möglichkeit derselben zu konstruieren überzeugt nicht. Richtig ist zwar wiederum, dass die Intensität der Verteidigung jedenfalls bei Individualdurchsetzung[126] und die damit verbundene Wirkung ohne Weiteres geringer sein wird als bei Durchsetzung durch Verbraucherverbände oder Mitbewerber. Gleichwohl wird damit auch die Lauterkeit des Marktes verteidigt. Es ist mit anderen Worten im Lichte der funktionalen Auslegung besser, wenn ein „wenig mehr" Verteidigung der Lauterkeit des Marktes erfolgt als keine Verteidigung. Zudem ergeben sich durch die Kollektivdurchsetzungsmechanismen jedenfalls im Ausgangspunkt Möglichkeiten der breitenwirksamen Durchsetzung der Marktverhaltensregeln. Eine marktfunktionale Betrachtung des Verbraucherschutzes kann daher als Argumentationsmuster gegen eine stärkere Rolle des Verbrauchers und seiner Aktivlegitimation im Lauterkeitsrecht kaum überzeugen.

Erste Erkenntnis ist daher, dass dem Verbraucher durch § 9 II UWG auch eine marktfunktionale Rolle zukommen könnte.

b Fehlende Überzeugungskraft der friktionsspezifischen und schutzniveauspezifischen Argumentation

Wenig überzeugen können auch die friktionsspezifischen und schutzniveauspezifischen Argumentationsmuster. In der Sache überzeugt zwar die These,

---

124 Dazu Kapitel 3 (S. 230 ff.).

125 So im Ergebnis auch MüKoUWG/*Sosnitza*, 3. Aufl. (2020), § 1 Rn. 13 ff.; in diese Richtung schon *Lettl*, GRUR 2004, 449 (450), der anführt, dass nicht klar ist, wie (...) Verbraucher nach § 1 S. 1 UWG a. F. geschützt werden sollen; in diese Richtung auch *Alexander*, GRUR Int. 2005, 809 (813), der hierin insbesondere die Zulässigkeit der unterschiedlichen Beurteilung des deutschen Lauterkeitsrechts im Vergleich zum österreichischen Lauterkeitsrecht im Hinblick auf die Aktivlegitimation von Verbrauchern sieht.

126 In diese Richtung etwa auch *Wagner*, AcP 206, (2006), S. 352, 452, der davon spricht, dass die Präventiv*wirkung* auch durch Bündelung von Ansprüchen und hierfür geschaffene Institutionen erreicht werden kann. Damit bestätigt er die genannte Abgrenzung, dass ein Zweck gleichwohl gegeben sein kann, wenn eine dahingehende Wirkung nur unter Einschaltung zusätzlicher Mittel verwirklicht werden kann. Insoweit könnte z. B. die Verbandsklage zur Durchsetzung des Präventionszwecks für § 9 II UWG beitragen, dazu Kapitel 3 (S. 251 ff.).

dass Friktionen zu sonstigen Rechten und Rechtsbehelfen vermieden werden sollen. Damit ist aber nur der Auftrag verbunden, dass es solche eben zu vermeiden gilt. Durchschlagen könnte ein solches Argumentationsmuster im Hinblick auf die Ablehnung einer Verbraucheraktivlegitimation für die Rolle des Verbrauchers im UWG allenfalls dann, wenn das Schutzniveau des Verbrauchers dadurch überhaupt nicht verändert wird. Dann kommt es nur zu einem Mehraufwand ohne Mehrwert. Das ist aber sicherlich eine komplexe Frage, deren Antwort es zu begründen gilt.[127] Soweit mit einer Einführung doch ein Mehrwert für das Schutzniveau erzielt werden kann, ist der Mehrwert den Aufwand einer Wertungsabstimmung wert. Das Argumentationsmuster kann daher nur überzeugen, wenn sich im Hinblick auf die Untersuchung des bestehenden Schutzes tatsächlich der Befund ergibt, dass dem Verbraucher in den durch das Lauterkeitsrecht geregelten Situationen schon ausreichender Schutz im Bürgerlichen Gesetzbuch zusteht.

c *Fehlende Überzeugungskraft der rechtstatsächlichen Argumentation*

Ebendies gilt auch für die Gefahr der vielfachen Geltendmachung unter Belastung der Schädiger und der Gerichte, die mit einem Standortnachteil verbunden sein soll. Letzteres Argument kann schon im Hinblick auf Art. 11a UGP-RL, der einen solchen Anspruch bei Lauterkeitsverstößen nun fordert, nicht mehr geltend gemacht werden. Den Standortnachteil gibt es nicht mehr,[128] weil jeder Standort in Europa einen solchen einzuführen hat.

Ersteres Argument kann partiell keine Geltung beanspruchen. Nach hiesigem Dafürhalten wird die Frage der „Berechtigung" des Anspruchs nicht hinreichend berücksichtigt. Richtig ist, dass der Unternehmer vor missbräuchlichen Ansprüchen geschützt werden soll. Auch unberechtigte Ansprüche stellen – wie zu zeigen sein wird[129] – ein Problem dar, dessen man sich bewusst sein muss. Im Rahmen des zugrunde liegenden Spannungsfeldes[130] wird man Verteidigungsmöglichkeiten vorsehen müssen. Wenig überzeugend scheint das Argumentationsmuster aber bei berechtigten Ansprüchen. Gewährt das Recht Schutz auf Ebene der Verhaltensnormen, erscheint es wenig sinnvoll, deren Durchsetzung vermeiden zu wollen, wenn es zu einer

---

127 Dazu Kapitel 2 (S. 73 ff.).
128 So zuletzt zutreffend auch *Havlik*, Täuschung und Irreführung, S. 377.
129 Kapitel 3 (S. 272 ff.).
130 Kapitel 3 (S. 272 ff.).

vielfachen Geltendmachung kommt.[131] Das ist widersprüchlich. Will man einen solchen Schutz nicht, erscheint es vielmehr sinnvoll, den tatbestandlichen Schutz als entsprechende Stellschraube fruchtbar zu machen und keinen Schutz für Fälle zu gewähren, in denen man keinen Schutz möchte.

Außer Betracht gelassen werden darf dabei aber nicht, dass es sich für den Verbraucher im Ausgangspunkt oft schon nicht erkennen lassen wird,[132] ob ein Anspruch berechtigt oder rein unberechtigt ist. Bei der Suche nach Verteidigungsmöglichkeiten muss daher im Rahmen des zu erörternden Spannungsfeldes[133] berücksichtigt werden, dass eine Verteidigungsmöglichkeit gegen unberechtigte Ansprüche nicht dazu führen darf, dass dem Verbraucher jeglicher Anreiz auch zur Geltendmachung berechtigter Ansprüche genommen wird.[134] Das ändert aber freilich nichts daran, dass das Argumentationsmuster mangels fehlender Differenzierung nicht überzeugen kann. Für unberechtigte und missbräuchliche Ansprüche kann es gleichwohl Geltung beanspruchen.

II Ergebnis zur Rolle des Verbrauchers und seiner Aktivlegitimation vor § 9 II UWG und Konsequenz für Rollenmodifikation durch Aktivlegitimation

Letztlich wird man für die Zeit vor der Einführung des § 9 II UWG die Rolle des Verbrauchers im Lauterkeitsrecht als „*Schiedsrichter*“[135] beschreiben können. Er sollte „an der Ladentheke“ entscheiden, von wem er welches Produkt erwirbt. Durch diese Entscheidungsmöglichkeit sollte er in die Lage versetzt

---

[131] In diesem Sinne auch *Poelzig*, Normdurchsetzung, S. 108; sehr kritisch zu dieser Argumentationslinie auch *Keßler*, WRP 2005, 264 (272), der andeutet, dass es hierzu maximal zur Entlastung der Wirtschaft durch Begünstigung von Wettbewerbsdelinquenten kommt.

[132] Vgl. hierzu auch generell die Wertung des § 13 V S. 3 UWG, § 97a IV S. 1 Hs. 2 UrhG.

[133] Dazu insgesamt Kapitel 3 (S. 277 ff.).

[134] Dem lässt sich schon vorbeugend begegnen, indem Legal Tech Anbieter im Hinblick auf die Geltendmachung unberechtiger Ansprüche keine Verbraucherprovokation hervorrufen sollen, dazu Kapitel 3 (S. 274 ff.); im Übrigen sollen auch Aufwendungsersatzkosten der Unternehmer ausscheiden, wenn die fehlende Berechtigung für den Verbraucher nicht erkennbar war, Kapitel 4 (S. 322).

[135] Zu dieser Rolle *Hagenmeier*, Lauterkeitsrechtlicher Schutz, S. 206 ff.; etwa *Plager*, Schutzzwecke, S. 273 ff.; kritisch zur Wahrnehmungsmöglichkeit dieser Rolle ohne Aktivlegitimation *Albrecht*, Die Aktivlegitimation, S. 253 ff., 278; im Hinblick auf das Erlöschen derselben etwa *Alexander*, Vertrag, S. 50 ff., 57.

werden, zu entscheiden, welches Unternehmen sich am Markt durchsetzen kann. Insoweit kam ihm eine Rolle für das Lauterkeitsrecht zu.[136] Er war nicht aktivlegitimiert, sodass eine Verbraucheraktivlegitimation *keine* Rolle gespielt hat. Das überzeugt zwar nach hiesigem Dafürhalten kaum. Gleichwohl ist eine fehlende Instrumentalisierung des Verbrauchers bei funktionaler Betrachtung möglich. Im Kern wird man die Frage nach einer „richtigen" Ausgestaltung kaum beantworten können. Es handelt sich vielmehr um eine rechtspolitische[137] Entscheidung.

Zentrale Erkenntnis aus Gesagtem ist aber schon an dieser Stelle, dass sich die Rolle des Verbrauchers und seiner Aktivlegitimation im Lauterkeitsrecht durch die Einführung des § 9 II UWG nicht zwingend ändern muss. Das ergibt sich für die Aktivlegitimation und deren Rolle der Schutzlückenschließung daraus, dass es mit der ganz h. M.[138] solche Schutzlücken nicht gibt. Ist in den Fällen des § 9 II UWG daher schon Schutz im Bürgerlichen Gesetzbuch vorhanden, spielt § 9 II UWG keine solche Rolle. Er würde allenfalls zu einer Anspruchshäufung für den Verbraucher führen. Gleiches gilt für eine Rolle bei dem Schutzzweck des UWG. Wird man § 9 II UWG auch marktfunktional verstehen können oder war das UWG schon vor diesem nicht mehr marktfunktional, ist es denkbar, dass dieser den Schutzzweck nicht ändert. In diesem Fall würde sich § 9 II UWG in den Schutzzweck des UWG einfügen. Ähnliches könnte für die darauf aufbauende Rolle des Verbrauchers gelten. Zwar wäre hier abstrakt die Rolle des *Verteidigers seines*

---

136 *Albrecht*, Die Aktivlegitimation, S. 26 ff., 253 ff.; *Schmieder*, Der verbraucherschützende Beseitigungsanspruch, S. 196 ff., *Alexander*, Vertrag, S. 50 ff., 57.; *Plager*, Schutzzwecke, S. 273 ff.; *Hagenmeier*, Lauterkeitsrechtlicher Schutz, S. 206 ff.; *Beater*, Unlauterer Wettbewerb, S. 421 f.

137 So etwa *Franck*, Marktordnung durch Haftung, S. 319 f., wenn er davon spricht, dass es sich um eine legitime gesetzgeberische Entscheidung handelt, die man rechtspolitisch für überzeugend oder eben auch nicht halten kann.

138 Etwa *Leistner*, Richtiger Vertrag, S. 1053, 1032 ff.; *Poelzig*, Normdurchsetzung, S. 107 ff. m. w. N.; *Kalski*, Individualansprüche des Verbrauchers, S. 272 ff.; in diese Richtung auch *Hagenmeier*, Lauterkeitsrechtlicher Schutz, S. 246 ff.; offener aber *Alexander*, Schadensersatz, S. 184 ff.; ebenso offen *Franck*, Marktordnung durch Haftung, S. 319 ff.; dafür aber *Albrecht*, Die Aktivlegitimation, S. 253 ff.; *Kessler*, VuR 2018, 241 (241 ff.); *Sack*, GRUR 2011, 953 (959 ff.); *Säcker*, WRP 2004, 1199 (1219); *Augenhofer*, WRP 2006, 169 (176).

subjektiven Privatrechts und die des *Funktionärs der Lauterkeit des Marktes*[139] denkbar. Nimmt man aber die genannten Erfahrungen mit § 13a UWG a. F. in den Blick, erscheint es denkbar, dass der Verbraucher Ansprüche nicht durchsetzen wird. Dann bleibt er „*Schiedsrichter*“. Spannend bleibt gleichwohl, ob sich nicht doch Schutzlücken zeigen, eine Schutzzweckmodifikation gegeben ist und Durchsetzungsmöglichkeiten für den Verbraucher bestehen. Dann wären die neuen Rollen doch gegeben.

Es wäre als Ausgangspunkt der Untersuchung denkbar, dass sich die genannten Rollen gar nicht ändern und alles beim Alten bleibt, gleichwohl aber auch, dass der Verbraucher und seine Aktivlegitimation eine neue Rolle im Lauterkeitsrecht haben.

Die Arbeit entwickelt, dass Verbraucheraktivlegitimation für die Schutzlückenschließung nur eine Rolle aufgrund bestehender Rechtsunsicherheit spielt. Sie will zeigen, dass § 9 II UWG nur eine geringe Rolle für den Schutzzweck des UWG spielt. § 9 II UWG ändert den Schutzzweck des UWG daher nicht. Der Anspruch verstärkt nur eine schon vor ihm bestehende Tendenz. Die Arbeit hält eine Rollenbegrenzung durch einen neuen § 9 II S. 3 UWG für erforderlich, der Folgendes normiert:

> [1] Wer vorsätzlich oder fahrlässig eine nach § 3 unzulässige geschäftliche Handlung vornimmt und hierdurch Verbraucher zu einer geschäftlichen Entscheidung veranlasst, die sie andernfalls nicht getroffen hätten, ist ihnen zum Ersatz des daraus entstehenden Schadens verpflichtet.[2] Dies gilt nicht für unlautere geschäftliche Handlungen nach den §§ 3a, 4 und 6 sowie nach Nummer 32 des Anhangs.[3] *Im Anwendungsbereich des Mängelgewährleistungsrechts bedarf es einer vorsätzlichen nach § 3 UWG unzulässig vorgenommenen geschäftlichen Handlung.*

Für die Rolle des Verbrauchers argumentiert die Arbeit, dass der Verbraucher regelmäßig „*Schiedsrichter*“ bleiben wird. Nur in Ausnahmefällen wird ihm eine neue Doppelrolle als „*Verteidiger seines subjektiven Privatrechts*“ und „*Funktionärs der Lauterkeit des Marktes*“ zukommen. In diesen Fällen bedarf es einer Rollenbegrenzung durch Verteidigungsmöglichkeiten gegen missbräuchliche und unberechtigte Ansprüche.

---

[139] Zu dieser denkbaren Doppelrolle nach dem Schutzzweck des UWG, Kapitel 1 (S. 59 ff.). Dazu, ob er diese Rollen auch einnimmt, Kapitel 3 (S. 205 ff.).

Die Arbeit möchte insgesamt zeigen, dass mit § 9 II UWG ein „Paradigmenwechsel“[140] oder „Quantensprung“[141] im Lauterkeitsrecht nicht verbunden ist. Vielmehr wird vieles (fast) beim Alten bleiben: Verbraucheraktivlegitimation spielt keine (zentrale) Rolle. Der Verbraucher bleibt (meistens) „*Schiedsrichter*“.

B Für das Rollenverständnis relevante Auslegung des § 9 II UWG

Das zweite Ziel des 1. Kapitels ist nach Gesagtem die für das Rollenverständnis relevante Auslegung des § 9 II UWG als Grundlage der Untersuchung. Ausgangspunkt der Frage nach der Rollengewährung und Rollenbegrenzung ist daher der Umfang des § 9 II UWG nach dem gesetzgeberischen Verständnis und dessen Unionsrechtskonformität. Durch die Auslegung des § 9 II UWG unter Zugrundelegung des Schadensersatzunionsprivatrechts ergibt sich der Maßstab für die Forschungsfrage. Denn nur so kann bestimmt werden, inwieweit sich eine neue Rolle des Verbrauchers ergeben kann und wo diese je nach Umfang gegebenenfalls begrenzt werden muss.

I Von Dieselgate bis zu Art. 11a UGP-RL: Der Weg zum lauterkeitsrechtlichen Verbraucherindividualanspruch

Das Maßnahmenpaket, das am Ende § 9 II UWG hervorgebracht hat, wurde am 11.4.2018 vorgestellt[142] und beruht auf den Ergebnissen des „REFIT“[143]-Tests und einer Evaluation[144] der Verbraucherrechterichtlinie.[145] Anlass hierfür

---

140 *Schmidt-Kessel*, VuR 2021, 121 (121); ähnlich auch *Birk*, GRUR-PRax 2020, 605 (605); *Scherer*, WRP 2021, 561 (561).

141 *Rauer/Shchavelev*, GRUR Prax. 2022, 35 (35).

142 COM (2018), 185 final.

143 Commission Staff Working Document – Report of the Fitness Check, SWD (2017) 209 final.
-Zusammenfassung der Eignungsprüfung v. 23.5.2017, SWD (2017) 208 final.

144 Richtlinie (EU) 2011/83 des Europäischen Parlaments und des Rates vom 25. Oktober 2011 über die Rechte der Verbraucher, zur Abänderung der Richtlinie 93/13/EWG des Rates und der Richtlinie 1999/44/EG des Europäischen Parlaments und des Rates sowie zur Aufhebung der Richtlinie 85/577/EWG des Rates und der Richtlinie 97/7/EG des Europäischen Parlaments und des Rates.

145 COM (2017), 259 final.

war der „Dieselskandal" und die damit verbundenen Probleme des Verbraucherschutzes in diesen Fällen. Der „Fitness-Check" kam bezogen auf die Frage nach verbraucherrechtlicher Aktivlegitimation im Lauterkeitsrecht zu dem Ergebnis, dass der Verbraucher bei Verstößen gegen die UGP-RL nicht hinreichend geschützt sei.[146] Deshalb führte der Unionsgesetzgeber mit der Omnibus-Richtlinie[147] im Rahmen des „New Deal for Consumers"[148] Art. 11a UGP-RL ein, der Folgendes normiert:

> (1) Verbraucher, die durch unlautere Geschäftspraktiken geschädigt wurden, haben Zugang zu angemessenen und wirksamen Rechtsbehelfen, einschließlich Ersatz des dem Verbraucher entstandenen Schadens sowie gegebenenfalls Preisminderung oder Beendigung des Vertrags. Die Mitgliedstaaten können die Voraussetzungen für die Anwendung und die Folgen der Rechtsbehelfe festlegen. Die Mitgliedstaaten können gegebenenfalls die Schwere und Art der unlauteren Geschäftspraktik, den dem Verbraucher entstandenen Schaden sowie weitere relevante Umstände berücksichtigen.
> (2) Diese Rechtsbehelfe berühren nicht die Anwendung anderer Rechtsbehelfe, die den Verbrauchern nach dem Unionsrecht oder dem nationalen Recht zur Verfügung stehen.

II Umsetzung in § 9 II UWG

Im Hinblick auf die Ablehnung einer Verbraucheraktivlegitimation im Lauterkeitsrecht von der ganz h. M.[149] seit jeher flammte die Diskussion nach einer lauterkeitsrechtlichen Implementierung wieder erneut auf. So wurde in der Literatur alternativ zur Umsetzung im UWG für „die Füße stillhalten und nichts tun"[150] oder eine Normierung im Bürgerlichen Gesetzbuch, jedenfalls aber eine Normierung im UWG unter Rechtsgrundverweisung in

---

[146] COM (2018), 185 final, S. 3.

[147] Richtlinie (EU) 2019/2161 des Europäischen Parlaments und des Rates vom 27. November 2019 zur Änderung der Richtlinie 93/13/EWG des Rates und der Richtlinien 98/6/EG, 2005/29/EG und 2011/83/EU des Europäischen Parlaments und des Rates zur besseren Durchsetzung und Modernisierung der Verbraucherschutzvorschriften der Union.

[148] Die für die Forschungsfrage weniger relevante Darstellung des Prozesses, insbesondere auch im Hinblick auf lauterkeitsrechtliche Aktivlegitimation, findet sich detailliert bei *Augenhofer*, EuZW 2019, 5 (5, 7 ff.); *Dröge*, WRP 2019, 160 (160 ff.).

[149] Statt vieler *Poelzig*, Normdurchsetzung, S. 107 ff. m. w. N.

[150] In diesem Sinne *Hagenmeier*, Lauterkeitsrechtlicher Schutz, S. 249.

das Bürgerliche Gesetzbuch[151] plädiert. Letztlich hatte der Gesetzgeber sich schon in seinem Referentenentwurf für eine lauterkeitsrechtliche Normierung ausgesprochen und auch das finale Gesetz[152], das am 28.05.2022 in Kraft getreten ist, wurde unter geringer Modifizierung des Referentenentwurfs[153] mit folgendem Wortlaut in § 9 II UWG gegossen:

> (2) [1]Wer vorsätzlich oder fahrlässig eine nach § 3 unzulässige geschäftliche Handlung vornimmt und hierdurch Verbraucher zu einer geschäftlichen Entscheidung veranlasst, die sie andernfalls nicht getroffen hätten, ist ihnen zum Ersatz des daraus entstehenden Schadens verpflichtet.[2] Dies gilt nicht für unlautere geschäftliche Handlungen nach den §§ 3a, 4 und 6 sowie nach Nummer 32 des Anhangs.

Im Hinblick auf die genannten Vorschläge, insbesondere denjenigen, nichts zu tun, wird sich eine Umsetzung unter Einführung einer neuen Norm (im UWG) aber im Spielraum des Art. 11a I S. 2, 3 UGP-RL bewegen[154] und unionsrechtlich gewollt[155] sein. Das gilt unabhängig davon, ob Art. 11a UGP-RL eine Pflicht[156] zur Einführung eines neuen Anspruchs fordert oder dessen Einführung davon abhängig macht, wie es um das nationale Recht bestellt ist.[157] Letzteres erscheint zwar unter dem Gesichtspunkt „angemessener" und „wirksamer" Ansprüche in Art. 11a I S. 1 UGP-RL und der Formulierung

---

151 *Glöckner*, GRUR 2021, 919 (928).

152 BGBl. 2021 I 3504.

153 Die Verjährung wurde in § 11 I Alt. 2 UWG von der Regelverjährung auf 1 Jahr gekürzt, dazu auch *Glöckner*, GRUR 2022, 383 (394).

154 *Rauer/Shchavelev*, GRUR-Prax 2022, 35 (36); *Scherer*, GRUR 2022, 787 (788); *Glöckner*, GRUR 2021, 919 (920 f.); *Schmidt-Kessel*, VuR 2021, 121 (121 f.); *Heinze/Engel*, NJW 2021, 2609 (2609 ff.); *Köhler*, GRUR 2022, 435 (436).

155 Ebenso *Glöckner*, GRUR 2021, 919 (920 f.), der davon spricht, dass es naiv wäre, anzunehmen, dass die Interpretation einer Öffnungsklausel dergestalt erfolgen kann, dass die mitgliedsstaatliche Verpflichtung aus Art. 11a I S. 1 UGP-RL gegenstandslos wird.

156 Dafürsprechen könnte Art. 11a II UGP-RL, der eine Abgrenzungsnorm zu sonstigen Rechtsbehelfen darstellt, die den Zwang der Einführung einer neuen Norm nahelegt, weil es dieser sonst nicht bedurft hätte; allgemein hierzu auch *Köhler*, WRP 2021, 129 (130). Gleiches gilt auch für die Formulierung von „Voraussetzungen" und „Rechtsfolgen"; ob dieses Argument zwingend ist, ist freilich fraglich, weil man diese auch als Abgrenzungsnorm für den Fall einer Einführung verstehen könnte.

157 In diese Richtung kritisch *Alexander*, WRP 2021, 136 (142), der sich später aber offener äußert und von „zu schaffendem Anspruch", der „der Vorgabe des Art. 11a entspricht", spricht und sogar den Ersatz des positiven Interesses diskutiert; *Alexander*, GRUR

in ErwGr. 16 S. 5 OB-RL[158] überzeugender. In jedem Fall ergibt sich aber eine nach unionsrechtlicher Tendenz gewollte Möglichkeit[159] der lauterkeitsrechtlichen Umsetzung. § 9 II UWG ist daher nicht schon unter diesem Gesichtspunkt zu beanstanden.[160]

§ 9 II UWG normiert damit erstmalig[161] einen Schadensersatzanspruch des Verbrauchers, wenn diesem individuell ein Schaden aufgrund einer unlauteren geschäftlichen Handlung eines Unternehmers entstanden ist.[162] Herkömmlich waren nur die Mitbewerber nach § 9 I UWG zum Schadensersatz berechtigt.[163] Verbraucher waren zwar freilich im UWG geschützt, § 1 UWG. Sie waren indessen bewusst[164] nicht anspruchsberechtigt.

Voraussetzung des Anspruchs ist, dass eine unzulässige geschäftliche Handlung eines Unternehmers vorliegt. Diese muss abstrakt-generell geeignet sein, den Verbraucher zu einer geschäftlichen Entscheidung zu veranlassen, die er sonst nicht vorgenommen hätte. Der Verbraucher muss dann im konkreten Einzelfall zu einer geschäftlichen Entscheidung veranlasst werden, die er ohne die geschäftliche Handlung nicht getroffen hätte. Durch diese konkrete

---

2021, 1445 (1449 f., 1452); *Keller*, GRUR 2021, 456 (459); in diesem Sinne auch *Havlik*, Täuschung und Irreführung, S. 382.

158 Dieser spricht nur von „sollte"" und „würde", muss aber jedenfalls im Gesamtzusammenhang zu Art. 11a I UGP-RL gelesen werden, sodass jedenfalls bei fehlenden „angemessenen und wirksamen" Ansprüchen „sollte" als „muss" zu verstehen ist.

159 Man wird sich folgende Fragen stellen müssen, die am Ende immer eine entsprechende Möglichkeit zulassen: Hat das nationale Recht „angemessene" und „wirksame" Vorschriften? Wenn nein, sind nach Art. 11a UGP-RL neue Vorschriften hierfür zu schaffen. Wenn ja, stellt sich die Frage, ob diese wirklich „angemessen" und „wirksam" sind. Sollte dies nicht so sein, sind nach unionsrechtlichem Auftrag neue Vorschriften zu schaffen. Sollte dies doch der Fall sein, könnte man auf die Idee kommen, dass dann auch nichts umgesetzt werden *soll*. Gleichermaßen erscheint es aber freilich denkbar, *weitere* angemessene und wirksame Rechtsbehelfe zu schaffen.

160 Kritisch hierzu vor dessen Einführung im Hinblick auf das Erfordernis aber statt einiger *Hagenmeier*, Lauterkeitsrechtlicher Schutz, S. 249, wenn er davon spricht, dass dies weder „nötig noch zielführend" sei.

161 Jedenfalls, soweit es um einen Schadensersatzanspruch ging. Von 1986 – 2004 kannte das UWG ein individuelles Verbraucherrücktrittsrecht nach § 13a UWG a. F, BGBl. I 1986, 1169. Insowiet handelt es sich nicht um das erste Mal, dass der Verbraucher aktivlegitimiert war aber um das erste Mal, dass er so aktivlegitimiert war.

162 BT-Drs. 19/27873, S. 20, S. 41 ff.

163 Statt aller O/S/*Ohly*, 8. Aufl. (2023), § 9 Rn. 32 ff.

164 Hierzu im Einzelnen etwa die Ausführungen zum Schutzzweck, Kapitel 2 (S. 126 ff.).

geschäftliche Entscheidung wiederum muss dem Verbraucher ein Schaden enstanden sein.[165] Rechtsfolge ist die Gewährung eines individuellen Schadensersatzanspruches. Besonders ist, dass es für eine Anspruchsberechtigung genügt, wenn der Unternehmer dem Verbraucher gegenüber eine fahrlässige unlautere geschäftliche Handlung vornimmt. Ersatzfähig sind für den Verbraucher daher durch den Unternehmer verursachte reine Vermögensschäden, soweit sie auf einer zumindest fahrlässig vorgenommenen unlauteren geschäftlichen Handlung beruhen.[166] Umfasst sind dabei insbesondere Fälle der Irreführung (§§5, 5a UWG) und der aggressiven geschäftlichen Handlung (§ 4a UWG). Ausgeschlossen sind die §§ 3a, 4 und 6 UWG.[167]

III Auslegung des § 9 II UWG als Grundlage für Rollenbestimmung und - begrenzung

Elementare Grundlage für die Forschungsfrage im Hinblick auf die Rolle des Verbrauchers und seiner Aktivlegitimation sowie einer Begrenzung derselben, ist dessen de lege lata gewährter Umfang.

Für die generelle Einordnung des § 9 II UWG als Grundlage müssen daher sein Tatbestand und dessen Unionsrechtskonformität bestimmt werden.

Im Übrigen geben die denkbaren Rollen Aufschluss darüber, inwieweit im Hinblick auf die Forschungsfrage ausgelegt werden muss. Dabei muss zunächst herausgearbeitet werden, inwieweit es für die Frage nach den Rollen und deren Begrenzung überhaupt auf ein Auslegungserfordernis des § 9 II UWG ankommt. Dort, wo es auf dessen Umfang für die Forschungsfrage nicht ankommt, bedarf es keiner[168] Auslegung. Dort, wo dies der Fall ist, muss vorgelagert untersucht werden, welcher Maßstab für die Beurteilung dessen Umfangs herangezogen werden muss.

---

165 Statt vieler etwa *Heinze/Engel*, NJW 2021, 2609 (2610 f.).

166 Dazu insgesamt auch BT-Drs. 19/27873, S. 20, S. 41 ff.; ebenso statt aller KF/*Köhler*, 43. Aufl. (2025), § 9 Rn. 2.1 ff.

167 Zum weiteren Umfang und der Auslegung des § 9 II UWG wird auf die nun erfolgende Auslegung des § 9 II UWG, die sich ihrem Umfang nach an der Relevanz für die Forschungsfrage ausrichtet, verwiesen, S. 31 ff.

168 Für die Einzelfragen zu § 9 II UWG im Übrigen sei auf die Ausführungen bei der Begrenzung der Forschungsfrage verwiesen.

1 Denkbare Rollenmodifikation und Rollenbegrenzung als Untersuchungsmaßstab

Aufschluss für die jeweilige Kategorisierung bieten daher die denkbaren neuen Rollen des Verbrauchers, dessen Aktivlegitimation und das Erfordernis einer Begrenzung.

Für die Rolle der Aktivlegitimation erscheint eine Schutzlückenschließungsrolle denkbar. Soweit im Rahmen des Umfangs daher Schutzlücken im Bürgerlichen Gesetzbuch adressiert[169] sind, bedarf es einer Umfangsbestimmung dieser Fälle für das UWG im Rahmen des § 9 II UWG. Ebenso ist eine Schutzzweckmodifizierungsrolle denkbar: § 9 II UWG könnte den Schutzzweck des Lauterkeitsrechts hin von einem Marktverhaltensrecht zu einem Verbraucherschutgesetz modifizieren.[170] Daher muss auch der Schutzzweck des § 9 II UWG[171] bestimmt werden.

Als Negativkriterium bedarf es des Zwecks[172] des § 9 II UWG entsprechend der Friktionsvermeidung, sodass auch im Hinblick hierauf der Umfang danach untersucht wird, inwieweit er zu Wertungswidersprüchen mit dem BGB führen könnte. Es muss daher herausgearbeitet werden, ob und wenn ja, wo § 9 II UWG den Wertungen des BGB widersprechen könnte[173] um nachgelagert zu untersuchen, ob ein solcher Wertungswiderspruch in der Sache auch vorliegt.[174]

Für die Rolle des Verbrauchers wäre eine Rollenmodifikation von der Schiedsrichterrolle[175] hin zu einer neuen Doppelrolle denkbar: Funktionär der Lauterkeit des Marktes und Verteidiger seines subjektiven Privatrechts.[176] Auch insoweit ist der Schutzzweck zu untersuchen. Er gibt in einem ersten

---

169 Kapitel 2 (S. 73 ff.).

170 Kapitel 2 (S. 125 ff.).

171 Kapitel 1 (S. 59 ff.).

172 Dieser soll Verbrauchern zwar Ansprüche gewähren, dies aber insbesondere für Fälle, in denen vorher kein Schutz bestand. Eine Anspruchsberechtigung darüber hinaus darf daher nur gegeben sein, soweit sie noch neutral ist, d. h. zu keinen Friktionen mit dem System des Bürgerlichen Gesetzbuchs führt. Andernfalls wird man auch durch Wertungen des Unionsrechts selbst zu einer Begrenzung der Rolle der Verbraucheraktivlegitimation kommen müssen, dazu insgesamt Kapitel 2 (S. 144 ff.).

173 Kapitel 1 (S. 42 ff.) im Hinblick auf Kapitel 2 (140 ff.).

174 Kapitel 2 (S. 140 ff.).

175 Kapitel 1 (S. 14 ff.).

176 Kapitel 1 (S. 59 ff.); Kapitel 3 (S. 205 ff.).

Schritt Aufschluss darüber, welche Rolle das Lauterkeitsrecht dem Verbraucher zuweisen will.[177] In einem zweiten Schritt kann dann geklärt werden, ob er diese Rolle auch einnimmt.[178] Zudem stellt sich die Frage, ob über § 9 II UWG, § 1004 BGB analog auch Unterlassungsansprüche des Verbrauchers bestehen.[179] Diese könnten sich auf die Durchsetzungsstärke des Verbrauchers und damit auch das Vorliegen einer neuen Rolle auswirken.[180]

2 Darauf beruhendes Auslegungserfordernis des § 9 II UWG

Bevor man zu einer Auslegung kommen kann, stellt sich die Frage nach dem Maßstab der Auslegung: Welcher Schadensbegriff bietet die Grundlage für die Auslegung?

a Maßgeblicher Schadensbegriff als Auslegungsgrundlage

Dabei fragt sich, ob dieser der deutschen Schadensdogmatik der §§ 249 ff. BGB folgen darf,[181] er einem rein unionsrechtlichen Schadensbegriff[182] folgen muss oder die Lösung in der Mitte[183] liegen wird.

b Auslegung durch den Gesetzgeber und Reaktion der Literatur

Der Gesetzgeber[184] widmet sich dieser Frage allenfalls implizit, indem er schlicht auf die §§ 249 ff. BGB verweist und damit einen nationalen Schadensbegriff für eine Beurteilung zugrunde legt. Die Literatur hierzu ist

---

177 Kapitel 1 (S. 59 ff.).

178 Kapitel 3 (S. 205 ff.).

179 Kapitel 1 (S. 56 ff.).

180 Dazu im Ausgangspunkt für die fehlende Berücksichtigung, Kapitel 3 (S. 209 ff.).

181 Im Übrigen dürften allgemeine Grundsätze zum Pflichtwidrigkeitszusammenhang, der Kausalität und der Verschuldensgrundsatz schon a priori beibehalten werden. Letzteres ergibt sich aus Art. 11a I S. 3 der UGP-RL, da „weitere relevante Umstände" nach dem ErwGr. 16 S. 5 der OB-RL „etwa Fehlverhalten" ist. Ersteres ergibt sich daraus, dass dies „Voraussetzungen" des Anspruchs sind, dazu *Alexander*, GRUR 2021, 1445 (1452); *Glöckner*, GRUR 2021, 919 (919); allgemein *Heinze*, Schadensersatz, S. 207; a. A. aber bezüglich des Verschuldens GroKoUWG/*Fritzsche*, 3. Aufl. (2021), § 1 Rn. 292; letztendlich müssen sich diese insgesamt aber dennoch an Art. 4 III EUV messen lassen.

182 Statt einiger *Glöckner*, GRUR 2021, 919 (920); *ders.*, WRP 2022, 383 (391); vermittelnd *Ohly*, GRUR 2022, 763 (770), der einen originär unionsrechtlichen Schadensbegriff heranziehen will, bis zu dessen Konturierung aber die §§ 249 ff. BGB für anwendbar hält.

183 Etwa *Heinze/Engel*, NJW 2021, 2609 (2611 f.).

184 BT-Drs. 19/27873, S. 41.

gespalten und stützt die Auslegung auf eine nationalautonome Anwendung der §§ 249 ff.,[185] auf einen halbautonomen Schadensbegriff[186] oder fordert das Heranziehen eines von §§ 249 ff. BGB gelösten rein unionsrechtlichen Schadensbegriffs.[187]

c Eigene Bewertung für § 9 II UWG

Um eine Beurteilung vornehmen zu können, wird man sich die Frage stellen müssen, wonach sich eine Kategorisierung vornehmen lässt. *Heinze*[188] grenzt dabei wie folgt ab: Es kommt darauf an, ob der Richtliniengesetzgeber eine bloße Rahmensetzung durch den Effektivitätsgrundsatz angestrebt hat oder rechtsharmonisierend wirken wollte. Einen Zwischenweg stellt der Fall dar, dass zwar das „Ob" des Haftungsanspruchs unionsrechtlich vorgegeben wird, nicht aber das „Wie".

Sieht man sich Art. 11a I. S. 2, 3 UGP-RL an, erscheint der „Zwischenweg" als Lösung für den zu bestimmenden Maßstab. Denn richtig ist zwar, dass die Richtlinie dem Grunde nach vollharmonisierend ist, sodass die reine Rahmensetzung und der „Zwischenweg" ausscheiden müssten. Gleichwohl enthält Art. 11a I S. 2, 3 eine Öffnungsklausel, die nach Gesagtem zwar das „Ob" entsprechender Ansprüche nicht disponibel stellt, indessen Spielraum bei der Frage nach dem „Wie" einräumt.[189] Das überzeugt auch bezogen auf die Handhabbarkeit des § 9 II UWG. Nimmt man in den Blick, dass der Unionsgesetzgeber im Rahmen der im Übrigen vollharmonisierenden Richtlinie sicherlich nicht wollte, dass an 27 unterschiedliche Regelungssysteme angeknüpft wird und so die Gefahr einer Rechtszersplitterung[190] droht, erscheint ein rein nationaler Schadensbegriff wenig sachgerecht. Gleiches gilt umgekehrt für einen rein unionsrechtlichen Schadensbegriff. Dieser ist nur schwach konturiert und würde enorme Anwendungsprobleme[191] nach sich ziehen.

---

185 Statt einiger *Maaßen*, GRUR-Prax 2021, 7 (8); *Kreitz*, WRP 2023, 156 (157).

186 Statt einiger *Heinze/Engel*, NJW 2021, 2609 (2611 f.).

187 Statt einiger *Glöckner*, GRUR 2021, 919 (920); *ders*., WRP 2022, 383 (391); vermittelnd *Ohly*, GRUR 2023, 763 (770), der einen originär unionsrechtlichen Schadensbegriff heranziehen will, bis zu dessen Konturierung aber die §§ 249 ff. BGB für anwendbar hält.

188 *Heinze*, Schadensersatz, S. 580.

189 Zu dem etwaigen Spielraum auch *Havlik*, Täuschung und Irreführung, S. 385.

190 Ebenso *Alexander*, GRUR 2021, 1445 (1449 f.); *Glöckner*, GRUR 2022, 383 (391 ff.).

191 *Kodek/Leupold*, Modernisierung, S. 46.

§ 9 II UWG liegt demnach ein halbautonomer Schadensbegriff zugrunde. Einen Mehrwert hat die Feststellung aber nur insoweit, als feststeht, dass die §§ 249 ff. BGB unter Berücksichtigung unionsrechtlich übertragbarer Grundsätze[192] anzuwenden sind[193] und damit eine rein nationalrechtliche und ebenso rein unionsrechtliche erst im Ausgangspunkt zu konturierende Schadensersatzhaftung ausscheiden muss.

d Unionsrechtliche Grundsätze für Schadensersatzansprüche

Das Unionsrecht folgt über verschiedene außervertragliche oder vertragliche Haftungen hinaus rechtsgebietsübergreifend[194] dem Grundsatz der „Totalreparation".[195] Dabei wird man zwar zu konstatieren haben, dass

---

192 Zu beachten ist dabei insbesondere, dass das Schadensersatzunionsprivatrecht dabei allgemeine Grundsätze für Schadensersatzansprüche kennt. Nicht durchgreifen kann daher das Argument, dass man kartellrechtsspezifische Schadensbeurteilungen nicht heranziehen kann und daher keine Beurteilungsgrundlage im Schadensersatzunionsprivatrecht für die Auslegung des § 9 II UWG möglich ist. Zu diesen Bedenken für die Übertragung kartellrechtlicher Wertungen etwa *Alexander* WRP 2022, 337 (338 ff.), zwar im Hinblick auf eine Entscheidung des OGH, aber bezogen auf die Auslegung des Art. 11a UGP-RL; *ders.*, GRUR 2021, 1445 (1452); für das Vorhandensein allgemeingültiger Schadenersatzunionsprivatrechtlicher Grundsätze, *Glöckner*, WRP 2022, 383 (391); ähnlich *Augenhofer*, EuZW 2019, 5 (8); so auch eine Entscheidung hierzu aus Österreich OGH, Urt. v. 16.12.2021 – 4Ob49/21s, Rn. 41 f., 22. Letzlich hat § 9 II UWG auch eine Präventivfunktion und ist dem Wettbewerbsrecht zugehörig, sodass auch die Übertragung kartellrechtlicher Wertungen denkbar erscheint, vorsichtig bejahend *Augenhofer*, EuZW 2019, 5 (8); allgemein zur Wechselbezüglichkeit Statt vieler *Grewe*, Missbrauchsverbot, S. 169 m. w. N.

193 Was bei reiner Rahmensetzung im Rahmen des Art. 4 III EUV ebenso gegeben sein wird und sich insoweit allenfalls im Hinblick auf die Intensität der Berücksichtigung unterscheiden wird. Das kann wiederum aber nicht weiter konkretisiert werden, weil der Umfang der erhöhten Berücksichtigung im Einzelfall erklärungsbedürftig ist. Im Übrigen sind die Maßstäbe des EuGH insoweit kaum mehr logisch kategorisierbar. So fordert er teilweise bei reiner Rahmensetzung doch eine Verpflichtung zum Ersatz des entgangenen Gewinns nebst Zinsen beim Schadensersatz, EuGH-Urt. v. 13.07.2006, verb. Rs. C-295/04 bis C-298/04 Rn. 95 – *Manfredi*, Slg. 2006,I-6619. Bei vollharmonisierenden Richtlinien lässt er gleichwohl gewissen Spielraum zu, EuGH-Urt. v. 10.05.2001, Rs- C-203/99 Rn. 27 – *Veedfald*, Slg. 2011, I-3569; dazu auch insgesamt *Heinze*, Schadensersatz, S. 581 ff. Eine starre Unterscheidung lässt sich daher zwar nicht vornehmen, kann in genannter Tendenz aber gleichwohl Geltung beanspruchen.

194 Dazu *Heinze*, Schadensersatz, S. 585 m. w. N.

195 H-B/H-B/*Goldmann*, 5. Aufl. (2021), Anhang § 9 Rn. 93 ff.; *Köhler*, GRUR 2022, 435 (441); *Heinze*, Schadensersatz, S. 585 m. w. N.; *Remien*, in: Remien, Schadensersatz, S. 359, 370 f.

das Unionsrecht im Hinblick auf den Verbraucherschutz bezüglich der Gewährung von Schadensersatzansprüchen in seiner Tendenz extensiv ist.[196] Gleichwohl finden sich immer wieder Begrenzungen im Hinblick auf den Schutzzweck der Norm.[197] Insofern lassen sich unionsrechtliche Tendenzen für Schadensersatzansprüche ausmachen, die auf die folgende Bewertung des § 9 II UWG ausstrahlen.

3 Auslegungserfordernis des § 9 II UWG

Für die Beurteilung sind daher zunächst die umfassten und ausgeschlossenen Verhaltensnormen und die sonstigen im Übrigen relevanten Tatbestandsvoraussetzungen und Rechtsfolgen und deren Unionsrechtskonformität anhand des genannten halbautonomen Maßstabs relevant. Denn diese liefern grundlegende Anhaltspunkte dafür, welche forschungsfragenrelevanten Situationen von § 9 II UWG umfasst sind, und geben damit Aufschluss über das Umfassen denkbar zu schließender Schutzlücken und Konkurrenzen im Rahmen der Rolle der Verbraucheraktivlegitimation im UWG und damit denkbar durchsetzbarer Situationen für den Verbraucher. Erforderlich ist darüber hinaus eine Untersuchung des Schutz- und Normzwecks des § 9 II UWG im Hinblick darauf, was und wer damit geschützt werden soll. Dieser hat einerseits für die Frage nach der Rolle des § 9 II UWG für den Schutzzweck des UWG Relevanz. Andererseits für die konkurrenzrechtliche Betrachtung bei einer Abgrenzung nach Schutzzwecken als Rollenbegrenzung. Zuletzt wird der Schutz- und Normzweck bei der Frage, welche Rolle der Verbraucher im Lauterkeitsrecht hat, virulent.

a Unionsrechtskonformität der Anspruchsvoraussetzungen

Zuvorderst zentral ist im Hinblick auf die genannte Relevanz der tatbestandliche Umfang und dessen Unionsrechtskonformität.

aa Umfasste und ausgeschlossene Verhaltensnormen

§ 9 II S. 1 UWG spricht davon, dass unlautere geschäftliche Handlungen nach § 3 UWG umfasst sind. § 9 II S. 2 UWG normiert, dass Ansprüche aus §§ 3a, 4, 6 sowie Nummer 32 des Anhangs ausscheiden. Im Zusammenspiel

[196] Dazu schon *Wurmnest*, Grundzüge eines europäischen Haftungsrechts, S. 224; ebenso *Heinze*, Schadensersatz, S. 127 ff. m. w. N.

[197] *Heinze*, Schadensersatz, S. 592, 601.

der zwei Sätze ergibt sich, dass die Verhaltensnormen der §§ 4a, 5 ff.[198] und Nr. 1 – 31 des Anhangs zu § 3 III UWG in den Anwendungsbereich des § 9 II S. 1 UWG aufgenommen sind.

Ausgenommen sind die §§ 3a, 4, 6 UWG. Zwar geht es in § 3a UWG schon ausweislich des Wortlauts klar auch um Verbraucherschutz. Da Ziel der Umsetzung aber eine „1:1-Umsetzung" der UGP-RL[199] war und § 3a UWG nicht auf dieser beruht,[200] ist ein Ausschluss desselben unionsrechtskonform. Ebenso zulässig wird ein Ausschluss der §§ 4, 6 UWG sein. Das UWG selbst und auch § 9 II UWG verfolgen, wie zu zeigen sein wird, zwar einen mehrdimensionalen Schutzzweck,[201] der insbesondere auch in den mitbewerberschützenden Vorschriften „versteckten" Verbraucherschutz[202] intendiert. Gleichwohl geht es im Rahmen der genannten Normen und der fehlenden Entsprechung in der UGP-RL[203] ganz zentral um funktionalen Mitbewerberschutz[204] als solchen. Eine Ausklammerung in § 9 II UWG ist daher unionsrechtskonform. Sollte es im Rahmen der genannten Vorschriften zu einer Verwechslungsgefahr der Verbraucher kommen oder eine

---

198 Insbesondere genügt für deren Einschlägigkeit das Vorliegen der in diesen genannten Voraussetzungen. Eine Übertragung einer „Spürbarkeit" des § 3 II UWG auf die speziellen Verhaltensnormen ist daher gerade nicht erforderlich, dazu O/S/*Sosnitza*, 8. Aufl. (2023), § 3 Rn. 82 m. w. N.; *Hagenmeier*, Lauterkeitsrechtlicher Schutz, S. 207 ff.

199 BT-Drs. 19/27873, S. 41.

200 Dazu insbesondere auch *Spengler*, die Verbrauchergeneralklausel, S. 125 ff. Interessant sind hier insbesondere die Konsequenzen für § 3 II UWG bei § 9 II UWG, die für die Forschungsfrage aber nicht weiter von Belang sind.

201 Dazu allgemein auch *Glöckner*, GRUR 2021, 919 (925).

202 Dies zeigt sich z. B. i. R. d. mit „Mitbewerberschutz" betitelten § 4 UWG, der in Nr. 3a) UWG von einer vermeidbaren Täuschung der Abnehmer spricht und diese somit jedenfalls mittelbar auch mitschützen will. Gleiches gilt für § 6 II Nr. 3 UWG bezüglich einer Verwechslungsgefahr gegenüber den Verbrauchern, dazu *Glöckner*, GRUR 2021, 919 (925), der darauf hinweist, dass sich auch hinter mitbewerberschützenden Tatbeständen Vorschriften verbergen, die durch die UGP-RL harmonisiert werden; ähnlich *Scherer*, WRP 2021, 561 (563), die vom fehlenden, unmittelbar den Verbraucher schützenden Charakter dieser Vorschriften spricht; a. A. aber *Köhler*, WRP 2021, 129 (133) für § 4 UWG, der davon spricht, dass nur der Mitbewerberschutz bezweckt wird.

203 Jedenfalls soweit es um den primären Schutzzweck geht, vgl. ErwGr. 6 S. 3, 8 S. 2 UGP-RL.

204 *Ohly*, GRUR 2022, 763 (769); auch *Keller*, GRUR 2021, 456 (458); einschränkend in Bezug auf § 6 UWG *Köhler*, WRP 2021, 129 (133); auch krit. hierzu *Alber*, IPRB 2021, 283 (284).

Produktnachahmung diese täuschen, sind diese überdies durch § 9 II UWG über die §§ 5,[205] 5a, 5b UWG und § 3 III i. V. m. dem Anhang des UWG geschützt. Das Argument des primär intendierten Mitbewerberschutzes kann dann zwar für § 7 UWG keine Geltung beanspruchen, weil Letzterer, wenn auch nicht immer,[206] primär Verbraucherschutz[207] intendiert. Da § 7 UWG gleichwohl – jedenfalls nach dem § 7 II UWG n. F.[208] – keine Entsprechung in der UGP-RL findet, wird man auch von einer unionsrechtskonformen Ausgestaltung ausgehen dürfen.

bb Unionsrechtskonformität der Veranlassung und des Haftungsmaßstabs

Ferner bedarf es nach gesetzgeberischem Verständnis einer „Veranlassung" des Verbrauchers zu einer geschäftlichen Entscheidung sowie einer zumindest fahrlässigen geschäftlichen Handlung des Unternehmers.[209]

aaa Tatsächliche Veranlassung

Der Referentenentwurf enthielt die Formulierung der tatsächlichen Veranlassung des Verbrauchers noch nicht,[210] sondern ließ einen Verstoß gegen § 3 UWG genügen und stellte damit nur – wie für das UWG als Gefährdungstatbestand typisch – auf die „Eignung" zur Veranlassung zu einer geschäftlichen

---

[205] Insoweit zutreffend auch *Alexander*, WRP 2021, 1445 (1451), wenn er anführt, dass die Fälle einer irreführenden vergleichenden Werbung von § 5 IV UWG erfasst sind.

[206] Denn auch ein primärer Mitbewerberschutz ist denkbar, z. B. bei belästigenden Anrufen bei Konkurrenten, um Mitarbeiter abzuwerben, dazu *Peukert*, WRP 2019, 546 (552); diese Fälle dürften aber deutlich weniger auftreten, dazu *Köhler*, in: FS Harte-Bavendamm (2020), S. 355, 363 ff.

[207] Siehe hierzu nur BGH GRUR 2018, 1178 – *Kundenzufriedenheitsbefragung* für die Anwendung des § 7 UWG i. R. d. §§ 823, 1004 BGB.

[208] § 7 II Nr. 1 UWG a. F., der bis zum 28.05.2022 Gesetz war, enthielt die Entsprechung von Nr. 26 des Anhangs der UGP-RL, sodass ein Ausschluss nicht unionsrechtskonform gewesen wäre. Dessen Inhalt wurde nun aber in Nr. 26 des Anhangs zu § 3 III UWG eingefügt, dazu BT-Drs. 19/27873, S. 44 f.; zum alten § 7 II Nr. 1 UWG statt vieler *Ohly*, WRP 2015, 1443 (1446).

[209] BT-Drs. 19/27873, S. 40.

[210] Dazu im Einzelnen im Hinblick auf eine dahingehende Kritik m. w. N. *Köhler*, WRP 2021, 129 (130).

Entscheidung ab. Gleichwohl überzeugt auch das Erfordernis der „tatsächlichen Veranlassung“, wenngleich es zum Teil bestritten[211] wird.

Das resultiert einerseits aus einer Schutzzweckbetrachtung. Selbst wenn man dieser aber nicht folgen will, ergibt es sich andererseits auch aus einer Betrachtung des Unionsrechts im Zusammenspiel der Erwägungsgründe der UGP-RL und Art. 11a I S. 2, 3 UGP-RL.

Denn sollen im Rahmen des Schutzzwecks die Folgen unlauterer geschäftlicher Handlungen über einen Schadensersatzanspruch beseitigt werden, macht es Sinn, dass der Verbraucher erst eine geschäftliche Entscheidung treffen muss, die einen entsprechenden Schaden innerhalb dieses Schutzzwecks ersatzfähig stellt.[212] Andere Schäden würden jedenfalls schon im Ausgangspunkt außerhalb des Schutzzwecks der Norm liegen, weil sie gerade in keinem hinreichenden Zusammenhang zu einer geschäftlichen Entscheidung des Verbrauchers stünden.[213] Das soll exemplarisch folgende Situation belegen:[214] Der Unternehmer erweckt den Eindruck, der Verbraucher könne ein Geschäftslokal nicht ohne vorangegangenen Vertragsschluss verlassen, was unlauter im Sinne der Nr. 25 des Anhangs zu § 3 III UWG wäre. Der Verbraucher flieht daraufhin, verletzt sich und es fallen Arztkosten an. Bezüglich der unlauteren geschäftlichen Handlung wird dabei vermutet, dass sie dazu geeignet ist, den Verbraucher zu einer geschäftlichen Entscheidung zu veranlassen. Der Schutz der wirtschaftlichen Interessen des Verbrauchers im Hinblick auf Schäden ist hier aber mangels einer getroffenen geschäftlichen Entscheidung nicht gegeben. Es geht nicht mehr um den Schaden des Verbrauchers im Hinblick auf die geschäftliche Entscheidung „Schließe ich einen Vertrag“. Vielmehr ist ein

---

211 Etwa *Alber*, IPRB 2021, 283 (284).

212 In diesem Sinne auch *Köhler*, GRUR 2022, 435 (438).

213 *Alexander*, GRUR 2021, 1445 (1451); so zutreffend *Köhler*, WRP 2021, 129 (131) mit einem etwaigen Beispiel einer bloßen Eignung und mit Eintritt eines etwaigen Schadens, der in den Schutzzweck betreffend der freien und informierten geschäftlichen Entscheidung kaum fallen kann; in diesem Sinne auch *Heinze/Engel*, NJW 2021, 2609 (2610 f.); eine Ausnahme von diesem Grundsatz entsteht in einem Fall bei einer etwaigen Schutzlücke, die § 9 II UWG schließen soll. Hier versagt § 9 II UWG nach dem Stand de lege lata, Kapitel 2 (S. 102 ff.); zu einer etwaigen Lösung hierfür de lege ferenda, Kapitel 4 (S. 295 ff.).

214 Dazu etwa *Köhler*, WRP 2021, 129 (131), der noch einen weiteren Fall nennt.

davon nicht umfasster Folgeschaden am Körper Gegenstand der Frage.[215] Das UWG möchte aber nicht davor schützen, die körperliche Integrität des Verbrauchers zu gewährleisten, die nicht auf einer entsprechenden geschäftlichen Entscheidung des Verbrauchers beruht. Vielmehr greift es im Hinblick auf eine *Schadensersatzpflicht* des Unternehmers dann, wenn der Verbraucher aufgrund einer geschäftlichen Entscheidung in seinen wirtschaftlichen Interessen betroffen ist.[216] Eine Eignung ist daher wie immer erforderlich, indessen nicht ausreichend.[217]

Letztlich wird man dies im Hinblick auf Art. 11a UGP-RL auch als möglich und unionsrechtskonform bezeichnen können. Art. 11a der UGP-RL knüpft zwar nur daran an, dass Verbrauchern, die durch unlautere geschäftliche Handlungen geschädigt wurden, der dadurch entstandene Schaden ersetzt werden soll. Das Erfordernis einer „tatsächlichen Veranlassung" geht hieraus nicht hervor. Dennoch spricht die UGP-RL selbst von der „tatsächlichen Veranlassung". So formuliert beispielsweise Art. 6 im Rahmen von irreführenden Geschäftspraktiken, dass solche Praktiken verboten sein sollen, die den Verbraucher „tatsächlich" oder „voraussichtlich" zu einer geschäftlichen Handlung veranlassen, die er ansonsten nicht getroffen hätte. Gleiches gilt für die übrigen Verhaltensnormen. Die Richtlinie stellt daher selbst darauf ab, dass es durchaus auf die „tatsächliche Veranlassung" ankommen darf. Nun könnte man zwar anführen, dass es im Hinblick auf die Formulierung „jedenfalls voraussichtlich dazu veranlasst" geboten ist, eine Eignung im Hinblick auf § 9 II UWG genügen zu lassen und die „tatsächliche Veranlassung" ein hinreichendes, aber nicht zwingendes Erfordernis darstellt. Gleichwohl sprechen die Erwägungsgründe selbst auch von der Möglichkeit, auf eine tatsächliche Veranlassung abzustellen. Im Hinblick darauf, dass das UWG beim Verbraucherschutz auch Unterlassungsansprüche gewährt, macht eine „Eignung" für die vorbeugende Durchsetzung durch Unterlassungsansprüche ohne „tatsächliche Veranlassung" Sinn.[218] Zudem führt sie dazu, dass sich jedenfalls für Schadensersatzansprüche des Verbrauchers eine anderweitige Beurteilung rechtfertigen lässt, ohne den Richtlinientext zu unterlaufen. Im

---

215 In diesem Sinne auch *Köhler*, GRUR 2022, 435 (442).
216 Ganz in diesem Sinne auch *Köhler*, WRP 2021, 129 (131).
217 Statt aller etwa *Havlik*, Täuschung und Irreführung, S. 382 f. m. w. N.
218 In diese Richtung auch *Köhler*, WRP 2021, 129 (131).

Übrigen lässt Art. 11 I S. 2, 3 UGP-RL den Mitgliedsstaaten einen Spielraum, sodass eine dahingehende, vom Gesetzgeber übernommene Formulierung – die auch in der UGP-RL anklingt – unionsrechtskonform[219] und insbesondere auch sinnvoller[220] sein wird.

bbb Haftungsmaßstab

Eine Haftung kommt bei § 9 II UWG schon bei fahrlässiger unlauterer Handlung in Betracht. Zwar wird zum Teil davon gesprochen, dass eine verschuldensunabhängige Ausgestaltung unionsrechtlich geboten ist,[221] § 9 II UWG deshalb unionsrechtswidrig wäre und noch weiter ausgelegt werden muss.

Das kann im Hinblick auf Art. 11a I S. 3 UGP-RL unter Berücksichtigung von ErwGr. 16 S. 5 OB-RL nicht überzeugen. Diese sprechen in ihrer Gesamtschau davon, dass „weitere relevante Umstände" wie etwa „das Fehlverhalten" berücksichtigt werden können. Unter diesem Gesichtspunkt ist ein Abstellen auf ein Verschulden des Unternehmers im Rahmen seiner geschäftlichen Handlung über Art. 11a I S. 3 der UGP-RL und ErwGr. 16 S. 5 der OB-RL viel mehr gedeckt, als dass es ausgeschlossen wäre.

Für vorsätzliches Verhalten gelten dabei die allgemeinen Grundsätze.[222] Dieser Fall des § 9 II UWG wird wenig Relevanz haben, weil das BGB in diesen Fällen für die §§ 823 II BGB, 263 StGB oder auch § 16 UWG schon Ansprüche gewährt und der Vorsatz schwer nachweisbar[223] ist. Die Beurteilung fahrlässiger Verhaltensweisen im Rahmen des § 9 II UWG richtet sich im Grundsatz nach § 276 II BGB.[224] Das Lauterkeitsrecht stellt dabei regelmäßig strenge

---

[219] Noch strenger *Köhler*, GRUR 2022, 435 (437), der dies für unionsrechtlich zwingend hält.

[220] Anders *Alber*, IPRB 2021, 283 (284), der eine Eignung genügen lassen will, soweit ein adäquat kausaler Schaden vorliegt.

[221] GroKoUWG/*Fritzsche*, 3. Aufl. (2021), § 1 Rn. 292, was sich im Hinblick auf den ErwGr. 16 S. 5 der OB-RL schwerlich erklären lässt. Recht hat er freilich, dass man das aus ErwGr. 16 S. 1 der OB-RL, Art. 11a der UGP-RL lesen könnte, wenn man ErwGr. 16 S. 5 OB-RL ausblendet.

[222] Dazu statt aller für § 9 II UWG, BeckOKUWG/*Eichelberger*, 19. Ed. (Stand: 01.01.2023) m. w. N.

[223] Dazu allgemein *Berens*, Fremdbestimmung, S. 283; *Lehmann*, Vertragsanbahnung, S. 291; *Alexander*, Vertrag, S. 124.

[224] Statt aller O/S/*Ohly*, 8. Aufl. (2023), § 9 Rn. 46, 10.

Sorgfaltsanforderungen an das Handeln von Unternehmern.[225] Das mag man im Hinblick auf eine vorschnelle Inanspruchnahme des Unternehmers bei Lauterkeitsverstößen kritisch sehen.[226] Diese Ausgestaltung dient aber den unionsrechtlichen Zielen nach praktischer Wirksamkeit und Effektivität,[227] denen ohnehin Bedenken für § 9 II UWG[228] entgegenstehen. Freilich damit verbunden ist aber, dass man im Rahmen des Spannungsfeldes zwischen Verbraucherschutz und Unternehmerschutz die Interessen der Unternehmer mitberücksichtigt.[229]

b *Möglichkeit und Voraussetzung der Vertragsaufhebung*

Die relevanteste[230] Schadensposition für die Beurteilung des § 9 II UWG im Hinblick auf Rollenbegrenzung der Verbraucheraktivlegitimation ist die Frage nach der Möglichkeit einer Vertragsaufhebung. Diese Frage strahlt dann auch auf die Rolle des Verbrauchers bei der Durchsetzung aus. Sie ist Grundlage dafür, was der Verbraucher durchsetzen kann und inwieweit er durchsetzen wird.

Zu trennen sind hier zwei Fragen: Kann der Verbraucher bei § 9 II UWG Vertragsaufhebung verlangen und wenn ja, unter welchen Voraussetzungen?

aa Möglichkeit der Vertragsaufhebung

Ausgangspunkt ist trotz der Anwendbarkeit der §§ 249 ff. BGB die unionsrechtliche Grundlage des § 9 II UWG. Art. 11a UGP-RL spricht dabei expressis

---

[225] Dazu im Einzelnen kritisch im Hinblick auf eine Umsetzung des Art. 11a UGP-RL *Dröge*, WRP 2019, 160 (163); *Schrader*, WRP 2022, 138 (144); auch *Heinze/Engel*, NJW 2021, 2609 (2612); *Havlik*, Täuschung und Irreführung, S. 384.

[226] Dazu *Dröge*, WRP 2019, 160 (163.); etwas offener *Schrader*, WRP 2022, 138 (144), der Konstellationen anführt, in denen ein solcher Vorwurf dem entsprechenden Unternehmer jedenfalls noch nicht gemacht werden kann.

[227] In diesem Sinne auch *Heinze/Engel*, NJW 2021, 2609 (2612); H-B/H-B/*Goldmann*, 5. Aufl. (2021), § 9 Rn. 57 u. a. unter Verweis auf § 9 I UWG und den unionsrechtlichen Äquivalenzgrundsatz; in diesem Sinne auch *Max-Planck-Institut*, Stellungnahme zum Ref.-E. des UWG, S. 11 im Hinblick auf die Erfahrungen mit § 10 UWG.

[228] Kapitel 3 (S. 205 ff.).

[229] Dazu insbesondere die Durchsetzung des § 9 II UWG und die damit verbundene Auflösung des Spannungsfeldes, Kapitel 3 (S. 205 ff.), Kapitel 4 (295 ff.).

[230] Das ergibt sich dadurch, dass hier am ehesten Friktionen denkbar sind, dazu Kapitel 2 (S. 144 ff.); für die Relevanz insbesondere dieser Schäden im Wettbewerbsrecht auch schon damals die Rechtstatsachenforschung von *v. Falckenstein*, Schäden der Verbraucher, S. 34, 121.

verbis von einer „Beendigung des Vertrages“. Zwar wird von „gegebenenfalls“[231] gesprochen. Damit ist aber „im gegebenen Fall“[232] gemeint und nicht „wenn man dies möchte“.[233] Unterstützt wird diese Lesart durch die französischen und englischen Richtlinientexte.[234] So spricht die französische Fassung von „Le cas échéant“, was zwar auch als „gegebenenfalls“ übersetzt werden kann, jedenfalls bei Übersetzung Wort für Wort aber „im anwendbaren Fall“ heißt. Noch klarer ist die englische Sprachfassung. Dort wird von „Where relevant“ gesprochen, was so viel wie „wo einschlägig“ heißt. Letztlich wird die Formulierung darauf zurückzuführen sein, dass das UWG schon vorher anwendbar[235] ist und in diesen Fällen eine Vertragsaufhebung keinen Sinn macht: Hat der Verbraucher aufgrund einer unlauteren geschäftlichen Handlung keinen Vertrag geschlossen, ist eine Vertragsaufhebung freilich nicht möglich. Unerheblich ist auch, dass § 9 II UWG kein originäres Vertragslösungsrecht qua Wortlaut ist. Vielmehr ist entscheidend, ob die entsprechende Rechtsfolge durch diesen herbeigeführt werden kann.[236] Das ist im Rahmen des § 249 I BGB möglich. Insoweit überzeugt auch das Vorbringen nicht, dass die Richtlinie zwischen Schadensersatz und Vertragsaufhebung differenziert[237] und der Gesetzgeber nur einen Schadensersatzanspruch eingeführt[238] hat. Vielmehr sollte er beides gewährleisten, was er über den Schadensersatzanspruch getan hat. Ebenso kann der Möglichkeit der Vertragsaufhebung auch kein Wertungswiderspruch mit dem Regelungssystem

---

231 Das gilt auch für die „Preisminderung“, die den nachgelagerten Fall des etwaigen positiven Interesses betrifft. Die für die Vertragsaufhebung insoweit getroffenen Aussagen gelten daher ebenso.

232 In diesem Sinne *Alexander*, GRUR 2021, 1445 (1450); *Büscher*, WRP 2022, 132 (136); ebenso *Havlik*, Täuschung und Irreführung, S. 379.

233 So aber der Gesetzgeber, BT-Drs. 19/27873, S. 39, wenn davon gesprochen wird, dass der Schadensersatzanspruch einzuführen ist, weil er nicht unter einem solchen Vorbehalt steht. Eine Möglichkeit der Vertragsaufhebung für einen Fall benennt er gleichwohl.

234 Dazu zuletzt zutreffend *Havlik*, Täuschung und Irreführung, S. 379.

235 So z. B. für die Anlockfälle, die denkbare Situationen von Schutzlücken darstellen, dazu Kapitel 2 (S. 73 ff.); generell hierzu auch der Anwendungsbereich seiner unionsrechtlichen Grundlage, Art. 3 I UGP-RL.

236 *Alexander*, GRUR 2021, 1445 (1450); *Scherer*, GRUR 2022, 787 (789).

237 *Alexander*, WRP 2021, 136 (143).

238 Was im Übrigen auch schon deswegen als Argument nicht überzeugt, weil der Gesetzgeber selbst einen Fall der Vertragsaufhebung nennt, BT-Drs. 19/27873, S. 41.

des BGB entgegengehalten werden.[239] Andernfalls wird die vorgelagerte Frage der Rechtsfolge mit der nachgelagerten Frage der Konkurrenz vermengt.[240] Gleiches gilt für die These, dass eine Rückabwicklung mangels konkreter gesetzlicher Regelung Probleme bereiten könnte und daher eine Vertragsaufhebung ausscheiden soll.[241] Auch damit werden ein Folgeproblem und die Rechtsfolge des § 249 I BGB vermischt. Das überzeugt darüber hinaus deshalb nicht, weil sich die gleichen Probleme bei der culpa in contrahendo und § 826 BGB ergeben.[242] Zwar wird man sich bei einer Verschlechterung der Sache durchaus die Frage stellen müssen, wie ein Ausgleich bei der Schadensbestimmung vorzunehmen ist. Vorgeschlagen wird hier einerseits eine wenig überzeugende[243] Anwendung der Vorschriften des Rücktritts im Rahmen des § 346 II, III Nr. 3 BGB analog.[244] Zu gleicher Problematik finden sich Ansätze zur Anwendung des Bereicherungsrechts.[245] Letztlich braucht es aber auch dahingehende Konstruktionen und die mit diesen verbundenen Probleme nicht, wenn man die für das Unionsrecht[246] und auch nationalrechtlich anerkannten Grundsätze[247] des Bereicherungs- und Vorteilsausgleichs[248] heranzieht. Zu beachten ist dabei zwar, dass dem Lauterkeitsrecht als Sonderdeliktsrecht eine Präventivfunktion[249] zukommt, die

239 So *Keller*, GRUR 2021, 456 (459); *Schrader*, WRP 2022, 138 (144 f.).

240 *Scherer*, GRUR 2022, 787 (789 f.).

241 Stark in diese Richtung *Alexander*, WRP 2021, 136 (143).

242 *Heinze/Engel*, NJW 2021, 2609 (2613) m. w. N.

243 Es geht weniger um das Erzeugen eines vertraglichen Rückgewährschuldverhältnisses, das den Vertrag rückabwickelt. Es geht um die Beseitigung der unlauteren geschäftlichen Handlung durch einen deliktischen Anspruch. Insoweit ist § 9 II UWG eher dem § 826 BGB vergleichbar, bei dem eine Wertung des Rücktrittsrechts richtigerweise nicht miteinbezogen wird.

244 *Scherer*, GRUR 2022, 787 (790).

245 *Köhler*, WRP 2021, 129 (132); *Frey*, VuR 2022, 174 (176); kritisch im Hinblick auf die kaum vornehmbare Abgrenzung zwischen Bereicherungsausgleich und Schadensersatz im Unionsrecht, *Heinze*, Schadensersatz, S. 136 ff., 322.

246 Dazu ebenso *Heinze*, Schadensersatz, S. 322, der dies aus der Wertung von EuGH-Urt. v. 3.9.2009, C-489/07, Rn. 25 – *Pia Messner*, Slg. 2009, I-731 ableitet. Insoweit spricht er von einer Vereinbarkeit des Grundsatzes des Bereicherungsverbots mit dem unionsrechtlichen Schadensersatzrecht.

247 Etwa BGH NJW 2020 1962 Rn. 64 ff.

248 Grundlegend etwa BGH NJW 1986, 983 Rn. 14; dafür plädiert *Glöckner*, GRUR 2022, 383 (392).

249 Zu diesem und seiner Ausprägung für § 9 II UWG, Kapitel 1 (S. 59 ff.).

dadurch geschmälert wird. Der Schadensersatz hat insbesondere aber auch eine kompensatorische Komponente, die über die weitere Prävention nicht zu einem Strafschadensersatz[250] gemacht werden darf. Derartige Fallgestaltungen lassen sich so auflösen, dass der Sinn und Zweck des § 9 II UWG auch in einer Präventivfunktion gesehen werden muss. Insoweit ist dieser durch den Richter im Rahmen des § 287 ZPO restriktiv[251] zulasten des Schädigers auszulegen.

Keines der Argumente gegen die Möglichkeit einer Vertragsaufhebung kann überzeugen. Vielmehr ist eine solche unionsrechtlich geboten und kann über die Rechtsfolge des § 249 I BGB herbeigeführt werden.

bb Voraussetzung für den Vertrag als Schaden

Unter welchen Voraussetzungen wird der Verbraucher aber eine Vertragsaufhebung verlangen dürfen? Der Gesetzgeber formuliert, dass der Verbraucher in den Fällen der Nummer 26 des Anhangs zu § 3 III UWG bei Abschluss eines wirtschaftlich nachteiligen Vertrages unter Umständen die Aufhebung des Vertrages verlangen kann. Im Übrigen spricht er nur davon, dass für § 9 II UWG generell die §§ 249 ff. BGB Anwendung finden.[252]

Das ist in dreierlei Hinsicht unglücklich. Erstens ist nicht klar, ob die „wirtschaftliche Nachteiligkeit“ nur für den genannten Fall gefordert wird und im Übrigen nicht erforderlich ist. Denkbar wäre ebenso, dass eine Vertragsaufhebung im Übrigen gar nicht möglich sein soll. Zweitens wird dann schon davon gesprochen, dass der Verbraucher so zu stellen ist, als ob die unzulässige geschäftliche Handlung nicht vorgenommen worden wäre und er nicht zu der entsprechenden geschäftlichen Entscheidung veranlasst worden wäre. Folgt man dem, kommt es auf einen entsprechenden „wirtschaftlichen Nachteil“ aber doch nicht an. Drittens wirkt die Formulierung „unter Umständen“ schlecht greifbar, da Umstände vom Gesetzgeber an keiner anderen Stelle genannt werden.

---

250 BGH NJW 2020 1962 Rn. 64 ff. für § 826 BGB. Diese Wertung lässt sich insoweit auf § 9 II UWG übertragen; das wird man unionsrechtlich auch nicht fordern dürfen, siehe hierzu nur die Verbandsklagerichtlinie, die in ErwGr. 10 einen Strafschadensersatz als zu vermeiden beurteilt.

251 In diesem Sinne *Heinze*, Schadensersatz, S. 616 ff. m. w. N., der dies insbesondere für das Kartellrecht feststellt, indessen anführt, dass dies bereichsübergreifend – wenn auch nicht immer gleich stark ausgeprägt – festzustellen ist.

252 BT-Drs. 19/27873, S. 41.

Aufschluss über die zu fordernden Voraussetzungen für eine Vertragsaufhebung könnte die nationale Dogmatik zur Vertragsaufhebung geben, die im Rahmen der §§ 249 ff. BGB nach Gesagtem anwendbar sein darf, sich nachgelagert im Rahmen des halbautonomen Schadensbegriffs aber am Unionsrecht messen lassen muss.

So könnte man die Rechtsprechung zur culpa in contrahendo vergleichend heranziehen,[253] bei der zwar grundsätzlich eine wirtschaftliche Nachteilhaftigkeit gefordert wird. Indessen auch bei objektiver Werthaltigkeit eine subjektive Zweckverfehlung zu einem entsprechenden Schaden führen kann,[254] wenn der Vertrag für den Verbraucher nicht „voll brauchbar"[255] ist. Dies will jedenfalls Menke,[256] der sich vor etwas mehr als einem Jahrzehnt zu dem Erfordernis einer verbraucherrechtlichen Aktivlegitimation geäußert hatte und diese im Ergebnis bejahte, für einen entsprechenden Anspruch fordern. In diese Richtung geht auch die Rechtsprechung des BGH[257] zu den Dieselfällen – die (mit) maßgeblicher Entstehungsgrund des § 9 II UWG waren.[258] Der BGH geht bei § 826 BGB von einem subjektiven Schadensbegriff[259] aus, weil das wirtschaftliche Selbstbestimmungsrecht geschützt wird. Da es sich bei § 9 II UWG ebenso um Deliktsrecht handelt und die Schutzzwecke in weiten Teilen auch sehr ähnlich[260] sind, erscheint eine Gleichbehandlung[261] sachgerecht.

---

[253] Ebenso *Glöckner*, GRUR 2022, 383 (392); dazu auch O/S/*Ohly*, 8. Aufl. (2023), § 9 Rn. 48.

[254] BGH siehe nur BGH NJW 1998, 302 (304); dazu insgesamt auch Jauernig/*Stadler*, 19. Aufl. (2023), § 311 Rn. 62 ff. m. w. N.

[255] Grundlegend BGH WM 1997, 2309 (2312), der anführt, dass eine rein subjektiv willkürliche Einschätzung nicht genügt, vielmehr eine Bestimmung nach den Verkehrskreisen erfolgt.

[256] *Menke*, Wettbewerbsrechtlicher Verbraucherschutz, S. 117 ff., 250.

[257] BGH NJW 2020, 1962 Rn. 52 ff.

[258] Dazu *Kalbfus/Uhlenhut/Feilke*, CCZ 2022, 99 (101 f.).

[259] Zwar ergibt sich in solchen Konstellationen rechnerisch kein Schaden, die Differenzhypothese ist aufgrund ihrer Wertneutralität aber gegebenenfalls einer normativen Kontrolle zu unterziehen, die insbesondere auch den Schutzzweck der Haftung miteinbeziehen muss, BGH NJW 2020, 1962 Rn. 53.

[260] Hierzu die Konkurrenz des allgemeinen Deliktsrechts zum Sonderdeliktsrecht des § 9 II UWG, Kapitel 2 (S. 200 ff.).

[261] Im Ergebnis *Kalbfus/Uhlenhut/Feilke*, CCZ 2022, 99 (101 f.); zuletzt ebenso *Havlik*, Täuschung und Irreführung, S. 386.

Es müsste nach deutscher Dogmatik daher möglich sein, einen Vermögensschaden für § 9 II UWG[262] zu fordern, der im Hinblick auf den Schutzzweck der Norm und der „vollen Brauchbarkeit" aber wertungsbezogen „korrigiert" werden kann. Dass dabei eine über den bezifferbaren Schaden hinaus am Schutzzweck orientierte Lösung ausscheiden soll, weil der Schutzzweck der Norm im Rahmen des § 9 II UWG nicht festgestellt werden kann, überzeugt nicht. Argumentiert wird, dass das UWG keine Aussage zur Individualbetroffenheit des Verbrauchers treffe[263] und der Schutzzweck für den einzelnen Verbraucher nicht bestimmt werden kann. Das überzeugt nicht. Vielmehr gilt: § 9 II UWG und Art. 11a der UGP-RL konkretisieren die Schutzzwecke der §§ 3 II, 4a – 5c UWG[264] auf den individuellen Verbraucher. Insbesondere ist doch – überformt über die einzelnen Verhaltensnormen – die wirtschaftliche Entscheidungsfreiheit des Verbrauchers vor unzulässigen geschäftlichen Entscheidungen und der damit mittelbar bezweckte Schutz der Lauterkeit des Marktes und der Mitbewerber der Schutzzweck des § 9 II UWG.[265] Es leuchtet nicht recht ein, wieso dieser ursprünglich kollektivrechtliche Schutzzweck jetzt nicht auch für den individuellen Verbraucher gelten soll. Vielmehr lässt sich eine Übertragung vornehmen.

Dieser durch den Schutzzweck korrigierbare Vermögensschaden müsste aufgrund des halbautonomen Schadensbegriffs von § 9 II UWG auch den Anforderungen des Unionsrechts gerecht werden.

Es geht der UGP-RL über die ErwGr. 14, 16 im Kern um den Schutz vor unzulässigen geschäftlichen Handlungen und den dadurch gewährten Schutz der unbeeinflussten geschäftlichen Entscheidung des Verbrauchers.[266] Es finden sich im Unionsrecht keine Anhaltspunkte, dass es um einen Vermögensschaden des Verbrauchers im Rahmen eines negativen Saldos gehen muss. Vielmehr geht es um die Befreiung des Verbrauchers von einer geschäftlichen

---

[262] *Maaßen*, GRUR-Prax 2021, 7 (8), der die Ausnahmen von einer rechnerischen Nachteilhaftigkeit in der Rechtsprechung nicht in den Blick nimmt und daher einen rechnerisch bezifferbaren Nachteil fordert; ähnlich *Alexander*, WRP 2021, 136 (143).

[263] *Alexander*, WRP 2021, 136 (143).

[264] Dazu auch *Ohly*, GRUR 2022, 763 (771).

[265] Siehe hierzu im Detail die Ausführungen zum Schutzzweck, Kapitel 1 (S. 59 ff.).

[266] Zutreffend *Scherer*, GRUR 2022, 787 (789 f.); *Heinze/Engel*, NJW 2021, 2609 (2611); *Glöckner*, GRUR 2021, 919 (927); *Köhler*, GRUR 2022, 435 (441 f.); *Ohly*, GRUR 2022, 763 (771); *Kalbfus/Uhlenhut/Feilke*, CCZ 2022, 99 (101 f.).

Entscheidung, die er ansonsten nicht getroffen hätte. Allein die Verpflichtung aus dem Vertrag stellt daher die entsprechende Beeinträchtigung dar,[267] denn die Beseitigung der unfreien bzw. uninformierten Entscheidung wird dadurch erreicht, dass er nicht mehr an diese gebunden ist. Letztlich wird dieses Ergebnis auch durch übertragbare[268] unionale Grundsätze weiter gestützt. Insoweit kommt es bei der Verletzung vertraglicher Informationspflichten auf keine subjektive Zweckverfehlung dahingehend an, ob der Vertrag „voll brauchbar" ist oder gar ein rechnerisch bezifferbarer Vermögensschaden vorliegt.[269] Vielmehr ist die reine Verpflichtung[270] als Schaden zu kategorisieren.

Eine Unionsrechtswidrigkeit im Hinblick auf die gefundenen Einschränkungen der nationalen Rechtsprechung wird gleichwohl kaum gegeben sein. Freilich kann es im Einzelfall deshalb zu Problemen kommen, weil die Leistung doch „voll brauchbar" ist und man über den subjektiven Einschlag dennoch zu keiner Vertragsaufhebung kommt. Letztlich sind die Voraussetzungen des subjektiven Einschlags, „dass auch die Verkehrsanschauung bei Berücksichtigung der obwaltenden Umstände den Vertragsschluss als unvernünftig, den konkreten Vermögensinteressen nicht angemessen und

[267] Etwa *Frey*, VuR 2022, 174 (176); *Buck-Heeb*, BKR 2022, 747 (753); ebenso *Hagenmeier*, Lauterkeitsrechtlicher Schutz, S. 203; ohne Einbezug der unionsrechtlichen Grundlage *Alt*, ZAP 2022, 681 (689); dazu auch *Meier*, Täuschung und Manipulation, S. 256; das gilt eigentlich schon unabhängig davon und folgt aus der Anwendung des § 249 I BGB. Zu der Anwendung des § 249 I BGB und dem Erfordernis eines Vermögensschadens schon damals zutreffend *Lorenz*, ZIP 1998, 1053 (1055).

[268] *Heinze*, Schadensersatz, S. 306 f. für Verletzung von Informationspflichten und dahingehender Irreführung eines Verbrauchers. Die Wertungen lassen sich insoweit übertragen. *Heinze* spricht davon, dass Informationspflichten, die über die Tragweite der Verpflichtung informieren sollen, bei Verletzung zur Vertragsaufhebung führen sollen. Hier verhält es sich ähnlich: Die Irreführung, die zum Abschluss des Vertrages führt, über dessen Umfang der Verbraucher sich nicht im Klaren ist und den er sonst nicht getroffen hätte, soll beseitigt werden; ohne diesen Bezug, aber der Sache nach zutreffend H-B/H-B/*Goldmann*, 5. Aufl. (2021), § 9°Rn. 116, der dies aufgrund der unionsrechtlichen Prägung auch anführt.

[269] In diesem Sinne allgemein *Heinze*, Schadensersatz, S. 306 f. für Verletzung von Informationspflichten und dahingehender Irreführung eines Verbrauchers; ähnlich H-B/H-B/*Goldmann*, 5. Aufl. (2021), § 9 Rn. 116, der dies aufgrund der unionsrechtlichen Prägung auch anführt.

[270] *Heinze*, Schadensersatz, S. 307 m. w. N.

damit als nachteilig ansieht",[271] wertungsoffen.[272] Man wird in den meisten Fällen zu einem Gleichlauf kommen. Ergeben sich Abweichungen, muss unionsrechtskonform zugunsten der Vertragsaufhebung ausgelegt werden.

c *Möglichkeit und Voraussetzung des positiven Interesses*

Gleiches gilt für einen Ersatz des positiven Interesses bei § 9 II UWG, das sich ebenso mit dem Mängelgewährleistungsrecht überschneidet und daher Grundlage für die nachgelagerte Frage nach einer Begrenzung ist.

aa Tendenz der Gesetzesbegründung und Einfluss des Schadensersatzunionsprivatrechts

Nach der Gesetzesbegründung[273] ist bei § 9 II UWG „regelmäßig nur" das negative Interesse umfasst. Wann dies nicht der Fall sein soll, ist unklar. Die Formulierung „regelmäßig" lässt erahnen, dass auch das positive Interesse[274] – wenn auch nicht regelmäßig – über § 9 II UWG ersatzfähig sein kann. Denkbar ist dies trotz sonderdeliktsrechtlicher Einkleidung durchaus.[275] Nimmt man in den Blick, dass § 9 II UWG ein halbautonomer Schadensbegriff zugrunde liegt und dem Unionsrecht die Differenzierung[276] zwischen positivem und negativem Interesse fremd ist,[277] erscheint eine Ablehnung mit dem Argument des deliktischen Charakters von § 9 II UWG nicht zwingend. Ob man hierfür in Richtung einer Bejahung den unionsrechtlichen Effektivitätsgrundsatz,[278] der im Rahmen von Art. 11a der UGP-RL „jegliche Folgen" unlauteren Handelns beseitigen will, bemühen kann, ist dabei zwar durchaus

---

271 BGH NJW 2020, 1962 Rn. 46.

272 Noch strenger schon *Lorenz*, ZIP 1998, 1053 (1055 ff.), der anführt, dass damit beinahe jeder Fall gemeint sein kann und nur grob unverständliche Fälle ausscheiden; ebenso zuletzt im Hinblick auf § 9 II UWG, H-B/H-B/*Goldmann*, 5. Aufl. (2021), Anhang § 9 Rn. 115, der davon spricht, dass der Schaden schon in der reinen Verpflichtung liegen kann, indessen das Prinzip des Vermögensschadens nicht aufgegeben wurde.

273 BT-Drs. 19/27873, S. 41.

274 Statt einiger O/S/*Ohly*, 8. Aufl. (2023), § 9 Rn. 48.

275 Zu etwaigen Fallkonstellationen etwa *Glöckner*, GRUR 2022, 383 (391); *Scherer*, WRP 2021, 561 (564).

276 *Schmidt-Kessel*, VuR 2021, 121 (122) befürchtet deshalb, dass es zu einem „Lauterkeitsvertragsrecht" kommen könnte.

277 *Alexander*, GRUR 2021, 1445 (1452); in diese Richtung jedenfalls im Ausgangspunkt auch *Peifer*, WRP 2022, 784 (798).

278 Dazu *Scherer*, GRUR 2022, 787 (789).

fraglich. Derselbe kann immer für eine extensive Auslegung bemüht werden, ist aber im Rahmen der „angemessenen“ Ansprüche in Art. 11a UGP-RL wieder rückeinzuschränken. Eine Tendenz hin zu einem Ersatz ergibt sich aber durch Art. 11a UGP-RL selbst, durch die Inbezugnahme auf eine „Preisminderung“. Diese soll „gegebenenfalls“ zu gewähren sein. Nach Gesagtem ist damit gemeint, dass dies dann der Fall sein soll, wenn ein solcher Fall gegeben ist.[279] Nicht gemeint ist, dass man dies einführen kann, wenn man dies möchte. Man wird sich daher die Frage stellen müssen, ob in folgenden Konstellationen ein solcher Ersatz zwingend ist.

bb Denkbare Fallkonstellationen

Denkbar sind 2 Fallkonstellationen, die im Rahmen des § 9 II UWG zu einer Ersatzfähigkeit eines Erfüllungsinteresses führen könnten.

aaa Kein Ersatz bei enttäuschten Erfüllungserwartungen

Eine erste Konstellation ist der Ersatz bei enttäuschten Erfüllungserwartungen. Es kann dem Verbraucher darum gehen, dass er ein Produkt erwirbt, das irreführend mit gewissen Eigenschaften beworben wurde, er aber an dem Vertrag festhalten will. So könnte ein Flachbildfernseher für 2000 € geschuldet sein, der nur einen Marktwert[280] von 1.300 € hat. Insbesondere die Ausführungen, dass der Verbraucher seinen Vertrag nicht anders geschlossen hätte, sondern ihn gar nicht geschlossen hätte,[281] wenn er von seiner unfreien bzw. uninformierten geschäftlichen Handlung befreit werden soll, sind nach hiesigem Verständnis nicht zwingend. Es erscheint durchaus möglich, dass die Befreiung von den für § 9 II UWG maßgeblich in den Blick genommenen Folgen[282] seiner geschäftlichen Entscheidung darin liegt, dass die Folgen der Vertragswidrigkeit beseitigt werden sollen, er mithin so gestellt wird, als

---

[279] Dazu insoweit die Ausführungen zur Vertragsaufhebung, Kapitel 1 (S. 42 ff.).

[280] Zu dieser Konstellation für § 9 II UWG in Übertragung der denkbaren Fallkonstellationen für die culpa in contrahendo auch O/S/*Ohly*, 8. Aufl. (2023), § 9 Rn. 52 ff. Für den daraus resultierenden Konflikt fordert *Ohly* aber eine Konkurrenzlösung: Der Anspruch besteht nicht, soweit dem Verbraucher ein vertragliches Minderungsrecht zusteht, das von der Setzung einer Frist zur Nacherfüllung abhängt; nach dem BGH handelt es sich hierbei auch nicht um eine Art Vertragsanpassung, sondern um den Ersatz des Vertrauensschadens, dazu etwa BGH NJW 2006, 3139 Rn. 21 f.

[281] So BeckOKUWG/*Eichelberger*, 19. Edition (Stand 01.01. 2023), § 9 Rn. 155 ff.

[282] Vgl. Art. 11a UGP-RL, ErwGr. 16 OB-RL.

ob ordnungsgemäß erfüllt worden wäre. Gleichwohl provoziert ein Ersatz des positiven Interesses nicht nur die Frage nach einer Friktion als Rollenbegrenzung. Er führt schon vorgelagert zu einer Unvereinbarkeit mit dem Haftungskonzept des Deliktsrechts. Man könnte sich zwar überlegen, ob man § 9 II UWG als Ausnahmevorschrift sieht und so in die Systematik des Deliktsrechts einpasst. Es erscheint aber systemkonformer, im Spielraum des Art. 11a I UGP-RL den Ersatz des positiven Interesses in diesen Fällen abzulehnen.[283] Hier kann auf das Vertragsrecht verwiesen werden. Andernfalls hätte man ein „Lauterkeitsvertragsrecht"[284] im Deliktsrecht. Das wäre systematisch kaum handhabbar. Man hat daher im insoweit „gegebenen Fall" i. S. d. Art. 11a UGP-RL nur die Ansprüche aus dem Bürgerlichen Gesetzbuch.

Davon zu unterscheiden ist der mögliche kleine Schadensersatz, der auf das Integritätsinteresse bezogen ist. Paradebeispiel sind die Dieselfälle. Hier ist der Bezugspunkt nicht die Differenz zwischen dem Wert der empfangenen Leistung und dem Wert, den die Leistung hätte, wenn sie wie geschuldet erbracht worden wäre. Der Schadensersatz berechnet sich vielmehr aus der Differenz zwischen dem Wert des erhaltenen Gegenstandes und der Summe, die der Verbraucher gezahlt hat.[285] Die Schadensersatzhöhe kann zwar im Ergebnis gleich hoch wie bei dem positiven Interesse sein. Zwingend ist dies aber nicht, weil das positive Interesse an die versprochene Vertragsleistung anknüpft. Der kleine Schadensersatz aber an den Wert der Sache im Vergleich zur gezahlten Summe.[286] Es ist daher möglich, dass die Befreiung von den für

---

283 So im Ergebnis auch *Köhler*, WRP 2021, 129 (132); *Birk*, GRUR 2022, 1791 (1794); nur im Ergebnis überzeugend sind die Ausführungen von *Frey*, VuR 2022, 174 (177), der das Wort „regelmäßig" in der Gesetzesbegründung unberücksichtigt lässt und davon ausgeht, dass der Gesetzgeber das positive Interesse gänzlich ausschließen will. Das ist nach Gesagtem gerade nicht so.

284 Dazu etwa *Schmidt-Kessel*, VuR 2021, 121 (121).

285 Dazu etwa auch *Meier*, Täuschung und Manipulation, S. 258 ff. m. w. N.

286 *Meier*, Täuschung und Manipulation, S. 258 ff. m. w. N.: Abweichungen ergeben sich aber dann, wenn ein besonders gutes oder besonders schlechtes Geschäft gemacht worden wäre. *Meier* nennt folgendes Beispiel im Rahmen der Dieselfälle: Ein Auto hat einen Marktwert von 20.000 € ohne die unzulässige Abschalteinrichtung. Ein solches Auto war geschuldet. Das Auto hat beruhend auf dem Mangel nur einen Marktwert von 18.000 €. Der Verbraucher hat für das Auto im Rahmen eines guten Geschäfts nur 19.000 € bezahlt. Dann wäre die Situation wie folgt: Das negative Interesse beträgt 1.000 €, weil die gezahlte Summe und der Marktwert im Rahmen des Integritätsinteresses insoweit abweichen. Für das positive Interesse sieht dies anders aus: Er sollte ein Auto mit einem

§ 9 II UWG maßgeblich in den Blick genommenen Folgen[287] seiner geschäftlichen Entscheidung darin liegt, dass er den Vertrag nicht so[288] abgeschlossen hätte,[289] sondern nur für den Preis, der dem Marktwert entspricht.

bbb Unterlassener Vertragsschluss mit Dritten zu besseren Konditionen

Etwas anderes kann in Fällen gelten, in denen durch Irreführung ein Vertrag zustande kam und der Verbraucher, hätte er dies gewusst, einen Vertrag mit einem Dritten geschlossen hätte. Diesen Vertrag kann er nicht mehr abschließen, weil der Dritte die Ware nicht mehr verfügbar[290] hat. Allein so gestellt zu werden, als ob er nie etwas von dem Vertrag gehört hätte, ist durch eine Vertragsaufhebung nicht möglich. Der Vertrag mit dem anderen Anbieter ist nicht mehr durchführbar. Man könnte allenfalls den Vertrag mit dem Dritten außer Betracht lassen und die Lösung von dem Vertrag mit dem irreführenden Unternehmer als Schadensersatz gewähren.[291] Überzeugender ist es aber, ihm das zu ersetzen, was ihm als Schadensposition dadurch entsteht, dass der andere Vertrag nicht geschlossen wurde,[292] unter Beibehaltung

---

Wert von 20.000 € erwerben. Dieses hat nur einen Wert von 18.000 €. Der konkret gezahlte Verkaufspreis ist insoweit irrelevant. Vielmehr muss der Verbraucher für den Ersatz seines Erfüllungsinteresses so gestellt werden, als ob er ein Auto mit einem Wert von 20.000 € erworben hätte: Sein positives Interesse beträgt 2.000 €.

287 Vgl. Art. 11a UGP-RL, ErwGr. 16 OB-RL.

288 Aber eben anders, z. B. zum marktüblichen Preis. Zu diesem Maßstab etwa *Ohly*, GRUR 2022, 763 (771), wenn davon gesprochen wird, dass der Verbraucher statt Vertragsauflösung als „milderes Mittel" auch Rückzahlung des Differenzbetrags zum üblichen Marktpreis verlangen kann; dazu zuletzt zutreffend auch *Havlik*, Täuschung und Irreführung, S. 389 f.

289 In diese Richtung auch das Beispiel in KBF/*Köhler*, 41. Aufl. (2023), § 9 Rn. 2.36 bezüglich § 4a I UWG bei Kaffeefahrten und einem überhöhten Preis für eine Decke. Will der Verbraucher gleichwohl die Decke behalten, aber nur den marktüblichen Preis bezahlen, wäre dies als Schaden ersatzfähig; zuletzt auch *Breiter*, NJW 2025, 118 (119 f.).

290 *Scherer*, WRP 2021, 561 (564) beschreibt dies mit einem Kauf eines Produkts von 100 g zu 100 €, das aber nur 95 g enthält. Der Verbraucher hätte ansonsten bei einem anderen Anbieter 100 g zu 100, 20 € gekauft und erleidet daher einen Schaden von knapp über 5 €, da der andere Anbieter die Waren nicht mehr verfügbar hat.

291 So *Peifer*, WRP 2022, 794 (798) unter der Begründung, dass das UWG nicht dahingehend schützen will, ein besseres Geschäft zu machen.

292 So auch *Glöckner*, WRP 2022, 383 (391); *Scherer*, WRP 2021, 561 (564); *Havlik*, Täuschung und Irreführung, S. 392 f.; a. A. aber *Köhler*, GRUR 2022, 435 (442), der davon spricht, dass nur Schutz im Rahmen dessen besteht, dass der Verbraucher so gestellt

des Vertrages mit dem irreführenden Unternehmer. Denn auch hier wird er faktisch nur so gestellt, wie wenn er nie etwas von dem Vertrag gehört hätte. Art. 11a der UGP-RL und ErwGr. 16 der OB-RL legen eine dahingehende Auslegung im Rahmen der Beseitigung von *Folgen* nahe.

cc Ergebnis: Ersatz nur in engen Grenzen

Letztlich wird man ein solches im Rahmen des § 9 II UWG daher nur sehr eingeschränkt geltend machen können. Für enge Fälle ist dies aber denkbar. Daran ändert auch die Möglichkeit des kleinen Schadensersatzes nichts. Dieser ist vielmehr auf das negative Interesse gerichtet und entspricht keinem Erfüllungsinteresse.

d Frustrierte Aufwendungen als Schadensposition

Für die Rollengewährung bei der Schutzlückenschließung werden die „Anlockfälle“ relevant. Wird z. B. irreführend ein Produkt als verfügbar oder gewisse Eigenschaften aufweisend beworben und nimmt der Verbraucher hierauf die Fahrt in ein entsprechendes Geschäft auf, entstehen ihm Fahrtkosten. Hätte der Unternehmer den Verbraucher nicht „angelockt“, hätte dieser das Geschäft eventuell nicht besucht. Ihm wären im gegebenen Fall keine Fahrtkosten entstanden. Zwar wird man das Aufsuchen eines Geschäfts kaum unter den Begriff der geschäftlichen Entscheidung i. S. d. § 2 I Nr. 1 UWG subsumieren können. Es entspricht aber ständiger EuGH-[293] und BGH-Rechtsprechung,[294] dass auch solche Entscheidungen hiervon umfasst sind, die unmittelbar damit zusammenhängen. Das ist bei dem Aufsuchen eines Geschäfts, um eine geschäftliche Entscheidung zu treffen, der Fall. Denn der Verbraucher macht sich in diesen Fällen gerade auf den Weg in ein entsprechendes Geschäft um sich dort die Frage „Schließe ich einen Vertrag?“ als geschäftliche Entscheidung zu stellen.[295] Hierin liegt daher eine von § 9 II

---

wird, wie wenn er die geschäftliche Handlung nicht vorgenommen hätte. Das wird er hierdurch aber gerade. *Köhler* will aber in einer engeren Fallvariante doch zu einem entsprechenden Ersatz kommen, wenn ein Unternehmer den Käufer zusätzlich in unlauterer Weise von dem Kauf des anderen Produkts abhält.

293 EuGH, Urt. v. 19.12.213, C-281/12 Rn. 38 – *Trento Sviluppo* = ECLI:EU:C:2013:859 = GRUR 2014, 196.

294 BGH GRUR 2019, 746 Rn. 29 – *Energieeffizienzklasse III.*

295 Statt aller KF/*Köhler*, 43. Aufl. (2025), § 9 Rn. 2.49 m. w. N; dazu auch *Havlik*, Täuschung und Irreführung, S. 302 f.

UWG regelmäßig[296] umfasste Schadensposition, weil der Verbraucher durch die Lockwerbung dazu herausgefordert wurde, entsprechende Fahrtkosten auf sich zu nehmen.[297]

e Rechtsverfolgungskosten bei Zahlungsaufforderung durch Inkassodienstleister als Schadensposition

Für die Schutzlücken wird auch folgender Fall relevant: Ersatzfähig als Sonderfall der Rechtsberühmung[298] sind Rechtsverfolgungskosten, die der Verbraucher auf sich nimmt, um den Unternehmer zur Rückzahlung oder zur Beendigung der Zahlungsaufforderung bei unlauterer geschäftlicher Handlung zu bewegen. Die Rechtsprechung[299] hält derartige Ansprüche für den Bereich des BGB bei Vorhandensein einer entsprechenden Anspruchsgrundlage dann für gegeben, wenn sie aus der Sicht des Geschädigten zur Wahrnehmung seiner Rechte erforderlich und zweckmäßig waren.

---

[296] Auszunehmen sind für derartige Fälle aber schon Situationen, in denen der Verbraucher zwar frustrierte Aufwendungen hat, sich im Geschäft aber gleichwohl dazu entscheidet, eine andere Sache zu erwerben. Dann bleibt es zwar unter Umständen dabei, dass der Verbraucher das Geschäft ansonsten nicht aufgesucht hätte und ihm keine Fahrtkosten entstanden wären. Kausalität wäre dann weiterhin gegeben. Hier wird man richtigerweise schon keinen für § 9 II UWG zu ersetzenden Schaden sehen dürfen, da die Aufwendungen im eigentlichen Sinne nicht mehr frustriert sind, da denselben der Erwerb eines Produktes gegenübersteht, das ohne die Fahrkosten nicht erworben hätte werden können, dazu BeckOKUWG/*Eichelberger*, 20. Ed. (Stand: 01.04.2023), § 9 Rn. 160. Lösbar ist diese Konstellation jedenfalls über einen etwaigen Vorteilsausgleich, der nach Gesagtem auch unionsrechtlich gefordert wird, sodass man zwar einen dadurch entstandenen kausalen Schaden an sich noch bejahen können wird, man dem Verbraucher aber die dadurch erlangten Vorteile, die hier in der Kaufmöglichkeit eines anderen Produktes liegen, anrechnen wird müssen. Eine Ersatzfähigkeit scheidet daher aus. Etwas anderes ergibt sich auch nicht, wenn der Unternehmer den Verbraucher mit der Werbung in das Geschäft locken wollte, um ihm dann ein anderes Produkt anzubieten (Anhang Nr. 6 der schwarzen Liste), denn auch insoweit bleibt es bei einer Bereicherung des Verbrauchers. Erkennt der Verbraucher aber diesen Verstoß und verlangt insoweit Vertragsaufhebung, lassen sich für diesen Schadensersatzanspruch die Fahrtkosten freilich wieder ersatzfähig stellen.

[297] Statt vieler *Frey*, VuR 2022, 174 (176 f.); *Heinze/Engel*, NJW 2021, 2609 (2611).

[298] Zur Problematik der Rechtsberühmung im Hinblick auf Schutzlücken Kapitel 2 (S. 102 ff.); zum Spannungsfeld bei Rechtsdurchsetzung Kapitel 3 (S. 272 ff.).

[299] Exemplarisch etwa BGH NJW 2021, 1070 Rn. 11; ebenso BGH NJW 2006, 1065 Rn.10.

Der Verbraucher wird sich herausgefordert[300] fühlen müssen. Insbesondere darf das Heranziehen eines Anwalts keine unangemessene oder ungewöhnliche Reaktion darstellen.[301]

Man wird sich im Lichte des Art. 11a UGP-RL bei entsprechend „angemessenen" Ansprüchen die Frage stellen müssen, wann der Verbraucher sinnvollerweise einen Anwalt beauftragen musste. Das dürfte dann abzulehnen sein, wenn der Verbraucher sich noch nicht an den Unternehmer gewandt hat und ihm daher schon nicht die Chance eingeräumt hat, die entsprechenden Folgen der geschäftlichen Handlung zu beseitigen. Insoweit geht das UWG von einem durchschnittlich informierten Verbraucher[302] aus, der seine Angelegenheiten grundsätzlich selbst regeln kann. Weigert sich der Unternehmer[303] hingegen nach Aufforderung durch den Verbraucher, wird man eine Erforderlichkeit und Zweckmäßigkeit bejahen dürfen.[304] Dem Verbraucher wird kaum anderes übrig bleiben, als sich Rechtsrat zu suchen. Das widerspricht auch nicht dem unionsrechtlichen Prinzip der praktischen Wirksamkeit.[305] Sich einmalig an den Unternehmer zu wenden, bevor ein Rechtsanwalt beauftragt wird, dürfte ohne Weiteres zumutbar sein.

Eine Sonderkonstellation liegt dann vor, wenn bei unberechtigter Zahlungsaufforderung ein Anwalt konsultiert wird, bevor von dem Verbraucher überhaupt gezahlt worden ist.[306] Dann hat der Verbraucher die geschäftliche Entscheidung „Zahlung", die Grundlage für den Ersatz im Rahmen des § 9 II UWG ist, noch nicht getroffen.

---

300 BGH GRUR 2007, 631 Rn. 23 ff. für den Mitbewerberschutz, wobei es sich um allgemeine schadensrechtliche Grundsätze handelt, die richtigerweise auf das UWG zu übertragen sein sollen und daher auch für § 9 II UWG Geltung beanspruchen.

301 Allgemeiner aber in diesem Sinne H-B/H-B/*Goldmann*, 5. Aufl. (2021), Anhang § 9 Rn. 146 ff.

302 Dazu statt aller O/S/*Sosnitza*, 8. Aufl. (2023), § 9 Rn. 95 m. w. N.

303 Denkbar wäre auch, dass der Unternehmer die Versuche des Verbrauchers schlicht „aussitzt", dazu etwa *Fries*, Verbraucherrechtsdurchsetzung, S. 34 m. w. N.

304 Zutreffend *Maaßen*, GRUR-Prax 7, (9); *Glöckner*, WRP 2022, 383 (392); im Ergebnis H-B/H-B/*Goldmann*, 5. Aufl. (2021), Anh. § 9 Rn. 93 ff.; a. A. aber wohl *Köhler*, GRUR 2022, 435 (441, 443), der davon spricht, dass sogar Rechtsverfolgungskosten (…) ersatzfähig wären, wenn man Art. 11a der UGP-RL als „Totalreparation" lesen würde.

305 Ähnlich auch *Glöckner*, WRP 2022, 383 (392).

306 *Köhler*, GRUR 2022, 435 (443).

Allenfalls denkbar wäre noch, dass die Entscheidung, unter welchen Bedingungen i. S. d. § 2 I Nr. 1 UWG er eine Zahlung leisten will, umfasst, dass er dies nur unter der Bedingung leisten will, dass eine vorherige anwaltliche Prüfung erfolgt. Letztlich ergeben sich hier Subsumtionsprobleme, da es weniger darum geht, dass er unter dem Umstand einer anwaltlichen Prüfung zahlen will. Er will gar nicht zahlen und konsultiert deshalb einen Anwalt. Zudem wird es regelmäßig so sein, dass die Voraussetzungen der verletzten Verhaltensnorm, beispielsweise die Irreführung bei § 5 UWG, nicht mehr gegeben sein werden. Der Verbraucher wird regelmäßig keinem Irrtum mehr unterliegen.[307] Vielmehr zeigt sich in der Inanspruchnahme eines Anwalts, dass er um die Irreführung weiß. Eine Ersatzfähigkeit scheidet in dieser Situation aus. Welche Konsequenz das für die Rolle des Verbrauchers hat und wie diese zu bewerten ist, wird in Kapitel 2[308] beleuchtet. Eine dahingehende Modifizierung der Rollengewährung findet sich in Kapitel 4.[309]

f Keine Unterlassungsansprüche des Verbrauchers

Gewichtig wäre es für die Rolle des Verbrauchers[310] schon im Ausgangspunkt, wenn diesem auch Unterlassungsansprüche zur Verfügung stehen würden. Nimmt man beispielsweise eine irreführende Werbung oder eine aggressive geschäftliche Handlung des Unternehmers in den Blick, könnte die Durchsetzung von Unterlassungsansprüchen deutlich mehr „Schlagkraft“ als ein Schadensersatzanspruch haben, bei dem „nur“ *ein* Streuschaden kompensiert wird.[311]

Hier wird man aber schon im Ausgangspunkt sagen müssen, dass derartige Unterlassungsansprüche regelmäßig nur für aggressive Geschäftspraktiken gegenüber Verbrauchern gegeben sein könnten. Für Unterlassungsansprüche im Hinblick auf eine irreführende geschäftliche Handlung sind, soweit ersichtlich, keine Konstellationen denkbar. Zwar scheitert ein etwaiger

---

[307] Anderes gilt aber für Fälle des § 4a UWG, die auch den Fall der zu diskutierenden Schutzlücke betreffen. Hier entfällt die aggressive geschäftliche Handlung durch Kenntnis des Verbrauchers von derselben freilich nicht.

[308] Kapitel 2 (S. 102 ff.).

[309] Kapitel 4 (S. 295 ff.).

[310] Kapitel 3 (S. 205 ff.).

[311] Zu diesem Problem und der Abhilfe durch Kollektivmechanismen bei § 9 II UWG, Kapitel 3 (S. 205, 230 ff.).

Unterlassungsanspruch nicht an der fehlenden Wiederholungsgefahr[312]. Diese wird im UWG vielmehr vermutet.[313] Da der Verbraucher aber um die Irreführung weiß, wird eine weitere Täuschung nicht möglich sein. Er weiß ja gerade um diese.[314] Für etwaige aggressive geschäftliche Handlungen erscheinen Unterlassungsansprüche gleichwohl möglich[315] und relevant für die Rolle des Verbrauchers im Lauterkeitsrecht. Hier schließt die Kenntnis über die aggressive geschäftliche Handlung freilich nicht aus, dass sich der Unternehmer gegenüber dem Verbraucher erneut aggressiv verhält.

Ausgangspunkt dürfte sein, dass eine unionsrechtliche Forderung im Hinblick auf einen Unterlassungsanspruch des Verbrauchers bei unlauteren geschäftlichen Handlungen nicht besteht.[316] Art. 11a UGP-RL spricht nicht von der Gewährung von Unterlassungsansprüchen für Verbraucher.[317] Einen Zwang, einen solchen einzuführen, gibt es daher nicht.

Gleichwohl möglich[318] erscheint dies dennoch. Denn umgekehrt verbietet es die Richtlinie nicht. Sie erlaubt über Art. 11a I S. 2, 3 UGP-RL den Mitgliedstaaten vielmehr im Rahmen der praktischen Wirksamkeit von Ansprüchen, selbst zu entscheiden, welche Folgen mit dem Anspruch verbunden sind.

Sieht man sich nun an, dass im allgemeinen Deliktsrecht als denkbare Vergleichsgrundlage für das Sonderdeliktsrecht des Lauterkeitsrechts[319] bei Verletzung der in § 823 II BGB geschützten Rechtsgüter ein Unterlassungsanspruch nach § 1004 BGB analog denkbar ist,[320] könnte man das auf § 9 II UWG übertragen.[321] Das gilt insbesondere deshalb, weil der § 9 II UWG

---

312 Dazu abstrakt für Unterlassungsansprüche im UWG, was dann freilich auch für § 9 II UWG Geltung beanspruchen müsste, *Beater*, Unlauterer Wettbewerb, S. 971 ff. m. w. N.

313 Statt aller O/S/*Ohly*, 8. Aufl. (2023), § 8 Rn. 7 ff. m. w. N.

314 Ganz in diesem Sinne im Hinblick auf die Relevanz von denkbaren Unterlassungsansprüchen für diese Fallkonstellationen etwa *Köhler*, WRP 2021, 129 (135).

315 So auch *Köhler*, WRP 2021, 129 (135).

316 KF/*Köhler*, 43. Aufl. (2025), § 9 Rn. 2.60.

317 KF/*Köhler*, 43. Aufl. (2025), § 9 Rn. 2.60.

318 Sehr offen hierzu *Köhler*, WRP 2021, 129 (135).

319 *Köhler*, GRUR 2022, 435 (443 f.).

320 Dazu etwa BGH NJW 2008, 3565 Rn. 17 ff. = WRP 2008, 1449 – *Clone-CD* unter Verweis auf § 823 II BGB i. V. m. § 95a III UrhG für einen Unterlassungsanspruch nach § 1004 I BGB m. w. N.; dazu m. w. N. auch H-B/H-B/*Goldmann*, 5. Aufl. (2021), Anh. UWG 2022, § 9 Rn. 164 m. w. N.

321 *Köhler*, WRP 2021, 129 (135).

funktional dem § 823 II BGB entspricht.[322] Die Verhaltensnormen sind ihrer Funktion nach Schutzgesetze, die über § 9 II UWG zu Schadensersatzansprüchen führen können.[323] Insofern hätte der Verbraucher bei denkbarer Wertungsübertragung einen Unterlassungsanspruch nach § 9 II UWG, § 1004 BGB analog.[324]

Eine analoge Anwendung ist indessen im Ergebnis klar abzulehnen. Denn hierfür bräuchte es eine planwidrige Regelungslücke. Der Gesetzgeber äußert sich aber expressis verbis, dass nur ein Schadensersatzanspruch einzuführen ist[325] und dem Verbraucher gerade keine Unterlassungsansprüche zur Verfügung stehen sollen.[326] Eine andere Sichtweise wäre im Übrigen systemwidrig, weil das UWG in § 8 UWG und § 9 UWG klar zwischen Schadensersatzansprüchen und Unterlassungsansprüchen differenziert.[327] Insoweit hat das UWG im Hinblick auf eine Aktivlegitimation eine Abschlussfunktion inne,[328] die über Ansprüche des Verbrauchers aus § 9 II UWG, § 1004 BGB analog nicht unterlaufen werden darf.[329] Dem Verbraucher stehen im Rahmen des § 9 II UWG daher keine Unterlassungsansprüche zu,[330] die auf seine zu bestimmende Rolle ausstrahlen könnten.

---

322 H-B/H-B/*Goldmann*, 5. Aufl. (2021), Anh. UWG 2022, § 9 Rn. 164 m. w. N.

323 *Köhler*, WRP 2021, 129 (135).

324 *Köhler*, WRP 2021, 129 (135).

325 BT-Drs. 19/27873, S. 20; im Hinblick auf die Differenzierung nach einem Vertragslösungsrecht hat er zwar im Spielraum des Art. 11a UGP-RL unrecht, siehe hierzu nur Kapitel 1 (S. 42 ff.). Für die Gewährung von Unterlassungsansprüchen kann die Argumentation des Gesetzgebers aber Geltung beanspruchen. Einen solchen fordert der Unionsgesetzgeber nicht.

326 BT-Drs. 19/27873, S. 20.

327 In diesem Sinne auch BeckOKUWG/*Eichelberger*, 25. Ed. (Stand: 01.07.2024), § 9 Rn. 169.

328 Dazu schon BT-Drs. 15/1487, S. 22, an der auch bei Einführung des § 9 II UWG festgehalten werden sollte, BT-Drs. 19/27873, S. 20. Dazu auch H-B/H-B/*Goldmann*, 5. Aufl. (2021), Anh. UWG 2022, § 9 Rn. 164 m. w. N.

329 BeckOKUWG/*Eichelberger*, 25. Ed. (Stand: 01.07.2024), § 9 Rn. 169; ebenso O/S/*Ohly*, 8. Aufl. (2023), § 9 Rn. 31.

330 Statt einiger etwa auch *Ohly*, GRUR 2022, 763 (769); deutlich offener aber *Köhler*, WRP 2021, 129 (135).

g Schutz- und Normzweck des § 9 II UWG

Im Hinblick auf die Relevanz[331] für die Forschungsfrage ist zudem der Schutz- und Normzweck des § 9 II UWG zu untersuchen.

Überzeugend ist, dass § 9 II UWG dem Individualschutz[332] des einzelnen Verbrauchers dient. Die UGP-RL nimmt gerade diesen und einen ihm individuell entstandenen Schaden in den Blick.[333] Es geht daher jedenfalls (auch) um diesen als solchen und sein subjektives Privatrecht.[334]

Insofern interessant und Zweifel an dieser Feststellung hervorrufend sind zwar die Gedanken von *Schaffernack*[335] und *Beater*[336] zu § 13a UWG a. F., der ein Vertragsauflösungsrecht im Rahmen eines Rücktrittsrechts im UWG normierte. Diesem attestierten die Verfasser, dass damit aus Sicht des Lauterkeitsrechts der Schutz der Lauterkeit des Marktes und Mitbewerberschutz bezweckt ist. Übertragbar wäre das auf § 9 II UWG deshalb, weil dieser ebenso ein lauterkeitsrechtlicher Individualrechtsbehelf ist, der über § 249 I BGB in seiner Rechtsfolge ähnlich sein kann. Es gehe daher nicht um den Individualschutz, sondern um breitenwirksamen Marktschutz durch den

---

331 Für die Rollenbegrenzung der Verbraucheraktivlegitimation und für die Rollengewährung des Verbrauchers, dazu Kapitel 1 (S. 36).

332 *Schmidt-Kessel*, VuR 2021, 121 (121); *Schmieder*, Der verbraucherschützende Beseitigungsanspruch, S. 417 für die unionsrechtliche Grundlage des § 9 II UWG, Art. 11a UGP-RL; *Glöckner*, WRP 2022, 383 (386); in diese Richtung auch *Köhler*, GRUR 2022, 435 (435 ff.); *Ohly*, GRUR 2022, 763 (769); aktuell auch *Havlik*, Täuschung und Irreführung, S. 380 f.

333 *Schmieder*, Der verbraucherschützende Beseitigungsanspruch, S. 417 für Art. 11a UGP-RL; ganz in diesem Sinne *Glöckner*, WRP 2022, 383 (386).

334 Statt vieler für § 9 II UWG etwa *Glöckner*, WRP 2022, 383 (386); in diese Richtung auch *Köhler*, GRUR 2022, 435 (435 ff.); *Ohly*, GRUR 2022, 763 (769); aktuell auch *Havlik*, Täuschung und Irreführung, S. 380 f.; *Schmidt-Kessel*, VuR 2021, 121 (121); *Schmieder*, Der verbraucherschützende Beseitigungsanspruch, S. 417 für die unionsrechtliche Grundlage des § 9 II UWG, Art. 11a UGP-RL.

335 *Schaffernack*, Vertragsauflösungsrecht, S. 45, der – im Hinblick auf den insoweit zu § 9 II UWG vergleichbaren § 13a UWG a. F. – davon ausgeht, dass Individualrechtsbehelfe des Verbrauchers im Lauterkeitsrecht gleichwohl nicht diesem zu dienen bestimmt sind, sondern der Verbraucher nur Mitbewerberschutz durchsetzt.

336 *Beater*, Unlauterer Wettbewerb, 1. Aufl. (2002), § 28 Rn. 46 ff., der sich ebenso mit dem Rücktrittsrecht des Verbrauchers nach § 13a UWG a. F., das mit der UWG-Novelle 2004 aus dem Gesetz gestrichen wurde, befasst. Diesem attestiert er, dass es sich hierbei lediglich um Mitbewerberschutz handelt, der den Verbraucher wieder verfügbar für eine geschäftliche Entscheidung macht.

ggf. vielfach durchgesetzten Individualschutz.[337] Da hiermit aber individuelle Ansprüche des Verbrauchers normiert sind und es der UGP-RL im Rahmen dieser auch expressis verbis um den Verbraucher als solchen geht,[338] wird man eine Verneinung des Schutzes des Verbrauchers um seiner selbst willen nicht annehmen können. Die lauterkeitsrechtliche Verortung des Anspruchs kann hieran nichts ändern. Vielmehr wird man in der unionsrechtlichen Ausstattung des Einzelnen mit individuellen Rechtsbehelfen jedenfalls auch die Gewährung von subjektiven Privatrechten, die jedenfalls auch dem Einzelnen zu dienen bestimmt sind, sehen können.[339] Das überzeugt auch aus einer praktischen Perspektive: Macht der Verbraucher einen Streuschaden geltend oder verlangt er Vertragsaufhebung über § 9 II UWG erscheint es in der Tat schief, hier im Kern von dem reinen Schutz des Marktes durch den Verbraucher auszugehen. Insbesondere im ersten Fall wird der Markt kaum mehr oder weniger geschützt, der einzelne Verbraucher aber schon kompensiert. Ähnliches gilt für die Vertragsaufhebung. Hier wird man kaum sagen können, dass es bei der Lösung des Vertrages nur um den Markt geht. Vielmehr wird jedenfalls *auch* das Interesse des Verbrauchers in den Blick genommen, nicht mehr an einen ungewollten Vertrag gebunden zu sein.

Es fragt sich hierbei aber gleichwohl zweierlei: Einmal stellt sich die Frage, was damit in der Sache konkret geschützt wird. Liegt ein Funktionsunterschied zum BGB vor, könnte man diesen für die Konkurrenzfrage fruchtbar machen. Zudem ist die Reichweite des gewährten Schutzes bei der Frage,

---

[337] *Schaffernack*, Vertragsauflösungsrecht, S. 45; *Beater*, Unlauterer Wettbewerb, 1. Aufl. (2002), § 28 Rn. 46 ff.

[338] Dazu insgesamt im Hinblick auf die Zielrichtung des lauterkeitsrechtlichen Verbraucherschutzes, Kapitel 2 (S. 125 ff.).

[339] Dazu dezidiert zur *„funktionalen Subjektivierung"* etwa *Poelzig*. Richtig ist sicherlich, dass das Unionsrecht und damit auch die UGP-RL überindividuelle Zwecke *auch* mit in die Gewährung von subjektiven Rechten miteinbezieht, dazu sogleich. Damit ist aber nicht gesagt, dass die Berücksichtigung des Einzelnen damit vollends zurücktritt und dieser nur als „Hülle" für überindividuelle Zwecke instrumentalisiert wird, *Poelzig*, Normdurchsetzung, S. 292 ff., 272 ff.; insgesamt zur funktionalen Subjektivierung auch *Heinze*, Schadensersatz, S. 555 ff.; dazu auch *Alexander*, Schadensersatz, S. 53 ff., 59, 65 ff. auch ähnlich zu einer Doppelrolle: *„Vielmehr erstreckt sich der Schutz des Lauterkeitsrechts und des Kartellrechts auf individuelle und überindividuelle Interessen"*; ebenso auf S. 67, wenn er ausführt, dass privatrechtliche Haftungsansprüche nicht *nur* auf die individuelle Aufarbeitungen von Rechtsverletzungen gerichtet ist, damit aber freilich impliziert, dass sie *auch* darauf gerichtet sind.

wer damit eventuell *mit*geschützt werden soll, zu beantworten. Denn ein fehlender Ausschluss des Verbraucherschutzes um seiner selbst willen führt noch nicht dazu, dass damit nicht noch mehr geschützt werden *können soll*. Auch hier könnte sich ein Unterschied für die Konkurrenzfrage finden lassen. Zuletzt gibt die Antwort auf diese Frage auch Aufschluss darüber, welche Rolle das Lauterkeitsrecht dem Verbraucher zuweisen *will*.

aa Schutz der „geschäftlichen Entscheidung" des Verbrauchers, § 2 I Nr. 1 UWG

In inhaltlicher Hinsicht schützt § 9 II UWG den Verbraucher bezüglich seiner „geschäftlichen Entscheidung". Damit ist jede Entscheidung des Verbrauchers, ob, wie und unter welchen Bedingungen er ein Geschäft abschließen, eine Zahlung leisten, eine Ware oder Dienstleistung behalten oder abgeben oder ein vertragliches Recht im Zusammenhang mit einer Ware oder Dienstleistung ausüben will (...), gemeint, § 2 I Nr. 1 UWG. Konkretisiert wird dieser Schutz über die Verhaltensnormen der §§ 3 ff. UWG, soweit sie in den Anwendungsbereich des § 9 II UWG aufgenommen sind. Nach Gesagtem abzulehnen ist, dass das UWG in seinen Verhaltensnormen keine Aussage zu einer Individualbetroffenheit trifft[340] und daher eine Schutzzweckbestimmung nicht vorgenommen werden kann. § 9 II UWG konkretisiert den Schutzzweck der §§ 3 II, 4a, 5 ff. UWG vielmehr auf den Individualverbraucher.[341]

Damit wird übergeordnet über die jeweiligen Verhaltensnormen in unionsrechtskonformer Auslegung der ErwGr. 14, 16 der UGP-RL die freie und informierte geschäftliche Entscheidung des Verbrauchers und damit der Schutz des wirtschaftlichen Verhaltens als übergreifender Schutzgegenstand[342] geschützt[343].

Den Begriff der geschäftlichen Entscheidung wird man dabei nach Gesagtem extensiv zu verstehen haben. Er umfasst grundlegend, sich überhaupt Gedanken zu machen und frei in seiner Entscheidungsgrundlage und seinem Entscheidungsprozess zu sein. Geschützt ist der Verbraucher daher parallel[344]

---

340 *Alexander*, WRP 2021, 136 (143).

341 Dazu *Ohly*, GRUR 2022, 763 (771).

342 Statt aller *Alexander*, in: FS Ahrens, S. 17, 19.

343 Statt aller KF/*Köhler*, 43. Aufl. (2025), § 9 Rn. 2.14 ff.

344 Dazu auch *Hagenmeier*, Lauterkeitsrechtlicher Schutz, S. 206 ff., 221 ff., 224 m. w. N., der aber insbesondere anführt, dass der Schutz sich insoweit unterscheidet, als das

zum Schutzzweck des Bürgerlichen Gesetzbuches in seiner generellen Entscheidungsgrundlage und dem entsprechenden Entscheidungsprozess.[345] Neu und für § 9 II UWG maßgeblich ist die daraus folgende Konsequenz, Störungen durch eine unlautere Handlung eines Unternehmers und dadurch entstandene Schäden geltend machen zu können. Das ändert zwar die Funktionsweise[346] des wettbewerbsrechtlichen Verbraucherschutzes, indem es zu einer weiteren Annäherung zum Bürgerlichen Gesetzbuch kommt. Die von *Hagenmeier*[347] herausgearbeitete gleiche Zielsetzung der Bereiche unter verschiedener Funktionsweise lässt sich damit nicht mehr aufrechterhalten.[348] Die Funktionserweiterung durch die Kompensation von Schäden bedingt aber keine Änderung dahingehend, dass es nicht mehr um den Schutz der freien und informierten geschäftlichen Entscheidung geht. Diese wird nach wie vor gewährleistet, nähert sich über ihre kompensatorische Komponente aber weiter dem Schutzzweck des Bürgerlichen Gesetzbuches an. Es stehen sich daher nicht mehr konstitutiver und kompensatorischer Schutz als

---

UWG konstitutiven Schutz der Verbraucherentscheidung gewährt und das Bürgerliche Gesetzbuch verschieden hiervon Folgen regelt. Das war vor § 9 II UWG freilich richtig, erledigt sich aber durch denselben, weil das UWG diese Folgenbetrachtung nun auch vornimmt; stark in diese Richtung gehen auch die Ausführungen von *Leistner*, Richtiger Vertrag, S. 257 im Hinblick auf ein funktional-komplementäres Verständnis von Vertrags- und Wettbewerbsrecht; a. A. im Hinblick auf die generelle Überlagerung ohne Berücksichtigung der Unterschiede im Hinblick auf die Durchsetzung *Tiller*, Gewährleistung, S. 89.

345 In diesem Sinne statt vieler *Hagenmeier*, Lauterkeitsrechtlicher Schutz, S. 206 ff., 217 f., 221, 225 m. w. N., der den Schutz als zielbezogen identisch beschreibt, indessen eine andere Methode der Rechtsgebiete feststellen will: Das BGB setzt eine selbstbestimmte Entscheidung voraus und gibt dem Verbraucher nachgelagert Instrumente an die Hand, um diese durchzusetzen oder sie erneut treffen zu können. Das UWG sichert diese konstitutiv in ihrer Entstehung und dem Prozess, stellt aber für den Verbraucher keine Kompensationsmöglichkeiten zur Verfügung.

346 Dazu *Hagenmeier*, Lauterkeitsrechtlicher Schutz, S. 222 ff., der hierin die „unterschiedliche Methode“ von UWG und BGB gesehen hat, die nun angeglichen wurde.

347 *Hagenmeier*, Lauterkeitsrechtlicher Schutz, S. 222 ff. m. w. N.

348 In diesem Sinne auch *Havlik*, Täuschung und Irreführung, S. 407, der dies aber damit relativiert, dass es dem UWG übergeordnet trotzdem nicht um den Ausgleich von Schäden geht und dies im Übrigen gleichwohl dem Vertragsrecht zugeordnet ist. Das überzeugt. Hier geht es aber freilich alleinig um den § 9 II UWG, sodass sich eine Funktionsüberschneidung ergibt.

unterschiedliche Methoden gegenüber. Vielmehr geht es dem Lauterkeitsrecht nun auch um die Kompensation.

bb Schutz der rechtmäßig handelnden Mitbewerber und der Lauterkeit des Marktes?

Weniger klar ist die Situation aber dahingehend, inwieweit auch überindividuelle Komponenten in den Schutzzweck des § 9 II UWG miteinfließen, und damit die Frage, *wer* dadurch geschützt werden *soll*. Relevanz hat diese Beurteilung für die genannten Folgen bei der Rollenbestimmung und -begrenzung. Auch wenn der Verbraucher vorrangig geschützt wird, erscheint es gleichwohl denkbar, dass § 9 II UWG über seine lauterkeitsrechtliche Einbettung auch noch überindividuelle Zwecke mitverfolgt. Die aktuelle Diskussion widmet sich dem, wenn überhaupt, nur sehr vorsichtig. So wird teilweise, ohne die Frage in den Raum zu stellen, davon gesprochen, dass der Schutz des § 9 II UWG allein auf den Verbraucher beschränkt ist.[349] An anderer Stelle wird aber gerade auch auf die Verwirklichung überindividueller Schutzzwecke des § 9 II UWG verwiesen,[350] ohne hieraus konkrete Rückschlüsse für deren Relevanz herauszuarbeiten. Auch eine aktuellere Entscheidung aus Österreich konstatiert, dass bei der Konkurrenz zu sonstigen Ansprüchen übersehen werde, dass das UWG einen besonderen Schutzzweck erfülle.[351] Die Situation ist unklar.

---

349 So jedenfalls expressis verbis *Glöckner*, WRP 2022, 383 (386), der davon spricht, dass alleine die Individualinteressen der Verbraucher geschützt werden. Aus der Befugnis nur zum Schadensersatz wird eine fehlende Eigenschaft als denkbarer Funktionär abgeleitet.

350 *Köhler*, WRP 2021, 129 (134), der den Mitbewerberschutz auch als Aspekt für die Begründung einer freien Anspruchskonkurrenz zum Vertragsrecht miteinstellt; etwas unklar BeckOKUWG/*Eichelberger*, 19. Edition (Stand: 01.01.2023), § 9 Rn. 111, wenn davon gesprochen wird, dass *jedenfalls* der Verbraucher individuell geschützt ist; die Frage danach, ob damit mehr geschützt wird, wird damit implizit adressiert, indessen offengelassen, wobei in Rn. 112 noch in den Blick genommen wird, dass so auch erreicht werden könne, dass Lauterkeitsverstöße sich nicht mehr lohnen und so eine Präventionsfunktion erreicht werden könne; angedeutet auch von *Schrader*, WRP 2022, 138 (145) im Hinblick auf Probleme eines Ausschlusses in AGB, bezogen auf die überindividuelle Schutzrichtung des UWG.

351 OGH, Urt. v. 16.12.2021 – 4Ob49/21s, Rn. 41 f., 22, der nicht nur inhaltlich in dem, was geschützt wird, liegen muss, sondern durchaus auch durch die Frage, „wer“ wird damit geschützt, tangiert werden kann.

aaa Gesetzliche Grundlage des überindividuellen Schutzzwecks und Bewertung

Klarheit könnte eine gesetzliche Grundlage liefern, die dem § 9 II UWG einen überindividuellen Schutzzweck zuschreiben würde. Denkbar heranzuziehen sind dabei die UGP-RL und das UWG. Ausgangspunkt sind die ErwGr. 6 S. 1, 3, ErwGr. 8 der UGP-RL. Zwar spricht ErwGr. 6 S. 3 UGP-RL noch davon, dass nationale Rechtsvorschriften, die lediglich die wirtschaftlichen Interessen der Mitbewerber schützen [...], unberührt bleiben und insoweit die wirtschaftlichen Interessen der Verbraucher geschützt werden sollen. Damit wird aber implizit gesagt, dass solche, die auch, nur eben nicht nur „lediglich", die wirtschaftlichen Interessen der Mitbewerber betreffen, gleichwohl schon „berührt" und damit mit in den Blick genommen werden. So spricht ErwGr. 6 S. 1 UGP-RL davon, dass damit aber auch die wirtschaftlichen Interessen rechtmäßig handelnder geschädigter Mitbewerber mittelbar mitgeschützt werden sollen.[352] Da Ersteres primärer Schutzzweck ist, muss man nach der Formulierung jedenfalls davon ausgehen, dass Letzteres ein mitverfolgter mittelbarer Schutzzweck der UGP-RL ist.[353] Es geht dieser

---

[352] Die englische Sprachfassung spricht von „*unfair commercial practices, which (...) indirectly harm the economic interests of legitimate competitors*" ; die französische Sprachfassung von „*indirectement aux intérêts économiques des concurrents légitimes*";das klingt für das deutschsprachige Verständnis auch bei *Köhler*, WRP 2021, 129 (134) für § 9 II UWG an; ebenso für den Schutz der Verhaltensnormen der UGP-RL, aus denen der Schutzzweck für § 9 II UWG gewonnen wird, auch schon – freilich ohne Letzteren in den Blick zu nehmen – *Ohly*, WRP 2015, 1443 (1447), wenn er davon spricht, dass Handlungen mit „Doppelwirkung" dem Anwendungsbereich der UGP-RL unterfallen; auch in diese Richtung *Köhler*, in: FS Harte-Baveendamm (2020), S. 355, 360 ff.; insoweit ließe sich *Leistner*, Richtiger Vertrag, S. 227 f. übertragen. Dieser äußert sich zwar insoweit zum BGB im Hinblick auf § 1 UWG, für § 9 II UWG dürfte dies aber erst recht gelten; in diesem Sinne für eine lauterkeitsrechtliche Vertragsaufhebung auch *Alexander*, Vertrag, S. 64.; a. A. aber *Kalski*, Individualansprüche des Verbrauchers, S. 134, der von einer reinen Reflexwirkung ohne Intention des Gesetzes ausgeht. Auch *Klagge*, Normative Kohärenz, S. 74; ebenso *Hennig-Bodewig*, in: FS Harte-Bavendamm (2020), S. 319, 322. Nach hiesigem Dafürhalten ist hiermit indessen vielmehr ein weiterer Schutzzweck im Hinblick auf Mitbewerber adressiert, zumal diese Betrachtung die überindividuelle Komponente insoweit nicht adressiert, als es übergeordnet auch um die Lauterkeit des Marktes als solchen geht, Art. 1 UGP-RL, § 1 UWG.

[353] In diesem Sinne auch allgemein vor § 9 II UWG für die UGP-RL, *Köhler*, in: FS Harte-Bavendamm (2020), S. 355, 360 f.; dazu schon vor der UGP-RL, aber in der Wertung zu

also im Rahmen der Verhaltensnormen neben dem reinen Schutz des Verbrauchers auch mittelbar um überindividuelle Interessen der rechtmäßig handelnden Mitbewerber.

Noch etwas klarer ist ErwGr. 8 der UGP-RL formuliert. Dort wird davon gesprochen, dass die Richtlinie auch rechtmäßig handelnde Unternehmen vor Mitbewerbern schützen will, die sich nicht an die Regeln der Richtlinie halten. ErwGr. 8 führt weiter aus, dass damit ein lauterer Wettbewerb gewährleistet wird. Das deckt sich auch mit Art. 1 UGP-RL.[354] Auch insoweit wird eine gewisse Überindividualität im Hinblick auf die Durchsetzung der Verhaltensnormen,[355] wenn auch diese individuell[356] durchgesetzt werden können,[357] als Schutzzweck adressiert. Gleiches gilt im Ergebnis für § 1 I UWG. Hierdurch werden über den gewährten Verbraucherschutz ebenso zugleich die Interessen der Allgemeinheit an einem unverfälschten Wettbewerb[358]

---

dem vergleichbaren Vertragsauflösungsrecht des § 13a UWG übertragbar, *Alexander*, Vertrag und unlauterer Wettbewerb, S. 64; a. A., aber *Hennig-Bodewig*, in: FS Harte-Bavendamm (2020), S. 319, 322, die hierin eine reine Reflexwirkung sehen will und einen dahingehend mitintendierten Schutzzweck implizit ablehnt.

354 „Reibungsloses Funktionieren des Binnenmarktes".

355 Allgemein zur Steuerungsfunktion derselben *Franck*, Marktordnung durch Haftung, S. 422 ff, ebenso auf S. 362, 319, wenn davon gesprochen wird, dass marktgerichtete Informationsregeln einen dualen Wirkungsmechanismus intendieren, der den Schutz der individuellen Entscheidungsfreiheit und die Funktionsfähigkeit des Marktes miteinander verbindet; *Poelzig*, Normdurchsetzung, S. 433 ff.

356 Das wiederum ist für § 9 II UWG auch nicht zwingend, siehe hierzu die Ausführungen zur kollektiven Geltendmachung von § 9 II UWG. Für eine dann bestehende überindividuelle Funktion abstrakt etwa *Thönissen*, Subjektive Privatrechte, S. 554 m. w. N.

357 Zutreffend *Ohly*, GRUR 2022, 76 3 (771); in diese Richtungen gehen auch die Ausführungen von *Franck*, Marktordnung durch Haftung, S. 362, wenn er die Funktion von dahingehenden Informationsregeln sowohl im Individual- als auch Kollektivschutz sieht.

358 Zur Diskussion, ob dies im Hinblick auf das GWB so sein darf, siehe nur F/B/O/*Fezer*, 3. Aufl. (2016), § 1 Rn. 119; O/S/*Sosnitza*, 8. Aufl. (2023), § 1 Rn. 8. Letztlich wird man sagen können, dass das UWG durch das Verhalten *auf* dem Markt auch einen gewissen Institutionsschutz *des Marktes an sich* gewährleistet.

geschützt.[359] Etwas Ähnliches wird auch für § 16 UWG angenommen,[360] der im Rahmen des § 823 II BGB als Ausnahme zur sonstigen Abschlussfunktion des UWG anwendbar ist.[361] Individualansprüchen wurde daher schon vor § 9 II UWG eine überindividuelle Schutzrichtung zugeschrieben, wenn durch sie lauterkeitsrechtliche Irreführungsverbote durchgesetzt wurden.[362] Tendenzen hierzu finden sich im Übrigen auch im Kartellrecht als Sonderdeliktsrecht. Auch hier wird man den Individualschutz des Einzelnen zugleich als Instrument zur Verwirklichung überindividueller Schutzzwecke verstehen dürfen.[363] Warum dies für das diesem verwandte Lauterkeitsrecht nicht gelten soll, lässt sich kaum begründen. Etwas anderes kann sich auch nicht dadurch ergeben, dass § 9 II UWG nach der Einführung dieser Vorschriften in das UWG bzw. Art. 11a der UGP-RL nach ErwGr. 6, 8 der UGP-RL in die Richtlinie eingefügt wurde. Denn die spätere Einführung des Art. 11a der UGP-RL ändert nichts daran, dass gleichwohl die zuvor eingeführten Verhaltensnormen durchgesetzt werden, denen dieser auch

---

[359] Dazu, ohne freilich § 9 II UWG in den Blick zu nehmen, auch *Hellgardt,* Regulierung und Privatrecht, S. 169, der davon spricht, dass über § 1 UWG eine regulatorische Funktion intendiert ist, die im Rahmen des § 9 II UWG freilich auch durchgesetzt wird; auch *Schmieder*, Der verbraucherschützende Beseitigungsanspruch, S. 196, wenn er davon spricht, dass Ziel der UGP-RL und des UWG im Rahmen der genannten Normen nicht nur ist, den Verbraucher in seinem ureigenen Interesse zu schützen, nicht irregeführt zu werden, sondern auch in seiner Rolle als Schiedsrichter im Hinblick auf das Wettbewerbsgeschehen zur Sicherung der Lauterkeit des Marktes; ähnlich die Ausführungen von Heinze für die insoweit bestehende unionale Grundlage, wenn er aus dem in den ErwGr. mittelbaren Schutzzweck für Mitbewerber die Funktion des dadurch verwirklichten Lauterkeitsschutzes ableitet, Heinze, Schadensersatz, S. 568 f.; in diese Richtung für ein Problem im Hinblick auf den Schutzzweck des § 9 II UWG im Vergleich zu Rechtsbehelfen im BGB ebenso *Schrader*, WRP 2022, 138 (145), der dies aber allenfalls für einen Ausschluss in AGB fruchtbar macht; in diesem Sinne für die Funktion des Lauterkeitsrechts auch nach Einführung der UGP-RL *Alexander*, Schadensersatz, S. 23 ff., 186 ff., 721; ähnlich auch schon *Veelken*, WRP 2004, 1 (4) unter Inbezugnahme des auch institutionellen Schutzzwecks der UGP-RL; dagegen aber *Klagge*, Normative Kohärenz, S. 74, der konstatiert, dass dieses Verständnis nicht zum Schutzzweck der UGP-RL passt.

[360] Dazu *Alexander*, Schadensersatz, S. 685.

[361] Statt aller KF/*Bornkamm*, 43. Aufl. (2025), § 16 Rn. 59.

[362] *Alexander*, Schadensersatz, S. 685 m. w. N.

[363] So *Alexander*, Schadensersatz, S. 11; ebenso *Hellgardt*, Regulierung und Privatrecht, S. 168 f. m. w. N.

überindividuelle Schutzzweck innewohnt. Die genannten Erwägungsgründe sind damit vielmehr dynamisch im Hinblick auf den jeweiligen Inhalt der UGP-RL zu verstehen.

bbb Präventionszweck als weiteres Argument

§ 9 II UWG hat neben der Kompensationsfunktion von Schadensersatzansprüchen,[364] wie zu zeigen sein wird, auch eine Präventionsfunktion,[365] die das gefundene Ergebnis eines auch überindividuellen Schutzzwecks weiter stützt. Zwar könnte man einen solchen schon deshalb bejahen, weil man auf die Intention des Gesetzgebers abstellt: Dieser spricht davon, dass „durch den in § 9 II UWG geschaffenen Rechtsbehelf ein weiterer ökonomischer Anreiz zur Einhaltung der bestehenden wettbewerbsrechtlichen Regelungen"[366] gesetzt wird. Maßgeblich ist zuvorderst aber das Unionsrecht.

1) Richtlinientext und Kommissionsbeschluss

Ein solcher ergibt sich zwar nicht expressis verbis aus dem Richtlinientext als Grundlage des § 9 II UWG. Denn Art. 11a der UGP-RL spricht von „wirksamen" und „angemessenen" Rechtsbehelfen. Eine Formulierung, dass diese einen Präventivzweck haben müssen, geht hieraus nicht hervor. Vielmehr erscheint es auf den ersten Blick so, als ob ein solcher nur für die Sanktionen des Art. 13 UGP-RL gefordert wird. Dort wird von „abschreckend" gesprochen. Hier ist ein Präventivzweck gegeben: Es soll durch entsprechende Sanktionen und ihre abschreckende Wirkung präventiv verhindert werden, dass eine Marktschädigung eintritt.[367] Der Begriff wird auch wieder in ErwGr. 3, 4, 5, 10, 14 gebraucht. Insbesondere in ErwGr. 3 wird von Lücken „hin-

---

364 Statt vieler *Heinze*, Schadensersatz, S. 539 ff.

365 In diesem Sinne auch für eine generelle Prävention im Hinblick auf die Vermeidung von Lauterkeitsverstößen BeckOKUWG/*Eichelberger*, 19. Ed. (Stand: 01.01.2023), § 9 Rn. 112; abstrakt für die Präventivfunktion von Schadensersatzansprüchen im UWG *Alexander*, Schadensersatz, S. 135 ff., wenn er anführt, dass eine Fokussierung auf das Verhältnis Schädiger und Geschädigter zwar zwingend ist, man hier gleichwohl aber nicht Gefahr laufen sollte, den mehrdimensionalen Schutzzweck des Lauterkeitsrechts aus dem Blick zu verlieren; *Havlik*, Täuschung und Irreführung, S. 381; asbtrakt zur Präventivfunktion im Unionsrecht auch *Raue*, Die dreifache Schadensberechnung, S. 65 ff., 78 f., für das Wettbewerbsrecht insbesondere ab S. 67 ff.

366 BT-Drs. 19/27873, S. 21.

367 So schon generell für das Verständnis dieser Begrifflichkeit statt vieler *Lehmann*, GRUR Int. 2004, 762 (763).

sichtlich wirksamer und verhältnismäßiger Sanktionen, um von Verstößen innerhalb der Union abzuschrecken" und „hinsichtlich unzureichender individueller Rechtsbehelfe für Verbraucher" gesprochen. Das könnte man so verstehen, dass die erste Alternative einen Präventivzweck hat, die zweite aber nicht. Letztlich zeigt ErwGr. 16 S. 5 OB-RL aber, dass ein Präventivzweck gleichwohl gegeben ist. Dieser spricht davon, dass „gegebenenfalls Schwere und Art der unlauteren Geschäftspraktik" sowie „weitere relevante Umstände" berücksichtigt werden können. Genannte Punkte sind für die Frage nach einer reinen Kompensation aber nicht maßgeblich.[368] Vielmehr deutet sich an, dass es um die „Schwere und Art" deshalb gehen könnte, da bei schwerwiegenden Verstößen eine zukünftige Vermeidung im Hinblick auf die Marktschädigung besonders gewollt sein soll.

2) Präventionszweck aus allgemeinen unionsrechtlichen Vorgaben für Schadensersatz

Klarheit bieten zudem allgemeine unionsrechtliche Grundsätze für den Ersatz von Schäden. Insoweit hat *Heinze* nachgewiesen, dass sich ein Präventivzweck bei Schadensersatzansprüchen in vielen Referenzgebieten[369] erkennen lässt. Insbesondere auf dem Gebiet der Marktregulierung lässt sich ein solcher herleiten. Im kartelldeliktsrechtlichen Fall Courage[370] wird davon gesprochen, dass „insbesondere ein solcher Schadensersatz geeignet ist, Verhaltensweisen abzuhalten, die den Wettbewerb beschränken oder verfälschen können". Gleiches gilt für den Fall Munoz,[371] bei dem insbesondere auch auf die Durchsetzung des Gemeinschaftsrechts, das so von Konkurrenten gesichert wird, ausgegangen wird. Gleichermaßen muss berücksichtigt werden, dass das Unionsrecht partiell auch Einschränkungen vorsieht. Dies gilt beispielsweise für das Vertragsrecht und das Produkthaftungsrecht,[372] sodass sich jedenfalls keine einheitliche Linie ergibt. *Poelzig*[373] erklärt dies damit, dass eine

[368] Für viele Referenzgebiete und dabei insbesondere auch für das Lauterkeitsrecht, *Heinze*, Schadensersatz, S. 546.

[369] *Heinze*, Schadensersatz, S. 541 ff. nennt etwa das Kartelldeliktsrecht, die Belehrungsmängelhaftung und das Verbrauchervertragsrecht sowie weitere Referenzmaterien.

[370] EuGH Urt. v. 20.9.2001, C 453/99 – *Courage* = ECLI:EU:C:2001:465.

[371] EuGH Urt. v. 17.9.2002 – C-253/00 – *Muñoz* = ECLI:EU:C:2002:497.

[372] *Heinze*, Schadensersatz, S. 546, 371.

[373] *Poelzig*, Normdurchsetzung, S. 478 ff.

Präventionsfunktion dann angenommen werden kann, wenn es rein um den Marktschutz durch Einhaltung der Marktverhaltensnormen geht und nicht um individuelle Schäden. Folgt man dem, würde § 9 II UWG keine Präventionsfunktion zukommen. Wenn auch im Ausgangspunkt einleuchtend, kann genannte Abgrenzung nicht überzeugen. Denn sie kann nicht begründen, wieso dennoch in entsprechenden Referenzmaterien wie dem Verbrauchervertragsrecht und dem Antidiskriminierungsrecht gleichwohl Präventivzwecke verfolgt werden.[374] Überzeugender erscheint es, dass das Unionsrecht den Präventivzweck von dem verfolgten Regelungsziel der Union abhängig macht. Geht es um zentrale Ziele der Union wie die Sicherung des Binnenmarktes (Art. 3 III UAbs. 1 S. 1 EUV) oder den Verbraucherschutz (Art. 114 III, 169 AEUV), wird man neben dem Kompensationszweck auch einen Präventivzweck herleiten können.[375] § 9 II UWG verfolgt über Art. 11a UGP-RL ein hohes Verbraucherschutzniveau sowie das reibungslose Funktionieren des Binnenmarktes, Art. 1 der UGP-RL. Über ErwGr. 6 S. 3, 8 werden, wohl untergeordnet bei Funktionieren des Binnenmarktes, insoweit noch mittelbar rechtmäßig handelnde Mitbewerber geschützt. § 9 II UWG verfolgt damit ebendiese Ziele, denen das Unionsrecht bei Schadensersatzansprüchen einen Präventivzweck[376] zuweist.

3) Gewicht des Präventionszwecks

Man wird den Präventivzweck nicht nur als gewünschte Nebenfolge[377] verstehen dürfen, sondern als eigenständigen Zweck[378] für § 9 II UWG.[379] Über-

---

[374] *Heinze*, Schadensersatz, S. 547.

[375] *Heinze*, Schadensersatz, S. 547.

[376] Ebenso, wenn auch nur im Ergebnis, *Köhler*, GRUR 2022, 435 (438); *Kreitz*, WRP 2023, 156 (157); sehr kritisch im Hinblick auf nur wenige Ausnahmefälle für das deutsche Recht aber *Glöckner*, GRUR 2021, 919 (926) m. w. N.

[377] In diesem Sinne rechtsvergleichend und für Deutschland *Koziol*, in: *Koziol*, Grundfragen des Schadenersatzrechts, S. 819, 819 ff.; ähnlich H-B/H-B/*Goldmann*, 5. Aufl. (2021), § 9 Rn. 9 ff. m. w. N.

[378] Dafür abstrakt *Heinze*, Schadensersatz; offener *Alexander*, Schadensersatz, S. 154 f., je nach Situation mit entsprechenden Beispielen.

[379] Ähnlich statt einiger *Heinze/Engel*, NJW 2021, 2609 (2610), wenn davon gesprochen wird, dass es sich bei unionsrechtlich fundierten Schadensersatzansprüchen ihrer Funktion nach weder um eine reine Ausgleichsfunktion noch um ein pauschales Präventionsziel handelt; auch *Köhler*, WRP 2022, 435 (438); a. A. *Glöckner*, GRUR 2021, 919 (926).

zeugend ist zwar die vorgebrachte Kritik, dass bei individuellen Schäden, die oft nicht sehr hoch sein werden, eine Präventionswirkung schwerlich erreicht werden kann.[380] Hierbei ist aber zu beachten, dass es auch im Rahmen des § 9 II UWG – wie die Dieselfälle zeigen – nicht immer[381] um Kleinstbeträge gehen muss. Insoweit kommt es neben der Kompensation zu einer Präventivwirkung, derartige Verhaltensweisen zukünftig zu unterlassen. Letztlich sollte man darüber hinaus die Frage nach der Intention einer Norm nicht mit der Intentionserreichung derselben[382] vermischen. Letztere beschreibt ein Problem innerhalb der bestehenden Intention und nicht diese selbst. Für § 9 II UWG zeigt sich das neben dem Genannten dadurch, dass dieser bei Vertragsauflösung insbesondere keine wirtschaftliche Nachteilhaftigkeit fordern darf, da es um die Befreiung der unzulässigen geschäftlichen Entscheidung geht. Auch dann steht einerseits nicht mehr wirklich eine Kompensation im Raum, weil die Gegenleistung gleichwertig sein kann. Insoweit wird jeden-

---

380 *Alexander*, WRP 2022, 337 (338).

381 Dazu *Kalbfus/Uhlenhut/Feilke*, CCZ 2022, 99 (103), die auf diese Fälle und auf einen Gesamtstreitwert von 9,8 Mrd. Euro hinweisen zum Stand März 2022; ebenso *Köhler*, GRUR 2022, 435 (435); siehe zur aktuellen Lage: https://www.gdv.de/gdv/medien/medieninformationen/abschlusszahlen-zum-diesel-skandal-streitwert-bei-10-8-milliarden-euro-162788 (zuletzt abgerufen am 15.04.2025).

382 Ähnlich *Wilman*, Private Enforcement, Rn. 7.01, 7.03; ebenso für die Regulierungsfunktion des Rechts und insoweit vergleichbar, weil die Regulierung und der Präventivzweck zusammenfallen werden, *Hellgardt*, Regulierung und Privatrecht, S. 53, wenn er anführt, dass es nicht auf die tatsächliche Wirkung, sondern die dahinterstehende Intention ankommt; in diesem Sinne auch *Hofmann*, Der Unterlassungsanspruch als Rechtsbehelf, S. 342, wenn er danach fragt, ob die Präventivfunktion auch durch eine Präventivwirkung gewährleistet wird, und die damit verbundenen Problemkreise der Unter- und Überprävention anspricht; für § 9 II UWG gibt es – neben der Kollektivgeltendmachung – hier durchaus Möglichkeiten. Dazu muss sich auch keiner Überkompensation bedient werden; anders, aber abstrakt, jedenfalls im Hinblick auf eine dahingehende Möglichkeit *Poelzig*, Normdurchsetzung, S. 480 ff., die einen Konflikt mit dem schadensrechtlichen Bereicherungsverbot sieht, dies aber gleichwohl annehmen will. § 9 II UWG kann unionsrechtskonform indessen auch einen friktionsfreieren Weg gehen, indem er etwaige Risikoabwälzungen bei Darlegungs- und Beweisfragen im Rahmen der Kausalität für sich in Anspruch nimmt, dazu abstrakt *Heinze*, Schadensersatz, S. 551 ff., oder Bündelungen bei der Durchsetzung vorgenommen werden, dazu abstrakt *Wagner*, AcP 206 (2006), S. 352, 452, die nach genannten Autoren jeweils eine Präventivwirkung unterstützen; letztlich bietet hier auch ErwGr. 16 S. 5 der OB-RL insgesamt hinreichend Spielraum.

falls nichts bezifferbar kompensiert, sondern eher „ausgetauscht". Es geht vielmehr darum, dem Verbraucher eine erleichterte Lösung vom Vertrag zu gestatten, die auf Unternehmer abschreckend wirken kann.

cc Ergebnis zu Schutz- und Normzweck

§ 9 II UWG geht es ganz primär um die Sicherung der freien und informierten geschäftlichen Entscheidung des Verbrauchers. Gewährleistet wird damit eine Entscheidung, die auf einer freien und informierten Entscheidungsgrundlage und einem entsprechenden Entscheidungsprozess basiert. Damit intendiert werden auch die über die UGP-RL und das UWG aufgenommenen überindividuellen Schutzzwecke, die den Schutz von rechtmäßig handelnden Mitbewerbern und die Lauterkeit des Marktes verfolgen. Der intendierte Präventionszweck untermauert die Existenz der mitverfolgten überindividuellen Komponenten.

C Zusammenfassung der Ergebnisse aus Kapitel 1

Der Verbraucher hatte im UWG herkömmlich die Rolle des *„Schiedsrichters"*. Er war nicht aktivlegitimiert. Eine Verbraucheraktivlegitimation spielte daher *keine* Rolle. Die dieser Rollenverteilung zugrunde liegenden Argumentationsmuster waren zwar nicht zwingend. Sie waren gleichwohl rechtspolitisch hinzunehmen.

§ 9 II UWG ist als Grundlage für die Rollengewährung und Rollenbegrenzung insoweit auszulegen, als sein Umfang auf die Rollenfrage Einfluss hat. Die tatbestandliche Untersuchung und die Schadenspositionen legen dabei die erste Grundlage für die Forschungsfrage. Einerseits für die Rollengewährung der Verbraucheraktivlegitimation: Kann der Umfang von § 9 II UWG überhaupt zu einer Rolle der „Schutzlückenschließung" führen? Andererseits für die Rollenbegrenzung: Kann § 9 II UWG zu einer Vertragsaufhebung oder einem Ersatz des „positiven Interesses" bei Fahrlässigkeit führen, die mit dem System des Bürgerlichen Gesetzbuches in Konflikt stehen könnten? Ähnliches gilt für den herausgearbeiteten Schutzzweck. Dieser ist Grundlage sowohl für die Rolle der Verbraucheraktivlegitimation als auch der des Verbrauchers. Für die Verbraucheraktivlegitimation gibt er einerseits Auskunft für die spätere Frage der Rollengewährung im Hinblick auf eine Schutzzweckmodifizierung durch § 9 II UWG. Er wird zudem für die Rollenbegrenzung bei der Friktionsfrage relevant. Hier kommt die Frage einer Abgrenzung nach Schutzzwecken auf. Zuletzt liefert er das Fundament für die neue Rolle des Verbrauchers: Geht es bei der Durchsetzung des § 9 II UWG nur um den Verbraucher, nur um die Lauterkeit des Marktes oder gar um beides?

Das erste Kapitel bewertet die Grundlagen für die nachgelagerte Untersuchung der Rollenbestimmung wie folgt:

Die umfassten und ausgeschlossenen Verhaltensnormen sowie die sonstigen Tatbestandsvoraussetzungen sind in ihrer gesetzgeberischen Ausgestaltung – wenn auch zum Teil bestritten – unionsrechtskonform. Die Möglichkeit einer Vertragsaufhebung ist unionsrechtlich geboten. In Anwendung der Grundsätze des Schadensersatzunionsprivatrechts ist kein Vermögensschaden erforderlich. Ebenso möglich ist unter Zugrundelegung des Schadensersatzunionsprivatrechts der Ersatz des positiven Interesses in engen Grenzen. Möglich ist auch der „kleine Schadensersatz", der auf das negative Interesse gerichtet ist. Insbesondere die für die Schutzlücken relevanten Anlockfälle sowie Fälle der Erstattung von Rechtsverteidigungskosten sind grundsätzlich umfasst. Hier ergeben sich in Sonderkonstellationen aber Ausnahmen, die einem Ersatz schon im Ausgangspunkt entgegenstehen. Es lässt sich schon hier erkennen, dass die Rolle der Schutzlückenschließung Defizite aufweist. Das gilt unabhängig davon, ob schon vor § 9 II UWG Schutz im BGB vorhanden war. Der Verbraucher hat keinen Unterlassungsanspruch. Der Schutz- und Normzweck umfasst die freie und informierte geschäftliche Entscheidung des Verbrauchers. Der Verbraucher wird, bezogen auf seine Entscheidungsgrundlage und seinen Entscheidungsprozess, geschützt. § 9 II UWG kommt dabei auch eine überindividuelle Schutzkomponente zu. Er dient damit auch dem Mitbewerberschutz und generell dem Schutz der Lauterkeit des Marktes. Da § 9 II UWG demnach weder nur als Individualschutz noch als nur marktregulatorischer Schutz verstanden werden soll, wirft er die Frage der Doppelrolle des Verbrauchers erstmals auf: Der Verbraucher könnte nunmehr Verteidiger seines subjektiven Privatrechts *und* Funktionär der Lauterkeit des Marktes sein.

Rollengewährung und Rollenbegrenzung der Verbraucheraktivlegitimation

Eine Rolle könnte die Verbraucheraktivlegitimation nach Gesagtem einerseits für die Schutzlückenschließung bei Defiziten im Bürgerlichen Gesetzbuch[383] spielen. Andererseits fragt sich, welche Rolle § 9 II UWG für den Schutzzweck des UWG zukommt.[384] In den Blick genommen wird neben der Rollengewährung auch eine Rollenbegrenzung.[385] Soweit es zu Wertungswidersprüchen mit dem Bürgerlichen Gesetzbuch kommt oder ein Ausschluss des Anspruchs denkbar ist, kommt es zu einer solchen Begrenzung.

Das Zusammenspiel von Rollengewährung und Rollenbegrenzung ist Grundlage für die in Kapitel 3 zu erörternde Rolle des Verbrauchers. Das Zusammenspiel bestimmt, welche Situationen der Verbraucher (nicht) durchsetzen kann.

A Rollengewährung bei Schutzlücken im Bürgerlichen Gesetzbuch

Sollten innerhalb des Schutzniveaus des Bürgerlichen Gesetzbuches tatsächlich Schutzlücken[386] für den Verbraucher auszumachen sein, könnte die

[383] Kapitel 2 (S. 73 ff.).
[384] Kapitel 2 (S. 125 ff.).
[385] Kapitel 2 (S. 140 ff.).
[386] Untersucht wird diese Frage insbesondere unter dem Blickwinkel neuerer Entwicklungen und ergänzender Bewertung schon genannter Ansatzpunkte. Die Diskussion

Aktivlegitimation in § 9 II UWG Schutzlücken schließen. Das gilt nur, wenn sie in diesen Fällen selbst Schutz gewährt.[387] Dass der Gesetzentwurf[388] zum UWG 2022 solche anführt, ist im Ausgangspunkt verwunderlich. So wurde noch im Entwurf von 2004 davon gesprochen, dass Schutzlücken nicht zu erkennen seien,[389] obwohl die für das UWG 2022 genannten Schutzlücken auch schon zu dieser Zeit partiell diskutiert[390] wurden.

I Der „Anlockfall" als Schutzlücke

Als Schutzlücke nennt die Gesetzesbegründung[391] zunächst sogenannte „Anlockfälle". Gemeint sind damit etwa Situationen, in denen es um den Ersatz frustrierter Aufwendungen durch die Reaktion auf eine irreführende Werbung geht. Entstehen dem Verbraucher durch das vergebliche Aufsuchen eines Geschäfts Fahrtkosten,[392] soll er diese nach bestehendem Recht nicht ersetzt verlangen können. Von § 9 II UWG in der extensiven Auslegung der

---

besteht – wenn auch in vielen Teilen freilich durch gesetzgeberische Änderungen im UWG und BGB veraltet und nicht mehr übertragbar – schon seit den 1970er-Jahren, wenn auch nur partiell hier nun umfassend zu untersuchende Schutzlücken genannt werden. Ältere Literatur wird nur im Rahmen deren insoweit de lege lata bestehenden Relevanz für § 9 II UWG herangezogen; ausführlich zur generell seit jeher geführten Diskussionen auch nach altem Recht *Menke*, Wettbewerbsrechtlicher Verbraucherschutz, S. 94 ff., 236, der diese bejaht; gegen solche KBF/*Köhler*, 39. Aufl. (2021), § 9 Rn. 1.10 mit den Entwicklungen vor § 9 II UWG; *Kalski*, Individualansprüche des Verbrauchers, S. 143 ff., der diese ebenso verneint; *Albrecht*, Die Aktivlegitimation, S. 222 ff. untersucht diese der Sache nach gar nicht, wenngleich der Gesetzgeber diese nun als maßgeblichen Grund für die Einführung herangezogen hat. Sie sieht diese, soweit untersucht, ohne weitere Begründung dem allgemeinen Lebensrisiko zugehörig, bejaht aber am Ende trotzdem in der Sache eine Aktivlegitimation über § 823 II BGB.

387 Zu dem Problem bei einer Schutzlücke, Kapitel 2 (S. 102 ff.); zum Umgang hiermit de lege ferenda, Kapitel 4 (S. 295 ff.).

388 BT-Drs. 19/27873, S. 39 f.

389 BT-Drs. 15/1487, S. 14 f.

390 So explizit *Köhler*, GRUR 2003, 265 (271) für die Anlockfälle; ebenso *Berens*, Die Fremdbestimmung, S. 184 zur Frage, ob es eines Schutzes des Verbrauchers bei Werbung bedürfe; zur damaligen Situation insgesamt auch *Hagenmeier*, Lauterkeitsrechtlicher Schutz, S. 247 m. w. N.

391 BT-Drs. 19/27873, S. 40.

392 *Alexander*, WRP 2021, 136 (142); *Glöckner*, WRP 2022, 383 (393); zu diesen Fällen zuletzt auch im Hinblick auf eine lauterkeitsrechtliche und zivilrechtliche Wertung *Havlik*, Täuschung und Irreführung, S. 300 ff m. w. N.

„geschäftlichen Entscheidung" sind diese aber umfasst.[393] Es geht zwar in der Sache um Aufwendungen und keine Schäden.[394] Das ist dem § 9 II UWG[395] und einer etwaigen Ersatzfähigkeit im Rahmen der §§ 249 ff. BGB insoweit aber systemimmanent,[396] da es sich durch die erforderliche Selbstschädigung im UWG immer um herausgeforderte Aufwendungen als Schäden handeln wird, die im Vertrauen auf den vom Unternehmer vorgelegten Sachverhalt getätigt wurden.[397]

1 Bestehen einer Schutzlücke

Untersuchungsbedürftig ist, ob nicht das Lauterkeitsrecht selbst oder das Bürgerliche Gesetzbuch schon vor § 9 II UWG Schutz in diesen Fällen gewährt haben. Dann würde § 9 II UWG keine dahingehende Rolle spielen.

a Rechtsprechungsanalyse zum UWG: Die Entscheidung des OLG Dresden

Ersichtlich nicht diskutiert, aber im Hinblick auf die Schutzlücke in zweierlei Hinsicht gewinnbringend,[398] könnte eine Schließung derselben durch mögliche Beseitigungsansprüche aus § 8 I Alt. 1 UWG sein. Die fehlende Diskussion leuchtet auf den ersten Blick ein, geht es bei dem Beseitigungsanspruch doch um die Beseitigung eines rechtswidrigen Zustands, bei dem das Umfassen der „Anlockfälle" nicht ohne Weiteres einleuchtet. Insoweit könnte man exemplarisch in einer irreführenden Preisangabe[399] dessen Inhalt darin sehen, diese dahingehend zu beseitigen, dass mit dem entsprechenden Preis nicht mehr geworben wird. Insoweit ist die Situation nicht mit der

---

393 Zu von § 9 II UWG umfassten Fällen Kapitel 1 (S. 53 ff.).

394 Wobei die Begriffe ohnehin nicht als Gegensätze zu verstehen sind, sondern das eine unter gewissen Voraussetzungen auch immer das andere sein kann, dazu etwa *Scherer*, WRP 2021, 561 (563) m. w. N. mit Hinweis auf das Recht der culpa in contrahendo und der Anfechtung.

395 *Scherer*, WRP 2021, 561 (563).

396 § 2 I Nr. 1 UWG setzt für eine Anwendung des § 9 II UWG immer voraus, dass der Verbraucher eine geschäftliche Entscheidung trifft, sich den Schaden daher „selbst" zufügt.

397 Ähnlich ebenso *Havlik*, Täuschung und Irreführung, S. 314 f.

398 Für die Schutzlückenschließung als solche einerseits und deren kollektivrechtliche Durchsetzung im Hinblick auf eine denkbare rationale Apathie andererseits. Zu Letzterer Kapitel 3 (S. 251 ff.).

399 Dazu etwa exemplarisch MüKoUWG/*Fritzsche*, 3. Aufl. (2022), § 8 Rn. 188.

eines Verbrauchers und einem ihm entstandenen Schaden bei Anlockung vergleichbar.

aa Richtungswechsel durch das OLG Dresden?

Einen Richtungswechsel könnte aber eine Entscheidung des OLG Dresden[400] herbeigeführt haben. Das Urteil befasste sich mit der Situation, dass eine Bank gegenüber Verbrauchern unzulässige AGB-Klauseln verwendet hatte. Aufgrund dieser wurde das Konto von Verbrauchern mit einem Entgelt i. H. v. 30 € belastet. Das OLG sah dabei insbesondere auch den von den Verbrauchern gezahlten Betrag von dem Beseitigungsanspruch des § 8 I UWG i. V. m. § 3a UWG umfasst, weil die Rückzahlung zur Störungsbeseitigung nötig war.

bb Übertragungsmöglichkeit

Denkbar hiermit verbunden könnte eine Schutzlückenschließung für Fälle der Anlockung sein. Denn das Urteil bezieht sich zwar konkret auf unzulässige AGB und deren Rückzahlung. Inhaltlich kann dem Urteil aber übergeordnet entnommen werden, dass ein „Störzustand" auch in der Zahlung einer Geldsumme liegen kann. Da der Begriff wertungsoffen ist, könnte man auch bei den auf einer Anlockung basierenden Streuschäden und dadurch verursachten Kosten einen Störzustand[401] sehen, den es zu beseitigen gilt.[402] Dem ist klar entgegenzutreten. Das ergibt sich, wie nun zu zeigen sein wird, aus systematischen Erwägungen. Zudem bestätigte eine kürzlich ergangene Entscheidung des BGH[403] hierzu die gefundene These.

cc Systematische Friktionen als Ausschlussgrund für Übertragung

Eine Subsumtion unter § 8 I Alt. 1 UWG muss also dann – auch wenn eine dahingehende Durchsetzung unter Verbraucherschutzgesichtspunkten

---

400 OLG Dresden WRP 2019, 347.

401 Zu dessen inhaltlicher Konturierung abstrakt statt vieler *Büscher*, WRP 2023, 513 (516 ff.), der einen solchen insbesondere bei der Verletzung lauterkeitsrechtlicher Verhaltensnormen für möglich halten will, die in hiesigem Anlockfall gegeben wäre.

402 Noch weiter geht *Köhler* im Hinblick auf eine Vertragsaufhebung, *Köhler*, WRP 2019, 269 (270), wenn er formuliert, ob dieser nun auch die Zug-um-Zug-Abwicklung bei Kaufverträgen umfassen soll, die in Bezug zu einer unlauteren geschäftlichen Handlung des Unternehmers stehen.

403 BGH GRUR 2024, 1539.

sicherlich wünschenswert ist[404] – ausscheiden, wenn sich hierdurch systematische Brüche ergeben.

Solche Systembrüche ergeben sich dabei insbesondere aus § 9 I UWG und jetzt auch § 9 II UWG. Denn dahingehende Schadensersatzansprüche, insbesondere aus § 9 II UWG, können diese Situation auch umfassen und setzen ein Verschulden voraus. Will man für diese Fälle einen verschuldensunabhängigen Anspruch gewähren, käme es zu einem Wertungswiderspruch mit dem Schadensrecht des UWG.[405]

Das gilt zwar nicht immer: Berücksichtigt man, dass die Rechtsordnung solche Überschneidungen zulässt, ergibt sich ein anderes Bild. Die vom OLG geschilderte Situation ist eine solche, in der dem Verbraucher auch individuelle Ansprüche aus dem bürgerlich-gesetzlichen Bereicherungsrecht zustehen. Die Rechtsordnung lässt daher selbst neben Schadensersatzansprüchen auch verschuldensunabhängige Bereicherungsansprüche zu.[406] Eine Friktion zu § 9

---

404 Dazu auch schon generell ohne Bezug auf das Urteil *Fries*, Verbraucherrechtsdurchsetzung, S. 182 ff., 269 f.; *Voit*, Sammelklagen, S. 153.

405 Vor § 9 II UWG aber im Übrigen ebenso *Baldus/Siedler*, BKR 2018, 412 (417); auch *Köhler*, WRP 2019, 269 (275), der ausführt, dass sonst jeder Vermögensschaden als Folge eines Gesetzesverstoßes einen Störzustand darstellen würde und man so – verschuldensunabhängig – zu einem Schadensersatzanspruch kommt, ohne überhaupt die Zustimmung des Verbrauchers hierfür einzuholen; vergleichbar erscheinen auch die Ausführungen von *Albrecht*, Die Aktivlegitimation, S. 130, die sich auf den Marktverwirrungsschaden und dessen Relevanz für einen Beseitigungsanspruch bezieht; noch strenger *Schmieder*, Der verbraucherschützende Beseitigungsanspruch, S. 243 f., 291, 308, 416, der dies aus einem Abstandsgebot kollektiver und individueller Verbraucherrechtsdurchsetzung ableitet. Dies ergebe sich aus ErwGr. 3 der RL 2009/22/EG. Da der lauterkeitsrechtliche verbraucherschützende Beseitigungsanspruch der Umsetzung der Richtlinie über Unterlassungsklagen dient, ist diese Wertung insoweit zu übertragen. So kann der Anspruch zwar dem Schutz einzelner Verbraucher dienen, darf aber nicht den Inhalt eigener Ansprüche und Gestaltungsrechte einzelner Verbraucher aufweisen. Das ist im Hinblick auf die Verbandsklagerichtlinie und die dahingehende Bündelung der Individualinteressen durch kollektiven Schutz (Art. 3 Nr. 3 der VK-RL), nicht mehr begründbar und daher als Abgrenzungskriterium abzulehnen. Die dahinterstehende Wertung für die Begründung des Anspruchs selbst, unabhängig von einer kollektivrechtlichen Geltendmachung insoweit, ist aber gleichwohl schlüssig. Etwas offener *Lühmann*, NJW 2020, 1706 (1708).

406 Dazu *Kühner/Singbartl*, EWiR 2019, 5 (6); *Bien*, ZWeR 2013, 448 (457).

UWG ist daher insoweit nicht anzunehmen,[407] da sie an anderer Stelle von der Rechtsordnung gebilligt wird.

Damit verbunden ist aber die Aussage, dass an Stellen, an denen dies nicht der Fall ist, eine solche Argumentation nicht in Anspruch genommen werden kann. Eine Geltendmachung bei den genannten „Anlockfällen" muss daher ausscheiden, weil der Unternehmer regelmäßig durch die Aufnahme von Fahrtkosten des Verbrauchers nichts erlangt haben wird.

Letztlich spricht aber auch bei den genannten übrig bleibenden Konstellationen eine Wertung der Musterfeststellungsklage gegen einen Anspruch aus § 8 I Alt. 1 UWG. So äußert sich die Gesetzesbegründung, dass eine Durchsetzung individueller Ansprüche durch § 8 UWG[408] nicht möglich sein soll. Die nun eingeführte Verbandsklage bestärkt diesen Befund. Denn in dieser sollen Fälle des § 9 II UWG kollektivrechtlich durch Verbände durchsetzbar sein, wenn der Verbraucher sich zu einer solchen Verbandsklage nach VDuG anmeldet.[409] Systemwidrig erscheint es daher, dass der Verband unter Umgehung der Voraussetzungen des VDuG Ansprüche nach § 8 I S. 1 Alt. 1 UWG geltend macht. Eine kollektivrechtliche Schutzlückenschließung hierdurch ist damit deshalb nicht verbunden.

dd Bestätigung der hiesigen Beurteilung durch aktuelle BGH Rechtsprechung

Diese Betrachtung hat der BGH[410] in einem erst kürzlich veröffentlichten Urteil bestätigt. Konkret ging es um ein Festival, bei dem Verbraucher ein Chip-Armband erwerben konnten, auf das sie Geldbeträge buchen konnten um innerhalb des Festivals zu zahlen. Der Veranstalter bot dabei eine Rückerstattung für nicht verbrauchte Geldbeträge auf dem Armband an. Dafür mussten die Verbraucher aber eine Rückerstattungsgebühr („Payout Fee") bezahlen. Der Dachverband der 16 Verbraucherzentralen in Deutschland hielt dies für unlauter i. S. d. §§ 3 I, 3a UWG und beantragte im Rahmen des § 8 I 1 UWG die Rückzahlung der Gebühr direkt an die Verbraucher.[411]

---

[407] Man könnte sich freilich auch auf den Standpunkt stellen, dass eine Friktion gleichwohl vorliegt, diese aber hingenommen wird. In der Sache ändert sich dadurch nichts.

[408] BT-Drs. 19/2507, S. 14.

[409] Dazu Kapitel 3 (S. 251 ff.).

[410] BGH GRUR 2024, 1539.

[411] BGH GRUR 2024, 1539.

Die Situation ist daher zwar nicht identisch. Es geht aber um die gleiche Problematik: Kann § 8 I 1 UWG auf die direkte Rückzahlung von Geldbeträgen an Verbraucher gerichtet sein?

Das Gericht erteilt dem mit den eigens genannten Argumenten eine klare Absage: § 9 II UWG und § 10 UWG, die solche Fälle auch erfassen, setzen ein Verschulden voraus. Diese Wertung wird damit Unterlaufen.[412] Zudem hat der Gesetzgeber mit dem VDuG und der Musterfeststellungsklage ein System der kollektiven Rechtsdurchsetzung für diese Fälle geschaffen. Eine Anwendung des § 8 I 1 UWG würde auch insoweit zu einem Wertungswiderspruch führen.[413]

Man wird daher für die Rechtsprechungsanalyse derartiger Fälle sagen können, dass eine vorherige Schutzlückenschließung durch § 8 I 1 UWG im Lauterkeitsrecht hiermit nicht verbunden ist. Vielmehr ist die Beurteilung durch das OLG Dresden contra legem.

b Rechtsprechungsanalyse zum BGB

Weitere Anhaltspunkte für die Beantwortung der Frage könnten Rechtsprechungslinien im Bürgerlichen Gesetzbuch bieten. Bedauerlicherweise gibt es ersichtlich kaum Rechtsprechung hierzu. Bei einer Entscheidung des OLG München[414] ging es zwar um ein Werbeschreiben. Gleichwohl lässt sich dem veröffentlichten Teil des Urteils nur entnehmen, dass die fehlerhaften Angaben in Vertragsverhandlungen bestätigt wurden und sogar Niederschlag in das Vertragsdokument gefunden haben.[415] Es ist daher bestenfalls unklar, ob die dort angenommene Haftung aus culpa in contrahendo schon durch die Werbeangabe selbst zustande gekommen ist. Eben das gilt im Ergebnis auch für eine Entscheidung des LAG Hessen.[416] Dieses hatte einem Arbeitnehmer Ansprüche gegen seinen Arbeitgeber über die §§ 280 I, 241 II, 311 II BGB zugesprochen. Dies deshalb, weil der Arbeitgeber fehlerhafte Angaben zu dem Jahresmindestverdienst über eine Annonce gemacht hatte. Nach den Ausführungen des Gerichts soll der Arbeitnehmer sich auf den Inhalt der

---

412 BGH GRUR 2024, 1539, 1543.
413 BGH GRUR 2024, 1539, 1542 f.
414 OLG München BB 1988, 865.
415 OLG München BB 1988, 865 f.
416 LAG Hessen NZA 1994, 884 ff.

Annonce verlassen können.[417] Das spricht zwar für ein Verständnis dahingehend, dass die Werbung als solche für die Annahme der §§ 280 I, 241 II; 311 II BGB genügt. Letztlich wäre es aber auch denkbar, dass sich die Annahme aus ihrem arbeitsrechtlichen Gewand und den daraus resultierenden Gefahren für den Arbeitnehmer heraus erklärt. Eine belastbare Rechtsprechungslinie für eine Haftung von irreführender Werbung im Allgemeinen ergibt sich daher nicht.

c Anspruchsberechtigung des Verbrauchers nach §§ 280 I, 241 II, 311 II BGB

Aufgrund der Tendenzen soll gleichwohl eine Subsumtionsmöglichkeit unter die culpa in contrahendo untersucht werden.

aa Ausgangsüberlegungen

Denkbar wäre § 311 II Nr. 2,[418] wenn es sich bei dieser Werbung um die Anbahnung eines Vertrages handeln würde, bei welchem der eine Teil im Hinblick auf eine rechtsgeschäftliche Beziehung dem anderen Teil die Möglichkeit zur Einwirkung auf dessen in Nr. 2 genannte Schutzgegenstände gewährt oder ihm diese anvertraut. Eine starre Definition, wann diese „Anbahnung" nun vorliegen voll, gibt es nicht. Vielmehr ist der Begriff wertungsoffen und muss konturiert werden. Richtig wird sein, dass man im Ausgangspunkt ein gewisses „Vertrauensverhältnis"[419] zwischen den Parteien wird fordern müssen. Auch ein solches steht nicht explizit im Gesetz, jedoch wird von

[417] LAG Hessen NZA 1994, 884 ff.

[418] Die Einschlägigkeit von Nr. 1 wird man schon im Ausgangspunkt verwerfen müssen. Ersichtlich für eine solche nur *Larenz/Wolf*, BGB AT, § 31 Rn. 10, die formulieren, dass durch ein Zeitungsinserat, das mit herabgesetzten Preisen eines Fernsehapparats wirbt, und der Reaktion eines potenziellen Käufers hierauf Vertragsverhandlungen eingeleitet werden. Zweifel ergeben sich für eine Subsumtion indes regelmäßig schon dann, wenn zwischen den etwaigen Vertragsparteien erst zukünftige Vertragsgegenstände ausgelotet werden, dazu etwa NK/*Becker*, 4. Aufl. (2021), § 311 Rn. 40 f.; BR/*Gehrlein/Sutschet*, 4. Aufl. (2019), § 311 Rn. 47. Der Fall der öffentlichen Werbung ist dem schon denkbar nicht umfassten Zweifelsfall noch vorgelagert. Eine Anwendung des § 311 II Nr. 1 BGB scheidet daher aus.

[419] In diese Richtung auch *Leistner*, Richtiger Vertrag, S. 928 für den „Vertrauensgedanken"; implizit *Franck*, Marktordnung durch Haftung, S. 342; ebenso *Scherer*, WRP 2021, 561 (563); ähnlich *Havlik*, Täuschung und Irreführung, S. 148ff.; so auch schon *Ballerstedt*, AcP 151 (1950/1951), S. 501, 507 ff.

„Einfluss auf die Interessen" und „anvertraut" gesprochen. Diese Formulierungen legen ein solches nahe, sodass dieses Grundlage der Überlegung für das Vorliegen eines vorvertraglichen Schuldverhältnisses sein soll.

bb Vorliegen eines „Vertrauensverhältnisses"?

Aufgrund genannter Offenheit des Begriffs wird sich unterschiedlich zu den Anforderungen an das „Vertrauensverhältnis" geäußert.

aaa Allgemeines Lebensrisiko oder fehlende Nähebeziehung?

So wird teilweise davon gesprochen, dass es sich bei Reaktionen auf öffentliche Äußerungen in „Anlockfällen" schlicht um das allgemeine Lebensrisiko handelt[420] oder diesen jedenfalls die erforderliche „Nähebeziehung"[421] fehlt.

1) Allgemeines Lebensrisiko?

Ersteres ist ohne Weiteres abzulehnen. Das zeigt im Kern schon § 434 III Nr. 2 b) BGB, der im Vertragsrecht öffentliche Äußerungen miteinbezieht. Wenn dies so ist, wird man kaum begründen können,[422] dass ein solches Verhalten, bezogen auf öffentliche Äußerungen, dem allgemeinen Lebensrisiko zuzuordnen ist.

2) Fehlende Nähebeziehung?

Letzteres wäre im Hinblick auf die Systematik des § 311 II BGB und der Normierung als vorvertragliche Haftung durchaus denkbar. Gerade ein entsprechendes Näheverhältnis kann sicherlich ein Vertrauensverhältnis zu dem Verbraucher begründen. Wenn es sich aber um rein öffentliche Äußerungen

---

420 So *Albrecht*, Die Aktivlegitimation, S. 222 f.; *Köhler*, GRUR 2003, 265 (271), der bei telefonischen Anfragen Ausnahmen zulassen will; in diese Richtung auch *Beater*, Unlauterer Wettbewerb, 1. Aufl. (2002), § 16 Rn. 47 ff., der in einem Anlocken generell kein Problem sieht, dies vielmehr für das Wettbewerbsgeschehen immanent hält. Enge Ausnahmen will er nur bei Überforderung zulassen.

421 Explizit *Alexander*, Vertrag, S. 145; zuletzt auch wieder *ders.* WRP 2021, 136 (142); in diesem Sinne wohl auch *Keller*, GRUR 2021, 456 (459).

422 Zutreffend *Kalski*, Individualansprüche des Verbrauchers, S. 193 für § 434 I S. 3 BGB a. F.; wenig überzeugend ist die Argumentation bezüglich der Vermeidung eines haftungsauslösenden Ereignisses an die Öffentlichkeit, weil damit die nachgelagerte Frage, ob dies so sein kann oder wiederum Einschränkungen bedarf, vorgelagert als Argument – ohne weitere Begründung – für eine Ablehnung bemüht wird, so *Albrecht*, Die Aktivlegitimation, S. 223.

handelt, die gegenüber „jedermann" geäußert werden, könnte man ein entsprechendes Näheverhältnis ablehnen[423] und hierin vielmehr die vorgelagerte Möglichkeit einer Kontaktaufnahme und darauf beruhende nachgelagerte Möglichkeit einer ausreichend stärkeren Individualisierbarkeit,[424] die ein entsprechendes Schuldverhältnis konstruiert, sehen.[425] Dafür streiten könnte auch die Gesetzesbegründung, die eine Anbahnung insbesondere für die Klassiker des „Salatblattfalls"[426] gesehen hat, bei denen eine solche Nähebeziehung durch Betreten der Räume des Unternehmers besteht.

---

[423] Aktuell hierzu *Alexander*, WRP 2021, 136 (142); *Keller*, GRUR 2021, 456 (459); ebenso grundlegend *Alexander*, Vertrag, S. 145 m. w. N.; insoweit auch *Albrecht*, Die Aktivlegitimation, S. 222 ff.; *Berens*, Fremdbestimmung, S. 256 f.; in diese Richtung auch schon *Larenz*, MDR 1954, 515 (518), der davon spricht, dass die Pflichten schon aber auch erst mit „der Anbahnung des Vertrages durch Betreten der geschäftlichen Räume" beginnt und diesen Zeitpunkt als konstitutiv für das Begründen des gesetzlichen Schuldverhältnisses ansieht.

[424] *Alexander*, Vertrag, S. 145; unklar, BeckOGK/*Herresthal*, Stand: 15.01.2023, § 311 Rn. 290 spricht von der Ratio der Haftung, die in der gesteigerten Einwirkung durch das geforderte Anvertrauen und Gewähren liegt, sich aber nicht explizit auf genannten Fall bezieht; *Schaffernak*, Das wettbewerbsrechtliche Vertragslösungsrecht, S. 163; ebenso *Fezer*, WRP 2003, 127 (136); in diese Richtung *Schlussas*, Vertragsaufhebung, S. 100 ff., 109 f., der nur dann eine Haftung aus culpa in contrahendo annehmen will, wenn der Verbraucher keine Möglichkeit zur Kontrolle der Werbeangaben hat; etwas unklar *Glöckner*, WRP 2022, 383 (393), der dies dann bejahen will, wenn das Werbeinserat auch Vertragsverhandlungen einleitet. Die maßgebliche Frage ist freilich, wann dies der Fall sein soll; *Beaucamp*, NJW 2003, 3096 (3096) fordert ein gewisses individualisiertes Näheverhältnis; ob dieses hier genügt, ist aber wiederum eine Wertungsfrage, sodass es für hiesigen Fall unklar ist; unklar auch MüKoBGB/*Emmerich*, 9. Aufl. (2022), § 311 Rn. 49, der davon spricht, dass es von Fall zu Fall und damit jeweils abhängig von nicht geäußerten Faktoren einmal für einen Anspruch aus culpa in contrahendo genügt oder auch nicht.

[425] *Alexander*, Vertrag, S. 145, der einen nachgelagerten „kritischen" Punkt fordert, um auch eine haftungsauslösende Erklärung an die Allgemeinheit zu vermeiden; in diesem Sinne auch *Albrecht*, Die Aktivlegitimation, S. 222 ff., die davon spricht, dass eine Verschuldenshaftung im Rahmen eines vorvertraglichen Schuldverhältnisses nicht auf eine haftungsauslösende Erklärung gegenüber der Öffentlichkeit auszuweiten ist; *Berens*, Fremdbestimmung, S. 256 f.; a. A. aber *Leistner*, Richtiger Vertrag, S. 928 ff., 941, der den Anklang eines Näheverhältnisses im Wortlaut und ein etwaiges dahingehendes Erfordernis zwar erkennt, gleichwohl aber über eine Konstruktion im Rahmen des Verbots widersprüchlichen Verhaltens zu einer Ersatzfähigkeit kommen will; i. E. ebenso auch *Kalski*, Individualansprüche des Verbrauchers, S. 184 ff.

[426] BT-Drs. 14/6040, S. 163 unter Verweis auf BGHZ 66, 4.

Hält man die Voraussetzungen für eine Nähebeziehung für nicht erfüllt, ist gleichwohl nicht ersichtlich, dass die „Anbahnung" zwingend so konturiert werden muss. Denn es finden sich neben dem Vertrauensverhältnis, das sich dem Wortlaut noch entnehmen lässt, keine klaren Anhaltspunkte hierfür im Gesetz oder der Ratio der culpa in contrahendo. Insbesondere kann dies auch nicht durch „Kontakt" in Nr. 3 hergeleitet werden.[427] Denn dessen Intensität müsste wieder konturiert werden. Ein Kontakt könnte in diesem Sinne rein dem Begriffsverständnis nach auch ein schlicht „überhaupt in Berührung Kommen" sein. Mit anderen Worten müsste man diesen, ebenso wie das Vertrauensverhältnis, wieder konturieren. Man würde vor dem gleichen Problem stehen.

Gleich unklar bleibt eine systematische Auslegung. § 311 BGB befindet sich im 3. Abschnitt bei Schuldverhältnissen aus Verträgen und dort bei der Begründung derselben. Diese finden aber regelmäßig zwischen zumindest bestimmbar individualisierten Personen statt. Auch kann § 311 II nicht isoliert von § 311 I gelesen werden. Dieser spricht gerade von „den Beteiligten", sodass jedenfalls nicht rein unter diesem Gesichtspunkt einleuchtet, wieso eine stärkere Individualisierbarkeit im Rahmen eines persönlichen Kontakts nicht auch im vorvertraglichen Bereich greifen sollte. Dass dies zwingend auch im vorvertraglichen Bereich derart konkretisiert sein muss, ist umgekehrt dadurch aber nicht zwingend vorgegeben.

Letztlich verbleibt die Situation insgesamt unklar. Fordert man ein Näheverhältnis unter Konturierung des Vertrauensverhältnisses, erscheint die Ablehnung einer „Anbahnung" denkbar. Fordert man das Näheverhältnis nicht, erscheint eine „Anbahnung" möglich. Das Vorliegen einer „Anbahnung" steht im Hinblick auf das Näheverhältnis insgesamt auf wackeligen Beinen, weil das Näheverhältnis selbst schon nicht als zwingende Voraussetzung für eine vorvertragliche Haftung im Gesetz anklingt.

Ob eine öffentliche Werbung des Unternehmers daher ein Schuldverhältnis nach § 311 II Nr. 2 BGB herbeiführen kann, ist durch die bisher genannten Argumentationsmuster daher weiter unklar.

---

[427] *Kalski*, Individualansprüche des Verbrauchers, S. 192 f.

bbb Konturierung des Vertrauensverhältnisses durch gesetzgeberische Wertung

Mehr Klarheit kann die Wertung des Gesetzgebers bei § 434 III Nr. 2b) BGB liefern.

1) Gründe gegen eine Übertragung

Zunächst könnte man dessen Wertung so verstehen, dass eine Konturierung für die culpa in contrahendo dahingehend erfolgt, dass Anlockfälle von dieser nicht umfasst sind. Zwar wird durch § 434 III Nr. 2b) gezeigt, dass Schutz bei Werbung gewährt werden soll. Dieser Schutz wird aber bei einem bestehenden Schuldverhältnis gewährt. Liegt ein solches vor, wird im Rahmen der Beschaffenheit berücksichtigt, ob Sachmängel bestehen. Damit ist jedenfalls wertungsmäßig verbunden, dass bei konkretisiertem Schuldverhältnis etwaige Äußerungen zu berücksichtigen sind. Es geht demnach um Situationen, die der Anbahnung zeitlich deutlich nachgelagert sind. Dass durch die Werbung ein vorvertragliches Schuldverhältnis begründet werden soll, kann daraus nicht zwingend abgeleitet werden.[428] Man könnte vielmehr sogar die umgekehrte Wertung ableiten: Da der Verbraucher vorvertraglich im Rahmen der culpa in contrahendo nicht geschützt ist, soll er sich, jedenfalls wenn ein Vertragsverhältnis zustande kommt, gegenüber dem Unternehmer schützen können. Insoweit könnte gerade eine Abwägung zugunsten der Parteien zu berücksichtigenden Interessen stattfinden: Der Händler soll nicht für jede öffentliche Äußerung vorvertraglich haften. Konkretisiert sich das Schuldverhältnis aber, muss er sich an seine Äußerungen binden lassen. Das könnte daraus resultieren, dass im Verhältnis zum Verbraucher bei bestehendem Schuldverhältnis ein gesteigertes Nähe- und Vertrauensverhältnis vor-

---

[428] Nur in diesem Ausgangspunkt überzeugend, aber im Übrigen nicht gänzlich einleuchtend, sind die Ausführungen von *Albrecht*, Die Aktivlegitimation, S. 222 ff., die eine Wertungsübertragung deshalb verneinen will, weil es sich einmal um eine Hauptleistungspflicht und einmal um eine Nebenleistungspflicht handelt. Gerade dieser Befund ist doch auch mit Grundlage, warum eine Wertungsübertragung im Raum steht, da die Situationen insoweit nicht gleich sind. Inhaltlich wird das genannte Argument nicht begründet, sodass eine Ablehnung, hierauf beruhend, wenig einleuchtend erscheint; wie *Albrecht* im Ergebnis auch *Behrens*, Fremdbestimmung, S. 256 f.; in diesem Sinne jedenfalls auch die Wertung von *Riehm*, DaR 2019, 247 (248), der anführt, dass § 434 III Nr. 2 b) BGB allenfalls zu einer Haftung des Verkäufers führt, insoweit aber kein vorvertragliches Schuldverhältnis begründet.

liegt. Zwingend ist diese Wertung nicht. Sie zeigt aber, dass § 434 III Nr. 2 b) BGB nicht ohne Weiteres wertungsmäßig für die Begründung eines vorvertraglichen Schuldverhältnisses bemüht werden kann. Darüber hinaus birgt er eine Unstimmigkeit, die dem Mängelrecht immanent ist. Denn § 434 III Nr. 2 b) BGB trifft wertungsmäßig übertragbare Aussagen im Rahmen der Beschaffenheit der Sache selbst. Nicht einbezogen wird eine Preis- und Konditionenwerbung.[429] Wenn es beispielsweise nur darum geht, dass ein Produkt besonders billig ist und dieses dann doch nicht so billig angeboten werden kann oder nicht mehr verfügbar ist, ist dies schon kein Fall des § 434 III Nr. 2 b) BGB. Es gibt auf den ersten Blick hier also schon keine Wertung für die culpa in contrahendo, die übertragen werden könnte, oder schlimmer: Dem § 434 III Nr. 2b) BGB könnte zu entnehmen sein, dass im Übrigen nicht vertraut werden kann und eine Haftung daher ausscheidet. Zudem ist diese Wertung nur für das kaufrechtliche Mängelrecht normiert. In den sonstigen Mängelrechten findet sich eine entsprechende Normierung gerade nicht,[430] sodass man wiederum mit der Wertungsfrage konfrontiert wird, ob sich hieraus eine fehlende Übertragbarkeit ergibt. Nimmt man dabei in den Blick, dass es sich regelmäßig um kaufrechtlich relevante Konstellationen in Anlockfällen handeln wird, wird man letzteres Argument aber in der Regel entkräften können.

2) Gründe für eine Übertragung

Überzeugender erscheint es aber, der Norm auch als Wertung zu entnehmen, dass generell vor fehlerhaften öffentlichen Äußerungen geschützt werden soll. Insoweit besteht durch diese ein hinreichendes Vertrauensverhältnis,[431] ohne dass es auf einen Nähebezug ankommt. Denn die gesetzliche Wertung des § 434 III Nr. 2 b) zeigt schon übergeordnet[432] – wenn auch im kaufrechtlichen Gewand –, dass ein Vertrauen schon an die Äußerung als solche anknüpft. Problembehaftet wären dann zwar gleichwohl wieder die Konditionen- und

[429] Dazu auch *Leistner*, Richtiger Vertrag, S. 1021 m. w. N.

[430] Dazu auch *Menke*, Wettbewerbsrechtlicher Verbraucherschutz, S. 205 f.

[431] In diesem Sinne *Franck*, Marktordnung durch Haftung, S. 342 ff.; ähnlich, wenn auch in anderem Kontext, auch *Ohly*, GRUR 2022, 763 (771), wenn er anführt, dass man sich grundsätzlich auf die öffentlichen Äußerungen des Werbenden verlassen können darf.

[432] Dazu zuletzt auch statt einiger *Havlik*, Täuschung und Irreführung, S. 152.

Preiswerbung. Denn diese wird von § 434 III Nr. 2 b) BGB gerade nicht berücksichtigt. Auch das spricht nach hiesigem Dafürhalten aber nicht gegen einen Einbezug für die culpa in contrahendo. Denn § 434 III BGB nimmt diese nicht in seinen Kanon auf, weil es sich aus Sicht des BGB nicht um Mängel der Sache selbst handelt. Es erscheint daher überzeugend, dass schlicht die implizite Aussage mit der Norm verbunden ist, dass durch öffentliche Äußerungen ein Vertrauen begründet wird. § 434 III BGB kann diese Wertung aber nur insoweit abbilden, als es für seine Einschlägigkeit relevant ist. § 434 III Nr. 2 b) knüpft daher im Hinblick auf das „Vertrauendürfen" an die öffentliche Äußerung als solche an und bezieht gewisse Inhalte der Werbung nur deshalb nicht mit ein, weil sie für das Vorliegen eines Sachmangels irrelevant sind. Eine generelle Übertragbarkeit im Hinblick auf die Wertung, dass man auf öffentliche Äußerungen vertrauen darf, erscheint daher überzeugend.

cc Abschließende Beurteilung zur Anbahnung

Öffentliche Äußerungen werden nach zuletzt Gesagtem das Erfordernis eines Vertrauensverhältnisses[433] i. S. d. § 311 II Nr. 2 BGB erfüllen. Zwar sind weder die Norm noch mit dieser verbundene Aussagen im Rahmen einer wertenden Betrachtung komplett klar. Gleichwohl erscheint es in der Tat widersprüchlich,[434] einerseits zu sagen, dass der Verbraucher sich bei einer mangelhaften Leistung auf die öffentlichen Äußerungen verlassen darf,[435] er also auf diese vertrauen darf, dies aber vor dem Vertrag gerade nicht können soll. Allenfalls könnte Argument sein, dass – wie herausgearbeitet – § 434 III Nr. 2 b) BGB

---

[433] Differenzierend aber zuletzt *Havlik*, Täuschung und Irreführung, S. 148 ff., der anführt, dass immer auf die konkrete individuelle unlautere Werbemaßnahme abgestellt werden muss und insoweit zu untersuchen ist, ob schon eine Anbahnung gegeben ist. Nicht ganz überzeugend ist dabei die These, dass eine Differenzierung deshalb erfolgen muss, weil eine Haftung sonst für den Unternehmer bei fahrlässigen unlauteren geschäftlichen Handlungen nicht mehr abschätzbar sein wird, im gleichen Zuge aber davon gesprochen wird, dass produktbezogene Werbung im Fernsehen und Prospekten umfasst sein soll. Eine solche richtet sich doch gerade an eine Vielzahl nicht schon vorab bestimmbarer Adressaten. Eine solche Werbung birgt daher sicherlich das Risiko einer weitgehenden Haftung für fahrlässige unlautere geschäftliche Handlungen. Letztlich wird man diese mit § 9 II UWG ohnehin nicht mehr vermeiden können. Zudem ist die Gefahr auch eher eine theoretische, weil Verbraucher entsprechende Ansprüche oft nicht durchsetzen werden, dazu Kapitel 3.

[434] *Leistner*, Richtiger Vertrag, S. 942.

[435] In diesem Sinne für das „Verlassendürfen" auf diese auch *Ohly*, GRUR 2022, 763 (771).

insoweit eine Abschlussfunktion hat und daher regelt, inwieweit vertraut werden darf. Das kann nach Gesagtem indessen nicht überzeugen. Man wird eine Vertragsanbahnung bei öffentlichen Äußerungen bejahen können. Gleichwohl bleibt es dabei – und das zeigt ein entsprechender Begründungsaufwand –, dass die Bejahung einer Anbahnung jedenfalls nur im Hinblick auf eine Konturierung eines wertungsoffenen Begriffs erfolgen kann. Das birgt jedenfalls Rechtsunsicherheit.[436]

dd Sonstige Voraussetzungen des § 311 II Nr. 2 BGB

Die übrigen Voraussetzungen des § 311 II Nr. 2 BGB lägen bei Annahme einer Anbahnung vor. Richtig ist, dass die Kriterien „anvertraut" und „gewähren" erst recht greifen müssten. Die Kriterien spielen auf eine Art Freiwilligkeit an.[437] Der Verbraucher wird sich zwar unter Umständen nicht freiwillig in den Bereich von Werbung begeben, sondern unfreiwillig von dieser Kenntnis nehmen. Hier ist er aber noch schutzwürdiger.[438]

ee Pflichtverletzung nach § 241 II BGB

Eine Pflichtverletzung nach § 241 II BGB lässt sich durch das unlautere Verhalten im Rahmen einer Wertungsübertragung[439] zu Nr. 5 des Anhangs zu § 3 III UWG vornehmen. Bei den Anlockfällen handelt es sich zwar um Streitigkeiten mit starker wettbewerbsrechtlicher Relevanz. Man könnte sich daher auf den Standpunkt stellen, dass diese durch das UWG gelöst werden sollen, damit man sich schon nicht über die Frage einer Wertungsübertragung von UWG in das BGB für den Pflichtenmaßstab des § 241 II BGB Gedanken

---

[436] Nichts anderes würde sich für § 311 II Nr. 3 BGB ergeben. Insoweit läge kein „ähnlicher" geschäftlicher Kontakt vor. Die „Ähnlichkeit" lässt aber stark vermuten, dass nach dieser Ansicht ein ähnliches Näheverhältnis und eine Individualisierbarkeit gefordert wird wie bei § 311 II Nr. 2 BGB, in diese Richtung Jauerning/*Stadler*, 18. Aufl. (2021), § 311 Rn. 45 ff.; wohl erst recht MüKoBGB/*Emmerich*, 9. Aufl. (2021), § 311 Rn. 51, wonach das Senden einer E-Mail mit Werbung, worin wenigstens schon eine Art Konkretisierung auf den jeweiligen Verbraucher vorliegt, nicht genügt; so auch im Ergebnis *Glöckner*, GRUR 2022, 383, (393, 386).

[437] *Kalski*, Individualansprüche des Verbrauchers, S. 192.

[438] *Kalski*, Individualansprüche des Verbrauchers, S. 192.

[439] In diesem Sinne schon ausführlich *Leistner*, Richtiger Vertrag, S. 945, 969 ff.; ähnlich *Klagge*, Normative Kohärenz, S. 84 f.; ebenso GroKoUWG/*Heinze*, 3. Aufl. (2021), Einl. C. Rn. 311; dazu insgesamt im Hinblick auf das komplementäre Verständnis von UWG und BGB etwa *Hagenmeier*, Lauterkeitsrechtlicher Schutz.

machen muss.[440] Es ist zwar sicherlich richtig, dass eine Auflösung durch das entsprechende Regelungsgefüge einfacher lösbar ist, weil man sich die Frage einer Übertragung so nicht stellen muss.[441] Überzeugen kann das gleichwohl nicht. Nur weil ein Aufwand damit verbunden ist, lässt das eine Möglichkeit nicht ausscheiden. So wurde sich schon damals[442] für eine Wertungsübertragung in das BGB ausgesprochen und auch de lege lata wird man eine solche aufgrund des komplementären Verhältnisses von UWG und BGB vornehmen können:[443] In beiden Situationen soll die Entscheidungsfreiheit des Verbrauchers geschützt werden und eine Individualiserbarkeit des jeweiligen Verbrauchers lässt sich noch nicht vornehmen. Es handelt sich daher durchaus um vergleichbare Situationen, bei denen eine lauterkeitsrechtliche Wertungsübertragung des Pflichtenmaßstabs in derartigen Fallkonstellationen für die Konturierung des Pflichtenmaßstabs der culpa in contrahendo fruchtbar gemacht werden kann.[444] Dass man derartige Wertungen bei der Beurteilung des Pflichtenmaßstabs daher nicht in § 241 II BGB für diesen

---

[440] *Alexander*, Vertrag und unlauterer Wettbewerb, S. 52 formuliert hierzu, dass die Beurteilung der Unlauterkeit aufgrund ganz unterschiedlicher Schutzzwecke zu dem gleichen oder auch unterschiedlichen Ergebnis kommen kann. Ob man gewisse Dinge für unlauter hält, kann z. B. auch in Situationen, in denen Verbraucher betroffen sind, aufgrund von einer dahingehenden Benachteiligung (auch) des Mitbewerbers herrühren. Insoweit ergibt sich eine Betrachtung in der Gesamtschau der Schutzzwecke.

[441] In diesem Sinne wohl *Lehmann*, Vertragsanbahnung, S. 346; auch FBO/*Peifer*/*Obergfell*, 3. Aufl. (2016), § 5 Rn. 42, wenn davon gesprochen wird, dass es, anders als dem Vertragsrecht – wobei die culpa in contrahendo rechtsgeschäftsähnlich ist –, dem UWG auch schon um „Anlocksituationen" geht.

[442] *Lorenz*, Schutz vor dem unerwünschten Vertrag, S. 414 ff., insbesondere auch in Fn. 1193, wenn er auf die Wertung des § 13a UWG a. F. abstellt; so im Ergebnis auch *Leistner*, Richtiger Vertrag, S. 947, 969 ff., der etwaige Bedenken im Hinblick darauf, dass im UWG gerade keine Individualansprüche gewährt wurden und eine Wertungsübertragung allein schon deshalb diskutabel ist, sieht, diese aber gleichwohl für möglich hält. Nimmt man in den Blick, dass die Situation im Hinblick auf § 9 II UWG nun noch zu mehr Überlagerungen führt, gilt dies erst recht.

[443] Dazu etwa *Leistner*, Richtiger Vertrag, S. 257 ff., 945, 969 ff.; *Klagge*, Normative Kohärenz, S. 84 m. w. N.; *Hagenmeier*, Lauterkeitsrechtlicher Schutz, S. 92 ff., 179 ff., 256 ff.; bejahend, aber kritisch im Hinblick auf das Vorliegen eines Schadens, GroKoUWG/*Heinze*, 3. Aufl. (2021), Einl. C. Rn. 312 ff.; ebenso *Schmieder*, Der verbraucherschützende Beseitigungsanspruch, S. 194.

[444] Ganz in diesem Sinne zuletzt auch *Havlik*, Täuschung und Irreführung, S. 311, 259 ff., 273 f.

Fall[445] übertragen kann, entbehrt schlicht eines überzeugenden Arguments. Richtig ist zwar, dass auch der BGH[446] teilweise Wertungsübertragungen ablehnte. Dieser Befund stammt indessen aus einer Zeit, in der Lauterkeitsrecht und Vertragsrecht sich noch nicht derart komplementär angenähert hatten. Letzterer Befund zeigt sich auch dadurch, dass der BGH nunmehr auch die Übertragung von Wertungen des § 7 UWG in die §§ 823, 1004 BGB[447] vornimmt. Zuletzt zeigen auch die Ausführungen in Kapitel 1[448] und 2,[449] dass sich das UWG und BGB immer mehr annähern und gegenseitig beeinflussen. Insoweit enspricht es auch dem Pflichtenmaßstab des § 241 II BGB auf die Vermögensinteressen des Verbrauchers in den „Anlockfällen" Rücksicht zu nehmen. Eine Wertungsübertragung lässt sich daher vornehmen.

ff Sonstige Ansprüche

Ansprüche aus § 826 BGB, §§ 823 II BGB i. V. m. 263 StGB[450] oder § 16 UWG helfen nicht weiter. Diese setzen allesamt vorsätzliches Verhalten voraus, das

---

445 Etwas schwieriger wird es, wenn das Vertragsrecht tangiert wird, auch hier wird man aber Wertungen in eine Gesamtschau miteinbeziehen dürfen, dazu die Fälle der Vertragsaufhebung bei psychischem Zwang, Kapitel 2 (S. 119 1ff.).

446 Dass der BGH teilweise auch Wertungen nicht übertragen will, zeigt z. B. BGH NJW 2007, 1458 Rn. 14 ff. Er lehnte einen Anspruch eines Verbrauchers aus §§ 677 ff. BGB ab. Ein Anspruch eines eingetragenen Vereins wurde aber vorher bejaht, weil es sich bei Letzterem insbesondere um die Gepflogenheiten des gewerblichen Rechtsschutzes handle und dies auf das BGB nicht übertragbar wäre. Hierzu insbesondere die Ausführungen zur Geschäftsführung ohne Auftrag (S. 109 ff.).

447 So BGH GRUR 2018, 1178 – *Kundenzufriedenheitsbefragung*; dazu auch *Glöckner*, GRUR 2021, 919 (925).

448 Kapitel 1 (S. 42, 59 ff.).

449 Kapitel 2 (S. 144 ff.).

450 Für § 823 II BGB i. V. m. § 263 StGB ergibt sich darüber hinaus noch das Problem der Stoffgleichheit des Schadens. Der Nachteil des Verbrauchers muss gerade den Vorteil des Unternehmers insoweit begründen. Kommt es aber bei Anlockfällen zu keinem Vertrag und entsteht dem Verbraucher zum Beispiel rein ein Schaden dadurch, dass er Fahrtkosten zu einem Geschäft aufgenommen hat, das die beworbene Ware nicht mehr verfügbar hat, entsteht ihm zwar ein Schaden, hierdurch erlangt der Unternehmer indessen keinen Vermögensvorteil. Diesen erlangt dieser vielmehr aus dem Vertrag mit demjenigen Verbraucher, der einen entsprechenden Vertrag mit dem Unternehmer schließt. Stoffgleichheit und damit eine Anwendung des § 263 StGB sind in diesen Fällen gerade nicht gegeben, zu den Voraussetzungen der Stoffgleichheit statt aller MüKoStGB/*Hefendehl*, 4. Aufl. (2022), § 263 Rn. 1122 ff.

schwer nachzuweisen sein wird. Die vom Gesetzgeber genannten Schutzlücken können damit nicht geschlossen werden.

2 Schlussfolgerung zu den „Anlockfällen" für die Rollengewährung

Die Rechtsprechung im UWG und BGB gibt wenig Aufschluss darüber, ob entsprechende Ansprüche schon vor § 9 II UWG bestanden haben. Es erscheint gleichwohl überzeugend, einen Anspruch aus den §§ 280 I, 241 II, 311 II Nr. 2 BGB bei öffentlicher Werbung zu bejahen. Der Wortlaut ist dafür offen und kann im Rahmen einer doppelten Wertungsübertragung konturiert werden, einmal für das Vertrauensverhältnis durch § 434 III Nr. 2b), ebenso für die Pflichtverletzung durch eine Wertungsübertragung aufgrund der unlauteren Handlung. Was in tatsächlicher Hinsicht aber bleibt, ist Rechtsunsicherheit. Gerade eine solche soll nach der Zielvorgabe der Omnibus-Richtlinie (Stichwort:„klarer Rechtsrahmen"[451]) aber vermieden werden. § 9 II UWG schließt diese Lücke daher zwar nicht in dogmatischer Hinsicht. Er sorgt aber für Rechtssicherheit in diesen Fällen.

II Fahrlässige Herstellerhaftung als Schutzlücke

Eine weitere Schutzlücke und dahingehende Rolle der Verbraucheraktivlegitimation soll dann bestehen, wenn der Hersteller irreführend wirbt und kein Vertragsverhältnis oder vorvertragliches Verhältnis vorliegt.[452] Ähnliches gilt im Hinblick auf den Hersteller auch, wenn ein entsprechendes Vertragsverhältnis zu einem Unternehmer zustande kam.[453] In ersterem Fall wird es sich bei § 9 II UWG um Situationen der „Anlockfälle" handeln. Der Hersteller wirbt, was den Verbraucher dazu veranlassen kann, ein entsprechendes Geschäft mit dem beworbenen Produkt aufzusuchen. Gleiches gilt für die Fälle, in denen der Verbraucher aufgrund der irreführenden Werbung einen Vertrag mit einem Unternehmer schließt. Dann besteht zwar ein Vertragsverhältnis, in dessen Rahmen Ansprüche des Verbrauchers bestehen. Diese bestehen aber nur inter partes gegenüber dem Unternehmer,

---

[451] Dazu die Ausführungen in BT-Drs. 19/27873, S. 40 zur Umsetzung der Richtlinie.

[452] BT-Drs.19/27873, S. 39 f.

[453] BT-Drs. 19/27873, S. 40, die insoweit pauschaler als zuvor generell darauf abstellt, dass bei irreführenden Werbeaussagen des Herstellers ein Schaden des Verbrauchers entsteht, der zu ersetzen ist.

der Vertragspartner wurde. Eine Zurechnung des Verhaltens des Herstellers an den Unternehmer nach § 278 BGB wird dabei regelmäßig ausscheiden, weil dieser kein Erfüllungsgehilfe des Unternehmers ist.[454] Allenfalls kann er sich an den Unternehmer halten, wenn die Voraussetzungen des § 434 III Nr. 2b) erfüllt sind.[455]

1 Bestehen einer Schutzlücke

Insoweit untersuchungsbedürftig ist, ob dem Verbraucher hier nicht schon entsprechende Ansprüche aus dem Bürgerlichen Gesetzbuch zustehen, die einer Rolle der Verbraucheraktivlegitimation entgegenstehen. Nicht denkbar ist schon im Ausgangspunkt[456] eine Subsumtion unter § 311 II Nr. 2, 3 BGB. Denn § 311 II BGB muss systematisch im Hinblick auf § 311 III BGB gelesen werden. Letzterer umfasst eine Ausnahmehaftung eines Dritten, der nicht Vertragspartei werden soll. Subsumiert man die Dritthaftung des Herstellers aber schlicht unter § 311 II Nr. 3 BGB, wird diese Wertung umgangen. § 311 II BGB kann daher nur für einen etwaigen Vertragspartner[457] gelten.

a Wertungsübertragung zur Prospekthaftung?

Vereinzelt wird vorgeschlagen, die Wertungen der Prospekthaftung beim Vertrieb von Kapitalanlagen, für die es eine Haftung aufgrund typisierten Verhaltens aus culpa in contrahendo gibt, anzuwenden.[458] Eine Übertragung will die Rechtsprechung[459] aber ersichtlich nicht annehmen. Die Haftung

---

[454] Dazu statt vieler schon *Lehmann*, Vertragsanbahnung, S. 368.

[455] Dazu statt aller *Scherer*, GRUR 2022, 787 (793).

[456] Etwas offener aber *Glöckner*, WRP 2022, 383 (386), der anführt, dass es nach geltendem Recht jedenfalls nicht unter § 311 II Nr. 3 BGB fällt, damit aber implizit sagt, dass es dies könnte und – wenn man sich seine Ausführungen in GRUR 2021, 919 (928 ff.) ansieht, eventuell auch sollte. Wie das im Hinblick auf die Systematik des § 311 III BGB de lege ferenda überhaupt von § 311 II BGB umfasst werden kann, ist nicht recht klar; auch BT-Drs. 19/27873, S. 49, wenn davon gesprochen wird, dass gegenüber Herstellern eine Schutzlücke besteht, wenn kein Schuldverhältnis nach § 311 II BGB vorliegt.

[457] So i. E. auch zuletzt *Havlik*, Täuschung und Irreführung, S. 155.

[458] So *Lehmann*, Vertragsanbahnung, S. 366 f.; *Harke*, VuR 2017, 83 (86 ff.) will dies jedenfalls für die Dieselkonstellationen mit der Übereinstimmungsbescheinigung annehmen.

[459] So wieder aktuell OLG Braunschweig DAR 2019, 261. Generell spricht sich die Rechtsprechung gegen eine solche Übertragung dieser Grundsätze aus, dazu statt einiger *Franck*, Marktordnung und Haftung, S. 351 ff. m. w. N.

gilt nur für diese Konstellationen, weil eine derart typisierte Vertrauenshaftung daher rührt, dass der Anleger sich nur aus dem Prospekt und nicht aus dritten Quellen informieren kann.[460] Insoweit wird das „besondere persönliche Vertrauen“ im Rahmen des § 311 III BGB durch ein typisiertes Vertrauen ersetzt.[461] Der Grund für diese Einschränkung, dass nur insoweit Informationen bezogen werden können, liegt bei einer öffentlichen Werbung nicht vor.[462] Insoweit kann sich der Verbraucher über wissenschaftliche Artikel oder Fachzeitschriften über entsprechende Eigenschaften auch noch unabhängig informieren.[463] Das dürfte auf sonstige Konstellationen, d. h. etwa bei Werbung bezüglich sonstiger Produkte, übertragbar sein.[464] Eine fehlende sonstige Informationsmöglichkeit wäre für die Herstellerhaftung aber erforderlich. Eine Übertragung scheidet aus.[465]

b Dritthaftung nach § 311 III BGB

Denkbarer Haftungsgrund für eine öffentliche Werbung des Herstellers könnte aber § 311 III BGB sein. § 311 II BGB scheidet deshalb aus, weil eine Vertragsanbahnung zwischen Hersteller und Verbraucher nicht beabsichtigt ist und auch keine Zurechnung nach § 278 BGB gegeben ist, weil der Hersteller im eigenen[466] Interesse wirbt und nicht im Pflichten- und Interessenkreis

---

460 Dazu zuletzt OLG Braunschweig DAR 2019, 261 Rn. 109; damals schon BGHZ 111, 314, 317.

461 Schulze/*Fries/Schulze*, 11. Auflage (2021), § 311 Rn. 22 m. w. N.

462 In diesem Sinne auch OLG Braunschweig DAR 2019, 261. Insoweit kann sich auf Fachzeitschriften bezogen werden oder bei Unternehmerwerbung auch an den Hersteller gewendet werden. Ob das für eine Übereinstimmungsbescheinigung, bei der es in den Dieselkonstellationen ging, zweifelsfrei so angenommen werden kann, ist durchaus fraglich und wird von den OLGs und dem BGH nicht beantwortet; dazu kritisch *Harke*, VuR 2017, 83 (86 f.); für eine reine Werbung des Herstellers muss dies aber jedenfalls in den übrigen Fällen gelten und gilt nach der harten Linie der Rechtsprechung für § 311 III BGB selbst bei einer solchen Bescheinigung erst recht.

463 OLG Braunschweig, DAR 2019, 261 Rn. 109. Fraglich bleibt freilich, ob er dies auch tut. Die Rechtsprechung lässt die abstrakte Möglichkeit aber genügen.

464 OLG Braunschweig DAR 2019. 261 Rn. 92.

465 So i. E. auch allgemein *Franck*, Marktordnung und Haftung, S. 352 m. w. N.

466 Wenn auch mittelbar im Hinblick auf den Vertragsschluss des Verkäufers mit dem Endabnehmer, so aber unmittelbar nur im Hinblick auf etwaige erneute Verträge mit dem Verkäufer, ähnlich *Kalski*, Individualansprüche, S. 216.

des Verkäufers. Es geht dem Hersteller nicht um eine ihm gegenüber dem Verkäufer obliegende Verpflichtung.[467]

Gleichwohl kann im Rahmen des § 311 III S. 1 BGB ein Schuldverhältnis mit Pflichten nach § 241 II BGB auch zu Personen, die nicht selbst Vertragspartei werden sollen, entstehen. Damit nicht die Grenzen zu einer sonst in diesen Fällen nur deliktischen Haftung Dritter überschritten werden,[468] handelt es sich nach der Rechtsprechung um einen eng auszulegenden Ausnahmetatbestand.[469] Es soll nicht zu einer vorvertraglichen Haftung Dritter für jegliches im Ansatz Vertrauen schaffendes Verhalten kommen. Nur in engen Grenzen kann daher eine Durchbrechung der Relativität der Schuldverhältnisse bei vorvertraglicher Haftung in Betracht kommen.

aa Einschlägigkeit des Regelbeispiels, § 311 III S. 2 BGB?

Ausgangspunkt der Überlegung ist dabei das Regelbeispiel des § 311 III S. 2 BGB, das dann greift, wenn in besonderem Maße Vertrauen in Anspruch genommen wird und dadurch die Vertragsverhandlungen oder der Vertragsschluss erheblich beeinflusst werden.

aaa A priori ausgenommene lauterkeitsrechtliche Fallkonstellationen

Dabei muss schon im Ausgangpunkt für die Anlockfälle gesagt werden, dass das Regelbeispiel nicht greift. Dabei kommt es noch nicht darauf an, ob man in der Herstellerwerbung ein „besonderes Vertrauen" oder eine „erhebliche Beeinflussung" sehen kann. Das Regelbeispiel scheitert in diesen Fällen schon an den Voraussetzungen der Vertragsverhandlungen oder des Vertragsschlusses. Denn es braucht jedenfalls eine Vertragsverhandlung, die durch die reine öffentliche Werbung schon nach Gesagtem zu § 311 II BGB nicht gegeben ist. Selbst wenn man in der Werbung überzeugenderweise eine Vertragsanbahnung im Zwei-Personen-Verhältnis sieht, ergibt sich nichts anderes. Denn eine solche liegt schon nach der Systematik des § 311 II BGB jedenfalls unterhalb der Schwelle der im Rahmen des § 311 IIII S. 2 BGB geforderten

---

467 Statt vieler *Albrecht*, Die Aktivlegitimation, S. 236.

468 Zu dieser Kritik und einem etwaigen Erfordernis statt vieler *Kersting*, Die Dritthaftung, S. 22 ff. m. w. N.

469 Zuletzt zu § 311 III BGB auch *Havlik*, Täuschung und Irreführung, S. 83 ff., 155 ff., 338 ff.; dazu etwa *Franck*, Marktordnung durch Haftung, S. 346 ff. m. w. N.; *Kalski*, Individualansprüche, S. 214 ff.

Vertragsverhandlung. Da die Voraussetzungen für das Regelbeispiel kumulativ („und dadurch") erforderlich sind, lässt sich dieses jedenfalls so nicht subsumieren, ohne dass es auf die Einschlägigkeit der übrigen Voraussetzungen ankommt. Es lässt sich daher jedenfalls unter diesem Gesichtspunkt für die Anlockfälle schon eine Schutzlücke gegenüber der Haftung des Herstellers jedenfalls rein im Hinblick auf dieses Regelbeispiel ausmachen.

Etwas anderes gilt, wenn es zu Vertragsverhandlungen kommt oder gar ein Vertrag geschlossen wird und dann eine Haftung nach § 311 III S. 2 BGB in Betracht kommt. Dann kommt es darauf an, ob der Dritte in besonderem Maße Vertrauen für sich in Anspruch nimmt und dadurch jedenfalls die Vertragsverhandlungen erheblich beeinflusst. Insoweit handelt es sich um wertungsoffene Begrifflichkeiten. Klar ist nur, dass nicht jedes Vertrauen und jede Beeinflussung genügen. Das erklärt sich schon dadurch, dass eine Dritthaftung im Rahmen der Relativität der Schuldverhältnisse nach Gesagtem im Grundsatz dem Deliktsrecht zuzuweisen[470] ist und nicht einer vorvertraglichen Haftung.

bbb Rechtsprechungsanalyse zu § 311 III S. 2 BGB

Die Rechtsprechung konkretisiert das Regelbeispiel durch die Fallkonstellation der Sachwalterhaftung. Ein besonderes Maß an Vertrauen wird dann in Anspruch genommen, wenn der Dritte persönliche Gewähr für die Seriosität und Erfüllung des Geschäfts, die über das normale Verhandlungsvertrauen des Vertragspartners hinausgeht, in Anspruch nimmt.[471] Es muss der Eindruck entstehen, dass der Hersteller die ordnungsgemäße Abwicklung des Geschäfts und dessen Erfüllung selbst gewährleisten wollen würde. Jedenfalls nicht ausreichend sind eine besondere eigene Sachkunde oder langjährige Geschäftsbeziehungen.[472] Gefordert wird dabei insbesondere, dass der Dritte selbst an den Vertragsverhandlungen beteiligt ist oder sich wiederum durch einen Vertreter vertreten lässt. Wichtig ist daher das Vorliegen einer Art persönlichen Kontakts, aus dem sich eine Dritthaftung rechtfertigt.[473] Wenn

---

[470] Dazu auch *Kalski*, Individualansprüche des Verbrauchers, S. 213.

[471] Etwa BGH NJW-RR 2006, 993; dazu insgesamt auch *Franck*, Marktordnung durch Haftung, S. 347 ff. m. w. N.

[472] Dazu insgesamt m. w. N. statt vieler *Kalski*, Individualansprüche des Verbrauchers, S. 214 ff.

[473] BGH NJW-RR 2006, 993; dazu insgesamt auch *Harke*, VuR 2017, 83 (86).

der Dritte indessen nicht anwesend ist, muss er jedenfalls eine Position innehaben, die es in seine Hand legt, ob das Geschäft abgeschlossen wird.[474] An Letzterem fehlt es bezüglich der reinen Werbung schon, da der Hersteller in diesen Fällen kaum einmal an den Vertragsverhandlungen beteiligt sein wird oder diese überhaupt weiter bei der Verhandlung beeinflussen wird.[475] Er schafft durch die Werbung nur einen ersten Kontakt, auf den ein Verbraucher reagieren kann. Eine aktive Beteiligung an den Vertragsverhandlungen ist nicht gegeben.[476] Argumentiert wird auch, dass man ein gesteigertes Vertrauen für die Seriosität und die Erfüllung des Geschäfts kaum wird annehmen können. Eine Gewähr für die Erfüllung und Richtigkeit jedes einzelnen individuellen Absatzgeschäftes will der Hersteller in der Regel gerade nicht übernehmen.[477] Vielmehr endet der eigentliche Absatz und die dahingehende Gewähr für ihn bei Ablieferung an den Verkäufer.

bb Rechtsprechungsanalyse zu § 311 III S. 1 BGB

Gleichwohl handelt es sich um ein nicht abschließendes Regelbeispiel, sodass eine Subsumtion unter § 311 III S. 1 BGB denkbar erscheint. Die Rechtsprechung konturiert diese Alternative insbesondere mit dem unmittelbaren eigenen wirtschaftlichen Interesse. Diese Fallgruppe greift dann, wenn der Vertreter oder Verhandlungsgehilfe praktisch in eigener Sache tätig wird, was vor allem dann der Fall sein soll, wenn er als wirtschaftlicher Herr des Geschäfts bzw. eigener wirtschaftlicher Interessenträger anzusehen ist.[478] Auch insoweit ist die Rechtsprechung sehr restriktiv[479] und fordert einen persönlichen Kontakt.[480] Bei einer Herstellerwerbung, bei der es am Ende zu einem Vertragsschluss mit dem Verkäufer kommt, wird man kaum anneh-

---

474 Dazu *Kersting*, Die Dritthaftung, S. 52 ff. m. w. N. und einer entsprechenden Rechtsprechungsanalyse; ebenso *Havlik*, Täuschung und Irreführung, S. 84 f.

475 *Albrecht*, Die Aktivlegitimation, S. 236 ff.

476 Etwa *Kalski*, Individualansprüche des Verbrauchers, S. 216.

477 *Kalski*, Individualansprüche des Verbrauchers, S. 216.

478 Dazu *Albrecht*, Die Aktivlegitimation, S. 237 f. m. w. N.; *Havlik*, Täuschung und Irreführung, S. 85.

479 *Franck*, Marktordnung durch Haftung, S. 346 f. zur Entwicklung und der insoweit immer restriktiveren Handhabung; im Überblick ebenso BeckOGK/*Herresthal*, Stand: 15.10.2024, § 311 Rn. 549 f. m. w. N.; dazu zuletzt auch *Havlik*, Täuschung und Irreführung, S. 161 ff.

480 *Kalski*, Individualansprüche, S. 216.

men können, dass der Hersteller gleich einem Vertreter oder Verhandlungsgehilfen auftritt oder als wirtschaftlicher Herr des Vertragsschlusses zu beurteilen ist. Das gilt gerade deshalb, weil es wieder an dem persönlichen Kontakt fehlt. Insbesondere hat der Hersteller kein unmittelbares eigenes wirtschaftliches Interesse an dem Individualabsatz. Er möchte im Verhältnis zum Verkäufer absetzen und damit durch die Werbung nur mittelbar[481] sein eigenes wirtschaftliches Interesse an dem Endabnehmervertrag verfolgen. So kann er den Verbraucher zu einem Kauf bewegen, was wiederum den Verkäufer zu weiterer Nachfrage beim Hersteller anregen kann. Ein unmittelbares wirtschaftliches Eigeninteresse an dem Individualgeschäft ist daher abzulehnen, vielmehr handelt es sich um ein solches mittelbarer Natur.[482] Nach den Rechtsprechungstendenzen scheint daher § 311 III BGB insgesamt nicht zu greifen.

cc Eigene Bewertung

Folgendes soll zeigen, dass dieses Ergebnis der Rechtsprechung von seiner Wertung her schief ist. § 311 III Nr. 2 BGB fordert die „Inanspruchnahme besonderen persönlichen Vertrauens", die dazu führt, dass die Vertragsverhandlungen oder der Vertragsschluss erheblich beeinflusst werden.

aaa Fehlende Überzeugungskraft der Rechtsprechungstendenz

Eine Inanspruchnahme wird man dann annehmen können, wenn die Information gerade das Ziel hat, die Entscheidungsfindung möglichst vieler Verbraucher zu beeinflussen.[483] Eine dahingehende Bestimmung muss aus der Sicht des objektivem Empfängerhorizonts erfolgen und kann nicht aus der Sicht des Herstellers erfolgen.[484] Wird ein solches dann in Anspruch genommen, müsste es noch hinreichend „besonders persönlich" sein.

Die Inanspruchnahme wird man bejahen können. Die Werbung des Herstellers wird nach objektivem Empfängerhorizont regelmäßig darauf abzielen, eine rechtsgeschäftliche Reaktion des Verbrauchers[485] – wenn auch

---

[481] Dazu auch *Franck*, Marktordnung durch Haftung, S. 347 m. w. N.

[482] Dazu auch *Franck*, Marktordnung durch Haftung, S. 347 m. w. N.

[483] Dazu schon *Koch*, AcP 204 (2004), S. 59, 75 f.; ebenso *Franck*, Marktordnung durch Haftung, S. 356.

[484] *Kersting*, Die Dritthaftung, S. 239 ff.

[485] *Franck*, Marktordnung durch Haftung, S. 356. m. w. N.

nicht unmittelbar ihm gegenüber – hervorzurufen. Gleiches gilt im Ergebnis für ein „besonderes persönliches Vertrauen" im Rahmen einer gesteigerten Intensität, wenn man diese ihrem Wortsinn nach losgelöst von den genannten Fallgruppen[486] betrachtet. Denn dieser wirbt gerade mit einer von ihm hergestellten Sache in Bezug auf Eigenschaften, bei denen er den größten Einblick in die Erfüllung derselben hat. Er hat sie ja gerade produziert. Dass durch Aussagen des Herstellers gegenüber dem Verbraucher daher kein „besonderes persönliches Vertrauen" in Anspruch genommen werden kann, lässt sich kaum begründen.[487] Es ist kaum vorstellbar, wer mehr Vertrauen schaffen soll als der, von dem die Sache stammt.

Schwieriger wird im Rahmen des § 311 III S. 2 BGB aber die Frage danach, ob die Vertragsverhandlungen oder der Vertragsschluss erheblich beeinflusst werden. Das wird man dann annehmen können, wenn der Verbraucher gerade aufgrund einer gewissen beworbenen Eigenschaft eine Sache erwirbt. Probleme könnte es aber gleichwohl bei den von der Gesetzesbegründung genannten „Anlockfällen" geben, wenn es schon zu keiner Vertragsverhandlung kommt. Dann greift der Wortlaut nicht. Auch das Heranziehen von § 311 III S. 1 BGB erscheint dann schwierig, weil dieser schlicht unterhalb der Voraussetzungen von S. 2 operiert. § 311 III S. 2 BGB zeigt nach allgemeinen Grundsätzen des Verhältnisses von Regelbeispielen und Auffangtatbeständen, welche Voraussetzungen den Tatbestand erfüllen können.[488] Hier handelt es sich aber um eine schlicht vorgelagerte, unterhalb dieser Schwelle liegende Situation.

bbb Wertung aus § 434 III Nr. 2 b) BGB

Denkbar wäre es, für § 311 III S. 1 BGB eine Dritthaftung aufgrund einer ähnlich zu oben vorgenommener Wertung[489] des § 434 III Nr. 2 b) BGB zu

---

486 Zutreffend weist *Havlik* darauf hin, dass sich zuvorderst an den tatbestandlichen Voraussetzungen und deren Einschlägigkeit zu orientieren ist, *Havlik*, Täuschung und Irreführung, S. 164.

487 In diese Richtung statt einiger *Leistner*, Richtiger Vertrag, S. 951 ff.: dagegen aber *Albrecht*, Die Aktivlegitimation, S. 222 ff; *Havlik*, Täuschung und Irreführung, S. 165.

488 Allgemein zu dieser Gefahr im Hinblick auf das Unterlaufen der Wertung des § 311 III S. 2 BGB *Kersting*, Die Dritthaftung, S. 209.

489 Kapitel 2 (S. 84 ff.).

konstruieren:[490] Öffentliche Äußerungen des Herstellers schaffen Vertrauen und dieses besondere persönliche Vertrauen wird auch von dem Hersteller in Anspruch genommen. Insbesondere, wenn man sich die Schutzwürdigkeit des Verbrauchers ansieht, darf sich nichts anderes ergeben. Es darf kaum darauf ankommen, von wem die Werbung stammt. In beiden Fällen wird der Verbraucher irregeführt und erleidet einen Schaden. Es macht mit anderen Worten keinen Unterschied für den Verbraucher, wer ihn irreführt. Ihm daher einmal Ansprüche zur Verfügung zu stellen und einmal nicht wäre zufällig und ist daher abzulehnen. Eine extensivere Lesart des § 311 III BGB ist daher geboten.[491] Aufgrund dieser Wertung wäre der § 311 III BGB teleologisch extensiv auszulegen. Das wird zwar im Hinblick auf eine entsprechende Durchbrechung der Relativität der Schuldverhältnisse verneint.[492] Dagegen streitet aber die oben vorgenommene wertungsmäßige Auflösung im Rahmen des § 434 III Nr. 2b) BGB.[493] Zudem rechtfertigt das genannte gesteigerte Vertrauen in diesen Fällen eine Durchbrechung. Eine Subsumtion unter § 311 III BGB ist daher möglich.

ccc Zwischenergebnis

Für § 311 III BGB verhält es sich ähnlich wie bei § 311 II BGB. Bei § 311 III BGB erscheint eine Subsumtion dogmatisch möglich. Die Rechtsprechung verneint diese aber nach allgemeiner Linie. Auch aktuelle Entwicklungen lassen keine Abkehr erkennen. Eine Rolle der Verbraucheraktivlegitimation könnte § 9 II UWG daher wieder für die Rechtssicherheit zukommen.

---

[490] Allgemein zu dieser Wertung für die Herstellerhaftung *Leistner*, Richtiger Vertrag, S. 1021 ff., der aber selbst wiederum Einschränkungen vornimmt; auch *Kalski*, Individualansprüche des Verbrauchers, S. 217 f.

[491] In diesem Sinne etwa auch *Leistner*, Richtiger Vertrag, S. 948 ff.

[492] Zu dieser Durchbrechung im Hinblick auf eine Abgrenzung von Vertrags- und Deliktsrecht und entsprechender Kritik insgesamt *Kersting*, Die Dritthaftung, S. 22 ff. m. w. N.; ebenso *Kalski*, Individualansprüche, S. 214; noch enger BeckOGK/*Herresthal*, Stand: 15.10.2024, § 311 Rn. 541.5 im Hinblick auf die Dieselkonstellationen, der dies mit den Rechtsprechungsgrundsätzen nicht vereinbar hält und daher eine dahingehende vorvertragliche Haftung für contra legem hält; in diesem Sinne auch *Riehm*, DAR 2019, 247 (248).

[493] Dazu etwa *Leistner*, Richtiger Vertrag, S. 951 ff.; ebenso *Franck*, Marktordnung durch Haftung, S. 357.

c Aufwind für § 823 II BGB durch den EuGH in Dieselfällen

Ein Aufwind für die Frage von bestehenden Schutzlücken könnte sich aus der aktuellen EuGH-Rechtsprechung zu den Dieselfällen[494] und der sich daraus ergebenden Konsequenz für die fahrlässige Herstellerhaftung im Allgemeinen ergeben. Der EuGH urteilte dabei im Fall *QB/Mercedes-Benz Group AG*,[495] dass ein Käufer eines Kraftfahrzeugs mit einer unzulässigen Abschalteinrichtung gegen den Fahrzeughersteller einen Anspruch auf Schadensersatz haben müsse, wenn dem Käufer durch die Abschalteinrichtung ein Schaden entstanden ist.[496] Dies könnte – wenn für die Möglichkeit der fahrlässigen Herstellerhaftung verallgemeinerungsfähig – dazu führen, dass die oben genannte Rolle im Hinblick auf § 311 III BGB doch entfällt.

aa Fahrlässige Herstellerhaftung in den Thermofensterfällen

Nach der bisherigen Rechtsprechung des BGH[497] bestand hier jedenfalls im Hinblick auf die Rechtssicherheit eine Schutzlücke. Der BGH beurteilte unionsrechtliche Regeln für Automobilhersteller, die Abschalteinrichtungen verbieten und verlangen, dass Autos mit dem zugelassenen Typ übereinstimmen, nicht als drittschützend.[498] Der EuGH[499] argumentierte auf eine Vorlage durch das LG Ravensburg,[500] dass das Unionsrecht eine unmittelbare Verbindung zwischen Automobilhersteller und dem individuellen Käufer herstelle. Mit der Übereinstimmungsbescheinigung, die dem Käufer nach der Rahmenrichtlinie auszuhändigen ist, bestätigt er, dass das Fahrzeug rechtskonform produziert wurde. Damit wird auch der Käufer vor Pflichtverletzungen des Herstellers geschützt.

---

494 EuGH, Urt. v. 21.3.2023, C-100/21 – *QB/Mercedes-Benz Group AG* = ECLI:EU:C:2023:229.

495 EuGH, Urt. v. 21.3.2023, C-100/21 – *QB/Mercedes-Benz Group AG* = ECLI:EU:C:2023:229.

496 EuGH, Urt. v. 21.3.2023, C-100/21 – *QB/Mercedes-Benz Group AG* = ECLI:EU:C:2023:229.

497 BGH NJW 2021, 3721 Rn. 43 ff.; ebenso auch BGH NJW 2020, 1962 Rn. 76 f., der dies für evident hielt und daher von einen „acte claire" ausging und nicht nach Art. 267 III AEUV vorlegte.

498 Dazu BGH NJW 2021, 3721; In der Literatur wurde dies hingegen unterschiedlich beurteilt. Für eine solche z. B. *Artz/Harke*, NJW 2017, 3409 (3409 ff.); dagegen aber *Grigoleit*, ZIP 2023, 221 (232 f.).

499 EuGH, Urt. v. 21.3.2023, C-100/21 – *QB/Mercedes-Benz Group AG* = ECLI:EU:C:2023:229.

500 LG Ravensburg, Beschluss v. 12.02.2021 – 2 O 393/20: Vorabentscheidungsersuchen an den EuGH zur Auslegung der Rahmenrichtlinie für die Zulassung von Kraftfahrzeugen und der Typengenehmigungsverordnung zum Schadensersatz wegen des Erwerbs eines vom sog. Dieselskandal betroffenen Kraftfahrzeugs.

bb Aussagekraft des Urteils für fahrlässige Herstellerhaftung im Allgemeinen

Fraglich bleibt die Folge des Urteils für die Fahrlässigkeitshaftung des Herstellers auf nationaler Ebene. Allein die Aussage, dass die entsprechende Verordnung auch individualschützend ist, begründet eine Haftung nach § 823 II BGB i. V. m. der VO noch nicht. Denn nach ständiger Rechtsprechung des BGH[501] begründet nicht jede individualschützende Norm eine Schutzgesetzeigenschaft. Vielmehr muss „die Schaffung eines individuellen Schadensersatzanspruchs sinnvoll und im Lichte des haftungsrechtlichen Gesamtsystems tragbar erscheinen,[502] wobei in umfassender Würdigung des gesamten Regelungszusammenhangs" zu prüfen ist. Allein unter diesem Gesichtspunkt könnte man eine Haftung aus § 823 II BGB ablehnen.[503] Im Hinblick auf die weitere Argumentation des EuGH wird man diese Sichtweise kaum aufrechterhalten können. Denn dieser führt weiter aus, dass dem Verbraucher dabei ein Schadensersatzanspruch zustehen muss.[504] Letzteres mutet zwar deshalb komisch an, weil das europäische Typengenehmigungsrecht es nach seinem Wortlaut den Mitgliedsstaaten überlässt, welche Sanktionen sie bei Verstößen anordnen.[505] Man wird das Urteil dennoch so verstehen müssen, dass individuelle Schadensersatzansprüche für den Verbraucher gegenüber dem Hersteller schon bei fahrlässigem Handeln zu gewähren sind. Fraglich bleibt dabei, wie der nationale Gesetzgeber damit in weiteren Fällen fahrlässiger deliktischer Haftung umzugehen hat, die insbesondere außerhalb des diskutierten Falles liegen. Denn insoweit könnte sich durch die neue Rechtsprechungslinie für fahrlässige irreführende Handlungen des Herstellers eine Schließung der infrage stehenden Schutzlücke ergeben. Es wäre denkbar, dass der EuGH auch zukünftig eine Haftung z. B. bei der Digitalen-Inhalte-RL oder der Warenkauf-RL anordnet. Dann wären etwaige Situationen jedenfalls

---

501 Siehe exemplarisch hierzu BGH NJW-RR 2018, 738 Rn. 14.

502 Dazu auch *Franck*, Marktordnung durch Haftung, S. 308.

503 *Grigoleit*, ZIP 2023, 221 (232 f.); in diesem Sinne auch *Gsell/Mehring*, NJW 2023, 1099 (1100).

504 EuGH, Urt. v. 21.3.2023, C-100/21 Rn. 91 ff. – *QB/Mercedes-Benz Group AG* = ECLI:EU:C:2023:229.

505 Siehe Art. 46 der RL 2007/46/EG; selbst wenn man hierin aufgrund des Wortlauts („Sanktionen") keine Individualansprüche eines Verbrauchers fassen will, erscheint es doch naheliegend, hieraus die Wertung abzuleiten, dass eine etwaige Haftung aus derartigen Vorschriften dem nationalen Gesetzgeber überlassen bleibt.

bei Irreführung, die auf ein Schutzgesetz gestützt werden können, schon von § 823 II BGB umfasst. § 9 II UWG würde nur neben diesen treten. Mit einer dahingehenden Tendenz ist aber Vorsicht geboten. Das gilt einerseits deshalb, weil in den sonstigen Fällen der Dritthaftung ein genereller Schadensersatz aus § 823 II BGB fragwürdig erscheint, betrachtet man das damalige unionale Vorbringen, dass bei Erlass der genannten Richtlinien eine Regelung des Schadensersatzes angesichts mitgliedstaatlicher Divergenzen politisch nicht durchsetzbar war.[506] Letztlich leitet der BGH[507] aus der Entscheidung des EuGH auch keinen Schadensersatzanspruch in Form einer Freistellung vom Vertrag ab. Das soll vielmehr nur bei Vorsatz und damit bei § 826 BGB möglich sein.[508] Er konstatiert vielmehr, dass aus der EuGH-Rechtsprechung eine Vertragsaufhebungsmöglichkeit nicht folge und es unionsrechtskonform sei, einen Freistellungsanspruch vom Vertrag zu verweigern.[509] Ersatzfähig sei nur der Differenzschaden.[510] Ob das unionsrechtskonform sein wird, kann sicher bezweifelt werden. Man wird nach dem Stand de lege lata die in Rede stehende Schutzlücke damit aber nicht (komplett) schließen können. Jedenfalls verbleibt bis zu einem dahingehenden EuGH-Urteil Rechtsunsicherheit.

2 Ergebnis zur Rolle der Verbraucheraktivlegitimation bei fahrlässiger Herstellerhaftung

Letztlich zeigt die Diskussion um das Umfassen nach § 311 III BGB oder § 823 II BGB, dass jedenfalls ein Bedürfnis einer Dritthaftung angenommen wird.[511] Gleichermaßen zeigt sich, dass eine solche nach aktueller Rechtsprechungslinie für § 311 III BGB nicht angenommen wird. Für § 823 II BGB wird sie in einem Fall (rechtssicher) angenommen. Die Rechtsfolge der Freistellung von dem Vertrag will der BGH aber nicht annehmen. Es besteht neben einer gegenlaufenden Rechtsprechungslinie zu § 311 III BGB daher für sonstige

---

506 Siehe hierzu nur *Gsell*, ZEuP 2018, 501 (501 ff.) m. w. N.
507 BGH, Urt. v. 26.06. 2023, VIa ZR 335/21 Rn. 20 ff.
508 BGH, Urt. v. 26.06. 2023, VIa ZR 335/21 Rn. 24 unter Verweis auf die ständige Rechtsprechung hierzu.
509 BGH, Urt. v. 26.06. 2023, VIa ZR 335/21 Rn. 20 ff.
510 BGH, Urt. v. 26.06. 2023, VIa ZR 335/21 Rn. 25 ff.
511 *Kalski*, Individualansprüche, S. 211 ff.; in diesem Sinne auch *Franck*, Marktordnung durch Haftung, S. 342 ff.; dazu auch schon *Lehmann*, Vertragsanbahnung, S. 362 ff.; *Leistner*, Richtiger Vertrag, S. 948 ff.

Anspruchsgrundlagen Rechtsunsicherheit. § 9 II UWG beseitigt diese. Insoweit spielt er eine Rolle.

III Zahlungsaufforderung durch Inkassounternehmen

Eine Rolle der Verbraucheraktivlegitimation könnte sich auch in der unlauteren Zahlungsaufforderung von Inkassounternehmern gegenüber Verbrauchern ergeben.

1 Situation

Eine Schutzlücke soll dabei in den von der Gesetzesbegründung genannten „Inkassodienstleisterfällen" vorliegen. Gemeint sind Fälle, in denen der Verbraucher nach einem Identitätsdiebstahl[512] durch einen Dritten von einem Inkassounternehmen zur Bezahlung tatsächlich nicht bestellter Waren oder Dienstleistungen aufgefordert wird.[513] So sollen dem Verbraucher in diesen Fällen bei fahrlässiger geschäftlicher Handlung Ansprüche gegen den Unternehmer für die Erstattung außergerichtlicher Rechtsverfolgungskosten vor der Einführung des § 9 II UWG nicht zugestanden haben.

2 Fehlende Differenzierung verschiedener Fallkonstellationen

Die Ausführungen des Gesetzgebers sind im Hinblick auf die denkbaren Fallkonstellationen nicht differenziert genug, wenn pauschal auf den Ersatz dieser Situation verwiesen wird.

a Differenzierung im Hinblick auf Zahlung durch den Verbraucher

So sind hinsichtlich der Zahlung der aufgeforderten Summe zwei Situationen zu unterscheiden. Diese Differenzierung führt zu einer unterschiedlichen Beurteilung der Ersatzfähigkeit und zeigt, dass § 9 II UWG selbst defizitär ist. So erscheint es einerseits möglich, dass der Verbraucher die entsprechende Zahlung schon geleistet hat und seine Rechtsverfolgungskosten deshalb auf sich nimmt, weil er das gezahlte Geld zurückerhalten will. Andererseits erscheint auch denkbar, dass der Verbraucher noch nicht geleistet hat und

[512] Dazu etwa BGH GRUR 2019, 1202.
[513] BT-Drs. 19/27873, S. 39.

gleichwohl einen Anwalt konsultiert, der ihm dabei hilft, die entsprechende Summe nicht zu zahlen.

b Differenzierung bezüglich des Erhalts der Ware oder Dienstleistung

Ebenso lassen sich im Hinblick auf die Intensität des entsprechenden Kontakts zum Verbraucher einerseits Situationen unterscheiden, in denen der Verbraucher die Ware oder Dienstleistung nicht erhält, weil der Dritte, diesem die Identität Stehlende, dieselbe erhält.[514] Andererseits sind Fälle denkbar, in denen der Verbraucher die Leistung oder Ware schon erhält,[515] diese aber nicht bestellt hat.

3 Schutzlücken

Auch hier stellt sich die Frage, ob in diesen Situationen tatsächlich Schutzlücken bestehen oder ob das Bürgerliche Gesetzbuch schon hinreichend Schutz gewährt.

a Ausgangssituation: Sonderfall der Rechtsberühmung

Ausgangspunkt einer Ersatzfähigkeit von entsprechenden Schäden dürfte die Erkenntnis sein, dass es sich hierbei um einen Sonderfall der Thematik der „Anspruchsberühmung", d. h. der Geltendmachung unberechtigter Ansprüche, handelt. Im Hinblick auf den in Kapitel 4[516] beschriebenen Ausgleich des in Kapitel 3 erörterten Spannungsfeldes[517] bei der Rechtsdurchsetzung von § 9 II UWG soll hier folgender Verweis genügen: Im Grundsatz sieht die Rechtsprechung die Konfrontation mit unberechtigten Ansprüchen dem „allgemeinen Lebensrisiko" zugeordnet,[518] nimmt aber Ausnahmen an, wenn

---

[514] Das etwa dann, wenn sich der Dritte die Daten des Verbrauchers für eine Lieferung an sich zunutze macht: Er gibt die Daten des Verbrauchers als Rechnungsadresse an und seine eigenen Daten als Lieferadresse, dazu etwa auch die Ausführungen der Verbraucherzentralen zu der Vielzahl denkbarer Fälle von Identitätsdiebstahl, abrufbar unter: https://www.verbraucherzentrale.de/wissen/digitale-welt/datenschutz/welche-folgen-identitaetsdiebstahl-im-internet-haben-kann-17750 (zuletzt aufgerufen am 15.04.2025).

[515] BGH GRUR 2019, 1202.

[516] Kapitel 4 (S. 316 ff.).

[517] Zu diesem Kapitel 3 (S. 272 ff.).

[518] BGH NJW 2007, 1458 Rn. 19.

eine Anspruchsgrundlage eine Subsumtion zulässt[519] oder der in Anspruch Genommene besonders schutzwürdig[520] ist.

b Anspruchsgrundlagen für die Ersatzfähigkeit

Denkbar erscheinen zunächst Ansprüche aus den §§ 280 I, 241 II, 311 II BGB.

aa § 280 I, 241 II, 311 II Nr. 2 BGB

Hier wird die Differenzierung im Hinblick auf den Erhalt der Ware erstmals relevant.

aaa Identitätsdiebstahl bei Erhalt einer unbestellten Ware oder Dienstleistung

So wäre es einerseits denkbar, dass durch den Identitätsdiebstahl eines Dritten und einem insoweit vermeintlich vorliegenden Vertrag zwischen dem Verbraucher und dem Unternehmer, der das Inkassobüro beauftragt, der Verbraucher eine Ware oder Dienstleistung erhält.[521]

1) Vertragsanbahnung als Schuldverhältnis

Durch das Versenden der unbestellten Ware und den Erhalt durch den Verbraucher könnte man über eine Vertragsanbahnung nachdenken, § 311 II Nr. 2 BGB. Hierfür bedarf es im Rahmen des offenen Tatbestandes wieder einer Konturierung des entsprechenden Vertrauensverhältnisses.[522] Überzeugend erscheint es im Ausgangspunkt, dass dem Verbraucher durch die Zusendung der unbestellten Ware im Rahmen eines gleichwohl durch den Unternehmer vornehmbaren Angebots[523] die Möglichkeit eröffnet wird, auf das Leistungsangebot des Unternehmers einzuwirken. So kann der Verbraucher auf die „Rechte" (Eigentum an der unbestellten Ware) und „Interessen" (Kaufe mein Produkt gegen Zahlung) des Unternehmers einwirken, § 311 II Nr. 2 BGB. Das kann er dahingehend tun, dass er diese im Rahmen des

---

[519] In diesem Sinne BGH NJW 2007, 1458 Rn. 16.

[520] BGH NJW 2007, 1458 Rn. 18.

[521] Dazu BT-Drs. 19/27873, S. 39 unter Verweis auf BGH GRUR 2019, 1202.

[522] Zu dessen Konturierung im Allgemeinen schon bei den Anlockfällen, Kapitel 2 (S. 73 ff.).

[523] In diesem Sinne BeckOGK/*Fritzsche*, Stand: 01.08.2023, § 241a Rn. 109 ff. unter Verweis auf eine fehlende Unionsrechtswidrigkeit insoweit; dazu schon *Czeguhn/Dickmann* JA 2005, 587 (589) m. w. N.

§ 241a BGB unberücksichtigt lässt und die Sache schlicht behält oder das Angebot annimmt.[524] Insoweit ließe sich schon eine Vertragsanbahnung begründen. Man wird zwar zuzugeben haben, dass der Unternehmer aus seiner Sicht kein Angebot macht, sondern davon ausgehen wird, dass er einen schon bestehenden Vertrag erfüllt. Gleichwohl ist es aber so, dass der Unternehmer – aus der Sicht des Verbrauchers als Erklärungsempfänger nach §§ 133, 157 BGB analog – im Ergebnis darauf abzielen wollen wird, einen entsprechenden Vertrag abzuschließen, um aus diesem einen Anspruch auf seine Gegenleistung zu haben. Daher wird in dem Verhalten das „Minus" stecken, wenigstens ein Angebot zu unterbreiten. Letztlich ging auch der Gesetzgeber von der Möglichkeit einer Vertragsanbahnung aus, wenngleich dies nicht Gesetzestext geworden ist.[525] Auch im Hinblick auf das Unionsrecht wird sich hier kein Verstoß ergeben. Dass aufgrund § 241a BGB kein Vertragsverhältnis schon durch die Lieferung unbestellter Waren entsteht, schließt nicht aus, dass der Verbraucher ein solches nachgelagert herbeiführen kann, insbesondere, wenn er Rechte aus demselben herleiten will.[526]

Eine Vertragsanbahnung lässt sich durch das Zusenden unbestellter Ware[527] grundsätzlich konstruieren. Gleichwohl ergeben sich im Hinblick auf systematische Erwägungen Probleme. § 241a I BGB normiert explizit, dass in diesen Fällen Ansprüche gegen den Verbraucher nicht begründet werden, und schränkt dies wiederum für II dahingehend ein, dass gesetzliche Ansprüche unter gewissen Umständen nicht ausgeschlossen sein sollen. Will man in dem Senden der Ware oder Dienstleistung nun aber eine Vertragsanbahnung

---

524 Zur Zulässigkeit insoweit Staudinger/*Schiemann*, 8. Aufl. (2022), Eckpfeiler D Rn. 68 a. E.

525 Im Gesetzgebungsprozess zu § 241a BGB wurde insbesondere über die Aufnahme des Merkmals „zur Anbahnung eines Vertrages" diskutiert, das letztlich deshalb nicht aufgenommen wurde, weil es die Vorschrift „verwässern würde", nicht, weil hiermit eine solche nicht vorliegt. Dazu BT-Drs. 14/3195, S. 32; vergleichbar sind auch die Ausführungen von *Seidl*, Anspruchsberühmung, S. 102, 162 ff., die eine solche im Rahmen der unberechtigten Geltendmachung von Ansprüchen im Rahmen eines vermeintlich (aber tatsächlich (noch) nicht) bestehenden Schuldverhältnisses annehmen will.

526 In diesem Sinne auch BeckOGK/*Fritzsche*, (Stand: 01.12.2024), § 241a Rn. 114 ff.

527 Nicht überzeugend ist aber, dass eine solche durch die Zusendung der unbestellten Ware noch nicht vorliegen kann, gleichwohl aber die Aufforderung des Unternehmers ein solches vorvertragliches Schuldverhältnis bedingt. Dazu etwa BeckOGK/*Fritzsche*, (Stand: 01.08.2023), § 241a Rn. 114. Insoweit wird die Frage nach einem Schuldverhältnis mit der des Vorliegens einer Pflichtverletzung innerhalb desselben vermengt.

sehen, würde das dazu führen, dass auch der Unternehmer über § 311 II Nr. 2 BGB im Rahmen dieses Schuldverhältnisses Ansprüche gegen den Verbraucher z. B. im Hinblick auf Aufbewahrungspflichten hätte, die nach dem Grundsatz des § 241a BGB und unionsrechtlich determiniert aber nicht geschuldet sind. § 241a III BGB normiert darüber hinaus, dass eine abweichende Beurteilung zulasten des Verbrauchers unzulässig ist. Es könnte sich daher ein Wertungswiderspruch ergeben.[528] Insoweit überzeugt es, dass zwar der Fall einer Vertragsanbahnung vorliegen soll, diese aber aufgrund der Wertung des § 241a BGB kein Schuldverhältnis begründen kann.[529] Im Rahmen einer teleologischen Betrachtung kann man den Wertungswiderspruch aber beseitigen. § 241a BGB soll den Verbraucher nicht aus Unternehmerschutzgründen benachteiligen. Es erscheint daher sachgerecht, einseitig Ansprüche aus culpa in contrahendo zugunsten des Unternehmers teleologisch zu reduzieren. Dann hat der Verbraucher Ansprüche, ohne dass die Wertung des § 241a BGB unterlaufen wird. Ein entsprechendes Schuldverhältnis im Rahmen einer Vertragsanbahnung lässt sich daher herleiten.

2) Zahlungsaufforderung als Pflichtverletzung

Das Verhalten des Unternehmers wird man auch als Pflichtverletzung i. S. d. § 241 II BGB kategorisieren können. Ob man schon in dem reinen Senden unbestellter Ware eine Pflichtverletzung sehen kann, muss nicht entschieden werden.[530] Vielmehr kann die unberechtigte Zahlungsaufforderung in den Blick genommen werden. Es müsste dadurch eine Rücksichtnahmepflicht im Hinblick auf Rechte, Rechtsgüter und Interessen des anderen Teils verletzt worden sein. Dies wird man jedenfalls im Hinblick auf eine Wertungsübertragung mit dem UWG, das in einem komplementären Verständnis zum BGB steht,[531]

---

[528] In diese Richtung *Czeguhn/Dickmann* JA 2005, 587 (589), die davon sprechen, dass ein dahingehendes Vorgehen schlicht nicht dem Zweck des § 241a BGB entspricht.

[529] In diese Richtung BeckOGK/*Herresthal*, Stand: 15.01.2023, § 311 Rn. 290.1 jedenfalls, wenn der Tatbestand des § 241a BGB eröffnet ist; ebenso BeckOKBGB/*Sutschet*, 65. Edition (Stand: 01.02.2023), § 311 Rn. 50; auch MüKoBGB/*Emmerich*, 9. Aufl. (2022), § 311 Rn. 49.

[530] Dafür *Czeguhn/Dickmann*, JA 2005, 587 (589); mit Recht kritisch hierzu BeckOGK/*Fritzsche*, Stand: 01.02.2022, § 241a Rn. 108 ff.

[531] Hierzu die Ausführungen der Wertungsübertragung bei den Anlockfällen, Kapitel 2 (S. 87); dazu insgesamt auch *Hagenmeier*, Lauterkeitsrechtlicher Schutz, S. 161 ff. Dasselbe wurde im Rahmen dieser Arbeit in seiner Richtigkeit gestützt, dazu insbesondere die

annehmen können. So stellt der auf Nr. 29 Anhang I der UGP-RL beruhende Anhang Nr. 29 zu § 3 III UWG gerade die Aufforderung zur Bezahlung unbestellter Waren als stets unzulässige geschäftliche Handlung dar. Bestätigt wird diese Wertung für das BGB auch noch einmal durch Art. 27 der Verbraucherrechte-RL.[532] Letztere bezieht sich dann zwar nur darauf, dass der Verbraucher von der Gegenleistung befreit ist. Sie zeigt aber gleichwohl, dass dieses durch die UGP-RL verbotene Verhalten unionsrechtlich nicht gewollt ist und daher eine Pflichtverletzung[533] gegenüber dem Verbraucher begründet. Letztlich wäre es auch wenig stimmig, einerseits eine Befreiung von der Erbringung der Gegenleistung anzunehmen, die Aufforderung, etwas zu erbringen, was er nicht schuldet, andererseits aber nicht als Pflichtverletzung zu kategorisieren. Da die Zahlungsaufforderung von einem Inkassounternehmer herrührt, wird die Annahme einer Pflichtverletzung noch weiter gestützt. Der Verbraucher wird durch eine solche besonders unter Druck[534] gesetzt sein. Die Zahlungsaufforderung stellt daher eine Pflichtverletzung dar.

3) Sonstige Voraussetzungen

Liegt infolgedessen ein kausaler Schaden des Verbrauchers durch die Zahlung der entsprechenden Summe vor und hat der Unternehmer dies im Rahmen der §§ 280 I 2, 276 BGB zu vertreten, ist ein Anspruch aus culpa in contrahendo gegeben, wenn die Einschaltung eines Anwalts erforderlich[535] war.

Ausführungen zur Überschneidung der Schutzzwecke und Anwendungsbereiche, hierzu Kapitel 1 (S. 59 ff.) und Kapitel 2 (S. 144 ff.); letztlich stellt § 9 II UWG nach hiesigem Dafürhalten eine Fortschreibung des komplementären Verhältnisses dar, dazu Kapitel 4 (S. 340).

532 Ebenso BeckOGK/*Fritzsche*, Stand: 01.02.2022, § 241a Rn. 108 ff.

533 Nicht überzeugen können daher die Ausführungen von *Bergmann*, AcP 211 (2011), S. 803, 822, wenn er davon spricht, dass bei der Verteidigung der entsprechenden Rechte die Rechts- und Interessensphäre gerade nicht geöffnet wird, sondern diese verschlossen bleibt, weil man dem Rechtsberühmer entgegentritt. Gerade das Entgegentretenmüssen und die daraus entstehenden Kosten, um dies zu bewerkstelligen, verletzen das Interesse, etwas Entsprechendes nicht tun zu müssen.

534 Denkbar wäre zum Beispiel der Verweis des Inkassounternehmers auf die Benachrichtigung der Schufa bei fehlender Zahlung oder die Anwendung körperlicher Gewalt, für erste Fallkonstellation BGH WRP 2015, 1341 Rn. 13 ff., für zweite Konstellation OLG München WRP 2010, 295, 297.

535 Gedanken könnte man sich noch darüber machen, dass dem Verbraucher diese Kosten als Aufwendungen entstanden sind und nicht als Schäden. Hier gilt aber im Ergebnis

bbb Identitätsdiebstahl bei fehlendem Erhalt einer Ware oder Dienstleistung

Anders könnte aber die folgende Fallkonstellation liegen: Ein Dritter benutzt die Daten des Verbrauchers, um die Sache für sich zu erhalten. Eine Vergleichbarkeit mit einer unbestellten und erhaltenen Ware liegt dann nicht vor. Das für die „Lieferung“ einer Sache erforderliche Gelangen in den Herrschaftsbereich des Verbrauchers ist nicht gegeben. Auch wird man kein „Erbringen“ annehmen können, weil dieses nur dann gegeben ist, wenn der Verbraucher sich die Sache ohne weitere Zwischenschritte zunutze[536] machen kann.

1) Tatbestandliche Voraussetzungen und Rechtsfolge

Der erste zum Verbraucher vorliegende Kontakt dürfte der sein, dass er zu einer Zahlung aufgefordert wird. Hierdurch müsste dann ein entsprechendes Schuldverhältnis entstanden sein. Darin wird man aber kaum eine Vertragsverhandlung i. S. d. § 311 II Nr. 1 BGB noch eine Vertragsanbahnung i. S. d. § 311 II Nr. 2 BGB sehen können. Denn schon das tatsächliche Verhalten des Unternehmers lässt erkennen, dass er gerade nichts anbieten will und dahingehend etwas angebahnt werden soll. Vielmehr wird klar, dass es nur um eine Zahlung für eine anscheinend erbrachte Leistung geht. Eine Vertragsanbahnung kann darin nicht gesehen werden. Misslich ist das deshalb, weil der Verbraucher hier noch schutzwürdiger ist, da er noch nicht einmal eine Ware erhalten hat und gleichwohl zur Zahlung aufgefordert wird. Gedanken könnte man sich deshalb über eine Haftung im Rahmen eines „ähnlichen geschäftlichen Kontakts“ i. R. d. § 311 II Nr. 3 BGB machen. Insoweit handelt es sich wieder um einen unbestimmten Tatbestand, der nur dann greifen soll, wenn ein besonderes Vertrauensverhältnis begründet wurde.[537] Viel geholfen ist damit nicht. Herangezogen werden könnte die von der Rechtsprechung genannte „besondere Schutzwürdigkeit“[538] im Einzelfall. Dadurch könnte ein Wertungswiderspruch zu obiger Konstellation, bei der der Verbraucher tendenziell weniger schutzwürdig ist, geschaffen werden. Wird der Verbraucher durch ein Inkassobüro zur Zahlung einer

---

oben schon bei der Auslegung zu § 9 II UWG Gesagtes. Insoweit durfte sich der Verbraucher dazu herausgefordert fühlen, Kapitel 2 (S. 73 ff.).

[536] Zu diesen Voraussetzungen allgemein BeckOKBGB/*Sutschet*, 65. Edition (Stand: 01.02.2023), § 241a Rn. 2.

[537] Statt vieler Jauernig/*Stadler*, 19. Aufl. (2023), § 311 Rn. 45.

[538] BGH NJW 2007, 1048 Rn. 14.

nicht bestehenden Forderung aufgefordert, entsteht für ihn eine gesteigerte Drucksituation[539] und ein Interesse, sich zu verteidigen. Er ist besonders schutzwürdig. Probleme bereitet das aber deshalb, weil bei der einseitigen Aufforderung eine Zweiseitigkeit nicht gegeben sein wird.[540] Man könnte hier allenfalls unter teleologischen Gesichtspunkten zu einem Ersatz kommen, weil der Verbraucher noch schutzwürdiger ist. Dann überzeugt die Annahme eines ähnlichen geschäftlichen Kontakts. Das ist aber sehr rechtsunsicher. Nimmt man das gleichwohl an, gilt im Übrigen folgendes: Für die Pflichtverletzung ist auf das in vorheriger Konstellation Gesagte zu verweisen. Hier ist der Verbraucher noch schutzwürdiger. Bezüglich der Kausalität, dem Verschulden des Schadens und der „erforderlichen" Konsultierung eines Anwalts kann auf Gesagtes verwiesen werden.

2) Ergebnis zu (bbb.)
Der Fall des fehlenden Erhalts der Ware sich lässt trotz der gesteigerten Drucksituation und der besonderen Schutzwürdigkeit des Verbrauchers nur sehr rechtsunsicher von § 311 II Nr. 3 BGB umfassen. Das unbestimmte Tatbestandsmerkmal des „ähnlichen geschäftlichen Kontakts" muss dabei durch das unbestimmte Merkmal der „besonderen Schutzwürdigkeit" ausgefüllt werden. Insbesondere ist das der culpa in contrahendo immanente Vorliegen einer Zweiseitigkeit hier nicht gegeben. Man würde hier wertungsmäßig darauf verzichten. Man wird den Ersatz dieser Situation daher eher als möglichen – gleichwohl rechtsunsicheren Anspruch verstehen dürfen, sodass sich insbesondere im Hinblick auf diese Fälle die Frage nach weiteren Ansprüchen stellt.

bb Anspruch aus echter, berechtigter Geschäftsführung ohne Auftrag

Ebenso denkbar wäre es, dem Verbraucher in genannten Inkassodienstleisterfällen einen Anspruch aus echter, berechtigter Geschäftsführung ohne Auftrag nach §§ 683, 670 BGB zu gewähren. Das wäre dann der Fall, wenn man in der Beauftragung eines Anwalts durch den Verbraucher eine Geschäftsführung für den Unternehmer sehen würde.

---

539 So etwa bei einem Verweis des Inkassounternehmers auf die Benachrichtigung der Schufa, dazu etwa BGH WRP 2015, 1341 Rn. 13 ff.; OLG München WRP 2010, 295, 297.

540 Statt einiger etwa *Hofmann*, ZfPW 2018, 152 (158).

aaa Ausgangspunkt und Rechtsprechungstendenzen

Schwierig erscheint aber schon im Ausgangspunkt eine Herleitung dessen, dass der Verbraucher hiermit ein Geschäft des Unternehmers mit dessen entsprechendem Willen führt.

Übertragbar könnte folgende Rechtsprechung sein, die im wettbewerbsrechtlichen Kontext ergangen ist. In dem Grundsatzurteil „*Fotowettbewerb*"[541] stützt sich der BGH darauf, dass ein solcher Anspruch im wettbewerbsrechtlichen Kontext einschlägig sein kann. Ein Wettbewerbsverband, der gegen einen unlauter handelnden Unternehmer im Rahmen einer Abmahnung vorgeht, kann die hierfür aufgenommenen außerprozessualen Rechtsverfolgungskosten erstattet verlangen. Grund hierfür sei der durch die unlautere Handlung verursachte Störzustand, der in entsprechender Anwendung des § 1004 BGB zu unterlassen gewesen sei.[542] Der BGH führte hierzu an, dass es insbesondere dem mutmaßlichen Interesse des Unternehmers entsprach, dass der Verband Rechtsverfolgungskosten aufnahm, da Ersterer so auf seinen Wettbewerbsverstoß hingewiesen werden konnte und ihn so beseitigen konnte, ohne eine höhere Kostenlast bei gerichtlicher Geltendmachung tragen zu müssen.[543] Er führte weiter aus, dass dies nur der Fall sei, weil es um die besonderen Gepflogenheiten des Wettbewerbs ging. Auf andere Ansprüche sei dies nicht zu übertragen.[544]

bbb Übertragbarkeit der Rechtsprechung

Bei der Frage einer Übertragungsmöglichkeit dieser Rechtsprechung muss man nach hiesigem Dafürhalten zwei Fragen trennen: Einerseits stellt sich die Frage, ob eine fehlende Übertragbarkeit im Hinblick auf die „Besonderheiten wettbewerbsrechtlicher Fallgestaltungen"[545] gerechtfertigt ist. Zweitens ist diskutabel, ob selbst, sollte das nicht so sein, eine Anspruchsberechtigung im Rahmen der §§ 683, 670 BGB unter diese subsumierbar ist.

---

541 BGH, Urt. v. 15.10.1969 - I ZR 3/68 – *Fotowettbewerb.*

542 BGH, Urt. v. 15.10.1969 - I ZR 3/68 Rn. 15 ff. – *Fotowettbewerb.*

543 BGH, Urt. v. 15.10.1969 - I ZR 3/68 Rn. 15 ff.– *Fotowettbewerb.*

544 BGH, Urt. v. 15.10.1969 - I ZR 3/68 Rn. 15 ff.– *Fotowettbewerb.*

545 BGH, Urt. v. 15.10.1969 - I ZR 3/68 Rn. 15 ff. – *Fotowettbewerb.*

1) Übertragungsmöglichkeit trotz wettbewerbsrechtlicher Fälle

Für eine fehlende Übertragbarkeit spricht zunächst die in Teilen nicht abstreitbare Verschiedenheit der Konstellation in Bezug auf die hier untersuchte Konstellation. So ging es schon nicht um einen Verbraucher, sondern um einen Wettbewerbsverband und eine insoweit vorliegende Störung, die einen Unterlassungsanspruch dessen ermöglichte, dessen Vermeidung im Interesse des Unternehmers liegen sollte. Dieser Fall war und ist auch de lege lata für Verbraucher im UWG schlicht nicht möglich,[546] sodass eine Störungsbeseitigung durch diesen selbst nicht geltend gemacht werden kann. Einen Übertragungsausschluss kann diese Tatsache gleichwohl nicht bedingen. Denn es ist nicht ersichtlich, wieso nur derjenige tätig werden können sollte, dem gerade ein Unterlassungsanspruch zusteht. Maßgeblich – und so formuliert der BGH auch, wenn er von der „Bekämpfung von Auswüchsen im Wettbewerb"[547] spricht, ist, dass eine unlautere Handlung vorliegt, gegen die vorgegangen werden soll. Ob dies im Rahmen von Unterlassungsansprüchen oder Schadensersatzansprüchen geschieht, dürfte im Hinblick auf die wettbewerbsrechtliche Relevanz[548] keinen Unterschied machen. Wieso daher etwas anderes gelten soll, wenn der Verbraucher auf eine unlautere Handlung im Sinne des § 3 III UWG i. V. m. Anhang Nr. 29 hinweist, ist nicht ersichtlich. Seine fehlende Anspruchsberechtigung bezüglich Unterlassungsansprüchen nach § 8 UWG ändert nichts an der Tatsache, dass solche für andere bestehen und beseitigt werden sollen. Vielmehr geht es dem Urteil entsprechend um eine unlautere geschäftliche Handlung, deren Beseitigung im öffentlichen Interesse liegt.

Auch das teilweise in der Literatur[549] und Rechtsprechung[550] vorgebrachte Argument, dass es sich um die „Gepflogenheiten des Wettbewerbsrechts"

---

546 BT-Drs. 19/27873, S. 20.

547 BGH, Urt. v. 15.10.1969 - I ZR 3/68 Rn. 10 – *Fotowettbewerb.*

548 Im Hinblick auf die Wirkung schon, weil Unterlassungsansprüche im UWG die den Schutzzweck des UWG am stärksten gewährleistenden Ansprüche sind, dazu statt einiger auch *Hofmann*, Der Unterlassungsanspruch als Rechtsbehelf, S. 339 f. m. w. N.; die Relevanz des Schadensersatzanspruchs hierfür ist gleichwohl gegeben und nicht etwa Grund dafür, dass es sich insoweit nicht auch um Wettbewerbsrecht handeln würde.

549 In diese Richtung allgemein etwa *Alexander*, Vertrag, S. 52, der Wertungsübertragungen in der Sache als schwierig sieht, jedenfalls eine genaue Prüfung fordert, ob eine Übertragung stattfinden kann.

550 BGH, Urt. v. 15.10.1969 - I ZR 3/68 Rn. 15 ff. – *Fotowettbewerb.*

handelt, die auf das BGB nicht übertragen werden können, kann jedenfalls de lege lata nicht verfangen. Denn die Entwicklung[551] der Beziehung von UWG und BGB bewegt sich immer mehr hin zu einem komplementären Verständnis[552] der beiden Rechtsgebiete. Eine dahingehende Differenzierung kommt de lege lata daher eher einer Leerformel gleich. Genanntes offenbart vielmehr, dass eine Übertragbarkeit auch wettbewerbsrechtlicher Grundsätze – bei nachgelagerter Prüfung einer Übertragbarkeit im Einzelfall, falls sich doch Unterschiede ergeben, angezeigt ist. Das ergibt sich für hiesige Konstellation zuletzt auch daraus, dass es sich gerade um eine wettbewerbsrechtliche Situation (§ 3 III UWG i. V. m. Anhang Nr. 29) handelt. Insbesondere äußert sich der BGH später dazu, dass die Grundsätze für die „Erforderlichkeit" im Rahmen wettbewerbsrechtlicher Kostenerstattung für außerwettbewerbsrechtliche Fälle zu übertragen sein sollen,[553] sodass sich auch hierin zeigt, dass immer mehr ein komplementäres Verständnis der Regelungsbereiche zueinander zugrunde gelegt wird. Das entspricht auch seiner aktuellen Linie.[554] Eine Übertragung der wettbewerbsrechtlichen Grundsätze für die §§ 677 ff. BGB ist daher denkbar.[555]

Eine fehlende Übertragungsmöglichkeit ergibt sich auch nicht dadurch, dass es einerseits um Abmahnungen ging und andererseits um unberechtigte Ansprüche. Bei Ersterem handelt es sich um die an den Schuldner gerichtete Aufforderung des Gläubigers, wegen einer Zuwiderhandlung binnen

---

551 Dazu auch schon *Leistner*, Richtiger Vertrag S. 257 ff.; ebenso *Hagenmeier*, Lauterkeitsrechtlicher Schutz, S. 179 ff., 256; § 9 II UWG verschärft diesen Befund noch, siehe nur Kapitel 2 (S. 144 ff.) und denkbare Überschneidungen.

552 Dazu insgesamt auch *Hagenmeier*, Lauterkeitsrechtlicher Schutz, S. 161 ff. Dasselbe wurde im Rahmen dieser Arbeit in seiner Richtigkeit gestützt, dazu insbesondere die Ausführungen zur Überschneidung der Schutzzwecke und Anwendungsbereiche, hierzu Kapitel 1 (S. 59 ff.) und Kapitel 2 (S. 144 ff.); letztlich stellt § 9 II UWG nach hiesigem Dafürhalten eine Fortschreibung des komplementären Verhältnisses dar, dazu Kapitel 4 (S. 340 ff.).

553 Dazu BGH NJW-RR 2007, 713 Rn. 13 ff., der sich insoweit zwar auf die §§ 823, 249 I BGB bezieht und die§§ 677 ff. BGB i. E. explizit offenlässt, indessen davon spricht, dass insoweit bei den §§ 677 ff. BGB, 823 ff. BGB Einschränkungen vorzunehmen sind, die auf diesen Anspruch zu übertragen sind.

554 Dazu siehe nur BGH NJW 2021, 1070 Rn. 11.

555 Ebenso auch *Hösl*, Kostenerstattung, S. 140 ff., der hieraus aber im Ergebnis eine andere Beurteilung herleitet.

bestimmter Frist eine strafbewehrte Unterlassungserklärung abzugeben.[556] Der Verbraucher kann zwar – mangels Aktivlegitimation – den Unternehmer zum Abschluss einer strafbewehrten Unterlassungserklärung nicht verpflichten. In beiden Fällen geht es darum, sich gegen unlautere Verhaltensweisen zu verteidigen und die dafür erforderlichen Aufwendungen ersetzt zu verlangen. Die Situationen sind vergleichbar.[557]

2) Inhaltliche Überzeugungskraft

Hat man herausgearbeitet, dass eine Übertragung der Grundsätze möglich ist, richtet sich der Blick auf die Frage, ob diese Fallkonstellationen eine echte, berechtigte Geschäftsführung ohne Auftrag darstellen. Recht mühelos lässt sich – nach der generell weiten Lesart[558] – ein Geschäft durch die Beauftragung eines Rechtsanwalts konstruieren. Durch die Rechtsanwaltskosten sind auch ohne Weiteres Aufwendungen entstanden.

Etwas schwieriger gestaltet sich hingegen die „Fremdheit" des Geschäfts. Bei demjenigen, der eigene Rechte gegenüber anderen wahrnimmt, liegt ein eigenes Geschäft nahe.[559] Es geht dem Verbraucher im Kern darum, sich zu verteidigen. Man könnte eine Geschäftsführung ohne Auftrag daher ablehnen. Das mag für viele Konstellationen einleuchten. Das gilt insbesondere, wenn man betrachtet, dass ein lediglich reflexartiger Vorteil die „Fremdheit" ausschließen kann.[560] Für die hiesige Konstellation ergibt sich aber etwas anderes. Denn insoweit handelt es sich um eine unlautere geschäftliche Handlung,

---

556 BT-Drs. 15/1487, S. 25.

557 In diese Richtung auch *Bergmann*, Die Geschäftsführung, S. 377, wenn er davon spricht, dass man den zu Unrecht Abgemahnten mit dem vergleichen kann, der zu Unrecht mit einer Forderung konfrontiert wird.

558 Etwa BGH NJW 1963, 390; dazu auch BeckOKBGB/*Gehrlein*, 73. Ed. (Stand: 01.02.2025), § 677 Rn. 10; a. A., aber *Loritz*, Die Konkurrenz, S. 20, der anführt, dass es ein Geschäft sein müsse, dass der Geschäftsherr selbst ausführen könne, dieser sich aber nicht selbst abmahnen könne.

559 Etwa *Bergmann*, Die Geschäftsführung, S. 372 ff. m. w. N.; *Chudziak*, GRUR 2012, 133 (136); in diese Richtung auch schon *Heidenreich*, WRP 2004, 660 (661).

560 Dann wird vielmehr nur das eigene Geschäft geführt. Im Ergebnis handelt es sich hier aber um eine Wertungsfrage, die Abgrenzung lässt sich daher nur im Einzelfall vornehmen, dazu auch *Bergmann*, Die Geschäftsführung, S. 158 f.; kritisch zu diesem mit Recht *Höhle*, Zweck und Funktionen, S. 218 ff., weil hiermit i. E. kaum geholfen wird, man konturiert ein Kriterium mit dem „sozialen Zweck", der einen nicht weiterbringt, als man vorher war.

die nach Gesagtem auch zu Unterlassungsansprüchen führen kann und die der Unternehmer zu beseitigen hat.[561] Dass es sich hierbei gleichwohl trotzdem nicht um ein Geschäft handelt, das nur dem Interessenkreis des Unternehmers zugewiesen ist, ist richtig. Es geht im Kern gerade auch um die Verteidigung gegen unberechtigte Ansprüche. Gleichwohl entspricht es in dem besagten Umfang auch dem Interessenkreis des Unternehmers, nicht mit lauterkeitsrechtlichen strafbewehrten Unterlassungserklärungen überzogen zu werden, sodass jedenfalls ein „auch-fremdes" Geschäft vorliegt.[562] Es braucht ferner einen entsprechenden Fremdgeschäftsführungswillen und den allein denkbaren mutmaßlichen Willen des Geschäftsherrn. Die Annahme eines Fremdgeschäftsführungswillens gestaltet sich in ihrer Begründung schon deswegen schwierig, weil es um im Kern konträre Interessen geht. Es geht dem Verbraucher naheliegenderweise nicht darum, den Unternehmer zu seinen Gunsten auf einen bestehenden Wettbewerbsverstoß hinzuweisen, um zu bewirken, dass dieser sein unlauteres Verhalten einstellt,[563] damit er sich nicht weiteren Ansprüchen durch Wettbewerbsverbände ausgesetzt sieht. Vielmehr wird es ihm darum gehen, keiner unlauteren Drucksituation im Rahmen ausgesetzt zu sein.[564]

Abhilfe schafft hierbei aber die Rechtsprechung,[565] die bei einem auch-fremden Geschäft den entsprechenden Willen grundsätzlich vermutet.[566] Der Geschäftsherr wird diesen daher kaum widerlegen können.[567] Überwindet man dies mit der Rechtsprechung, stellt sich noch die Frage, ob dies dem

---

561 In diesem Sinne auch allgemein *Bergmann*, Die Geschäftsführung, S. 372 ff.

562 Dazu erst recht *Hösl*, Kostenerstattung, S. 142 ff., der dies für eine Anspruchsberühmung im Allgemeinen feststellen will; für die Fälle im Hinblick auf das Wettbewerbsrecht auch *Bergmann*, Die Geschäftsführung, S. 372 ff.; weniger überzeugend sind daher in dieser Pauschalität die Aussagen von *Seidl*, Anspruchsberühmung, S. 132 f.

563 Das müsste indessen vorliegen, wenn man diesen dahingehend definiert, dass jedenfalls der Erfolg der Tätigkeit nach dem Willen des Geschäftsführers – hier des Verbrauchers – (auch) einem anderen zukommen soll, dazu *Höhle*, Zwecke und Funktionen, S. 234 m. w. N.

564 Zutreffend *Bergmann*, Die Geschäftsführung, S. 372.

565 Dazu etwa BGH NJW 1999, 858 (860); m. w. N. etwa BeckOKBGB/*Gehrlein*, 69. Ed. (Stand:01.02.2024), § 677 Rn. 15.

566 Dazu auch *Höhle*, Zweck und Funktionen, S. 226 m. w. N., S. 239 zur Kritik der Annahme einer solchen bei „auch-fremden" Geschäften.

567 Dazu im Einzelnen auch *Bergmann*, Die Geschäftsführung, S. 153 f.

mutmaßlichen Willen des Geschäftsherrn entsprach, wie vom BGH[568] und Teilen der Literatur[569] in den wettbewerbsrechtlichen Fallkonstellationen angenommen. Insoweit stellt er sich auf dem Standpunkt, dass es dem mutmaßlichen Interesse des Geschäftsherrn entspricht, den entsprechenden Verstoß möglichst kostengünstig zu beseitigen. Wird dies außergerichtlich über die Einschaltung eines Rechtsanwalts getan, gestaltet sich dies kostengünstiger als das Führen eines Rechtsstreits. Das entspräche dem Interesse des Unternehmers. Ob man diese Argumente für überzeugend hält oder vielmehr davon ausgehen will, dass dies gerade nicht seinem mutmaßlichen Willen entspricht,[570] weil er schlicht nicht mit Ansprüchen konfrontiert werden will, braucht man dabei aber nicht zu entscheiden. Denn selbst wenn man einen mutmaßlichen Willen ablehnen will, geht es in dieser Situation um einen Verstoß gegen lauterkeitsrechtliche Vorschriften. Die Bekämpfung des Lauterkeitsverstoßes liegt im öffentlichen Interesse,[571] § 1 UWG. Auch bei Ablehnung eines entsprechenden Willens kommt man daher über die §§ 679 Alt. 1, 683 S. 2 BGB zu einem Aufwendungsersatzanspruch.

ccc Ergebnis zur Geschäftsführung ohne Auftrag

Eine Übertragung der Grundsätze ist – ungeachtet dessen, ob man eine echte, berechtige Geschäftsführung ohne Auftrag annimmt oder von einer unberechtigten ausgeht – möglich. Ein Aufwendungsersatz des Verbrauchers ist denkbar. Das Ergebnis ist im Hinblick auf den Umfang der zu erstattenden Aufwendungspositionen sicherlich wünschenswert, wäre aber zugegebenermaßen nach Gesagtem dogmatisch – wenn es nicht eine entsprechende Vermutung in der Rechtsprechung gäbe – kaum zu begründen. So lassen sich aber Ansprüche herleiten. Zuletzt darf aber auch hier die Wertung des § 241a BGB nicht vergessen werden, wenn sich die hiesige Fallkonstellation als eine solche darstellt, in der § 241a BGB einschlägig ist. Eine Geschäftsführung

---

[568] BGH, Urt. v. 15.10.1969 - I ZR 3/68 Rn. 10 ff. – *Fotowettbewerb.*

[569] Dazu *Hösl*, Kostenerstattung, S. 144 ff.

[570] Noch strenger *Bergmann*, Die Geschäftsführung, S. 372 ff., der dies schon bei der Fremdheit des Geschäfts in diesen Fällen verortet, gleichwohl aber eine Anwendung der §§ 679 Alt. 1, 683 S. 2 BGB für Fälle mit entsprechender wettbewerbsrechtlicher Relevanz bejaht, weil Letztere die Fremdheit nicht fordern. Vielmehr sei der privilegierte Rückgriffsanspruch systemwidrig im Recht der Geschäftsführung ohne Auftrag verortet.

[571] Dazu etwa *Bergmann*, Die Geschäftsführung, S. 372 ff. m. w. N.

ohne Auftrag verpflichtet nicht einseitig, sodass Ansprüche des Unternehmers nach Gesagtem[572] im Lichte des § 241a BGB teleologisch zu reduzieren[573] sind. Auch dieser Anspruch ist daher zwar begründbar, trägt aber nur schwach, weil er einen hohen wertungsmäßigen und auf Vermutungen angewiesenen Begründungsansatz fordert.

cc §§ 823 II BGB, 241a BGB

Dem Verbraucher werden in hiesiger Situation zudem Ansprüche aus den §§ 823 II, 241a BGB zustehen. § 241a BGB dient dem Individualschutz des Verbrauchers und begründet ein Schutzgesetz.[574] Er will den Verbraucher auch davor schützen, dass der Unternehmer aggressiv versucht, seinen nicht bestehenden Anspruch durchzusetzen.[575] § 241a BGB erfordert seinerseits zwar kein Verschulden. Nach § 823 II S. 2 BGB ist eine verschuldensunabhängige Haftung des Unternehmers freilich ausgeschlossen. Insoweit kommt es im Rahmen des § 823 II BGB dann zu einer Fahrlässigkeitshaftung,[576] die der Gesetzgeber in seiner Begründung zu § 9 II UWG angestrebt hat. Dies ist für den Verbraucher deshalb nachteilhafter, weil ihm die Beweislastumkehr des § 280 I S. 2 BGB bei § 311 II Nr. 2 BGB nicht zugutekommt. Für letztere Fallkonstellation im Rahmen des fehlenden Erhalts der Ware könnte man sich Gedanken über eine analoge Anwendung im Rahmen des § 823 II BGB machen, da der Verbraucher hier noch schutzwürdiger ist, wenn er Zahlungsansprüchen durch ein Inkassobüro ausgesetzt ist und noch nicht einmal etwas erhalten hat. Auch hier wäre die Beweislast im Vergleich zur culpa in contrahendo aber nachteilhaft, sodass letzterer Anspruch im Rahmen des § 311 II Nr. 3 BGB jedenfalls vorzugswürdig ist.

dd § 13 III UWG analog, § 91 ZPO analog und § 242 BGB

Vereinzelt wird für diese Konstellationen noch eine analoge Anwendung des § 13 III UWG [577] vorgeschlagen. Nachdenken könnte man auch über § 91

---

[572] Dazu insgesamt Kapitel 2 (S. 102 ff.).

[573] So lässt sich auch die von *Hau*, NJW 2001, 2863 (2864 f.) genannte Gefahr vermeiden.

[574] Statt einiger etwa BeckOGK/*Fritzsche*, Stand: 01.03.2025, § 241a Rn. 122.

[575] Statt aller etwa schon *Berger*, JuS 2001, 649 (652).

[576] Dazu auch Jauernig/*Kern*, 19. Aufl. (2023), § 823 Rn. 60 ff.

[577] So *Köhler*, WRP 2021, 129 (135), der zwar von § 13 IV UWG spricht, wohl aber § 13 III UWG meint. Ersterer regelt nur einen denkbaren Ausschluss von Ansprüchen aus § 13 III UWG.

ZPO analog.[578] Für diese Sonderkonstellation liegt aber nach Gesagtem im Rahmen von Ansprüchen aus culpa in contrahendo und Geschäftsführung ohne Auftrag keine planwidrige Regelungslücke vor, weil Ansprüche (wenn auch rechtsunsicher) bestehen. Im Übrigen würde sich bezüglich erster Analogie ohnehin die Frage stellen, ob man Konstellationen des § 13 IV UWG auf die hier infrage stehende Konstellation übertragen kann. § 13 UWG bezieht sich explizit auf die nach § 8 UWG Berechtigten. Der Verbraucher ist nach der Gesetzesbegründung expressis verbis aber nicht[579] berechtigt. Insoweit wäre die Wortlautgrenze schon überschritten. Auch eine rechtsunsichere Subsumtion unter § 242 BGB kann, wenn auch zum Teil in Betracht genommen,[580] nicht überzeugen.[581]

c Von § 9 II UWG umfasste Fallkonstellation?

Sieht man in der partiell fehlenden Anwendbarkeit der culpa in contrahendo oder dem erforderlichen Begründungsaufwand bei derselben und der Geschäftsführung ohne Auftrag eine gewisse Rechtsunsicherheit, könnte § 9 II UWG erneut im Hinblick auf diese Rechtsunsicherheit eine Rolle einnehmen. Für diese Fälle ergibt sich aber auch im Rahmen des § 9 II UWG eine Sonderkonstellation. § 9 II UWG umfasst hier selbst einen denkbaren Fall nicht und kann daher schon im Ausgangspunkt paritell keine Rolle einnehmen.[582]

aa Situation bei erfolgter Zahlung an den Unternehmer

In Betracht zu nehmen ist hierbei zunächst die erste Situation, bei der der Verbraucher seine Rechtsverfolgungskosten ersetzt haben will, wenn er einen entsprechenden Betrag schon an den Unternehmer geleistet hat und diesen zurückfordern will. In der Aufforderung der Zahlung liegt nach der BGH-Rechtsprechung eine geschäftliche Handlung, die geeignet ist, den Verbraucher zu einer geschäftlichen Entscheidung zu veranlassen.[583] Schutzlücken

---

578 Siehe hierzu ausführlich die Ausführungen in Kapitel 3 (S. 272 ff.).
579 BT-Drs. 19/27873, S. 20.
580 Dies erwägt im Ausgangspunkt *Seidl*, Anspruchsberühmung, S. 163 ff.
581 Dazu Kapitel 3 (S. 272 ff.).
582 Zum Umgang hiermit und einem Modifizierungserfordernis des § 9 II UWG, Kapitel 4.
583 Dazu zuletzt BGH, Urteil vom 06.06.2019 - I ZR 216/17; zu der extensiven Lesart statt vieler *Scherer*, WRP 2021, 1400 (1400 ff.).

schließt § 9 II UWG hier aber allenfalls bezüglich etwaiger Rechtsunsicherheiten im Rahmen der culpa in contrahendo und der Geschäftsführung ohne Auftrag. Bei Erhalt einer unbestellten Ware gilt dies auch im Hinblick auf eine bestehende Rechtsunsicherheit nicht, weil jedenfalls Ansprüche aus den §§ 823 II, 241 BGB bestehen.

bb Situation vor erfolgter Zahlung an den Unternehmer

Schwieriger stellt sich die Situation vor erfolgter Zahlung an den Unternehmer dar. Hier ist der Verbraucher ebenso schutzwürdig, weil er sich unberechtigten Ansprüchen des Unternehmers ausgesetzt sieht. Entscheidender Unterschied ist hier, dass der Verbraucher eine Zahlung an den Unternehmer noch nicht geleistet hat. Er wurde zu einer geschäftlichen Entscheidung i. S. d. § 9 II UWG noch nicht veranlasst. Eine reine Eignung hierzu reicht für § 9 II UWG nicht.[584] Nach Gesagtem[585] liegt auch in der Beauftragung des Anwalts unter keinem Gesichtspunkt eine dahingehend relevante geschäftliche Entscheidung, die zu einer Anwendbarkeit des § 9 II UWG führen könnte.

4 Ergebnis zur Rolle des § 9 II UWG

§ 9 II UWG hat in diesen Fallkonstellationen wieder „nur" einen Mehrwert im Hinblick auf die Rechtssicherheit für den Verbraucher. Im Fall der bereits erfolgten Zahlung sind ohnehin Ansprüche aus culpa in contrahendo oder der Geschäftsführung ohne Auftrag denkbar, die für den Verbraucher noch günstiger sein können. Selbst für diejenigen, die diese ablehnen, verbleiben §§ 823 II BGB, 241a BGB im Rahmen einer fahrlässigen Haftung, sodass keine Schutzlücke geschlossen wird. Wenig hilfreich ist § 9 II UWG bei Situationen fehlender Zahlung. Auch dann ist der Verbraucher schutzwürdig, eine entsprechende geschäftliche Entscheidung hat er aber gerade noch nicht getroffen. Das BGB gewährt hier nach Gesagtem gleichwohl denkbar – wenn auch wieder rechtsunsicher – Schutz jedenfalls über die culpa in contrahendo oder die Geschäftsführung ohne Auftrag, sodass sich die Situation hier eher umgekehrt darstellt: Das BGB schließt, wenn man so will – wenn auch rechtsunsicher – eine Lücke im UWG und nicht umgekehrt. Der Verbraucheraktivlegitimation kommt daher für diese Fälle keine Rolle zu.

---

[584] Zur Unionsrechtskonformität dieser Umsetzung Kapitel 1 (S. 38).
[585] Kapitel 1 (S. 54).

IV Rolle der Verbraucheraktivlegitimation bei psychischem Zwang, Überrumpelung, Notlagen und gefühlsbetonter Werbung

Zuletzt sieht der Gesetzgeber[586] zu schließende Schutzlücken in Fällen des psychischen Zwangs, der Überrumpelung, gefühlsbetonter Werbung sowie Angst und Notlagen. Wie zu zeigen sein wird, lassen diese sich durch eine Anwendung der culpa in contrahendo schließen. Das könnte man zwar schon deshalb anzweifeln, weil die Rechtsprechung bei der culpa in contrahendo einen Vermögensschaden fordert,[587] der bei § 9 II UWG im Hinblick auf seine unionsrechtliche Determinierung nicht gefordert werden darf.[588] Insoweit ließe sich, selbst wenn die Situationen von der culpa in contrahendo umfasst wären, im Hinblick auf dieses Erfordernis eine Schutzlücke ausmachen. Das kann nach zu Sagendem[589] aber schon im Ausgangspunkt nicht überzeugen, weil dieses einerseits bezüglich der culpa in contrahendo bloßes Scheinargument ist und andererseits für § 9 II UWG vom Gesetzgeber tendenziell[590] ebenso bemüht wird. Im Ergebnis wird es daher zu einem Gleichlauf kommen. Eine Schutzlücke für alle Konstellationen im Hinblick auf das Vorliegen eines Vermögensschadens ergibt sich daher nicht.

1 Psychischer Zwang und Überrumpelung

Denkbar sollen solche zunächst bei psychischem Zwang und bzw. oder Überrumpelung des Verbrauchers sein. Paradefall hierfür dürften die Fallkonstellationen der „Kaffeefahrten“[591] sein. Insoweit ist die von § 4a UWG umfasste Drucksituation für Verbraucher gemeint, in der von Veranstaltern auf Kaffeefahrten diejenigen vor allem angesprochen werden, die auf der

---

586 BT-Drs. 19/27873, S. 20, 40.

587 So abstrakt ohne Bezug zu § 9 II UWG *Menke*, Wettbewerbsrechtlicher Verbraucherschutz, S. 127, der hieraus etwaige Schutzlücken ableiten will.

588 Obgleich der Gesetzgeber tendenziell einen solchen annehmen will, hierzu BT-Drs. 19/27873, S. 41 und die Ausführungen in Kapitel 1 (S. 42 ff.).

589 Ausführlich hierzu Kapitel 2 (S. 193 ff.) bezüglich der Wertungsübertragung des Verhältnisses von culpa in contrahendo zur Anfechtung auf § 9 II UWG im Hinblick auf die Anfechtung nach § 123 BGB.

590 BT-Drs. 19/27873, S. 41; zur Frage, warum dies nur tendenziell so ist, Kapitel 1 (S. 42 ff.).

591 Statt vieler m. w. N. hierzu F/B/O/*Scherer*, 3. Aufl. (2016), § 4a Rn. 240.

Kaffeefahrt nichts gekauft haben und daher – auf Kosten derer, die das getan haben – „schmarotzen“[592]. Für die betroffenen Verbraucher entsteht eine psychische Zwangssituation, die sie dazu verleiten könnte, die geschäftliche Entscheidung eines Kaufes zu treffen.

a Schutzlücke

Überzeugend ist, dass diese Fälle, wie die Gesetzesbegründung[593] anführt, nicht von § 123 I Alt. 2 BGB umfasst sein werden. Denn selbst wenn man im Rahmen einer hierin bestehenden Drohung ein Übel ideeller Natur gegenüber Dritten im Rahmen einer Rufherabsetzung von § 123 I Alt. 2 BGB umfasst sehen will,[594] kann man sich kaum auf den Standpunkt stellen, dass der Veranstalter Einfluss[595] darauf haben wird, ob und wie dieses eintritt. Das hängt – um bei dem genannten Beispiel zu bleiben – von den jeweiligen Teilnehmern der Kaffeefahrt ab. Zudem würde das bestehende Vorsatzerfordernis einem Schutz bei auch (grob) fahrlässiger Begehungsweise entgegenstehen.

Die Beseitigung des Vertrages über die §§ 134, 138 BGB ist denkbar. Diese richten sich aber gegen den Inhalt[596] des Geschäfts. In hiesigen Konstellationen ist aber die Art des Abschlusses das Problem.[597]

Gleichwohl einschlägig wird hingegen regelmäßig die culpa in contrahendo sein. Im Hinblick auf das erforderliche Vertrauensverhältnis im Rahmen einer Anbahnung[598] nach § 311 II Nr. 2 BGB wird sich in den

---

[592] Dazu *Menke*, Wettbewerbsrechtlicher Verbraucherschutz, S. 126 m. w. N.

[593] BT-Drs. 19/27873, S. 41.

[594] Zweifelnd zu Recht *Menke*, Wettbewerbsrechtlicher Verbraucherschutz, S. 126 m. w. N.

[595] Zu diesem Erfordernis bei widerrechtlicher Drohung statt aller BeckOKBGB/*Wendtland*, 73. Edition, Stand: 01.02. 2025, § 123 Rn. 25 ff.

[596] Zwar gibt es auch hier die Möglichkeit einer Gesamtbetrachtung. Dann ist aber Kenntnis oder grob fahrlässige Unkenntnis der Parteien erforderlich, hierzu Schulze/*Dörner*, 12. Aufl. (2024), § 138 Rn. 4 m. w. N., sodass auch insoweit wieder Schutzlücken aufleben, selbst wenn man eine solche Gesamtbetrachtung vornimmt. Letztlich wird es sich insoweit hier auch regelmäßig um extreme Ausnahmekonstellationen handeln, sodass eine generelle Schließung von Schutzlücken selbst bei Bejahung abzulehnen ist. Zu etwaigen Beispielen auch BeckOKBGB/*Wendtland*, 73. Edition (Stand:01.02.2025), § 138 Rn. 21.1.

[597] Statt vieler *Menke*, Wettbewerbsrechtlicher Verbraucherschutz, S. 108.

[598] Zu den Anforderungen an dieses schon ausführlich in den Anlockfällen, Kapitel 2 (S. 73 ff.), die deutlich vorgelagert sind und auch umfasst sein können, sodass dies für hiesige Konstellationen erst recht gilt.

Kaffeefahrten und vergleichbaren Situationen kein Problem ergeben. Vielmehr wird sogar regelmäßig die Situation einer Vertragsverhandlung gegeben sein, schließlich ist ein solcher zustande gekommen.

Zudem muss dabei eine Pflicht im Rahmen des § 241 II BGB verletzt werden. Naheliegend erscheint es, dass entsprechende Schutz- und Rücksichtspflichten des Unternehmers gegenüber dem Verbraucher dann verletzt werden, wenn ein Vertragsschluss unter Einwirkung von psychischem Zwang und Überrumpelung des Verbrauchers stattfindet und der Unternehmer sich daher dem Zweck des § 241 II BGB entsprechend nicht mehr loyal[599] verhält. Nimmt man beispielsweise die Kaffeefahrt als Beispiel für eine entsprechende Druckausübung in den Blick, ergibt sich kein Grund dafür,[600] warum es nicht loyalem Verhalten entsprechen soll,[601] den Verbraucher vor anderen Teilnehmern nicht dem Druck zum Abschluss eines Vertrages auszusetzen. Zuletzt wurde dies auch durch eine Entscheidung des BAG[602] im Hinblick auf die genannte „Überrumpelung'" und den „psychischen Druck" in diesem Grundsatz expressis verbis bestätigt. So sei ein Mindestmaß an Fairness geboten und insbesondere explizit die Vermeidung einer Überrumpelung bzw. psychischer Drucksituation sollte dabei von § 241 II BGB umfasst sein. Nun ist zu berücksichtigen, dass es sich um eine Entscheidung der Arbeitsgerichtsbarkeit handelt, die nicht ohne Weiteres übertragen werden darf. Das BAG bezieht sich in seinen Ausführungen aber auch ganz grundsätzlich auf die Funktion des § 241 II BGB und das Vermeiden der einschränkenden Fremdbestimmung im Allgemeinen.[603] Letztlich kann dieses Gebot aus seiner in § 241 II BGB

---

599 Dazu MüKoBGB/*Emmerich*, § 311, 9. Aufl. (2022), § 311 Rn. 52; so auch schon *Lorenz*, JZ 1997, 277 (281 f.).

600 Eine etwaige Subsidiarität im Hinblick auf eine Konkurrenz zu § 123 BGB wird von der Rechtsprechung abgelehnt, dazu Kapitel 2 (S. 193 ff.).

601 In diesem Sinne für Drucksituationen als vom Pflichtenkanon des § 241 II BGB umfasst auch *Leistner*, Richtiger Vertrag, S. 992 ff.

602 BAG NJW 2019, 1966 Rn. 37; dem zustimmend MüKoBGB/*Bachmann*, 9. Aufl. (2022), § 241 Rn. 87; kritisch zur Überrumpelung *Schwarze*, JA 2019, 789 (790), der sich aber insbesondere auf Risiken, die spezifisch für das Arbeitsrecht sind, bezieht, sodass eine Übertragung auf Fälle des Bürgerlichen Gesetzbuches im Allgemeinen nicht ohne Weiteres möglich ist; auch BeckOGKBGB/*Herresthal*, Stand:15.01.2023, § 311 Rn. 388 ff.

603 BAG NJW 2019, 1966 Rn. 40.

liegenden Funktion heraus auch allgemeine Geltung beanspruchen.[604] Daher lässt sich übergeordnet entnehmen, dass die von § 241 II BGB geschützten Interessen in diesen Fällen beeinträchtigt werden. Letztlich wird das Ergebnis auch noch durch eine Wertungsübertragung[605] des § 4a UWG verstärkt. Man wird die Einschlägigkeit der §§ 280 I, 241 II, 311 II BGB daher bejahen können.[606]

b Ergebnis zu a.

Diese Fälle sind über die §§ 280 I, 241 II, 311 II BGB lösbar, sodass eine dahingehende Rolle der Verbraucheraktivlegitimation ausscheiden muss. Insbesondere bedingt nach Gesagtem auch ein Vermögensschaden in letzteren Fällen keine andere Beurteilung.

2 Gefühlsbetonte Werbung

Schutzlücken können auch bei gefühlsbetonter Werbung vorliegen. Diese werden aber nur in sehr engen[607] Grenzen vom UWG umfasst. Die reine Unterstützung guter Zwecke, z. B. für Umweltmaßnahmen oder Tierheime, genügt nicht.[608] Vielmehr bleibt es in diesen Fällen gleichwohl der Entscheidung des Verbrauchers überlassen, ob er sich z. B. von einem entsprechenden Engagement des Unternehmers zu einem Kauf verleiten lässt.[609] Er kann sich noch frei entscheiden. Ausnahmen werden allenfalls dann angenommen,

---

604 Stark in diese Richtung etwa *Plum*, MDR 2020, 69 (69 ff.) m. w. N.; insoweit auch schon *Leistner*, Richtiger Vertrag, S. 992 ff.

605 Zur Berücksichtigung dieser die Ausführungen zu den Anlockfällen, Kapitel 2 (S. 87). Wobei man hier anders als im Anlockfall noch mehr Vorsicht walten lassen muss, weil das Vertragsrecht tangiert ist. Man wird daher die unlautere geschäftliche Handlung nur als einen von mehreren Gesichtspunkten heranziehen können, dazu auch EuGH, ECLI:EU:C:2012:C:144 Rn. 42 ff. – *Pereničová/SOS*; *Klagge*, Normative Kohärenz, S. 84 f. m. w. N.

606 So zutreffend im Ergebnis für derartige Fälle *Kalski*, Individualansprüche des Verbrauchers, S. 275; in diese Richtung auch *Albrecht*, Die Aktivlegitimation, S. 226 ff., 276.

607 Dazu *Menke*, Wettbewerbsrechtlicher Schutz, S. 122 ff.; zur weiteren Auslegung der damaligen Rechtsprechung und zum Umgang mit der „Sachlichkeits-Doktrin" bzw. deren Entwicklung schon *Scherer*, GRUR 2008, 490 (490 ff.); *Henning-Bodewig*, GRUR 1997, 180 (189).

608 O/S/*Sosnitza*, 8. Aufl. (2023), § 4a Rn. 30.

609 So schon BGH, GRUR 2007, 251 – *Regenwaldprojekt*.

wenn eine Verletzung von Art. 1 GG im Raum steht. Denkbar wäre dies beispielsweise im sogenannten „Benetton"-Fall[610], bei dem das Leid eines mit Aids Infizierten als Teil der Maßnahme einer Absatzförderung verwendet wurde. Auch in diesen scharfen Fällen wird ein Umfassen im Rahmen des UWG aber teilweise – wenn auch wenig überzeugend – abgelehnt.[611] Insgesamt ergibt sich aber eine sehr restriktive Tendenz, die kaum Situationen für Verbraucheransprüche übrig lässt. Die Relevanz einer möglichen Schutzlücke ist daher ohnehin verschwindend gering.

a Schutzlücke

Will man die Schließung dieser in Ausnahmefällen bestehenden Schutzlücke gleichwohl füllen, ergibt sich Folgendes: Für die Schutzlückenrelevanz im Hinblick auf die gefühlsbetonte Werbung ergibt sich schon im Ausgangspunkt – wenngleich der Gesetzgeber diese Fälle getrennt betrachtet – kein Unterschied zu der Schutzlücke bei anlockender Werbung im Hinblick auf das Vorhandensein eines entsprechenden Schuldverhältnisses. Es kann auf die Ausführungen zu den Anlockfällen verwiesen werden.[612] Hier handelt es sich nur um einen „Anlockfall" in anderem Gewand. Für eine Pflichtverletzung im Sinne des § 241 II BGB gilt im Hinblick auf gerade genanntes komplementäres Verständnis und die Wertung des § 4a UWG Gesagtes.

---

610 BVerfG GRUR 2003, 442, 443 – *Schockwerbung II.*

611 So *Menke*, Wettbewerbsrechtlicher Verbraucherschutz, S. 122 ff., der anführt, dass der durchschnittlich informierte Verbraucher sich – würde man dem folgen – seiner Menschenwürde nicht voll bewusst wäre und eine gegen Art. 1 GG verstoßende Handlung die Entschließungsfreiheit nicht beeinflussen kann. Das ist nicht schlüssig. Richtig ist zwar, dass gerade in besagter Werbung von Benetton insgesamt ein Umsatzverlust zu verzeichnen war, der Verbraucher durch diese extreme Werbung im Einzelfall abgeschreckt hat. Zwingend ist dieser Schluss abstrakt für den Durchschnittsverbraucher aber nicht. Es ist gleichwohl auch möglich, dass ein durchschnittlich informierter Verbraucher, der vielleicht Angst vor einer Krankheit hat oder mit den erkrankten Menschen mitfühlt und durch das Zeigen entsprechender Bilder in seiner Gefühlslage bestärkt wird, gerade deswegen eine geschäftliche Entscheidung vornimmt. Warum der Verbraucher sich andernfalls seiner eigenen Menschenwürde nicht bewusst sein soll, ist nicht recht nachvollziehbar. Die Fälle sind daher richtigerweise umfasst, dürften aber eher einen Ausnahmefall darstellen, sodass sie für Fallkonstellationen des § 9 II UWG selten relevant werden.

612 Dazu Kapitel 2 (S. 73 ff.).

Es liegt auch hier nur eine Schutzlücke im Hinblick auf eine bestehende Rechtsunsicherheit vor.

b Ergebnis zu 2.

Auch für die gefühlsbetonte Werbung ergibt sich daher keine Schutzlücke, die durch § 9 II UWG geschlossen werden könnte.

3 Angst und Notlagen

Im Ausgangspunkt wären auch Schutzlücken bei Angst und Notlagen, die Fälle des § 4a UWG bei § 9 II UWG sind, denkbar. Gemeint sind damit im Hinblick auf die Angst der Verbraucher etwa Fälle, in denen mit Gefahren für die Gesundheit oder den Frieden geworben wird, die extreme und ernst zu nehmende Angstgefühle entstehen lassen. Der Maßstab ist dabei ebenso wie bei gefühlsbetonter Werbung sehr restriktiv,[613] sodass im Hinblick auf das Bestehen einer Schutzlücke oben Gesagtes gilt. Nicht umfasst ist beispielsweise die Werbung für ein Hausmittel gegen grippale Infekte,[614] wenn damit geworben wird, dass sich ein solcher in nächster Zeit stark ausbreiten wird und der Verbraucher dieses „sofort kaufen soll". Ausnahmen können sich gleichwohl ergeben, wenn gerade in Notzeiten mit extremer Verknappung von Ressourcen geworben wird, die zu „Kaufpsychosen" führen kann.[615] Dabei wird es sich aber um Ausnahmekonstellationen handeln. Für Notlagen lassen sich insbesondere Situationen anführen, bei denen Unfallbeteiligten noch an der Unfallstelle Visitenkarten überreicht werden, um sie zum Abschluss eines Reparatur- oder Mietwagenvertrages[616] zu bewegen.

a Schutzlücke

Auch hier wird man nach Gesagtem konstatieren können, dass eine Schutzlücke nicht vorliegt. Insoweit ist eine Abgrenzung von gefühlsbetonter Werbung zu Angst und Notlagen im Einzelfall ohnehin schwierig. Ein Schuldverhältnis wird sich bei entsprechender Werbung nach Gesagtem aus § 311 II Nr. 2 BGB ergeben. Bei dem Aufsuchen der Wohnung eines Verbrauchers, dem

---

613 Dazu statt vieler O/S/*Sosnitza*, 8. Aufl. (2023), § 4a Rn. 183 ff.

614 Dazu insgesamt O/S/*Sosnitza*, 8. Aufl. (2023), § 4a Rn. 186 unter Verweis auf BGH GRUR 1986, 902, 903, m. w. N.

615 O/S/*Sosnitza*, 8. Aufl. (2023), § 4a Rn. 184.

616 Exemplarisch hierzu BGH GRUR 1980, 790, 791.

genannten „Auflauern" am Unfallort oder Ähnlichem gilt dies erst recht. Auch hier wird man im Hinblick auf das genannte komplementäre Verhältnis und § 4a UWG keine abweichende Beurteilung im Hinblick auf § 241 II BGB feststellen können. Insoweit greift die culpa in contrahendo ebenfalls.

b Ergebnis zu a.

Eine Schutzlücke im Fällen von Angst und Notlagen, die über § 9 II UWG bei entsprechenden Schäden ersatzfähig wäre, gibt es auch hier nicht. Die culpa in contrahendo kann diese Fälle hinreichend abdecken.

4 Gesamtergebnis zu IV.

Für die unter IV. genannten Schutzlücken zeigt sich insgesamt, dass sich diese zwanglos durch das BGB schließen lassen können. Es bleibt allenfalls im Hinblick auf ein entsprechendes Schuldverhältnis, bei dem eine Wertung im Hinblick auf die Übertragung des Verhaltensunrechts in UWG und der UGP-RL auf den Pflichtenkanon in § 241 II BGB auch nicht weiterhelfen kann, eine gewisse Rechtsunsicherheit[617] für Anwendung der culpa in contrahendo in genannten Situationen bei öffentlicher Werbung. Im Übrigen bestehen die Schutzlücken aber nicht.

Der Verbraucheraktivlegitimation kommt die Rolle der Schutzlückenschließung daher nur insoweit zu, als es um die genannten Fälle im Hinblick auf das Problem der Konturierung des Vertrauensverhältnisses bei § 311 II BGB geht.

B Die Rolle des § 9 II UWG für den Schutzzweck des Lauterkeitsrechts

Neben der Frage der Schutzlückenschließung stellt sich noch eine weitere Frage für § 9 II UWG: Welche Rolle spielt die Verbraucheraktivlegitimation für den Schutzzweck des UWG? Ziel dieses Unterkapitels ist es, diese Frage zu beantworten. In den Blick genommen werden muss hier zweierlei. Einerseits wird argumentiert, dass Verbraucheraktivlegitimation den Schutzzweck des UWG nicht im Kern modifiziert. Es kommt vielmehr „nur" zu einer

---

617 Siehe hierzu die Ausführungen zu den Anlockfällen, Kapitel 2 (S. 73 ff.), die insoweit auch für die gefühlsbetonte Werbung gelten.

Tendenzverstärkung. Andererseits soll gezeigt werden, dass die vom Gesetzgeber intendierte Schutzzweckerfüllung[618] mit § 9 II UWG nicht verbunden ist. Die Rolle des § 9 II UWG für den Schutzzweck des UWG ist daher gering.

I Schutzzweckmodifizierung?

Zunächst in den Blick zu nehmen ist daher die Schutzzweckmodifizierung des UWG durch § 9 II UWG. Maßgeblich ist daher, welchen Schutzzweck das UWG vor § 9 II UWG hatte und wie sich die Einführung des Verbraucherindividualanspruchs auf den Schutzzweck des UWG auswirkt.

1 Grundkonzeption des Lauterkeitsrechts: Marktverhaltensrecht

Das UWG war originär[619] ein individualschützendes[620] Mitbewerberschutzgesetz.[621] Über die Jahrzehnte kristallisierte sich heraus, dass das UWG einen mehrdimensionalen[622] Schutzzweck verfolgt, wie er nun auch in § 1 UWG kodifiziert ist. Geschützt werden die Mitbewerber, die Verbraucher sowie die sonstigen Marktteilnehmer vor unlauteren geschäftlichen Handlungen. Damit zugleich geschützt ist das Interesse der Allgemeinheit an einem unverfälschten Wettbewerb, § 1 UWG. Seiner Grundkonzeption nach ist das

---

618 BT-Drs. 19/27873, S. 20.

619 Die Entwicklung wurde schon vielfach ausführlich dargestellt und hat bezüglich der zu diskutierenden Forschungsfrage, soweit es um die detaillierte Darstellung geht, keine Relevanz; hierzu aber ausführlich *Kalski*, Individualansprüche des Verbrauchers, S. 81 ff., 133 ff.; *Albrecht*, Die Aktivlegitimation, S. 29 ff.; *Hagenmeier*, Lauterkeitsrechtlicher Schutz, S. 46 ff.

620 Begründung zum ersten Entwurf des UWG vom 27. Mai 1896, IV. Session, 1895/97, Band 151, Berlin, 1896, Anlage Nr. 35, 1. Anlagenband, S. 99 ff.

621 Ganz h. M., siehe hierzu *Poelzig*, Normdurchsetzung, S. 77 f. m. w. N.; *Kalski*, Individualansprüche des Verbrauchers, S. 81.

622 Dazu auch *Menke*, Wettbewerbsrechtlicher Verbraucherschutz, S. 64, 263 insbesondere im Hinblick auf § 5 UWG, der beide schützen soll; *Poelzig*, Normdurchsetzung, S. 77 ff.; ebenso *Leistner*, Richtiger Vertrag, S. 265 ff.; das stellte *Ulmer* schon 1937, als noch von einem reinen Mitbewerberschutzgesetz in seiner damaligen Konzeption gesprochen wurde, fest. Dazu *Ulmer*, GRUR 1937, 769, (772); a. A. aber *Glöckner*, Europäisches Lauterkeitsrecht, S. 512, wenn er davon spricht, dass „alleine das Allgemeininteresse am Schutz des funktionsfähigen Wettbewerbs das Schutzobjekt eines modern verstandenen Lauterkeitsrechts" sein kann.

Lauterkeitsrecht dabei funktional als Marktverhaltensrecht[623] zu verstehen. Es geht daher zwar auch um den Mitbewerber, den Verbraucher und die sonstigen Marktteilnehmer, die geschützt werden sollen. Im Kern soll aber durch deren Schutz ein lauterer Markt[624] mit entsprechenden Spielregeln etabliert werden.[625] Die genannten Marktteilnehmer sind daher zwar geschützt und zum Teil auch individuell anspruchsberechtigt. Es geht aber nicht um die Durchsetzung deren subjektiver Rechte,[626] sondern um die Durchsetzung der Marktverhaltensregeln[627] durch Private Enforcement.[628] Daher muss die Aufnahme des Verbrauchers in den Schutzzweckkanon des § 1 UWG noch nicht zwingend dazu führen, dass das UWG ein reines Verbraucherschutzgesetz[629] ist. Vielmehr könnte man den Verbraucherschutz auch marktfunktional auslegen. Das deshalb, weil man durch den Verbraucherschutz und

---

[623] In diesem Sinne siehe nur *Alexander*, Schadensersatz, S. 202; *Poelzig*, Normdurchsetzung, S. 81 f., 108 ff.; GroKoUWG/*Heinze*, 3. Aufl. (2021), Einl. C. Rn. 85; *Podszun/Deuschle*, WRP 2019, 1102, (1105); *Oppermann/Müller*, GRUR 2005, 280 (287); *Hellgardt*, Regulierung und Privatrecht, S. 168; ebenso *Albrecht*, Die Aktivlegitimation, S. 48 ff.

[624] Zur Diskussion im Hinblick auf den insoweit auch vorliegenden Schutzzweck des GWB auf Makroebene und des UWG auf Mikroebene siehe nur in diese Richtung F/B/O/*Fezer*, 3. Aufl. (2016), § 1 Rn. 119 m. w. N.

[625] So auch GroKoUWG/*Heinze*, 3. Aufl. (2021), Einl. C. Rn. 85 ff.; *Poelzig*, Normdurchsetzung, S. 81 f.; noch etwas enger *Glöckner*, Europäisches Lauterkeitsrecht, S. 512, wenn er davon spricht, dass „alleine das Allgemeininteresse am Schutz des funktionsfähigen Wettbewerbs das Schutzobjekt eines modern verstandenen Lauterkeitsrechts" sein kann. Das ist indessen im Hinblick auf § 1 UWG und freilich auch im Hinblick auf die UGP-RL zu eng; *Hetmank*, GRUR 2014, 437 (440 ff.); ebenso *Koos*, WRP 2006, 499 (500).

[626] In diesem Sinne statt vieler *Alexander*, Schadensersatz, S. 202; ähnlich auch *Thönissen*, ZIP 2023, 1834 (1834) für das Lauterkeitsrecht.

[627] *Alexander*, Schadensersatz, S. 202; im Ausgangspunkt ähnlich *Schmieder*, Der verbraucherschützende Beseitigungsanspruch, S. 195, 202, der von zwei Seiten einer Medaille spricht, den Verbraucherschutz i. E. aber für vorrangig hält; für diese Grundkonzeption vor der UGP-RL unter aber auch insoweit schon berücksichtigten Verbraucherschutz, K/P/*Piper*, 3. Aufl. (2002), Einf. Rn. 24.

[628] In diesem Sinne *Alexander*, Schadensersatz, S. 202; dazu auch *Thönissen*, ZIP 2023, 1834 (1834).

[629] Ähnlich *Alexander*, Schadensersatz, S. 202 f., wenn er davon spricht, dass es auch nach der Einführung des § 1 UWG generell um die Durchsetzung objektiver Marktverhaltensregeln geht; offener MüKoUWG/*Sosnitza*, 3. Aufl. (2020), § 1 Rn. 13 ff.; anders aber *Drexl*, Die wirtschaftliche Selbstbestimmung, S. 547 ff., der von einem Übergang zum Verbraucherschutzgesetz spricht.

dessen Durchsetzung durch Mitbewerber und Verbände die Einhaltung von Spielregeln am Markt als eigentlichen Schutzzweck des UWG ermöglicht.

2 Aufweichungstendenzen hin zu einem Verbraucherschutzgesetz?

Aufweichungstendenzen haben sich gleichwohl durch die UGP-RL ergeben.

a Bewertungsparameter

Zunächst stellt sich aber die Frage, wie sich eine Schutzzweckmodifizierung bestimmen lässt. Denn das UWG kann auch bei einem funktionalen Verständnis Verbraucherschutz gewährleisten. Auch ein Marktverhaltensrecht kann den Verbraucherschutz in den Blick nehmen: Durch den Verbraucherschutz wird die Lauterkeit des Marktes – um die es am Ende geht – gestärkt.[630] Für die Kategorisierung als Verbraucherschutzgesetz darf daher nicht nur berücksichtigt werden, ob Interessen des Verbrauchers überhaupt[631] geschützt werden. Man dreht sich andernfalls im Kreis. Denn es kommt für die Unterscheidung nicht darauf an, ob der Verbraucher überhaupt geschützt wird. Das ist bei einem Verbraucherschutzgesetz und einer marktverhaltensrechtlichen Betrachtung des UWG gleichermaßen der Fall. Vielmehr ist das Abgrenzungskriterium, welche Intention hinter dem Schutz steht. Geht man von einem rein funktionalen Verständnis des UWG[632] in dem Sinne aus, dass es am Ende um reines Marktverhalten und damit um die Institution als solche geht, wird der Verbraucher zwar geschützt. Es geht aber nicht wirklich um die Durchsetzung dessen (subjektiven) Rechts, sondern um die Lauterkeit des Marktes. Es handelt sich dann weniger um ein Verbraucherschutzgesetz, sondern vielmehr um ein Gesetz, das den lauteren Markt im Blick hat und dabei auch den Verbraucher schützt. Dann wäre es immer noch Marktverhaltensrecht. Paradebeispiel dürfte die kollektive Durchsetzung der verbraucherschützenden Verhaltensnormen durch Mitbewerber und Verbraucherverbände sein.

---

630 Dazu insgesamt die Ausführungen zu Kapitel 1 zur Überzeugungskraft des marktfunktionalen Arguments, Kapitel 1 (S. 20).

631 So jedenfalls begrifflich ähnlich Weber/*Lohse/Schmidt*, Rechtswörterbuch, 33. Ed. (2024): „Verbraucherschutzrecht“.

632 In diesem Sinne *Podszun/Deuschle*, WRP 2019, 1102, (1105); im Ausgangspunkt zur Lage vor § 9 II UWG, aber in der Diskussion desselben *Maaßen*, GRUR-Prax 2021, 7 (7).

Hier geht es durch den Verbraucherschutz zentral auch um das Marktverhalten. Die Lauterkeit des Marktes wird so breitenwirksam gewährleistet.

b Aufweichungstendenzen durch UGP-RL

Diese denkbare Auslegung des lauterkeitsrechtlichen Schutzzwecks erfährt durch die UGP-RL Aufweichungstendenzen, die eine rein marktverhaltensrechtliche Betrachtung aufbrechen. So spricht zwar die UGP-RL nicht schon im Ausgangspunkt – jedenfalls vor § 9 II UWG – gegen ein solches Verständnis. Denn es wird sich zwar klar für den Verbraucherschutz ausgesprochen. Gleichermaßen erwähnt Art. 1 UGP-RL aber auch „das reibungslose Funktionieren des Binnenmarktes", das eine überindividuelle Relevanz des Verbraucherschutzes für die Lauterkeit des Marktes bestätigen könnte.[633] Die ErwGr. 2 – 4 und ErwGr. 6 S. 3, ErwGr. 8, die von der Gewährleistung eines lauteren Marktes und dem Mitbewerberschutz sprechen, stützen diesen Befund. Gleichermaßen bezieht sie den Verbraucherschutz aber als solchen auch expressis verbis mit ein, ohne diesen schon vom Binnenmarktschutz umfasst wissen zu wollen. Die UGP-RL verbindet daher beide Zielsetzungen mit „und", Art. 1 UGP-RL. Da diese in der Richtlinie nebeneinanderstehen, wird man eine Berücksichtigung auch des Verbraucherschutzes um seiner selbst willen annehmen können. Dass das UWG den Verbraucherschutz daher „nur" aus der Brille einer funktionalen Betrachtung verstehen will, überzeugt deshalb nicht. Man wird für den Schutzzweck des UWG vor § 9 II UWG daher einen gemischten Schutzzweck annehmen können. Dieses schützt seiner herkömmlichen Konzeption nach weiterhin auch in marktfunktionaler Hinsicht. Gleichermaßen nimmt es auch den Verbraucherschutz um seiner selbst willen in den Blick. Der lauterkeitsrechtliche Verbraucherschutz zielt daher bewusst auf den Schutz des Verbrauchers um seiner selbst

[633] Ähnlich auch *Leistner*, Richtiger Vertrag, S. 646 f., wenn er auf den institutionellen Charakter der UGP-RL im Hinblick auf den Verbraucherschutz hinweist und konstatiert, dass es ganz im Kern um den Schutz des Wettbewerbs vor irreführenden und aggressiven Werbemethoden geht; etwas enger *Schmieder*, Der verbraucherschützende Beseitigungsanspruch, S. 200, der eine funktionale Berücksichtigung zwar insoweit auch bejaht, aber nur so weit, dass der Hauptzweck – Verbraucherschutz – nicht gefährdet wird; ebenso schon *Veelken*, WRP 2004, 1 (4), wenn er davon spricht, dass hiermit auch eine institutionelle Zielsetzung verbunden ist, es daher durch Harmonisierung zu einem funktionsfähigen gemeinsamen Markt kommen soll; dazu auch Kapitel 1 (S. 59 ff.).

willen als auch zur Verwirklichung eines lauteren Marktes ab.[634] Keiner der beiden Schutzzwecke ist nur Reflexwirkung, sondern beide sind intendiert.

c Praktische Relevanz der Diskussion

Nach hiesigem Dafürhalten handelt es sich aber um einen rein dogmatischen Streit. Eine Auslegung des UWG nach seinem Schutzzweck wird regelmäßig bei der Annahme eines kollektiven Verbraucherschutzes um seiner selbst willen als auch bei Annahme eines marktfunktionalen Schutzes zu dem gleichen Ergebnis kommen. Anders soll dies zwar nach *Schmieder*[635] sein. Er nennt einen Fall, in dem funktionaler Verbraucherschutz und der Schutz des Verbrauchers um seiner selbst willen, je nachdem, wie man das UWG beurteilt, zu unterschiedlichen Ergebnissen führen sollen. Das soll dann der Fall sein, wenn der angegriffenen unlauteren geschäftlichen Handlung wettbewerbsfördernde Wirkung zukommen könnte. Will sich ein Unternehmer durch diese am Markt etablieren, soll dies längerfristig gesehen zu einer Förderung des Wettbewerbs führen. Sieht man den Markt vorrangig als Schutzgut, könnte man diese Auswirkung als positiv betrachten. Der marktfunktionale Verbraucherschutz würde dem nicht entgegenstehen, weil es um die Interessen der Verbraucher, selbst nicht irregeführt zu werden, nicht geht. Das überzeugt nicht. Ein unlauter handelnder Unternehmer, der sich den Marktzutritt durch Irreführung verschafft, ist auch aus marktfunktionaler Perspektive nicht gewollt. Solche Praktiken sollen vermieden werden. Vielmehr bestätigt das Beispiel das Gesagte: kollektiver Verbraucherschutz um ihrer selbst willen und marktfunktionaler Verbraucherschutz sind zwei Seiten einer Medaille.[636] Durch das eine wird das andere erreicht und

---

634 Eine ähnliche Tendenz hat *Schmieder*, Der verbraucherschützende Beseitigungsanspruch, S. 195 ff.

635 *Schmieder*, Der verbraucherschützende Beseitigungsanspruch, S. 197 ff. unter Bezug auf H-B/H-B/*Podszun*, 4. Aufl. (2016), § 1 Rn. 30. Letzterer äußert sich nach hiesigem Dafürhalten aber nicht so, sondern umgekehrt: Er stellt auf eine kurzfristige verbraucherschützende Wirkung ab, die den Markt kurzfristig schädigt. Langfristig sollen hierdurch dann aber der Markt und der Verbraucher geschädigt werden. Ganz vergleichbar ist das mit den Ausführungen von *Schmieder* nicht.

636 Ähnlich auch *Drexl*, Die wirtschaftliche Selbstbestimmung des Verbrauchers, S. 547 ff., wenn er davon spricht, dass durch den Verbraucherschutz nicht zu befürchten wäre, dass die übrigen im Lauterkeitsrecht zu berücksichtigenden Interessen vernachlässigt werden. Vielmehr diene die wirtschaftliche Selbstbestimmung des Abnehmers auch

umgekehrt. Um es für den genannten Fall konkret zu machen: Weder für den Verbraucherschutz um seiner selbst willen noch für seinen Schutz in marktfunktionaler Hinsicht sind irreführende Geschäftspraktiken gewollt.

Insgesamt lässt sich festhalten, dass das UWG schon vor § 9 II UWG einen gespaltenen Schutzzweck hatte. Bei dem Mitbewerberschutz und dem Schutz der sonstigen Marktteilnehmer ging es um marktfunktionale Ziele.[637] Beim Verbraucherschutz war der Schutzzweck gespalten. Einerseits ging es marktfunktional um Wettbewerbsschutz durch den Verbraucher, ebenso aber um den Schutz der Verbraucher als solchen. Einen Unterschied in der Sache macht dies aber neben der dogmatischen Differenzierung nicht.

d Tendenzverstärkung durch § 9 II UWG

Eine Verstärkung dieser nicht marktfunktionalen Tendenz mit einer praktischen Auswirkung ergibt sich aber durch § 9 II UWG. Es handelt sich daher doch nicht immer nur um zwei Seiten einer Medaille. Die Aussage des „Schlusssteins für ein Verständnis des europäischen Lauterkeitsrechts als rechtsschutzorientiertes Marktverhaltensrecht“[638] hat daher partiell etwas für sich. In Gänze überzeugt sie aber auch nicht, weil sich die Schutzzwecke nach Gesagtem auch bedingen können. Es kommt dogmatisch wieder darauf an, welche Intention hinter dem Verbraucherschutz steckt. Für den Fall des positiven Interesses[639] und des kleinen Schadensersatzes kommt der Differenzierung nach hiesigem Dafürhalten dann auch eine praktische Relevanz bei der Schutzzweckbetrachtung zu.

aa Rein den Verbraucher schützende Komponenten

Dass der Verbraucher hier um seiner selbst willen geschützt werden soll, lässt sich klar herleiten.

---

der Koordinierung des Marktes; ebenso noch im Ausgangspunkt auch *Schmieder*, der verbraucherschützende Beseitigungsanspruch, S. 202.

637 Dazu statt vieler etwa *Ohly*, GRUR 2022, 763 (772) im Hinblick darauf, dass funktionaler Mitbewerberschutz und Verbraucherschutz beginnen auseinanderzudriften.

638 So plakativ *Heinze/Engel*, NJW 2021, 2609 (2609).

639 Zu dessen Ersatzfähigkeit und Relevanz für die Rolle von Verbraucheraktivlegitimation, Kapitel 1 (S. 49 ff.).

aaa Schwerpunkt der Intention des Unionsgesetzgebers: reiner Verbraucherschutz?

Das ergibt sich daraus, dass der Richtlinie zu entnehmen ist, dass das Erreichen eines „hohen Verbraucherschutzniveaus" Kernanliegen des Art. 11a der UGP-RL ist. Es geht also um den Verbraucher als solchen und seinen Schutz bei dem Treffen einer geschäftlichen Entscheidung.[640] Es geht ganz im Kern[641] um den individuellen Schaden des Verbrauchers, der wesentlich an die Struktur des Schadensersatzes aus § 823 II BGB[642] erinnert. Daher zeichnet sich ab, dass § 9 II UWG mehr den einzelnen Verbraucher als die Lauterkeit des Marktes in den Blick nehmen wird. Es geht folglich nicht mehr um kollektiven Schutz,[643] der breitenwirksam neben dem Verbraucherschutz als solchem lautere Marktbedingungen herstellt, sondern es kann auch um den einen aus 1.000 Verbrauchern gehen, der beispielsweise bei irreführendem „Anlocken" trotz rationaler Apathie[644] seine Streuschäden aus § 9 II UWG ersetzt verlangen will. In diesen Fällen – sollte es nicht zu einer vielfachen Geltendmachung kommen, die eine andere Betrachtung zulassen könnte[645] – wird man kaum annehmen können, dass es im Kern funktional um die Lauterkeit des Marktes geht. Diese wird in diesem Einzelfall kaum mehr oder weniger gesichert. Es geht – wie im Vertragsrecht – vielmehr um den Verbraucher als solchen und seinen Schaden, der kompensiert werden soll.

bbb Denkbares Erfüllungsinteresse und „kleiner Schadensersatz" als Argument gegen Marktverhalten

Insbesondere die Ausführungen im Rahmen des Ersatzes des „positiven Interesses"[646] verstärken den Eindruck, dass es im Kern – jedenfalls in hiesiger Konstellation – nur noch um den Verbraucher als solchen geht. Dann wird sein Interesse an einem nicht zustande gekommenen Vertrag in den Blick genommen und weniger die Lauterkeit des Marktes.

---

640 In diese Richtung, *Köhler*, WRP 2021, 129 (134); *Glöckner*, GRUR 2022, 383 (386); dazu insgesamt Kapitel 1 (S. 59 ff.).

641 Zu der auch überindividuellen Funktion Kapitel 1 (S. 59 ff.).

642 Kapitel 2 (S. 177 ff.) zu einer Wertungsübertragung für die Konkurrenzfrage bei Annahme eines nationalen Gestaltungsspielraums.

643 Das dann aber, wenn im Rahmen der Verbandsklage § 9 II UWG, Kapitel 3 (S. 251 ff.).

644 Hierzu Kapitel 3 (S. 205 ff.).

645 Kapitel 3 (S. 251 ff.).

646 Dazu Kapitel 1 (S. 49 f.).

Das Gleiche gilt für die Möglichkeit des „kleinen Schadensersatzes". Dieser ist zwar auf das negative Interesse gerichtet. Die lauterkeitsrechtlich relevante Handlung führt aber dazu, dass der Vertrag bestehen bleibt. In dieser Situation wird dem Unternehmer die Möglichkeit gegeben, sich unlauter zu verhalten, den Vertrag aber zu behalten. Der Unternehmer kommt dann zu einem Geschäft, das er ohne sein unlauteres Verhalten eventuell nie abschließen hätte können, weil der Verbraucher sich ohne Irreführung denkbar für einen anderen Unternehmer entschieden hätte. Verbraucherschutz wird damit gewährleistet. Schwierig gestaltet sich aber nach Gesagtem der mittelbare Mitbewerber- und Lauterkeitsschutz, weil unlauteres Verhalten in diesen Fällen gerade zulasten der überindividuellen Schutzzwecke gebilligt wird. Eine dahingehende Verwirklichung des auch mitverfolgten Schutzzwecks wird dabei gerade konterkariert, denn die lauter handelnden Mitbewerber haben keine erneute Zugriffsmöglichkeit auf den Verbraucher. Es geht in hiesigen Fällen schlicht nur um den Verbraucher als solchen. Es ließe sich zwar noch argumentieren, dass jedenfalls Schäden kompensiert werden, was zugunsten der sonstigen Mitbewerber eventuell mittelbare Wirkungen hat, weil sich der Verbraucher zukünftig aufgrund etwaiger Risikoaffinität des typischen Verbraucherverhaltens[647] nicht mehr an diesen Unternehmer wenden wird.[648] Erstens ist dies aber nicht sicher und zweitens könnte dies genauso dazu führen, dass das Vertrauen in öffentliche Äußerungen von Unternehmern schwächer wird. Insoweit käme es erneut eher wieder zu einer diese schädigende Wirkung. Da hiermit die unlautere geschäftliche Handlung gebilligt wird, geht es jedenfalls weniger um die Berücksichtigung überindividueller Schutzzwecke als vielmehr um eine den einzelnen Verbraucher für sich in den Blick nehmende Perspektive. Der Schwerpunkt liegt in diesen Fällen bei dem Verbraucherschutz, ähnlich wie im Bürgerlichen Gesetzbuch.[649] Die überindividuellen Schutzzwecke werden in diesen Fällen weniger mitberücksichtigt. Sie werden zwar nicht ausgeblendet. Auch

---

[647] Dazu allgemein *Fries*, Verbraucherrechtsdurchsetzung, S 37 ff. m. w. N.; hierzu insgesamt im Hinblick auf die Relevanz für § 9 II UWG auch Kapitel 3.

[648] Dies ablehnend *Kalski*, Individualansprüche des Verbrauchers, S. 134.

[649] Zutreffend allgemein für die Annäherung zum Vertragsrecht etwa *Ohly*, GRUR 2022, 763 (772), der die Frage stellt, ob eine strukturelle Trennung in zwei verschiedene Gesetze oder Abschnitte im UWG nicht vielleicht sinnvoller wäre, dazu wiederum Kapitel 4 (S. 303 ff.).

insoweit kann – wie die Dieselfälle zeigen – eine Abschreckungswirkung[650] erreicht werden. Diese Fälle dürften aber die Ausnahme sein. Oft wird man bei kleineren Schäden, gerade wenn diese einzeln durchgesetzt werden, eher von einem reinen Verbraucherschutz ausgehen.

bb Überindividueller Bezug

Nach Gesagtem[651] lässt sich über ErwGr. 6 S. 3, 8 UGP-RL, § 1 UWG die Anknüpfung an die abstrakten Verhaltensnormen und den durch § 9 II UWG intendierten Präventivzweck aber auch ein überindividueller Schutzzweck herleiten.

Das zeigt sich z. B in Fällen der Vertragsaufhebung für den mittelbaren Mitbewerberschutz. In diesen Fällen geht es zwar auf den ersten Blick nur um die Wiederherstellung der freien und informierten Entscheidung des Verbrauchers. Damit verbunden ist aber aus lauterkeitsrechtlicher Perspektive die Möglichkeit, eine neue Entscheidung für die Auswahl eines Produktes zu treffen und damit die Lauterkeit des Marktes zu erhalten, indem der Verbraucher sich für andere Mitbewerber entscheiden kann. So werden diese im Hinblick auf die Lauterkeit des Marktes mitgeschützt.[652] Ähnliches

---

650 In diesem Sinne auch *Meier*, Täuschung und Manipulation, S. 263 ff., 258 ff. m. w. N.

651 Kapitel 1 (S. 59 ff.).

652 Diese in den Blick nehmend *Köhler*, WRP 2021, 129 (134); für eine solche Wirkung im Hinblick auf ein lauterkeitsrechtliches Vertragslösungsrecht schon damals *Alexander*, Vertrag, S. 64.; a. A. aber *Glöckner*, WRP 2022, 383 (386), der zwar eine Vertragsaufhebungsmöglichkeit für § 9 II UWG bejaht, indessen davon spricht, dass der Verbraucher in diesen Fällen kein Funktionär der Lauterkeit des Marktes ist und es nur noch um diesen selbst geht; ebenso *Kalski*, Individualansprüche des Verbrauchers, S. 135 ff., 133, der auf Seite 133 zwar noch von der marktverhaltensrechtlichen Komponente spricht, sich dann aber darauf beruft, dass es sich gleichwohl um ein vertragsrechtliches Interesse handelt und nicht um ein lauterkeitsrechtliches. Dies wird nicht weiter belegt und ist in zweierlei Hinsicht zu kritisieren. Erstens deshalb, weil UWG-Verstöße nicht subjektiv bestimmt werden, sondern objektiv, dazu statt vieler schon *Fezer*, in: FS Schricker, S. 671, 671 ff.; auch ein Mitbewerber mag im Einzelfall einmal aus eigenem Interesse und nicht zur Sicherung des Wettbewerbs handeln. Handelt er aber objektiv so – was folgerichtig bei Verbrauchern bei Vertragsaufhebung der Fall wäre – sind diese subjektiven Abweichungen irrelevant, es handelt sich dann dennoch um marktverhaltensrechtliche Fallkonstellationen, auch wenn hinter diesen ebenso ein vertragliches Interesse steht. Zudem überzeugt die Aussage, dass es sich um Verhaltensweisen, die dem Vertragsrecht zugewiesen sind, handelt, nicht als Argumentationsmuster. Das stimmt zwar, heißt aber nicht, dass nicht auch eine lauterkeitsrechtliche Relevanz

kann dann auch für die Anlockfälle gelten, wenn diese kollektivrechtlich[653] durchgesetzt werden. Hierdurch könnte eine Wirkung für die Lauterkeit des Marktes erreicht werden.

cc Ergebnis für § 9 II UWG als solchen

Für § 9 II UWG lässt sich daher kein komplett klares Bild bezüglich des Schutzzwecks abzeichnen, wohl aber eine Tendenz, die das schon vor § 9 II UWG gefundene Ergebnis weiter bestätigt: Dem § 9 II UWG geht es ganz vorrangig um den Verbraucher als solchen und seinen Schutz. Mitbezweckt sind aber der Schutz der Lauterkeit des Marktes und der Mitbewerberschutz. § 9 II UWG gewährleistet im Kern vorrangig Verbraucherschutz um seiner selbst willen und nachrangig – soweit der vorrangige Zweck nicht gestört wird – auch einen Schutz der Lauterkeit des Marktes. Praktisch zeigt sich dies insbesondere beim Ersatz des positiven Interesses und dem kleinen Schadensersatz. Aus marktverhaltensrechtlicher Sicht kann dies sogar schädigend wirken. Aus verbraucherschützender Sicht ist der Schutz wünschenswert. § 9 II UWG verfolgt daher einen gemischten Schutzzweck.

e Einbettung in Schutzzweck des UWG im Gesamten

Zu beantworten bleibt für die Forschungsfrage noch, welche Folge dieser Befund für die Schutzzweckeigenschaft des UWG hat: Welche Rolle spielt Verbraucheraktivlegitimation daher für den Schutzzweck des UWG?

Was den Mitbewerberschutz und die dahingehende Einhaltung von Verhaltensregeln angeht, handelt es sich nach wie vor – jedenfalls vorrangig[654] – um den Markt regulierendes Recht, das sich klassisch in den gewerblichen Rechtsschutz einfügt.[655] Insbesondere Unterlassungsansprüche, die im Kern

---

vorhanden ist. Das müsste schlicht begründet werden. Letztlich ist vielmehr – wie dem BGB selbst zu entnehmen ist – eine Vertragsaufhebung auch nicht immer nur dem Vertragsrecht zugewiesen. So ist auch bei den §§ 823 ff. BGB in der Rechtsfolge über § 249 I BGB eine Vertragsaufhebung denkbar. Richtig ist zwar sicher, dass damit faktisch – wenn auch, wie erläutert, dem BGB nicht unbekannt – in das Vertragsrecht eingegriffen wird. Konkurrenzen bedingen aber keinen Schutzzweckausschluss für ein anderes Gesetz.

653 Zu dieser Möglichkeit Kapitel 3 (S. 230 ff.).

654 Zu der denkbaren Mehrdimensionalität schon die Ausführungen in Kapitel 1 (S. 14).

655 *Ohly*, GRUR 2022, 763, (772); *Podszun/Deuschle*, WRP 2019, 1102, (1105).

präventiv auf die Gewährung eines lauteren Marktes abzielen,[656] wird man nach wie vor – auch wenn durch die UGP-RL umgesetzte Verhaltensnormen betroffen[657] sind – eine starke marktregulatorische Funktion zuweisen können. Probleme ergeben sich dadurch, dass sich in dieses Regelungssystem eine Norm einbettet, der es primär um den Verbraucher und nur nachrangig mitbezweckt um überindividuelle Interessen geht. Das sorgt nach Gesagtem aber nicht dafür, dass das UWG seinen Schutzzweck im Kern ändert. Es war schon vor § 9 II UWG durch die UGP-RL marktfunktional und den Verbraucher um seiner selbst willen schützend ausgestaltet. Richtig wird aber sein, dass § 9 II UWG das Gewicht der rein den Verbraucher schützenden Komponente verstärkt. Das führt insbesondere zu denkbar praktischen Auswirkungen. Bei dem Ersatz des positiven Interesses und dem kleinen Schadensersatz handelt es sich nicht mehr um zwei Seiten einer Medaille, sondern die Frage nach dem Schutzzweck hat praktische Folgen. So ist das Lauterkeitsrecht bei dem Mitbewerberschutz noch Marktverhaltensrecht. Bei dem Verbraucherschutz handelt es sich aber um einen gespaltenen Schutzzweck. Es ist dabei Verbraucherschutzgesetz und Marktverhaltensrecht. Praktische Auswirkungen hat letzterer Befund aber nur in Ausnahmefällen.

f Ergebnis zu I.

Das Lauterkeitsrecht ist de lege lata Marktverhaltensrecht und Verbraucherschutzgesetz.[658] § 9 II UWG spielt aber nur eine geringe Rolle hierfür. Denn nach hiesigem Dafürhalten musste man die Frage nach dem Schutzzweck des UWG auch schon vor § 9 II UWG so beantworten. § 9 II UWG bestärkt nur die These, dass eine Betrachtung des Lauterkeitsrechts als rein funktionales Marktverhaltensrecht so nicht mehr gangbar sein wird.

---

[656] Dazu *Hofmann*, Der Unterlassungsanspruch als Rechtsbehelf, S. 340.

[657] Ebenso *Hofmann*, Der Unterlassungsanspruch als Rechtsbehelf, S. 340, der den Schutz von Verbrauchern nicht als insoweit verfolgtes Primärziel versteht.

[658] Ähnlich schon vor § 9 II UWG, wobei diese Tendenz durch diesen nach Gesagtem freilich verstärkt wird, *Schmieder*, Der verbraucherschützende Beseitigungsanspruch, S. 195 ff.; FBO/*Fezer*, 3. Aufl. (2016), § 1 Rn. 86; *Plager*, Schutzzwecke, S. 365.

II Schutzzweckerfüllung

§ 9 II UWG könnte noch eine weitere Rolle für den Schutzzweck zukommen. Jedenfalls der Gesetzgeber spricht von einer „Schutzzweckerfüllung“[659] durch die Einführung von § 9 II UWG. Die Gesetzesbegründung stützt dies auf den Umstand, dass der Verbraucher in § 1 UWG als Schutzobjekt umfasst ist und daher auch aktivlegitimiert sein muss. Interessant ist diese Argumentation deshalb, weil der Gesetzgeber sich bei der Gesetzesbegründung 2004[660] unter Aufnahme der Schutzzwecktrias gegen die diese Ansicht vertretende Literatur[661] gewandt hatte. Er war vielmehr der Meinung, dass eine Individualanspruchsberechtigung aus diesem Umstand nicht folgen müsse.[662] Eine Begründung in der Sache gibt der Gesetzgeber nicht.

Die dahinterstehende Frage muss nach hiesigem Dafürhalten sein, ob sich der Schutzzweck und die Aktivlegitimation bedingen. Es kommt daher maßgeblich darauf an, ob es zwingend ist, dass aus dem Schutz des Verbrauchers auch seine Anspruchsberechtigung folgen muss. Freilich muss dabei genannter Schutzzweck des Lauterkeitsrechts mit § 9 II UWG außer Betracht gelassen werden. Vielmehr ist auf den Schutzzweck vor § 9 II UWG abzustellen, da Letzterer nicht für sich selbst als zirkelschlüssige Argumentation bemüht werden kann.

1 Schutzzweck = Aktivlegitimation?

Im allgemeinen Deliktsrecht als Referenzmaterie für den sonderdeliktischen § 9 II UWG ist die „Lage“ klar(er):[663] Derjenige, der in seinem Recht oder Rechtsgut verletzt wurde oder sich auf ein Schutzgesetz berufen kann und damit den Schutzzwecken nach umfasst sein soll, ist aktivlegitimiert.[664] Aktivlegitimation und Schutzzweck sind dort verknüpft.

---

659 BT-Drs. 19/27873, S. 20.

660 BT-Drs. 15/1487, S. 22.

661 In diesem Sinne *Fezer*, WRP 2003, 127 (127 ff.); nach der Reform auch noch *Augenhofer*, WRP 2006, 169 (169 ff.); *Sack*, GRUR 2011, 953 (953 ff.); *Säcker*, WRP 2004, 1199 (1219).

662 Dazu zuletzt im Hinblick auf § 9 II UWG *Havlik*, Täuschung und Irreführung, S. 381.

663 Zur besseren Handhabbarkeit im allgemeinen Deliktsrecht auch *Alexander*, Schadensersatz, S. 131 f.

664 Zu dieser Problematik allgemein auch *Alexander*, Schadensersatz, S. 53 ff. m. w. N., der von primären und sekundären subjektiven Rechten spricht.

Sieht man sich dann § 1 UWG an, dürfte man einen Zusammenhang fordern können.[665] Warum man allgemeines Deliktsrecht anders behandeln sollte als Sonderdeliktsrecht, scheint nicht ersichtlich.

a Im Hinblick auf die marktverhaltensrechtliche Komponente des UWG

Hier könnte sich die Situation aber aufgrund der genannten Überindividualität bei dem Schutz der Lauterkeit des Marktes[666] anders darstellen. Einen Funktionsunterschied als Abgrenzungskriterium für das Erfordernis einer Aktivlegitimation kann man zwar unter dem Gesichtspunkt, dass das allgemeine Deliktsrecht *auch* marktregulierende Funktionen aufweist,[667] infrage stellen. Man wird aber hier so unterscheiden müssen, dass es dem BGB übergeordnet auf den Individualschutz ankommt[668] und das Lauterkeitsrecht jedenfalls schon im Kern eine stärkere marktverhaltensrechtliche Zielrichtung einnimmt.[669] Ein übergeordneter Unterschied kann sich daher schon in einer entsprechenden Funktionsweise, wenn auch partiell Überschneidungen denkbar sind, ergeben.

Deshalb lässt sich der Ansatz, dass Schutzzweck und Aktivlegitimation zu trennen sind,[670] jedenfalls für das Lauterkeitsrecht im Ausgangspunkt gut

---

665 So *Kessler*, VuR 2018, 241 (241 ff.); *Sack*, GRUR 2011, 953 (959 ff.); ebenso *Säcker*, WRP 2004, 1199 (1219); *Augenhofer*, WRP 2006, 169 (176); ganz in diesem Sinne auch *Albrecht*, Die Aktivlegitimation, S. 253 ff. und expressis verbis noch einmal auf S. 278, wenn sie davon spricht, dass der Verbraucher, um Schiedsrichter im UWG zu sein, auch aktiv mit Rechten ausgestattet werden muss.

666 Nicht zu vermischen ist diese Frage mit der in Kapitel 2 und 4 adressierten Frage der auch mitberücksichtigten Überindividualität des Individualanspruchs als solchem. Bei der hier aufgeworfenen Frage geht es vorgelagert übergeordnet um das Regelungsgefüge als solches und das Erfordernis einer Aktivlegitimation innerhalb desselben.

667 So im Ausgangspunkt *Poelzig*, Normdurchsetzung, S. 31 ff.; dazu auch *Frank*, Marktordnung durch Haftung, S. 301 ff.; dazu auch Kapitel 2 zur übergeordneten Abgrenzung von UWG und BGB (S. 144 ff.).

668 *Poelzig*, Normdurchsetzung, S. 33.

669 Dazu zuletzt auch *Havlik*, Täuschung und Irreführung, S. 38.

670 So auch aktuell wieder *Rauer/Shchavelev*, GRUR-Prax 2022, 35 (35); so jedenfalls implizit BT-Drs. 15/1487 S. 14 f., indem mit der Einführung des § 1 S. 1 UWG a. F. expressis verbis der Verbraucherschutz anerkannt wurde und mit der Streichung des § 13a UWG a. F. eine Geltendmachung durch diesen komplett beseitigt wurde; in diesem Sinne auch *Alexander*, Schadensersatz, S. 60 ff., 202; *Poelzig*, Normdurchsetzung, S. 107 ff.; weniger ergibt sich das aber aus der Existenz des § 8 III Nr. 3 UWG, da Aktivlegitimation bei fehlendem Schutzzweck ein „Mehr" ist und im umgekehrten

hören: So ist die Gewährung von Verbraucherschutz im Hinblick auf § 1 UWG und die UGP-RL ein Ziel und muss ermöglicht werden. Die Durchsetzung könnte im Hinblick auf den effektiven Schutz der Lauterkeit des Wettbewerbs[671] den Verbraucherverbänden und Mitbewerbern vorbehalten sein.

Das leuchtet auf den ersten Blick insbesondere deshalb ein, weil es dem „Lauterkeitsrecht" eigentlich schon begrifflich immanent ist, dass es weniger um die Gewährung subjektiver Rechte, sondern um die Durchsetzung privatrechtlicher Ansprüche, die die Einhaltung objektiver Verhaltensregeln garantieren sollen,[672] geht. Es erscheint daher konsequent, dass die Anspruchsberechtigung und die mit ihr verbundenen positiven Folgen für den Aktivlegitimierten nur Anreize zur Verteidigung der Lauterkeit des Marktes schaffen sollen.[673]

Eine Aktivlegitimation wäre dann zwar im Grundsatz denkbar und auch für ein funktionales Verständnis potenziell gewinnbringend. Sie ist aber für ein marktverhaltensrechtliches Verständnis des UWG nicht zwingend[674] erforderlich, sodass eine Schutzzweckerfüllung hierdurch nicht eintritt.

b Im Hinblick auf die rein den Verbraucher schützende Komponente

Nach unter II. Gesagtem war das Lauterkeitsrecht schon vor § 9 II UWG *auch* als Verbraucherschutzgesetz zu verstehen. Man könnte daher durch diese Schutzzweckmodifikation dazu kommen, dass eine Aktivlegitimation des Verbrauchers den Schutzzweck des UWG ausfüllen würde, wenn eine auch den Verbraucher als solche schützende Komponente zu einem Verknüpfungszwang zwischen Aktivlegitimation und Schutzzweck führen würde. Insoweit

---

Fall ein „Weniger", sodass die Situationen schwerlich zu vergleichen sind; a. A. hierzu insgesamt statt weniger, aber *Sack*, BB 2003, 1073 (1078).

671 In diesem Sinne *Poelzig*, Normdurchsetzung, S. 108 ff.; GroKoUWG/*Heinze*, 3. Aufl. (2021), Einl. C. Rn. 85.

672 *Alexander*, Schadensersatz, S. 202; *Poelzig*, Normdurchsetzung, S. 109.; GroKoUWG/*Heinze*, 3. Aufl. (2021), Einl. C. Rn. 85; *Oppermann/Müller*, GRUR 2005, 280 (287).

673 Stark in diese Richtung *Podszun/Deuschle*, WRP 2019, 1102 (1105).

674 So im Ergebnis auch MüKoUWG/*Sosnitza*, 3. Aufl. (2020), § 1 Rn. 13 ff; in diese Richtung schon *Lettl*, GRUR 2004, 449 (450), der anführt, dass nicht klar ist, wie „(...) Verbraucher nach § 1 S. 1 UWG a. F. geschützt werden sollen"; in diese Richtung auch *Alexander*, GRUR Int. 2005, 809 (813), der hierin insbesondere die Zulässigkeit der unterschiedlichen Beurteilung des deutschen Lauterkeitsrechts im Vergleich zum österreichischen Lauterkeitsrecht im Hinblick auf die Aktivlegitimation von Verbrauchern sieht.

wäre die genannte Verknüpfung zum allgemeinen Deliktsrecht, bei dem dieser Zusammenhang jedenfalls de facto besteht, denkbar.

Auch dabei wird man bezogen auf einen Verknüpfungszwang aber Vorsicht walten lassen müssen. Denn richtig ist zwar, dass der Verbraucherschutz innerhalb des UWG immer stärker auch den Verbraucher um seiner selbst willen in den Blick nimmt. Die marktverhaltensrechtliche Relevanz desselben wurde aber gleichwohl nicht aufgegeben, vielmehr kam es zu einem Nebeneinander. Man wird sich daher die Frage nach einem Vorrangverhältnis stellen müssen. Selbst wenn man dem Verbraucherschutz um seiner selbst willen dann aber den Vorrang gewährt, wird das Ergebnis schwierig zu formulieren sein. Allenfalls die Möglichkeit der Verknüpfung wird man hieraus ableiten können, weil der Verbraucher immer mehr in den Blick rückt. Dann erscheint eine Aktivlegitimation sinnvoll. Ein Zwang wird damit aber gleichwohl nicht verbunden sein. Auch für den Schutzzweck wird es sich daher um eine rechtspolitische Frage handeln. Wenn man dies für den Schutzzweck fordert, ist das legitim. Gleichermaßen legitim ist es, dies für den Schutzzweck nicht zu fordern. Eine Voraussetzung der „Schutzzweckerfüllung" ist dies aber nicht.

2 Ergebnis zur Schutzzweckerfüllung

Für die maßgebliche Fragestellung, die der Gesetzgeber mit „Ja"[675] beantwortet, ohne sich die entsprechende Frage oder deren Bewertungsmaßstab zu überlegen, lässt sich festhalten, dass eine Schutzzweckerfüllung nicht eintritt. Schutzzweck und Aktivlegitimation sind im Lauterkeitsrecht nicht zwingend verknüpft. Die Einführung einer Aktivlegitimation ist für den Schutzzweck neutral. Zu einer Schutzzweckerfüllung durch § 9 II UWG kommt es nicht. § 9 II UGW spielt daher insoweit keine Rolle.

C Rollenbegrenzung bei Ausschluss in AGB und Wertungswidersprüchen

Die genannten Rollen der Verbraucheraktivlegitimation wären gleichwohl einer Begrenzung unterworfen, wenn § 9 II UWG durch AGB ausgeschlossen

[675] BT-Drs. 19/27873, S. 20.

werden kann. Gleiches gilt, wenn die Anspruchsgeltendmachung zu Wertungswidersprüchen mit dem Bürgerlichen Gesetzbuch führt. Die dogmatische Begrenzung dieser Rolle bildet dann auch eine zentrale Grundlage für die Bestimmung der Rolle des Verbrauchers in Kapitel 3. Von der Beschränkung des Umfangs hängt ab, welche Fälle der Verbraucher schon im Ausgangspunkt nicht durchsetzen kann.

I Ausschluss in AGB

Eine Rollenbegrenzung könnte sich im Einzelfall durch den Ausschluss von § 9 II UWG in AGB ergeben. Die Gesetzesbegründung äußert sich zu dieser Frage nicht.

1 Generelle Ausschlussmöglichkeit

Während dies grundsätzlich unter Ausnahme bestimmter in § 823 BGB genannter Rechtsgüter für allgemeindeliktische[676] und vertragliche[677] Ansprüche möglich ist, ergeben sich Grenzen für eine dahingehende Annahme dann, wenn der Schutzzweck der Vorschrift dies nicht zulässt, etwa weil es um überindividuelle Schutzzwecke geht, die nicht disponibel sind.[678] § 9 II UWG schützt zwar den Verbraucher vorrangig als solchen vor einer unzulässigen geschäftlichen Handlung des Unternehmers. Insoweit könnte man schon hierdurch zu dem Ergebnis kommen, dass § 9 II UWG wie auch bei vertraglichen oder allgemein deliktischen Ansprüchen disponibel ist. Zweifel an diesem Vorgehen hervorrufend ist aber nach Gesagtem,[679] dass dem § 9 II UWG über die ErwGr. 6, 8 der UGP-RL, § 1 I UWG und dem unionsrechtlich geforderten Präventivzweck eine gewisse Überindividualität zukommt.[680] Ein Ausschluss könnte daher deshalb ausscheiden, weil § 9 II

---

[676] Dazu statt aller m. w. N. BeckOKBGB/*Förster*, 67. Ed. (Stand: 01.08.2023), § 823 Rn. 90 ff.

[677] Statt aller *Glöckner*, WRP 2022, 383 (394).

[678] Zu dieser Möglichkeit im Allgemeinen etwa *Alexander*, Schadensersatz, S. 684 ff.; *Poelzig*, Normdurchsetzung, S. 501 f.; *Heinze*, Schadensersatz, S. 614 ff.; ähnlich auch *Schrader*, WRP 2022, 138 (145).

[679] Kapitel 1 (S. 59 ff.).

[680] Dieses Problem – wenn auch nicht unter Herausarbeitung entsprechender Gesichtspunkte, die eine Überindividualität stützen – spricht im Ausgangspunkt auch *Schrader*, WRP 2022, 138 (145) an.

UWG eben partiell und damit – weil sich die Schutzzwecke nicht trennen lassen – generell nicht disponibel ist. Nicht herangezogen werden kann im Hinblick auf eine Auflösung der Ansatz, dass ein Verzicht jedenfalls auch bei Überindividualität dann möglich sein soll, wenn die sonstigen Marktteilnehmer dagegen vorgehen können und damit die überindividuelle Wirkung durch diese durchgesetzt werden kann.[681] Andere Marktbeteiligte können diese Schäden über § 9 II UWG schon gar nicht geltend machen, da ihnen die Aktivlegitimation[682] fehlt. Für gewisse Fälle ist zwar zuzugeben, dass Anlockfälle auch Fälle des § 10 UWG sein könnten und damit durch § 10 UWG durchgesetzt werden könnten. Das gilt für übrige Fälle des § 9 II UWG aber oftmals nicht. Insbesondere können die Verbände einen Vertrag des Verbrauchers nicht aufheben. Zieht man dazu noch den Haftungsmaßstab des § 10 UWG, auch nach n. F.[683] in Betracht, fehlt es an einer Durchsetzungsmöglichkeit bei rein fahrlässigem Verhalten des Unternehmers, sodass man jedenfalls unter diesem Gesichtspunkt zu keiner Alternativdurchsetzungsmöglichkeit kommen kann.

Auch wenn ein dahingehender Begründungssatz nicht überzeugt, erscheint es wertungsmäßig schief, eine fehlende Disposition anzunehmen, wenn es primär um den Verbraucher geht. Man wird bei der Frage nach einem Ausschluss danach fragen müssen, ob der überindividuelle Schutzzweck den Schwerpunkt[684] des Schutzzwecks bildet. Dann erscheint eine fehlende Disponibilität gerechtfertigt. Geht es im Schwerpunkt aber um den Verbraucher als solchen, wird man eine Dispositionsbefugnis annehmen können. Man

---

681 Zu dieser Differenzierung im Allgemeinen aber *Poelzig*, Normdurchsetzung, S. 501 f.

682 Zwar können § 9 I UWG und § 8 UWG hier gleichermaßen anwendbar sein, § 9 I UWG bezieht sich aber schon auf einen anderen Schaden und § 8 UWG umfasst einen solchen schon nicht. Auch ein Beseitigungsanspruch in letzterer Situation, gerichtet auf den Schaden des Verbrauchers, wird man nicht annehmen können, dazu Kapitel 2 (S. 75 ff.).

683 Insoweit reicht grobe Fahrlässigkeit, nicht Vorsatz, dazu RegE, BT-Drs. 20/6520, S. 48.

684 In diesem Sinne auch *Poelzig*, Normdurchsetzung, S. 501 f., die zwischen primär dem Individualinteresse dienenden Normen und auch den Interessen anderer Marktteilnehmer und dem Allgemeininteresse am Institutionsschutz dienenden Normen unterscheidet. Der Abgrenzung wird insoweit nicht komplett gefolgt, weil nach hiesigem Dafürhalten auch primär dem Individualschutz dienenden Normen die zuletzt genannten Schutzzwecke innewohnen können. § 9 II UWG ist gerade ein Beispiel hierfür. Hierdurch lässt sich gleichwohl der überzeugende Rückschluss ableiten, dass es auf den primären Zweck als Schwerpunkt ankommen muss.

wird daher unter der Berücksichtigung auch überindividueller Komponenten nicht zu einer fehlenden Disposition des Verbrauchers über seine Rechte kommen können. Es geht § 9 II UWG zwar auch um überindividuelle Schutzzwecke, die nicht disponibel sind. Primär wird aber der Verbraucherschutz[685] um seiner selbst willen intendiert.

2 Zeitlicher Rahmen des Ausschlusses und Transparenzanforderungen

Fraglich ist die Reichweite desselben. Denkbar ist, dass ein jederzeitiger Ausschluss der Rechte aus § 9 II UWG erfolgen kann. Gleichwohl wird jedenfalls für § 9 II UWG auch angenommen, dass ein solcher Ausschluss erst nach begangener unlauterer geschäftlicher Handlung vorgenommen werden darf. Begründet wird das mit der Überindividualität und der daraus resultierenden fehlenden Dispositionsbefugnis.[686] Das kann nicht überzeugen. Einerseits ist trotz mitverwirklichter Überindividualität ein Ausschluss gleichwohl denkbar, weil diese nicht den Schwerpunkt des Schutzzwecks darstellt. Andererseits ist nicht einleuchtend, wieso die Verhaltensweisen vor Vornahme der geschäftlichen Handlungen überindividuellen Bezug haben sollen und damit nicht disponibel sind und solche danach nicht mehr. Ein Ausschluss ist daher möglich.

Man wird im Hinblick auf den unionsrechtlichen Rahmen des § 9 II UWG annehmen können, dass, dem Transparenzgebot entsprechend, der Ausschluss lauterkeitsrechtlicher Ansprüche hervorgehoben werden muss. Ein reiner Ausschluss von „Sachmängeln“ wird daher für einen Ausschluss auch des § 9 II UWG nicht genügen.[687] Der Verbraucher muss wissen, inwieweit er disponiert. Es bleibt daher dabei, dass § 9 II UWG aufgrund des Schwerpunktes im Rahmen seiner Gesamtschutzfunktion einer Beschränkung in AGB oder Vertrag unterfallen darf und die Rolle der Verbraucheraktivlegitimation in diesen Fällen eine Begrenzung erfährt, die auf die Rolle des Verbrauchers in Kapitel 3 ausstrahlt.

---

[685] Hierzu insgesamt Kapitel 1 (S. 59 ff.).

[686] Vorsichtig *Schrader*, WRP 2022, 138 (145), der sagt, dass jedenfalls nicht vor begangener unlauterer geschäftlicher Handlung ausgeschlossen werden darf, es für die Zeit danach aber offen lässt.

[687] In diesem Sinne auch *Glöckner*, WRP 2022, 383 (394) m. w. N.

II Ausgangsproblem der Friktion: Überschneidungen bei der Anspruchsberechtigung

Eine weitere Rollenbegrenzung ergibt sich nach Gesagtem aus dem Gebot, Wertungswidersprüche zu vermeiden. § 9 II UWG darf im genannten Rollenverständnis dann keine Relevanz haben, wenn er zu Wertungswidersprüchen mit den bestehenden Rechtsbehelfen führt. Diese Rollenbegrenzung der Verbraucheraktivlegitimation wirkt sich dann unmittelbar auf die Rolle des Verbrauchers aus. Die Begrenzung bestimmt Fälle, die der Verbraucher nicht durchsetzen kann. Ihm kann daher insoweit schon im Ausgangspunkt keine Rolle für diese Fälle zukommen.

Ausgangspunkt der Überlegung ist hierbei, dass Ansprüche aus § 9 II UWG oft dann bestehen werden, wenn das Bürgerliche Gesetzbuch auch Ansprüche gewährt. Da § 9 II UWG fahrlässige Verhaltensweisen des Unternehmers genügen lässt, erscheinen Wertungswidersprüche denkbar. Etwas anderes gilt nur dann, wenn sich aus dem Unionsrecht oder einem nationalen Spielraum bei Art. 11a I UGP-RL nichts anderes ergibt.[688]

Die Gesetzesbegründung[689] äußert sich hierzu ohne Begründung knapp und will § 9 II UWG in genannter „freier Anspruchskonkurrenz" zu den bereits bestehenden Ansprüchen aus dem Bürgerlichen Gesetzbuch ausgestalten. Der Verbraucher hat ein Wahlrecht, ob er sich der Ansprüche des BGB oder § 9 II UWG bedient. Dass eine Differenzierung nach entsprechenden Rechtsbehelfen vorgenommen werden soll, ist nicht ersichtlich. Vielmehr steht § 9 II UWG nach dem Gesetzgeber zu dem Mängelgewährleistungsrecht, dem Anfechtungsrecht, dem Widerrufsrecht, der culpa in contrahendo und dem Deliktsrecht in freier Anspruchskonkurrenz.

1 Denkbare Fallkonstellation

Folgender Fall soll das Ausgangsproblem offenlegen:

---

[688] Zu dem generellen Problem auch die *Schlussanträge des GA Trstenjak*, der im Fall *Pereničová und Perenič* ausführte, dass die unterschiedlichen Regelungsbereiche der UGP-RL und der Klausel-RL nicht dazu führen dürfen, dass ein einheitlicher Sachverhalt, auf den beide Richtlinien anwendbar sind, rechtlich unterschiedlich bewertet wird, dazu *Schlussanträge der GA Trstenjak*, v. 29. 11. 2011, C-453/10 = ECLI:EU:C:2011:788; dazu auch *Alexander*, WRP 2012, 515 (522).

[689] BT-Drs. 19/27873, S. 40.

Verbraucher A sieht eine öffentliche Werbung, die damit wirbt, dass das Bett „Super Good" nun mit einer speziellen Sprungfeder für nur 799 € verfügbar ist. Man schlafe auf diesem Bett gerade wegen dieser wie auf einer Wolke. Der werbende Unternehmer (U) spricht davon, dass „bis zum Ende des Jahres jeder, der gut schlafen will, sich dieses Bett sofort in Filiale X abholen solle." A fährt dorthin, wendet Fahrtkosten auf, kauft dieses Bett und muss kurze Zeit später feststellen, dass er sich nicht wie auf einer Wolke fühlt. Untersuchungen ergeben, dass das Bett die Sprungfeder nicht enthält. Einige Betten der Produktion des U enthalten diese Sprungfeder nicht. Der Unternehmer hatte dies nicht mitbekommen, weil er die Betten nur kursorisch überprüft hat. Vergleichbare Betten, die diese Federn nicht enthalten und einen erhöhten Schlafkomfort daher nicht gewährleisten, kosten nur 699 €. U hatte bei Auslieferung gedacht, dass das Bett des A die Feder enthält. Er hat aber, weil ihm der mehrfach auftretende, gut zu erkennende Produktionsfehler nicht aufgefallen ist, ein Bett ohne Feder geliefert. Hätte A gewusst, dass sein Bett diese Feder nicht enthält, hätte er sich bei Unternehmer N das gleiche Bett, das er nun ohne Sprungfeder hat, für 650 € gekauft. Er hatte sich gegen diesen entschieden, weil er Lieferengpässe hatte und schnellstmöglich ein Bett wollte und er insbesondere von der Sprungfeder und dem zusätzlich durch diese gewährten Komfort begeistert war.

A möchte sich nun vom Vertrag lösen, weil es ihm „reicht", er will jetzt doch das Bett von N. Sollte das nicht möglich sein, will er jedenfalls so gestellt werden, als ob er dieses von ihm erworben hätte. U verweist hingegen darauf, dass er doch erst einmal nacherfüllen dürfe.

2 Individualansprüche des Verbrauchers

Interessant sind nun die jeweils im UWG und BGB gewährten Ansprüche und deren Überschneidung.

a Im Bürgerlichen Gesetzbuch

Für das Bürgerliche Gesetzbuch wäre im Rahmen der Fahrtkosten vorrangig an die culpa in contrahendo zu denken.[690] Etwas komplizierter, aber im Ergebnis das Nacherfüllungsrecht nicht unterlaufend, ist die Situation bezüglich des Bettes. Zwar könnte man hier auch die Rechtsprechung zur Vertrauenshaftung im Rahmen der culpa in contrahendo heranziehen, nach der der

[690] Dazu Kapitel 2 zu den Anlockfällen, (S. 73 ff.).

Verbraucher so gestellt werden kann, als ob ein Vertrag mit dem Dritten zustande gekommen wäre.[691] Auch möglich ist eine Vertragsaufhebung im Rahmen der culpa in contrahendo über § 249 I BGB. Letztlich kommt es aber auf diese schon nicht an, weil das Nacherfüllungsrecht Vorrang beansprucht.[692] Auch ein Anfechtungsrecht nach § 123 BGB wird in genannter Fallkonstellation kaum bestehen, weil eine arglistige Täuschung oder eine entsprechende Drohung nicht vorliegen. Es bleibt daher bei dem Vorrang des Nacherfüllungsrechts des Unternehmers.

b Im Recht gegen den unlauteren Wettbewerb

Anders gestaltet sich die Situation aber im Ausgangspunkt im Recht gegen den unlauteren Wettbewerb. Die irreführende Werbung mit einem „Schnäppchen" ist nach § 3 III UWG i. V. m. Anhang Nr. 5 UWG stets unlauter und im Rahmen des § 9 II UWG durch den Verbraucher als Schadensersatz durchsetzbar. Ebenso ist nach Gesagtem eine Vertragsaufhebung für § 9 II UWG i. V. m. § 249 I BGB möglich sowie der Ersatz des positiven Interesses in engen Grenzen. Zudem besteht die Möglichkeit des kleinen Schadensersatzes. Insoweit bestehen schon bei fahrlässiger Irreführung dahingehende Ansprüche. Der Verbraucher könnte daher nach der Auslegung des Gesetzgebers entweder den Vertrag aufheben oder im Rahmen einer Vertrauenshaftung so gestellt werden, als ob der Vertrag mit dem Dritten ordnungsgemäß zustande gekommen wäre. Offen bleibt ihm gleichwohl aber auch, Nacherfüllung aus dem Bürgerlichen Gesetzbuch zu verlangen. Ein den § 9 II UWG verdrängendes Konkurrenzverhältnis will der Gesetzgeber nach Gesagtem aber gerade nicht annehmen, sondern die Ansprüche in freier Anspruchskonkurrenz nebeneinanderstellen.

c Denkbare Wertungswidersprüche

Überschneidungen ergeben sich insbesondere dahingehend, dass bezüglich der Fahrtkosten bei gleicher Situation Ansprüche aus § 280 I, 241 II, 311 II BGB neben § 9 II UWG bestehen. Ebenso gilt im Vertragsrecht das Recht zur zweiten Andienung, das fahrlässige Verhaltensweisen nur in engen

---

[691] Zu der Ersatzfähigkeit dieser Konstellation Kapitel 1 (S. 49 ff.).

[692] Dazu etwa BGH NJW 2009, 2120 Rn. 20 ff. m. w. N.; statt aller auch BeckOGK/*Herresthal*, Stand: 15.10.2024, § 311 Rn. 260.

Grenzen[693] neben das Nacherfüllungsrecht treten lässt. § 9 II UWG steht nach dem Gesetzgeber aber in freier Anspruchskonkurrenz. Kommt es zu einer Irreführung, die zu einem Mangel führt, wäre § 9 II UWG nach dem gesetzgeberischen Verständnis neben dem Nacherfüllungsrecht anwendbar. Es käme damit zu einer deutlichen Ausweitung der Fahrlässigkeitshaftung neben dem Mängelgewährleistungsrecht.

d Zwischenergebnis

Es kommt daher zu Überschneidungen, die im UWG, jedenfalls bei niedrigeren Voraussetzungen als im BGB, Ansprüche gewähren. Ob eine solche vom Gesetzgeber favorisierte Auflösung zugunsten der Anwendung des § 9 II UWG überzeugen kann, hängt davon ab, ob der Anspruch sinnvollerweise neben die Ansprüche aus dem BGB treten kann.

3 Keine übergeordnete Abgrenzungsmöglichkeit für die Beantwortung der Konkurrenzfrage

Zu untersuchen ist daher zunächst, ob das UWG und BGB im Rahmen der jeweiligen Regelungsbereiche zueinander abgegrenzt werden können. Mit anderen Worten könnte sich schon übergeordnet ein Systemunterschied ergeben, der eine freie Anspruchskonkurrenz rechtfertigen könnte. Wäre dies der Fall, käme es zu keiner dahingehenden Rollenbegrenzung der Verbraucheraktivlegitimation, die sich auf die Rolle des Verbrauchers bei der Durchsetzung des Lauterkeitsrechts auswirken würde.

a Keine Abgrenzung nach Vertragsschluss und Kollektiv- und Individualinteressen

Nicht mehr gangbar ist schon im Hinblick auf Art. 3 I UGP-RL eine Abgrenzung nach dem „Vertragsschluss als Wendepunkt“.[694] Auch eine Abgrenzung

---

693 Zu etwaigen Ausnahmen und einer Übertragungsmöglichkeit von Wertungen auf § 9 II UWG für die Auflösung der Konkurrenzfrage, Kapitel 2 (S. 174 ff.).

694 Hiermit sollte der kritische Punkt markiert werden, durch den sich UWG und BGB abgrenzen. So sollte im vorvertraglichen Bereich das UWG greifen und ab Vertragsschluss – jedenfalls im Grundsatz – das BGB. Ab diesen Zeitpunkt erlischt die Schiedsrichterrolle des Verbrauchers, die einer Anwendung des UWG immanent ist. Dies ist heute im Hinblick auf § 2 I Nr. 1, 2 UWG und Art. 2 lit. k) der UGP-RL, Art. 3 I UGP-RL, die Verhaltensweisen vor, bei und nach Vertragsschluss erfassen wollen, nicht mehr haltbar. Das ergibt sich zuletzt dann auch durch Art. 11a UGP-RL, der

des Vertragsrechts und allgemeinen Deliktsrechts zum Sonderdeliktsrecht des UWG dahingehend, dass es sich beim UWG generell um Schutz von Kollektivinteressen handelt,[695] verfängt nicht (mehr). Das gilt schon im Hinblick auf die Existenz des § 9 II UWG, der das Gegenteil beweist.[696] Interessant und Zweifel an dieser Feststellung hervorrufend sind zwar die Gedanken von *Schaffernack*[697] und *Beater*[698] zu § 13a UWG a. F. Dieser normierte von 1986 – 2004 ein Rücktrittsrecht des einzelnen Verbrauchers. Diesem attestierten die Verfasser, dass damit aus Sicht des Lauterkeitsrechts reiner Mitbewerberschutz und Schutz der Lauterkeit des Marktes bezweckt ist. Übertragbar wäre das auf § 9 II UWG deshalb, weil dieser ebenso ein lauterkeitsrechtlicher Individualrechtsbehelf ist, der über § 249 I BGB in seiner Rechtsfolge ähnlich sein kann. Da hiermit aber individuelle Ansprüche des Verbrauchers normiert sind und es der UGP-RL im Rahmen dieser auch expressis verbis um den Verbraucher geht,[699] wird man eine Verneinung des Schutzes des Verbrauchers um seiner selbst willen kaum – auch nicht durch seine lauterkeitsrechtliche Implementierung – annehmen können.

---

eine Vertragsaufhebung bei Lauterkeitsverstößen ermöglicht; zu diesem Abgrenzungskriterium etwa *Alexander*, Vertrag, S. 57, der anführt, dass das wettbewerbswidrige Verhalten zu einer Zeit hervortreten muss, zu der noch kein entsprechender Vertrag zustande gekommen ist. *Alexander* korrigiert das aber auf S. 58 mit der Formulierung „grundsätzlich"; *Hagenmeier*, Lauterkeitsrechtlicher Schutz, S. 61 ff., 327 m. w. N.

695 In diese Richtung etwa *Beater*, Unlauterer Wettbewerb. 2. Aufl. (2011), § 32 Rn. 2621 ff.; zum UWG als Marktverhaltensrecht, Kapitel 2 (S. 125 ff.).

696 Dazu Kapitel 1 (S. 59 ff.).

697 *Schaffernack*, Das wettbewerbsrechtliche Vertragsauflösungsrecht, S. 45, der – im Hinblick auf den insoweit zu § 9 II UWG vergleichbaren § 13a UWG a. F. – davon ausgeht, dass Individualrechtsbehelfe des Verbrauchers im Lauterkeitsrecht gleichwohl nicht diesem zu dienen bestimmt sind, sondern der Verbraucher nur Mitbewerberschutz durchsetzt.

698 *Beater*, Unlauterer Wettbewerb, 1. Aufl. (2002), § 28 Rn. 46 ff., der sich ebenso mit dem Rücktrittsrecht des Verbrauchers nach § 13a UWG a. F., das mit der UWG-Novelle 2004 aus dem Gesetz gestrichen wurde, befasst. Diesem attestiert er, dass es sich hierbei lediglich um Mitbewerberschutz handelt, der denselben den Verbraucher wieder verfügbar für eine geschäftliche Entscheidung macht.

699 Dazu insgesamt im Hinblick auf die Zielrichtung des lauterkeitsrechtlichen Verbraucherschutzes Kapitel 2 (S. 125 ff.).

b Keine Abgrenzung durch überindividuelle Zwecke des § 9 II UWG

Nach Gesagtem[700] lässt sich für § 9 II UWG eine individuelle und überindividuelle Schutzkomponente herleiten. Diese lassen sich dogmatisch auf ErwGr. 6, 8 der UGP-RL und § 1 UWG stützen. Insbesondere der Nachweis für genannte Fallkonstellationen des § 9 II UWG sowie der für diesen nachgewiesene Präventionszweck verstärken das gefundene Ergebnis auch bezüglich mitverfolgter überindividueller Komponenten. Dass eine entsprechende Wirkung bei für § 9 II UWG denkbaren Streuschäden oft nur in begrenztem Maße eintritt, überzeugt zwar. Eine schwerlich zu erfüllende faktische Wirkung kann aber zunächst einmal nichts an dem Normzweck ändern,[701] sondern erzeugt vielmehr das Folgeproblem, wie der Normzweck verwirklicht[702] werden kann.

Eine übergeordnete Abgrenzung könnte sich nun daraus ergeben, dass das BGB solche Zwecke nicht in seinen Schutzzweck miteinbezieht und daher im Lauterkeitsrecht ein „Mehr" an Schutzzweck[703] im Hinblick auf die Frage

---

[700] Kapitel 1 (S. 59 ff.).

[701] In diese Richtung *Wagner*, AcP 206 (2006), S. 352, 452, der davon spricht, dass die Präventiv*wirkung* auch durch Bündelung von Ansprüchen und hierfür geschaffene Institutionen erreicht werden kann. Damit bestätigt er indessen die genannte Abgrenzung, dass ein Zweck gleichwohl gegeben sein kann, wenn eine dahingehende Wirkung nur unter Einschaltung zusätzlicher Mittel verwirklicht werden kann. Insoweit könnte z. B. die Verbandsklage zur Durchsetzung des Präventionszwecks für § 9 II UWG beitragen, dazu insgesamt auch Kapitel 3 (S. 251 ff.); ähnlich *Wilman*, Private Enforcement, Rn. 7.01, 7.03; ähnlich für die Regulierungsfunktion des Rechts und insoweit vergleichbar, weil Regulierung und Präventivzweck zusammenfallen werden, *Hellgardt*, Regulierung und Privatrecht, S. 53, wenn er anführt, dass es nicht auf die tatsächliche Wirkung, sondern die dahinterstehende Intention ankommt; in diese Richtung implizit auch *Hofmann*, Der Unterlassungsanspruch als Rechtsbehelf, S. 342, wenn er danach fragt, ob die Präventivfunktion auch durch eine Präventivwirkung verwirklicht wird.

[702] Hierzu die Ausführungen in Kapitel 3, insbesondere für die Möglichkeiten der Kollektivgeltendmachung von § 9 II UWG, Kapitel 3 (S. 230 ff.).

[703] Wenn auch nicht explizit geäußert, wohl in diese Richtung *Köhler*, WRP 2021, 129 (134 f.), der den mitgewährten Schutz der Mitbewerber, die Präventivwirkung und einen Vergleich der §§ 434 ff. BGB zu § 823 BGB zum Argument für eine freie Anspruchskonkurrenz machen will; in eine ähnliche Richtung geht auch BeckOKUWG/*Eichelberger*, 27. Ed. (Stand: 01.01.2025), § 9 Rn. 125, wenn er andenkt, dass es hier nicht nur – wie im Vertragsrecht – um die mangelhafte Lieferung einer Sache, sondern für § 9 II UWG um eine wettbewerbswidrige geschäftliche Handlung geht.

„Wer wird damit geschützt?" vorliegt, der eine Anspruchskonkurrenz im Verhältnis zum BGB schon übergeordnet rechtfertigen kann.

In diese Richtung geht auch eine aktuell zum österreichischen Recht ergangene Entscheidung,[704] wenn davon gesprochen wird, dass bei der Argumentation mit Wertungswidersprüchen übersehen wird, dass das UWG einen besonderen Schutzzweck erfüllt und eine Sondernorm darstellt. Dabei stellen sich aber gleichwohl schon im Ausgangspunkt die Fragen, ob das BGB solche Interessen nicht auch mitverfolgt, und selbst wenn dies nicht so sein sollte, ob mitverfolgte überindividuelle Schutzzwecke eine solche freie Anspruchskonkurrenz überhaupt rechtfertigen können.

aa Schutzkonzept des BGB

Insoweit kommt es auf die Schutzzweckkonzeption des BGB an.

aaa Im Kern Individualschutz im BGB

Da das BGB jedenfalls im Hinblick auf das Vertragsrecht die Parteien und ihre Interessen im Blick hat, wurde[705] und wird[706] im Ausgangspunkt heute in weiten Teilen angenommen, dass eine Berücksichtigung überindividueller Komponenten für diese Fälle nicht in den Schutzzweck aufgenommen werden. Das macht insbesondere im Hinblick darauf Sinn, dass eine Interessenabwägung im Spannungsfeld zwischen den Parteien erschwert wird, wenn man nicht nur deren Interessen gegeneinander abwägt,[707] sondern übergeordnet auch die Lauterkeit des Marktes und mittelbaren Mitbewerberschutz in die Überlegung miteinstellen muss. Insoweit steht die Befürchtung im Raum, dass das Privatrecht seine Eigenständigkeit verliert und das Prinzip

---

704 OGH, Urt. v. 16.12.2021 - 4Ob49/21s, Rn. 41 f., 22.

705 Dazu schon damals BVerfGE 30, 173 – *Mephisto*, das davon spricht, dass es Aufgabe des bürgerlichen Rechts sei, Interessenkonflikte zwischen rechtlich gleichgeordneten Rechtssubjektiven zu lösen; so auch schon *Kloepfer*, NuR 1990, 337 (339).

706 GroKoUWG/*Peukert*, 3. Aufl. (2021), § 2 Rn. 281 ff.; ähnlich *Picker*, Privatrechtssystem, S. 51 ff., 57; ebenso stark in diese Richtung *K. Schmidt*, AcP 206 (2006), S. 169, 171; auch H-B/H-B/*Goldmann*, 5. Aufl. (2021), § 10 Rn. 19 f., wenn er davon spricht, dass es dem BGB um einen vertraglich vorausgesetzten Interessenausgleich geht und gerade nicht die Bekämpfung von Wettbewerbsdelikten; so auch schon *Kloepfer*, NuR 1990, 337 (339).

707 In diesem Sinne kritisch zu einer Extension *H. P. Westermann*, AcP 208 (2008), S. 141, 174.

der Privatautonomie durch überindividuelle Interessen wenig sachgerecht verschoben wird.[708]

bbb Abweichung für das allgemeine Deliktsrecht

Diskutiert wird diese Wirkung gleichwohl insbesondere für das Deliktsrecht, wobei eine gewisse Marktwirkung angenommen wird, diese aber aufgrund des Betroffenseins einer subjektiven Rechtsposition in ihrer Wirkung enorm eingeschränkt ist.[709] Das ist nach Gesagtem richtig, betrifft aber weniger den verfolgten Zweck der Norm als die darauffolgende Wirkungsintensität des verfolgten Zwecks. Denkbar ist eine solche Zielrichtung durch das allgemeine Deliktsrecht insbesondere auch im Rahmen des § 16 UWG,[710] dem auch ein überindividueller Schutzzweck innewohnt, der über § 823 II BGB geltend gemacht werden kann. Insoweit lässt sich eine auch überindividuelle Komponente für das allgemeine Deliktsrecht nachweisen.[711] Schwieriger wird das für § 823 I BGB.[712] Wird jemand an seinem Körper verletzt und macht Schadensersatz geltend, könnte man von einem reinen Individualschutz des Anspruchsstellers ausgehen.[713] Auch hier wird man aber die Verhaltenssteuerung als Ziel deshalb herleiten können, weil das in § 823 I BGB

---

708 *Poelzig*, Normdurchsetzung, S. 30 ff. m. w. N.; in diesem Sinne auch die Befürchtung von *Picker*, Privatrechtssystem, S. 51 ff.,57.

709 *Poelzig*, Normdurchsetzung, S. 33 ff; offen hierzu *Thönissen*, JZ 2022, 430 (437 ff.) m. w. N. im Hinblick auf die regulatorische Wirkung des allgemeinen Deliktsrechts.

710 Dazu *Alexander*, Schadensersatz, S. 684 f; allgemein für das Deliktsrecht auch *Hellgardt*, Regulierung und Privatrecht, S. 159 m. w. N.

711 Ähnlich *Franck*, Marktordnung durch Haftung, S. 309, 326; im Ausgangspunkt offen *Poelzig*, Normdurchsetzung, S. 30 ff., die eine gewisse Marktwirkung sieht, diese indessen schutzzweckbezogen deshalb ablehnt, weil das nicht Aufgabe des allgemeinen Deliktsrechts ist; *Bydlinski*, Systeme und Prinzipien des Privatrechts, S. 93 f., konstatiert, dass deliktische Ansprüche im BGB unter Berücksichtigung überindividueller Interessen schon miteinbezogen werden, „soweit dies im Individualinteresse der Beteiligten gerade noch vertretbar ist". Damit wird praktisch konstatiert, dass das Individualinteresse freilich im Vordergrund steht, überindividuelle Interessen aber mitverfolgt werden und in den Schutzzweck miteinbezogen werden. Diese müssen gegebenenfalls innerhalb des Schutzzwecks bei überwiegendem Schutzinteresse des Verbrauchers zurücktreten.

712 Ebenso *Franck*, Marktordnung durch Haftung, S. 303 ff.

713 In diesem Sinne *Picker*, Privatrechtssystem, S. 53 ff.

ausgesprochene Gebot gegenüber jedermann gilt.[714] Eine gewisse Überindividualität ergibt sich überdies auch für diejenigen, die das ablehnen, wenn es um mittelbare Verletzungshandlungen geht. Dort ist weitere Voraussetzung des Anspruchs herkömmlich die Verletzung einer Verkehrspflicht.[715] Insoweit geht es um Verhaltensunrecht,[716] das eine überindividuelle Schutzrichtung mit einnimmt. Einfacher lässt sich eine überindividuelle Komponente für § 826 BGB herleiten. Der „Sittenverstoß“ umfasst auch die Verletzung von Verhaltensnormen, die primär dem Allgemeininteresse dienen,[717] solange sich dieser Verstoß in einem individuellen Vermögensschaden realisiert.

ccc Abweichung auch für das Vertragsrecht?

1) Auch Verkehrsschutz als Ziel

Weniger eingängig erscheint eine Überindividualität aber für das Vertragsrecht. Diese wird mit dem Argument, dass es nur auf die privatautonome Ausgestaltung zwischen den Beteiligten ankommt, schon seit jeher[718] und auch heute noch[719] abgelehnt. Überzeugender scheint es aber, dass auch

---

[714] Noch offener *Wilhelmi*, Risikoschutz durch Privatrecht, S. 8, 104; in diesem Sinne auch *Thönissen*, Subjektive Privatrechte, S. 471 ff., der konstatiert, dass es mehr um Verhaltenspflichten gegenüber jedermann geht, die einen stärkeren Bezug zur Verhaltenssteuerung haben.

[715] Dazu statt aller schon *v. Caemmerer*, Wandlung des Deliktsrechts, S. 71 ff. m. w. N.

[716] Dazu *Thönissen*, JZ 2022, 430 (437) m. w. N.

[717] *Franck*, Marktordnung und Haftung, S. 329 ff. m. w. N. auch zur a. A.

[718] Dazu schon damals BVerfGE 30, 173 Rn. 80 – *Mephisto*, das davon spricht, dass es Aufgabe des bürgerlichen Rechts sei, Interessenkonflikte zwischen rechtlich gleichgeordneten Rechtssubjektiven zu lösen; a. A. hierzu aber schon damals *von Jhering*, Kampf ums Recht, S. 73 ff., der davon spricht, dass mit der Individualrechtsdurchsetzung zugleich auch immer Interessen des Gemeinwesens durchgesetzt werden sollen und damit überindividuelle Komponenten mit intendiert sind.

[719] In diesem Sinne *Poelzig*, Normdurchsetzung, S. 28, 30 ff., die sich bezüglich der Ablehnung des BGB als Steuerungsinstrument äußert. Das Privatrecht, das insoweit nicht marktbezogen ist, regelt so klassischerweise das Verhältnis der unmittelbar Beteiligten. Interessen und Belange nicht unmittelbar Beteiligter oder gar gesamtwirtschaftliche Belange werden nur ausnahmsweise in eine privatrechtliche Betrachtung miteinbezogen. GroKoUWG/*Peukert*, 3. Aufl. (2021), § 2 Rn. 281 ff.; ebenso stark in diese Richtung *K. Schmidt*, AcP 206 (2006), S. 169, 171; auch H-B/H-B/*Goldmann*, 5. Aufl. (2021), § 10 Rn. 19 f., wenn er davon spricht, dass es dem BGB um einen vertraglich vorausgesetzten Interessenausgleich geht und gerade nicht die Bekämpfung von Wettbewerbsdelikten; auch schon *Kloepfer*, NuR 1990, 337 (339).

das Vertragsrecht den Verkehrsschutz[720] in den Blick nimmt. Insbesondere wird das Vertragsrecht auch für die Durchsetzung überindividueller Zwecke instrumentalisiert. Das kann z. B. deshalb der Fall sein, weil irreführende Werbeaussagen eines Verkäufers Gewährleistungsrechte nach § 434 III Nr. 2 b) BGB auslösen können.[721] Insoweit könnte man auch davon sprechen, dass dieses – wenn auch nur geringen – mittelbaren Mitbewerberschutz und Schutz der Lauterkeit des Marktes bezweckt.[722] Wenn man sich dazu noch ansieht, dass das Unionsrecht auch beim Verbraucherschutzrecht immer mehr zu einer auch bestehenden Präventionsfunktion[723] tendiert, wird die These weiter untermauert. Insbesondere weist auch die stetige Annäherung[724] von Lauterkeitsrecht und Vertragsrecht in eine solche Richtung. Das zeigt sich vor allem auch durch die Implementierung lauterkeitsrechtlich konnotierter Normen wie den §§ 241a BGB oder 661a BGB[725] und der Berücksichtigung von Informationspflichten.[726] Letzteres ergibt sich umgekehrt auch bezüglich der Fälle des § 7 UWG im Hinblick auf die §§ 823, 1004 BGB.[727] Gleiches wird man konstatieren können, wenn man sich ansieht, dass Vorschriften des BGB im Rahmen des § 3a UWG als Marktverhaltensregeln[728] beurteilt werden. Wenn

---

720 In diesem Sinne auch *Hellgardt*, Regulierung und Privatrecht, S. 98 ff. 71 ff., 730, wobei die gewährte Privatautonomie hierbei vielmehr Mittel zum Zweck ist und insoweit mitbeabsichtigt ist, sich durch eine Regulierungsfunktion aber keine Einschränkung der Privatautonomie selbst ergeben kann.

721 Zu diesem Fall auch *Franck*, Marktordnung durch Haftung, S. 11, der von einer Verzahnung des auf Privatautonomie ausgelegten Vertragsrechts mit der Durchsetzung marktordnenden Rechts verweist.

722 So expressis verbis *Leistner*, Richtiger Vertrag, S. 228; in diese Richtung allgemein auch *Bydlinski*, Systeme und Prinzipien des Vertragsrechts, S. 93 f.; in diese Richtung gehen jedenfalls inhaltlich auch die Ausführungen von *Heinze*, Schadensersatz, S. 541 ff. m. w. N., der auch für das unionale Verbraucherschutzrecht eine Präventivwirkung ausmachen will; ähnlich auch *Alexander*, Schadensersatz, S. 11.

723 Statt einiger etwa *Heinze*, Schadensersatz, S. 541 ff.

724 Zu dieser auch *Hagenmeier*, Lauterkeitsrechtlicher Schutz, S. 179 ff., 256 ff., der de lege lata von einem komplementären Verständnis von Lauterkeitsrecht und Vertragsrecht ausgeht.

725 Ebenso *Poelzig*, Normdurchsetzung, S. 110 f.

726 Dazu insgesamt schon *Leistner*, Richtiger Vertrag, S. 572 ff. m. w. N.

727 Etwa BGH GRUR 2018, 1178 – *Kundenzufriedenheitsbefragung*; dazu auch *Glöckner*, GRUR 2021, 919 (925).

728 Dazu statt aller im Überblick BeckOKUWG/*Niebel/Kerl*, 22. Ed. (Stand: 01.10.2023), § 3a Rn. 45 ff.

diese aber gerade solche Regeln sind, die das Marktverhalten regeln, lässt sich schwerlich herleiten, dass das Vertragsrecht des BGB nur[729] das Verhältnis zwischen den Parteien regelt.[730] Es ließe sich zwar noch anführen, dass das BGB diesen Schutz gerade nicht innehat und daher das UWG über § 3a UWG diese so beurteilt und dann auch entsprechend durchsetzt. Dann wäre dies jedenfalls etwas, was erst durch das UWG eine überindividuelle Komponente erhält. Dass ein Gesetz aber für sich nur zwei Parteien berücksichtigt und über ein anderes plötzlich überindividuell wird, lässt sich kaum begründen.

Es kommt daher auch im Rahmen vertragsrechtlicher Gestaltung zu mitverfolgten überindividuellen Schutzzwecken. Eine übergeordnete Abgrenzung der Teilbereiche, die schutzzweckbezogen für eine Abgrenzung sprechen könnte, lässt sich daher nicht vornehmen.

2) Keine abweichende Beurteilung aufgrund unterschiedlicher Gewichtung überindividueller Zwecke

Problematisch stellt sich bei dieser Beurteilung aber die Situation der Nacherfüllung im BGB dar. Denn für diesen Fall ließe sich aus Perspektive des Verbraucherschutzes und überindividueller Belange im Lauterkeitsrecht im Vergleich zum Vertragsrecht eine abweichende Beurteilung vornehmen. Denn das Nacherfüllungsrecht kann sogar zur Schädigung der Lauterkeit des Marktes beitragen. Führt ein Unternehmer fahrlässig oder sogar grob fahrlässig irre,[731] kann er sich auf sein Recht zur zweiten Andienung gleichwohl berufen. Es kommt daher zu Situationen, in denen der Unternehmer den Verbraucher schädigt und gleichwohl seinen Vertrag behält. Damit werden rechtmäßig handelnde Mitbewerber benachteiligt, da sie den Verbraucher als möglichen Vertragspartner verlieren. Der irreführende Mitbewerber hingegen darf trotz Schädigung des Marktes seinen Vertrag behalten. Damit wertet die Vertragsrechtsordnung das Interesse des irreführenden Mitbewerbers

---

729 Freilich geht es gleichwohl unabhängig von der gestellten Frage in diesen Situationen immer vorrangig um dieses.

730 Ähnlich auch *Franck*, Marktordnung durch Haftung, S. 11, der von einer Instrumentalisierung des Vertragsrechts zur Durchsetzung marktordnenden Rechts spricht.

731 Für den Fall des Vorsatzes verfängt die Situation schon im Ausgangspunkt nicht, da das BGB hier über 823 § II BGB i. V. m. § 263 BGB oder § 16 UWG ohnehin ein „Unterlaufen" dieses zulässt. Gleiches gilt freilich für § 826 BGB oder vergleichbare Ansprüche.

im Spannungsfeld zum Verbraucherschutz[732] und den mittelbar mitverfolgten überindividuellen Interessen in seinem Vertragsverhältnis höher als die Beseitigung der Unlauterkeit. Insoweit wird diese gerade zugunsten desselben und zulasten der Lauterkeit geschädigt. Dass mit dem Nacherfüllungsrecht deshalb nicht auch regulatorische Ziele verfolgt werden, ist damit gleichwohl nicht verbunden. Vielmehr sind diese nur anders ausgeprägt und nehmen den Unternehmer, der nur fahrlässig handelt,[733] schlicht mehr in den Blick, um so auch volkswirtschaftliche Allgemeininteressen[734] zu verwirklichen. Wenn man so will, stärkt das den Markt auch, da der Unternehmer sich nicht bei jedem Verstoß seines Nacherfüllungsrechts beraubt sehen muss. Der Schutz ist nur anders ausgestaltet. Letztlich stützt der Gesetzgeber die Funktion des Nacherfüllungsrechts auch auf den Schutz der Volkswirtschaft[735] als übergeordnetes Interesse.

Will man einen entsprechend mitverfolgten überindividuellen Schutzzweck – wenn auch anders geprägt – richtigerweise miteinbeziehen, wird im Rahmen dieses das Interesse des Schädigers jedenfalls stärker miteinbezogen, als dies im Lauterkeitsrecht der Fall ist. Das macht im Hinblick darauf, dass es dem Vertragsrecht primär um den privatautonomen Interessenausgleich zwischen den Parteien geht und § 9 II UWG eine außervertragliche sonderdeliktische Haftung ist,[736] Sinn.

Das Lauterkeitsrecht nimmt daher das Nacherfüllungsrecht überhaupt nicht in den Blick, sondern will über den in § 9 II UWG garantierten Präventionszweck (neben der Kompensation) den Unternehmer durch ein „scharfes Schwert" daran hindern, sich unlauter zu verhalten. Insoweit ist der Schutzzweck des Lauterkeitsrechts jedenfalls stärker hin auf den mitverfolgten Schutzzweck ausgeprägt. Verliert der Schädiger seinen Vertrag und hat der rechtmäßig handelnde Mitbewerber gleichwohl die Chance, mit dem

---

[732] Freilich nur insoweit, als dem Verbraucher an einer Vertragsbeendigung gelegen ist. Möchte er schlicht eine neue Sache, kommt es schon nicht zum Konflikt. Es werden beide Interessen gleichermaßen berücksichtigt.

[733] Sollte dieser vorsätzlich handeln, kommt es ohnehin oft zu § 123 BGB, der vom Mängelgewährleistungsrecht auch nicht verdrängt wird, dazu Kapitel 2 (S. 186 ff.).

[734] So auch *Hellgardt*, Regulierung und Privatrecht, S. 100 ff. m. w. N. zur BGH-Rechtsprechung insoweit und von dieser miteinbezogenne überindividuellen Komponenten.

[735] RegE SMG, BT-Drs. 14/6040, S. 89.

[736] *Franck*, Marktordnung durch Haftung, S. 11, der sich freilich nicht auf § 9 II UWG bezieht, dies aber für deliktische Haftung konstatiert.

Verbraucher zu kontrahieren, wird Verbraucher- und Mitbewerberschutz besonders stark[737] gewährleistet.

Richtigerweise ändert dies aber nichts an dem auch mitverfolgten überindividuellen Schutzzweck des Vertragsrechts und kann eine übergeordnete Abgrenzung nicht a priori zulasten des Vertragsrechts verschieben, weil damit etwa ein „Mehr“ geschützt wird, das eine andere Beurteilung rechtfertigt. Vielmehr bleibt es bei dem genannten Grundsatz. Eine Auflösung im Rahmen des Schutzzwecks wird hier nur anders vorgenommen. Zieht man dann hierzu noch heran, dass jedenfalls das allgemeine Deliktsrecht nach Gesagtem auch eine solche Regulierungsfunktion erfüllt und hier nach nationalrechtlichem Verständnis – wie zu zeigen sein wird[738] – auch nicht ohne Weiteres eine freie Anspruchskonkurrenz angenommen wird, wird man die gefundene These auch bei Ablehnung einer gewissen Regulierungsfunktion des Vertragsrechts beibehalten können. Das Vertragsrecht „sperrt“ hier m. a. W., egal wie man es im Hinblick auf eine Regulierungsfunktion verstehen will, in gewissen Konstellationen gleichwohl das (jedenfalls allgemeine) Deliktsrecht.

Eine übergeordnete Beurteilung hin zu einer freien Anspruchskonkurrenz schon im Ausgangspunkt lässt sich nicht vornehmen.

ddd Keine Überzeugungskraft sonstiger Abgrenzungsmöglichkeiten

Auch sonstige herkömmliche übergeordnete Abgrenzungsversuche, z. B. in § 2 I Nr. 2 UWG „typisch wettbewerbsrechtliche“[739] Anforderungen hineinzulesen oder das Vorhandensein eines „Marktbezugs“[740] für das Vorliegen

---

[737] Mit diesem Argument will *Köhler*, WRP 2021, 129 (134) von einer freien Anspruchskonkurrenz ausgehen.

[738] Kapitel 2 (S. 174 ff.).

[739] In diesem Sinne aber wohl *Koch*, WRP 2019, 1259 (1260), der dann die Einschlägigkeit des Lauterkeitsrechts bejahen will, wenn der Unternehmer auf die Übervorteilung des Kunden abziele und von vornherein nicht gewillt sei, sich an seine Ankündigungen zu halten, und deshalb eine Täuschung über die Schlechtleistung des Abschlusses des Vertrages als Mittel des Wettbewerbs um Kunden eingesetzt wird.; ähnlich zum Wettbewerbsspezifischen noch *Kalski*, Individualansprüche, S. 159.

[740] GroKoUWG/*Heinze*, 3. Aufl. (2021), Einl. C. Rn. 81 ff., der davon spricht, dass auch die UGP-RL im Gesamtkontext des UWG den Zweck hat, als Marktverhaltensrecht einheitliche Wettbewerbsbedingungen am Markt sicherzustellen; GroKoUWG/*Peukert*, 3. Aufl. (2021), § 2 Rn. 281 ff., der anführt, dass es dem Vertragsrecht als Zielrichtung an der Regulierung des Marktes fehlt; im Ergebnis ebenso *Podszun/Deuschle*, WRP

einer geschäftlichen Handlung zu fordern, verfangen für eine Abgrenzung nicht. Insoweit ergeben sich in dreierlei Hinsicht Probleme. Zunächst lässt sich kaum klar konturieren, wann solche vorliegen oder eben nicht vorliegen sollen,[741] sodass eine dahingehende Annahme mit mehr Rechtsunsicherheit verbunden ist, als dass sie hilft. Das ergibt sich auch dadurch, dass sich keine Grundlage im Gesetz findet,[742] auf die das rechtssicherer gestützt werden könnte. Zuletzt sind Ansprüche aus dem BGB selbst bei einem „Marktbezug" des Handelns oder „typischen wettbewerbsrechtlichen" Anforderungen nicht ausgeschlossen.[743] Selbst also, wenn einige Situationen des Lauterkeitsrechts ausgenommen werden könnten, würde eine Vielzahl konfligierender Situationen verbleiben.

4 Konkurrenz zum Vertragsrecht

Eine übergeordnete Abgrenzung ist daher nicht gangbar, sodass sich der Blick auf die einzelnen Rechtsbehelfe verdichtet, die insofern auf ihre Konkurrenzsituation zu untersuchen sind. Zunächst rückt dabei das Mängelgewährleistungsrecht in den Blick.

2019, 1102 (1105); *Alexander*, Vertrag und unlauterer Wettbewerb, S. 28, der dies zwar nicht expressis verbis so formuliert, indessen darauf verweist, dass eine vorherige Beschränkung auf abstrakt bestehende Interessen im Allgemeinen nicht möglich ist; so schon zum alten Recht *Eppe*, WRP 2005, 808 (811), der daraus eine fehlende Aktivlegitimation des Verbrauchers ableitet. Das bestätigt weiter, dass dieses Kriterium de lege lata nicht weiterhilft, da Konsequenz desselben sein könnte, dass es einer Aktivlegitimation gerade nicht bedarf, weil es schon nicht um den individuellen Verbraucher als solchen ginge, sondern um lautere Marktbedingungen, die dann zu seinem Schutz führen; dazu auch H-B/H-B/*Keller*, 5. Aufl. (2021), § 2 Rn. 96, der anführt, dass es sich in Fällen, in denen ein Unternehmer dem Verbraucher von einem Vertragswechsel abrät, um einen lauterkeitsrechtlichen Standardfall handelt. Dass dieser aber auch vertragsrechtlich relevant ist, dürfte klar sein und würde insoweit wieder zu Abgrenzungsproblemen führen.

[741] Zu dem Abgrenzungsproblem im Hinblick auf rein den Verbraucher schützende Komponenten und auch den Markt in den Blick nehmende Komponenten schon *Beater*, Unlauterer Wettbewerb, 1. Aufl. (2002), § 1 Rn. 65; zu der Überlappung exemplarisch nur der Schutzzweck des § 9 II UWG, Kapitel 1 (S. 59 ff.).

[742] Ebenso *Hagenmeier*, Lauterkeitsrechtlicher Schutz, S. 329, 159.

[743] Vielmehr werden diese expressis verbis miteinbezogen, vgl. nur § 434 III Nr. 2 b) BGB, der mit der Berücksichtigung öffentlicher Werbung typisch wettbewerbsrechtliche Fallkonstellationen aufgreift.

a Konkurrenzsituation

Eine Konkurrenzsituation ergibt sich einerseits dadurch, dass der Schadensersatzanspruch über den anwendbaren[744] § 249 I BGB vor dem Setzen einer Nacherfüllungsfrist und damit der Wahrung des Rechts zur zweiten Andienung des Unternehmers zur Aufhebung des Vertrages führen kann. Es kann insoweit die Situation auftreten, dass eine fahrlässige Irreführung des Unternehmers zu einem Anspruch aus § 9 II UWG führt, der gleichzeitig einen Mangel nach § 434 III Nr. 2b) begründet.[745]

Andererseits ergibt sich ein Wertungskonflikt – wenn auch nicht auf den ersten Blick – im Hinblick auf die Dauer der Geltendmachung des Anspruchs durch den Verbraucher. § 11 UWG verjährt – zwar anders als noch im Gesetzgebungsverfahren zunächst vorgesehen[746] – nach § 11 I UWG in einem Jahr und nicht in der Regelverjährungsfrist. Gleichwohl beginnt der Anspruch nach § 11 II UWG erst, wenn der Anspruch entstanden ist und der Verbraucher von den den Anspruch begründenden Umständen und der Person des Schuldners Kenntnis erlangt oder ohne grobe Fahrlässigkeit erlangen müsste. Erlangt der Verbraucher diese nicht oder hätte sie nicht erlangen müssen, können Ansprüche nach § 11 III Hs. 1 UWG noch innerhalb von zehn Jahren geltend gemacht werden. Exemplarisch für das Kaufrecht wird hingehen nach § 438 I, II Alt. 2 BGB an den objektiven Faktor der Ablieferung der Sache angeknüpft. Ob der Verbraucher Kenntnis hätte erlangen können, ist irrelevant. Es ist daher denkbar, dass der lauterkeitsrechtliche Individualanspruch – obgleich er im Grundsatz schneller verjährt – weit über den Zeitraum der Nacherfüllung und generell aller Mängelansprüche geltend gemacht werden kann.

Zudem ergeben sich noch weitere denkbare Wertungswidersprüche im Hinblick auf das mängelgewährleistungsrechtliche Schadensrecht, den Rücktritt und die Minderung. Das kann etwa dann der Fall sein, wenn die Vertragsaufhebung durch § 9 II UWG mit den Vorschriften über den Rücktritt und den Schadensersatz statt der ganzen Leistung aufeinandertreffen. Diese sind nur ersatzfähig, wenn die Pflichtverletzung „nicht unerheblich" ist.

---

744 Kapitel 1 (S. 33 ff.).

745 Dazu etwa statt aller *Havlik*, Täuschung und Irreführung, S. 396 ff.

746 Dazu siehe auch die Ausführungen zum Anfechtungsrecht m. w. N., Kapitel 2 (S. 186 ff.).

Es könnte daher im Rahmen eines Schadensersatzanspruchs oder Rücktrittsrechts zu Friktionen[747] kommen, wenn der Mangel der Sache sich als unerheblich offenbart.

b (Praktische) Relevanz der Konkurrenz

Bevor man sich einer konkurrenzrechtlichen Auflösung widmet, soll noch erwähnt sein, dass sich die entsprechende Problematik – wenn auch im Einzelfall sicherlich gewichtig – in vielen Fällen schon nicht stellen wird, mithin die praktische Relevanz dieser Fälle auch nicht überbewertet werden darf.

aa Nacherfüllungsverlangen des Verbrauchers

Jedenfalls in tatsächlicher Hinsicht wird das aufzulösende Konfliktfeld erheblich dadurch verkleinert, dass es selbst bei freier Anspruchskonkurrenz im Belieben des Verbrauchers stehen wird, wofür er sich entscheidet. So erscheint es denkbar, dass dem Verbraucher gerade nicht an einer Vertragsbeendigung gelegen ist, sondern er vielmehr seinen Vertrag behalten will und eine Nacherfüllung seinem Interesse entspricht.[748] Ist ein Laptop beispielsweise kaputt oder „springt" ein Fernseher nicht an, ist es naheliegend, dass der Verbraucher einen neuen Fernseher oder Laptop bzw. deren Reparatur von seinem Vertragspartner verlangt und nicht eine Rückabwicklung des Vertrages wünscht.

bb Drei-Personen-Konstellationen

Auch bei Einschlägigkeit des Mängelgewährleistungsrechts durch die Täuschung eines Dritten wird sich ein Konkurrenzproblem nicht stellen. Zwar könnte man auf die Idee kommen, bei dem Bestehen von Mängelrechten gegenüber dem Vertragspartner eine Friktion zum Nacherfüllungsrecht auch im Hinblick auf die Haftung des Herstellers, im Rahmen dessen der Verbraucher eine Freistellung vom Vertrag als Schaden ersatzfähig gestellt

---

747 Dazu statt einiger *Büscher*, WRP 2022, 132 (136); *Glöckner*, GRUR 2021, 919 (926).

748 In diese Richtung für § 9 II UWG in Übertragung der Situation im BGB auch GroKoUWG/*Heinze*, 3. Aufl. (2021), Einl. C. Rn. 312 m. w. N.; in eine ähnliche Richtung geht auch *Maaßen*, GRUR-Prax 2021, 7 (10), wenn er davon spricht, dass ein finanzieller Ausgleich eher dem Interesse des Verbrauchers entspricht als eine Vertragsaufhebung.

bekommen kann,[749] anzunehmen.[750] Der Verbraucher könnte den Erst-Verkäufer dann nicht in Anspruch nehmen, wenn er dem Erst-Käufer, der allenfalls bezüglich § 434 III Nr. 2 b) BGB haftet, noch kein Recht zur Nacherfüllung gewährt hätte.

Hier ist ein Konkurrenzverhältnis abzulehnen. Ein Vorrang des Nacherfüllungsrechts kann nur Geltung beanspruchen, soweit er – inter partes – besteht.[751] Daher gibt es keinen Grund dafür, einen auf die Sache bezogenen Ersatz allein dem jeweiligen Vertragsverhältnis vorzubehalten, wenn Dritte auf das Zustandekommen dieses einwirken.[752] Das ist im Hinblick auf § 826 BGB, §§ 823 II BGB i. V. m. einem Schutzgesetz ohnehin schon vor § 9 II UWG denkbar gewesen, sodass sich ein dahingehender Grundsatz einer Erweiterung der Relativität der Schuldverhältnisse und deren Wirkung auf Dritte nicht ableiten lässt. Der Unternehmer wird regelmäßig nur Interesse an dem Erhalt seiner Gegenleistung haben. Ob ein Schadensersatz für die von ihm gewährte Leistung durch den Hersteller geleistet wird, stellt diesen nicht schlechter. Das aus Unternehmersicht hinter dem Nacherfüllungsrecht bestehende Interesse wird daher schon nicht tangiert. Restriktionen sind gleichwohl dann vorzunehmen, wenn ein Anspruch gegen den Hersteller zu einer unzulässigen Bereicherung des Verbrauchers führen würde. Man wird daher einen Anspruch nur dann annehmen können, wenn ein entsprechender Anspruch des Verbrauchers gegenüber dem Verkäufer im Rahmen des Mängelgewährleistungsrechts noch besteht und nicht verjährt ist.[753]

---

749 Statt einiger etwa *Leistner*, Richtiger Vertrag, S. 948 ff.; *Scherer*, GRUR 2022, 787 (793 f.); ebenso *Glöckner*, WRP 2022, 383 (392); *Köhler*, GRUR 2022, 435 (443).

750 In diese Richtung *Grigoleit*, ZIP 2023, 221 (226 f.); ähnlich schon damals *Ballerstedt*, AcP 151 (1950/1951), S. 501 (529).

751 So *Leistner*, Richtiger Vertrag, S. 1027 f.; *Kalski*, Individualansprüche, S. 222 f.; *Heinze/Engel*, NJW 2021, 2609 (2613); in diesem Sinne auch *Scherer*, GRUR 2022, 787 (793 f.); in diese Richtung auch *Peifer*, WRP 2022, 794 (800), der anführt, dass der Händlerhaftung zwar ein Vermögenswert zukommt, der Verbraucher über diesen aber disponieren darf und insoweit auf den Hersteller zugreifen kann; Ganz in diesem Sinne auch *Havlik*, Täuschung und Irreführung, S. 397.

752 In diesem Sinne auch *Kalski*, Individualansprüche, S. 222 f., der diese Fälle aber über die culpa in contrahendo lösen will. Insoweit ergibt sich aber die Wertung, dass jedenfalls das Mängelgewährleistungsrecht nicht kollidiert; so *Leistner*, Richtiger Vertrag, S. 1027 f.; *Heinze/Engel*, NJW 2021, 2609 (2613); in diesem Sinne auch *Scherer*, GRUR 2022, 787 (793 f.).

753 Dazu allgemein *Leistner*, Richtiger Vertrag, S. 1028.

cc Kein Problem in umgekehrter Situation

Ebenso unproblematisch ist die umgekehrte Situation, namentlich wie sich § 9 II UWG auf das Vertragsrecht auswirken darf. Dabei gilt schon nach nationalrechtlicher Dogmatik, dass eine Einwirkung des Deliktsrechts auf das vertragliche Gewährleistungsrecht dahingehend ausgeschlossen ist, dass man eine Situation aufgrund des Deliktsrechts vertraglich anders beurteilen muss.[754] Das ergibt sich letztlich schon aus der Systematik der Anspruchsgrundlagen und entspricht im Übrigen in der Umsetzung auch klar der unionsrechtlichen Linie,[755] die in Art. 11a II der UGP-RL festgeschrieben ist. Für den infrage stehenden Fall hilft dies indessen nicht.

c *Auflösung des Konfliktfeldes*

Man darf die Relevanz der Diskussion daher gleichwohl nicht überbewerten, da sich in vielen Konstellationen entsprechende Probleme schon nicht stellen. Es verbleiben aber Fallkonstellationen, die einer konkurrenzrechtlichen Auflösung zugeführt werden müssen. Aufgrund der unionsrechtlichen Determinierung sowohl von § 9 II UWG als auch des Nacherfüllungsrechts sieht die Arbeit das Unionsrecht selbst als Maßstab[756] für die Auflösung der Konkurrenzsituation. Es wird sich zeigen, dass hier Zweifel verbleiben. Deshalb zeigt die Arbeit zudem, dass auch bei Annahme eines nationalrechtlichen Entscheidungsspielraums bei dem Konkurrenzverhältnis[757] kein anderes

---

754 In diesem Sinne zum Kumulationsprinzip, in dem dies implizit steckt, BeckOKBGB/*Förster*, 67. Ed. (Stand: 01.08.2023), § 823 Rn. 62.

755 Art. 11a II der UGP-RL: „*Diese Rechtsbehelfe berühren nicht die Anwendung anderer Rechtsbehelfe, die den Verbrauchern nach dem Unionsrecht oder dem nationalen Recht zur Verfügung stehen.*" Damit wird das Mängelgewährleistungsrecht nach unionsrechtlicher Vorgabe jedenfalls nicht dahingehend durch § 9 II UWG berührt, dass dieser dessen Anwendung modifiziert. Für das Vertragsrecht ließe sich das wohl auch schon ohne Art. 11a II UGP-RL aus Art. 3 II UGP-RL herleiten.

756 Dazu statt einiger in diese Richtung *Glöckner*, WRP 2022, 383 (387 ff.), der aber auch die nationalrechtliche Perspektive beleuchtet.

757 In diese Richtung *Köhler*, WRP 2021, 129 (134) m. w. N.; *Peifer*, WRP 2022, 794 (800). Im Ausgangspunkt ähnlich klingend aber anders gemeint sind die Ausführungen von *Ohly*. Er spricht davon, dass der Konflikt sich nicht mit einem Verweis auf den Vorrang des Unionsrechts lösen lassen lässt, *Ohly*, GRUR 2022, 763 (769). Damit ist aber wohl weniger gemeint, dass ein nationalrechtlicher Spielraum besteht, sondern, dass sich die Konkurreznfrage nicht mit dem Vorrang des Unionsrechts beantworten lässt, weil beide Regelungsbereiche unionsrechtlich fundiert sind.

Ergebnis angezeigt ist. Man wird daher, egal woran man die Konkurrenz messen will, zu einer Einschränkung des § 9 II UWG kommen müssen.

aa Auflösung der Konkurrenzfrage auf unionaler Ebene

Für die Auflösung des Konflikts bieten sich daher insbesondere einschlägige Richtlinientexte und das der Konkurrenzfrage zugrunde liegende unionsrechtliche Spannungsfeld als Auflösungsmaßstab an. Das bisherige Meinungsspektrum zur unionsrechtlichen Auflösung des Konflikts ist geteilt. Manche halten eine freie Anspruchskonkurrenz für denkbar, lehnen diese aber gleichwohl ab.[758] Andere halten sie für zwingend.[759]

aaa Ausgangspunkt: Unklarheit durch fehlende Äußerung des Unionsgesetzgebers

Ausgangspunkt der Unklarheit ist, dass der Unionsgesetzgeber sich beim Erlass des Art.11a UGP-RL zur Konkurrenzfrage nicht geäußert hat. Das erscheint deswegen seltsam, weil der Kommission schon 2017 bewusst war, dass es dabei zu Konkurrenzsituationen zwischen Vertrags- und Lauterkeitsrecht[760] kommen kann. Es liegt fern, dass man sich des Spannungsfeldes bewusst war, dieses elementare Problem dabei aber übersieht. Deuten kann man das nun aber in zwei Richtungen. Der Unionsgesetzgeber wollte es bewusst nicht regeln[761] und den Mitgliedsstaaten die Möglichkeit geben, das Konkurrenzverhältnis zu entscheiden. Art. 11a I UGP-RL gewährt den Mitgliedsstaaten jedenfalls einen gewissen Spielraum. Möglich wäre es aber auch, dass das Problem doch übersehen wurde.

Letztlich wird man es unter Zugrundelegung des Maßstabes der fehlenden Äußerung des Unionsgesetzgebers so nicht auflösen können. Man wird insbesondere der fehlenden Regelung keine Wertung entnehmen können, dass der Lex-posterior-Grundsatz greift und die Vertragsaufhebung für diese Fälle neben das Nacherfüllungsrecht treten muss. Das ergibt sich schon daraus,

---

[758] *Heinze/Engel*, NJW 2021, 2609 (2612); ebenso *Glöckner*, WRP 2022, 383 (387 ff.).

[759] So explizit H-B/H-B/*Goldmann*, 5. Aufl. (2021), § 9 Rn. 155; ebenso KBF/*Köhler*, 41. Aufl. (2023), § 9 Rn. 2.54. Etwas offener, aber eine solche bejahend *Frey*, VuR 2022, 174 (178).

[760] Ares (2017) 3287178, S. 2 ff.

[761] O/S/*Ohly*, 8. Aufl. (2023), § 9 Rn. 35 f. konstatiert, dass der Unionsgesetzgeber den Konflikt entweder bewusst nicht regeln wollte oder ihn übersehen hat.

dass zur gleichen Zeit die Behandlung von Waren mit digitalen Elementen normiert wurde,[762] die ein solches auch regeln.

bbb (Nur) Auflösungstendenz im Hinblick auf einschlägige Richtlinientexte

Für eine Auflösung in Betracht zu nehmen sind zuvorderst Erwägungsgründe und Artikel der Richtlinien, die von der Konkurrenzfrage betroffen sind.

1) ErwGr. 57 der OB-RL

Anhaltspunkte für die Beantwortung der Frage liefert ErwGr. 57 der OB-RL. Dieser spricht davon, dass Aspekte des nationalen Vertragsrechts unberührt gelassen werden sollen, die durch diese Richtlinie nicht geregelt werden. Weiter heißt es: „…deshalb sollte diese Richtlinie in Fällen (…) nationales Vertragsrecht unberührt lassen". Die Formulierung „sollte" hilft nicht weiter, da für eine nationalrechtliche Umsetzungsmöglichkeit nicht von „müssen" gesprochen wird. Unklar ist hier schon im Ausgangspunkt, ob und wann Ausnahmen vorliegen können. Ferner erweckt sie einen Anschein, der einen Umkehrschluss zulässt: Wenn die Richtlinie das Vertragsrecht unberührt lassen soll in Fällen, die die Richtlinie nicht regelt, müsste das heißen, dass das nicht so sein soll, wenn es um Fälle geht, die die Richtlinie regelt. Namentlich solche, die Art. 11a UGP-RL betreffen? Dann soll das Vertragsrecht berührt werden? Insoweit wird der entsprechenden Frage kaum Abhilfe geschaffen. Vielmehr könnte man hierin sogar die Tendenz hin zu einer freien Anspruchskonkurrenz sehen.

2) Art. 3 VII der DI-RL

Auch Art. 3 VII der DI-RL, der eine Konkurrenzregel enthält und das UWG für vorrangig erklärt, wenn dieses einen „bestimmten Sektor oder Gegenstand" darstellen sollte, hilft nicht weiter. Dann würde in wenigen Bereichen das UWG Vorrang beanspruchen,[763] in den übrigen wäre es bestenfalls wieder unklar.

3) Art. 4 der WK-RL, ErwGr. 50 WK-RL

Für den Warenkauf wäre denkbar, noch Art. 4 der WK-RL heranzuziehen. Insoweit wird formuliert, dass, sofern diese Richtlinie nichts anderes

---

[762] Dazu m. w. N. *Glöckner*, GRUR 2021, 919 (924).
[763] Zutreffend *Scherer*, WRP 2022, 787 (792 f.).

bestimmt, die Mitgliedsstaaten in ihrem nationalen Recht keine von den Bestimmungen dieser Richtlinie abweichenden Vorschriften aufrechterhalten oder einführen dürfen. Dies gelte für strengere und mildere Vorschriften. *Keller*[764] leitet daraus für die hier in Rede stehende Frage einen Verstoß gegen Unionsrecht ab, wenn man § 9 II UWG in freie Anspruchskonkurrenz zu dem Mängelrecht stellt. Das überzeugt so nicht. Gesagtes gilt nur, soweit die Richtlinie nichts anderes bestimmt. In Art. 3 VI der WK-RL wird aber davon gesprochen, dass die Richtlinie nicht die Freiheit der Mitgliedsstaaten berührt (...), Regelungen des Rechts auf Schadensersatz festzulegen. Um diesen geht es Art. 11a der UGP-RL aber – auch bei der Vertragsaufhebung als entsprechenden Schaden. Insoweit besteht keine Vollharmonisierung, die mit Artikel 4 kollidieren würde. Gemeint sind eher Fälle, in denen an eine Nacherfüllung strengere oder weniger strenge Voraussetzungen gestellt werden. In systematischer Auslegung des Art. 3 VI der WK-RL,[765] „soweit diese Aspekte nicht in dieser Richtlinie geregelt werden, oder", kann man auch keinen mittelbaren Bezug dahingehend herleiten, dass diese Aspekte, soweit das Nacherfüllungsrecht betroffen ist, mittelbar mitgeregelt werden. Die Begrifflichkeit „oder", auf die sich das Recht zum Schadensersatz bezieht, zeigt dies. Unklar ist insbesondere auch ErwGr. 50 der WK-RL. Dieser formuliert, dass bei Vertragswidrigkeit der Verbraucher grundsätzlich erst einmal Nacherfüllung verlangen muss. Problematisch ist einerseits, dass sich nicht auf den Schadensersatz bezogen wird. Gleichwohl könnte man ableiten, dass hiermit ein allgemeiner Grundsatz verbunden ist, dass das Nacherfüllungsrecht nicht unterlaufen werden soll.[766] Das ist im Hinblick auf den nicht harmonisierten Schadensersatzanspruch aber unklar. Die Situation wird durch die Formulierung „grundsätzlich" sogar noch verschwommener. So könnte man auch annehmen, dass es unter Umständen anders ist. Diese Umstände

---

764 *Keller*, GRUR 2021, 456 (459).

765 *„Diese Richtlinie berührt nicht die Freiheit der Mitgliedstaaten zur Regelung von Aspekten des allgemeinen Vertragsrechts, wie der Bestimmungen über das Zustandekommen, die Wirksamkeit, die Nichtigkeit oder die Wirkungen eines Vertrags einschließlich der Folgen der Vertragsbeendigung, soweit diese Aspekte nicht in dieser Richtlinie geregelt werden, oder zur Regelung des Rechts auf Schadensersatz*", Richtlinie (EU) 2019/771 des Europäischen Parlaments und des Rates vom 20. Mai 2019 über bestimmte vertragsrechtliche Aspekte des Warenkaufs, zur Änderung der Verordnung (EU)2017/2394 und der Richtlinie 2009/22/EG sowie zur Aufhebung der Richtlinie 1999/44/EG, ABl. 136/28.

766 In diese Richtung *Scherer*, GRUR 2022, 787 (793).

könnte man dann mit der Einschlägigkeit des Art. 11a der UGP-RL konturieren. Eine klare Aussage lässt sich dem nicht entnehmen.

4) Art. 11a II UGP-RL

Ebenfalls wenig überzeugend ist eine dahingehende isolierte Betrachtung des Art. 11a II UGP-RL. Dieser spricht davon, dass die Rechtsbehelfe die Anwendung anderer Rechtsbehelfe nach dem Unionsrecht oder nationalem Recht nicht berühren. Dadurch soll abgeleitet werden, dass auch die Umsetzung des § 9 II UWG in freier Anspruchskonkurrenz zu jeglichen Rechtsbehelfen und Ansprüchen des BGB stehen soll.[767] Das kann schon deshalb nicht überzeugen, weil Art. 11a der UGP-RL den umgekehrten Fall in den Blick nimmt.[768] Eine extensivere Auslegung durch diesen findet ihre Grenze in dem Wortlaut der Norm. Vielmehr könnte man sogar einen Umkehrschluss herleiten: Dieser lässt zwar andere Ansprüche unberührt. Die „anderen" Ansprüche wiederum können einen Anspruch aus Art. 11a UGP-RL schon berühren. Eine klare Aussage lässt sich auch Art. 11a II UGP-RL nicht entnehmen.

5) Art. 3 II UGP-RL

Heinze/Engel[769] wollen zur Sicherung des Nacherfüllungsrechts Art. 3 II UGP-RL i. V. m. dem Spezialitätsgrundsatz, gemeint ist Art. 3 IV der UGP-RL, bemühen. Sie sehen einen unionsrechtlich gebotenen Vorrang des Vertragsrechts bei konkretem Normkonflikt.

Dabei ergibt sich schon im Ausgangspunkt das Problem, welche Aussage Art. 3 II der UGP-RL überhaupt noch trifft[770] beziehungsweise in diesem

---

767 So explizit H-B/H-B/*Goldmann*, 5. Aufl. (2021), § 9 Rn. 155; ebenso KBF/*Köhler*, 41. Aufl. (2023), § 9 Rn. 2.54.

768 Zutreffend dazu BeckOKUWG/*Eichelberger*, 23. Ed. (01.10.2023), § 9 Rn. 120; ähnlich auch *Glöckner*, GRUR 2021, 919 (923).

769 *Heinze/Engel*, NJW 2021, 2609 (2612 f.).

770 Zur Kritik an der Annäherung von Vertragsrecht und Lauterkeitsrecht und dem schwindenden Inhalt von Art. 3 II UGP-RL etwa *Hagenmeier*, Lauterkeitsrechtlicher Schutz, S. 168 ff., wenn er anführt, dass das Unionsrecht insbesondere im Hinblick auf Art. 3 II UGP-RL nur sehr begrenzt für eine Abgrenzung von UWG und BGB überhaupt herangezogen werden kann; *Apetz*, Das Verbot aggressiver Geschäftspraktiken, S. 174 spricht von einer Verquickung des europäischen Sekundärrechts im Hinblick auf lauterkeitsrechtliche und vertragsrechtliche Aspekte; kritisch und die Möglichkeit von Überlagerungen ansprechend *Klagge*, Normative Kohärenz, S. 84; kritisch MüKoUWG/*Micklitz/Namyslowska*, 3. Aufl. (2020), Art. 3 UGP-RL Rn. 28 ff.,

Zusammenhang treffen kann. Seinem Wortlaut nach beschreibt er, dass diese Richtlinie das Vertragsrecht, insbesondere die Bestimmungen über die Wirksamkeit (...), unberührt lässt. Verstehen könnte man das so, dass die UGP-RL, wenn es um das Vertragsrecht geht, schlicht außer Betracht bleibt. Das wird man jedenfalls auch mit der damaligen EuGH-Rechtsprechung[771] nicht annehmen können. Diese spricht zwar davon, dass „die Feststellung des unlauteren Charakters keine unmittelbare Auswirkung auf die Frage der Wirksamkeit des Vertrages im Hinblick auf Art. 6 Abs. 1 der Richtlinie 93/13" hat. Gleichwohl soll die Unlauterkeit einer von mehreren Aspekten sein, die man bei der Frage nach der Unwirksamkeit des Vertrages miteinbeziehen kann.[772] Das spräche aber sehr dafür, dass man schon hierdurch dazu kommt, dass die Konkurrenz sich schon deswegen nicht ergibt, weil die UGP-RL hier keinen (unmittelbaren) Anwendungsbereich hat. Sie könnte daher schon nicht zu einer Vertragsaufhebung führen. Sie wäre nur ein Aspekt von vielen, der für das Vertragsrecht bei der Aufhebung eines Vertrages relevant wäre.

Damit ist das Problem für die Anwendung des § 9 II UWG aber nicht gelöst – es wird vielmehr größer. Das erste Problem für die hiesige Frage betrifft schon den Bezugspunkt des Art. 3 II UGP-RL. Vorliegend geht es um eine Konkurrenzfrage. Will man Art. 3 II UGP-RL aber so verstehen, dass die UGP-RL im Vertragsrecht schon generell nicht greift und das Vertragsrecht und Lauterkeitsrecht isoliert nebeneinanderstehen, dürfte das UWG schon gar nicht einschlägig sein. Die Konkurrenzfrage dürfte sich daher schon nicht stellen. Art. 11a UGP-RL spricht aber selbst davon, dass bei Vorliegen einer unlauteren Geschäftspraxis Vertragsaufhebung[773] verlangt werden kann. Man wird daher jedenfalls nunmehr mit Art. 11a UGP-RL nicht umhinkommen, eine parallele Einschlägigkeit der Bereiche zu haben. Ein Verständnis dahingehend, dass die UGP-RL dann generell keine Anwendung findet oder nur eine von mehreren zu berücksichtigenden Aspekten ist, überzeugt im

---

der davon spricht, dass Art. 3 II der UGP-RL nur noch eine „Beruhigungspille" ist; *Glöckner*, GRUR 2021, 919 (922) spricht davon, dass der Anwendungsbereich nach der EuGH-Rechtsprechung keine Abgrenzung zu anderen Teilrechtsgebieten mehr gestattet.

771 EuGH, Urt. v. 15.3.2012, C-453/10 Rn. 45 – *Pereničová und Perenič* =ECLI:EU:C:2012:144.

772 EuGH, Urt. v. 15.3.2012, C-453/10 Rn. 47 – *Pereničová und Perenič* =ECLI:EU:C:2012:144.

773 Zu der Möglichkeit, wenn auch zum Teil der Wortlaut anders verstanden wird, Kapitel 1 (S. 42 ff.).

Hinblick auf Art. 11a UGP-RL nicht mehr. Insbesondere die genannte fortlaufende Annäherung von UWG und BGB auch in ihren unionsrechtlichen Grundlagen führt aufgrund des komplementären Verständnisses[774] derselben de lege lata zu erheblichen Problemen im Hinblick auf den friktionsfreien Aussagegehalt des Art. 3 II UGP-RL.[775]

Man wird Art. 3 II UGP-RL auf den hiesigen Fall schon deswegen nicht einfach anwenden können, weil er eine vorgelagerte Frage betrifft[776] und für die sich nun nachgelagert stellende Frage nicht richtig passt. Richtig wird aber sein, dass ihm gleichwohl eine Wertung[777] innewohnt, das Vertragsrecht einerseits nicht selbst zu modifizieren[778] und auf die vertragsrechtlichen Wertungen Rücksicht[779] zu nehmen.

Man wird Art. 3 II UGP-RL aber nicht entnehmen können, dass die UGP-RL bei genannter Konkurrenzsituation schon keinen Anwendungsbereich hat, sich das Konkurrenzverhältnis daher schon nicht stellen muss.

---

[774] Zu der Annäherung im Einzelnen und denkbaren Überschneidungen instruktiv schon *Leistner*, Richtiger Vertrag, S. 256 ff.; ebenso *Hagenmeier*, Lauterkeitsrechtlicher Schutz, S. 168 ff. m. w. N.

[775] Dazu etwa *Hagenmeier*, Lauterkeitsrechtlicher Schutz, S. 168 ff., wenn er anführt, dass das Unionsrecht insbesondere im Hinblick auf Art. 3 II UGP-RL nur sehr begrenzt für eine Abgrenzung von UWG und BGB überhaupt herangezogen werden kann; MüKoUWG/*Micklitz/Namyslowska*, 3. Aufl. (2020), Art. 3 UGP-RL Rn. 28 ff., der davon spricht, dass Art. 3 II der UGP-RL nur noch eine „Beruhigungspille" ist; in diese Richtung auch *Glöckner*, GRUR 2021, 919 (922) spricht davon, dass der Anwendungsbereich nach der EuGH-Rechtsprechung keine Abgrenzung zu anderen Teilrechtsgebieten mehr gestattet.

[776] Ähnlich *Keller*, GRUR 2021, 456 (456).

[777] In diesem Sinne *Glöckner*, WRP 2022, 383 (388).

[778] Das ergibt sich in systematischer Gesamtschau mit Art. 11a II der UGP-RL dadurch, dass andere Rechtsbehelfe in ihrer Anwendung nicht berührt werden; in diesem Sinne auch ErGr. 9 der UGP-RL entsprechend dem Verständnis von „berühren", dass andere Rechtsbehelfe weiter denkbar sind.

[779] In diesem Sinne dann auch *Apetz*, Das Verbot aggressiver Geschäftspraktiken, S. 174, der von einer Verquickung lauterkeitsrechtlicher und verbrauchervertragsrechtlicher Aspekte spricht. Vielmehr sei nur der Auftrag einer stimmigen und wechselseitigen systematischen Abgrenzung adressiert; in diese Richtung auch *Hagenmeier*, Lauterkeitsrechtlicher Schutz, S. 168 ff.

Umgekehrt lässt sich aber auch nicht aus Art. 3 II UGP-RL ableiten, dass dieser schon eine freie Anspruchskonkurrenz[780] herbeiführt.

Art. 3 II UGP-RL sagt daher in diesem Zusammenhang nur über eine Wertung, dass das Vertragsrecht in die Beurteilung des Anspruchsumfangs einzubeziehen ist. Er wirft damit aber nur die maßgebliche Frage auf. Eine Antwort, inwieweit dies zu erfolgen hat, gibt er für die Konkurrenzfrage nach hiesigem Dafürhalten noch nicht. Denn es kann auch unter Berücksichtigung des Vertragsrechts zu einer freien Anspruchskonkurrenz kommen. Das gilt dann, wenn man unter Berücksichtigung der Wertungen des Vertragsrechts gleichwohl keinen Vorrang desselben beanspruchen will.

6) Art. 3 II i. V. m. Art. 3 IV UGP-RL

Abhilfe könnte die Gesamtschau von Art. 3 II, IV UGP-RL schaffen. Systematisch ergeben sich wie oben Bedenken. Eine Wertung kann für die Konkurrenzfrage aber auch hier angenommen werden. Das Recht zur Nacherfüllung müsste daher ein „besonderer Aspekt unlauterer Geschäftspraxis" sein, mit dem die UGP-RL kollidiert.

(a) Nacherfüllungsrecht als „Aspekt" unlauterer geschäftlicher Handlung

Schwierig gestaltet sich schon die Ausgestaltung des Nacherfüllungsrechts als „Aspekt" unlauterer geschäftlicher Handlung. Das könnte man, stellt man im Vertragsrecht auf den Mangel der Sache ab, zunächst verneinen.[781] Die UGP-RL knüpft an eine unlautere Geschäftspraxis an, das Vertragsrecht an den Mangel an sich als Bezugspunkt des Nacherfüllungsrechts. Man könnte daher andenken, dass es schon nicht um einen Aspekt unlauterer Geschäftspraktik geht, sondern um den Mangel an sich. Es kommt zwar zu einer Überschneidung von UWG und BGB, das aber nur deshalb, weil die Folge des Aspekts der unlauteren Geschäftspraktik zu einem Mangel führt. Das wird man ablehnen müssen. Denn auch das Mängelrecht knüpft

---

[780] Ähnlich KBF/*Köhler*, 41. Aufl. (2023), § 9 Rn. 2.54; abstrakt vor § 9 II UWG in der Tendenz auch *Klagge*, Normative Kohärenz, S. 84 f., 89 f., wenn er von einer extensiven Lesart spricht, die nicht dem einen oder anderen Rechtsgebiet zwingend Vorrang verschafft, sondern im nachvertraglichen Bereich die UGP-RL im Hinblick auf das Vertragsrecht „keinen besonderen Beschränkungen" unterliegt.

[781] In diesem Sinne wohl *Köhler*, WRP 2021, 129 (134), der auf den besonderen Unwert der unlauteren Handlung als Differenzierungskriterium abstellt.

in § 434 III Nr. 2 b) BGB an irreführende öffentliche Äußerungen an. Der Mangel wird durch die unlautere Geschäftspraxis „Irreführung" begründet. Es überzeugt zwar, dass das BGB den dadurch hervorgerufenen Mangel in Betracht nimmt und das UWG die Irreführung als solche. Es handelt sich aber trotz des unterschiedlichen Bezugspunktes um die gleiche Situation, sodass bei Irreführung über eine Sache schon ein Aspekt unlauterer geschäftlicher Handlungen[782] über den Mangelbegriff im Rahmen des Nacherfüllungsrechts mitberücksichtigt wird.

Ferner ist es für das Vorliegen eines dahingehenden Aspektes nach ErwGr. 10 der UGP-RL erforderlich, dass sich die Schutzzwecke überschneiden,[783] da sich sonst aufgrund unterschiedlicher Schutzzwecke ein Nebeneinander ergeben könnte.[784] Für die unionale Abstimmung ist es unschädlich, wenn weitere Schutzzwecke mitverfolgt werden.[785] Es kommt nur darauf an, ob ein sich überlagernder Schutzzweck vorliegt.

Das wird man für Art. 11a UGP-RL und das unional geprägte Nacherfüllungsrecht annehmen können. Beiden geht es im Kern um den Schutz der wirtschaftlichen Interessen der Verbraucher. Die UGP-RL lenkt zwar über ihre Erwägungsgründe den Blick noch etwas weiter auf mittelbaren Mitbewerberschutz und die Lauterkeit des Marktes.[786] Ein derartiger Schutzzweck lässt sich im Ansatz nach Gesagtem aber auch für das Vertragsrecht herleiten, sodass sich im Kern ähnliche – wenn auch teilweise in der Intensität unterschiedliche – Schutzzwecke[787] herleiten lassen. Selbst wenn man Letzteres anders sähe, würde sich nichts anderes insoweit[788] ergeben, weil weitere mitverfolgte Schutzzwecke unschädlich sind, solange es im Kern um den gleichen Schutzzweck geht.

---

782 In diesem Sinne dann auch *Heinze/Engel*, NJW 2021, 2609 (2612 ff.).

783 ErwGr. 10 der UGP-RL a. E.; dazu auch *Alexander*, WRP 2022, 394 (395, 399) m. w. N.

784 Dazu insgesamt für die UGP-RL auch *Klagge*, Normative Kohärenz, S. 84 f., 88.

785 In diesem Sinne EuGH, Urt. v. 9.11.2010, C 540/08 Rn. 21 ff. – *Mediaprint Zeitungs- und Zeitschriftenverlag* = ECLI:EU:C:2010:660; ebenso hierzu *Alexander*, WRP 2022, 394 (395, 399).

786 Dazu Kapitel 1 (S. 59 ff.).

787 Dazu Kapitel 2 (S. 144 ff.).

788 Wohl aber im Hinblick auf den genannten „bad act", weil dann ein „Mehr" insoweit vorliegen würde.

(b) „Besonderer Aspekt“

Schwierig gestaltet sich aber die Frage, was solche „besonderen Aspekte“ unlauterer Geschäftspraktiken sein sollen. Eine Definition hierfür gibt es nicht. Die Differenzierung von *Heinze/Engel*,[789] dass dies für „speziellere“ Vorschriften des Gewährleistungsrechts bejaht werden soll, bedarf einer Begründung und erschwert eine Subsumtion unter diese schon im Ausgangspunkt, weil dabei wiederum nicht recht klar wird, was nun aber allgemeine, spezielle und dann in der Konsequenz dazu „speziellere“ Vorschriften des Gewährleistungsrechts sein sollen. Abhilfe schaffen können allenfalls Hinweise in der UGP-RL selbst und darauf bezogene Rechtsprechung des EuGH.

(aa) Anhaltspunkte in der UGP-RL

Aus ErwGr. 10 der UGP-RL geht hervor, dass damit Einzelvorschriften über unlautere Geschäftspraktiken in speziellen Sektoren gemeint sind und diese Vorschriften, z. B. über bestimmte Informationsanforderungen, Vorrang haben. Art. 3 IV UGP-RL ist darauf zugeschnitten, dass dort, wo an anderer Stelle etwas erlaubt oder verboten ist, der entsprechende Sachverhalt durch das Lauterkeitsrecht nicht abweichend behandelt werden soll.[790] Es geht im Kern um die Anforderungen an Verhaltensweisen von Unternehmern[791] und deren Zulässigkeit im Hinblick auf ein Verbot.

(bb) Umgang in EuGH-Rechtsprechung

Die EuGH-Rechtsprechung behandelt derartige Fälle exemplarisch wie folgt: So wurde die Frage des oben genannten Bezugspunkts eines „besonderen Aspekts“ zum Beispiel im Fall Citroen Commerce berücksichtigt,[792] in dem der EuGH den Aspekt des Verkaufspreises, der angegeben war, durch die Preisangaben-RL geregelt sah. Daher konnte die UGP-RL nicht greifen. Ähnliches ließ sich im Fall Dyson[793] beobachten, bei dem es um die Vorenthaltung von

---

789 *Heinze/Engel*, NJW 2021, 2609 (2612 f.).

790 Insoweit äußert sich jedenfalls die Kommission in ihren Leitlinien zur Umsetzung/Anwendung der RL 2005/29/EG über unlautere Geschäftspraktiken v. 25.5.2016, SWD (2016) 163 final, S. 15 ff. Die Leitlinien sind ihrerseits rechtlich zwar nicht verbindlich, liefern gleichwohl aber erste Anhaltspunkte für eine Konturierung.

791 *Alexander*, GRUR 2021, 1445 (1448).

792 EuGH-Urt. v. 7.7.2016, C-476/14 Rn. 45 – *Citroën Commerce* = ECLI:EU:C:2016:527.

793 EuGH-Urt. v. 25.07.2018, C-632/16 – *Dyson u. a./BSH HomeAppliances* = ECLI:EU:C:2018:599.

Testbedingungen von Staubsaugern ging und die Frage, ob eine irreführende Unterlassung vorliegt. Es wurde demnach regelmäßig an gleiche Handlungen angeknüpft und diese sollten lauterkeitsrechtlich im Hinblick auf ein Verbot nicht anders beurteilt werden als in Spezialgesetzen.

(cc) Übertragbarkeit für das Nacherfüllungsrecht

Für das Nacherfüllungsrecht wirft das Probleme auf. Dieses trifft keine Aussage darüber, was verboten ist. Es verbietet die mangelhafte Leistung gerade nicht. Eigentlich billigt es diese vielmehr und sagt, wie infolgedessen unter Aufrechterhaltung des Vertrages mit dieser umzugehen ist. Insbesondere wenn man auf den hierfür relevanten § 434 III Nr. 2 b) BGB abstellt, regelt dieser gerade auch nicht spezielle Anforderungen an Informationspflichten, wie in den genannten Fällen für eine Abgrenzung gefordert. Er sagt vielmehr ganz allgemein, dass dieses Verhalten im Rahmen von öffentlichen Äußerungen, das aus der Perspektive des UWG irreführend sein kann, bei dem Mangel berücksichtigt wird. Er bezieht sich daher ganz allgemein auf Irreführungen an dieser Stelle, sodass man fast – nach der genannten Abgrenzung von *Heinze* und *Engel* – von einer Art „allgemeinem Aspekt" unlauterer geschäftlicher Handlungen ausgehen müsste. Es ist gerade nicht so, dass die Informationspflicht, die verletzt wurde, für sich nur das Nacherfüllungsrecht als Folge ihrer selbst sieht,[794] sondern vielmehr ist es umgekehrt, dass das Nacherfüllungsrecht für diese Fälle bei Einschlägigkeit entsprechende Ansprüche zur Verfügung stellt.

Eine Subsumtion unter Art. 3 IV UGP-RL unter diesem Blickwinkel ist daher schwierig. Es geht vielmehr um allgemeine Aspekte von unlauteren Geschäftspraktiken, an die besondere Rechtsfolgen geknüpft werden.

(dd) Rechtsfolgenkonkurrenz als Fall des Art. 3 IV UGP-RL?

Letztlich erscheint dieser Wechsel des Blickwinkels aber durchaus auch für Art. 3 IV UGP-RL möglich. Denkbar wäre unter dem Gesichtspunkt des Art. 3 IV UGP-RL neben dem Gedanken des „Verbots" als Maßstab auch

---

[794] Das wäre indessen Voraussetzung, weil diese insoweit einen besonderen Aspekt darstellen würde, dazu auch *Alexander*, GRUR 2021, 1445 (1448), wenn er davon spricht, dass es unerheblich ist, ob die Spezialnorm allein die materiell-rechtliche Beurteilung von Geschäftspraktiken oder auch besondere Sanktionsregelungen vorsehen will.

die Berücksichtigung einer Rechtsfolgenkonkurrenz,[795] bei der das Nacherfüllungsrecht für diesen allgemeinen Aspekt eine abschließende Rechtsfolge darstellen soll. Dann wäre das Recht zur zweiten Andienung der „besondere Aspekt", wenngleich nach Gesagtem für die unlautere Geschäftspraxis als solcher kein besonderer Aspekt ausgemacht werden kann. „Besonderer Aspekt" wäre daher, dass die Möglichkeit der Schadensersatzanspruchsgeltendmachung von der vorherigen Setzung einer Nachfrist abhängt. Diese Fälle entsprechen zwar nicht komplett denen der EuGH-Rechtsprechung für Art. 3 IV UGP-RL. Sie sind dieser aber ähnlich. Es überzeugt daher, die Wertung zu übertragen. Das Nacherfüllungsrecht ist damit ein „besonderer Aspekt" unlauterer Geschäftspraxis. Eine andere Tendenz dieser Wertung ergibt sich zwar durch die BGH-Rechtsprechung in einer kartellrechtlichen Konstellation.[796] Man wird das Unionsrecht aber nicht durch das nationale Recht konturieren dürfen. Es ergibt sich daher für die relevanten Richtlinientexte eine starke Tendenz hin zu einem Wertungswiderspruch zum

---

[795] In eine ähnliche Richtung abtrakter *Alexander*, WRP 2022, 394 (401 f.) unter Bezug auf § 3a UWG; dazu auch MüKoUWG/*Schaffert*, 3. Aufl. (2020), § 3a Rn. 22; dazu auch O/S/*Ohly*, 8. Aufl. (2023), § 3a Rn. 9 für § 3a UWG für Normen aus dem Verwaltungsrecht, die nicht ohne Weiteres von ihrem Sanktionssystem losgelöst durch das UWG durchgesetzt werden dürfen. Öffentliche Äußerungen sind aber keine besonderen Bestimmungen aus dem BGB, sondern gerade solche, die das BGB nur miteinbezieht; offener im Hinblick auf ein Nebeneinander KF/*Köhler*, 43. Aufl. (2025), § 3a Rn. 1.33 ff. m. w. N.; in diese Richtung auch *Scherer*, GRUR 2022, 787 (792 ff.).

[796] BGH GRUR 2006, 773. Ganz vergleichbar ist die Situation freilich ohnehin schon deshalb nicht, weil es hier um die Frage ging, *wer* Ansprüche geltend machen kann und nicht *inwiefern*, in der Sache ist die Kernfrage im Hinblick auf eine Konkurrenzbetrachtung aber dieselbe. Dort ging es um Ansprüche aus den §§ 33, 34a a. F. GWB und die Möglichkeit der Subsumtion unter die Verhaltensnorm des § 3a UWG und damit der Anwendung der §§ 8 f. UWG. Dabei urteilte der BGH, dass zivilrechtliche Ansprüche bei Kartellrechtsverstößen durch diese abschließend geregelt werden. Ein Anspruch aus § 3a UWG sei dann unter Berufung der kartellrechtlichen Normen als Marktverhaltensregeln ausgeschlossen. Insoweit würde das die unionsrechtlich vorzugswürdige Auslegung noch stützen. Die Übertragbarkeit hinkt aber deswegen, weil der BGH seine Argumentation darauf stützt, dass sich „der Vorwurf der Unlauterkeit allein aus dem kartellrechtlichen Verstoß speist", die Situation aber dann anders liegt, wenn an einen eigenständigen Lauterkeitstatbestand angeknüpft wird, also gerade nicht nur § 3a UWG i. V. m. der kartellrechtlichen Haftungsnorm herangezogen wird, sondern eine eigenständige Anknüpfung an § 5 UWG gegeben ist. Das wird bei den Konstellationen des § 9 II UWG aber der Fall sein.

Nacherfüllungsrecht. Zuzugeben ist gleichwohl, dass diese nur über eine Wertung innerhalb einer Wertung ausgemacht werden kann.

ccc Gleiche Tendenz unter Zugrundelegung des Spannungsfeldes

Die genannte Wertung wird zudem durch eine spannungsfeldbezogene Auflösung bestärkt.

1) Spannungsfeld

Der Grundsatz des Rechts zur zweiten Andienung ist nicht weniger als ein „Element des Europäischen Verbraucherprivatrechts“[797], das nicht ohne hinreichende Begründung ausgehebelt werden darf. Erreicht werden soll hiermit ein sachgerechter Interessenausgleich[798] zwischen den jeweiligen Vertragsparteien.[799] Das Lauterkeitsrecht regelt für Art. 11a UGP-RL das Verhältnis zwischen unlauter handelnden Unternehmern und Verbrauchern und bezweckt hiermit ebenso mittelbaren Mitbewerberschutz und die Lauterkeit des Marktes.[800] Anknüpfungspunkt für eine Ausgestaltung des Art. 11a UGP-RL im Hinblick auf das Nacherfüllungsrecht wird dabei sein, dass es „angemessene Rechtsbehelfe“ braucht. Angemessen werden diese wiederum sinnvollerweise nur dann sein, wenn sie sonstige Rechtsbehelfe des Verbrauchers hinreichend berücksichtigen.

2) Kein „bad act“ als Auflösungsmöglichkeit zulasten des Nacherfüllungsrechts

Ein sinnvolles Nebeneinanderbestehen könnte sich im Hinblick auf Unterschiede der beiden Regelungsbereiche ergeben. Insbesondere erscheint, bezogen auf den Schutzzweck der UGP-RL, ein „Mehr“ an Unrecht im Hinblick auf auch überindividuelle Schutzzwecke denkbar, das eine Abgrenzung

---

797 *Glöckner*, WRP 2022, 383 (387), der darauf verweist, dass dies schon in der Pauschalreiserichtlinie von 1990 erwähnt war und immer weiter konkretisiert wurde. Durch Einbezug der Interessen macht er zudem deutlich, dass es der Berücksichtigung dieser bei Beantwortung der Frage bedarf, und damit, dass auch andere Interessen in anderen Regelungsgefügen miteinzubeziehen sind; vgl. hierzu nur Art. 13 IV der Pauschalreiserichtlinie, Art. 13 IV der Warenkaufsrichtlinie und Art. 14 IV der Richtlinie über digitale Inhalte und digitale Dienstleistungen.

798 *Glöckner*, WRP 2022, 383 (387).

799 Zu den mitverfolgten überindividuellen Interessen und deren Relevanz siehe Kapitel 2 (S. 144 ff.).

800 Dazu Kapitel 1 (S. 59 ff.).

möglich machen könnte. So wird im Hinblick auf das „Mehr“ das Lauterkeitsrecht zu einem „scharfen Schwert“[801], das durch das Vertragsrecht nicht wiederum eingeschränkt werden soll. Das kann einerseits nach den ausführlichen Erwägungen im Hinblick auf eine übergeordnete Abgrenzung von UWG und BGB in ihren unionsrechtlichen Grundlagen[802] für das „Mehr“ an Schutzzweck keine Geltung beanspruchen. Die Regelungsbereiche überschneiden sich vielmehr in einem komplementären Verhältnis,[803] ohne dass es zu einem zusätzlichen Unwert[804] kommt. Andererseits liegt ein „bad act“,[805] der eine Konkurrenz rechtfertigen könnte, durch die nationalrechtliche Ausgestaltung des § 9 II UWG de lege lata nicht vor.[806]

ddd Ergebnis zur unionsrechtlichen Auflösung des Konflikts

Letztlich geht die unionsrechtliche Tendenz klar hin zu einem Wertungskonflikt mit dem Nacherfüllungsrecht. Das lässt sich zwar nicht ohne Zweifel feststellen, bezieht man aber die Richtlinientexte und eine Auflösung des zugrunde liegenden Spannungsfeldes mit ein, ergibt sich ein Wertungskonflikt.

bb Kein anderes Ergebnis bei Annahme eines nationalen Spielraums bei Art. 11a I UGP-RL

Sieht man die Auflösung nicht im Unionsrecht verortet,[807] etwa deswegen, weil man Art. 3 II, IV UGP-RL diese Wertung nicht entnehmen will oder in der fehlenden Äußerung des Unionsgesetzgebers einen Spielraum für die Mitgliedsstaaten im Rahmen des Art. 11a I UGP-RL sieht, ergibt sich nichts anderes. Es soll gezeigt werden, dass sich auch insoweit ein Wertungswiderspruch

---

801 *Köhler*, WRP 2021, 129 (134).

802 Hierzu ausführlich Kapitel 1 (S. 59 ff.), zusammen mit Kapitel 2 (S. 144 ff.).

803 Zu diesem grundsätzlich auch *Hagenmeier*, Lauterkeitsrechtlicher Schutz, S. 179 ff., 256 ff.

804 So i. E. auch zutreffend *Glöckner*, WRP 2022, 383 (388); in diesem Sinne auch *Ohly*, GRUR 2022, 763 (769).

805 Zu diesem bei Art. 11a UGP-RL *Glöckner*, WRP 2022, 383 (388).

806 Dazu sogleich die Ausführungen, wenn man einen nationalrechtlichen Entscheidungsspielraum annimmt.

807 So im Kern auch *Büscher*, WRP 2022, 132 (134); *Köhler*, WRP 2021, 129 (134) m. w. N.; *Peifer*, WRP 2022, 794 (800).

ergibt. Die folgende Untersuchung soll daher zeigen, dass man die Diskussion, worauf es ankommt, für das Ergebnis nicht führen muss.

aaa Das Verhältnis von Deliktrecht zum Vertragsrecht als Beantwortung der Konkurrenzfrage?

Ausgangspunkt einer nationalrechtlichen Betrachtung wäre Folgendes: Denkbar wäre eine Abgrenzung, wie von *Köhler*[808] und *Peifer*[809] vorgeschlagen, dass § 9 II UWG und das Vertragsrecht, wie die Gesetzesbegründung[810] dies angibt, in freier Anspruchskonkurrenz stehen sollten. Begründet wird dies mit dem Verhältnis der §§ 434 ff. BGB zu den §§ 823 ff. BGB. Eine dahingehende Auflösung wird auch von Teilen der Literatur für das österreichische Lauterkeitsrecht[811] angenommen. Warum dieses eine dahingehende Abgrenzung zulassen soll, wird aber über die unterschiedlichen Verortungen der Ansprüche hinaus nicht begründet. Ob dieses Argument durchschlagen kann, bedarf daher einer gesonderten Begründung. Denkbar wäre eine solche dahingehend, dass – trotz Normüberschneidung und Zielrichtung des Ersatzes eines Schadens, die die Konkurrenzfrage begründen[812] – unterschiedliche Wertungen hinter den Systemen stecken und abweichende Regelungskonzeptionen verfolgt werden.[813] Gemeint ist damit für den allgemein deliktischen Bereich die Situation, dass unabhängig von dem Bestehen einer Sonderbeziehung vor Eingriffen Dritter in Rechte und Rechtsgüter geschützt werden soll und präventiv die allgemeine Rechtspflicht, die im Gesetz vorgegeben wird, eingehalten werden soll.[814] Im Vertragsrecht geht es hingegen mehr um das zwischen den Parteien konkretisierte Verhältnis, innerhalb dessen das BGB ein auf diese

---

808 *Köhler*, WRP 2021, 129 (134) m. w. N.

809 *Peifer*, WRP 2022, 794 (800).

810 BT-Drs. 19/27873, S. 40.

811 *Kodek/Leupold*, Modernisierung, S. 46, indessen ohne systematische Begründung hierfür.

812 Für die Situationen einer Konkurrenz allgemein statt einiger MüKoBGB/*Bachmann*, 9. Aufl. (2022), § 241 Rn. 41 ff.

813 Dazu auch *Kramer*, Juristische Methodenlehre, S. 125 ff.; speziell zum UWG im Hinblick auf den Verbraucher auch *Frey*, VuR 2022, 174 (178); *Köhler*, WRP 2021, 129 (134); in diese Richtung auch *Thomale*, JuS 2013, 296 (297, 301), wenn er davon spricht, dass jeder Anspruch im Grundsatz seinen eigenen Regeln folgt, ungeachtet der Existenz weiterer Ansprüche, sog. „freie Anspruchskonkurrenz"; in diesem Sinne auch schon *Arens*, AcP 170 (1970), S. 392, 392 ff.

814 Jauernig/*Teichmann*, 18. Aufl. (2021), § 823 Rn. 1 ff.

Wertungen abgestimmtes System abbildet, das von dem des Deliktsrechts verschieden ist,[815] sodass im Grundsatz Anspruchskonkurrenz[816] herrscht.

Innerhalb dieses Konkurrenzverhältnisses gilt Normkumulation,[817] sodass allgemeines Deliktsrecht und Vertragsrecht nebeneinander anwendbar sind[818] und sich nicht ausschließen.[819]

Dieser Grundsatz gilt aber schon im Ausgangspunkt nicht absolut, sondern kann im Einzelfall insbesondere deshalb durchbrochen werden, weil Haftungsmaßstäbe in das Deliktsrecht übertragen werden[820] oder im Einzelfall doch eine Subsidiarität[821] aufgrund der Abschlussfunktion[822] des jeweiligen Regelungssystems gegeben ist.

bbb Eigene Bewertung der Wertungsübertragungsmöglichkeit

Die genannte Auflösung der Konkurrenz hin zu einer freien Anspruchskonkurrenz macht jedenfalls im Hinblick darauf Sinn, dass das UWG und damit auch § 9 II UWG[823] Sonderdeliktsrecht ist. Nach Gesagtem folgt hieraus aber nicht immer ohne Weiteres eine freie Anspruchskonkurrenz, diese ist vielmehr nur möglich. Um eine solche Möglichkeit auch für § 9 II UWG zu untersuchen, bietet es sich daher an, zu untersuchen, wie sich das allgemeine

---

815 So auch *Möllers*, Juristische Methodenlehre, S. 139; ähnlich *Franck*, Marktordnung durch Haftung, S. 11; in diese Richtung *Köhler*, WRP 2021, 129 (134); *Glöckner*, GRUR 2021, 919 (924).

816 Dazu BGH NJW-RR 2005, 172; BGH NJW 1988, 52.

817 BeckOKBGB/*Förster*, 63. Edition (Stand: 01.08.2022), § 823 Rn. 62; MüKoBGB/*Westermann*, 8. Aufl. (2020), § 823 Rn. 918 f. für die Produkthaftung; ähnlich im ersten Ausgangspunkt *Büscher*, WRP 2022, 132 (135).

818 Dazu auch *Kramer*, Juristische Methodenlehre, S. 125 ff.; zu diesem Grundsatz auch *Peifer*, WRP 2022, 794 (800); BeckOGK/*Spindler*, Stand: 01.02.2023, § 823 Rn. 793.

819 Grundlegend BGH NJW 1983, 810; BGH NJW 1988, 52; dazu für § 9 II UWG auch *Peifer*, WRP 2022, 794 (800).

820 Dazu nur BGH NJW 1972, 475 Rn. 7 ff.; insgesamt auch Schulze/*Fries/Schulze*, 11. Aufl. (2021), § 680 Rn. 2; kritisch hierzu schon damals *Arens*, AcP 170 (1970), S. 392 (396 ff.).

821 So z. B. bei einem etwaigen Selbstvornahmerecht, das nicht durch fehlende Fristsetzung zur Nacherfüllung unterlaufen werden soll, insoweit wären auch Aufwendungen u. U. als Schäden ersatzfähig. Dazu *Büscher*, WRP 2022, 132 (135), der sich auf BGH, 07.11.1985 - VII ZR 270/83, BGHZ 96, 221 bezieht und diese Wertung auf § 9 II UWG übertragen will.

822 *Thomale*, JuS 2013, 296 (298).

823 So zutreffend statt vieler *Köhler*, GRUR 2022, 435 (443 f.); kritisch hierzu *Schmidt-Kessel*, VuR 2021, 121 (122), der die Gefahr eines „Lauterkeitsvertragsrechts" sieht.

Deliktsrecht zum Vertragsrecht verhält und ob hieraus Wertungen abgeleitet werden können, die wiederum auf § 9 II UWG zu übertragen sind.

Eine im Ausgangspunkt zu dem allgemeinen Deliktsrecht übertragbare Wertung lässt sich nur dann herleiten, wenn sich die Situation im allgemeinen Deliktsrecht zum Vertragsrecht ähnlich darstellt wie die Situation des lauterkeitsrechtlichen Sonderdeliktsrechts zum Vertragsrecht.

Zunächst muss es zu einer parallelen Einschlägigkeit von allgemeinem und speziellem Deliktsrecht und Vertragsrecht kommen, um sich die Frage nach einer Vergleichbarkeit zu stellen.

1) Wertungsübertragung zu § 823 I BGB

Denkbar wäre zunächst ein Vergleich mit § 823 I BGB. Dieser ist dem § 9 II UWG zwar seinem Tatbestand nach im Vergleich zum übrigen allgemeinen Deliktsrecht nicht am ähnlichsten,[824] er könnte aber eine Wertung zulassen, weil es sich um einen allgemein deliktischen Anspruch handelt, der bei Fahrlässigkeit Anwendung findet. Daher könnte bei freier Anspruchskonkurrenz zum Vertragsrecht eine Wertung dahingehend abgeleitet werden, dass der Gesetzgeber eine solche bei fahrlässiger deliktischer Haftung gegenüber der vertraglichen Mängelhaftung zulässt. Diese Wertung könnte man dann auf § 9 II UWG übertragen und damit eine freie Anspruchskonkurrenz rechtfertigen.

Schwierigkeiten bereiten dabei schon im Ausgangspunkt die unterschiedlichen Zeitpunkte der Haftung in Konkurrenzsituationen, die einer Vergleichbarkeit entgegenstehen könnten.

Die im UWG bei Irreführung über einen Mangel bestehende Konkurrenz besteht schon, bevor es überhaupt zu einem deliktischen Schutz des § 823 I BGB in diesen Fällen kommen könnte.

So muss im Rahmen des § 823 I BGB in diesen Fällen eine Eigentumsverletzung im Rahmen eines „Weiterfresserschadens“[825] im Hinblick auf die erhaltene Ware bestehen, während es im UWG ausreichend wäre, dass vorgelagert über

824 § 9 II UWG entspricht vielmehr einem lauterkeitsrechtlichen § 823 II BGB, wobei die Verhaltensnormen entsprechende Schutznormen sind. Diese Auffassung teilt auch *Köhler*, GRUR 2022, 435 (443 f.).

825 Zu dieser Problematik etwa BGH NJW 2005, 1423; BGH NJW 1978, 2241; BGH NJW 2005, 1423; dazu insgesamt auch BeckOGKBGB/*Höpfner*, § 439 Rn. 94; *Grigoleit/Bender*, ZfPW 2019, 1 (12).

eine Eigenschaft irregeführt wurde und die Sache darauf beruhend mangelhaft ist. Es ergeben sich schon insoweit Unterschiede zwischen § 9 II UWG und § 823 I BGB, die einer Übertragung aber gleichwohl noch nicht zwingend entgegenstehen müssen, weil die Unterschiedlichkeit über folgende Vergleichbarkeit eventuell hin zu einer Übertragbarkeit ausgeglichen werden kann.

Der maßgebliche Gesichtspunkt, der einen Unterschied bedingen könnte, ist die lauterkeitsrechtliche Anknüpfung an eine unlautere geschäftliche Handlung,[826] die eine Vergleichbarkeit zu § 823 I BGB herbeiführen könnte. Dort, wo im Rahmen des § 823 I BGB der „Weiterfresserschaden" ein „Mehr" ist, könnte die „schuldhafte unlautere geschäftliche Handlung des Unternehmers" ein „Mehr" sein.

Ein vergleichbares „Mehr" ließe sich wie folgt darstellen:

Vertragsrecht: § 434 BGB = §§ 437 Nr. 1, 439 BGB
Allgemeines Deliktsrecht: § 434 BGB + <u>fehlende Stoffgleichheit</u> = § 823 I BGB i. V. m. § 249 I BGB
Lauterkeitsrecht: § 434 BGB + <u>§§ 3 II, 5 UWG</u> = § 9 II i. V. m. § 249 I BGB

Vergleicht man die Situationen, ergibt sich auch für das Lauterkeitsrecht ebenso ein „Mehr", das eine freie Anspruchskonkurrenz wie bei § 823 I BGB im Verhältnis zu § 434 BGB rechtfertigen könnte.

Eine dahingehende Beurteilung macht zwar auf den ersten Blick Sinn und begründet ein „Mehr", über das man eine Vergleichbarkeit zu § 823 I BGB und damit eine freie Anspruchskonkurrenz herleiten könnte. Insbesondere verfängt die Argumentation, dass das BGB unterschiedliche Bezugspunkte (Sachmangel/Eigentumsverletzung) einnimmt und das UWG dies nicht tut,[827] so auf den ersten Blick nicht. Das stimmt zwar, bezogen auf den „Schaden".[828] Dieser ist bei § 9 II UWG und § 434 BGB der gleiche. Gleichwohl nimmt

---

[826] KBF/*Köhler*, 43. Aufl. (2025), § 9 Rn. 2.55, der von dem besonderen insoweit bestehenden Unrechtsgehalt spricht, der die freie Anspruchskonkurrenz rechtfertigen soll; zu einem ähnlichen Ergebnis könnte *Schmieder*, Der verbraucherschützende Beseitigungsanspruch, S. 203 f. gelangen, der beim Verbraucherschutz auch überindividuelle Komponenten als Abwägung miteinstellen will.

[827] *Glöckner*, WRP 2022, 383 (389 ff.).

[828] Jedenfalls insoweit, als es um die Mangelhaftigkeit der Sache als solcher geht, freilich ist im Rahmen des § 9 II UWG dann im Ergebnis die Schadensfolge der Vertragsaufhebung adressiert.

das Lauterkeitsrecht die unlautere geschäftliche Handlung im Rahmen einer schuldhaften Irreführung in den Blick, wohingegen das Vertragsrecht auf die Mangelhaftigkeit der Sache abstellt. Es könnte sich daher ein „Mehr“ ergeben. Dann wäre es der besondere Unwert[829] der geschäftlichen Handlung, der über eine Vergleichbarkeit mit § 823 I BGB eine freie Anspruchskonkurrenz rechtfertigen könnte.

Dabei wird aber übersehen, dass in vertragsrechtlichen Konstellationen oftmals ebenso eine unlautere geschäftliche Handlung vorliegen wird. Sie wird in § 434 BGB also „mitbedacht“, auch wenn es im Ergebnis um die Frage eines Mangels geht. Bei § 434 III Nr. 2 b) BGB wird direkt an die öffentlichen Äußerungen eines Gliedes der Vertragskette angeknüpft. Unterschiede ergeben sich zwar deshalb, weil der Bezugspunkt des Vertragsrechts der dadurch hervorgerufene Mangel ist. Das UWG nimmt vielmehr die schuldhafte Irreführung als solche in den Blick. Es handelt sich aber um keinen Unterschied in der Sache. Vielmehr wird nur formal ein anderer Bezugspunkt für die gleiche Situation gewählt. Ein „Mehr“ ergibt sich nicht.

Letztlich muss überdies noch gesehen werden, dass die Ersatzfähigkeit von Konstellationen des „Weiterfresserschadens“ über § 823 I BGB ohnehin vermehrt als zu weitgehend[830] beurteilt wird. Damit wiederum verbunden ist die Wertung, dass man dahingehende Ausnahmen bei Konkurrenz ohnehin nur selten zugunsten des Deliktsrechts auflösen sollte. Eine Übertragung bei einem rein formalen „Mehr“ muss daher ausscheiden.

2) Wertungsübertragung zu § 823 II BGB i. V. m. Schutznorm

Denkbar erscheint zudem ein Vergleich von § 823 II BGB i. V. m. einem Schutzgesetz, insbesondere der §§ 263 StGB, 16 UWG, und die Berücksichtigung einer aktuellen Entscheidung des EuGH und BGH in Dieselfällen.

(a) Übertragbarkeit nach bisherigem Verständnis

Diese Situationen sind gerade insoweit vergleichbar, als die § 3 ff. UWG ihrer Funktion nach Schutzgesetze sind, diese aufgrund der abschließenden Funktion des UWG aber gerade nicht im Rahmen des § 823 II BGB geltend

---

829 KF/*Köhler*, 43. Aufl. (2025), § 9 Rn. 2.55; zu einem ähnlichen Ergebnis könnte *Schmieder*, Der verbraucherschützende Beseitigungsanspruch, S. 203 f. gelangen, der beim Verbraucherschutz auch überindividuelle Komponenten als Abwägung miteinstellen will.

830 Dazu statt aller m. w. N. MüKoBGB/*Wagner*, 8. Aufl. (2020), § 823 Rn. 281 ff.

gemacht werden können[831] und es sich daher dem Inhalt nach um einen § 9 II UWG in einem anderen Gewand handelt. So will gerade § 16 UWG vor dem Erwecken des Anscheins eines besonders günstigen Angebots in öffentlichen Bekanntmachungen durch Irreführung schützen. Auch § 263 StGB betrifft die Vorspiegelung falscher oder Unterdrückung wahrer Tatsachen und überschneidet sich daher ohne Weiteres mit Situationen der Irreführung nach § 5 UWG. § 9 II UWG ist seiner Funktion nach nichts anderes. Er entspricht funktional § 823 II BGB.[832]

§ 823 II BGB i. V. m. § 263 StGB und die §§ 823 II BGB i. V. m. § 16 UWG stehen dabei gerade in freier Anspruchskonkurrenz zum Mängelgewährleistungsrecht,[833] sodass eine Übertragungsmöglichkeit denkbar erscheint.

Das ist im Ausgangspunkt zwar schlüssig, übersieht aber den Haftungsmaßstab. Zwar ist es im Rahmen des § 823 II BGB nicht erforderlich, dass vorsätzlich gehandelt wird. Das ergibt sich aus § 823 II S. 2 BGB, der zwar fordert, dass ein Verschulden für einen Anspruch gegeben sein muss, dieses aber nicht auf Vorsatz beschränkt.[834] Insoweit wäre wieder eine Vergleichbarkeit zu § 9 II UWG gegeben.

Für die vergleichbaren Situationen wie bei § 263 StGB oder § 16 UWG wird aber gerade die „Absicht" des Anspruchsgegners gefordert. Das Schutzgesetz fordert daher selbst vorsätzliches Handeln. Dieses ist bei § 9 II UWG aber gerade nicht Voraussetzung. Insoweit kommt es also wieder zu keiner möglichen Wertungsübertragung, weil eine freie Anspruchskonkurrenz in vergleichbaren Situationen nur dann vorliegt, wenn vorsätzlich gehandelt wurde. Dann wird man aber ohnehin zu den oben genannten Situationen kommen, in denen auch für den Schadensersatz aus BGB eine Fristsetzung entbehrlich ist.[835] Insoweit nimmt das BGB intern die Wertung vor, dass eine freie Konkurrenz zu anderen Rechtsbehelfen gewollt ist. Das wird dann durch § 823 II BGB und die angenommene freie Anspruchskonkurrenz nur

---

[831] So das Grundsatzurteil BGH NJW 1974, 1503; seitdem hat sich hieran nichts geändert, statt vieler etwa nur die Gesetzesbegründung selbst zu § 9 II UWG, BT-Drs. 19/27873, S. 20.

[832] So etwa *Köhler*, WRP 2021, 129 (133 ff.).

[833] Dazu statt einiger BeckOGKBGB/*Höpfner*, Stand: 15.01.2024, § 437 Rn. 54.

[834] Dazu auch BeckOKBGB/*Förster*, 63. Ed., Stand: 01.08.2022, § 823 Rn. 284 ff.

[835] Dazu statt vieler etwa MüKoBGB/*Ernst*, 9. Aufl. (2022), § 323 Rn. 131 für das Rücktrittsrecht und MüKoBGB/*Ernst*, 9. Aufl. (2022), § 281 Rn. 73 für den Schadensersatz.

weiter bestätigt. Da § 9 II UWG auch fahrlässiges Verhalten genügen lässt, passt jedenfalls die Wertung nicht. Ein Vergleich scheidet aus.

(b) Keine Tendenzverschiebung durch EuGH-Rechtsprechung

Etwas anderes ergibt sich auch nicht aus der aktuellen EuGH-Rechtsprechung[836] und dem Umgang hiermit durch den BGH[837] in Dieselfällen, die einen fahrlässigen Schadensersatzanspruch[838] im Hinblick auf eine Herstellerhaftung möglich macht. Denkbar wäre eine solche Situation zwar sicherlich auch in Zwei-Personen-Konstellationen,[839] bei denen es dann zu einem ähnlichen Konkurrenzverhältnis wie dem hier adressierten kommen würde. Wenn der EuGH aber davon spricht, dass für diese Fälle schon bei fahrlässigem Verhalten ein Schadensersatzanspruch bestünde[840] und der BGH diesen auf § 823 II stützt,[841] könnte man auf den Gedanken kommen, dass das auch im Zwei-Personen-Verhältnis mit einem Vertragsschluss gelten kann. Der EuGH äußert sich in diesen Fällen aber nicht hierzu, was daran liegt, dass es sich um eine Drei-Personen-Herstellerkonstellation handelt. Hier stellt sich das Problem nicht.[842] Dass sich in Zwei-Personen-Fällen unter dieser Rechtsprechung aber wieder Probleme mit dem Nacherfüllungsrecht stellen, führt nicht dazu, dass man für § 9 II UWG eine Auflösung zugunsten einer freien Anspruchskonkurrenz vornehmen könnte. Vielmehr lässt sich hierdurch allenfalls ableiten, dass in gewissen – de lege lata vom Umfang her noch unklaren – Situationen dasselbe Problem besteht. Nicht gesagt ist damit aber, wie es aufzulösen ist.

(3) Keine Wertungsübertragung zum allgemeinen Deliktsrecht als Zwischenergebnis

Eine allgemeine Wertungsübertragung des Verhältnisses des Deliktsrechts zum Vertragsrecht hin zu einer freien Anspruchskonkurrenz lässt sich nicht vornehmen. Bezüglich § 823 I BGB ließe sich zwar eine Übertragbarkeit deswegen vornehmen, weil dieser auch ein deliktischer Anspruch ist, der

---

836 EuGH, Urt. v. 21.3.2023, C-100/21 – *QB/Mercedes-Benz Group AG* = ECLI:EU:C:2023:229.

837 BGH, Urt. v. 26.06. 2023, VIa ZR 335/21.

838 Dazu im Hinblick auf Schutzlücken im Einzelnen Kapitel 2 (S. 90 ff.).

839 Zu einer etwaigen insoweit bestehenden Gefahr *Gsell/Mehring*, NJW 2023, 1099 (1099 ff.).

840 EuGH, Urt. v. 21.3.2023, C-100/21 – *QB/Mercedes-Benz Group AG* = ECLI:EU:C:2023:229.

841 BGH, Urt. v. 26.06. 2023, VIa ZR 335/21.

842 Zur fehlenden Konkurrenz in diesen Konstellationen Kapitel 2 (S. 159).

Fahrlässigkeit genügen lässt. Gleichwohl lässt sich ein vergleichbares „Mehr“ wie bei § 823 I BGB im Hinblick auf eine Eigentumsverletzung durch die schuldhafte Irreführung nur im Ausgangspunkt herleiten. Bei genauerer Untersuchung ist dies aber nur ein „formales Mehr“, sodass inhaltlich ein Gleichlauf zum Vertragsrecht besteht und eine Übertragbarkeit ausscheiden muss.

Auch § 823 II BGB lässt sich nicht übertragen. Dieser würde zwar bezüglich des Bezugspunktes passen, indessen nicht bezüglich seines Haftungsmaßstabes.

§ 9 II UWG befindet sich damit zwischen § 823 I und II BGB. Einerseits hat er den Haftungsmaßstab des § 823 I BGB, andererseits entspricht er funktional § 823 II BGB. Er unterscheidet sich aber bei den für die Wertungsübertragung rechtfertigenden Gründen maßgeblich von diesen. Eine Übertragbarkeit der Wertung muss daher insgesamt ausscheiden.

ccc Eigener Lösungsansatz für Konkurrenzverhältnis bei nationaler Betrachtung

Die Beurteilung der Friktion soll unter Zugrundelegung des vorher Gesagten im Hinblick auf eine dogmatische sowie eine folgenorientierte Betrachtung einer Lösung zugeführt werden.

1) Dogmatische Beurteilung

Ausgangspunkt eines eigenen Lösungsansatzes soll Folgendes sein: Das Deliktsrecht tritt jedenfalls dann subsidiär zurück, wenn einer Norm oder einem Normsystem zu entnehmen ist, dass sie bzw. es einen Sachverhalt abschließend regeln möchte und daher andere Ansprüche ausschließen will.[843] Nach Gesagtem kann sich insbesondere nicht deswegen etwas anderes ergeben, weil hier ein „Mehr“ im Hinblick auf mitverwirklichte überindividuelle Komponenten vorliegt oder eine Vergleichbarkeit zu § 823 I, II BGB eine andere Beurteilung im Rahmen einer Wertungsübertragung rechtfertigt.

Es gilt also, im Rahmen der Abwägung herauszuarbeiten, ob das Mängelrecht bezogen auf die Nacherfüllung hier nicht abschließende Tatsachen schaffen will.

---

843 Dazu allgemein BGH NJW 2014, 3089 Rn. 58 ff m. w. N.; dazu statt vieler auch *Thomale*, JuS 2013, 296 (298).

Dabei wird man im Rahmen der folgenden Aspekte feststellen müssen, dass das Mängelrecht ein in sich abgeschlossenes Regelungssystem darstellen wird,[844] bei dem im Hinblick auf § 9 II UWG keine Ausnahme von der Abschlussfunktion greifen kann. Dies ergibt sich einerseits daraus, dass konkret geregelt ist, in welcher Reihenfolge wie Rechte und Pflichten des Unternehmers und Verbrauchers bestehen. Auch das Deliktsrecht knüpft, wie bereits erläutert, an einen anderen Bezugspunkt an oder ist bei Vergleichbarkeit zu § 9 II UWG auf Vorsatz beschränkt. Gerade dann aber lässt das Regelungssystem des Mängelrechts einen sofortigen Zugriff auf Schadensersatzansprüche und das Rücktrittsrecht zu.[845] In diese Wertung fügt sich § 823 II BGB dann ein, weil er in der Sache Situationen umfasst, in denen eine Fristsetzung ohnehin entbehrlich gewesen wäre. Man wird die Gewährung von Ausnahmen nach Gesagtem im Übrigen restriktiv auslegen müssen, sodass sich für § 9 II UWG keine freie Anspruchskonkurrenz zu dem Mängelgewährleistungsrecht unter diesem Gesichtspunkt ergeben kann.

2) *Andere Beurteilung im Rahmen einer folgenorientierten Betrachtung?*

Probleme bereitet diese Lösung, wenn man diese einer folgenorientierten Betrachtung unterzieht und deren Ergebnis auf das rein dogmatische Verständnis anwendet. Nach *Hellgardt*[846] ist danach zu fragen, ob die Vorschrift eine Regulierungsfunktion erfüllt,[847] welche typische Situation[848] der Vorschrift zugrunde liegt und welche denkbaren Rechtsfolgen im Rahmen einer teleologischen Betrachtung der Norm zugrunde liegen könnten. Es sollen darauffolgend die Anreizwirkungen Aufschluss darüber geben,[849] welcher Alternative Vorzug zu gewähren ist.

Nimmt man diesen Ansatz in den Blick, wird man neben dem individuellen Verbraucherschutz den Schutz der Lauterkeit des Marktes und den Schutz des rechtmäßig handelnden Mitbewerbers als Regelungsziel verstehen müssen. Die typische Situation wird die Irreführung über den Kaufgegenstand, die zu einem Mangel führt, sein. Wenn man sich nun Anreize zum Schutz

---

[844] Ebenso statt einiger etwa *Franck*, Marktordnung durch Haftung, S. 11 m. w. N.
[845] Exemplarisch etwa BeckOKBGB/*Lorenz*, 69. Ed. (01.02.2024), § 281 Rn. 31.
[846] *Hellgardt*, Regulierung und Privatrecht, S. 630 ff.
[847] *Hellgardt*, Regulierung und Privatrecht, S. 649 ff.
[848] *Hellgardt*, Regulierung und Privatrecht, S. 653 ff.
[849] *Hellgardt*, Regulierung und Privatrecht, S. 664 ff.

derselben unter Lösung vom Vertrag ansieht, ist es sicherlich „reizvoller" für den Verbraucher, wenn er die Wahlmöglichkeit hat: Verlange ich Nacherfüllung oder löse ich mich gleich von dem Vertragsverhältnis? Die alternative Auslegung würde aus verbraucherschützender Sicht und insbesondere im Hinblick auf die überindividuellen Zwecke eine erhebliche Einschränkung[850] bedeuten. Denn die Möglichkeit einer Vertragsaufhebung bei fahrlässigem Verhalten bei paralleler Einschlägigkeit des Mängelrechts ist besonders scharf und daher potenziell gewinnbringend, um unlauteres Verhalten vermeiden können. Mit anderen Worten wird so präventiv die Einhaltung der Spielregeln eines lauteren Marktes besonders gut gewährleistet, wenn Unternehmer fürchten müssen, bei schon fahrlässiger Irreführung sofort mit Vertragsaufhebungsverlangen konfrontiert zu werden. Gleichermaßen wäre der sich rechtmäßig handelnde Mitbewerber stärker geschützt, weil er im Rahmen der Beseitigung der Unlauterkeit wieder um den Verbraucher werben könnte. Aus einer insoweit vorgenommenen folgenorientierten Betrachtung würde ein Wertungswiderspruch ausscheiden, weil der Anspruch im Rahmen seiner Regulierungsfunktion und damit verbundener Anreizbewertung in freier Anspruchskonkurrenz die gewollten Folgen besser erfüllt.

2) Bewertung und Ergebnis zur Auflösung auf nationalrechtlicher Ebene

Überzeugen kann dies gleichwohl nicht, da auch die gesamtsystematischen Folgen miteinbezogen werden müssen. Mit anderen Worten wird man hier im Rahmen der Folgenorientierung nicht nur die isolierte Erreichung der auch bestehenden Regulierungsfunktion der Norm für sich in den Blick nehmen müssen. Man wird auch einmal nach links und rechts sehen müssen, wo sich weitere Folgen ergeben könnten.

Richtet sich der Blick dann auf die Tatsache, dass die Ansprüche sich regelmäßig überschneiden, wird man den folgenorientierten Ansatz erweitern müssen: Denn die Wertungen der prinzipienorientierten Rechtswissenschaft dürfen im Rahmen einer folgenorientierten Betrachtungsweise nicht vollends

---

850 Dazu, ohne aber eine folgenorientierte Betrachtung in den Blick zu nehmen, *Kodek/Leupold*, Modernisierung, S. 46, die eine dahingehende Beschränkung einzuführender Ansprüche pauschal ablehnen; in diesem Sinne auch klar *Köhler*, WRP 2021, 129 (134); in dieser Tendenz auch *Frey*, VuR 2022, 174 (178) unter Heranziehung der Zielrichtung des „effektiven" (lauterkeitsrechtlichen) Verbraucherschutzes.

ausgeblendet werden.[851] Es muss im Zusatz zu dem Gesagten die Folge gewählt werden, die die Ziele zwar verwirklicht, sich konkurrenzrechtlich aber auch in das bestehende Recht und seine Wertungen einfügen kann. Das entspricht dann im Ergebnis zwar nicht mehr ganz der Wertung *Hellgardts*,[852] dass es auf eine Synthese des prinzipienorientierten Rechts mit einer Folgenorientierung ankommen muss, weil Letztere hierbei im Ergebnis zurücktreten muss. Es handelt sich weniger um eine Synthese als um ein Vorrangverhältnis. Eine freie Anspruchskonkurrenz unter bestehender dogmatischer Betrachtungsweise des Rechts ist daher nicht überzeugend gangbar[853] und auch eine folgenorientierte Betrachtung – die wie genannt zu modifizieren ist – kann zu keinem anderen Ergebnis führen. Es kommt im Rahmen der Lesart des Gesetzgebers daher zu einem Wertungswiderspruch.

d Gesamtergebnis zur Rollenbegrenzung bei Konkurrenz zum Nacherfüllungsrecht

Es kommt daher sowohl bei Annahme eines unionsrechtlichen Bewertungsmaßstabes als auch bei nationalrechtlicher Betrachtung zu einer Friktion, die zu einer Rollenbegrenzung[854] des § 9 II UGW de lege ferenda führen muss.

---

[851] Nicht ganz auf diesen Fall zugeschnitten, aber eine Wertung enthaltend, sind die Ausführungen von *Thönissen* dazu, dass eine folgenorientierte Betrachtung und die Beurteilung als subjektive Privatrechte sich nicht zwingend ausschließen müssen, aber gleichwohl das subjektive Privatrechtsmodell Vorrang hat und nur als Ergänzung zu verstehen ist, dazu *Thönissen*, Subjektive Privatrechte, S. 243 ff., 427 ff., 574; das ließe sich insoweit übertragen, als dass die Wertungen des Verhältnisses subjektiver Privatrechte zueinander im Rahmen von konkurrenzrechtlicher Betrachtung davon Vorrang haben müssen, wenn es sonst zu Friktionen kommt.

[852] *Hellgardt*, Regulierung und Privatrecht, S. 383 ff.

[853] So auch i. E. – wenn auch ohne dahingehende Differenzierung – die überwiegende Ansicht im Schrifttum, etwa *Glöckner*, WRP 2022, 383 (387 ff.); *Heinze/Engel*, NJW 2021, 2609 (2612 ff.); *Scherer*, GRUR 2022, 787 (792 ff.); in diesem Sinne auch BeckOKUWG/*Eichelberger*, 18. Edition (Stand 01.10.2022), § 9 Rn. 118, 129, der von bewussten normativen Entscheidungen spricht, die nicht ohne Weiteres unterlaufen werden dürfen; *Birk*, GRUR 2022, 1791 (1793 f.); a. A. aber etwa *Peifer*, WRP 2022, 794 (800); *Köhler*, GRUR 2022, 435 (444).

[854] Zu deren Ausgestaltung im Hinblick auf eine Ausbalancierung von Rollengewährung und Rollenbegrenzung Kapitel 4 (S. 295 ff.).

5 Konkurrenz zum Anfechtungsrecht als Rollenbegrenzungserfordernis

Für eine Rollenbegrenzung der Verbraucheraktivlegitimation und einer dahingehenden Auswirkung für die Rolle des Verbrauchers bedarf es zudem der Untersuchung einer Friktion zum Anfechtungsrecht, die zu einer Rollenbegrenzung der Verbraucheraktivlegitimation führen könnte. Eine Begrenzung bei einem etwaigen Wertungswiderspruch wäre aufgrund des Spielraums in Art. 11a UGP-RL gangbar.

a Konkurrenzsituation

Der Gesetzgeber löst sich überschneidende Fallkonstellationen über eine freie Anspruchskonkurrenz.[855] Eine Begründung liefert er nicht, sodass sich die Frage aufdrängt, ob eine solche Gangart friktionsfrei möglich ist.

Nimmt man in den Blick, dass sich auch diese Anwendungsbereiche regelmäßig überschneiden werden, erscheint eine Friktion im Ausgangspunkt denkbar. Das kann etwa deshalb der Fall sein, weil dem Verbraucher gegenüber eine aggressive geschäftliche Handlung vorgenommen wird und er sich im Rahmen der § 4a UWG,[856] § 9 II UWG i. V. m. § 249 I BGB von dem Vertrag lösen will.[857] Gleiches gilt bei Irreführung, wenn er aufgrund dieser den Vertrag beseitigen will.[858]

b Konkurrenz zu § 123 BGB

Eine konkurrenzrechtliche Relevanz zu § 123 BGB ergibt sich insbesondere bei Situationen des psychisch vermittelten Zwangs unterhalb der Schwelle der Drohung i. S. d. § 123 I Alt. 2 BGB. Insoweit sind die Anforderungen an das Verhalten als solches im Rahmen des § 9 II UWG niedriger als die des § 123 BGB. Ferner ergeben sich Unterschiede bei eben genannter Situation

---

[855] BT-Drs. 19/27873, S. 20.

[856] Der Gesetzgeber führt hier insbesondere die Situation des psychisch vermittelten Zwangs an, bei dem die Schwelle zur Drohung i. S. d. § 123 I BGB noch nicht überschritten ist, BT-Drs. 19/27873, S. 40 f. Die Gesetzesbegründung nennt hierbei zwar nur das hartnäckige unerwünschte Ansprechen (Nummer 26 des Anhangs zu § 3 III UWG) des Verbrauchers, was für ihn zu einem wirtschaftlich nachteiligen Vertrag führen könnte.

[857] Zu dieser Möglichkeit im Rahmen der Auslegung des halbautonomen § 9 II UWG, Kapitel 1 (S. 42 ff.).

[858] Dazu etwa *Havlik*, Täuschung und Irreführung, S. 45.

sowie im Rahmen der Irreführung bezogen auf den Haftungsmaßstab des § 123 BGB (Vorsatz) im Vergleich zu § 9 II UWG (auch Fahrlässigkeit).

aa Konkurrenzrechtliche Auflösung des Verhältnisses von § 123 BGB zu § 9 II UWG

Interessanterweise wird sich in der aktuellen Literatur dazu kaum[859] dahingehend geäußert, dass ein konkurrenzrechtliches Problem besteht. Teilweise wird sogar davon ausgegangen, dass das Verhältnis zum Anfechtungsrecht unproblematisch sei.[860]

Das ist im Hinblick darauf, dass der § 123 I BGB auf den ersten Blick unterlaufen wird, nicht überzeugend. Daher finden sich auch Stimmen, die eine Anwendung des § 9 II UWG unterhalb der Schwelle des § 123 I BGB ablehnen.[861] Insofern muss eine Begründung gefunden werden, die einen Ansatz stützt.

aaa Keine Auflösung der Konkurrenz durch die UGP-RL

Keine konkurrenzrechtliche Auflösung lässt sich über Art. 3 UGP-RL oder Art. 11a II UGP-RL herleiten. Man könnte zwar auf die Idee kommen, Art. 3 UGP-RL wie beim Nacherfüllungsrecht zu bemühen, weil in beiden Fällen das Vertragsrecht berührt wird. Das Anfechtungsrecht ist zwar nicht das Vertragsrecht, es berührt dieses für die „Wirksamkeit von Verträgen“ im Sinne des Art. 3 UGP-RL gleichwohl. Art. 3 UGP-RL bezieht sich aber auf das Spezialverhältnis von Richtlinien und Verordnungen zueinander.[862] Eine Subsidiarität für das Anfechtungsrecht kann man hieraus nicht ableiten.

---

859 So aber *Alexander*, WRP 2021, 136 (143); *Schrader*, WRP 2022, 138 (144 f.); *Keller*, GRUR 2021, 456 (459).

860 *Heinze/Engel*, NJW 2021, 2609 (2613) mit dem Verweis auf unterschiedliche Schutzzwecke; in diese Richtung auch *Scherer*, GRUR 2022, 787 (791); ähnlich *Alber*, IPRB 2021, 283 (287 f.), der eine Übertragung auf § 9 II UWG ohne weitere Begründung im Hinblick auf seine Rechtsnatur für möglich hält.

861 *Alexander*, WRP 2021, 136 (143), der anführt, dass man allenfalls dann § 123 BGB de lege ferenda ändern müsste; *Keller*, GRUR 2021, 456 (459), der zwar eine Parallelität zu §§ 123 BGB und den 280 I, 241 II, 311 II BGB sieht, indessen meint, dass dies nur unter „besonderen Voraussetzungen“ möglich sei.

862 Statt vieler *Klagge*, Normative Kohärenz, S. 86 m. w. N.; *Apetz*, Das Verbot aggressiver Geschäftspraktiken, S. 181 ff.

Zu einer umgekehrten konkurrenzrechtlichen Auflösung kommt man auch nicht über Art. 11a II UGP-RL. Teilweise[863] wird auch für nicht harmonisierte Bereiche wie das Anfechtungsrecht eine freie Anspruchskonkurrenz aus der Wertung des Art. 11a II der UGP-RL abgeleitet. Dieser normiert, dass die Anwendung anderer Rechtsbehelfe, die den Verbrauchern nach dem Unionsrecht und dem nationalen Recht zustehen, nicht berührt werden. Damit ist aber vielmehr die umgekehrte Situation gemeint. Es wird damit nur gesagt, dass § 9 II UWG nichts daran ändert, dass man anfechten kann.[864] Er sagt damit aber weder, ob § 9 II UWG ohne ein Modifizierungserfordernis neben dem Anfechtungsrecht stehen kann oder ob dieser aufgrund desselben eingeschränkt werden sollte. Einen Mehrwert für eine konkurrenzrechtliche Betrachtung hat er nicht.

bbb Keine Anspruchskonkurrenz aufgrund überindividueller Schutzzwecke

Etwas anderes ergibt sich auch nicht durch überindividuelle Schutzzwecke. Neben dem reinen Schutz des Verbrauchers wird bei § 9 II UWG zwar auch die Lauterkeit des Marktes geschützt, ErwGr. 6 S. 3, 8 UGP-RL, § 1 I S. 2 UWG.[865] Das ist bei § 123 BGB für die Präventionsfunktion der Arglisthaftung[866] ebenso.

ccc Keine freie Anspruchskonkurrenz aufgrund § 123 I BGB analog

Ausscheiden muss auch eine Wertung beruhend auf einer Analogie zu § 123 BGB.[867] Man könnte dies zwar im Hinblick darauf annehmen, dass die Konstellationen fahrlässiger Begehungsweisen von § 123 BGB in analoger

---

863 So wohl KF/*Köhler*, 43. Aufl. (2023), § 9 Rn. 2.54.

864 In diesem Sinne BeckOKUWG/*Eichelberger*, 18. Edition (Stand: 01.10.2022), § 9 Rn. 120, der richtigerweise davon spricht, dass Ziel der Richtlinie eine Stärkung der Verbraucherrechte und nicht deren Beschneidung ist.

865 Siehe hierzu Kapitel 1 (S. 59 ff.).

866 Dazu statt einiger ebenso *Hellgardt*, Regulierung und Privatrecht, S. 104 ff. m. w. N. unter Untersuchung der Gesetzgebungs- und Rechtsprechungsentwicklung des § 123 BGB, bei dem sich Ersterer expressis verbis auf den Verkehrsschutz bezogen hat und auch Letztere die überindividuellen Komponenten im Rahmen einer Prävention deutlich in den Blick genommen hat.

867 Ebenso statt vieler zutreffend schon *Lorenz*, Schutz vor dem unerwünschten Vertrag, S. 345; etwas offener *Kalski*, Individualansprüche, S. 178 ff; dazu dezidiert auch *Havlik*, Täuschung und Irreführung, S. 204 ff. m. w. N.

Anwendung umfasst sein müssten[868] und damit ohnehin durch § 9 II UWG nur das kodifiziert wird, was in analoger Anwendung vorher schon geboten war. Insoweit würde gerade eine im Rahmen des § 123 BGB selbst bestehende Lücke durch rechtssichere Kodifizierung geschlossen. Das vermag aber in mehrfacher Hinsicht nicht zu überzeugen. Dass der Gesetzgeber[869] mit § 123 BGB vor widerrechtlicher Beeinflussung schützen wollte und die Wirksamkeit eines solchen zustande gekommenen Rechtsgeschäfts der Disposition des widerrechtlich Beeinflussten überlassen wollte, ist richtig. Daraus könnte man ableiten, dass es auf den Haftungsmaßstab nicht ankommt. Dass daran aber nicht weitere Voraussetzungen geknüpft werden sollten oder können, ergibt sich hieraus nicht. Vielmehr spricht der Gesetzgeber dann selbst von „Drohung und Betrug“,[870] sodass eine dahingehende Beurteilung nicht überzeugen kann. Eine Wertungsübertragung scheidet aus.

ddd Regelungsstruktur des § 9 II UWG als Argument

Etwas anderes könnte sich aber aus der Regelungsstruktur des § 9 II UWG ergeben. § 9 II UWG ist seiner Struktur nach Sonderdeliktsrecht,[871] das insbesondere den §§ 823 II, 826 BGB ähnelt.[872] Für das BGB ist dabei anerkannt, dass deliktische Ansprüche zu der Anfechtung aus § 123 I BGB in freier Anspruchskonkurrenz stehen.[873] Bezieht man die Vergleichbarkeit mit ein, könnte sich für § 9 II UWG schon hieraus eine freie Anspruchskonkurrenz ergeben.

Mit anderen Worten darf also für das Sonderdeliktsrecht konkurrenzrechtlich nichts Strengeres gelten als für das allgemeine Deliktsrecht.

---

[868] Hierzu dafür *Weiler*, WRP 2003, 423 (427); *Sack*, BB 2003, 1073 (1078); partiell noch enger *Schaffernak*, Das wettbewerbsrechtliche Vertragsauflösungsrecht, S. 166 f. mit einem Reformvorschlag zu § 123a BGB n. F., der dies für gewisse Fälle verschuldensunabhängig gewährleisten soll.

[869] Motive zu dem Entwurfe eines Bürgerlichen Gesetzbuches für das Deutsche Reich, Band I, Allgemeiner Teil, S. 204.

[870] Motive zu dem Entwurfe eines Bürgerlichen Gesetzbuches für das Deutsche Reich, Band I, Allgemeiner Teil, S. 204 f.

[871] O/S/*Ohly*, 8. Aufl. (2023), § 9 Rn. 34.

[872] Statt vieler *Köhler*, WRP 2021, 129 (133 f.).

[873] Aktuell dazu BGH NJW 2020, 1962 Rn. 59; schon damals BGH NJW 1997, 254.

Wenig ergiebig ist es zwar, wie bei der Diskussion der Übertragbarkeit im Hinblick auf das Mängelgewährleistungsrecht[874] die §§ 823 II BGB und 826 BGB heranzuziehen, weil diese im Hinblick auf den Haftungsmaßstab regelmäßig strengere Voraussetzungen haben.[875]

Denkbar wäre gleichwohl ein Vergleich zu § 823 I BGB, § 249 I BGB: Dieser könnte im Ausgangspunkt als allgemeindeliktischer Anspruch bei Fahrlässigkeit auch in freier Anspruchskonkurrenz zu § 123 I BGB stehen. Es wird aber kaum einmal dazu kommen, dass sich derartige Situationen überschneiden.[876] Denn es ist wenig vorstellbar, wie die arglistige Täuschung oder widerrechtliche Drohung gegenüber dem Verbraucher ohne Weiteres einen Anspruch aus § 823 I BGB auslösen soll. Denkbar wäre dies allenfalls bei Persönlichkeitsrechtsverletzungen im Rahmen von irreführender Werbung, die zur Vertragsaufhebung führen könnte.[877] Das werden absolute Ausnahmefälle sein. Von Ausnahmefällen auf eine allgemeine konkurrenzrechtliche Betrachtung zu schließen, überzeugt nicht. Eine Wertungsübertragung muss ausscheiden.

eee Keine Abgrenzung nach primärem Schutzzweck

Eine freie Anspruchskonkurrenz könnte sich gleichwohl aus einer Schutzzweckbetrachtung ergeben. Sollten die Ansprüche unterschiedliche Schutzzwecke verfolgen, könnte ein Nebeneinander derselben nach allgemeinen Grundsätzen[878] zu rechtfertigen sein. § 123 I BGB bezweckt den Schutz der rechtsgeschäftlichen Entschließungsfreiheit.[879] § 9 II UWG schützt nach

---

874 Kapitel 2 (S. 174 ff.).

875 Das thematisiert *Köhler*, WRP 2021, 129 (134) nicht hinreichend, wenn er zwar von einer ähnlichen Normstruktur und ähnlichem Regelungssystem spricht, aber das Vorsatzerfordernis außer Betracht lässt.

876 *Kalski*, Individualansprüche des Verbrauchers, S. 231, 233 ff., der eine Überschneidung von Irreführung und § 823 I BGB für selten hält und nur den Fall einer Verletzung des allgemeinen Persönlichkeitsrechts, das sich auf den Verbraucher und die Beeinträchtigung seiner Entscheidungsgrundlage beziehen könnte, für denkbar hält. Diese Fallkonstellationen werden aber kaum mit § 123 BGB konfligieren; Grüneberg/*Ellenberger*, 84. Aufl. (2025), § 123 Rn. 26

877 Dazu statt einiger etwa *Kalski*, Individualansprüche des Verbrauchers, S. 231, 233 ff.

878 Siehe hierzu schon die Ausführungen zur Normkumulation, Kapitel 2 (144 ff.).

879 Siehe hierzu nur BGH NJW 1969, 925; statt vieler *Scherer*, GRUR 2022, 787 (791); auch *Wolf*, Rechtsgeschäftliche Entscheidungsfreiheit, S. 122; *Havlik*, Täuschung und Irreführung, S. 52.

Gesagtem vorrangig[880] die freie und informierte geschäftliche Entscheidung des Verbrauchers in genanntem Umfang.[881] Dies wird teilweise zum Anlass genommen, von einer freien Anspruchskonkurrenz auszugehen.[882] Insbesondere finden sich Begründungen, dass eine geschäftliche Entscheidung nicht identisch[883] mit einer Willenserklärung bei § 123 BGB ist. Der Schutzzweck sei daher ein anderer.[884]

Das leuchtet insoweit ein, als der Begriff der geschäftlichen Entscheidung weiter ist und auch tatsächlich einer Willenserklärung vorgelagerte Handlungen umfasst.[885] Das Vorliegen einer Willenserklärung ist damit keine Voraussetzung.[886] Es ist daher im Ausgangspunkt durchaus zutreffend, dass die Schutzzwecke im Vergleich nicht identisch sind. Es wäre daher denkbar, dass im Vergleich zu § 123 BGB noch grundlegender dahingehend geschützt wird, sich überhaupt Gedanken zu machen und generell frei in seinem Entscheidungsprozess zu sein.[887]

Tragendes Argument kann das dennoch nicht sein. Begründung hierfür ist, dass Unterschiede nur bei einer fehlenden Willenserklärung zu beobachten sein werden, § 123 BGB dann aber schon nicht anwendbar sein wird. Das Konkurrenzproblem stellt sich daher in Fällen denkbarer Unterschiede nicht. Um den Fall konkret zu machen, wird der Verbraucher in den in Kapitel 2 genannten Anlockfällen schon nichts zum Anfechten haben.

Man muss mit anderen Worten konstatieren, dass ein Konkurrenzverhältnis schon nur dann aufkommen kann, wenn ein Rechtsgeschäft vorliegt, das sich im Grundsatz für eine Anfechtung an § 123 I BGB messen lassen müsste und in diesen Situationen auch eine für den Schutzzweck des § 9 II UWG relevante geschäftliche Entscheidung darstellt.

---

880 Zu den mitverwirklichten überindividuellen Schutzzwecken Kapitel 1 (S.59 ff.).

881 Insgesamt hierzu Kapitel 1 (S. 59 ff.).

882 So *Heinze/Engel*, NJW 2021, 2609 (2613); ebenso *Scherer*, GRUR 2022, 787 (791); nicht auf § 9 II UWG bezogen, aber generell für die Bereiche des BGB und UWG im Hinblick auf unterschiedliche Schutzzwecke auch *Klagge*, Normative Kohärenz, S. 84 f.

883 *Scherer*, GRUR 2022, 787 (791); *Frey*, VuR 2022, 174 (178).

884 Etwa *Scherer*, GRUR 2022, 787 (791); zuletzt auch *Havlik*, Täuschung und Irreführung, S. 399.

885 Dazu auch H-B/H-B/*Goldmann*, 5. Aufl. (2021), § 9 Rn. 79.

886 Vergleiche insoweit nur die Ausführungen zu den Anlockfällen als Fälle des § 9 II UWG, Kapitel 1 (S. 53).

887 Allgemein hierzu auch *Hagenmeier*, Lauterkeitsrechtlicher Schutz, S. 213.

Es müsste sich daher ein Unterschied zwischen dem Schutz der rechtsgeschäftlichen Entschließungsfreiheit und dem Schutz der freien und informierten geschäftlichen Entscheidung, wenn Letztere eine Willenserklärung ist, ausmachen lassen. Sonst zieht man Situationen als Argument für eine freie Anspruchskonkurrenz heran, bei denen sich die Konkurrenzfrage schon nicht stellt.

Das genannte Erfordernis eines insoweit bestehenden Unterschieds als Abgrenzungskriterium lässt sich nicht erkennen. Die freie und informierte geschäftliche Entscheidung ist das, was bei den Fällen, in denen § 123 BGB relevant wird, die rechtsgeschäftliche Entschließungsfreiheit ist. Der Verbraucher wird gerade davor geschützt, sich nicht uninformiert oder unfrei entscheiden zu müssen. Damit wird seine zu erreichende Entschließungsfreiheit gewährleistet. Die Begriffe sind in diesen Konstellationen inhaltlich deckungsgleich.[888] Aus diesem Gesichtspunkt heraus lässt sich eine freie Anspruchskonkurrenz daher nicht herleiten.[889]

---

888 Überzeugend insoweit im Hinblick auf den Schutzzweckvergleich *Hagenmeier*, Lauterkeitsrechtlicher Schutz, S. 214, 218, 221, der anführt, dass der Schutz aber jedenfalls auch die rechtsgeschäftliche Willensbildung umfasst, die in diesen Konstellationen auch über das UWG angesprochen wird; etwas anderes ergibt sich auch nicht durch die Argumentation von *Kalski*, Individualansprüche, S. 159, wenn er davon spricht, dass es im UWG um „wettbewerbsrechtlich spezifische" Ansprüche geht, meint damit aber – weil es zu dieser Zeit keine verbraucherrechtliche Aktivlegitimation gab –, dass nur präventiv, insbesondere über § 8 UWG, geschützt wurde und „keine individuellen Nachteile" ausgeglichen werden. Einen etwaig anderen Schutzzweck bzw. Unterschied will er ersichtlich nur herleiten, weil der Schutz der Rechte im UWG zu dieser Zeit schlicht nicht über den Verbraucher selbst möglich war. Das ist heute nicht mehr übertragbar und überzeugt in der Sache ohnehin nicht. Dazu, dass die Abgrenzung nach „wettbewerbsspezifischen" Situationen ohnehin nicht recht im Hinblick auf eine Abgrenzung der Teilbereiche funktioniert, auch Kapitel 2 (S. 144 ff); a. A. aber *Tiller*, Gewährleistung und Irreführung, S. 89, 158, 164 f.; *Havlik*, Täuschung und Irreführung, S. 399.

889 A. A. aber i. E. *Köhler*, GRUR 2022, 435 (444), der zwar nicht explizit von einem gleichen Schutzzweck spricht, diesen der Sache nach aber annimmt, wenn er § 123 BGB und das Vertragsrecht für § 9 II UWG und das Vertragsrecht vergleicht und davon spricht, dass „dieser" (gemeint ist der von § 123 BGB gewährte Schutzzweck) für § 9 II UWG auf fahrlässig begangene Verhaltensweisen ausgedehnt wird.

fff Verhältnis von culpa in contrahendo zu § 123 BGB als Argument für freie Anspruchskonkurrenz

Wenn auch die bisher genannten Argumente für eine Anspruchskonkurrenz des § 9 II UWG zum Anfechtungsrecht nicht tragen, könnte eine Wertungsübertragung des Verhältnisses der culpa in contrahendo zum Anfechtungsrecht eine solche Anspruchskonkurrenz begründen. Eine freie Anspruchskonkurrenz der culpa in contrahendo zum Anfechtungsrecht wird damit begründet, dass die Regelungssysteme unterschiedliche Schutzzwecke verfolgen,[890] die für einen Anspruch aus den §§ 280 I, 241 II, 311 II BGB jedenfalls immer einen Vermögensschaden[891] fordern. Daher erfordert die culpa in contrahendo ein „Mehr", das ein konkurrenzrechtliches Bestehen neben dem Anfechtungsrecht rechtfertigen soll. Eine derartige Beurteilung könnte für § 9 II UWG übertragbar sein.

1) Haftungsmaßstab als Argument für eine Übertragung

Dafür streitet sicherlich der Haftungsmaßstab der beiden Ansprüche. Denn sowohl die culpa in contrahendo als auch § 9 II UWG lassen eine fahrlässige Begehungsweise genügen. Da dies auch bei der culpa in contrahendo im Verhältnis zur Anfechtung eine Friktion bedingen könnte, die aber von der Rechtsprechung kein Grund für die Ablehnung einer freien Anspruchskonkurrenz ist, ließe sich eine Übertragung des § 9 II UWG, bei dem dies ebenso ist, vornehmen.

2) Regelungsstruktur und Vermögensschaden kein Argument gegen eine Übertragung

Nicht dagegen spricht die Regelungsstruktur des § 9 II UWG als Sonderdeliktsrecht. Die culpa in contrahendo ist zwar strukturell anders im dritten Kapitel des BGB bei „Schuldverhältnissen aus Verträgen" normiert. Die strukturelle Einbettung wird bei einer Argumentation aber nie ins Feld geführt, sodass hiermit kein Ausschluss verbunden ist. Vielmehr zeigt die vorher genannte freie Anspruchskonkurrenz des § 123 BGB zum Deliktsrecht,

---

890 Dazu grundlegend BGH NJW 1998, 302; ebenso zu diesem *Kalski*, Individualansprüche des Verbrauchers, S. 219 ff.; *Albrecht*, Die Aktivlegitimation, S. 219 ff.; dazu auch BeckOGK/*Heressthal*, Stand: 15.05.2023, § 311 Rn. 241 m. w. N.

891 Dazu statt vieler m. w. N. Grüneberg/*Grüneberg*, 84. Aufl. (2025), § 311 Rn. 13.

dass ein Nebeneinander – wenn auch nicht mit § 823 I, II BGB im Rahmen einer Wertung – denkbar ist.

Ein Unterschied könnte sich aber durch das Erfordernis eines Vermögensschadens im Rahmen der culpa in contrahendo ergeben. So fordert die ständige Rechtsprechung[892] bei Konkurrenz einen Vermögensschaden, der eine freie Anspruchskonkurrenz begründet. Insoweit führe dieser im Rahmen der Vermögensinteressen zu einem „Mehr" an Schutzzweck. Für § 9 II UWG lässt sich nach Gesagtem[893] ein solcher im Hinblick auf seinen unionsrechtlich determinierten Schutzzweck nicht fordern. Ein Vermögensschaden im Rahmen eines negativen Saldos ist daher nicht erforderlich. Denkbare Konsequenz wäre nun, dass eine Wertungsübertragung ausscheidet. Gleichwohl ist dies abzulehnen, da die Rechtsprechung im Hinblick auf das Erfordernis eines Vermögensschadens in sich inkonsequent ist. Denn die culpa in contrahendo schützt über § 241 II BGB die „Interessen des anderen Teils", wozu auch deren Vertragsabschlussentschließungsfreiheit gehört.[894] Insoweit ergibt sich dann schon eine Vergleichbarkeit zu § 9 II UWG, da beide schon den Vertrag als solchen als entsprechenden „Schaden" begreifen (müssten). Mehr noch: Da der Gesetzgeber[895] – nach hiesigem Dafürhalten zwar fehlerhaft – die Vertragsaufhebung für § 9 II UWG für einen genannten Fall von einem Vermögensschaden im Rahmen einer wirtschaftlichen Nachteilhaftigkeit[896] abhängig machen will, ergibt sich eine weitere Vergleichbarkeit. Beide Ansprüche erfordern keinen Vermögensschaden im Rahmen eines negativen Saldos. Es wird gleichwohl systemwidrig ein solcher gefordert. Es ergibt sich

---

892 Grundlegend BGH NJW 1998, 302; BGH NJW 2002, 2774, 2775; BGH WM 2006, 377, 380; BGH NJW 2013, 1591.

893 Hierzu die Ausführungen in Kapitel 1 im Hinblick auf §§ 9 II UWG, 249 I BGB, S. (42 ff.).

894 Statt vieler BeckOGKBGB/*Herresthal*, Stand 15.05.2023, § 311 Rn. 233 ff.; *Havlik*, Täuschung und Irreführung, S. 76, 177 ff. m. w. N. zur gewährleisteten Entscheidungsfreiheit für die ein Vermögensschaden nicht erforderlich ist. Insoweit stellt das von der Rechtsprechung aufgestellte Kriterium eine nicht gerechtfertige teleologische Reduktion des § 241 II BGB dar.

895 BT-Drs. 19/27873, S. 41, die sich nur auf eine Fallkonstellation bezieht, ob dies auch für die Übrigen gelten soll, wird offen gelassen, dazu Kapitel 1 (42 ff.).

896 Das verbleibt aber insoweit Scheinargument, weil die fehlende „volle Brauchbarkeit genügt", an die zudem keine hohen Anforderungen gestellt werden, dazu Kapitel 1 (42 ff.).

eine hinreichende Vergleichbarkeit von culpa in contrahendo zu § 9 II UWG im Hinblick auf den Haftungsmaßstab und die sonstigen schutzzweckbezogenen Erwägungen. Nach dem konkurrenzrechtlichen Verständnis de lege lata[897] ergibt sich eine freie Anspruchskonkurrenz zu § 9 II UWG. Insoweit kommt es zu einer weiteren systemwidrigen Systemkonformität.[898]

3) Ergebnis zur Wertungsübertragung

Im Ergebnis ist einer freien Anspruchskonkurrenz von Anfechtungsrecht und § 9 II UWG daher zuzustimmen. Eine Rollenbegrenzung der Verbraucheraktivlegitimation und darauf beruhend auch des Verbrauchers scheidet aus. Das resultiert aber weniger daraus, dass sich unterschiedliche Schutzzwecke ausmachen lassen oder die Regelungsstruktur eine solche bedingt. Auch das Erfordernis eines Vermögensschadens greift als Argument nicht. Die freie Anspruchskonkurrenz resultiert dabei vielmehr aus der vom Regelungssystem des BGB hingenommenen Konkurrenz von culpa in contrahendo zum Anfechtungsrecht und einer bestehenden Vergleichbarkeit. Naheliegend erscheint es nach Gesagtem, dass die Rechtsprechung – wie der Gesetzgeber[899] für einen Fall explizit und im Übrigen implizit vorgibt – einen Vermögensschaden auch für § 9 II UWG fordern wird. Eine Unionsrechtswidrigkeit wird hieraus aber regelmäßig nicht resultieren, weil an diesen nach Gesagtem keine hohen Anforderungen gestellt werden,[900] sodass es regelmäßig dazu kommen wird, dass auch schon der Vertrag als solcher unter dem Scheinargument eines bestehenden Vermögensschadens eine freie Anspruchskonkurrenz rechtfertigen wird. Zuletzt wird sich auch für § 124 BGB keine Friktion ergeben. Letztere Friktion schien zwar im Gesetzgebungsverfahren noch denkbar,[901]

---

[897] Letztendlich handelt es sich hier um eine Frage, die sich das BGB schon intern stellen muss. Inhaltlich überzeugend ist die Abgrenzungsargumentation des BGH von culpa in contrahendo und § 123 BGB nicht.

[898] Da dies für die culpa in contrahendo akzeptiert wird, wird sich für § 9 II UWG auch praktisch gesehen wohl nichts anderes ergeben. Dennoch sollte das Scheinargument aufgegeben werden und sich damit befasst werden, wie man ein Nebeneinander begründet. Denkbar wäre hierfür freilich auch, die Konkurrenzlehre und ihre Anforderungen zu überdenken, weil sie in diesen Fällen, in denen ein Nebeneinander gewollt ist, bei streng dogmatischer Untersuchung versagt.

[899] BT-Drs. 19/27873, S. 41.

[900] Kapitel 1 (S. 42 ff.).

[901] Zu dieser Befürchtung *Keller*, GRUR 2021, 456 (459).

weil § 9 II UWG in seiner ersten Fassung der Regelverjährung unterlag. Diese Befürchtungen wurden aber durch § 11 I Hs. 2 UWG ausgeräumt.[902]

bb Keine Friktion zu § 119 I, II BGB

§ 9 II UWG steht in freier Anspruchskonkurrenz zu § 119 BGB. Eine Konkurrenzsituation zu § 119 II BGB ergibt sich, weil dieser über die „verkehrswesentliche Eigenschaft" ausnahmsweise Motivirrtümer miteinschließt,[903] insbesondere Irrtümer über den Preis als solchen aber ausschließt.[904] Für Fälle der Irreführung, bei der Motivirrtümer generell zu berücksichtigen sind,[905] ergeben sich konkurrenzrechtliche Bedenken. Für § 9 II UWG sind Motivirrtümer damit generell relevant, wohingegen § 119 II UWG diese nur für gewisse Situationen umfasst wissen will.

Schon im Ausgangspunkt wird sich eine praktische Relevanz der konkurrenzrechtlichen Auflösung aber nur selten ergeben. Das resultiert daraus, dass § 119 II BGB in Fällen, in denen es zu einer Anspruchsberechtigung nach § 9 II UWG unter milderen Anforderungen kommen könnte, seinerseits oft konkurrenzrechtlich verdrängt sein wird. Relevant werden oft Situationen sein, in denen über eine verkehrswesentliche Eigenschaft irregeführt wurde und daher eine Sache erworben wurde, die mangelhaft ist. Dann greift das Mängelgewährleistungsrecht, das § 119 II BGB verdrängt.[906] Die Frage nach einer Konkurrenz zu § 9 II UWG muss man sich dann schon nicht mehr stellen,[907] weil die Norm ihrerseits konkurrenzrechtlich verdrängt wird. Eine Konkurrenz im Hinblick auf § 119 II BGB im Übrigen[908] rechtfertigend ist

---

[902] *Heinze/Engel*, NJW 2021, 2609 (2613); die Begründung des Gesetzgebers zur Änderung insoweit war interessanterweise eine andere, BT-Drs. 19/27873, S. 60, der hierin insbesondere Chancen gegenüber einer Verjährungsfrist von 6 Monaten deshalb sah, weil der Verbraucher oft zunächst externen Rat einholen muss und dies Zeit benötigt.

[903] Statt vieler dazu etwa auch *Lieder/Berneith*, JuS 2016, 673 (677 f.).

[904] Dazu auch *Kalski*, Individualansprüche des Verbrauchers, S. 156.

[905] Dazu *Menke*, Wettbewerbsrechtlicher Verbraucherschutz, S. 253 f.; für den Preis als solchen siehe nur § 5 II Nr. 2 Alt. 2 UWG.

[906] Siehe hierzu nur statt aller *Kalski*, Individualansprüche, S. 156; ebenso *Menke*, Wettbewerbsrechtlicher Verbraucherschutz, S. 176 ff.

[907] Freilich muss man sich dann aber die Frage der Konkurrenz des § 9 II UWG zu dem entsprechenden Mängelgewährleistungsrecht stellen, dazu Kapitel 2 (S. 144 ff.), Kapitel 4 (S. 295 ff.).

[908] Denn insoweit muss nicht immer eine den § 119 II BGB verdrängende Konstellation vorliegen. Denkbar erscheinen auch Irrtümer über den Preis, bei dem das

die den jeweiligen Situationen zugrunde liegende Interessenlage: Die hohen Anforderungen des § 119 II BGB rühren maßgeblich daher, dass es gleichgültig ist, ob der Irrtum fremdveranlasst wurde oder durch den Verbraucher selbst ohne äußere Einwirkung entstanden ist.[909] Bei fehlender Fremdveranlassung, bei der der Verbraucher – ohne dass es auf ein Verschulden seines Gegenübers ankommt – Fehlvorstellungen entwickelt, erscheint es sinnvoll, im Rahmen der Bindungswirkung des Schuldverhältnisses hohe Anforderungen an § 119 II BGB zu stellen. Mit anderen Worten erscheint es hier sachgerecht, nicht sämtliche Motivirrtümer von § 119 II BGB zu umfassen. Das Spannungsfeld zwischen dem Interesse des Unternehmers und des Verbrauchers wird so in Einklang gebracht. Bei § 9 II UWG liegt die Situation anders: Hier muss durch eine schuldhafte Fremdveranlassung eine geschäftliche Entscheidung getroffen werden. Der Unternehmer ist weniger schutzwürdig als bei § 119 II BGB. Das bestätigt sich auch durch § 122 I BGB, der den Unternehmer in gewissen Fällen schützt. Zuletzt ist § 9 II UWG ohnehin durch sein Verschuldenserfordernis strenger, was die genannte konkurrenzrechtliche Beurteilung unterstreicht. Eine freie Anspruchskonkurrenz in diesen Fällen ist daher friktionsfrei gangbar.

Ebenso wird sich ein Konkurrenzverhältnis zu § 119 I BGB schon im Ausgangspunkt kaum einmal ergeben. Dies resultiert daraus, dass Einwirkungen aufgrund von unlauteren geschäftlichen Handlungen regelmäßig die Willensbildung des Verbrauchers betreffen, die Fälle des § 119 I BGB aber auf Fälle der fehlerhaften Willensäußerung[910] zugeschnitten sind. Wenn der Unternehmer durch irreführende Werbung über Produkteigenschaften wirbt oder den Verbraucher bedrängt, geht es schlicht um Auswirkungen im Hinblick auf seine Willensbildung und nicht seiner Willensäußerung. Gebildeter Wille und tatsächlich geäußerter Wille sind in lauterkeitsrechtlichen Konstellationen

Mängelgewährleistungsrecht nicht verdrängt und die Konkurrenzfrage wieder „auflebt".

909 Für die Gleichgültigkeit im Hinblick auf die Veranlassung siehe etwa *Alexander*, Vertrag und unlauterer Wettbewerb, S. 108 f., etwa dann, wenn die Werbung nicht irreführend war, der Verbraucher sie aber gleichwohl falsch verstanden hat. Hier würde dann freilich gegebenenfalls § 122 BGB greifen.; *Berens*, Die Fremdbestimmung, S. 246 zum selbstveranlassten Irrtum.

910 Dazu schon *Lehmann*, Vertragsanbahnung, S. 124; auch *Kalski*, Individualansprüche des Verbrauchers, S. 153 für die Irreführung.

vielmehr deckungsgleich. Es sind daher kaum Situationen vorstellbar,[911] in denen sich eine Überschneidung ergeben könnte. In denjenigen Fällen, in denen das vielleicht deswegen so ist, weil zu der Willensbildung ein zusätzlicher Fehler bei der Willensäußerung hinzutritt, ist auf die Ausführungen des § 119 II UWG zu verweisen.

cc Gesamtergebnis zu b.

§ 9 II UWG steht in freier Anspruchskonkurrenz zum Anfechtungsrecht nach § 123 BGB, was sich durch eine Wertungsübertragung der culpa in contrahendo zu § 123 BGB ergibt. Auch zu § 119 BGB steht er in freier Anspruchskonkurrenz. Eine Rollenbegrenzung des Verbrauchers und seiner Aktivlegitimation geht damit nicht einher.

6 Keine Friktion mit dem Widerrufsrecht

Im Ergebnis ergibt sich auch im Hinblick auf das kaum in der Sache[912] diskutierte Widerrufsrecht, das einer Wertungsabstimmung zu § 9 II UGW bedarf,[913] kein Problem. Denkbare Überschneidungen können sich etwa dann ergeben, wenn bei einem Haustürgeschäft irregeführt wird oder der Verbraucher bei einem solchen überrumpelt wird. Zwar wäre hier eine Friktion mit der Bagatellgrenze,[914] die aufgrund denkbarer Streuschäden bei § 9 II UWG[915] tangiert sein kann, möglich. Auch eine Friktion mit der Frist[916]

---

[911] *Leistner*, Richtiger Vertrag, S. 817 f.; *Kalski*, Individualansprüche des Verbrauchers, S. 154, der anführt, dass der Anwendungsbereich für wettbewerbsrechtlich relevante Konstellationen für § 119 I „verschwindend gering" ist.

[912] Soweit ersichtlich nur *Scherer*, GRUR 2022, 787 (792); kursorisch *Havlik*, Täuschung und Irreführung, S. 46 f.

[913] Dazu abstrakt auch *Alexander*, WRP 2021, 136 (143).

[914] Bei außerhalb von Geschäftsräumen geschlossenen Verträgen, bei denen die Leistung sofort erbracht und bezahlt wird, § 312 II Nr. 12 BGB, schreibt das Widerrufsrecht eine Bagatellgrenze von 40 € vor. Die Bagatellgrenze geht dabei auf Art. 3 IV RL 2011/83/EU zurück, dazu auch *Scherer*, GRUR 2022, 787 (792). Intendiert war bei diesen auf die Abschlusssituation geschützten Positionen des Verbrauchers insbesondere auch eine Entlastung des Unternehmers, ErwGr. 28 RL/2011/83, die durch § 9 II UWG in diesen Fällen freilich unterlaufen werden kann.

[915] Dazu Kapitel 3 (205 ff.).

[916] *Scherer*, GRUR 2022, 787 (792).

des § 355 II BGB erscheint denkbar.[917] Ein konkurrenzrechtliches Problem ergibt sich im Ergebnis aber nicht.

Eine freie Anspruchskonkurrenz erklärt sich zwar nicht aus unterschiedlichen Schutzzwecken. Das Widerrufsrecht nimmt wieder die rechtsgeschäftliche Entscheidungsfreiheit in den Blick, die bei § 9 II UWG unter dem Deckmantel der freien informierten geschäftlichen Entscheidung ebenso gewährt wird.[918] Denkbar wäre indessen ein Systemunterschied. Das Widerrufsrecht bezieht sich insbesondere auf den Schutz vor potenziell risikoreichen und komplexen Verträgen und deren Zustandekommen im Rahmen einer Abschlusssituation. Dadurch soll insbesondere ein volkswirtschaftlicher Effekt hinsichtlich des grenzüberschreitenden Handels und der Stärkung des Binnenmarktes erreicht werden, indem das grenzüberschreitende Potenzial des Versandhandels und des Direktvertriebs ausgeschöpft wird. Dem § 9 II UWG soll es vielmehr um den individuellen Schutz des Verbrauchers vor einer unlauteren geschäftlichen Handlung gehen.[919] Das überzeugt wenig. Auch dem Widerrufsrecht geht es – sieht man sich den Schutzzweck an – neben Genanntem ganz vorrangig um den Verbraucher als solchen. Zudem schützt das UWG sicherlich auch vor potenziell risikoreichen und komplexen Verträgen. Gerade die Irreführung greift das Problem der Komplexität an, wenn Angaben für den Verbraucher nicht eindeutig sind. Gleiches gilt für den volkswirtschaftlichen Zweck und die Stärkung des grenzüberschreitenden Handels sowie der Stärkung des Binnenmarktes. Letztlich ist dies auch Ziel der UGP-RL, Art. 1 UGP-RL. Zudem wird über den mittelbar im Rahmen des § 9 II UWG intendierten Mitbewerberschutz[920] auch der lautere Handel geschützt. Ein wirklicher Systemunterschied lässt sich nicht ausmachen. Vielmehr geht es um dasselbe. Ebenso wenig überzeugend ist die Aussage, dass dem Widerrufsrecht eine unlautere Handlung egal[921] ist und sich daher Unterschiede ergeben. Das ist etwa wie oben bei der Abgrenzung von § 9 II

---

[917] Wobei das eher formal geht, auf die 14 Tage wird es nicht ankommen, sondern auf die §§ 356 – 356e BGB. Dazu statt vieler BeckOKBGB/Müller-Christmann, 63. Ed. (Stand: 01.08.2022), § 355 Rn. 30.

[918] Hierzu schon die Ausführungen zur Anfechtung, Kapitel 2 (S. 186 ff.). In der Sache ergibt sich kein Unterschied.

[919] Dazu insgesamt *Scherer*, GRUR 2022, 787 (792).

[920] Kapitel 1 (S. 59 ff.).

[921] *Scherer*, GRUR 2022, 787 (792).

UWG zu § 434 BGB im Rahmen einer Übertragung der Wertung des § 823 I BGB. Dem § 434 BGB ist die schuldhafte Irreführung als solche auch „egal“.[922] Ihm geht es um den dadurch entstandenen Mangel. Das ändert aber nichts daran, dass sich gleichwohl ein Konkurrenzproblem stellt, weil sich die Situationen überschneiden.

Überzeugender für eine Abgrenzung ist das fehlende Verschuldenserfordernis,[923] das eine Tendenz hin zu einer freien Anspruchskonkurrenz liefert. § 9 II UWG fordert insoweit ein „Mehr“. Letztlich wird auch ein Wertungsabgleich zur innersystematischen Behandlung von Widerrufsrecht und culpa in contrahendo im Bürgerlichen Gesetzbuch eine freie Anspruchskonkurrenz rechtfertigen können. Denn es ist Linie des BGH,[924] dass das Widerrufsrecht zu dieser in freier Anspruchskonkurrenz[925] steht. Es kommt auch insoweit zu keiner Rollenbegrenzung des Verbrauchers und seiner Aktivlegitimation.

7 Keine Friktion mit dem allgemeinen Deliktsrecht

Konkurrenzrechtlich ebenso wenig bedenklich stellt sich das Verhältnis zum allgemeinen Deliktsrecht dar. Eine Abgrenzung wäre hier wieder nach Schutzzweck oder Systematik möglich. Denkbar wäre eine Friktion zu § 826 BGB deshalb, weil dieser vorsätzliches Verhalten erfordert. § 826 BGB schützt dabei – jedenfalls vorrangig[926] – das allgemeine Selbstbestimmungsrecht des Verbrauchers.[927] § 9 II UWG schützt diesen – enger –, eine frei informierte geschäftliche Entscheidung treffen zu können.[928] Wirklich durchschlagen kann eine dahingehende Abgrenzung nach Schutzzwecken in der Sache aber nicht, weil es nach Gesagtem im Hinblick auf ein Konkurrenzverhältnis sinnvollerweise auf den Schutzzweck im konkreten Fall ankommen muss.[929]

---

922 Kapitel 2 (S. 174 ff.).

923 *Scherer*, GRUR 2022, 787 (792).

924 Etwa BGH NJW 2017, 61 Rn. 21. Allenfalls bezüglich des Umfangs des zu gewährenden Schadens ergeben sich Wechselbezüge, Rn. 22 ff.

925 Dazu statt einiger auch *Janal*, Sanktionen und Rechtsbehelfe, S. 199 f.

926 Zu den denkbar mitverfolgten überindividuellen Komponenten Kapitel 2 (S. 144 ff.).

927 GroKoUWG/*Schünemann/Peifer*, 3. Aufl. (2021), Einl. G. Rn. 112, 115 mit vereinzelten Ausnahmen in den Rn. 117 ff.

928 Dazu *Köhler*, WRP 2021, 129 (134).

929 Hierzu schon die Ausführungen zum Schutzzweck bei Anfechtung, Kapitel 2 (S. 186 ff.).

Exemplarisch soll dies am Dieselfall gezeigt werden: Kam es in diesen Situationen zu einer Anwendung des § 826 BGB, ist es unerheblich, dass dieser abstrakt gesehen extensiver schützt, weil er im konkreten Fall den gleichen Schutzzweck, den § 9 II UWG verfolgen würde, verfolgt, namentlich das allgemeine Selbstbestimmungsrecht des Verbrauchers, das sich in diesen Fällen auf die freie und informierte geschäftliche Entscheidung konkretisiert. Ein Schutzzweckunterschied bei Konkurrenz lässt sich daher nicht ausmachen, vielmehr geht es in der Sache um das Gleiche.

In doppelter Hinsicht kann zudem der Abgrenzungsversuch nach dem Willen des Schädigers[930] nicht überzeugen. Gefragt werden soll danach, ob es dem Schädiger um das Vorankommen im Wettbewerb (dann § 9 II UWG) oder die Schädigung eines Marktteilnehmers (dann § 826 BGB) geht.

Zunächst wird man dem Schädiger kaum „in den Kopf sehen können". Zudem ist nicht klar, ob sich auch aus der Sicht des Schädigers hierdurch überhaupt eine Abgrenzung vornehmen lässt. Es lassen sich auch „zwei Fliegen mit einer Klappe schlagen". So erscheint es durchaus denkbar, dass es dem Unternehmer unter Schädigung eines anderen Marktteilnehmers um sein eigenes Vorankommen im Wettbewerb gehen wird. Diesen Fall könnte dieser Ansatz schon nicht lösen, sodass er als allgemeines Kriterium abzulehnen ist.

Eine freie Anspruchskonkurrenz ergibt aber aus allgemeinen systematischen Erwägungen, da das Sonderdeliktsrecht des UWG dem allgemeinen Deliktsrecht des Bürgerlichen Gesetzbuchs vorgeht und daher jedenfalls nicht von diesem verdrängt wird.[931] Dieses Ergebnis ließe sich auch schon innerkonkurrenzrechtlich für § 9 II UWG deshalb übertragen, weil Gleiches für § 823 I BGB und § 823 II BGB[932] in fahrlässigen Fallkonstellationen in Bezug zu § 826 BGB gilt. Auch hieraus wird sich keine Rollenbegrenzung des Verbrauchers und seiner Aktivlegitimation ergeben.

---

930 So aber Staudinger/*Oechsler* (2021), § 826 Rn. 548.

931 GroKoUWG/*Schünemann/Peifer*, 3. Aufl. (2021), Einl. G. Rn. 112, 115 mit vereinzelten Ausnahmen in den Rn. 117 ff.; so auch *Scherer*, GRUR 2022, 787 (788); ebenso *Buck-Heeb*, BKR 2022, 747 (753); *Havlik*, Täuschung und Irreführung, S. 48.

932 Dazu statt vieler BeckOKBGB/*Förster*, 67. Ed. (Stand: 01.08. 2023), § 826 Rn. 5.

D Zusammenfassung der Ergebnisse aus Kapitel 2

Die Verbraucheraktivlegitimation spielt nur eine geringe Rolle für die Schutzlückenschließung und den Schutzzweck des UWG. Die Rolle muss dabei aufgrund von Friktionen zum Nacherfüllungsrecht begrenzt werden. Im Übrigen bestehen keine Wertungswidersprüche mit bestehenden Rechtsbehelfen.

Für die Schutzlückenschließung ergibt sich Gesagtes aus folgenden Erwägungen: Bei den Anlockfällen besteht allenfalls Rechtsunsicherheit. In der Rechtsprechung zum UWG und BGB zeigt sich nicht belastbar, ob für diese Fälle Ansprüche des Verbrauchers vor § 9 II UWG bestanden haben. Letztlich wird man aber für die Anbahnung eine Wertung des § 434 III Nr. 2b) BGB heranziehen können. Für die Pflichtverletzung wird man eine Wertungsübertragung zum UWG bemühen können. Dogmatisch besteht die Schutzlücke daher nicht. Es wird nur eine bestehende Rechtsunsicherheit beseitigt. Ähnliches gilt für die fahrlässige Herstellerhaftung. Die Rechtsprechung wendet sich zwar gegen eine Anwendung des § 311 III BGB. Dogmatisch lässt sich dieser aber subsumieren. Ähnliches dürfte in Tendenz für § 823 II BGB in neuerer Rechtsprechung des EuGH zu den Thermofenstern gelten. Hier besteht insgesamt nur Rechtsunsicherheit, die durch § 9 II UWG beseitigt wird. Bei den „Inkassofällen" ist die Situation komplexer. Hier muss einerseits zwischen dem Erhalt und dem fehlenden Erhalt der Sache differenziert werden. Andererseits muss differenziert werden, ob der Verbraucher die geforderte Summe schon gezahlt hat. Hat der Verbraucher noch nicht gezahlt und nimmt einen Rechtsanwalt in Anspruch, fehlt es an der geschäftlichen Entscheidung des Verbrauchers. § 9 II UWG gewährt in diesen Fällen selbst keinen Schutz. Für Fälle des Erhalts unbestellter Ware nach Zahlung wird man unter teleologischer Reduktion zulasten des Unternehmers Ansprüche des Verbrauchers aus der culpa in contrahendo konstruieren können. Hat er die Ware nicht erhalten, scheidet eine culpa in contrahendo mangels Anbahnung aber aus. Man kann allenfalls wertungsmäßig und rechtsunsicher einen „ähnlichen geschäftlichen Kontakt" annehmen. Grenzwertig, aber denkbar erscheinen noch Ansprüche aus echter, berechtigter Geschäftsführung ohne Auftrag, durch den Hinweis auf eine unlautere geschäftliche Handlung. Sollte der Verbraucher die Ware erhalten haben, sind auch Ansprüche aus §§ 823 II BGB i. V. m. § 241a BGB denkbar. Insgesamt steht der Schutz des Verbrauchers hier auf wackeligen Beinen, die Situation ist rechtsunsicher. Für den fehlenden Erhalt der Ware bei erfolgter Zahlung kann § 9 II UWG helfen. Hier wird das Vertrauensverhältnis für eine culpa in contrahendo besonders rechtsunsicher und sonstige Ansprüche erscheinen jedenfalls fraglich. Hat der Verbraucher in diesen Situationen aber noch nicht gezahlt, fehlt es an einer geschäftlichen Entscheidung. Dann ist auch § 9 II UWG nicht einschlägig. Für Fälle des psychischen Zwangs, der Überrumpelung, Notlagen und gefühlsbetonter Werbung bestehen keine Schutzlücken. Hier greifen regelmäßig die culpa in contrahendo und das Widerrufsrecht.

Für die Rolle bei dem Schutzzweck des UWG ergibt sich Gesagtes daraus, dass eine Schutzzweckmodifizierung mit § 9 II UWG nicht verbunden ist. Das UWG war schon vor § 9 II UWG Marktverhaltensrecht und Verbraucherschutzgesetz. § 9 II UWG bildet diesen Dualismus sogar durch sich selbst ab. Er verstärkt aber die Intensität des Verbraucherschutzes im UWG. Eine Schutzzweckerfüllung – wie vom Gesetzgeber konstatiert – ist mit § 9 II UWG nicht verbunden. Dieser Schluss beruht auf der fehlerhaften Prämisse, dass Schutzzweck und Aktivlegitimation im UWG zwingend verknüpft sein müssen. Das ist bei funktionaler Betrachtung nach Gesagtem nicht erforderlich und auch die Stärkung des Verbraucherschutzes um seiner selbst willen muss nicht durch eine Aktivlegitimation herbeigeführt werden.

Für die Begrenzung der Rolle der Verbraucheraktivlegitimation als Grundlage für die Rolle des Verbrauchers ergibt sich Folgendes:

Ein Ausschluss in Allgemeinen Geschäftsbedingungen ist möglich. Betrachtet man den auch überindividuellen Schutzzweck, kann man daran zweifeln. Im Kern geht es aber um den Verbraucher als solchen. Der überindividuelle Schutzzweck ist daher innerkonkurrenzrechtlich nachrangig. Es bietet sich vielmehr eine Wertungsübertragung zum BGB an, die einen Ausschluss in Allgemeinen Geschäftsbedingungen möglich macht.

Für die Rollenbegrenzung bei denkbaren Wertungswidersprüchen ergibt sich Folgendes: Eine übergeordnete Abgrenzung von BGB und UWG nach herkömmlichen Abgrenzungsmethoden lässt sich für § 9 II UWG nicht vornehmen. Insbesondere die des Vertragsschlusses als Wendepunkt ist veraltet. Auch im Übrigen wird man einen Vergleich von kollektivem Marktverhaltensrecht zu individualschützendem Verbraucherschutzrecht nicht als Abgrenzung der Rechtsgebiete heranziehen können. Zwar wird Individualschutz im UWG zum Teil als Kollektivschutz durch Individualschutz verstanden. Im Kern geht es aber bei § 9 II UWG um den Verbraucher als solchen. Diese Betrachtung überzeugt daher nicht. Auch die mitintendierten überindividuellen Zwecke bedingen keine Änderung. Diese sind dem BGB auch immanent. Sonstige Abgrenzungen nach einer funktionalen Auslegung helfen auch nicht weiter. Sie sind unscharf und selbst bei Anwendung kommt es zu Überschneidungen.

§ 9 II UWG führt zu Friktionen mit dem Nacherfüllungsrecht. Maßstab der Bewertung ist zuvorderst das Unionsrecht und insbesondere Art. 3 II, IV UGP-RL. Man wird wertungsmäßig zu einem Konflikt kommen, der zu einer Einschränkung des § 9 II UWG bei einem konkreten Normkonflikt führen wird. Das Nacherfüllungsrecht ist insoweit ein „besonderer Aspekt unlauterer Geschäftspraxis" i. S. d. Art. 3 IV UGP-RL. Sieht man die Auflösung des Konflikts dem nationalen Gesetzgeber im Rahmen des Art. 11a I UGP-RL überlassen, ergibt sich nichts anderes. Denn § 9 II UWG lässt sich auch bei nationalrechtlicher Beurteilung systematisch nicht in freier Anspruchskonkurrenz zum Nacherfüllungsrecht in das BGB einpassen. Es ist daher unerheblich, auf welcher Ebene man den Konflikt verortet sieht, weil sich für beide Möglichkeiten ein Begrenzungserfordernis ergibt. Eine folgenorientierte Betrachtung führt zwar interessanterweise dann doch zu einer freien Anspruchskonkurrenz. Diese gilt es aber im Verhältnis zu einer prinzipienorientierten Auslegung zu modifizieren. Es bleibt bei einer Friktion. Eine Wertungswiderspruch zum Anfechtungsrecht besteht nicht. Das vorgebrachte Argument unterschiedlicher Schutzzwecke überzeugt nicht. Es geht vielmehr um das Gleiche. Auch ein Vergleich zur Regelungsstruktur des allgemeinen Deliktsrechts zum Anfechtungsrecht überzeugt aufgrund unterschiedlicher Wertungsgrundlage nicht. Ähnliches gilt für Abgrenzungen nach Art. 11a II UGP-RL oder der mitverwirklichten Überindividualität. Eine Wertungsübertragung der Konkurrenz der culpa in contrahendo zum Anfechtungsrecht führt aber zu einer freien Anspruchskonkurrenz. Friktionen zum Widerrufsrecht und zum allgemeinen Deliktsrecht bestehen nicht. Auch hier leuchtet die Abgrenzung nach unterschiedlichen Schutzzwecken nicht ein. Für das Verhältnis zum Widerrufsrecht lässt sich eine Wertungsübertragung zu seinem Verhältnis zur culpa in contrahendo vornehmen, für das allgemeine Deliktsrecht aus der Normenhierarchie.

Rollengewährung und Rollenbegrenzung des Verbrauchers

Ergibt sich durch die Rollengewährung und Rollenbegrenzung von Verbraucheraktivlegitimation auch eine neue Rolle des Verbrauchers oder bleibt alles beim Alten? Konkret zugespitzt, stellt sich in diesem Kapitel die folgende Frage: Bleibt der Verbraucher „*Schiedsrichter*“[933] oder kommt ihm eine neue Rolle zu?

Der Verbraucher könnte einerseits nun auch Verteidiger seines subjektiven Privatrechts sein, weil es § 9 II UWG im Kern um die individuell entstandenen Nachteile des Verbrauchers geht.[934] Andererseits geht es § 9 II UWG unter dem Blickwinkel des herausgearbeiteten überindividuellen Schutzzwecks[935] und der damit verbundenen Regulierungsfunktion um die Lauterkeit des Marktes. Insoweit stellt sich die Frage, ob dem Verbraucher bei der Durchsetzung von § 9 II UWG eine neue *Doppelrolle* zukommt: Verteidigung um seiner selbst willen und *Private Enforcer* zur Erreichung eines lauteren Marktes.

Exemplarisch wird man die Rolle des Verbrauchers bei einer Vertragsaufhebung oder Freistellung von einem Vertrag nicht nur unter dem Blickwinkel der Verteidigung seines subjektiven Privatrechts verstehen dürfen. Man wird vielmehr auch die Rolle des Verbrauchers bei dem Mitbewerberschutz

---

933 Zu dieser bisherigen Rolle und dem Begründungsmuster hierfür insgesamt Kapitel 1 (S. 13 ff.).

934 Man wird § 9 II UWG nicht *nur* als Mittel zur Erreichung eines lauteren Marktes verstehen dürfen. Zu insoweit bestehenden Zweifeln, die aber keine Geltung beanspruchen können, Kapitel 1 (S. 59 ff.).

935 Kapitel 1 (S. 59 ff.).

miteinzubeziehen haben. Die rechtmäßig handelnden Mitbewerber können dann durch Beseitigung der den Markt schädigenden unlauteren Handlung wieder um den Verbraucher werben.[936] Ähnliches gilt für die Anlockfälle, die nicht nur den Schaden des Verbrauchers kompensieren. Ihre Beseitigung dient auch dazu, die Folgen marktschädigender unlauterer geschäftlicher Handlungen zu beseitigen.

A Vom „Schiedsrichter" zum Funktionär der Lauterkeit des Marktes und Verteidiger seines subjektiven Privatrechts?

Auch hier geht es um die Bestimmung der Rollengewährung und Rollenbegrenzung des Verbrauchers: Hat dieser eine neue Aufgabe im Lauterkeitsrecht und wo muss eine Durchsetzung des § 9 II UWG ausscheiden?

---

[936] Diese Wirkung nimmt auch *Köhler*, WRP 2021, 129 (134) in den Blick; ebenso für das damalige Vertragslösungsrecht nach § 13a UWG a. F. *Alexander*, Vertrag, S. 64.; a. A. aber *Glöckner*, WRP 2022, 383 (386), der zwar eine Vertragsaufhebungsmöglichkeit für § 9 II UWG bejaht, indessen davon spricht, dass der Verbraucher in diesen Fällen kein Funktionär der Lauterkeit des Marktes ist und es nur noch um diesen selbst geht; ebenso *Kalski*, Individualansprüche des Verbrauchers, S. 135 ff., 133, der auf Seite 133 zwar noch von der marktverhaltensrechtlichen Komponente spricht, sich dann aber darauf beruft, dass es sich gleichwohl um ein vertragsrechtliches Interesse handelt und nicht um ein lauterkeitsrechtliches. Dies wird nicht weiter belegt und ist in zweierlei Hinsicht zu kritisieren. Erstens deshalb, weil UWG-Verstöße nicht subjektiv bestimmt werden, sondern objektiv, dazu statt vieler schon *Fezer*, in: FS Schricker (2005), S. 671 ff.; auch ein Mitbewerber mag im Einzelfall einmal aus eigenem Interesse und nicht zur Sicherung des Wettbewerbs handeln. Handelt er aber objektiv so – was bei Verbrauchern bei einer Vertragsaufhebung der Fall wäre –, sind diese subjektiven Abweichungen irrelevant. Andererseits überzeugt die Aussage, dass es sich um Verhaltensweisen handelt, die dem Vertragsrecht zugewiesen sind, nicht als Argumentationsmuster. Das stimmt zwar, heißt aber nicht, dass nicht auch eine lauterkeitsrechtliche Relevanz vorhanden ist. Das müsste schlicht begründet werden. Letztlich ist vielmehr – wie dem BGB selbst zu entnehmen ist – eine Vertragsaufhebung auch nicht immer nur dem Vertragsrecht zugewiesen. So ist auch bei den §§ 823 ff. BGB in der Rechtsfolge über § 249 I BGB eine Vertragsaufhebung denkbar. Richtig ist zwar sicher, dass damit faktisch – wenn auch, wie erläutert, dem BGB nicht unbekannt – in das Vertragsrecht eingegriffen wird. Konkurrenzen bedingen aber keinen Schutzzweckausschluss für ein anderes Gesetz.

Zentrale Weichenstellung ist zunächst, dass man bei der Beurteilung einer Rollengewährung, Rollenbegrenzung und einer späteren Ausbalancierung derselben[937] nicht in eine Richtung hin zu einem „Verbraucherschutz um jeden Preis“[938] verfällt. Richtig und unionsrechtlich durch Art. 11a UGP-RL geboten, ist zwar, dass dieser „wirksam“ zur Geltung kommen soll. Zu berücksichtigen sind in der Gesamtschau aber gleichwohl auch eine etwaige Belastung von Unternehmern, die zu der neuen Rolle des Verbrauchers in einem aufzulösenden Spannungsfeld[939] stehen. Daher rückt neben der Rollengewährung auch eine etwaige Rollenbegrenzung in den Blick. Als Grundlage für die Ausbalancierung wird auch die Justizbelastung im Individual- und Kollektivverfahren in den Blick genommen. Im Hinblick auf diese ist es zwar sicherlich richtig, dass der Justizapparat eben hierfür geschaffen wurde. Gleichwohl macht es wenig Sinn, wenn dieser derart überlastet wird, dass er praktisch nicht mehr funktionsfähig[940] ist. So wird keinem der am Spannungsfeld Beteiligten geholfen. Auch dieser Aspekt ist daher in die Bewertung miteinzustellen. Dieser bietet die Grundlage für eine sachgerechte Ausbalancierung[941] von Rollengewährung und Rollenbegrenzung.

Wenig eingängig erscheint zwar auf den ersten Blick der Schutz des Unternehmers. Handelt dieser unlauter, soll er nicht noch vor dem Verbraucher geschützt werden.[942] Weniger überzeugend ist in dieser Pauschalität daher das damals[943] und mit der Einführung des § 9 II UWG abermals

---

[937] Zur Ausbalancierung, Kapitel 4 (S. 295 ff.).

[938] *Glöckner*, GRUR 2022, 383 (385); ebenso *Basedow*, JZ 2018, 1 (4), der von einem Überbietungswettbewerb beim Verbraucherschutz spricht. Richtig ist freilich, dass die Durchsetzung zwar die Verwirklichung des materiellen Rechts als vorrangiges Verfahrensziel kennt, dieses aber eben nur vorrangig ist und nicht sonstige Gesichtspunkte absolut ausgeblendet werden dürfen, dazu auch *Fries*, Verbraucherrechtsdurchsetzung, S. 26 ff.; in eine solche Richtung gehen aber die Ausführungen von *Köhler*, WRP 2021, 129 (133 ff.), der den Schutz des Verbrauchers bei § 9 II UWG insbesondere durch die Brille des effektiven Verbraucherschutzes betrachtet.

[939] Hierzu Kapitel 1 (S. 23 ff.), bezogen auf die von der Literatur und dem Gesetzgeber genannten Gefahr für Unternehmer.

[940] In diesem Sinne statt vieler auch *Fries*, NJW 2021, 2537 (2541), der davon spricht, dass der analoge Prozess den aktuellen Entwicklungen nicht mehr gewachsen ist.

[941] Kapitel 4 (S. 306 ff.).

[942] Statt vieler *Menke*, Wettbewerbsrechtlicher Verbraucherschutz, S. 232.

[943] BT-Drs. 15/1487, S. 22; diese Gefahr für ein etwaiges Vertragsauflösungsrecht sehend *Köhler*, GRUR 2003, 265 (271); zu dieser Gefahr für Unternehmer aufgrund von

angeführte Argument,[944] dass ein „Standortnachteil" für Unternehmer zu befürchten wäre und es zu einer „Klageindustrie" kommen könnte. Gewährt das materielle Recht Rechtspositionen, erscheint es kaum nachvollziehbar, deren Durchsetzung vermeiden zu wollen. Die richtige Stellschraube wäre dann vielmehr eine Modifizierung des materiellen Rechts, nicht aber seine Einschränkung bei der Durchsetzung.[945] Den Standortnachteil gibt es im Übrigen nicht mehr, weil Art. 11a UGP-RL einen solchen Anspruch fordert.

Nach hiesigem Dafürhalten muss man mehr differenzieren und gelangt so doch zu einer partiellen Relevanz der vielfachen Geltendmachung als Rollenbegrenzungserfordernis: Geht es um die Geltendmachung berechtigter, unberechtigter oder missbräuchlicher Ansprüche? Bei missbräuchlichen Ansprüchen ist eine Vermeidung derselben als Rollenbegrenzung evident, bei berechtigten Ansprüchen nach Gesagtem eine entsprechende Gewährung als Rollenbestimmung. Unklar liegt die Situation aber bei unberechtigten Ansprüchen. Insoweit ist zu vermeiden, dass ein Unternehmer, der nicht unlauter handelt, ohne Weiteres[946] mit unberechtigten Ansprüchen überzogen wird. Wie zu zeigen sein wird, wird man hier im Rahmen des Spannungsfeldes etwaige Verteidigungsmöglichkeiten des Unternehmers fordern müssen.

Bei der Untersuchung der Rollengewährung und Rollenbegrenzung des § 9 II UWG sind die genannten Gesichtspunkte daher miteinzustellen. Für § 9 II im Rahmen der Rollengewährung stellt sich daher die Frage: Kann bzw. wird der Verbraucher seine Ansprüche durchsetzen? Mit anderen Worten:

Abmahnvereinen schon *Beater*, ZHR 159 (1995) S. 217, 220; *Engels/Salomon*, WRP 2004, 32 (32); *Koch*, KritV 1989, 323 (326) spricht davon, dass man Gerichte nicht mit einer umfassenden Lösung von Konflikten betrauen sollte, die sozialer Natur sind; ablehnend aber *Poelzig*, Normdurchsetzung, S. 108; zur damaligen Entwicklung *Alexander*, Schadensersatz, S. 26 f., der dies im Ausgangspunkt durchaus als kritisch begreift, gleichermaßen aber auch von Anreizen zur Rechtsdurchsetzung spricht.

[944] BT.-Drs. 19/27873, S. 59, worin die Gefahr mit der späteren Durchführung einer Evaluation beantwortet wurde. Zu der aktuellen Diskussion *Kalbfus/Uhlenhut/Feilke*, CCZ 2022, 99 (103, 106); *Glöckner*, WRP 2022, 383 (384), der aufwirft, dass hierin auch ein Paradigmenwechsel von Mitbewerberdurchsetzung hin zu Verbraucherdurchsetzung zu sehen sein könnte; *Rosenow/Staiger*, GRUR 2022, 773 (773 ff.) sprechen hingegen von „zwei Seiten einer Medaille".

[945] Ähnlich *Poelzig*, Normdurchsetzung, S. 108 ff. m. w. N.; *Franck*, Marktordnung durch Haftung, S. 320 bezeichnet dies als rechtspolitische Entscheidung.

[946] Zu den Einzelheiten konkret bei der Rollenbegrenzung Kapitel 3 (S. 272 ff.).

Wird er zum Funktionär der Lauterkeit des Marktes *und* zum Verteidiger seines subjektiven Privatrechts?

Für die Rollenbegrenzung stellt sich die Frage: Inwieweit kann es dabei zu einer unzulässigen Belastung der Unternehmer kommen und wie lässt sich hier gegensteuern? Insgesamt wird dabei auch die Justizbelastung in den Blick genommen. Das deshalb, weil eine justizschonende Ausgestaltung allen am Spannungsfeld Beteiligen zugutekommt. Das jeweils herausgearbeitete Spannungsfeld für die Individual- und Kollektivdurchsetzung ist dann Grundlage für die in Kapitel 4 vorzunehmende Ausbalancierung der Rollengewährung und -begrenzung bei der Durchsetzung des § 9 II UWG. So soll der Durchsetzung des materiellen Rechts zur Geltung verholfen werden, gleichermaßen aber die Interessen von Unternehmern miteingestellt werden.

B Für § 9 II UWG denkbare Fallkonstellationen

Wiederum Ausgangspunkt für die Beurteilung der Rolle des Verbrauchers bei der Durchsetzung des Lauterkeitsrechts ist, gegenüber wem welche Schadensersatzansprüche bei der Geltendmachung von § 9 II UWG bestehen können. Hiervon hängt das Verbraucherverhalten im Hinblick auf das Spannungsfeld von Rollengewährung und Rollenbegrenzung maßgeblich ab.

I Unternehmer im Zwei-Personen-Verhältnis

Denkbarer Anspruchsgegner bei der Durchsetzung des Anspruchs aus § 9 II UWG ist der Unternehmer im Zwei-Personen-Verhältnis. Für § 9 II UWG im Hinblick auf die Schutzlückendiskussion[947] am relevantesten sind die Fälle der „Anlockung“ ohne Vertragsschluss. Denkbar sind Fahrtkosten, die ersetzt werden müssen. Es handelt sich regelmäßig um Fälle von Streuschäden, die sich im ein- bis zweistelligen Eurobereich[948] bewegen. Für Fälle der Vertragsaufhebung kommt es im Hinblick auf die Rolle von Verbraucheraktivlegitimation zu dem Erfordernis einer Rollenbegrenzung.[949] Derartige

---

947 Jedenfalls bezogen auf Rechtssicherheit für den Verbraucher Kapitel 2 (S. 73 ff.).
948 Statt aller *Scherer*, VuR 2022, 443 (447).
949 Kapitel 2 (S. 144 ff.).

Situationen sind ausgeklammert, soweit eine Modifizierung des § 9 II UWG[950] erforderlich ist. Konkret wird man im Zwei-Personen-Verhältnis eine Vertragsaufhebung aus § 9 II UWG bei fahrlässigem Verhalten ablehnen müssen, wenn das Mängelgewährleistungsrecht einschlägig ist. Man wird mit § 9 II S. 3 UWG n. F. vor Nacherfüllungsmöglichkeit des Unternehmers allenfalls Fälle einer vorsätzlichen unlauteren geschäftlichen Handlung durchsetzen können. Diese haben zu § 123 BGB, § 823 II BGB, § 263 StGB aber keinen Mehrwert. Es kommt zu einer freien Anspruchskonkurrenz, bei der der Vorsatzvorwurf schwer nachweisbar sein wird.[951] Es wird in diesen Fällen ganz regelmäßig um den Ersatz von Streuschäden gehen.

Zentral ist zudem, dass dem Verbraucher auch kein Unterlassungsanspruch nach § 9 II UWG, § 1004 BGB analog zusteht. Abstrakt wäre dies zwar denkbar.[952] Eine solche Beurteilung widerspricht nach Gesagtem[953] aber dem gesetzgeberischen Willen und der Systematik des UWG.

II Hersteller in Drei-Personen-Konstellation

Möglicher Anspruchsgegner kann auch der Hersteller in einer Drei-Personen-Konstellation sein. Denkbar sind auch hier Fälle der öffentlichen Werbung, die von dem Hersteller rühren und daher der unter I. genannten Situation vergleichbar sind und entsprechende Streuschäden erzeugen. Darüber hinaus sind aber auch Fälle denkbar, in denen bezüglich der Herstellerhaftung durchaus größere Schäden[954] ersatzfähig sein könnten. Dies zeigen die Fälle des Dieselskandals, die für die Einführung des Art. 11a UGP-RL und

---

[950] Kapitel 4 (S. 295 ff.).

[951] Dazu Kapitel 4 (S. 295 ff.). Insbesondere im Hinblick darauf, warum diese Ausgestaltung auch mit Art. 11a UGP-RL vereinbar sein wird.

[952] Kapitel 1 (S. 56 f.).

[953] Dazu Kapitel 1 (S. 56 f.)

[954] So beziffert der Gesamtverband der Deutschen Versicherungswirtschaft (GDV) den Schadensaufwand im Rahmen gemeldeter Fälle bei Dieselkonstellationen von Februar 2018 bis Juni 2022 auf 1,4 Milliarden Euro. Der Streitwert, der bis Mitte Juni 2023 gemeldeten Fälle lag dabei schon bei 10,5 Milliarden Euro in 407 000 Einzelverfahren. Der Streitwert pro Fall lag dabei bei ca. 26.000 €: https://www.gdv.de/gdv/medien/medieninformationen/prozesskosten-im-diesel-skandal-steigen-auf-1-4-milliarden-euro--85092 (zuletzt aufgerufen am 11.11.2024). Bei entsprechender Irreführung wären auch Ansprüche aus § 9 II UWG denkbar.

damit auch § 9 II UWG ursächlich[955] waren. Möglich wäre Folgendes: Eine irreführende Herstellerwerbung spricht von „Clean Diesel“[956]. Schließt der Verbraucher daraufhin einen Vertrag mit einem Unternehmer und hätte er diesen sonst nicht geschlossen, kann er von dem Hersteller über § 9 II UWG Freistellung von seinem Vertrag[957] verlangen. Das Mängelgewährleistungsrecht entfaltet (nur) inter-partes Wirkung.[958] Daher kann es auch bei einem fahrlässigen Lauterkeitsverstoß über § 9 II UWG zu einer Zahlung der an den Unternehmer gezahlten Summe durch den Hersteller kommen. Freilich hängt letzterer Befund aber immer von der gezahlten Summe im Einzelfall ab. Denkbar wären auch Fälle „zwischen“ den Streuschäden und Massenschäden mit höheren Summen etwa dann, wenn der Verbraucher sich bei entsprechender Irreführung ein Bett für 700 € kauft.

C Darauf beruhende Rollenbestimmung bei der Rechtsdurchsetzung im Individualverfahren

Aufbauend auf diesen für § 9 II UWG denkbaren Schadenspositionen ist deren mögliche Durchsetzung und damit die Funktion des Verbrauchers im Hinblick auf die Rolle als Verteidiger seines subjektiven Privatrechts und der Lauterkeit des Marktes zu bestimmen.

---

[955] Kapitel 1 (S. 27 f.).

[956] So der Ausgangspunkt in den USA damals, siehe hierzu nur https://www.handelsblatt.com/unternehmen/industrie/volkswagen-in-den-usa-aerger-um-clean-diesel-werbung/13378548.html (zuletzt aufgerufen am 11.11.2024).

[957] Für § 9 II UWG konkret die Ausführungen in Kapitel 2 (S. 159); allgemeiner zu dieser Möglichkeit etwa *Leistner*, Richtiger Vertrag, S. 948 ff.; *Glöckner*, WRP 2022, 383 (392); *Köhler*, GRUR 2022, 435 (443); in diesem Sinne auch *Scherer*, GRUR 2022, 787 (793 f.); ähnlich *Kalski*, Individualansprüche des Verbrauchers, S. 222 f.; *Heinze/Engel*, NJW 2021, 2609 (2613); in diese Richtung auch *Peifer*, WRP 2022, 794 (800), der anführt, dass der Händlerhaftung zwar ein Vermögenswert zukommt, der Verbraucher über diesen aber disponieren darf und insoweit auf den Hersteller zugreifen kann.

[958] Kapitel 2 (S. 159).

I Rechtstatsächlicher Hintergrund von Verbraucherverhalten als Grundlage für Tendenz

Im Hinblick auf das Interesse des Verbrauchers an der Durchsetzung seines subjektiven Privatrechts und der damit mitverfolgten überindividuellen Zwecke[959] sind wiederum zunächst das die Rollenmodifizierung einschränkende rechtstatsächliche Problem von Verbraucherverhalten und dessen Ursachen miteinzustellen. Die Ursachen sind dabei hin auf ihre Einschlägigkeit bei § 9 II UWG zu untersuchen, um eine Tendenz der Rollenbestimmung für § 9 II UWG zu ermöglichen.

Ausgangsproblem von Verbraucherverhalten im Hinblick auf die genannte neue Rollengewährung ist die regelmäßig bestehende *rationale Apathie*[960] des Verbrauchers.[961] Virulent wird diese im Hinblick auf bestehende Erfahrungswerte insbesondere auch für das Lauterkeitsrecht. Betrachtet man, dass es einen Verbraucherindividualanspruch im Rahmen des § 13a UWG a. F.[962] schon einmal gab und diesem keine praktische Relevanz aufgrund fehlender Durchsetzung durch den Verbraucher[963] attestiert wurde, könnte § 9 II UWG das gleiche Schicksal ereilen. Es bliebe bei der Rolle des „*Schiedsrichters*", wenngleich abstrakt weitere Rollen denkbar wären.

Bei der Beurteilung der Ursachen rationaler Apathie als Bewertungsmaßstab für die Beantwortung der Rolle des Verbrauchers wird man schon im Ausgangspunkt Folgendes sagen müssen: Eine abschließende Nennung der der rationalen Apathie zugrunde liegenden Gründe wird nicht möglich sein.

---

959 Insgesamt hierzu Kapitel 1 (S. 59 ff.).

960 Der Begriff stammt aus der *Public Choice Theory*. Nach *Downs* ist es für den Einzelnen rational, bei einer Wahl nicht abzustimmen, dazu insgesamt *Downs*, An Economic Theory of Democracy.

961 Etwa *Schäfer*, in: Basedow et al., Die Bündelung gleichgerichteter Interessen im Prozeß, S. 67, 67 f.; *Fries*, Verbraucherrechtsdurchsetzung, S. 183, 57, der dies als „wichtigste faktische Grenze der individuellen Rechtsdurchsetzung" beschreibt; *Weber*, VuR 2013, 323 (325); dazu auch *Kemper*, Verbraucherschutzinstrumente, S. 56 ff., selbst dann, wenn Verbraucher von dem Bestehen ihres Anspruchs überzeugt sind; für § 9 II UWG statt vieler *Alexander*, WRP 2021, 136 (142).

962 BGBl. I 1986, 1169; dazu insgesamt statt vieler *Schaffernack*, Das wettbewerbsrechtliche Vertragslösungsrecht.

963 Aktueller *Augenhofer*, EuZW, 2019, 5 (8); umfassend hierzu *Schaffernack*, Das wettbewerbsrechtliche Vertragslösungsrecht; *Wolff*, Untersuchungen zur irreführenden Werbung, S. 186.

Verbraucherverhalten ist komplex. Für jeden Verbraucher tragen andere Gründe mit anderem Gewicht zur rationalen Apathie bei.[964] Insbesondere ist der eine Verbraucher bei gleicher Situation potenziell rational apathisch, wohingegen ein anderer dies nicht ist.[965] Gleichwohl lassen sich typische Ursachen erkennen, die jedenfalls eine Tendenzbestimmung[966] zulassen: Zentrale Gesichtspunkte werden dabei regelmäßig die dem Verbraucher obliegende Beweislast, die Höhe der Forderung, die fehlende Routine des Verbrauchers bei gerichtlicher Durchsetzung und die Dauer sowie Kosten des Verfahrens sein. Anhand dieser wird § 9 II UWG für die Individualdurchsetzung im Hinblick auf eine Tendenz für die neuen denkbaren Rollen untersucht. Nachgelagert wird untersucht, ob sich durch Kollektivmechanismen eine Verschiebung der Tendenz ergibt.

1 Beweislast bei § 9 II UWG

Im Hinblick auf Erstere muss der Verbraucher mangels vom Gesetzgeber vorgesehener Beweislastverschiebungen jedenfalls im Ausgangspunkt[967] nachweisen, dass eine unzulässige Handlung des Unternehmers vorliegt. Darauf beruhend muss er nachweisen, dass diese ihn zu einer geschäftlichen Entscheidung veranlasst hat und der Unternehmer dabei schuldhaft gehandelt hat und ihm ein kausaler Schaden hierdurch entstanden ist.[968] Hierzu braucht er, gerade was das Verschulden des Unternehmers oder Herstellers

---

[964] In diesem Sinne ausführlich etwa *Fries*, Verbraucherrechtsdurchsetzung, S. 41 f., 62, 266, 268 m. w. N.

[965] *Bernhard*, Kartellrechtlicher Individualschutz, S. 124 ff. m. w. N., der insbesondere Situationen anführt, in denen ein Verhalten von Unternehmern für einen Verbraucher als besonders dreist empfunden wird; auch *Gsell*, BKR 2021, 521 (522 f.); *Kodek/Leupold*, Modernisierung, S. 49; *Rauer/Shchavelev*, GRUR-Prax 2022, 35 (37).

[966] Dazu dezidiert im Hinblick auf dieses Problem auch schon *Fries*, Verbraucherrechtsdurchsetzung, S. 30 ff.; ebenso *Kocher*, Funktionen der Rechtsprechung, S. 126 ff.; für die dieser zugrunde liegenden Gründe auch schon *Kemper*, Verbraucherschutzinstrumente, S. 56 ff. m. w. N. Absolute Aussagen wird man hier nicht treffen können, vielmehr wird man im Rahmen der der rationalen Apathie zugrunde liegenden Gründe „nur" eine Tendenz für oder gegen eine Durchsetzung bestimmen können; für diese Gründe zuletzt auch *Meller-Hannich/Höland/Nöhre*, Bericht zur Untersuchung des Rückgangs der Eingangszahlen bei den Zivilgerichten, S. 6, 9 ff., 57.

[967] Bezüglich etwaiger Modifikationsmöglichkeiten für § 9 II sogleich, Kapitel 3 (S. 224 ff.).

[968] Das ergibt sich schon aus der Systematik des § 9 II UWG; statt aller etwa H-B/H-B/*Goldmann*, 5. Aufl. (2021), § 9 n. F. Rn. 53 ff., 89 ff.; O/S/*Ohly*, 8. Aufl. (2023), § 9

angeht, Informationen von diesen, wobei ihm der Nachweis diesbezüglich schwer gelingen wird.[969] Gleiches gilt freilich aber auch dafür, dass die unzulässige geschäftliche Handlung überhaupt kausal für die geschäftliche Entscheidung und den etwaig dadurch entstandenen Schaden war. Gerade bezüglich Letzterem ergibt sich schon deshalb ein Defizit, weil Verbraucher in rechtstatsächlicher Hinsicht Vertragsunterlagen[970] oder etwaige Fahrkarten[971] sicherlich nicht immer aufbewahren. Werbeaussagen des unternehmerischen Gegenübers oder Mängelbeobachtungen werden zudem selten (genau) protokolliert sein.[972]

Insoweit wird diese Ursache der rationalen Apathie gegeben sein. Insbesondere in den Anlockfällen wird es Probleme im Hinblick auf die Beweisbarkeit geben, wenn etwaige Unterlagen nicht aufgehoben werden. Dieser Aspekt schafft daher eine erste Tendenz dafür, dass der Verbraucher im UWG bei der Individualdurchsetzung eher nur „Schiedsrichter" bleiben wird.

2 Die Höhe der Forderung bei § 9 II UWG

Tendenzverstärkend ist regelmäßig auch die Höhe der Forderung in Fällen des lauterkeitsrechtlichen Individualanspruchs. Nach Gesagtem sind zwar durchaus Fälle im Drei-Personen-Verhältnis zu Herstellern denkbar, bei denen die rationale Apathie insoweit weniger[973] zu einem Durchsetzungsdefizit

---

Rn. 42; *Frey*, VuR 2022, 174 (177); zuletzt auch *Havlik*, Täuschung und Irreführung, S. 401 ff.

[969] Statt einiger *Köhler*, GRUR 2022, 435 (445).

[970] Dazu auch *Fries*, Verbraucherrechtsdurchsetzung, S. 40, 33 f.; in diesem Sinne auch *Röhl*, Rechtssoziologie, S. 508, wenn er davon spricht, dass dem Privaten regelmäßig nur der Personalbeweis zur Verfügung stehen wird.

[971] Vergleichbar erscheinen die Ausführungen von *Stadler*, VuR 2018, 83 (85), die darauf verweist, dass man bei etwaigen Bagatellschäden, die z. B. auf Füllmengenunterschreitungen zurückzuführen sind, kaum einmal etwaige Belege eines derartigen Kaufs des täglichen Lebens aufbewahren wird; ähnlich *Fries*, Verbraucherrechtsdurchsetzung, S. 33 f., 40.

[972] Dazu ebenso *Bender*, in: Bender, Rechtstatsachen zum Verbraucherschutz, S. 85, 93, 95. Dazu, dass die von *Bender* getroffenen Aussagen auch heute noch Geltung beanspruchen können, etwa *Fries*, Verbraucherrechtsdurchsetzung, S. 33, 40, der insbesondere auch davon spricht, dass von Verbrauchern offengelegt wird, dass zur Beweisführung erforderliche Unterlagen nicht aufbewahrt wurden.

[973] Nur „weniger" und nicht „nicht", weil die Gründe nach Gesagtem vielseitig sein können. Insbesondere auch bei höheren Forderungen kann im Einzelfall durchaus

führt. Fälle wie die des Diesel-Skandals sind aber Ausnahmefälle. Die Regel dürften Streuschäden sein. Zwar lässt sich dem Statistischen Bundesamt im Bereich Rechtspflege der Zivilgerichte für das Jahr 2021[974] entnehmen, dass 29,6 % der amtsgerichtlichen Verfahren einen Streitwert von bis zu 500 € hatten. Das sagt aber noch recht wenig über die Durchsetzung von Bagatellschäden im niedrigschwelligen Bereich aus, wenn auch eine Tendenz für die Durchsetzung auch nicht allzu hoher Schäden erkennbar ist.

Dass dabei viele Fälle im ein- bis zweistelligen Eurobereich durchgesetzt wurden, erscheint freilich eher unwahrscheinlich. Diese Einschätzung stützt jedenfalls in ihrer Tendenz auch eine Untersuchung der Roland-Rechtsschutz-Versicherungs-AG,[975] die anführt, dass der Verbraucher im Schnitt ein Gericht erst bei 1950 € Streitwert anrufen will. Ähnliches zeigt eine Studie der EU-Kommission im Rahmen des Flash Eurobarometer.[976] So gaben bei der Befragung 37 % der Verbraucher an, dass sie trotz eines Beschwerdegrundes nichts unternommen haben, weil es um zu wenig Geld ging. Die Untersuchung der Roland-Rechtsschutz-Versicherungs-AG kam zu dem Schluss, dass nur etwa ein Viertel der Bürger sich bei Streitwerten bis 1.000 € die Anrufung eines Gerichts vorstellen konnte.[977] Im Hinblick auf Letzteres zeigt sich daher, dass bezüglich der genannten amtsgerichtlichen Verfahren wohl ein Großteil den Weg schon gar nicht zu Gericht gewagt hat, und von den übrigen, im Hinblick auf die Tendenz der genannten Untersuchungen, viele sich eher im Nahbereich der 500 € befunden haben. Freilich ist einerseits für eine Übertragung der von der Kommission vorgenommenen Untersuchung auf Deutschland Vorsicht geboten. Andererseits liefert die Untersuchung des Roland Rechtsreports auch kein absolutes Bild. Eine Tendenz aufgrund ähnlicher Ergebnisse lässt sich hierdurch gleichwohl ableiten. Auch dieser Grund – abgesehen von den genannten Ausnahmen – spricht gegen eine

im Hinblick auf etwaige Verfahrenskosten rationale Apathie vorliegen, dazu *Fechner*, Schutzlücken, S. 54 ff. mit einem entsprechenden Rechenbeispiel für Verfahrenskosten; in diese Richtung auch *Meller-Hannich*, NZM 2022, 353 (353).

974 *Statistisches Bundesamt*, Rechtspflege Zivilgerichte, 2021, S. 11, 26.

975 *ROLAND Rechtsschutz-Versicherungs-AG*, Roland Rechtsreport 2014, Pressebereich, abrufbar unter: https://www.assekuranz-info-portal.de/presse/recht-steuern/2014/01/roland-rechtsreport-ab-einem-streitwert-von-1950-euro-ziehen-deutsche-vor-gericht/ (zuletzt aufgerufen am: 11.11.2024).

976 *Europäische Kommission*, Flash Eurobarometer 358, S. 77.

977 *ROLAND Rechtsschutz-Versicherungs-AG*, Roland Rechtsreport 2014, S. 36.

Individualdurchsetzung von § 9 II UWG. Auch insoweit wird die neue Doppelrolle des Verbrauchers in ihrer Tendenz weniger gegeben sein.

3 Fehlende Routine des Verbrauchers bei gerichtlicher Durchsetzung (des § 9 II UWG)

Weiteres Hindernis für die Rolle des Verbrauchers bei der Durchsetzung des § 9 II UWG ist die fehlende Routine bei der gerichtlichen Durchsetzung seiner Rechte. So haben Verbraucher freilich oft wenig Kenntnis von der bestehenden Rechtslage,[978] der richtigen Würdigung tatsächlicher Umstände in rechtlicher Hinsicht oder davon, welches Verfahren überhaupt für sie in Betracht kommt.[979] Die Situation sieht zwar im Hinblick auf das Erkennen von Lauterkeitsverstößen nicht unbedingt schlecht aus.[980] Das Erkennen von Verstößen und die Verteidigung gegen dieselben sind aber freilich zwei verschiedene Dinge. So gaben im Rahmen einer Untersuchung von 2014[981] 71 % der befragten Verbraucher an, in den letzten 10 Jahren nicht

---

[978] Insbesondere im Hinblick darauf, dass es eine solche für Verbraucher vor § 9 II UWG für das UWG schlicht nicht gab und dessen Regelungsgefüge komplex ist, dazu nur Kapitel 1 im Hinblick auf dessen Umfangsbestimmung im Rahmen seines Zwecks, Kapitel 1 (S. 31 ff.); dazu insgesamt allgemein auch *Fries*, Verbraucherrechtsdurchsetzung, S. 31 ff. m. w. N. im Hinblick auf Studien der EU, die die Unsicherheit über rechtliche Fragen in tatsächlicher Hinsicht offenlegen.

[979] Zur Kenntnis der Rechtslage siehe nur die Studie der Europäischen Kommission, *Europäische Kommission*, Flash Eurobarometer 358, S. 77, wobei 19 % der Verbraucher anführen, dass ihnen schon unklar sei, wo und wie eine Beschwerde einzulegen sei. 18 % waren die eigenen Rechte unbekannt. Nur 30 % wussten, dass sie unbestellte Waren weder zurücksenden noch bezahlen müssen, S. 61. Absolut ist aber auch das nicht, man wird nur eine Tendenz eines Problems insoweit entnehmen können. Umgekehrt wussten 80 % der Deutschen um ein Widerrufsrecht bei Fernabsatzverträgen; zur falschen Würdigung der rechtlichen Situation aufgrund tatsächlicher Umstände schon *Koch*, Verbraucherprozessrecht, S. 24; ebenso auch eine Untersuchung der Kommission im Jahre 2015, *Europäische Kommission*, Consumer Conditions Scoreboard: Consumers at home in the Single Market, 2015, edition, S. 84, 97, verfügbar unter: https://commission.europa.eu/system/files/2018-04/ccs2015scoreboard_en.pdf (zuletzt aufgerufen am 11.11.2024).

[980] SWD 2017, 209, S. 32 jedenfalls mit einer positiven Prognose, wenn bei aggressiven und irreführenden Praktiken der „Fitness-Check" zeigt, dass 73 % der Probanden Kenntnisse über das Vorliegen von irreführenden und aggressiven Geschäftspraktiken haben, wenn sie passieren.

[981] *ROLAND Rechtsschutz-Versicherungs-AG*, Roland Rechtsreport, 2014, S. 30.

vor Gericht gewesen zu sein. Eine Verstärkung dieser Tendenz auf 80 % zeigt zudem die aktuellere Studie des BMJ[982] zum Klagerückgang. Es handelt sich daher immer mehr um Fälle von „Einmalprozessierern"[983], denen allein schon deshalb regelmäßig Verhandlungsgeschick vor Gericht fehlen wird.[984] Sieht man sich dann an, dass bezüglich § 9 II UWG in vielerlei Hinsicht[985] noch Unklarheit herrscht, verdichtet sich das Bild im Hinblick auf eine bestehende rationale Apathie noch weiter. Unternehmer verfügen dagegen regelmäßig über mehr finanzielle Ressourcen und haben spezialisierte Anwälte. Insoweit können diese erfahrungsbasiert kalkulieren, wie sich Verbraucher in der Regel verhalten und was sie noch „machen können", ohne mit Klagen rechnen zu müssen.[986] Selbst wenn sich ein Verbraucher außergerichtlich an ein Unternehmen wendet, kann es für das Unternehmen lohnenswert sein, die Geltendmachung schlicht „auszusitzen". Das gilt dann, wenn zu erwarten ist, dass der Verbraucher, sollte das Unternehmen nichts unternehmen, keine weiteren Schritte einleiten wird.[987] Entscheidet

---

[982] *Meller-Hannich/Höland/Nöhre*, Bericht zur Untersuchung des Rückgangs der Eingangszahlen bei den Zivilgerichten, S. 132.

[983] Zu diesem Begriff ursprünglich *Galanter*, 9. L. Soc. Rev. 1974, 95 (97), der von „oneshotter" spricht; dazu insgesamt auch *Fries*, Verbraucherrechtsdurchsetzung, S. 32 f. m. w. N.; dazu plakativ auch *Bender*, in: Bender, Rechtstatsachen zum Verbraucherschutz, S. 85, wenn er anführt, dass der Verbraucher zum ersten und wahrscheinlich auch letzten Mal vor Gericht stehen wird.

[984] Dazu auch schon *Hoom/Maak*, ZEuP 2011, 518 (524); dazu insgesamt auch *Fries*, Verbraucherrechtsdurchsetzung, S. 34 ff.

[985] Das ergibt sich freilich schon durch die komplexe Regelungsstruktur des UWG selbst, die über § 9 II UWG jetzt miteinbezogen wird. Erschwert wird das durch die Gesamtschau des § 9 II S. 1, 2 UWG, da für den Verbraucher kaum einmal erkennbar sein wird, welche Verhaltensnormen ausgeschlossen sind (warum z. B. § 7 UWG, wenn dieser in § 9 II S. 2 UWG nicht ausgeschlossen ist) und welchen Umfang diese haben (am schwierigsten wird das wohl bei § 3 II UWG, insbesondere im Rahmen des Verhältnisses zu § 3a UWG, sein). Nimmt man dann noch die Diskussion über denkbare Schadenspositionen, die Konkurrenzen und die Unklarheit darüber, wen § 9 II UWG nun eventuell noch schützen will und welche Konsequenz das ganz praktisch für die Konkurrenzen haben wird, wird der Verbraucher im Einzelfall sicherlich Vorsicht walten lassen, bevor er eine Klage erhebt, dazu insgesamt Kapitel 1 (S. 31 ff.), Kapitel 2 (S. 144 ff.).

[986] Dazu *Fries*, Verbraucherrechtsdurchsetzung, S. 34 m. w. N.

[987] *Fries*, Verbraucherrechtsdurchsetzung, S. 34; gerade im Fall von Streuschäden wird das regelmäßig der Fall sein.

sich der Verbraucher doch zu einer Klage,[988] wirkt die rationale Apathie bei etwaiger Gerichtsverhandlung gleichwohl in gewissem Umfang fort. Zwar zeigen Studien der EU erneut, dass der Verbraucher sich hierbei nicht ohne Weiteres aus Angst oder fehlender Kenntnis blind der Auffassung der Gegenseite anschließen wird.[989] Vermutet der Anwalt des Unternehmers aber, dass er das Verfahren verlieren könnte, bleibt ihm gleichwohl noch die Möglichkeit, einen entsprechenden Vergleich zu schließen,[990] um einen Präzedenzfall zulasten des Unternehmers zu vermeiden.[991] Ein spiegelbildlich insoweit bestehendes Interesse des Verbrauchers wird es dabei regelmäßig nicht geben, weil dieser nach Gesagtem regelmäßig Einmalprozessierer ist.[992] Da Verbraucher ohnehin eine gewisse Gerichtsscheu[993] haben und somit überhaupt etwas aus dem Verfahren bekommen, erscheint der Vorteil eines Vergleichs bei Gefahr eines nachträglichen Obsiegens des Unternehmers regelmäßig ausreichend, um auf einen entsprechenden Vergleich einzugehen.[994] Insoweit führt auch dieser Gesichtspunkt in seiner Tendenz zu einer weniger wahrscheinlichen Durchsetzung des § 9 II UWG

---

[988] Was letztlich auch deswegen zunehmend seltener sein wird, weil der Verbraucher sich hierzu sicherlich regelmäßig den Rat seines Rechtsanwalts einholen wird und diese tendenziell weniger zu einer solchen raten, dazu *Meller-Hannich/Höland/Nöhre*, Bericht zur Untersuchung des Rückgangs der Eingangszahlen bei den Zivilgerichten, S. 147 ff.

[989] Dazu eine Studie der EU-Kommission zu entsprechendem Verbraucherverhalten, *Europäische Kommission*, Flash Eurobarometer 358, S. 63, die zeigt, dass Verbraucher das Vorbringen der Gegenseite nicht ohne Weiteres für bare Münze nehmen und sich durchaus zu wehren bereit sind; ebenso *Fries*, Verbraucherrechtsdurchsetzung, S. 31.

[990] Insofern kann dies aufgrund des etwaig vereinfachten Arbeitspensums des Gerichts insoweit auch zu Fehlanreizen für den Richter führen, die das benannte Problem der fehlenden Durchsetzung des materiellen Rechts noch weiter verstärken, dazu *Fries*, Verbraucherrechtsdurchsetzung, S. 117 ff. m. w. N.; 2021 wurden von insgesamt 798 529 Verfahren 115 770 durch einen Vergleich erledigt, dazu *Statistisches Bundesamt*, Rechtspflege Zivilgerichte, 2021, S. 34.

[991] *Bender*, in: Bender, Rechtstatsachen zum Verbraucherschutz, S. 85, 93.

[992] Wünschenswert wäre das im Allgemeininteresse und gerade auch für danach erfolgende Verbraucherstreitigkeiten zwar sicherlich, dass der Verbraucher dies in seine Überlegungen miteinbezieht, dürfte kaum der Fall sein; in diese Richtung auch *Fries*, Verbraucherrechtsdurchsetzung, S. 60 f. m. w. N.

[993] Statt vieler etwa *Kemper*, Verbraucherschutzinstrumente, S. 56 ff.

[994] Dazu *Fries*, Verbraucherrechtsdurchsetzung, S. 38 m. w. N.

im Ausgangspunkt. Auch insoweit verstärkt sich die Tendenz für keine Rollenmodifikation des Verbrauchers bei § 9 II UWG.

4 Kosten und Dauer des Verfahrens bei § 9 II UWG

Zuletzt stellen sich auch die Verfahrenskosten und die Dauer des Verfahrens als Problem der Überwindung der rationalen Apathie[995] für § 9 II UWG dar. Es wird sich regelmäßig um Streuschäden handeln. Bei Verfahren von bis zu 500 € übersteigen die Verfahrenskosten den Streitwert.[996] Verschärft wird dies durch eine etwaige Vorschusspflicht nach § 12 I S. 1 GKG. Bei anwaltlicher Vertretung hat der entsprechende Rechtsanwalt ein insoweit bestehendes Recht, § 9 RVG.

Dazu kommt, dass die am Ende tatsächlich anfallenden Verfahrenskosten für den Verbraucher kaum abschätzbar sind. Gerade bei diffizilen lauterkeitsrechtlichen Streitigkeiten und einer fehlenden Expertise der Amtsgerichte[997] ist schon nicht sicher, ob eine Entscheidung zugunsten des Verbrauchers in erster Instanz nicht von dem Unternehmer angegriffen wird und die Verfahrenskosten so steigen. Gleichermaßen kann es sein, dass Gutachterkosten anfallen, die die Kosten weiter in die Höhe treiben. Anders kann dies in den den Dieselkonstellationen vergleichbaren Fällen sein. Das gilt insbesondere dann, wenn entsprechende Verbraucher rechtsschutzversichert sind[998] und dieser Aspekt der rationalen Apathie entfällt. Das werden nach Gesagtem aber Ausnahmekonstellationen sein.

---

995 Allgemein ohne Bezug zu § 9 II UWG statt aller *Meller-Hannich*, NZM 2022, 353 (353 ff.).

996 Zu einer etwaigen Kostenberechnung *Anwaltsblatt*, DAV-Kostenrechner, unter: https://anwaltsblatt.anwaltverein.de/de/apps/prozesskostenrechner (zuletzt aufgerufen am 11.11.2024).

997 Siehe hierzu Kapitel 3 (S. 221).

998 Dazu *Meller-Hannich*, NZM 2022, 353 (357) m. w. N.; ebenso auch *Fries*, Verbraucherrechtsdurchsetzung, S. 37 m. w. N.

Eng damit verbunden ist die Dauer[999] des Verfahrens, die neben einem emotionalen und organisatorischen Aufwand[1000] ebenso zu einer Kostensteigerung führt. Das Statistische Bundesamt gab für das Jahr 2021[1001] an, dass die durchschnittliche Dauer eines amtsgerichtlichen Verfahrens bei 5,6 Monaten liegt, bei Abschluss mit einem streitigen Urteil sogar bei 8,7 Monaten. Es erscheint fernliegend, dass sich Verbraucher in Anlockfällen bei § 9 II UWG wegen Fahrtkosten i. H. v. 10 € einem monatelangen Verfahren aussetzen werden. Auch insoweit ergibt sich die genannte Tendenz für die Rolle des Verbrauchers im Individualverfahren.

II Zwischenergebnis für die Individualdurchsetzung von § 9 II UWG

Im Hinblick auf eine Individualgeltendmachung lässt sich für § 9 II UWG festhalten, dass es regelmäßig nicht zur Verwirklichung der genannten „Doppelrolle" des Verbrauchers kommen wird. Eine Justiz- und Schädigerbelastung wird im Rahmen des Spannungsfeldes spiegelbildlich dann in diesen Fällen kaum anzunehmen sein. Ein Rollenbegrenzungserfordernis ergibt sich hier daher nicht, weil eine Rollengewährung schon nicht gegeben sein wird.

Eine andere Beurteilung wird man für die Ausnahmefälle in den den Dieselfällen vergleichbaren Konstellationen annehmen können. In diesen Fällen wird der Verbraucher tendenziell eher Verteidiger seines subjektiven Privatrechts und Funktionär der Lauterkeit des Marktes sein. Absolut kann auch das aber nicht gesagt werden. Die Gründe für eine rationale Apathie sind komplex. Insoweit entfällt nur ein Aspekt rationaler Apathie: die (niedrige) Höhe der Forderung. Die stärkere Tendenz zur Individualdurchsetzung wirft für diese Fälle die Frage nach einer Verteidigung gegen missbräuchliche

---

999 Unionsrechtlich gibt es nach der VO (EG) Nr. 861/2007 (EuGFVO) zwar ein Schnellverfahren für geringwertige Forderungen bei grenzüberschreitenden Sachverhalten, das die Möglichkeit der Ablehnung eines mündlichen Verfahrens nach Art. 5 EuGFVO durch das Gericht ermöglicht. Damit soll naheliegenderweise eine Kürzung der Verfahrensdauer einhergehen. Ob das rechtsstaatlich im Rahmen der Mündlichkeit im Hinblick auf Art. 6 I S. 1 EMRK und Art. 47 II GrCh zulässig ist, ist durchaus zweifelhaft, dazu ablehnend *Hau*, in FS Gottwald, S. 255, 262 f. Für alle anderen Konstellationen schafft dies aber freilich keine Abhilfe insoweit.

1000 *Fries*, Verbraucherrechtsdurchsetzung, S. 40 ff. m. w. N.

1001 *Statistisches Bundesamt*, Rechtspflege Zivilgerichte, 2021, S. 26.

und unberechtigte Ansprüche auf.[1002] Insbesondere für die Effektivität im Hinblick auf die Justizbelastung wird schon hier deutlich, dass man sich die Frage einer effizienteren Durchsetzung mittels Kollektivmechanismen stellen wird müssen.[1003]

III Tendenzverschiebung durch gesetzgeberische Vorkehrungen und Beweiserleichterungen?

Eine Tendenzverschiebung dieser Grundannahme der Rolle des Verbrauchers bei der Durchsetzung des § 9 II UWG ergibt sich auch nicht bzw. kaum durch die modifizierte Zuständigkeitsregel des § 14 IV UWG oder denkbare Beweiserleichterungen.

1 Amtsgerichtliche Zuständigkeit, § 14 IV UWG

Unter Gesichtspunkten der rationalen Apathie hat der Gesetzgeber[1004] Teilaspekte der Konfliktscheu[1005] des Verbrauchers erkannt. Er geht davon aus, dass der vor den Landgerichten geltende Anwaltszwang den Verbraucher von der Rechtsdurchsetzung abschrecken[1006] kann. Daher sieht § 14 IV UWG vor, dass sich die Zuständigkeit nach den allgemeinen Vorschriften richtet. Da es sich oftmals um Streuschäden handeln wird, wird regelmäßig nach § 1 ZPO, §§ 23, 71 GVG eine amtsgerichtliche Zuständigkeit gegeben sein.

Diese Regelung kann die bestehenden Probleme im Hinblick auf die Ursachen der rationalen Apathie aber kaum verhindern, verschlimmert sie gegebenenfalls noch. Denn richtig ist zwar, dass der Verbraucher bei landgerichtlicher Zuständigkeit und einem dahingehend bestehenden Anwaltszwang durchaus noch einmal mehr überlegen könnte, ob er den Weg vor Gericht wagt und einen Anwalt konsultieren will. Insoweit könnte die

---

[1002] Dazu Kapitel 3 (S. 272 ff.).

[1003] Kapitel 3 (S. 230 ff.).

[1004] BT-Drs. 19/27873, S. 42.

[1005] Die landgerichtliche Zuständigkeit wurde schon im Gesetzgebungsverfahren kritisiert, dazu etwa *Köhler*, WRP 2021, 129 (135).

[1006] Dazu *Fries*, Verbraucherrechtsdurchsetzung, S. 38, der dieser Konfliktscheu aber auch Positives beimisst, wenn er in Fn. 48 anführt, dass der Verbraucher vor einer vorschnellen Anbahnung eines Rechtsdienstleistungsvertrages geschützt wird.

amtsgerichtliche Zuständigkeit Abhilfe schaffen,[1007] weil der Verbraucher eine Hürde der rationalen Apathie weniger zu überwinden hat. Ob der Verbraucher diesen Gedanken im Einzelfall aber auch so verfolgt, ist unklar. Da er deutlich weniger routiniert sein wird als ein Unternehmer,[1008] ist es gleichwohl möglich, dass er sich ohne Anwalt noch unsicherer fühlt. Insoweit besteht eine generelle Gerichtsscheu.[1009] Daran ändert auch nichts, dass das Lauterkeitsrecht auf den durchschnittlich informierten Verbraucher abstellt. Einerseits deshalb, weil dieser zunächst im Rahmen der Verhaltensnormen herangezogen wird und es hier um die rechtstatsächliche Durchsetzung seiner Rechte geht. Andererseits deshalb, weil sich auch unter Heranziehung des durchschnittlich informierten Verbrauchers keine abweichende Beurteilung zu Gesagtem ergibt. Der durchschnittlich informierte Verbraucher wird daher in hiesigen Konstellationen tendenziell Einmalprozessierer sein, dem das entsprechende Geschick fehlt und der bei genannten Streuschäden den Weg zu Gericht tendenziell scheuen wird. Naheliegenderweise wird durch eine dahingehende Zuständigkeit diese Ursache der rationalen Apathie beibehalten, da der Verbraucher sich trotzdem wieder eine ähnliche Frage stellen muss. Diesmal zwar nicht, ob er einen Anwalt konsultieren will, weil er nur so vor Gericht kommt. Gleichwohl aber doch, ob er einen solchen Streit ohne einen Anwalt wird führen können. Allein diese Überlegung, für die ihm oft auch die Bewertungsparameter fehlen werden, verstärken die Ursachen der rationalen Apathie eher noch. Sollte der Verbraucher sich diese Frage stellen, wird er zudem in der Regel gleichwohl die anwaltliche Vertretung wählen.[1010]

1007 Im Ansatz *Kreitz*, WRP 2023, 156 (160), der von einem „Anreiz" auf Klägerseite durch die regelmäßig bestehende amtsgerichtliche Zuständigkeit bei der Durchsetzung des § 9 II UWG spricht.

1008 In diesem Sinne auch *Kocher*, Funktionen der Rechtsprechung, S. 127 f., die anführt, dass etwaige Prozesse schon im Zusammenhang mit der gewerblichen Tätigkeit des Unternehmers immer wieder vorkommen und dies beim Verbraucher freilich nicht so ist.

1009 Statt vieler *Kemper*, Verbraucherschutzinstrumente, S. 56 ff.

1010 So auch *Fries*, Verbraucherrechtsdurchsetzung, S. 136 f., der dies auf die auch bestehende Komplexität amtsgerichtlicher Verfahren stützt. Im Hinblick auf die zusätzlich bestehenden Probleme der lauterkeitsrechtlichen Expertise gilt dies umso mehr; im Jahr 2021 wurden 798 529 Verfahren vor den Amtsgerichten erledigt, bei denen in 384 547 Verfahren beide Parteien von einem Anwalt vertreten wurden. In 325 940 Verfahren wurde nur der Kläger von einem Anwalt vertreten. Gerade einmal in 69 514 Verfahren, d. h. nicht einmal 9 % der Verfahren, wurde ein Verfahren ohne

Darüber hinaus war es bis dato nach § 14 I UWG Regel, dass eine ausschließlich landgerichtliche Zuständigkeit gegeben ist. Bei Streitigkeiten im UWG handelt es sich um im Einzelfall sehr komplexe Fragestellungen, die eine hohe Expertise beanspruchen.[1011] Landgerichte haben bei der Beurteilung lauterkeitsrechtlicher Probleme (mehr) Erfahrung.[1012] Die amtsgerichtliche Zuständigkeit kann daher dazu führen, dass weitere Defizite auf Ebene der Rechtsdurchsetzung bei der Beurteilung des Bestehens[1013] des Anspruchs auftreten. Insoweit wird den Verbrauchern kaum geholfen sein. Dass damit neben der genannten Vermeidung der rationalen Apathie auch eine Belastung der Landgerichte vor Bagatellstreitigkeiten im Rahmen des Spannungsfeldes vermieden wird,[1014] ist zwar im Grundsatz sinnvoll und trägt zur Justizeffizienz auf den ersten Blick bei. Das aber auf andere Gerichte, denen zudem noch die Expertise bezüglich derartiger Streitigkeiten fehlt, umzulegen, kann kaum Lösung des Problems sein. Ob Erstere damit entlastet werden, ist im Hinblick auf eine etwaige Geltendmachung in höheren Instanzen bei Unzufriedenheit mit dem Ergebnis des amtsgerichtlichen Verfahrens ohnehin fraglich.

Eine Rollenmodifikation für den Verbraucher durch § 14 IV UWG muss daher ausscheiden.

---

anwaltliche Vertretung geführt. Siehe hierzu *Statistisches Bundesamt*, Rechtspflege Zivilgerichte 2021, S. 38; dazu auch *Meller-Hannich/Höland/Nöhre*, Bericht zur Untersuchung des Rückgangs der Eingangszahlen bei den Zivilgerichten, S. 113.

1011 So auch *Alexander*, GRUR 2021, 1445 (1452); *Alber*, IPRB 2021, 283 (288); das Ziel des Gesetzgebers im UWG 2004 war es, komplexe lauterkeitsrechtliche Fragestellungen bei den Landgerichten zu konzentrieren, um so Verfahren schneller voranzutreiben. Insbesondere sollte auch ein unverhältnismäßiger Einarbeitungsaufwand der Amtsgerichte vermieden werden, BT-Drs. 15/1487, S. 36; dazu auch erst recht *Peukert*, WRP 2019, 546 (546), der auf den sogar fehlenden Durchblick der damit regelmäßig betrauten Oberlandesgerichte hinweist.

1012 In diesem Sinne auch kritisch *Albrecht*, GWR 2021, 273 (276); in diesem Sinne auch *Peifer*, WRP 2022, 794 (800); in diesem Sinne auch *Lange*, VuR 2024, 334 (337).

1013 Neben dem Bestehen der Voraussetzungen in dogmatischer Hinsicht stellen sich freilich noch weitere Probleme in rechtstatsächlicher Beurteilung des Anspruchs, so z. B. das gleich zu nennende Problem der Übertragbarkeit der Rechtsprechung von der Beweiseignung zur tatsächlichen Veranlassung des Verbrauchers. Hier müssen dann u. U. Amtsrichter neben der Würdigung der Situation an sich auch noch zu einer Übertragbarkeit auf die tatsächliche Veranlassung urteilen; *Alber*, IPRB 2021, 283 (288) fürchtet daher insbesondere die Häufung sich widersprechender Urteile bezüglich der Beurteilung von Unlauterkeit.

1014 So das weitere Ziel des Gesetzgebers, BT-Drs. 19/27873, S. 41.

2 Beweiserleichterungen

Denkbar wären zudem Beweiserleichterungen, die die gefundene Rollenbestimmung im Individualverfahren in ihrer Tendenz verschieben könnten.[1015] Insoweit würde eine Ursache der rationalen Apathie des Verbrauchers abgeschwächt werden. Die Tendenz hin zu einer neuen Rolle würde so gestärkt. Ausgangspunkt der Überlegung sollte hierbei zunächst sein, dass es sich bei einschlägigen lauterkeitsrechtlichen Situationen um Fälle der psychisch vermittelnden Kausalität[1016] handelt, bei denen der entstehende Schaden durch den Verbraucher selbst im Rahmen einer von ihm getroffenen geschäftlichen Entscheidung herbeigeführt wird.

a Rechtsprechungsgrundsätze und deren Übertragbarkeit

Nach nationalrechtlicher Rechtsprechung muss der Verbraucher in hiesigen Fällen nachweisen, dass er durch das haftungsbegründende Ereignis herausgefordert wurde und seine Reaktion keine ungewöhnliche ist.[1017] Richtig ist sicherlich, dass sich diese Rechtsprechung nicht ohne Weiteres übertragen lässt, weil es sich um einen unionsrechtlich fundierten Anspruch handelt, der eigenen Maßstäben folgen könnte.

Gleichwohl bietet sie erste Anhaltspunkte und erinnert stark an ErwGr. 18 der UGP-RL:[1018] Dieser spricht davon, dass „dem Verhältnismäßigkeitsprinzip entsprechend und um die wirksame Anwendung der vorhergesehenen Schutzmaßnahmen zu ermöglichen, die Richtlinie den Durchschnittsverbraucher, der angemessen gut unterrichtet und angemessen aufmerksam und kritisch ist, als Maßstab nimmt". Aus dieser Formulierung geht hervor, dass die UGP-RL übergreifend auf den typischen Verbraucher und damit dessen typisches Verhalten abstellt. Insoweit ergibt sich begrifflich keine Abweichung im Hinblick auf die nach nationalem Recht erfolgte Ausklammerung „ungewöhnlicher" Situationen. Damit ist vielmehr – wenn auch sprachlich umgekehrt

---

[1015] Die Vorschläge für § 9 II UWG im Hinblick auf diese gehen in viele Richtungen. Für eine Beweislastumkehr *Glöckner*, GRUR 2021, 919 (929), der eine Vermutung für dahingehende Situationen für erforderlich hält, diese aber nicht für den entstandenen Schaden heranziehen will; für eine sekundäre Darlegungslast BeckOKUWG/*Eichelberger*, 27. Ed. (Stand: 01.01.2025), § 9 Rn. 174; für eine Hierarchisierung der Lauterkeitsverstöße *Heinze/Engel*, NJW 2021, 2609 (2611).

[1016] Dazu auch *Köhler*, GRUR 2022, 435 (439) für eine Vergleichbarkeit.

[1017] *Köhler*, GRUR 2022, 435 (438 ff.).

[1018] Dazu ebenso O/S/*Ohly*, 8. Aufl. (2023) § 9 Rn. 44.

formuliert – der gleiche Maßstab adressiert.[1019] Selbst wenn man hierin im Einzelfall Abweichungen sehen will, bewegt sich die Rechtsprechung im Ausgangspunkt sehr nah an den Anforderungen des ErwGr. 18 UGP-RL. Eine Heranziehung derselben und die Frage einer Übertragung auf § 9 II UWG wird sich daher im Spielraum des Art. 11a I S. 2, 3 UGP-RL bewegen.

So wurden im Rahmen der §§ 5 UWG, 5a UWG schon Grundsätze für die Eignung zur Veranlassung eines Durchschnittsverbrauchers bei Verletzung von Informationspflichten entwickelt,[1020] die für § 9 II UWG fruchtbar gemacht werden können.[1021] Zudem würde bei den besonders von der rationalen Apathie betroffenen Anlockfällen die Vermutung der Eignung[1022] im Rahmen des § 3 III UWG i. V. m. Nr. 5 ff. des Anhangs weiterhelfen. Letzteres gilt dann freilich generell für Fälle der schwarzen Liste. Im Übrigen erscheint es überzeugend, eine Eignung auch dann anzunehmen, wenn gezielt geschäftliche Handlungen gegenüber einzelnen Verbrauchern vorgenommen werden. In den Blick zu nehmen sind dabei insbesondere Fälle der aggressiven geschäftlichen Handlung.[1023] So sind kaum Fälle denkbar, bei denen mittels psychischen Zwangs unter gezieltem Ansprechen eines Verbrauchers diese etwaige geschäftliche Handlung schon nicht geeignet sein soll, ihn zu einer geschäftlichen Entscheidung zu bewegen.

1019 Ähnlich *Köhler*, GRUR 2022, 435 (439).

1020 Exemplarisch etwa BGH GRUR 2018, 1258 Rn. 49 – *Youtube-Werbekanal II*; BGH GRUR 2018, 324 Rn. 26 – *Kraftfahrzeugwerbung*; zu den Rechtsprechungsgrundsätzen allgemein und dazu, dass sich eine Eignung oft ergeben wird, statt vieler, O/S/*Ohly*, 8. Aufl. (2023), § 5a Rn. 27 m. w. N.

1021 In diesem Sinne *Köhler*, GRUR 2022, 435 (440, 438).

1022 Dazu etwa H-B/H-B/*Podszun*, 5. Aufl. (2021), § 3 Rn. 197 m. w. N. Zweifel an dieser Vermutung lassen zwar die Ausführungen des EuGH aufkommen, wenn davon gesprochen wird, dass die Tatbestände der schwarzen Liste im Lichte der Relevanzklausel des Art. 5 II lit. b) ausgelegt werden müssen, dazu EuGH, Urt. v. 18.10.2012, C-428/11, Rn. 55 ff. – *Purely Creative* = ECLI:EU:C:2012:651 = GRUR 2012, 1269. Man wird im Lichte des Art. 5 V UGP-RL hier gleichwohl von einer Vermutung ausgehen dürfen, die nur widerleglich sein kann, dazu etwa *Köhler*, WRP 2014, 259 (266); im Hinblick auf einen Fall der schwarzen Liste und einer Vermutung für § 9 II UWG *Heinze/Engel*, NJW 2021, 2609 (2611).

1023 Für diese Fälle auch *Heinze/Engel*, NJW 2021, 2609 (2611) unter Bezugnahme auf die Gesetzesbegründung im Hinblick auf hartnäckiges und erwünschtes Ansprechen des Verbrauchers.

b Problem der tatsächlichen Veranlassung im Hinblick auf gefundene Grundsätze

Das Problem ist damit aber in keinem Fall gelöst. Das gilt einerseits für die Fälle, in denen man eine Eignung durch die Rechtsprechungsgrundsätze und die vom Gesetz vorgegebene vermutete Eignung bejahen kann. Andererseits gilt dies ebenso für die sonstigen Fälle, bei denen es auf den Einzelfall ankommen wird, weil keine Rechtsprechungsgrundsätze bestehen, die übertragen werden können. Denn die Rechtsprechungslinien und die gesetzliche Vermutung des UWG sind auf das bisherige UWG als Gefährdungstatbestand zugeschnitten.[1024] § 9 II UWG fordert aber ein „Mehr". Die Gefährdung reicht damit nicht aus. Vielmehr wird darüber hinaus eine „tatsächliche Veranlassung" des jeweiligen Verbrauchers erforderlich sein.

Auch darin liegt aber kein Widerspruch, der einen Ausschluss der Übertragbarkeit bedingt. Denn die UGP-RL nimmt im Rahmen der Verhaltensnormen auch die tatsächliche Beeinflussung[1025] in den Blick, auf die sich Erwägungsgrund 18 ebenso bezieht. Ob hiermit dann, trotz fehlender Nennung durch den Gesetzgeber, eine Beweislastumkehr erforderlich wird, ist zwar nicht gesagt. Gerade weil der Gesetzgeber von einer solchen nicht spricht, wird man mangels klarer unionsrechtlicher Forderung im Rahmen des Art. 11a I S. 2, 3 UGP-RL eher Spielraum haben, der durch die Ablehnung einer solchen durch den Gesetzgeber ausgeübt werden sollte. Klar muss dabei aber sein, dass der Spielraum nur insoweit greifen darf, als das Ziel „wirksamer" Ansprüche nicht ausgehöhlt wird.[1026] Insoweit wird man die generelle Beweislast beim Verbraucher kaum annehmen können, weil er einen etwaigen Beweis nach Gesagtem kaum erbringen können wird.

Überzeugend erscheint es im Hinblick auf ErwGr. 18 UGP-RL und die genannte Rechtsprechung daher, dass bei Eignung nach obigen Maßstäben

---

1024 Kritisch *Alber*, IPRB 2021, 283, (284), der darauf verweist, dass man absehen werden muss, wie Gerichte damit umgehen. Hinzuzufügen ist, dass dies nach Gesagtem im Zweifel auch noch durch Amtsgerichte, denen entsprechende Expertise schon im Ausgangspunkt fehlen wird, erfolgen kann.

1025 Dazu Kapitel 1 (S. 38) für die Unionsrechtskonformität der nationalen Forderung nach einer „tatsächlichen Veranlassung".

1026 Dazu statt vieler etwa auch BeckOKUWG/*Eichelberger*, 27. Ed. (Stand: 01.01.2025), § 9 Rn. 174 für das unionale Effektivitätsgebot.

entsprechend eine hohe Wahrscheinlichkeit[1027] dafür spricht, dass diese auch für die tatsächliche Entscheidung des Verbrauchers maßgeblich war. Letztlich wird man daher an die tatsächliche Veranlassung bei gegebener Eignung keine allzu hohen Anforderungen[1028] stellen dürfen. Der Eignung kommt daher eine starke Indizwirkung für die tatsächliche Veranlassung zu. Können Verbraucher die Grundlage für die Annahme einer vermuteten Eignung nach genannten Grundsätzen plausibel darlegen, wird man bei schlüssiger Begründung einer darauf beruhenden tatsächlichen Veranlassung diesen Vortrag regelmäßig genügen lassen müssen. Starre Grenzen hierfür, wann ein solcher „plausibler Vortrag der tatsächlichen Veranlassung" vorliegt, lassen sich freilich nicht bestimmen. Die Tendenz bei den Anforderungen an die Darlegung der „tatsächlichen Veranlassung" sollten aber so weich sein, dass nur dann eine „tatsächliche Veranlassung" abgelehnt wird, wenn diese aus Evidenzgründen als ausgeschlossen angesehen werden kann.

Gelingt dem Verbraucher dies, hat der Unternehmer im Rahmen der sekundären Darlegungslast die Obliegenheit, den Nachweis zu führen, dass seine geschäftliche Handlung für den klagenden Verbraucher nicht zu einer geschäftlichen Entscheidung desselben geführt hat bzw. schon keine Eignung insoweit vorlag. Das entspricht insoweit auch der Rechtsprechung.[1029] Auszunehmen sind daher Fälle, in denen der Verbraucher im Zeitpunkt der geschäftlichen Entscheidung keine Kenntnis von der geschäftlichen Handlung hatte oder diese für ihn irrelevant ist und der Unternehmer das in seiner Einlassung gegenüber dem Verbraucher plausibel darlegen kann.[1030] Das wird der Unternehmer zwar selten darlegen können, weil er keinen

---

[1027] *Köhler*, GRUR 2022, 435 (439). Diese kann er richtigerweise durch eine Verkehrsbefragung oder allgemeine Lebenserfahrung weiter stützen.

[1028] In diesem Sinne statt einiger auch *Havlik*, Täuschung und Irreführung, S. 401; strenger *Kodek/Leupold*, Modernisierung, S. 46 f., die eine Beweislastumkehr fordern, gleichwohl aber anführen, dass auch ein Anscheinsbeweis denkbar wäre, da Zweck der Geschäftspraktik ist, den Absatz zu fördern. Wenn dieser sich im Einzelfall nicht realisiert, soll es sachgerecht erscheinen, den Unternehmer gleichwohl zu belasten.

[1029] Für das UWG freilich bezüglich einer Eignung BGH GRUR 2017, 922 Rn. 36 – *Komplettküchen*; BGH GRUR 2021, 979 Rn. 32 – *Testsiegel*; dazu etwa auch *Köhler*, GRUR 2022, 435 (440); so auch für das BGB für den entsprechenden Erfolg der Veranlassung in diesem Sinne, BGH NJW 2020, 1962 Rn. 37 ff.

[1030] Dazu *Köhler*, GRUR 2022, 435 (440) unter Darstellung entsprechender Konstellationen.

Einblick in die Gedanken des Verbrauchers hat.[1031] Das ist im Hinblick auf die praktische Wirksamkeit des Anspruchs als Zielvorgabe des Art. 11a UGP-RL auch unter Berücksichtigung des Spannungsfeldes gleichwohl hinzunehmen. Denn regelmäßig gestaltet es sich nach Gesagtem so, dass der Verbraucher seine Ansprüche ohnehin kaum sinnvoll durchsetzen können wird, sodass jedenfalls Erleichterungen[1032] im Hinblick auf diesen Befund auch im Spannungsfeld sachgerecht sind.

c Ergebnis zu Beweiserleichterungen

Insgesamt erscheint damit eine Hierarchisierung von Lauterkeitsverstößen[1033] unter sekundärer Darlegungslast des Unternehmers als gangbarer Weg. Dabei findet die Hierarchisierung auf abstrakter Eignungsebene im Rahmen einer Vermutung für die Eignung bei den von der Rechtsprechung genannten Fällen und der Fälle des § 3 III UWG i. V. m. dessen Anhang statt. Diese hat dann für die tatsächliche Veranlassung Indizwirkung, sodass an diese im Rahmen der „hohen Wahrscheinlichkeit" keine allzu hohen Anforderungen mehr gestellt werden sollten. Im Übrigen wird der Verbraucher keine Vermutung schon für die Eignung in Anspruch nehmen können, allenfalls eine sekundäre Darlegungslast für Tatsachen, die nicht in seiner Sphäre liegen.[1034] Hier wird man schon vorgelagert bei der Eignung entsprechende Fragen im

---

[1031] Zutreffend *Kalbus/Uhlenhut/Feilke*, CCZ 2022, 99 (101); in diesem Sinne auch *Heinze/Engel*, NJW 2021, 2609 (2611), die von rechtlich widerleglich, aber oft faktisch unwiderlegbar sprechen.

[1032] Noch weiter statt einiger *Glöckner*, GRUR 2021, 919 (929), der eine Beweislastumkehr fordern will.

[1033] Noch enger *Heinze/Engel*, NJW 2021, 2609 (2611), die mit der Erwähnung der Nr. 26 des Anhangs in der Gesetzesbegründung eine vom Gesetzgeber selbst für § 9 II UWG vorgenommene Hierarchisierung für besonders unlautere Handlungen sehen und in diesen Fällen eine Vertragsabschlusskausalität oder Vergleichbares auch auf tatsächlicher Veranlassungsebene vermuten wollen; noch weiter generell für eine Beweislastumkehr *Glöckner*, WRP 2022, 383 (393).

[1034] So beispielsweise für die Werbung als solche, die zu einem Verkauf veranlasst haben könnte, aber nicht mehr gezeigt wird, bei der der Unternehmer deren Inhalt dann offenlegen und entkräften muss, dass dieser irreführend ist. Denkbar wäre insoweit eine Entkräftung der Irreführung als solcher oder ein Nachweis der Beseitigung derselben durch Handlungen des Unternehmers vor dem Treffen der geschäftlichen Entscheidung durch den Verbraucher.

Rahmen einer Verkehrsbefragung oder allgemeiner Lebenserfahrung,[1035] wie es auch ErwGr. 18 S. 5, 6 UGP-RL[1036] nahelegt, klären müssen. Die Rechtsprechung im Hinblick auf die Dieselfälle zeigt,[1037] dass hierbei nicht allzu hohe Anforderungen gestellt werden.

Ein Aspekt rationaler Apathie lässt sich daher durch Genanntes zugunsten der Durchsetzung modifizieren. Insoweit erscheint eine neue Rollengewährung in ihrer Tendenz etwas wahrscheinlicher.[1038] Aufgrund der im Übrigen weiterhin bestehenden Gründe wird diese aber gleichwohl die Ausnahme sein.

IV Ergebnis zur Individualdurchsetzung von § 9 II UWG

Man wird daher als Rollenbestimmung für die Individualdurchsetzung festhalten können, dass eine Rollenmodifizierung des Verbrauchers bei der Individualdurchsetzung nur selten gegeben sein wird. In den vielfach relevanten Streuschäden bleibt es dabei, dass der Verbraucher seine Rechte aufgrund der Einschlägigkeit der der rationalen Apathie zugrunde liegenden Gesichtspunkte bei § 9 II UWG kaum durchsetzen wird. Eine amtsgerichtliche Zuständigkeit hilft hier generell nicht weiter. Die denkbaren Beweiserleichterungen im Hinblick auf Vermutungen können den genannten Aspekt der Beweislast etwas abschwächen und daher im Einzelfall hin zu einer Rollengewährung führen. Freilich ist damit aber nur ein Aspekt rationaler Apathie von vielen betroffen. Insoweit wird allenfalls die negative Tendenz für eine neue Rolle etwas hin zu der denkbaren Gewährung einer solchen

---

1035 H-B/H-B/*Goldmann*, 5. Aufl. (2021), § 9 Rn. 90; dazu auch *Köhler*, GRUR 2022, 435 (439 f.).

1036 „(…) bei der Beurteilung der Frage, wie der Durchschnittsverbraucher in einem gegebenen Fall reagieren würde, [ist] auf ihre (gemeint sind die Gerichte und Verwaltungsbehörden) eigene Urteilsfähigkeit (…) [abzustellen]."

1037 Hier hat die Rechtsprechung im Hinblick auf die Kausalität zwischen unzulässiger Abschalteinrichtung und Kaufentscheidung festgestellt, dass die allgemeine Lebenserfahrung dafürspreche, dass der Käufer aufgrund einer Nutzungsuntersagung das Fahrzeug nicht erworben hätte, auch wenn das nicht für jeden Käufer gelten muss, dazu BGH NJW 2020, 1968 Rn. 49; auch O/S/*Ohly*, 8. Aufl. (2023), § 9 Rn. 44.

1038 Für die Durchsetzung im Rahmen des VDuG wird eine Anwendbarkeit des § 9 II UWG so erst möglich, dazu Kapitel 3 (S. 251 ff.).

verschoben. Eine Rollenbegrenzung braucht es in diesen Fällen nicht, weil eine Rollengewährung schon regelmäßig nicht gegeben sein wird.

Bei ausnahmsweise vorliegenden Massenschäden mit höheren Beträgen erscheint eine Rolle des Verbrauchers als Verteidiger seines subjektiven Privatrechts und Funktionär der Lauterkeit des Marktes wahrscheinlicher. Hier wird es regelmäßig aufgrund der Höhe schon nicht zu einer Zuständigkeit nach § 14 IV UWG kommen. Zwar greifen auch hier Aspekte der rationalen Apathie. Die Höhe der Forderung schwächt deren Gewichtigkeit aber ab. Nimmt man hierzu noch die denkbaren Beweislastmodifizierungen in den Blick, erscheint eine neue Rolle des Verbrauchers für diese engen Fälle in ihrer Tendenz wahrscheinlicher. In letzteren Fällen wird man ein Begrenzungserfordernis im Hinblick auf die Belastung eines etwaigen Schädigers[1039] in den Blick nehmen müssen.

D Rollenbestimmung im Hinblick auf bestehende Kollektivmechanismen

Bei der Rollenbestimmung des Verbrauchers dürfen aktuelle Entwicklungen im Hinblick auf die kollektivrechtliche Durchsetzung von Ansprüchen nicht außer Betracht gelassen werden. Insbesondere die treuhänderische Abtretung an Inkassodienstleister[1040] und die Verbandsklage nach VDuG[1041] könnten die Frage nach der Rolle des Verbrauchers im Lauterkeitsrecht von einer *„Schiedsrichterrolle“* hin zu der eines Verteidigers seines subjektiven Privatrechts und Funktionärs der Lauterkeit des Marktes modifizieren. Dabei gilt es insbesondere zu beachten, dass es sich gleichwohl um eine Rolle gerade des Verbrauchers handeln wird. Daran könnte man zwar deshalb zweifeln, weil die Ansprüche von den Legal Tech Anbietern oder den entsprechenden Verbraucherverbänden durchgesetzt werden. Dabei würde aber übersehen, dass es sich im Kern immer noch um die Durchsetzung des § 9 II UWG

1039 Zur Rollenbegrenzung, Kapitel 3 (S. 272 ff.).

1040 Kursorisch auch *Havlik*, Täuschung und Irreführung, S. 403.

1041 Dazu auch *Ohly*, GRUR 2022, 763 (769), der insbesondere die Verbandsklage als denkbare Chance für § 9 II UWG sieht und hierauf eine (denkbare) praktische Bedeutung derselben stützt; allgemeiner freilich ohne Bezug auf das VDuG etwa auch *Poelzig*, Normdurchsetzung, S. 387 ff. dafür, dass eine Verbandsklage die rationale Apathie des Individualberechtigten beseitigen kann.

handelt, der den Verbraucher als solchen aktivlegitimiert. Da die Verbände den Anspruch zudem nicht unabhängig von dem Verbraucher durchsetzen dürfen, sondern dieser vielmehr Initiator sein muss, bleibt es bei einer Rolle des Verbrauchers. Die *Verbände* und Legal-Tech Anbieter treten hier vielmehr als „verlängerter Arm" des Verbrauchers zur Durchsetzung *seiner* Rolle auf.

I Bestandsaufnahme: Fehlende Wirksamkeit der Musterfeststellungsklage und lauterkeitsrechtlicher Kollektivmechanismen

Eine kurze Bestandsaufnahme zeigt, dass weder die Musterfeststellungsklage nach nunmehr § 41 VDuG noch lauterkeitsrechtliche Kollektivmechanismen eine Rollenmodifikation des Verbrauchers im Lauterkeitsrecht bedingen.

1 Musterfeststellungsklage, § 41 VDuG

Bei Ersterer könnte eine klageberechtigte Stelle ein „Zwischenfeststellungsurteil" für das Verhältnis von Verbrauchern und Unternehmern, z. B. im Hinblick auf einen Kaufvertragsschluss, erwirken. Der Verbraucher könnte sich dann im Rahmen eines Folgeprozesses auf die in dem Urteil festgestellten Aspekte berufen.[1042] Zwar nimmt die Musterfeststellungsklage die insbesondere für § 9 II UWG relevanten Streuschäden schon in den Gesetzgebungsmaterialien[1043] in den Blick und könnte daher Abhilfe schaffen. Aufgrund der Zweistufigkeit des Verfahrens wird die rationale Apathie damit aber regelmäßig nur auf eine andere Ebene verschoben.[1044] Auch eine Entlastung der Justiz oder des vermeintlichen Schädigers wird damit selten erreicht werden. Denn nach einem Feststellungsurteil muss erneut ein Individualverfahren angestrengt werden, das dieselben belastet und die Gründe der rationalen Apathie wieder aufleben lässt.[1045] Da die Bekanntgabe derselben keine Schlüssigkeitsprüfung vorsieht, kommt es im Hinblick auf unberechtigte Ansprüche

---

1042 Statt aller auch zuletzt *Havlik*, Täuschung und Irreführung, S. 402.

1043 BT-Drs. 19/2507, S. 13.

1044 *Peifer*, WRP 2022, 794 (801); *Stadler*, VuR 2018, 83 (86); *Heese*, JZ 2019, 429 (436).

1045 *Voit*, Sammelklagen, S. 207, 225 m. w. N.; zu der Gefahr sich widersprechender Entscheidungen insoweit *Halfmeier*, ZRP 2017, 201 (202).

zu einer Art „Prangerwirkung“[1046] für den vermeintlichen Schädiger. Dadurch dass gewisse Tatsachen- und Rechtsfragen geklärt werden, ergibt sich zwar eine Entlastung.[1047] Die Seltenheit[1048] der Erhebung einer solchen zeigt aber, dass hiermit nicht sonderlich viel geholfen ist. Möglich ist zuletzt noch ein Vergleich. Dieser ist aber außergerichtlich ohne gerichtliche Angemessenheitskontrolle möglich,[1049] sodass sich hierdurch erneut Defizite ergeben. Letztlich wird die Musterfeststellungsklage daher die Rolle des Verbrauchers im Lauterkeitsrecht nicht hin zu einer neuen Doppelrolle modifizieren.

2 Lauterkeitsrechtliche Kollektivmechanismen

Im Ergebnis ergibt sich auch nichts anderes für die lauterkeitsrechtlichen Kollektivmechanismen der §§ 8 – 10 UWG. Letzterer, wenn nun auch auf grobe Fahrlässigkeit erweitert,[1050] krankt im Hinblick auf die Rollenfrage schon an seiner Zielrichtung.[1051] Der abgeschöpfte Gewinn wird an den Bundeshaushalt ausgekehrt, § 10 I S. 1 UWG. Gleiches gilt im Hinblick auf § 9 I UWG für den Mitbewerber bei der Durchsetzung verbraucherschützender Verhaltensnormen. Allenfalls § 8 I S. 1 Alt 1 UWG im Rahmen der Beseitigung hätte Abhilfe schaffen können. Denkbar wäre, dass er Situationen umfasst, die auch von § 9 II UWG ersatzfähig gestellt werden. Das gilt nach Gesagtem aber nicht absolut und ist für die denkbaren Fälle des § 9 II UWG gesamtsystematisch abzulehnen.[1052] Im Übrigen führen diese Fälle auch eher nur zu einem denkbar verstärkten Verbraucherschutz und nicht einer

---

[1046] *Voit*, Sammelklagen, S. 223; dieselbe wird im Klageregister zwar bekannt gegeben. Freilich ist fraglich, ob der Verbraucher sich dieses im Einzelfall ansieht, jedenfalls werden Verbände und eine Mindestanzahl an Teilnehmern zu erreichen medial aktiv werden, sodass sich eine dahingehende Wirkung jedenfalls hierdurch ergibt, dazu *Würtenberger/Freischem*, GRUR 2017, 1101 (1103).

[1047] *Voit*, Sammelklagen, S. 220, 225; das aber freilich auch nur, wenn er rechtzeitig Kenntnis erlangt und beitritt.

[1048] *Voit*, Sammelklagen, S. 225.

[1049] Kritisch zu diesem Vorgehen bei dem Dieselskandal statt vieler *Stadler*, VuR 2020, 163 (164).

[1050] Dazu statt vieler *Thönissen*, ZIP 2023, 1834 (1834 ff.) m. w. N.

[1051] Zutreffend KBF/*Köhler*, 41. Aufl. (2023) § 9 Rn. 2.63; das jedenfalls für die Frage nach der Verteidigung des subjektiven Privatrechts für den Verbraucher. Für die Lauterkeit des Marktes über den Verbraucherschutz ist hiermit aber schon etwas gewonnen, wenn § 10 UWG durchgesetzt wird.

[1052] Dazu im Einzelnen Kapitel 2 (S. 73 ff.).

Rollenmodifikation des Verbrauchers. Denn sie werden von den Funktionären der Lauterkeit des Marktes aufgrund diesen zur Verfügung stehenden originären[1053] Durchsetzungsbefugnissen durchgesetzt.

II Treuhänderische Abtretung von § 9 II UWG an Inkassodienstleister

Eine Rollenmodifikation des Verbrauchers im UWG könnte sich aber durch die Möglichkeit der treuhänderischen Abtretung des § 9 II UWG an Inkassodienstleister ergeben. Diese machen Ansprüche von Verbrauchern außergerichtlich und gerichtlich geltend.

1 Denkbarer Ablauf für Fälle des § 9 II UWG

Die Durchsetzung einer Forderung aus § 9 II UWG für die relevanten Streuschäden, aber auch denkbare Massenschäden von Verbrauchern mit höheren Summen, operiert dabei mit einer treuhänderischen Forderungsabtretung[1054] nach § 398 BGB durch den Geschädigten an das Inkassounternehmen. Dieses macht den geltend gemachten Schaden außergerichtlich geltend oder klagt ihn im eigenen Namen[1055] für den Verbraucher ein. Hierfür wird der Verbraucher regelmäßig über die Internetseite des Legal-Tech-Unternehmers ein Formular ausfüllen müssen, in dem er einen entsprechenden Sachverhalt schildert.[1056] Daraufhin folgt eine algorithmusbasierte Anspruchsprüfung, die dem Verbraucher zu erkennen gibt, ob ein Anspruch seinerseits bestehen kann.[1057] Sollte dies der Fall sein, kann er dort den Inkassounternehmer mit

---

1053 Etwas anderes gilt dann aber für die folgenden Fälle, bei denen § 9 II UWG Grundlage der Durchsetzung ist. Dann sind die Legal-Tech-Abtreter und die Verbände im Rahmen des VDuG der verlängerte Arm des Verbrauchers. Insoweit bleibt es bei *seiner* Rolle.

1054 Nicht gangbar wird aber regelmäßig der Weg über eine Prozessstandschaft sein, da dem Inkassodienstleister das „eigene schutzwürdige Interesse“ an der Rechtsdurchsetzung fehlen wird, dazu *Fries*, Verbraucherrechtsdurchsetzung, S. 172; *Stadler*, JZ 2014, 613 (614 f.) zum engen Anwendungsbereich in der Rechtsprechung; offener aber H-B/H-B/*Goldmann*, 5. Aufl. (2021), § 9 Rn. 41 f.

1055 Dazu *Prütting*, ZIP 2020, 49 (49).

1056 Dazu näher *Kilian*, NJW 2019, 1401 (1406).

1057 Dazu insgesamt auch *Timmermann*, Legal Tech Anwendungen, S. 37. Das gilt freilich nur im Hinblick auf die einfach und gleichgelagerten Streuschäden, bei

der Forderungsdurchsetzung im Rahmen eines Auftrags oder Geschäftsbesorgungsvertrages beauftragen.[1058] Das Geschäftsmodell fußt auf einer standardisierten Rechtsverfolgung. Es geht um grundsätzlich[1059] gleiche Sachverhalte, die identische Rechtsprobleme aufweisen.[1060]

Für § 9 II UWG relevante, jedenfalls im Hinblick auf Rechtssicherheit bestehende Schutzlücken,[1061] wie die der Fahrtkosten bei öffentlicher Werbung, könnte eine Situation wie folgt aussehen: Der Verbraucher kann den Lebenssachverhalt unter Beilage eines Belegs mit den entstandenen Fahrtkosten (z. B. durch eine Fahrkarte) einem entsprechenden Formular beifügen.[1062] Weiter muss er nichts unternehmen.[1063] Ähnliches könnte im Ausgangspunkt für einen Vertragsschluss unter denkbarer Irreführung des Herstellers gelten. Hier könnte er Vertragsunterlagen einreichen und auf eine entsprechende Werbung des Herstellers verweisen. Das Modell operiert dabei regelmäßig mit einer „No-win-no-fee"[1064] Vereinbarung mit dem Verbraucher. Im Falle des Obsiegens des Legal-Tech-Unternehmers muss der Verbraucher daher eine Gebühr von regelmäßig 25 – 35 % der Forderung[1065] bezahlen. Diese wird ihm von der Höhe der durchgesetzten Forderung direkt abgezogen. Auch insoweit entsteht ihm kein Mehraufwand. Sollte das Legal-Tech-Unternehmen den Rechtsstreit nicht gewinnen, entstehen dem Verbraucher keine Kosten.[1066]

Massenschäden wie den Dieselfällen erscheint ein Vorgehen der Legal-Tech-Anbieter zwar auch denkbar, dieses wird eine etwaige Anspruchsberechtigung aber nicht über eine automatisierte Prüfung schnell feststellen können, dazu auch *Nuys/Gleitmann*, BB 2022, 259 (260).

1058 Dazu insgesamt auch *Scherer*, VuR 2022, 443 (446).

1059 Zu der Problematik bei heterogenen Sachverhalten etwa *Nuys/Gleitmann*, BB 2022, 259 (260).

1060 *Scherer*, VuR 2022, 443 (446).

1061 Hierzu im Einzelnen Kapitel 2 (S. 73 ff.).

1062 Zu dem gleichwohl bestehenden rechtstatsächlichen Problem Kapitel 3 (S. 213).

1063 *Scherer*, VuR 2022, 443 (446 ff.).

1064 *Scherer*, VuR 2022, 443 (446) m. w. N.

1065 Die Beträge variieren, halten sich aber regelmäßig in diesem Rahmen, dazu auch *Voit*, Sammelklagen, S. 183.

1066 *Scherer*, VuR 2022, 443 (446).

2 Zulässigkeit

Höchst umstritten war[1067] und ist – jedenfalls hinsichtlich Einzelfragen[1068] – die rechtliche Zulässigkeit der gerichtlichen Geltendmachung von Verbraucheransprüchen durch Legal-Tech-Anbieter. Diese wird im Rahmen dieser Arbeit nur im Hinblick auf eine Durchsetzungsmöglichkeit und dahingehende Rollenmodifikation für Fälle des § 9 II UWG untersucht. Es soll daher nicht um eine Zusammenstellung und Bewertung jeder nur denkbaren Einzelfrage der Zulässigkeit gehen. Vielmehr soll im Rahmen der Forschungsfrage die bestehende Rechtsprechungs- und Gesetzestendenz herausgearbeitet werden. Diese gibt Aufschluss über die bestehende Möglichkeit einer neuen „*Doppelrolle*" des Verbrauchers im Lauterkeitsrecht. Sonstige Einzelfragen[1069] sind bewusst ausgeklammert.

a Von „Legal Fox" über „Air-Berlin" bis hin zum Gesetz zur Förderung verbrauchergerechter Angebote im Rechtsdienstleistungsmarkt

Rechtliches Ausgangsproblem der Zulässigkeit eines dahingehenden Vorgehens ist die Vereinbarkeit der entsprechenden Inkassotätigkeit mit dem RDG. Kern der Diskussion waren stets die folgenden Fragen: Inwieweit ist die Finanzierung entsprechender Beratungsangebote möglich? Ist das Vorgehen des Inkassounternehmers von § 2 II S. 1 RDG a. F. gedeckt? Wie sieht es mit dem Vorliegen eines gesetzlichen Verbots nach § 3 RDG aus oder liegt eine Interessenkollision vor, § 4 RDG?[1070]

aa Liberalisierungstendenz von „Lex-Fox" und „Air-Berlin"

Der BGH hatte die Befugnis zur treuhänderischen Durchsetzung durch Inkassodienstleistern zunächst mit seiner Entscheidung über Mietpreisrechner[1071]

1067 Ein Überblick findet sich bei MüKoBGB/*Kieninger*, 9. Aufl. (2022), § 398 Rn. 58 m. w. N.

1068 Etwa *Fries*, NJW 2021, 2537 (2537 ff.); *Voit*, Sammelklagen, S. 185 ff.; *Meller-Hannich*, NZM 2022, 353 (358).

1069 Hierzu aber etwa *Prütting*, ZIP 2020, 49 (49 ff.) m. w. N. mit den insoweit diskutierten Fragen und denkbaren Lösungsansätzen; ausführlich auch schon *Voit*, Sammelklagen, S. 185 ff;

1070 Dazu insgesamt statt vieler auch *Bauermeister*, ZIP 2021, 2625 (2625 ff.) m. w. N.

1071 BGH NJW 2020, 208 – *LexFox I*.

in seiner Tendenz eher extensiv ausgelegt.[1072] Konkret hatte die Gesellschaft „LexFox“ auf ihrer Internetseite einen kostenlosen „Mietpreisrechner“ zur Verfügung gestellt. Sie warb darauffolgend damit, Rechte von Wohnraummietern aus der Mietpreisbremse „ohne Kostenrisiko“ durchzusetzen.[1073] Die treuhänderische Abtretung einer solchen Forderung soll dabei nach dem BGH *noch* nicht gegen ein gesetzliches Verbot verstoßen und damit nicht nichtig nach § 134 BGB sein.[1074] Damit war zwar einerseits eine erste vorsichtige Zustimmung für dieses Geschäftsmodell ersichtlich geworden, gleichermaßen zeigt schon die Formulierung „*noch*“, dass deutliche Unklarheiten blieben, inwieweit nun Allgemeingültiges hieraus abzuleiten wäre oder wie „*noch*“ überhaupt zu verstehen ist.

Diese Linie setzte sich in der darauffolgenden Entscheidung „Air Berlin“[1075] fort. In der Sache ging es um einen Fall, in dem Inkassodienstleister Forderungen von Kunden gebündelt geltend gemacht hatten, die auf einem zu spät gestellten Insolvenzantrag der Gesellschaft beruhten. Insoweit soll durch die treuhänderische Forderungsdurchsetzung von Legal-Tech Anbietern kein Verstoß gegen die §§ 1 – 4 RDG bestehen, was insbesondere mit der Berufsfreiheit des Inkassodienstleisters begründet wurde.[1076]

bb Gesetz zur Förderung verbrauchergerechter Angebote im Rechtsdienstleistungsmarkt

Zum 01.10.2021 trat zudem das Gesetz zur Förderung verbrauchergerechter Angebote im Rechtsdienstleistungsmarkt[1077] in Kraft. Das Gesetz ändert insbesondere den Begriff der Inkassodienstleistung i. S. d. § 2 II S. 1 RDG und erweitert die Möglichkeit der Vergütung und Finanzierung der Rechtsdienstleistungsangebote, insbesondere auch im Hinblick auf Möglichkeiten der Anwaltschaft (§ 4a I S.1, 2 RVG, § 49b II 2 BRAO). Für Inkassodienstleister werden noch eine Reihe von Transparenzpflichten im Registrierungsverfah-

---

[1072] Zustimmend für eine extensive Auslegung statt einiger *Hoch/Hendricks*, VuR 2020, 254 (258 ff.); zu der Kritik insgesamt m. w. N. auch *Voit*, Sammelklagen, S. 185 ff.

[1073] BGH NJW 2020, 208 – *LexFox I.*

[1074] BGH NJW 2020, 208 – *LexFox I.*

[1075] BGH NJW 2021, 3046 – *Air Berlin*; ablehnend aber die Vorinstanzen LG Berlin Urt. v. 30.7.2019 - 26 O 355/18; KG Urt. v. 3.4.2020 - 14 U 156/19.

[1076] BGH NJW 2021, 3046 – *Air Berlin*.

[1077] BT-Drs. 19/30495.

ren (§ 13 II RDG) und gegenüber Verbrauchern (§ 13b f. RDG) eingeführt. Was nun aber noch unter den Inkassobegriff fällt, ist weiterhin unklar.[1078] Allenfalls einigermaßen klar ist die Formulierung, dass die Notwendigkeit komplexer rechtlicher Erwägungen gegen die Inkassozulassung sprechen kann, wenn die „volle Kompetenz eines Rechtsanwalts“[1079] nötig ist.

cc Bewertung der Rechtsprechungs- und Gesetzestendenz für Fälle des § 9 II UWG

Man wird die Rechtsprechungslinien und das genannte Gesetz klar als Liberalisierung der Befugnisse der Inkassodienstleister verstehen dürfen. Zwar ergeben sich im Hinblick auf die maßgeblichen Urteile und auch in der Gesetzesbegründung immer wieder Anzeichen dafür, dass gewisse Restriktionen vorgesehen werden sollen. Diese bleiben aber oft vage und scheuen sich, auch nur im Ansatz klare Maßstäbe für eine Zulässigkeit zu formulieren. Insbesondere die Modifizierung hinsichtlich der Vergütung und Prozessfinanzierung für die Anwaltschaft lässt implizit erkennen, dass eine Erweiterung der Befugnisse von Inkassodienstleistern gewollt ist. Denn so kommt es zu einer deutlichen Annäherung, die ein Unterlaufen im Hinblick auf anwaltliche Befugnisse verringert und damit Argumente, die gegen eine Inkassodienstleistung sprechen könnten, partiell beseitigt.

Für § 9 II UWG ergibt sich daher jedenfalls eine Tendenz hin zu einer Zulässigkeit bei gleich gelagerten Streuschäden[1080] in „Anlockfällen“. Schwieriger wird es in den den Dieselkonstellationen vergleichbaren Massenschäden. Hier könnte man im Hinblick auf Gesagtes durchaus zu der Tendenz kommen, dass es in diesen im Einzelfall diffizilen Fällen der „vollen Kompetenz eines Rechtsanwalts“ bedarf[1081] und damit die Gesetzesbegründung selbst eine Anwendung auf derartige Fälle ausschließt. Sicher ist dies gleichwohl nicht.

[1078] Es wird davon gesprochen, dass eine „gewisse Offenheit für weitere Entwicklungen“ gegeben sein soll, BT-Drs. 19/27673, S. 20 f., 39. Die Gesetzesbegründung erwähnt zwar etwaige Einschränkungen. So soll z. B. die Aufforderung in einem Rügeschreiben für ein Inkassounternehmen „eher zu weitgehend“ sein. Denkbar wäre aber auch hier noch eine Anwendung des § 5 RDG, sodass sich auch hierin keine wirkliche Wertung ableiten lässt, da der Gesetzgeber eine etwaige Einschränkung wieder einschränkt.

[1079] BT-Drs. 19/27673, S. 42.

[1080] So i. E. auch *Scherer*, VuR 2022, 443 (446 f.); vorsichtig, aber wohl insoweit zustimmend *Nuys/Gleitmann*, BB 2022, 259 (263).

[1081] In diesem Sinne allgemein *Nuys/Gleitsmann*, BB 2022, 259 (259 ff.).

Denn die Rechtsprechung äußert sich hierzu dahingehend, dass auch komplexere Fälle[1082] von diesen beurteilt werden dürften. Insbesondere können sie auch mit Vertragsanwälten zusammenarbeiten.[1083] Insoweit scheinen diese tendenziell einen weiten Spielraum zu haben,[1084] sodass sich auch für diese Fälle des § 9 II UWG eine Durchsetzungsmöglichkeit ergibt, die die Rolle des Verbrauchers im Lauterkeitsrecht über die Möglichkeit der Abtretung erweitern könnte.

b Vereinbarkeit mit der Musterfeststellungsklage und Verbandsklagerichtlinie?

In der Diskussion werden oft unionsrechtliche Wertungen, die gegen eine Zulässigkeit sprechen könnten, nicht miteinbezogen. Eine Zulässigkeit scheitert aber auch hieran nicht. Es ergeben sich keine Wertungswidersprüche mit der Musterfeststellungsklage oder den Wertungen der Verbandsklagenrichtlinie.

aa Musterfeststellungsklage

Erstere darf zwar gerade nicht zum Zwecke der Gewinnerzielung[1085] erhoben werden. Ein klarer Wille des Gesetzgebers, dass kollektive Rechtsdurchsetzung dieses Ziel nicht (mit)verfolgen darf, lässt sich hieraus aber nicht ableiten. Zwar äußert sich die Gesetzesbegründung[1086] auch in diese Richtung nicht expressis verbis. Gleichwohl war zum Zeitpunkt der Schaffung der Musterfeststellungsklage klar, dass es derartige Geschäftsmodelle gibt.[1087] Man wird daher schwerlich herleiten können, dass ein dahingehendes Verbot implizit aus dieser abzuleiten ist.[1088]

1082 BGH NJW RR 2020, 779 Rn. 35 ff, 56 ff.

1083 Dazu kritisch *Nuys/Gleitsmann*, BB 2022, 259 (262 ff.).

1084 In diesem Sinne auch *Fries*, NJW 2021, 2537 (2541); wenn er von der Bewältigung großer Massenschadensfälle durch Legal-Tech-Anbieter und die de lege ferenda hierzu erwägenden Änderungen der Zivilprozessordnung spricht; *Engeler*, LTZ 2023, 15 (15 ff.).

1085 BT-Drs. 19/2439, S. 23.

1086 BT-Drs. 19/2439, S. 22 ff.

1087 Dazu auch BGH NJW 2021, 3046 Rn. 53 ff. m. w. N. zu der Kritik – *Air Berlin*.

1088 *Bauermeister*, ZIP 2021, 2626 (2627 f.).

bb Verbandsklagerichtlinie

Wertungswidersprüche ergeben sich auch nicht mit der Verbandsklage nach VDuG. Klagebefugt sind hierbei zwar qualifizierte Einrichtungen, die regelmäßig keine eigenen Erwerbszwecke verfolgen und bei grenzüberschreitenden Sachverhalten auch nicht verfolgen dürfen.[1089] Zudem spricht die Richtlinie in ErwGr. 10 davon, dass „Schutzmaßnahmen für Unternehmen gegen Klagemissbrauch" getroffen werden müssen.[1090] Eine etwaige Gewinnerwartung schafft im Hinblick auf einen Missbrauch freilich Anreize. All dies könnte vermuten lassen, dass eine gewinnerzielungsbasierte Geltendmachung unter etwaiger Belastung von Unternehmern gerade von der Verbandsklagerichtlinie ausgeschlossen werden sollte, sie daher nicht über die „Hintertür" durch Legal-Tech-Anbieter angeboten werden darf.

Denkbar ist dies, überzeugen kann es gleichwohl nicht. Der Schutzzweck des Art. 1 I S. 1 der Richtlinie umfasst den Schutz der Kollektivinteressen der Verbraucher. Damit wird folglich vorrangig der Verbraucherschutz in Betracht genommen, der durch Legal-Tech-Anbieter gewährt werden kann. Dafür streitet auch Art. 1 II der Richtlinie, der jedenfalls die weitere Durchsetzung der Kollektivinteressen der Verbraucher auf nationaler Ebene zulassen will. Es handelt sich hier zwar um die Bestimmung von Kollektivinteressen. Klar ist aber gleichwohl die dahinterstehende Aussage, dass eine weitere Durchsetzungsmöglichkeit hierdurch nicht ausscheiden soll.[1091] Art. 1 II S. 3 spricht dann zwar davon, dass dies „nicht als Rechtfertigung dafür dienen darf, das Verbraucherschutzniveau zu senken". Stellt man nun auf die durch die Verbraucher zu zahlende Summe ab, könnte man hier gleichwohl zu einer Wertung kommen, dass eine dahingehende Praxis mit der Verbandsklagerichtlinie nicht vereinbar ist.[1092] Aber auch hier wird man zu konstatieren haben, dass derartige Legal-Tech-Angebote unter Umständen

---

[1089] Art, 4 III lit. c, e für grenzüberschreitende Sachverhalte. Für innerstaatliche Klagen obliegt es den Mitgliedsstaaten, geeignete Kriterien zu finden, die mit der Richtlinie in Einklang stehen, Art. 4 IV.

[1090] Dazu auch *Bauermeister*, ZIP 2021, 2626 (2627 f.).

[1091] In diesem Sinne auch *Gsell*, BKR 2021, 521 (522).

[1092] Dieses Problem lässt *Bauernmeister*, ZIP 2021, 2625 (2628 f.) anklingen, lehnt es aber gleichwohl ab.

erst den Zugang zum Recht schaffen,[1093] der durch die Verbandsklagerichtlinie denkbar gleichwohl verschlossen bleibt.[1094] Insoweit kommt es schon nicht zu einer Herabsenkung, sondern dem Schutzzweck entsprechend sogar zu einer Steigerung[1095] des Schutzes. Zieht man nun wieder Art. 1 II S. 3 heran, kann sich sogar ein umgekehrtes Bild ergeben: Man darf die Richtlinie nicht ohne Weiteres heranziehen, um den Verbraucherschutz zu senken. Daher sollte man sie nicht zum Anlass nehmen, sie zur Verhinderung der Steigerung des Verbraucherschutzniveaus fruchtbar zu machen.

c *Ergebnis zur Zulässigkeit*

Letztlich wird man nach der bisherigen Rechtslage zu einer Zulässigkeit der Geltendmachung gleichgelagerter Streuschäden kommen, die im Rahmen des § 9 II UWG denkbar sein können. Für Massenschäden mit höheren Beträgen ist dies zwar durchaus zweifelhaft, indessen gleichwohl in der Tendenz denkbar. Für beide im Ausgangspunkt für § 9 II UWG genannte denkbare Situationen ergibt sich daher eine Tendenz der Zulässigkeit der Durchsetzungsmöglichkeit. Diese könnten die Rolle des Verbrauchers im UWG verändern: Wird er über die Legal-Tech-Abtretung nun doch Verteidiger seines subjektiven Privatrechts und Funktionär der Lauterkeit des Marktes?

3 Rollenmodifizierung durch Beseitigung der Ursachen rationaler Apathie?

Im Ausgangspunkt durchaus positiv lässt sich die Möglichkeit der Vermeidung der rationalen Apathie in „Anlockfällen“ und dergleichen bewerten. Denn diese ist zwar nach Gesagtem durchaus komplex und lässt sich nicht abschließend auf gewisse Faktoren reduzieren. Maßgebliche Faktoren sind dabei nach Gesagtem aber oftmals auch die Verfahrenskosten sowie die Dauer des Verfahrens. Da der Legal-Tech-Unternehmer das Risiko des Verlustes trägt und der Verbraucher das Verfahren – das schneller ablaufen kann als

---

[1093] In diesem Sinne auch *Dittmann/Gollnast*, VuR 2023, 135 (137 f.) im Hinblick auf die finanzielle Ausstattung der Verbände.

[1094] Siehe hierzu die Ausführungen zur Verbandsklagerichtlinie, Kapitel 3 (S. 251 ff.).

[1095] Nicht auf dieses Verhältnis bezogen, aber für Verbraucherschutz durch Legal-Tech-Anbieter generell auch *Hoch/Hendricks*, VuR 2020, 254 (259 f.) unter Einbezug des unionsrechtlichen Effektivitätsgrundsatzes; ebenso *Bauermeister*, ZIP 2021, 2625 (2628 f.); in diesem Sinne auch *Scherer*, VuR 2022, 443 (447 f.).

ein anzustrengendes Individualverfahren[1096] – schon nicht selbst führen muss, erscheint es denkbar, dass das Problem der rationalen Apathie verbessert wird.[1097] Insbesondere zeigen auch Untersuchungen der Roland-Rechtsschutz-Versicherungs-AG[1098] und die Dieselfälle,[1099] dass von Verbraucherseite eine Durchsetzung mittels Legal-Tech-Angeboten[1100] auf positive Resonanz stößt. Insoweit lässt sich der genannte theoretische Befund auch in rechtstatsächlicher Hinsicht nachweisen.

Das Problem der rationalen Apathie aber im Hinblick auf § 9 II UWG damit als nahezu gelöst zu bezeichnen[1101] und damit nach hiesiger Forschungsfrage zu einer Rollenmodifikation in diesen Fällen zu kommen, erscheint wenig überzeugend. Bevor es überhaupt darum geht, ob er z. B. seine Fahrtkosten i. H. v. 5 – 20 € abtreten will, muss er schon eine Art vorgelagerte rationale Apathie überwinden. Er muss sich online über die Ersatzfähigkeit der Fahrtkosten Gedanken machen, auf ein entsprechendes Unternehmen stoßen, dieses für seriös halten und dann entsprechende Angaben machen.[1102] Dies gilt umso mehr auch deshalb, weil der Verbraucher nach Gesagtem in rechtstatsächlicher Hinsicht oftmals entsprechende Belege schon nicht mehr zur Verfügung haben wird.[1103] Wiederum gewisse Erleichterungen lassen sich aber über Plattformen wie „TikTok" oder „Instagram" erreichen, die in ihrer

---

1096 *Voit*, Sammelklagen, S. 86.

1097 In diesem Sinne auch *Hähnchen et al.*, JuS 2020, 625 (632 f.); ähnlich *Scherer*, VuR 2022, 443 (448).

1098 *ROLAND Rechtsschutz-Versicherungs-AG*, Roland Rechtsreport 2022 zeigt, dass 46 % der befragten Verbraucher Legal-Tech-Angeboten insoweit positiv gegenüberstehen.

1099 Dazu auch *Prütting*, ZIP 2020, 1434 (1435) im Hinblick auf acht Sammelklagen, die die financialright GmbH erhoben hatte. Es handelte sich insoweit um 44 865 Zedenten.

1100 Eine entsprechende Marktübersicht bei *Wagner*, BB, 2017, 898 (898 ff.).

1101 Sehr positiv etwa *Scherer*, VuR 2022, 443 (448); ähnlich auch *Mankowksi*, RIW 2008, 177 (192).

1102 In diesem Sinne auch allgemein *Fechner*, Schutzlücken, S. 124, die auf die etwaige bestehende rationale Apathie bei Streuschäden im Hinblick auf Anspruchsbündelung hinweist.

1103 Siehe die Ausführungen zur Beweislast nach gesetzgeberischem Verständnis und dadurch bestehender Probleme, Kapitel 3 (S. 213); dann wird er den Anforderungen des Legal-Tech-Anbieters aber schon nicht mehr gerecht, da er entsprechende Nachweise schon nicht hochladen kann. Sollte er demnach die rationale Apathie überwinden, bleibt dieses Problem gleichwohl.

Werbung sogar mit der Geltendmachung etwaiger Ansprüche werben[1104] und so genannte Aspekte der rationalen Apathie schon entfallen lassen.

Miteinbezogen werden muss im Hinblick auf eine Rollenmodifizierung des Verbrauchers auch, dass die Rechtsdurchsetzung für den Verbraucher jedenfalls deswegen geschmälert wird, weil ihm im Erfolgsfall „nur" 65 – 75 % seiner Forderung zugutekommen. Das Recht wird demnach auch nicht voll dort durchgesetzt, wo es gewährt wird.[1105] Das kann im Übrigen wieder zur oben genannten rationalen Apathie beitragen.[1106] Handelt es sich z. B. in Anlockfällen um Schäden i. H. v. 5 € und müssen davon noch 35 % an Erfolgshonorar gezahlt werden, verbleiben dem Verbraucher noch 3,25 €. Ob er hierfür – neben den ohnehin bestehenden Bedenken – wirklich die entsprechenden Mühen auf sich nimmt, bleibt mehr als fraglich. Das gilt nicht zuletzt auch deshalb, weil sich auch unseriöse Anbieter finden, die

---

1104 So z. B. flightright, das auf TikTok hiermit wirbt, https://www.tiktok.com/@flightright_official; der Nutzer sieht sich dabei verschiedene Videos an, wobei das Video seinem Algorithmus entsprechend irgendwann auf dem Bildschirm landet, ohne dass er aktiv danach suchen muss oder sich nur überhaupt auf der Seite von flightright befinden muss. Insoweit wird jedenfalls die fehlende etwaige Kenntnis dieser Möglichkeit kompensiert.

1105 Dazu krit. *Stadler*, VuR 2021, 123 (128); *Verbraucherzentrale Bundesverband*, Stellungnahme zu BT-Drs. 19/9527 und BT-Drs. 19/16884, S. 3 ff., abrufbar unter: https://www.bundestag.de/resource/blob/686570/388540d675c02d1ac8d3fedc89565325/stoessel_vzbv.pdf, (zuletzt aufgerufen am 11.04.025). Dies muss man freilich gleichwohl differenziert betrachten: Zwar ist es sicherlich wünschenswert, dass das Recht bei dem entsprechenden originären Rechtsinhaber voll durchgesetzt wird. Es ist aber ebenso wünschenswerter, dass es teilweise bei diesem durchgesetzt wird, als dass dieser es gar nicht durchsetzt; in diesem Sinne auch *Prütting*, ZIP 2020, 1434 (1439), der dies als „schmerzhafte Einbuße" *für* den Verbraucher bezeichnet.

1106 Wobei diese sicherlich doch insgesamt hierdurch deutlich abgeschwächt werden kann, weil den Verbrauchern mehr an einer zielorientierten und kostengünstigen Durchsetzung gelegen ist als der hundertprozentigen Durchsetzung ihrer Rechte, dazu *Meller-Hannich/Höland/Nöhre*, Bericht zur Untersuchung des Rückgangs der Eingangszahlen bei den Zivilgerichten, S. 20, 340 und hier Nr. 11.

irreführen.[1107] Verbraucherzentralen warnen[1108] vor solchen. Das könnte Verbraucher weiter abschrecken.

Anders stellt sich die Situation beispielsweise aber in Situationen wie der der Herstellerhaftung in den Dieselfällen vergleichbaren Situationen oder solchen, bei denen es um höhere Summen in Einzelfall geht, dar. Hier wird der Verbraucher schon im Ausgangspunkt tendenziell weniger rational apathisch sein.[1109] Scheut der Verbraucher gleichwohl einmal den Weg zu Gericht,[1110] kann die gebündelte Forderungsabtretung hier durchaus enorme Erleichterungen im Hinblick auf eine etwaige gleichwohl bestehende rationale Apathie schaffen.

Die Forderungsabtretung führt insoweit zu einer Tendenzverschiebung der Rolle des Verbrauchers im Lauterkeitsrecht. Insoweit wird ihm eine denkbare „Doppelrolle" erleichtert.

Beachtenswert ist dabei, dass er – sollte er seine Ansprüche so durchsetzen – damit gemittelt über die Legal-Tech-Anbieter als Funktionär der Lauterkeit des Marktes auftritt. Die Rolle als Verteidiger seines subjektiven

---

1107 Dazu auch die Mitteilung in beck-aktuell: Heute im Recht, abrufbar unter: https://rsw.beck.de/aktuell/daily/meldung/detail/ueber-25.000-diesel-einzelklagen-gegen-vw-mit-vergleich-beendet (zuletzt aufgerufen am: 11.11.2024); ein weiteres Beispiel wären irreführende Aussagen von „abfindungsheld.de", die entsprechend geworben hatten, dazu LG Bielefeld, Urt. v. 12.12.2017 – Az.: 15 O 67/17.

1108 Dazu etwa https://www.verbraucherzentrale.de/wissen/digitale-welt/apps-und-software/legal-tech-alles-ueber-die-automatisierte-rechtsdienstleistung-86351 unter „Worauf sollten Sie achten?", (zuletzt aufgerufen am 11.11.2024).

1109 Zutreffend statt aller *Prütting*, ZIP 2020, 1434 (1439).

1110 Was freilich nicht immer der Fall sein muss. Gerade die Dieselfälle zeigen dies, dazu *Prütting*, ZIP 2020, 1434 (1439, 1435). Wo die genaue Grenze einer noch bestehenden rationalen Apathie für § 9 II UWG zu ziehen sein muss und wo diese schon nicht mehr vorliegt, lässt sich freilich pauschal beantworten. *Prütting* sieht in den Dieselkonstellationen den Nachweis, dass es Sammelklagen zur Überwindung der rationalen Apathie nicht braucht. Dabei wird aber übersehen, dass das Verbraucherverhalten sehr individuell ist und die Vielzahl der treuhänderischen Abtretungen auch in Dieselfällen ebenso auf eine andere Einschätzungsmöglichkeit hindeuten könnte. Eine starre Grenze lässt sich kaum ziehen, sodass diese Abtretungsmöglichkeit auch bei größeren Schäden durchaus der rationalen Apathie im Einzelfall einmal Abhilfe schaffen kann. Allgemein hierzu auch *Voit*, Sammelklagen, S. 89, der zutreffend auf die Komplexität von Verbraucherverhalten insoweit verweist; selbst bei fehlendem Vorliegen dieser kann die Justizeffizienz gleichwohl durch Bündelung gesteigert werden, dazu sogleich.

Privatrechts kommt dabei aber ungleich weniger zum Tragen. Denn den Unternehmer als Anspruchsgegner trifft zwar die volle Schadenssumme. Insoweit wird die Lauterkeit des Marktes voll verteidigt. Der Verbraucher erhält aber nur 65 – 75 % seines Schadens ersetzt. Die Durchsetzung seines subjektiven Privatrechts erfolgt schwächer. Er ist in diesen Fällen daher „voller“ Funktionär der Lauterkeit des Marktes. Die Rolle als Verteidiger seines subjektiven Privatrechts wird aber nur partiell gegeben sein.

4 Einschränkung der denkbaren Rolle über Qualität der juristischen Beratung?

Miteinzubeziehen ist dabei noch das der Legal-Tech-Abtretung denkbar innewohnende Risiko eines Qualitätsabfalls der juristischen Beratung. Denn der durch genanntes Gesetz unverändert fortbestehende § 12 RDG fordert keine fundierten Rechtskenntnisse des Inkassodienstleisters,[1111] sodass zugunsten der Vermeidung der rationalen Apathie gleichwohl eine sachgerechte Geltendmachung des Verbraucheranspruchs ausbleiben könnte.[1112] Das könnte die Rolle des Verbrauchers, sollte der Anspruch durchgesetzt werden, wieder einschränken. Zwar zeigt die Praxis, dass viele Legal-Tech-Anbieter die Durchsetzung durchaus ernst nehmen und auch Streuschäden durch mehrere Instanzen geltend machen. Letzteres dürfte für diese allein schon aus einem etwaigen Präzedenzinteresse interessant sein.[1113] Ob damit eine sachgerechte Aufarbeitung der Inhalte im Einzelnen aber zwingend verbunden ist, ist nicht gesagt. Abgeschwächt wird das freilich dadurch, dass Inkassounternehmer zuweilen mit entsprechenden (Vertrags-)Anwälten zusammenarbeiten.[1114] Gelöst ist das

---

1111 Etwa *Fries*, NJW 2021, 2537 (2538 f.); kritisch im Hinblick auf etwaige Rechtskenntnisse auch *Kilian*, NJW 2019, 1401 (1404).

1112 Zu dieser etwaigen Gefahr statt vieler auch *Brechmann*, Legal Tech und das Anwaltsmonopol, S. 20 ff. m. w. N.

1113 Gleichwohl nicht ohne Bedenken *Fries*, NJW 2021, 2537 (2538) m. w. N.; für Massenschäden kritisch *Nuys/Gleismann*, BB 2022, 259 (260), die zum Teil unzureichende Klagen und dadurch verursachte Klagerücknahmen als Anhaltspunkt für eine weitere Justizbelastung sehen.

1114 In diesem Sinne BGH NZG 2021, 1175 Rn. 29, der anführt, dass dieser für eine sachgerechte Anspruchsdurchsetzung zu sorgen hat und eine Bündelung gerade dazu führt, eine intensive Auseinandersetzung mit dem Sachverhalt wirtschaftlich werden zu lassen; auch *Scherer*, VuR 2022, 443 (446); kritisch hierzu *Nuys/Gleitmann*, BB 2022, 259 (262).

Problem dadurch aber freilich nicht. Gerade bei § 9 II UWG und seiner lauterkeitsrechtlichen Implementierung sind viele Dinge noch ungeklärt, die selbst erfahrene Anwälte vor Probleme stellen dürften. Das gilt für Legal-Tech-Anbieter, wenn auch im Einzelfall durch Anwälte unterstützt, erst recht. Insoweit könnte es zu Defiziten kommen, die die denkbare neue Rolle des Verbrauchers, gemittelt über die Durchsetzung der Legal-Tech-Anbieter, wieder abschwächen.

5 Einschränkung der denkbaren Rolle durch Ausklammerung von Fallkonstellationen

Eingeschränkt wird eine denkbare Rollenmodifikation für § 9 II UWG noch dadurch, dass für Legal-Tech-Anbieter eine Geltendmachung nur dann infrage kommt, wenn sie sich lohnt.[1115] Das kann etwa deshalb nicht der Fall sein, weil sich bei Streuschäden nicht genug Verbraucher melden und die Schadenssumme nicht hoch genug ist. Dann kann es sein, dass sich eine Geltendmachung im Hinblick auf durch ein Verfahren entstehende Kosten nicht rentiert.[1116] Zudem bespielen Legal-Tech-Anbieter auch nicht sämtliche Felder anwaltlicher Tätigkeit.[1117] Es ist wahrscheinlich, dass diese gerade „sichere" Fälle verfolgen.[1118] Ist die Lage unsicher, kann es sein, dass diese nicht tätig werden. Im Hinblick auf die Neuheit und Komplexität des § 9 II UWG[1119] ist es denkbar, dass diese einmal nicht tätig[1120] werden, wenn komplexere Sachverhalte vorliegen, die nicht in den jeweils von diesen bespielten Bereich fallen. Das wird man zwar bei entsprechenden Anlockfällen noch nicht annehmen können.[1121] Für § 9 II UWG sind nach Gesagtem aber eine Reihe weiterer Fälle denkbar, die aus einer Durchsetzungsmöglichkeit herausfallen könnten.

1115 Dazu kritisch auch *Meller-Hannich/Höland/Nöhre*, Bericht zur Untersuchung des Rückgangs der Eingangszahlen bei den Zivilgerichten, S. 305 ff.; ebenso *Meller-Hannich*, NZM 2022, 353 (358) m. w. N.

1116 In eine ähnliche Richtung auch *Fries*, Verbraucherrechtsdurchsetzung, S. 172 f.; ebenso *Scherer*, VuR 2022, 443 (444); *Kreitz*, WRP 2023, 156 (160).

1117 Dazu *Meller-Hannich*, NZM 2022, 353 (358) m. w. N.

1118 Für diese Fälle sieht *Kreitz*, WRP 2023, 156 (160) eine Chance für § 9 II UWG.

1119 Siehe hierzu insbesondere die Ausführungen in Kapitel 1 (S. 31 ff.), Kapitel 2 (S. 144 ff.).

1120 Allgemeiner *Meller-Hannich*, NZM 2022, 353 (358) m. w. N.

1121 Offen zu diesen bei § 9 II UWG durch die Legal-Tech-Abtretung etwa *Scherer*, VuR 2022, 443 (443 ff.).

6 Ergebnis zur Modifizierung der Rollengewährung bei Legal-Tech-Abtretung

Man wird daher im Hinblick auf die rationale Apathie eine Tendenz hin zu einer Stärkung der neuen Rolle des Verbrauchers herleiten können. Diese wird durch die potenziell fehlende Rechtskenntnis des Inkassodienstleisters, etwaiger vom Verbraucher zu leistender Zahlungen und denkbar auszuklammernder Fälle aber geschmälert. Insbesondere die an den Inkassodienstleister zu zahlende Summe führt zur Einschränkung der Rolle als Verteidiger seines subjektiven Privatrechts. Das gilt deshalb, weil das Recht nicht voll dort durchgesetzt wird, wo es vom Gesetzgeber gewährt wird.

Anderes gilt für die Rolle als Funktionär der Lauterkeit des Marktes. Durch die Durchsetzung wird der Schutz der Lauterkeit des Marktes gewährleistet.[1122] Insofern wird die Rolle des Funktionärs der Lauterkeit des Marktes gestärkt. Ob der Verbraucher seine Forderung komplett erhält, ist für diese Rolle daher egal. Es geht insofern übergeordnet um die Lauterkeit des Marktes. Da die zu zahlende Summe den Unternehmer „voll" trifft, ist eine geringere Durchsetzung beim Verbraucher dafür unschädlich.

Beachtet werden muss dabei insgesamt aber, dass die rationale Apathie bei Streuschäden oft weiter bestehen wird. Das liegt einerseits an der schon im Ausgangspunkt geringen Summe als Ursache der rationalen Apathie in Anlockfällen. Andererseits aber auch an der Zahlung für den Inkassodienstleister. So wird die geringe Forderungshöhe weiter geschmälert. Für Fälle von Massenschäden mit hohen Summen gilt das nicht. Die rationale Apathie ist hier schon im Ausgangspunkt geringer. Da einige Gründe der rationalen Apathie entfallen, geht die Tendenz hier hin zu einer Durchsetzung. Letztere Situationen werden aber nach Gesagtem Ausnahmesituationen sein. Richtig ist aber nach Gesagtem gleichwohl, dass Ziel der Rechtsdurchsetzung nicht sein kann, Verbraucher um jeden Preis zur Anspruchsgeltendmachung zu zwingen[1123] oder diese unter Vermeidung jeglichen Einsatzes seitens des Ver-

---

1122 Allgemein bejahend ohne Bezug zu § 9 II UWG, aber kritisch zu dieser Entwicklung *Voit*, Sammelklagen, S. 197 für die Inkassodienstleistertätigkeit, wenn er vom Zugang zum Recht und einer Verhaltenssteuerung spricht; in diesem Sinne auch für den Verbraucher *Scherer*, VuR 2022, 443 (447 f.).

1123 Ein derartiges rechtsstaatliches Ziel gibt es nicht, dazu *Fries*, Verbraucherrechtsdurchsetzung, S. 58, wenn er anführt, dass gleichwohl die Schaffung günstiger Rahmenbedingungen unter dem Begriff *access to justice* ungeachtet eines nicht bestehenden

brauchers zu ermöglichen. Vielmehr führt diese Ausgestaltungsmöglichkeit unter den genannten Gesichtspunkten – gerade wenn man ein auch bei Überwindung der rationalen Apathie bestehendes etwaiges Desinteresse der Anwaltschaft an der Durchsetzung von Streuschäden miteinbezieht[1124] – insoweit zu einer sachgerechten Entlastung des Verbrauchers im Hinblick auf die rationale Apathie. Insoweit wird die Rolle sinnvoll gestärkt.

7 Schädiger- und Justizbelastung als Grundlage für Rollenbegrenzung und Ausbalancierung

Als Grundlage für die nachgelagerte Frage einer Rollenbegrenzung und einer Ausbalancierung von Gewährung und Begrenzung soll nun im Hinblick auf den oben genannten Befund die etwaige Schädiger- und Justizbelastung in diesen Fällen in den Blick genommen werden.

So erscheint es für die Justizeffizienz zugunsten aller am Spannungsfeld Beteiligten förderlich, wenn gleichgelagerte Sachverhalte im Rahmen des § 9 II UWG gebündelt[1125] durchgesetzt werden. Denn so muss sich der Justizapparat nicht mit einer Vielzahl von Einzelklagen befassen,[1126] Er kann diese im Ausgangspunkt prozessökonomischer gemeinsam betrachten.[1127] Insoweit wird auch der Gefahr sich widersprechender Entscheidungen begegnet.[1128]

Zwangs denkbar erscheint; in diesem Sinne auch allgemein *Bernhard*, Kartellrechtlicher Individualschutz, S. 122 ff., der hierin vielmehr eine sinnvolle Barriere sehen will; anders aber noch *von Jhering*, Kampf ums Recht, S. 56, der verlangt, dass sich der betroffene Verbraucher schon im Interesse der Allgemeinheit wehren muss.

1124 Dazu *Fries*, NJW 2021, 2537 (2540); *Meller-Hannich*, NZM 2022, 353 (358); das ergibt sich freilich auch dadurch, dass entsprechende Prozessfinanzierer dahingehende Streitigkeiten kaum finanzieren werden, zu den entsprechenden Mindeststreitwerten siehe nur https://anwaltsblatt.anwaltverein.de/files/anwaltsblatt.de/anwaltsblatt-online/2021-223.pdf (zuletzt aufgerufen am 11.04.2025).

1125 Zwingend wäre das zwar nicht, es wären insoweit auch getrennte Individualklagen von Inkassodienstleistern denkbar. Lukrativ wird das für diese aber kaum sein, sodass es regelmäßig insoweit zu einer denkbaren Entlastung kommt. Zur Individualklage diesbezüglich auch *Bauermeister*, ZIP 2021, 2625 (2625 f.).

1126 Zu diesen im Hinblick auf die Dieselfälle und damit verbundenen Individualleistungsklagen auch *Prütting*, ZIP 2020, 1434 (1435).

1127 In diesem Sinne *Gsell*, in: Schulze/Götz, S. 179, 182 ff. für die Bündelung von Ansprüchen.

1128 *Bernhard*, Kartellrechtlicher Individualschutz, S. 124.; *Kranz*, NZG 2017, 1099 (1100) m. w. N.

Gleiches ergibt sich für den Schädiger, der sich einer gebündelten Geltendmachung von Schäden gegenübergestellt sieht und tendenziell nicht immer wieder mit Einzelklagen rechnen muss.[1129] Insbesondere genannte Streuschäden wie die der „Anlockfälle“ bieten sich hierfür an. Auch hier muss aber beachtet werden, dass dieser Vergleich zu einer Individualdurchsetzung jedenfalls bei Streuschäden nur theoretisch Geltung beanspruchen kann. Denn nach Gesagtem wird der Verbraucher jedenfalls bei den „Anlockfällen“ schon im Ausgangspunkt rational apathisch sein. Man wird daher folgende Situationen vergleichen müssen: Vorher hat der Verbraucher seine Ansprüche nicht geltend gemacht, jetzt macht er sie gemittelt über die Abtretungslösung geltend. Unter Gesichtspunkten der Belastung der Justiz und des Schädigers führt dies zu einer Mehrbelastung. Das ist für berechtigte Ansprüche zwar gewollt.[1130] Für unberechtigte und missbräuchliche Ansprüche steht für den Unternehmer neben der Kostenfrage aber ein etwaiger Imageverlust[1131] im Raum.

Insbesondere auch bei massenhaften und komplexeren Sachverhalten, sollten diese durch Inkassodienstleister durchgesetzt werden,[1132] ergibt sich ein Problem im Hinblick auf die Justizbelastung und am Ende auch für den Verbraucherschutz und Unternehmerschutz. Das resultiert daraus, dass auch nicht hinreichend gleichgelagerte Ansprüche im Rahmen des § 260 ZPO gebündelt geltend gemacht werden, die zu einer Justizbelastung führen. Etwa hinsichtlich etwaiger Rückabwicklungen bei einer Vertragsaufhebung oder Freistellung von einem Vertrag im Rahmen des § 9 II UWG, § 249 I

1129 Dazu statt einiger auch *Bernhard*, Kartellrechtlicher Individualschutz, S. 127 f. m. w. N. für Kartellrechtssachverhalte und positive Aspekte im Rahmen der Bündelung. Die hier geschilderten Vorzüge ergeben sich aus der Bündelung selbst und nicht aufgrund kartellrechtspezifischer Situationen, sodass die Wertung übertragbar ist. Ob dies am Ende in einer Absolutheit wirklich so ist, ist freilich zweifelhaft, da auch dabei noch weitere Einzelklagen von Verbrauchern denkbar erscheinen. Jedenfalls wird sich aber eine Tendenzaussage dahingehend treffen lassen, dass diese in Summe geringer sein werden.

1130 Dazu auch Kapitel 3 (S. 272 ff.).

1131 *Prütting*, ZIP 2020, 1434 (1440); in diesem Sinne auch schon *Kranz*, NZG 2017, 1099 (1100), die darin die Schaffung eines unlauteren Wettbewerbsvorteils gegenüber Dritten sieht.

1132 Dass es mitunter auch dazu kommen kann, zeigen die Dieselfälle, dazu statt vieler *Fries*, NJW 2021, 2537 (2540 f.) m. w. N.

BGB könnten sich dann unterschiedlichste Probleme ergeben. Das z. B. im Hinblick auf die Schadensbestimmung bezüglich etwaiger Vorteils- und Bereicherungsausgleiche. Eine gebündelte Geltendmachung in solchen Fällen wirft das Problem auf,[1133] ob und wie man heterogene und oder komplexe Sachverhalte zusammen in einer Klage betrachten kann.[1134] Derartige Fälle führen, wie Erfahrungswerte in den Dieselkonstellationen zeigen,[1135] zu einer enormen Justizbelastung, weil entsprechende Verfahren erst einmal geordnet werden müssen. Dies könnte im Rahmen einer Verfahrenstrennung nach § 145 I S. 1 ZPO passieren,[1136] bei der nur gleichgelagerte Fälle zusammen abgehandelt werden. Dagegen werden sich die Legal-Tech-Anbieter aber im Hinblick auf eine Steigerung der Gerichtsgebühren bei Trennung regelmäßig wehren. Das führt wiederum im Rahmen der Prüfung, ob eine solche Trennung vorzunehmen ist, zu einer weiteren Belastung der Justiz.[1137] Letztlich kann – auch bei grundsätzlicher Zulässigkeit – einmal eine Interessenkollision zwischen verschiedenen Zedenten festzustellen sein, die zu dem Erfordernis einer Gruppenbildung führen kann.[1138] Das sorgt für eine weitere Justizbelastung. Es muss erst einmal herausgearbeitet werden, ob eine solche Gruppenbildung nötig ist.[1139] Diese Fälle dürfen zwar nach genannter Tendenz durch entsprechende Anbieter schon durchgesetzt werden, legen aber

---

1133 Zutreffend *Alexander*, GRUR 2021, 1445 (1452 f.) für Fälle, in denen sich bei gleicher irreführender Werbung unterschiedliche Konsequenzen für Verbraucherschäden ergeben können; insgesamt offener aber *Scherer*, VuR 2022, 443 (447), die dieses Problem zwar durchaus sieht, indessen für „kein größeres Problem für versierte Inkassounternehmer" hält. Selbst wenn dies so sein sollte, schafft das der Justizbelastung in diesen Fällen keine Abhilfe.

1134 Für die Möglichkeiten im Rahmen der Verbandsklage Kapitel 3 (S. 251 ff.).

1135 Statt vieler *Fries*, NJW 2021, 2537 (2540 f.) m. w. N.

1136 Zu dieser Situation *Nuys/Gleitsmann*, BB 2022, 259 (262); in diesem Sinne auch *Fechner*, Schutzlücken, S. 124 f.

1137 *Voit*, Sammelklagen, S. 191 unter Berufung darauf, dass Berufung und Revision für jeden Anspruch besonders begründet werden müssen; zu dieser Situation auch *Nuys/Gleitsmann*, BB 2022, 259 (260, 262).

1138 Dazu etwa *Nuys/Gleitsmann*, BB 2022, 259 (263) m. w. N.

1139 Das muss freilich nicht immer sein, oft wird es den Zedenten insgesamt um die Durchsetzung ihrer materiellen Rechtsposition gehen, zu denkbaren Ausnahmen etwa BGH, Urt. v. 13.07.2021- II ZR 84/20 Rn. 55, der aber nicht klarmacht, ob eine Pflicht zur Gruppenbildung hieraus resultiert. Dafür etwa *Thole*, BB 2021, 2382 (2385) m. w. N.

weiterhin – wie in den Dieselfällen bekannt[1140] – allenfalls die Justiz lahm. Sie bringen so weder dem Verbraucher etwas noch werden die Interessen der Unternehmer hinreichend berücksichtigt.

Für Streuschäden erscheint daher eine Rollenbegrenzung durch Verteidigung gegen unberechtigte und missbräuchliche Ansprüche nötig, soweit die Abtretung zu einer Beseitigung der rationalen Apathie führt. Für denkbare Massenschäden wie in den Dieselfällen gilt das ebenso. In letzteren Konstellationen zeigt sich, dass man im Hinblick auf die Justizbelastung bei der nachgelagerten Ausbalancierung eine weitere Frage miteinstellen wird müssen: Gibt es geeignetere gebündelte Durchsetzungsmöglichkeiten, die nicht im Rahmen des § 260 ZPO zu einer Justizlähmung führen und somit keinem am Spannungsfeld Beteiligten helfen?

8 Ergebnis zur Legal-Tech-Abtretung

Die Möglichkeit der Durchsetzung von Ansprüchen aus § 9 II UWG mittels Abtretung an Inkassodienstleister beseitigt einige Aspekte rationaler Apathie. Das spricht im Grundsatz für die neuen Rollen[1141] des Verbrauchers. Für „Anlockfälle" kann sich aber die Situation ergeben, dass sich aufgrund gleichwohl bestehender rationaler Apathie nicht genug Verbraucher finden werden, um ein Vorgehen des Legal-Tech-Unternehmers für diesen attraktiv auszugestalten. Das gilt deshalb, weil ein Grund für die rationale Apathie (die Forderungshöhe) noch verstärkt wird. Der Verbraucher erhält nur 65 – 75 % seiner Forderungshöhe. Die Abtretung kann daher bei Streuschäden noch zu einer Verstärkung der rationalen Apathie im Hinblick auf diesen Grund führen. Da aber andere der rationalen Apathie zugrunde liegende Gesichtspunkte entfallen, erscheint es in einer Gesamtschau denkbar, dass eine Durchsetzung auch in diesen Fällen möglich ist. Dann nimmt der Verbraucher seine Rolle als Verteidiger seines subjektiven Privatrechts – wenn auch geschmälert um die zu zahlende Summe – und Funktionär der Lauterkeit des Marktes wahr.

Für Massenschäden wie die in den Dieselkonstellationen zeichnet sich ein anderes Bild ab. Denn hier wird die rationale Apathie im Ausgangspunkt

---

[1140] Dazu auch *Fries*, NJW 2021, 2537 (2540 f.) m. w. N.

[1141] Wenn auch nach Gesagtem die des „Verteidigers" seines subjektiven Privatrechts auch bei Durchsetzung nur partiell gewährleistet wird.

geringer sein. Die Abtretung lässt daher Aspekte rationaler Apathie entfallen und die Forderungshöhe ist deutlich höher als in den „Anlockfällen". Eine Überwindung der rationalen Apathie ist daher in ihrer Tendenz naheliegender. Insoweit wird der Verbraucher seine denkbar neue Doppelrolle eher verwirklichen. Auf der anderen Seite führt dies zu einer kritischen Verschiebung des Spannungsfeldes – insbesondere im Hinblick auf unberechtigte Ansprüche. Zwar führt eine Bündelung im Grundsatz zu einer Vereinfachung gegenüber zahllosen Individualklagen. Gleichwohl werden sich hier durch die niedrigere rationale Apathie mehr Forderungen ergeben. Es kommt daher regelmäßig zu einer höheren Belastung der Gerichte[1142] und etwaiger Schädiger. Das ist bezogen auf berechtigte Ansprüche unschädlich. Anderes gilt für unberechtigte Ansprüche. Letztlich wirkt die Geltendmachung heterogener Sachverhalte hier generell justizlähmend, womit keinem der am Spannungsfeld Beteiligten geholfen ist. Hier könnte insbesondere die Verbandsklage nach VDuG[1143] helfen.

III Verbandsklage nach VDuG

Für die neue Rolle[1144] des Verbrauchers im UWG gewinnbringend könnte sich das Verbraucherdurchsetzungsgesetz[1145] (VDuG) darstellen, das die Verbandsklagenrichtlinie[1146] umsetzt.

1142 Dazu auch *Fries*, NJW 2021, 2537 (2540 f.) der mahnt, dass insbesondere die Dieselfälle gezeigt haben, dass die Legal-Tech-Anbieter in derartigen Fällen mit technischen Mitteln den analogen Prozess bespielen und so Gerichte überfordern.

1143 Kapitel 3 (S. 251 ff.); Kapitel 4 (S. 306 ff.).

1144 Abstrakt für das Private Enforcement durch die Bündelung von Individualansprüchen im Rahmen einer Verbandsklage etwa *Thönissen*, Subjektive Privatrechte, S. 554 m. w. N.

1145 BGBl. 2023 I 272.

1146 Richtlinie (EU) 2020/1828 über Verbandsklagen zum Schutz der Kollektivinteressen der Verbraucher und zur Aufhebung der Richtlinie 2009/22/EG sowie zur Änderung des Kapitalanleger-Musterverfahrensgesetzes; zu den einzelnen „Startschwierigkeiten" in der entsprechenden Umsetzung und den bis dato rechtspolitisch geführten Diskussionen im Hinblick auf die Einführung statt einiger *Waßmuth/von Rummel*, ZIP 2023, 1515 (1515 f.); hier soll sich freilich im Hinblick auf § 9 II UWG schlicht mit der im VDuG umgesetzten Ausgestaltung und deren Relevanz für Konstellationen des § 9 II UWG befasst werden.

1 Überblick über den Ablauf des Abhilfeverfahrens für § 9 II UWG

Nach diesem können Verbraucherschäden aus § 9 II UWG[1147] im Rahmen eines Abhilfeurteils bei obergerichtlicher Erstinstanz (§ 3 VDuG) erstmals kollektivrechtlich durch Verbraucherverbände ohne eigene Klage des Verbrauchers durchgesetzt werden.[1148] Der Ablauf eines etwaigen Verfahrens für § 9 II UWG stellt sich dabei wie folgt dar: Das Verfahren wird durch den Verband eingeleitet. Dieser hat dabei neben der Darlegung des Klagesachverhalts und -antrags die mögliche Betroffenheit der Forderungen von mindestens 50 Verbrauchern „nachvollziehbar" darzulegen, §§ 4 I S. 1 Nr. 1, 5 I Nr. 2 VDuG, § 253 ZPO. Das darauffolgende Verfahren gliedert sich in mehrere aufeinanderfolgende Stadien:[1149] Der entsprechende Verband erwirkt zunächst ein Abhilfegrundurteil,[1150] das die Haftung des beklagten Unternehmers für dem Grunde nach gegeben oder nicht gegeben hält, § 14 VDuG. Bejahendenfalls wird im Rahmen einer gütlichen Einigung ein Vergleich zwischen den Parteien angestrebt, der einer gerichtlichen Kontrolle unterliegt, § 17 VDuG. Kommt es zu einem solchen nicht, ergeht ein Abhilfeendurteil,[1151] § 18 VDuG. Auf dieses folgt eine außergerichtliche Phase, im Rahmen derer ein bestellter Sachwalter den Fonds betreut, in dem das Gericht den zu zahlenden Kollektivbetrag festlegt und entsprechende Schadensersatzansprüche aus § 9 II UWG an den Verbraucher auskehrt, §§ 22 ff. VDuG. Der Sachwalter hat

---

[1147] Das ergibt sich unionsrechtlich aus Art. 9 I, VI RL (EU) 2020/1828 und nationalrechtlich aus dem weiten Anwendungsbereich des § 1 I, 2 I VDuG, der alle bürgerlichen Rechtsstreitigkeiten umfasst, die Ansprüche (…) einer Vielzahl von Verbrauchern (…) gegen ein Unternehmen betreffen; dafür statt vieler etwa auch für § 9 II UWG, *Scherer*, VuR 2022, 443 (443 ff.); *Janal*, GRUR 2023, 985 (985 ff.).

[1148] Dazu statt einiger *Thönissen*, r+s 2023, 749 (749 ff.) m. w. N.

[1149] Eine Übersicht im Einzelnen hierzu auch bei *Schläfke/Lühmann*, NJW 2023, 3385 (3388).

[1150] So nach § 16 VDuG. Das Abhilfegrundurteil legt dabei fest, welche Voraussetzungen vom Verbraucher im Umsetzungsverfahren beizubringen sind und welche Rechenmethode der Bestimmung der Anspruchshöhe zugrunde gelegt wird; jedenfalls dann, wenn die entsprechenden Verbraucher noch nicht in Gänze bekannt sind, was im Hinblick auf eine spätere Anmeldungsmöglichkeit der Regelfall sein wird, dazu *Waßmuth/von Rummel*, ZIP 2023, 1515 (1515 f.). Andernfalls greift § 14 S. 1 VDuG.

[1151] Eine Differenzierung in Grund- und Endurteil gibt es dann nicht, wenn die betroffenen Verbraucher schon bei Klageerhebung feststehen, dazu § 16 I S. 2 VDuG. Hier entscheidet das Gericht durch Urteil. Das dürfte durch das späte Opt-in die Ausnahme sein, dazu etwa *Waßmuth/von Rummel*, ZIP 2023, 1515 (1515 f.).

hierbei nach der Gesetzesbegründung i. R. d. § 27 Nr. 3 VDuG die von den Verbrauchern angemeldeten Forderungen zu prüfen. Nach § 27 Nr. 9 VDuG hat er eine entsprechende Auszahlung an diejenigen Verbraucher vorzunehmen, die sich zu dem Verfahren angemeldet haben und eine entsprechende Berechtigung nachweisen können (§ 16 II VDuG). Die Verbraucher können sich dabei bis zum Ablauf von drei Wochen nach dem Schluss der mündlichen Verhandlung anmelden, indem sie sich in das Verbandsklageregister eintragen lassen, § 45 I VDuG. Die Voraussetzungen dafür, ob der Verbraucher im Rahmen seiner angemeldeten Forderung tatsächlich berechtigt ist, sollen sich aus dem Abhilfegrundurteil ergeben.[1152] Es findet daher weder bei Anmeldung eine inhaltliche Prüfung statt,[1153] noch soll der Sachwalter bei der Auskehrung der Beträge eine inhaltliche Prüfung vornehmen. Letzterem soll vielmehr formalisiert[1154] nachgewiesen werden, dass eine Berechtigung nach den Anforderungen im Abhilfegrundurteil besteht.[1155] Es kommt daher im Unterschied zu einer unechten Sammelklage im Rahmen des § 260 ZPO bei den Inkassodienstleistern schon nicht dazu, dass das Gericht über die einzelnen Ansprüche der Verbraucher erkennen muss.[1156] Vielmehr wird über einen Streitgegenstand erkannt.[1157] Die formalisierte[1158] Verteilung erfolgt dann vielmehr im Umsetzungs- und Verteilungsverfahren, §§ 22 ff. VDuG.

1152 RegE, BT-Drs. 20/6520, S. 79; dazu auch *Janal*, GRUR 2023, 985 (991).

1153 Vgl. § 45 III VDuG.

1154 Eine weitere inhaltliche Prüfung oder Berechnung soll dann gerade nicht mehr vorgenommen werden, die das Verfahren nachgelagert nur wieder erschweren würde, in diesem Sinne auch *Gsell/Meller-Hannich*, JZ 2022, 421 (427); *Thönissen*, r+s 2023, 749 (756).

1155 Wie dies für Fälle des § 9 II UWG aussehen kann sogleich, Kapitel 3(S. 259 ff.). Dann wäre entsprechend durch z. B. Fahrkarten oder einen Vertrag nachzuweisen, dass man ein entsprechendes Geschäft aufgesucht hat oder einen Vertrag geschlossen hat.

1156 *Scherer*, VuR 2022, 443 (446 f.); *Thönissen*, r+s 2023, 749 (750).

1157 Dazu etwa auch *Thönissen*, r+s 2023, 749 (750).

1158 Ohne weitere inhaltliche Prüfung, die das Verfahren nachgelagert nur wieder erschweren würde; dazu etwa *Gsell/Meller-Hannich*, JZ 2022, 421 (427); *Thönissen*, r+s 2023, 749 (756).

2 Denkbare Einflussmöglichkeit auf die Rolle des Verbrauchers bei § 9 II UWG

Nun könnte man im Hinblick auf die denkbare Bündelung von Ansprüchen aus § 9 II UWG sowohl im Hinblick auf Streuschäden als auch bei Massenschäden zu einer positiven Prognose im Hinblick auf das eingangs[1159] bei der Rechtsdurchsetzung erwähnte und aufzulösende Spannungsfeld kommen.

So erscheint einerseits eine Stärkung der Rollengewährung möglich, wenn die Ansprüche aus § 9 II UWG gebündelt geltend gemacht werden: Die Rolle des Verbrauchers als Verteidiger seines subjektiven Privatrechts und Funktionärs der Lauterkeit des Marktes könnte daher gestärkt werden. Das gilt insbesondere für die Rolle des Verteidigers seines subjektiven Privatrechts. Dieser Teil der Doppelrolle wird durch die Legal-Tech-Abtretung eingeschränkt, weil eine Provision gezahlt werden muss. Das ist beim VDuG nicht der Fall.

Andererseits kann die Bündelung in einem Verfahren die Justizbelastung verringern. Das hilft allen am Spannungsfeld Beteiligten. Denn die kollektivrechtliche Geltendmachung durch Verbraucherverbände lässt Aspekte der rationalen Apathie entfallen[1160] und führt jedenfalls im Ausgangspunkt zu einer Justizentlastung, weil Ansprüche gebündelt geltend gemacht werden. Auch Unternehmen könnten profitieren, weil sie sich einer gebündelten Klage ausgesetzt sehen und nicht immer wieder die Erhebung von einzelnen Klagen befürchten müssen.[1161]

Im Hinblick auf Streuschäden wird zwar keine tatsächliche Entlastung gewährleistet, weil man hier nach Gesagtem die Situation der fehlenden Geltendmachung mit der Situation der gebündelten Geltendmachung

---

1159 Kapitel 3 (S. 205 f.).

1160 Hier gilt Ähnliches wie bei den Inkassodienstleisterfällen. Die fehlende Routine und eine Gerichtsscheu werden beseitigt. Gleiches gilt für die Kosten des Verfahrens, weil den Verbraucher solche schon nicht treffen, zu den Inkassodienstleistern Kapitel 3 (S. 230 ff.).

1161 Dazu statt einiger auch *Bernhard*, Kartellrechtlicher Individualschutz, S. 127 f. m. w. N. für Kartellrechtssachverhalte und positive Aspekte im Rahmen der Bündelung. Die hier geschilderten Vorzüge ergeben sich aus der Bündelung selbst und nicht aufgrund kartellrechtspezifischer Situationen, sodass die Wertung übertragbar ist. Ob dies am Ende in einer Absolutheit wirklich so ist, ist freilich zweifelhaft, da auch dabei noch weitere Einzelklagen von Verbrauchern denkbar erscheinen. Jedenfalls wird sich aber eine Tendenzaussage dahingehend treffen lassen, dass diese in Summe geringer sein werden.

vergleichen muss. Für berechtigte Ansprüche ist das nach Gesagtem aber eine gewünschte Folge.

Eine ähnliche – abweichend zu den Inkassodienstleisterfällen – Tendenz könnte sich auch für die Bündelung komplexerer Massenschäden ergeben. Diese könnten im Rahmen einer Klage, bei der über einen eigenen Streitgegenstand erkannt wird, unter Festlegung eines Kollektivbetrags gebündelt geltend gemacht werden.[1162] Dann ergibt sich eine Erleichterung zu einer Betrachtung der Ansprüche bei § 260 ZPO. Es muss daher nicht über alle einzelnen Ansprüche gesondert erkannt werden, was schwer handhabbar ist und im Zweifel ohnehin wieder zu einer Verfahrenstrennung führt.[1163] Insoweit käme es im Rahmen des § 9 II UWG zu einem sachgerechteren Ausgleich des genannten Spannungsfeldes, als dies de lege lata im Rahmen des § 260 ZPO bei Inkassodienstleistern möglich ist.

3 Einschränkung der denkbaren Tendenz aufgrund von Schwachstellen des VDuG

Eine Analyse der Ausgestaltung des Verfahrens offenbart aber, dass die Verbandsklage Schwachstellen aufweist. Dies führt dazu, dass der Einfluss auf die Rolle des Verbrauchers geringer sein wird und das Spannungsfeld auch durch das VDuG nicht sachgerecht aufgelöst wird.

a Die „Gleichartigkeit“ von Ansprüchen als zentrale Stellschraube

Schwierigkeiten bereitet dabei insbesondere die „Gleichartigkeit“ der Ansprüche nach § 15 VDuG als Zulässigkeitsvoraussetzung der Verbandsklage. Diese wird zentrale Stellschraube für die Wirksamkeit der Klage sein. Denn von der „Gleichartigkeit“ hängt ab, inwieweit gebündelt werden kann.[1164] Der Referentenentwurf zu § 15 I VDuG sprach im Umsetzungsspielraum[1165] des ErwGr. 12 der VerbKl-RL noch davon, dass „Gleichartigkeit“ dann vorliegen soll, wenn die Ansprüche auf demselben Sachverhalt oder auf einer Reihe

---

[1162] *Thönissen*, r+s 2023, 749 (750).

[1163] Dazu insgesamt *Thönissen*, r+s 2023, 749 (750) m. w. N.

[1164] In diesem Sinne auch *Stadler*, ZZP 136 (2023), 129 (140 ff.); ebenso *Vollkommer*, MDR 2023, 1349 (1354).

[1165] Dieser lässt den Mitgliedsstaaten freien Spielraum, stellt diesen aber unter den Vorbehalt des „wirksamen Funktionierens eines Verbandsklageverfahrens“, dazu im Einzelnen auch *Dittmann/Gollnast*, VuR 2023, 135 (136 f.).

vergleichbarer Sachverhalte beruhen und die gleichen Tatsachen- und Rechtsfragen entscheidungserheblich sind. Viel ist damit inhaltlich nicht geholfen. Allenfalls ist gesagt, dass es sich um eine sehr enge[1166] Betrachtung handelt. Wo die Grenze zur fehlenden „Gleichartigkeit" verlaufen soll, bleibt aber völlig unklar. Kritik ließ nicht lange auf sich warten.[1167] Der Gesetzgeber entschied sich deshalb in der finalen Fassung des Gesetzes von „im *Wesent*lichen gleichartigen Ansprüchen" zu sprechen, § 15 I S. 1 VDuG. Das soll dann der Fall sein, wenn sie auf einer „Reihe im *Wesentlichen* vergleichbarer Sachverhalte beruhen und die im *Wesentlichen* gleichen Tatsachen- und Rechtsfragen entscheidungserheblich sind", § 15 I S. 2 VDuG. Ob damit viel gewonnen ist, ist mehr als fraglich. Tendenziell kann man den Ausführungen nur entnehmen, dass der Gleichartigkeitsbegriff nicht ganz so eng sein muss, wie er im Referentenentwurf noch verstanden wurde.

aa Konturierung durch Ausführungen des Referentenentwurfs und des finalen Gesetzes

Man wird daher als Konturierungsgrundlage eine „wesentliche Vergleichbarkeit" annehmen können, die etwas weiter ausgestaltet sein dürfte, als der Referentenentwurf diese verstehen will. Dem folgend wird man sich die Frage stellen müssen, was der Referentenentwurf noch als gleichartig ansehen will, und darauf beruhend in Tendenz sagen können, dass jedenfalls diese Fälle und durch den etwas weiter gefassten Wortlaut noch mehr umfasst sein werden. Derselbe[1168] äußert sich dazu, dass damit Fälle gemeint sein sollten, die einen hohen Ähnlichkeitsgrad aufweisen, der eine schablonenartige Prüfung bzw. formelhafte Berechnung der entsprechenden Ansprüche möglich machen soll. Als Beispiel für die Bejahung der Gleichartigkeit nennt dieser pauschalierte Fluggastentschädigungen.[1169] Ebenso wird die genannte

---

1166 Statt einiger *Mayrhofer/Koller*, ZIP 2023, 1065 (1073).

1167 Exemplarisch etwa *Meller-Hannich*, Stellungnahme im Rahmen der öffentlichen Anhörung im Bundestag am 10.5.2023, S. 8 f., abrufbar unter: https://www.bundestag.de/resource/blob/947438/0b008717f294d358173090cd8f3b66f7/Stellungnahme-Meller-Hannich-data.pdf (zuletzt aufgerufen 12.04.2025); ebenso *Stadler*, ZZP 136 (2023), 129 (140 ff.); *Janal*, GRUR 2023, 985 (985 ff.).

1168 RegE, BT-Drs. 20/6520, S. 77 f.

1169 RegE, BT-Drs. 20/6520, S. 77 f.

Entscheidung[1170] des Oberlandesgerichtes Dresden in den Blick genommen, wenn Zahlungsansprüche aufgrund unwirksamer AGB betroffen sind. Ausgenommen werden sollen Fälle, wenn nur einzelne Produkte einer Serie fehlerhaft sind. Gleiches gilt, wenn es entscheidungserheblich ist, ob ein konkreter Verbraucher von einem bestimmten Umstand beim Vertragsschluss Kenntnis hatte. Das Gleiche gilt, wenn ein Anspruch verjährt ist und der andere nicht.[1171] Alle oben beschriebenen Fälle könnten – wie in den vorherigen Kapiteln herausgearbeitet – im Einzelfall[1172] auch Ansprüche aus § 9 II UWG auslösen. Aus den Ausführungen des Referentenentwurfs lässt sich folgern, dass das VDuG einem sehr engen[1173] Gleichartigkeitsverständnis folgt. So sind nach Lesart des Entwurfs nur Fälle umfasst, die nicht nur ähnlich, sondern nahezu identisch sind und sich allenfalls durch eine unterschiedliche – gleichwohl aber formelhaft berechenbare – Schadenshöhe (z. B. deshalb, weil ein Vertrag schon länger geschlossen war als ein anderer) unterscheiden. Teleologischer Hintergrund ist insoweit die Prozessökonomie. Es soll zügig über die Klage entschieden werden können, ohne dass eine umfangreiche individuelle Prüfung im Einzelfall erfolgen muss.[1174] Das finale Gesetz zeigt nun, dass es wohl doch nicht so eng sein muss, legt aber keine Maßstäbe dafür fest, inwieweit ein extensiverer Gleichartigkeitsbegriff denkbar ist. Sieht man sich gleichsam den teleologischen Hintergrund an und die nach wie vor geforderte „Gleichartigkeit", die auf „im Wesentlichen gleiche Tatsachen- und Rechtsfragen" abstellt, wird man die Gesetzesbegründung nach wie vor in einem tendenziell engen[1175] Gleichartigkeitsbegriff verstehen müssen. Es soll nur dann gebündelt werden, wenn Ansprüche derart vergleichbar sind, dass sich eine prozessökonomische Bündelung vornehmen lässt.

1170 Siehe hierzu die Diskussion bezüglich der Schutzlücken im Hinblick auf einen Beseitigungsanspruch aus § 8 I S. 1 Alt. 1 UWG, Kapitel 2 (S. 73 ff.).

1171 RegE, BT-Drs. 20/6520, S. 78.

1172 Für die Relevanz der Entscheidung des OLG Dresden etwa Kapitel 2 (S. 73 ff.), für fehlerhafte Produkte und die Konkurrenz zum Mängelgewährleistungsrecht Kapitel 2 (S. 144 ff.).

1173 Dazu auch *Mayrhofer/Koller*, ZIP 2023, 1065 (1073).

1174 RegE, BT-Drs. 20/6520, S. 77 f.; dazu auch *Thönissen*, r+s 2023, 749 (749 ff.).

1175 In diese Richtung im Hinblick auf eine etwaige „Flucht ins Ausland" auch *Thönissen*, r+s 2023, 749 (757).

bb Bewertung für die Rolle des Verbrauchers im UWG

Insoweit stellt sich die Frage, welche Auswirkungen diese Tendenzbestimmung auf die Rolle des Verbrauchers bei der Durchsetzung von § 9 II UWG hat.

aaa Kein Ausschluss einer Ersatzfähigkeit aufgrund des Erfordernisses tatsächlicher Irreführung

Trotz denkbarer Ersatzfähigkeit der genannten, auch für § 9 II UWG möglichen Konstellationen, könnte eine Bündelung von Ansprüchen für den Verbraucher schon im Ausgangspunkt ausgeschlossen sein. Das gilt deshalb, weil im Referentenentwurf noch davon gesprochen wurde, dass die entscheidungserhebliche Relevanz der Kenntnis von bestimmten Umständen[1176] zum Ausschluss der „Gleichartigkeit" führen kann. Auch Teile der Literatur stellen auf den Ausschluss bei im Einzelfall abweichenden Kausalitätserwägungen ab.[1177]

Nimmt man diese Erwägung ernst, dürften sämtliche Fälle von § 9 II UWG nach dem Stand de lege lata nicht kollektivrechtlich geltend gemacht werden. Denn nach Gesagtem kommt es mit § 9 II UWG nicht mehr (nur) auf die Eignung der Irreführung des Verbrauchers an. Der jeweilige Verbraucher muss vielmehr tatsächlich irregeführt worden sein und daraufhin eine geschäftliche Entscheidung treffen. Liegt eine solche Irreführung aber nicht vor, fehlt es an der Kausalität des Lauterkeitsverstoßes für die geschäftliche Entscheidung.[1178] Es ist der Einschlägigkeit des § 9 II UWG daher immanent, dass es auf die entsprechende Kenntnis (bzw. deren Fehlen) im Einzelfall ankommt. Kommt es auf diese aber an, was freilich dann auch „entscheidungserheblich" i. S. d. § 15 I Nr. 2 VDuG ist, wären sämtliche Ansprüche aus § 9 II UWG schon im Ausgangspunkt ausgeschlossen.

Das kann damit kaum gewollt sein.[1179] Insbesondere ist nicht eingängig, wieso die Richtlinie selbst von Abhilfeentscheidungen für Verbraucher spricht

---

1176 RegE, BT-Drs. 20/6520, S. 78.

1177 So jedenfalls *Schläfke/Lühmann*, NJW 2023, 3385 (3387).

1178 *Janal*, GRUR 2023, 985 (991 f.); in diesem Sinne allgemein *Köhler*, GRUR 2022, 435 (439 ff.).

1179 Sieht man sich ErwGr. 12 der Verbandsklage an, soll das „wirksame Funktionieren" des Verbandsklageverfahrens erreicht werden. Schließt man § 9 II UWG aber schon im Ausgangspunkt aus, kommt es zu einer solchen Wirkung nicht.

und insbesondere den Bezug zu der Herstellung eines fairen Wettbewerbs in den Blick nimmt,[1180] dann aber genau der Anspruch ausgenommen werden soll, der diese Ziele nach seinem Schutzzweck vereint.[1181] Jedenfalls in unionsrechtskonformer Auslegung darf ein Ausschluss des § 9 II UWG hiermit nicht[1182] verbunden sein. Sinnvollerweise wird man im Rahmen obiger Kausalitätserwägungen[1183] für Fälle der vermuteten Eignung eine Kausalität auch für die tatsächliche Eignung annehmen können, ohne diese jeweils individuell feststellen zu müssen.[1184] Auch hierdurch bestätigt sich der Befund, dass eine Beweislast rein bei dem Verbraucher wenig sinnvoll ist. So wird man im Rahmen des § 286 ZPO die Vermutung der Eignung und die darauf beruhende „hohe Wahrscheinlichkeit" für die „tatsächliche Veranlassung" im Rahmen eines Indizienbeweises[1185] gruppenübergreifend annehmen müssen. Andernfalls[1186] dürfte § 9 II UWG tatsächlich für das VDuG schon gar nicht einschlägig sein.

Man wird insgesamt sagen können, dass Fälle des § 9 II UWG jedenfalls im Hinblick auf den Schutzzweck der Richtlinie, der Hierarchisierung von Lauterkeitsverstößen und der Tendenzverschiebung des Referentenentwurfs zum finalen Gesetz nicht schon a priori aus dem Anwendungsbereich des VDuG herausfallen dürfen.

1180 ErwGr. 6, 7 der Richtlinie (EU) 2020/1828 über Verbandsklagen zum Schutz der Kollektivinteressen der Verbraucher und zur Aufhebung der Richtlinie 2009/22/EG sowie zur Änderung des Kapitalanleger-Musterverfahrensgesetzes.

1181 Kapitel 1 (S. 59 ff.).

1182 Dazu auch wieder die Zielsetzung des ErwGr. 12 der Verbandsklage; jedenfalls im Ergebnis in eine ähnliche Richtung geht *Janal*, GRUR 2023, 985 (992), wenn sie davon spricht, dass eine dahingehende Annahme rechtspolitisch und dogmatisch problematisch ist und die Rechte der Verbraucher damit stark beschnitten wären.

1183 Hierzu die Ausführungen in Kapitel 3 (S. 224 ff.).

1184 So hat der BGH jedenfalls für die Dieselfälle einen Indizienbeweis zugrunde gelegt, BGH NJW 2020, 1962, 1968 Rn. 49 ff.; dazu auch *Thönissen*, r+s 2023, 749 (753 f.); für die Kausalitätsfrage die Untersuchung des § 9 II UWG bei der Individualdurchsetzung, Kapitel 3 (S. 224 ff.).

1185 Für die insoweit dann bestehende „Gleichartigkeit" *Thönissen*, r+s 2023, 749 (753 f.); für die Dieselfälle etwa BGH NJW 2020, 1962, 1968 Rn. 49 ff.

1186 So aber das Verständnis des Gesetzgebers de lege lata, hierzu mit entsprechender Kritik nur Kapitel 3 (S. 213).

bbb Gleichartigkeit bei Streuschäden im Rahmen des § 9 II UWG

Hat man nun festgestellt, dass sich eine pauschale Verneinung der Bündelung von Ansprüchen bei Fällen des § 9 II UWG verbietet, richtet sich der Blick auf die Bündelung denkbarer Fallkonstellationen und deren Bündelungsmöglichkeit.

Für § 9 II UWG sind nach Gesagtem insbesondere Streuschäden durch öffentliche Werbung denkbar. Durch diese kann es zu Fahrtkosten oder Kleinstschäden wegen zu geringem Inhalt des gekauften Produktes kommen.

Insoweit liegt die gleiche geschäftliche Handlung (öffentliche Werbung) vor, die zur jeweils identischen geschäftlichen Entscheidung des Verbrauchers (Fahrt und/oder Kauf des Produktes) geführt hat. Es entstehen leicht berechenbare Kosten, die sich durch etwaige Bustickets oder Kassenzettel[1187] nachweisen lassen. Die Kausalität wird nach Gesagtem dann im Rahmen eines Indizienbeweises angenommen. Es handelt sich daher um regelmäßig fast identische Ansprüche, die sogar einer wie vom Referentenentwurf geforderten schablonenhaften Berechnung zugänglich sind. Insoweit sind sie mit den Fluggastrechtefällen vergleichbar,[1188] bei denen der Referentenentwurf die „Gleichartigkeit" bejaht. Derartige Streuschäden lassen sich daher durch die Verbandsklage im Ausgangspunkt umfassen.

ccc Problem bei komplexen Massenschäden im Rahmen des § 9 II UWG

Komplizierter wird die Situation aber bei denkbaren Massenschäden. Gerade die (immer noch) aktuellen Dieselfälle zeigen, dass die Gerichte durch eine Vielzahl an Klagen an ihre Grenzen stoßen.[1189] Nimmt man in den Blick, dass § 9 II UWG eine fahrlässige Herstellerhaftung zulässt, erscheinen den Dieselfällen vergleichbare Situationen denkbar. Besonders schade ist dabei, dass die Dieselfälle mitursächlich für den Wunsch nach einer effektiveren

---

1187 Zum insoweit aber bestehenden rechtstatsächlichen Problem im Hinblick auf die rationale Apathie und das Aufbewahren von Unterlagen siehe nur Kapitel 3 (S. 213 f.).

1188 Gleich sind sie indessen aber auch nicht, sondern dort gibt es qua Gesetz pauschalierte Schadensberechnungen, die es freilich für entsprechende Busfahrten oder zu wenig Inhalt im Produkt nicht gibt. Hier lassen sich aber gleichwohl Formeln aufstellen.

1189 Statt aller *Fries*, NJW 201, 2537 (2540 f.).

Rechtsdurchsetzung waren,[1190] sich zu diesen Fällen in dem Referentenentwurf aber nicht geäußert wird.

1) Situation

Denkbar wäre im Rahmen des § 9 II UWG daher folgende Situation: Ein Hersteller führt über eine Eigenschaft eines Autos irre. Der Verbraucher kauft sich dieses Auto. Er hätte es ohne die Irreführung nicht gekauft. Er möchte einen Freistellungsanspruch gegenüber dem Hersteller geltend machen. Dann können mitunter Massenschäden mit hohen Summen drohen, weil der Vorrang der Nacherfüllung insoweit[1191] nicht greift. Diese können zu einer vielfachen Individualgeltendmachung oder wenig effektiven Durchsetzung durch Inkassodienstleister[1192] unter Belastung der Gerichte führen. Das VDuG könnte daher Abhilfe schaffen.

2) Fehlende „Gleichartigkeit" nach obiger Tendenzbestimmung?

Eine Bündelung derartiger Fälle müsste aber nach genannter Tendenzbestimmung vom Gleichartigkeitsbegriff umfasst sein. Dafür spräche, dass es regelmäßig auf die gleiche geschäftliche Handlung, z. B. im Rahmen einer öffentlichen Äußerung des Herstellers, ankommen wird. Auch bezüglich der Kausalität wird man nach Gesagtem gruppenbezogene Vermutungen in Anspruch nehmen können. Im Übrigen wird es aber schwieriger. Betrachtet man, dass das Ziel der Verbandsklage ist, in prozessökonomischer Hinsicht Einzelfallprüfungen möglichst zu vermeiden, ergeben sich Folgeprobleme. Denn die Dieselfälle haben gezeigt, dass sich hierbei schon auch im Einzelfall deutlich abweichende Fragen stellen. Das beginnt schon bei etwaigen Vorteils- und Bereicherungsausgleichen im Rahmen der Schadensberechnung,[1193] denn die einzelnen Verbraucher werden unterschiedliche Strecken

---

1190 *Domej/Honegger-Müntener*, Enforcing Consumer Law, S. 365, 400 ff., die sich mit dem Dieselskandal und dem Problem einer effektiven Durchsetzung von Verbraucherrechten beschäftigen; ebenso *Thönissen*, r+s 2023, 749 (753 f.).

1191 Kapitel 2 (S. 159) m. w. N.

1192 Dazu insgesamt die Ausführungen bei den Inkassodienstleistern zur Justizbelastung, (S. 246).

1193 Allgemein *Alexander*, GRUR 2021, 1445 (1452 f.) für Fälle, in denen sich bei gleicher irreführender Werbung unterschiedliche Konsequenzen für Verbraucherschäden ergeben können; im Ausgangspunkt für das Unterscheidungserfordernis *Thönissen*, r+s 2023, 749 (753 f.).

gefahren sein. Zwar dürfte sich das nach hiesigem Dafürhalten betreffend einer Vergleichbarkeit noch bejahen lassen, insoweit ergibt sich eigentlich auch nichts anderes zu den Streuschäden, bei denen das ebenso sein wird. Vielmehr lassen sich hier im Ausgangspunkt schon Formeln aufstellen, wie ein etwaiger Schaden zu berechnen sein wird.[1194]

Schwieriger wird es aber dennoch im Hinblick auf die unterschiedlichen Vertragsmodelle und Autoreihen[1195] oder der Frage, ob einzelne Verbraucher mit dem Auto vielleicht schon einen Unfall gebaut haben. So müsste danach differenziert werden, ob es sich um Neu- oder Gebrauchtwagen handelt, ob das Auto geleast ist und welche Art der Abschalteinrichtung verbaut ist.[1196] Für den Fall eines Unfalls stellt sich freilich die Frage, inwieweit sich dieser auf den Wert des Autos ausgewirkt hat. Das lässt sich insoweit verallgemeinern, dass es bei sämtlichen Produkten oder Dienstleistungen immer wieder Unterschiede im Einzelfall geben kann, die doch nicht nur unerhebliche Abweichungen bedingen, die einer Bündelung im Rahmen des § 9 II UWG entgegenstehen[1197] könnten.

Dass der Referentenentwurf für die finale Fassung freilich übertragbar davon spricht, dass wohl vergleichbare, aber nicht „(wesentlich) gleichartige“ Ansprüche i. S. d. § 15 VDuG, jedenfalls über § 260 ZPO,[1198] verbunden werden könnten, hilft wenig. Die Verbandsklage soll die Gerichte entlasten. Zieht man sie wegen keiner hinreichenden Vergleichbarkeit nicht heran und verweist auf § 260 ZPO, kommt es erneut zu einer Belastung, die im Hinblick auf das bei den Inkassodienstleistern Gesagte[1199] keine sinnvolle Alternative darstellt. Es kommt vielmehr zu dem gleichen Problem, das man in den Dieselfällen schon kennt.

1194 Dazu *Dittmann/Gollnast*, VuR 2023, 135 (140); ebenso *Thönissen*, r+s 2023, 749 (753 f.).

1195 Dazu auch *Vollkommer*, MDR 2023, 1349 (1354); auch *Dittmann/Gollnast*, VuR 2023, 135 (138).

1196 Für ein insoweit bestehendes Differenzierungserfordernis bezüglich der Motorenart und des Erwerbszeitpunktes *Thönissen*, r+s 2023, 749 (754); ebenso *Janal*, GRUR 2023, 985 (992).

1197 Generell zu dieser Tendenz bei etwaigen Abweichungen auch *Janal*, GRUR 2023, 985 (994), die aber vor der Anwendung einer zu restriktiven Handhabung warnt.

1198 RegE, BT-Drs. 20/6520, S. 77 f.

1199 Kapitel 3 (S. 270).

Letztlich wird man bezüglich der der Dieselkonstellationen vergleichbaren komplexeren Situationen jedenfalls eine gewisse Rechtsunsicherheit[1200] bezüglich der Durchsetzung zu verzeichnen haben.[1201] Die Fälle haben freilich viele Überschneidungen im Hinblick auf die für das VDuG maßgeblichen Rechts- und Tatsachenfragen als Voraussetzung der Bündelung. Sie unterscheiden sich aber gleichermaßen an vielen Stellen, was gegen eine Bündelung sprechen könnte. Nimmt man dann in den Blick, dass der Referentenentwurf sehr eng war und die Gesetzesbegründung nur unbestimmt lockerer, könnte man je nach Auslegung der „Wesentlichkeit" zu[1202] oder weg[1203] von einer Bündelungsmöglichkeit kommen. Nimmt man dazu noch die zu zeigenden Finanzierungsdefizite[1204] von Verbänden in den Blick, könnte die Rechtsunsicherheit zu einer fehlenden Geltendmachung derartiger Fälle führen. Nach der Tendenz des Referentenentwurfs und des finalen Gesetzes ist die Bündelungsmöglichkeit in diesen Fällen unklar. Das führt aufgrund der bestehenden Rechtsunsicherheit in der Tendenz eher zu einer fehlenden Durchsetzung durch Verbraucherverbände.[1205]

b Die „Bestimmtheit" der Verbraucher und Schadensschätzung

Eng mit der Frage der Gleichartigkeit verknüpft ist das Problem der „Bestimmtheit" der Verbraucher und der Schadensschätzung.

Ersteres Problem resultiert daraus, dass Verbraucher sich bis drei Wochen nach Schluss der mündlichen Verhandlung zur Verbandsklage anmelden können, § 46 VDuG. Bei Klageerhebung des Verbandes steht die Zahl der

---

1200 Dazu allgemein auch *Janal*, GRUR 2023, 985 (994); gegen das Umfassen derartiger Konstellationen nach dem Verständnis jedenfalls des Referentenentwurfs, aber auch gestützt auf Aspekte, die nach diesem im finalen Gesetz noch vorhanden sind, *Stadler*, ZZP 136 (2023), 129 (140 ff.); für ein Umfassen derartiger Konstellationen *Thönissen*, r+s 2023, 749 (754); offener für komplexe Fälle *Schläfke/Lühmann*, NJW 2023, 3385 (3387), die anführen, dass dies in Zukunft „zentraler Streitpunkt" im Hinblick auf die Bündelung komplexer Fälle sein wird.

1201 Zu einem Umgang de lege ferenda für die Ausbalancierung der Rollengewährung und Rollenbegrenzung Kapitel 4 (S. 306 ff.).

1202 Dafür etwa *Thönissen*, r+s 2023, 749 (753 f.).

1203 Dagegen etwa *Stadler*, ZZP 136 (2023), 129 (142).

1204 Kapitel 3 (S. 270 f.)

1205 Zu einer Auflösung de lege ferenda im Spannungsfeld des § 9 II UWG Kapitel 4 (S. 306 ff.).

betroffenen Verbraucher damit schlicht nicht fest,[1206] was das zweite Problem – eine entsprechende Schadenshöhenbestimmung vorzunehmen – provoziert.

§ 14 S. 2 VDuG ermöglicht zwar im Hinblick auf eine noch nicht feststehende Anzahl sich anschließender Verbraucher eine „Zahlung eines zu bestimmenden Kollektivbetrags", der im Hinblick auf die Anzahl sich anschließender Verbraucher und die Höhe der jeweiligen Beträge festgelegt werden soll. Ein klarer Hinweis, wie eine solche Bestimmung in diesen Fällen erbracht werden kann, ergibt sich aber nicht unmittelbar. Allenfalls § 15 II S. 2, 3 VDuG lässt erkennen, dass der Bestimmtheit jedenfalls nur dann Genüge getan ist, wenn eine Methode angegeben wird, wie die Höhe zu bestimmen ist. Damit ist aber immer noch nicht gesagt, wie der Verband einen Kollektivbetrag seiner Höhe nach nun angeben soll, sondern allenfalls, wie er dessen Zustandekommen im Rahmen einer Berechnung vornehmen kann.

aa Bestimmtheitsanforderungen, § 5 III VDuG, § 253 ZPO

Man könnte im Hinblick auf § 15 II S. 2, 3 VDuG zwar auf den Gedanken kommen, dass das reine Angeben einer Berechnungsmethode ohne Angabe eines entsprechenden Betrages ausreichen soll.[1207] Im Hinblick auf § 253 II ZPO, der über § 5 III VDuG in diesen miteinbezogen wird, lässt sich diese Annahme aber kaum stützen. Denn Ersterer fordert hinsichtlich eines Zahlungsantrages regelmäßig eine Bezifferung.[1208] Zwar lässt die Rechtsprechung[1209] bei Unzumutbarkeit bzw. Unmöglichkeit und Schätzungsmöglichkeit durch die Gerichte Ausnahmen zu. Dass das Gericht insoweit aber

---

1206 Anders mag dies einmal sein, wenn eine Zahlung direkt an namentlich benannte Verbraucher zu erbringen ist (§ 14 S. 1 VDuG). Das dürfte bei den für § 9 II UWG relevanten Streu- und Massenschäden aber kaum einmal der Fall sein.

1207 In diesem Sinne *Thönissen*, r+s 2023, 749 (750 f.), der anführt, dass sich eine Konkretisierung aus der von der Klageschrift geforderten näheren Umzeichnung der entsprechenden Ansprüche und betroffenen Verbraucher ergibt. Dann ließe sich hierdurch aber ein denkbarer kollektiver Gesamtbetrag bestimmen. Letztlich wird man diesen aufgrund der späten Opt-in-Möglichkeit des Verbrauchers ohnehin nicht sicher festlegen können, § 21 VDuG, der eine Nachforderungsklage normiert, zeigt, dass eine exakte – in der Sache auch nicht mögliche – Bestimmung des Kollektivbetrags auch nicht gefordert wird. Umgekehrtes gilt für § 37 VDuG.

1208 Dazu statt vieler MüKoZPO/*Becker-Eberhard*, 7. Aufl. (2025), § 253 Rn. 95 ff.

1209 Dazu etwa BGHZ NJW 1994, 3221 Rn. 13 ff.; BGH NJW 1967, 1420, 1421.

„besser" schätzen könnte, ist erstens nicht ersichtlich. Zweitens führen diese Ausnahmen auch nicht zu der Möglichkeit komplett unbezifferter Anträge. Sie führen allenfalls dazu, dass unter objektiven Anknüpfungspunkten eine Schätzung nach § 287 ZPO erlaubt ist.[1210] Die rein formelhafte Bestimmungsmöglichkeit dürfte daher nicht genügen.

Auch die Bestimmung eines exakten Betrages im Rahmen einer Stufenklage nach § 254 ZPO, die nach § 13 I VDuG möglich ist, verursacht Folgeprobleme. Denkbar wäre zwar, dass der Verband Auskunftsansprüche gegen den Unternehmer im Hinblick auf die benötigten Daten und denkbar betroffenen Verbraucher verlangt. Mit diesen Daten könnte er dann einen kollektiven Schadensbetrag festlegen, der der Bestimmtheit des Klageantrags genügt. Nimmt man dabei in den Blick, dass die Effektivität und Zügigkeit der Klage gerade Kernziel[1211] der Verbandsklage sind, wird deren Wirkung hierdurch erheblich eingeschränkt.[1212]

Eine weitere Möglichkeit für § 9 II UWG dürfte eine Schadensschätzung des Verbandes im Rahmen des § 287 ZPO unter Angabe objektiver Gesichtspunkte[1213] zur Schätzungsmöglichkeit sein. Das VDuG äußert sich hierzu zwar für den Verband nicht. Es spricht aber jedenfalls in § 19 VDuG davon, dass das Gericht die Höhe des kollektiven Gesamtbetrages unter Würdigung aller Umstände nach freier Überzeugung bestimmen kann und § 287 ZPO entsprechend Anwendung findet. Es ist einem dahingehenden Vorgehen daher nicht verschlossen, sodass eine Übertragung auf die Bestimmtheit des Klageantrags durch Verbände[1214] durchaus möglich erscheint.

Aber auch diese Möglichkeit krankt daran, wie der Verband objektive Maßstäbe liefern soll. Man wird allenfalls sagen können, dass eine irreführende Werbung eine gewisse Breitenwirkung erzeugt hat. Es scheint, beruhend auf dieser, denkbar, dass einige Verbraucher Fahrtkosten aufgenommen haben

---

1210 Etwa BGH NJW 1996, 2425; BGH NJW 1982, 340; dazu auch *Dittmann/Gollnast*, VuR 2023, 135 (139).

1211 RegE, BT-Drs. 20/6520, S. 77 f.

1212 *Dittmann/Gollnast*, VuR 2023, 135 (139).

1213 Diese wird man im Hinblick auf die Ausführungen des Referentenentwurfs fordern müssen, RegE, BT-Drs. 20/6520, S. 83. Nicht zuletzt gebieten das auch ErwGr. 10, 42 der Verbandsklagenrichtlinie, die einen Strafschadensersatz verbieten, der so bei Schätzung „ins Blaue hinein" aber denkbar wäre, dazu auch *Bruns*, Umsetzung der EU-Verbandsklagenrichtlinie in deutsches Recht, E. II. S 107, These Nr. 4.

1214 *Dittmann/Gollnast*, VuR 2023, 135 (139).

oder ein Produkt erworben haben. Wie viele Verbraucher aber letztendlich irregeführt worden sind und hierauf eine geschäftliche Entscheidung getroffen haben, lässt sich durch den Verband kaum festlegen. Das objektive Kriterium, dass es hierauf ankommen wird, hilft für eine etwaige Schätzung nicht weiter. Allenfalls helfen dürften hier wieder Auskunftsansprüche,[1215] für die aber zunächst eine Rechtsgrundlage bestehen müsste.[1216] Aufgrund dieser könnten dann jedenfalls Verkaufszahlen festgelegt werden, die eine ungefähre Schätzung ermöglichen könnten. Für Fahrtkosten lässt sich hier aber kaum eine tatsächliche Schätzung vornehmen. Fälle erkannter Irreführung im Geschäft werden sich durch die Verkaufszahlen aufgrund des fehlenden Kaufs nicht abbilden lassen. Hier wird man allenfalls durch die Verkaufszahlen als Indizien schätzen können, dass eher viele oder wenige Verbraucher ein entsprechendes Geschäft aufgesucht haben. Man wird aber kaum verlässlich schätzen können. Für eine überhaupt bestehende Effektivität wird man gleichwohl fordern müssen, einen Auskunftsanspruch für Verbände zu gewähren. Der Verband kann hierauf beruhend eine grobe Schadensschätzung für die entsprechende Schadenshöhe für Fälle des § 9 II UWG vornehmen. Durch den zunächst zu erfolgenden Auskunftsanspruch wird die Effektivität zwar wiederum eingeschränkt.[1217] Anders lässt sich aber kaum überhaupt eine Schätzung vornehmen. Eine eingeschränkte Effektivität ist dabei besser als die fehlende Möglichkeit der Schadensschätzung überhaupt. Wahrscheinlich ist es daher in jedem Fall, dass die Schätzung zu hoch oder zu niedrig sein wird. Man wird nicht sicher wissen können, wie viele Verbraucher beteiligt sind und welcher Anteil von diesen sich letztendlich im Klageregister anmeldet. Das Problem lässt sich im Ergebnis aber beheben. Über die §§ 21 VDuG, 37 VDuG ist eine Nachforderung oder Rückzahlung an den Unternehmer möglich. Dadurch wird das Verfahren – neben den schon bestehenden Unsicherheiten – noch schwerfälliger.

[1215] Dafür etwa *Dittmann/Gollnast*, VuR 2023, 135 (139), die dies mit dem Effet utile begründen, weil die Verbandsklage sonst an der fehlenden Informationsgrundlage scheitern würde.

[1216] Das VDuG äußert sich hierzu nicht, insoweit besteht jedenfalls Rechtunsicherheit, die Anreize für eine Geltendmachung durch Verbraucherverbände freilich einschränkt; *Dittmann/Gollnast*, VuR 2023, 135 (139) in Fn. 51 für einen denkbaren Anspruch aus § 242 BGB.

[1217] *Dittmann/Gollnast*, VuR 2023, 135 (139).

bb Fehlende Berücksichtigung des Individualanspruchs als Ausschluss aufgrund Friktion

Ein gleichwohl dennoch bestehender Ausschluss der Möglichkeit einer Schadensschätzung für die kollektivrechtliche Geltendmachung von § 9 II UWG könnte sich aus zu starken Friktionen im Hinblick auf die Schadensbestimmung im Rahmen des materiellen Rechts bei den §§ 249 ff. BGB ergeben, die eine streng individuelle Prüfung[1218] fordern. Eine kollektivrechtliche Schadensschätzung vernachlässigt jeweils individuell zu berechnende Schadensbeträge. Es wird ein Kollektivbetrag festgelegt, der im Hinblick auf einen geschätzten Durchschnittsschaden der entsprechend denkbaren (Unter-)Gruppenmitglieder[1219] berechnet wird. Dem lässt sich entgegenhalten, dass dies dem materiellen Recht zuwiderläuft[1220] und zudem auch nicht dem Prinzip der „Totalreparation"[1221] entspricht. Insbesondere eine im Einzelfall divergierend vorzunehmende Schadensbestimmung im Rahmen eines Vorteils- und Bereicherungsausgleichs[1222] wird nicht individuell für den Einzelfall geklärt, sondern es erfolgt eine Schätzung im Rahmen eines Kollektivbetrags, die individuell auftretende Abweichungen nicht in den Blick nimmt.

Das stimmt ohne Weiteres, führt aber zu keinem Ausschluss einer etwaigen Schadensschätzung bei der Verbandsklage. Für Streuschäden bei § 9 II UWG ergibt sich hier schon ein anderes Bild, weil es hier regelmäßig nicht um den Vergleich geht, ob Schäden den §§ 249 ff. BGB entsprechend kompensiert werden oder nicht. Vielmehr stellt sich die Frage, ob diese überhaupt[1223] kompensiert werden, was durch Bündelung und Durchsetzung durch Verbände erleichtert werden kann. Ein pauschalisierter Ersatz kommt insoweit der Durchsetzung des materiellen Rechts im Rahmen der §§ 249 ff. BGB näher als das Fehlen einer Durchsetzung.

Zudem ist ein dahingehendes Vorgehen auch für die übrigen Fälle einer kollektivrechtlichen Geltendmachung generell immanent.[1224] Will man mit

---

1218 Dazu statt einiger auch *Lerch/Valdini*, NJW 2023, 420 (423 f.) m. w. N.

1219 Hierzu *Gsell/Meller-Hannich*, JZ 2022, 421 (427).

1220 Dazu statt einiger hierzu etwa *Thönissen*, Subjektive Privatrechte, S. 564 ff. m. w. N.

1221 Dazu insgesamt auch *Lühmann*, ZIP 2021, 824 (830 f.).

1222 Zu dieser Kritik auch *Lerch/Valdini*, NJW 2023, 420 (423 f.).

1223 Genauer hierzu auch schon die Ausführungen bei der Abtretungslösung durch Inkassodienstleister, Kapitel 3 (S. 240 ff.).

1224 Statt einiger auch *Waßmuth/von Rummel*, ZIP 2023, 1515 (1517 ff.).

der Bündelung ernst machen und das Verfahren durch diese erleichtern, ist es überzeugend, derartige Aspekte zu pauschalieren.[1225] Denn der (mit) maßgebliche Grund für die Schwerfälligkeit ist die Beweiserhebung und Würdigung jedes Einzelfalls,[1226] die durch Kollektivklagen erleichtert werden sollen. Wenig bringt es daher, solche zu implementieren, dann aber weiterhin das Problem der individuellen Berücksichtigung in diese hineinzutragen. Letztlich kommt es hier durch das späte Opt-in des Verbrauchers auch noch zu einem Wahlrecht für diesen, was negative Auswirkungen[1227] im Rahmen des ihm zugewiesenen subjektiven Rechts weiter verringert. Denn dieser kann bis zum Ausgang des Verfahrens, wenn feststeht, ob ihm eine Zahlung zusteht und wie diese pauschaliert berechnet wird, entscheiden, ob er beitreten will und insoweit gebunden wird. Will er den pauschaliert berechenbaren Betrag nicht, steht es ihm offen, der Klage nicht beizutreten und Individualklage zu erheben.[1228]

c Vorgelagerte rationale Apathie durch Anmeldung zum Klageregister

Letztlich wird die Effektivität auch durch eine gleichwohl mögliche rationale Apathie des Verbrauchers weiter geschwächt. Das liegt insbesondere daran, dass die Verbandsklage rechtssicher nur auf Fälle zugeschnitten ist, die praktisch identisch sind. Nach dem Verständnis des Gesetzgebers sind damit für § 9 II UWG regelmäßig jedenfalls Situationen gemeint, in denen eine Vielzahl von Verbrauchern einen Joghurt erwirbt, der weniger Inhalt hat als angegeben, und die Sachverhalte daher nahezu gleich sind. Allenfalls sind nach Gesagtem noch die denkbaren Fahrtkosten ersatzfähig. Hier wird

---

1225 *Gsell/Meller-Hannich*, JZ 2022, 421 (426 ff.) m. w. N.

1226 In diesem Sinne *Gsell/Meller-Hannich*, Gutachten über die Umsetzung der europäischen Richtlinie über Verbandsklagen zum Schutz der Kollektivinteressen der Verbraucher (RL (EU) 2020/1828) in deutsches Recht, S. 31 f., abrufbar unter: https://www.vzbv.de/sites/default/files/downloads/2021/02/03/21-02-04_vzbv_verbandsklagen-rl_gutachten_gsell_meller-hannich.pdf (zuletzt aufgerufen am 12.04.2025).

1227 Zumal der Fall sich auch umgekehrt bilden lässt, dass der Verbraucher aus der Pauschalierung am Ende mehr bekommt, als ihm bei individueller Prüfung zugestanden hätte, was aber freilich aus Sicht des Unternehmers wieder problematisch sein könnte. Das wiederum dürfte aber dadurch abgemildert werden, dass der umgekehrte Fall eben auch eintreten wird und man sich daher jedenfalls im Nahbereich eines auch tatsächlich entstandenen Schadens befinden wird.

1228 Zu dieser Wahlmöglichkeit auch *Gsell/Meller-Hannich*, JZ 2022, 421 (427); *Vollkommer*, MDR 2023, 1349(1353).

der Verbraucher aufgrund der Centbeträge aber regelmäßig kein Interesse an der Durchsetzung haben und entsprechende Nachweise oft auch nicht erbringen können.[1229] Da die Verbraucher sich zudem in das entsprechende Verbandsklagenverfahren hinein optieren[1230] müssen und diese auch insoweit rational apathisch sein können,[1231] erscheint auch hier eine fehlende Anmeldung schon im Ausgangspunkt denkbar. Abgeschwächt wird dies aber jedenfalls dadurch, dass eine Onlineanmeldung[1232] möglich ist. Das wiederum setzt für die Verringerung der der rationalen Apathie zugrunde liegenden Gesichtspunkte die Kenntnis des Verbrauchers[1233] über ein Verfahren voraus.[1234] Umgekehrt ist das Fehlen der rationalen Apathie in den den

---

1229 Zu dem tatsächlichen Problem Kapitel 3 (S. 213); noch verschlimmert wird dies dadurch, dass bei Anmeldung keine inhaltliche Prüfung erfolgt und entsprechende Belege erst ggf. Jahre später zu erbringen sind, diese dann aber oft erst recht nicht mehr verfügbar sein werden, zu diesem Problem auch *Janal*, GRUR 2023, 985 (989); etwas offener *Poelzig*, Normdurchsetzung, S. 387. die durch eine solche – vor dem VDuG – konstatiert, dass die rationale Apathie überwunden wird.

1230 Die Richtlinie lässt insoweit Spielraum, ob ein Mitgliedsstaat eine Opt-in- oder Opt-out-Lösung wählt. Im Hinblick auf rechtliches Gehör und dem Dispositionsgrundsatz erscheint ein Opt-in, anders als bei den amerikanischen class actions, aber sinnvoll, dazu m. w. N. zu den geführten Diskussionen auch *Schuschnigg*, EuZW 2022, 1043 (1045 ff.).

1231 Für die Situation bei unwirksamen Zinsanpassungsklauseln in Sparverträgen etwa auch *Janal*, GRUR 2023, 985 (992); abstrakt für Kollektivmechanismen und deren Nutzung durch Verbraucher auch *Fries*, Verbraucherrechtsdurchsetzung, S. 264. Dieser spricht davon, dass „das rationale Desinteresse die Betroffenen von der Nutzung selbst kollektiver Rechtsschutzmechanismen abhält"; offener aber *Poelzig*, Normdurchsetzung, S. 387 ff. dafür, dass eine Verbandsklage die rationale Apathie des Individualberechtigten beseitigen kann.

1232 Ein entsprechendes Formular findet sich auf der Internetseite des Bundesamtes für Justiz unter „8." aktuell für eine Verbandsklage gegen ExtraEnergie GmbH, dazu https://www.bundesjustizamt.de/DE/Themen/Verbraucherrechte/Verbandsklage-registerMusterfeststellungsklagenregister/Verbandsklagenregister/Verbandsklagen/Klagen/202402/VRUG_2_2024_node.html (zuletzt aufgerufen am 12.04.2025).

1233 Die Verbraucherverbände versuchen dabei insbesondere Verbraucher über das Internet zu erreichen, siehe für eine aktuelle Verbandsklage nur den Aufruf „Klageregister eröffnet: Jetzt mitmachen bei Sammelklage gegen ExtraEnergie", dazu https://www.verbraucherzentrale.de/aktuelle-meldungen/vertraege-reklamation/kundenrechte/klageregister-eroeffnet-jetzt-mitmachen-bei-sammelklage-gegen-extraenergie-90160 (zuletzt aufgerufen am 13.04.2025).

1234 Abstrakt für Kollektivmechanismen und deren Nutzung durch Verbraucher auch *Fries*, Verbraucherrechtsdurchsetzung, S. 264. Dieser spricht davon, dass „das rationale

Dieselkonstellationen vergleichbaren Fällen durchaus denkbar. Denn hier entfallen nach Gesagtem einzelne Aspekte der rationalen Apathie, sodass eine Anmeldung zum Klageregister wahrscheinlicher wäre. Diese Fälle sind nach der Tendenz des Referentenentwurfs nicht und nach derjenigen des finalen Gesetzes aber nur rechtsunsicher umfasst.

d Prozessfinanzierung

Die Möglichkeiten bei der Prozessfinanzierung verschärfen die Zweifel an der Stärkung der neuen Rolle des Verbrauchers bei der kollektiven Durchsetzung des § 9 II UWG. Aufgrund des Finanzierungsdefizits von Verbänden[1235] wird eine Verbandsklage regelmäßig nur dann effektiv sein, wenn diese im Rahmen einer Drittfinanzierung finanzierbar ist. In welchem Umfang dies denkbar erscheint, regelt § 4 II VDuG. Ausgeschlossen ist eine solche in folgenden Fällen: Klage eines Mitbewerbers des beklagten Unternehmers, bei Abhängigkeit vom beklagten Unternehmer oder bei erwarteter Prozessführung zulasten des Verbrauchers. Zuletzt wurde ein weiteres Kriterium eingeführt, das eine Finanzierung dann ausschließt, wenn der vom Verband versprochene Anteil für den Finanzierer mehr als 10 % der vom beklagten Unternehmer zu erbringenden Leistung beträgt.

Das macht die Drittfinanzierung im Hinblick darauf, dass bei kommerzieller Finanzierung Anteile von 20 – 30 % üblich sind, unattraktiv.[1236] Unabhängig davon ist nicht klar, wie die Finanzierung überhaupt vonstattengehen soll.

Desinteresse die Betroffenen von der Nutzung selbst kollektiver Rechtsschutzmechanismen abhält"; offener aber *Poelzig*, Normdurchsetzung, S. 387 ff. dafür, dass eine Verbandsklage die rationale Apathie des Individualberechtigten beseitigen kann.

1235 Dazu statt einiger für die Verbandsklage *Stadler*, in: FS Tonner, S. 113 (126 ff.); diese sind zwar über § 2 I lit.b) VDuG auch unmittelbar finanzierbar, dies aber allenfalls im Rahmen von Zuwendungen i. H. v. 5 % ihrer im Übrigen bestehenden Mittel. Praktische Relevanz für die Effektivität wird hierdurch kaum erreicht, *Waßmuth/von Rummel*, ZIP 2023, 1515 (1521); ebenso *Dittmann/Gollnast*, VuR 2023, 135 (137); eine dahingehende Tendenz zeigt sich beispielsweise auch in den Äußerungen der VZ Hessen, die anführt, dass sie Abhilfeklagen angesichts des Aufwands nur erheben wird, wenn eine hohe Zahl Betroffener für ein Gemeinwohlinteresse spricht, dazu siehe nur *Stadler*, ZZP 2023 (136) 129 (141) Rn. 48.

1236 *Röthemeyer*, VuR 2023, 332 (334 f.) m. w. N.; ebenso *Meller-Hannich*, VersR 2023, 1321 (1327). Insbesondere eröffnet das eine etwaig höhere Attraktivität der Finanzierung von Sammelklagen durch Inkassodienstleister, hierzu Kapitel 3 (S. 230 ff.); dazu auch *Scherer*, VuR 2022, 443 (448 f.); *Janal*, GRUR 2023, 985 (988 ff.).

Denn für Fälle des § 9 II UWG gehen die Schadenssummen ausschließlich an die angemeldeten Verbraucher. Das betont die Begründung selbst[1237] sogar ausdrücklich. Der kollektive Gesamtbetrag bestimmt sich daher nur nach den Verbraucheransprüchen, sodass keine Anhaltspunkte für eine Erhöhung um Drittfinanzierungskosten ersichtlich erscheinen oder die Verbraucheransprüche um diese reduziert werden sollen.[1238] Letzteres wäre im Rahmen eines Vertrages zwischen dem Finanzierer und dem Verband ohnehin ein unzulässiger Vertrag zulasten Dritter.[1239] Das ist überaus misslich, weil so neben dem fehlenden Anreiz auch noch die Gefahr besteht, etwaige Geldsummen überhaupt nicht zu erhalten. Art. 20 III der Verbandsklagerichtlinie hätte diese Möglichkeit durchaus gewährt. Für den zuletzt im Rahmen dieser geschaffenen § 10 VI[1240] UWG n. F. wurde hierauf sogar zurückgegriffen. Dass nun im Lauterkeitsrecht Kollektivklagen nach § 10 UWG zugunsten des Bundeshaushalts bei auch für § 9 II UWG relevanten unlauteren Handlungen finanziert werden können, für Verbraucher selbst im Rahmen des § 9 II UWG aber nicht, macht keinen Sinn. Es kann sich ja sogar um identische Situationen handeln, bei denen dann wertungsmäßig die Aufstockung des Bundeshaushalts mehr Schutz durch denkbare Finanzierungsmöglichkeiten erfährt als die Verbraucher.

Allenfalls nachdenken könnte man darüber, diese der unterliegenden Partei i. R. d. § 91 ZPO aufzuerlegen. Das geht freilich mit einer verstärkten Belastung von Unternehmer einher.[1241] Im Hinblick auf die mögliche

---

1237 BT-Drs. 20/7631, S. 110: „Ungeachtet der Anpassung dürfen Leistungen des Unternehmers im Falle eines streitigen Urteils über eine Abhilfeklage von vornherein nur an berechtigte angemeldete Verbraucher gehen."

1238 Dazu ebenso *Stadler*, ZZP 2023 (136) 129 (147 f.); letzteres wäre im Hinblick auf Art. 11a UGP-RL auch wenig sinnvoll, zumal der denkbare Vorteil im Hinblick auf Sammelklagen durch Inkassodienstleister dann auch entfallen würde, weil insoweit die Schadenhöhe doch zulasten des Verbrauchers – über diese ohnehin schon bei der Pauschalierung bestehende Gefahr – modifiziert wird; etwas offener aber *Röthemeyer*, VuR 2023, 332 (334 f.), der eine interne Teilabführungsvereinbarung zwischen Verbraucher und Verband für möglich hält, diese aber jedenfalls nicht zur Bedingung eines Beitritts gemacht werden kann und damit faktisch ineffektiv ist.

1239 Ebenso *Schläfke/Lühmann*, NJW 2023, 3385 (3386).

1240 Zu diesem und den denkbaren Änderungen und Risiken zuletzt, *Albrecht*, GWR 2023, 193 (193 ff.).

1241 Dazu *Stadler*, ZZP 2023 (136), 129 (148), was nach hiesigem Dafürhalten aber nicht zwingend negativ sein muss, weil gerade im Hinblick auf die Zielrichtung des § 9

Höhe der versprochenen Anteile für Finanzier – gerade im Vergleich zu den konkurrierenden Legal-Tech-Anbietern – wird die Unattraktivität aber kaum beseitigt. Die rechtsunsichere Lösung wäre selbst bei Bejahung daher wenig sinnvoll im Hinblick auf eine Effektivität.

4 Abschließende Beurteilung für Einfluss auf Rolle

Letztlich wird die Verbandsklage nach hiesigem Dafürhalten wenig Einfluss[1242] auf die Rolle des Verbrauchers im Lauterkeitsrecht haben. Zwar wird man eine Durchsetzung des § 9 II UWG durch das VDuG nicht schon im Ausgangspunkt ablehnen dürfen. Das Zusammenspiel von § 9 II UWG mit den Voraussetzungen der Verbandsklage würde das zwar nahelegen. Hier helfen aber die beim Individualverfahren erörterten möglichen Beweiserleichterungen.

Das ändert aber nichts daran, dass der Verbraucher durch das VDuG kaum (mehr) Verteidiger seines subjektiven Privatrechts und Funktionär der Lauterkeit des Marktes wird. Es handelt sich zwar abstrakt gesehen nach wie vor um die Rolle des Verbrauchers, weil der Verband nach Gesagtem nur als *„verlängerter Arm“* des Verbrauchers tätig wird. Die Ausgestaltung des Verfahrens dürfte aber dazu führen, dass Ansprüche aus § 9 II UWG kaum durch das VDuG durchgesetzt werden.

Das resultiert aus Problemen bei der Bestimmung der „Gleichartigkeit“, der Schadensschätzung, der gleichwohl bestehenden rationalen Apathie und der mangelnden Prozessfinanzierungsmöglichkeit. Die Gleichartigkeit ist unbestimmt eng. Die Schadensschätzung lässt sich kaum vornehmen. Allenfalls Auskunftsansprüche helfen bei der Bestimmung. Diese schmälern die Effektivität des Verfahrens aber. Zudem helfen sie für die Anlockfälle kaum. Das Verfahren wird dadurch insgesamt schwerfällig. Das erhöht wiederum die rationale Apathie des Verbrauchers. Da die Finanzierungsmöglichkeiten schlecht sind und darüber hinaus unklar ist, woraus finanziert werden soll, ergeben sich weitere Defizite.

II UWG im Rahmen seiner regulatorischen Wirkung die Präventionswirkung des Präventionszwecks verstärkt wird.

1242 Positiver aber *Havlik*, Täuschung und Irreführung, S. 402 f., der im Kontext seiner Untersuchung zu § 9 II UWG davon spricht, dass der große Durchbruch für den Verbraucher durch die Verbandsklage kommen dürfte.

Bei Streuschäden wird es daher eher dabei bleiben, dass diese aufgrund der Schwachstellen des VDuG nicht oder allenfalls durch die genannte Abtretung an Inkassodienstleister[1243] durchgesetzt werden.

Für denkbare Massenschäden mit hohen Summen wird es nach gesetzgeberischer Tendenz denkbar an der „Gleichartigkeit" fehlen. Jedenfalls ist diese sehr rechtsunsicher, was Verbände im Hinblick auf eine Klageerhebung abschrecken könnte.

Letztlich kommt es durch das VDuG für Ansprüche aus § 9 II UWG zu der Situation, dass Ansprüche durchsetzbar sind, zu denen der Verbraucher sich kaum anmelden wird[1244] (Streuschäden), und solche nicht (rechtssicher) durchsetzbar sind, zu denen er sich eher anmelden würde (Massenschäden wie die in den Dieselkonstellationen).

E Rollenbegrenzung durch Verteidigung gegen missbräuchliche und unberechtigte Ansprüche

Die Rolle des Verbrauchers sollte dort begrenzt werden, wo Ansprüche missbräuchlich oder unberechtigt geltend gemacht werden.[1245] Nach Gesagtem verhält sich die Gesetzesbegründung zwar zu pauschal,[1246] wenn sie deren Geltendmachung über eine „Klageindustrie"[1247] als unerwünschte Folge des § 9 II UWG bezeichnet. Für berechtigte Ansprüche kann dies keine Geltung

---

1243 Eine ähnliche Tendenz hat *Scherer*, VuR 2022, 443 (443 ff.). Sie sieht die Mehrstufigkeit des Verfahrens mit anschließendem Nachweis der Berechtigung als Hürde für die rationale Apathie und geht davon aus, dass etwaige Anlockfälle eher durch Legal-Tech-Anbieter im Rahmen des § 260 ZPO durchgesetzt werden als durch das VDuG.

1244 Hier erscheint das Vorgehen von Legal-Tech-Anbietern praktikabler und einfacher als ein mehrstufiges unerprobtes Verfahren, bei dem neben den Finanzierungsdefiziten schon die Zulässigkeitsvoraussetzungen eine Reihe von Problemen aufwerfen, dazu im Ergebnis auch *Scherer*, VuR 2022, 443 (448 f.); *Janal*, GRUR 2023, 985 (992); *Dittmann/Gollnast*, VuR 2023, 135 (138).

1245 Dazu im Einzelnen im Hinblick auf das damals vorgebrachte Argument der Klageindustrie Kapitel 1 (S. 23). Gleiches Argument wurde für § 9 II UWG auch bemüht, Kapitel 3 (S. 205 f.).

1246 Dazu auch Kapitel 3 (S. 205 f.).

1247 BT-Drs. 19/27873, S. 59; dazu auch *Kalbfus/Uhlenhut/Feilke*, CCZ 2022, 99, (106); das Argument ist im Übrigen kein neues, sondern wurde schon damals immer wieder im Hinblick auf die Einführung eines Verbraucherindividualanspruchs im Lauterkeitsrecht diskutiert, dazu etwa *Poelzig*, Normdurchsetzung S. 108; diese Gefahr für

beanspruchen. Denn es macht wenig Sinn, auf der einen Seite Rechtspositionen zu gewähren, auf der anderen Seite aber deren Durchsetzung als wenig wünschenswert zu beurteilen. Wenn man das Schutzniveau der Verhaltensnormen nicht will, muss man das materielle Recht[1248] und damit § 9 II UWG modifizieren.

Die Intention des Gesetzgebers, eine vielfache Geltendmachung zu vermeiden und so die Rolle zu begrenzen, kann daher nicht in Gänze überzeugen. Für unberechtigte und missbräuchliche Ansprüche überzeugt sie nach Gesagtem[1249] aber. Letztere werden dann vorliegen, wenn das Ziel der Rechtsdurchsetzung nicht die Durchsetzung des materiellen Rechts ist, sondern Hauptzweck die eigene finanzielle Bereicherung ist.[1250] (Rein) unberechtigt werden sie dann sein, wenn der Verbraucher von dem Vorliegen eines Anspruchs ausgeht, dieser aber nicht gegeben ist.[1251]

Vorgelagert ist in den Blick zu nehmen, dass es eine Begrenzung dann nicht braucht, wenn eine Gewährung ausscheidet. Bei Streuschäden im Individualverfahren ist eine solche Gefahr kaum gegeben. Ein Rollenbegrenzungserfordernis wird dort meistens nicht erforderlich sein, weil der Verbraucher oft schon keine Rolle einnimmt. Wahrscheinlicher wird eine Durchsetzung aber dann für bestehende Kollektivmechanismen, z. B. bei gebündelter treuhänderischer Abtretung an Inkassodienstleister. Hier ist eine Rollenbegrenzungsmöglichkeit im Hinblick auf missbräuchliche und unberechtigte Ansprüche auszuloten. Bei den genannten Massenschadensfällen mit höheren Beträgen erscheint dies generell angezeigt. Insbesondere auch hier werben LegalTech-Anbieter mit dem Ersatz hoher Schadenssummen,[1252] die zur Geltendmachung unberechtigter oder

---

ein etwaiges Vertragsauflösungsrecht sehend *Köhler*, GRUR 2003, 265, (271); BT-Drs. 15/1487, S. 22.

1248 Statt einiger *Poelzig*, Normdurchsetzung, S. 108.

1249 Kapitel 1 (S. 23).

1250 Ähnlich *Koch/Zekoll*, ZEuP 2010, 107 (125), die das Ziel in einer prozesszweckwidrigen Belastung des Gerichts, der Prozessverschleppung und der Schikanierung des Gegners zur eigenen finanziellen Bereicherung ausnutzen wollen. Dazu auch *Bernhard*, Kartellrechtlicher Individualschutz, S. 207.

1251 Zu dieser Frage allgemein etwa *Hofmann*, ZfPW 2018, 152 (152 ff.) m. w. N.

1252 Dazu auch die Mitteilung in beck-aktuell im Hinblick auf Aussagen wie „bis zu 10.000 € Schadensersatz" oder „sehr gute Erfolgsaussichten": Heute im Recht, abrufbar unter: https://rsw.beck.de/aktuell/daily/meldung/detail/

missbräuchlicher Ansprüche anregen können.[1253] Nimmt man in den Blick, dass jüngst erneut[1254] das Problem einer „Abmahnindustrie“ in Angriff genommen wurde und daher Vorschriften[1255] zur Bekämpfung des Abmahnmissbrauchs geschaffen wurden,[1256] gilt dies umso mehr. Schade wäre es andernfalls, wenn man auf der einen Seite gegen die Geltendmachung missbräuchlicher und unberechtigter Ansprüche kämpft, diese auf der anderen Seite aber ohne Verteidigungsmöglichkeiten hingenommen werden müssten.

I Antizipierte Verteidigung durch Abmahnung und Unterlassungsansprüche gegen Legal-Tech-Anbieter

Denkbar wäre zunächst eine antizipierte Verteidigungsmöglichkeit. Das könnte durch eine Abmahnung von Legal-Tech-Anbietern[1257] geschehen. So könnte man Aussagen wie „bis zu 10.000 € Schadensersatz“[1258] und Ähnliches[1259] lauterkeitsrechtlich verfolgen.[1260] Damit würde verhindert, dass Verbraucher auch zur Geltendmachung unberechtigter oder missbräuchlicher Ansprüche angeregt werden.

ueber-25.000-diesel-einzelklagen-gegen-vw-mit-vergleich-beendet (zuletzt aufgerufen am: 13.04.2025).

[1253] Ebenso die Mitteilung in beck-aktuell für das Manipulieren von Kaufzeitpunkten der Kläger, https://rsw.beck.de/aktuell/daily/meldung/detail/ueber-25.000-diesel-einzelklagen-gegen-vw-mit-vergleich-beendet (zuletzt aufgerufen am: 13.04.2025).

[1254] Dies z. B. auch schon durch die UWG-Novelle im Jahre 1994, BGBl. I 1994, S. 1738.

[1255] BGBl. I 2020, S. 2568.

[1256] Dazu ausführlich statt einiger *Fritzsche*, WRP 2020, 1367 (1367 ff.).

[1257] Zu der Chance, aber insoweit auch bestehenden Gefahr der Durchsetzung von Ansprüchen aus § 9 II UWG durch dieselben siehe Kapitel 3 (S. 233 ff.).

[1258] Dazu auch die Mitteilung in beck-aktuell: Heute im Recht, abrufbar unter: https://rsw.beck.de/aktuell/daily/meldung/detail/ueber-25.000-diesel-einzelklagen-gegen-vw-mit-vergleich-beendet (zuletzt aufgerufen am: 14.04.2025).

[1259] Ein weiteres Beispiel wären irreführende Aussagen von „abfindungsheld.de“, die entsprechend geworben hatten, dazu LG Bielefeld, Urt. v. 12.12.2017 -- Az.: 15 O 67/17.

[1260] Offener allgemein zu dieser Thematik aber MüKoBGB/*Kieninger*, 9. Aufl. (2022), § 398 Rn. 56, der einen Missbrauch und damit generell ein Problem für denkbar hält, ihn in diesen Situationen der unkomplizierten und kostengünstigen Eintreibung aber billigt. Für unberechtigte Ansprüche, die insoweit freilich in der Gesamtschau weniger Unwert aufweisen, müsste dies erst recht gelten.

Damit verbunden ist aber das Problem, dass sich derartige Aussagen nicht nur an Verbraucher richten, die solche Ansprüche unberechtigt oder missbräuchlich geltend machen wollen. Vielmehr richten sich diese auch an Verbraucher, die berechtigte Ansprüche geltend machen. Würde man ein solches Anwerben von Verbrauchern generell verbieten, würde man auch diejenigen Verbraucher nicht mehr ansprechen, die entsprechende Rechte haben, denen so berechtigterweise zur Durchsetzung verholfen würde. Es muss daher möglich sein, Verbraucher anzuwerben und sie auf ihre Rechte hinzuweisen. Gleichwohl muss eine Grenze dort gezogen werden, wo das Anwerben von Verbrauchern, die entsprechende Ansprüche nicht haben, provoziert wird. Das wird regelmäßig dann der Fall sein, wenn mit unrealistischen Chancen geworben oder erklärt wird, dass ein Obsiegen bei Abtretung praktisch schon sicher ist. Starre Grenzen lassen sich hier zugegebenermaßen nicht festlegen. Vielmehr muss das Verhalten von etwaigen Anbietern bei entsprechender Werbung auf eine Verbraucherprovokation hin untersucht werden. Das wird z. B. in oben genannten Beispielen gegeben sein. In diesem Rahmen kann man der Geltendmachung missbräuchlicher und unberechtigter Ansprüche schon antizipiert begegnen, bevor diese überhaupt geltend gemacht werden. Sollte das nicht fruchten, wären Unterlassungsansprüche denkbar. Diese könnten eine weitere Verbraucherprovokation unterbinden und dürften dann vorrangig durch Verbraucherverbände[1261] durchgesetzt werden. Für eine Vermeidung der unberechtigten Geltendmachung, auch[1262] zum Schutz der potenziell in Anspruch zu nehmenden Unternehmer, muss ein entsprechender Verstoß aber überhaupt entdeckt und seine Verfolgung finanzierbar[1263] sein. Auch hierdurch sind im Hinblick auf einen dahingehenden Schutz Einschränkungen[1264] verbunden, die durch eine Prozessfinanzierung korrigiert

---

1261 Der Inkassodienstleister wird regelmäßig in keinem „konkreten Wettbewerbsverhältnis“ zu dem Unternehmer stehen. Ist dies im Einzelfall doch so, ist eine Aktivlegitimation des Mitbewerbers auch zu bejahen.

1262 Vorrangig wird es darum gehen, dass Verbraucher nicht irregeführt werden. Der Unternehmerschutz wird damit aber mitverwirklicht.

1263 Zu etwaig bestehenden Finanzierungsdefiziten siehe schon Kapitel 1 (S. 20 f.); Kapitel 3 (S. 251 ff.).

1264 Zu einem Umgang im Hinblick auf die Finanzierung von Verbraucherverbänden auch Kapitel 4 (S. 306 ff.).

werden sollten.[1265] Für durch Prozessfinanzierer unterstützte Klagen lässt sich zudem noch eine weitere Möglichkeit im Hinblick auf die Vermeidung der Geltendmachung unberechtigter Ansprüche erkennen. Diese haben freilich ein großes Interesse daran, dass die von ihnen finanzierten Verfahren auch Erfolg haben. Sie werden die Ansprüche und deren Erfolgsaussichten daher regelmäßig einer Prüfung unterziehen.[1266]

II Verteidigungsmöglichkeiten gegen missbräuchliche Ansprüche

Ansonsten bleibt den Unternehmern bei außergerichtlicher oder gerichtlicher Geltendmachung missbräuchlicher Ansprüche noch ein Anspruch aus § 826 BGB[1267] für etwaige Rechtsverteidigungskosten oder Schadensersatzansprüche. Der BGH fordert dabei insbesondere auch, „dass die einen Prozess einleitende, betreibende oder sich in ihm verteidigende Partei die fehlende Berechtigung ihres Begehrens kennt“[1268] und „besondere Umstände“[1269] vorliegen, die das Vorgehen als sittenwidrig prägen. Solche „Umstände“ können sich etwa aus der Art und Weise der Prozesseinleitung oder -durchführung ergeben. Damit werden aber im Hinblick auf den Nachweis sittenwidriger Verhaltensweisen nur engste Fälle[1270] umfasst sein.

III Verteidigungsmöglichkeiten gegen unberechtigte Ansprüche

Im Übrigen stellt sich die Frage, ob der Unternehmer sich auch gegen rein unberechtigte Ansprüche wehren können wird, die zu einer Rollenbegrenzung des § 9 II UWG über Verteidigungsmöglichkeiten führen könnte.

1265 Dazu Kapitel 4 für die Finanzierung der Verbandsklage (S. 306 ff.). Das Problem der Finanzierung ist ein allgemeines.

1266 Dazu statt vieler *Koch*, WuW 2013, 1059 (1070).

1267 Dazu verallgemeinerungsfähig etwa *Bernhard*, Kartellrechtlicher Individualschutz, S. 216 f.

1268 Etwa BGH NJW 2004, 446, 447.

1269 BGH NJW 2004, 446, 447.

1270 Etwa BGH GRUR 2007, 1458 Rn. 12, 23; in diese Richtung auch *Hösl*, Kostenerstattung, S. 133 ff., 136 für die Verteidigung gegen unberechtigte Ansprüche; im Hinblick auf die Marktfunktion von § 826, die hier auch gegeben ist, ähnlich *Franck*, Marktordnung durch Haftung, S. 341 bezüglich der hohen Vorsatzhürde und Probleme bei der Schadensfeststellung; offener aber *Bergmann*, AcP 211 (2011), S. 803, 830.

1 Das Spannungsfeld

Ausgangspunkt ist dabei die Rechtsprechung des BGH im Hinblick auf die außergerichtliche und gerichtliche Anspruchsberühmung.

a „Recht auf Irrtum" bei gerichtlicher Geltendmachung nach BGH

Klar ist die Linie des BGH bei gerichtlicher Geltendmachung. Hier stützt er sich in ständiger Rechtsprechung auf das „Verfahrensprivileg",[1271] das dem Rechtsberühmer ein Recht auf Irrtum zugesteht. Die fahrlässige Fehleinschätzung der Rechtslage lässt daher weder vertragliche noch deliktische Ansprüche entstehen. Auch der vermeintliche „Anspruchsgegner" soll nicht schutzwürdig sein,[1272] weil er durch das gerichtliche Verfahren hinreichend geschützt wäre. Insbesondere soll hierdurch der verfassungsrechtlich über Art. 19 IV GG garantierte Justizgewährungsanspruch gewährleistet werden.[1273]

b Unklarheit bei außergerichtlicher Geltendmachung unberechtigter Ansprüche

Weniger klar ist die Situation bei außergerichtlicher Rechtsberühmung. Hinter der Frage steckt im Kern das Erfordernis der sachgerechten Auflösung des folgenden Spannungsfeldes:

Auf der einen Seite hat der Verbraucher Interesse daran, denkbar bestehende Ansprüche aus § 9 II UWG ohne weitreichende Folgen geltend zu machen. Muss er aber jedes Mal fürchten, sich bei fehlerhafter Beurteilung Gegenansprüchen ausgesetzt zu sehen, besteht die Gefahr, dass er auch berechtigte Ansprüche nicht mehr durchsetzt. Nur so kann er sicher sein, dass er nicht haftet.[1274] Eine dahingehende Einschränkung würde über die rein unberechtigten Ansprüche hinaus daher auch auf berechtigte Ansprüche ausstrahlen. Das wiederum konfligiert mit Art. 11a UGP-RL, der für § 9 II UWG auf unionsrechtlicher Ebene das Vorhandensein „wirksamer" Ansprüche fordert. Ebenso gewichtig ist aber freilich das Interesse des Unternehmers, nicht

---

[1271] Siehe nur exemplarisch BGH NJW 2008, 1147 Rn. 13, BGH NJW- RR 2005, 315, 316.

[1272] Siehe nur exemplarisch BGH NJW 2008, 1147 Rn. 13, BGH NJW- RR 2005, 315, 316.

[1273] Zu dieser Rechtsprechungslinie statt einiger *Hofmann*, ZfPW 2018, 152 (155 ff.) m. w. N.

[1274] Dazu auch generell *Thole*, AcP 209 (2009), S. 498, 525 m. w. N., wenn er von einem „erlaubten Risiko" spricht.

ohne Weiteres grundlos in Anspruch genommen zu werden.[1275] Ansonsten muss er gegebenenfalls Dispositionen treffen, auf denen er „sitzen“ bleibt.

Das Spannungsfeld bedarf einer Auflösung, die beide Interessen in den Blick nimmt.

2 Behandlung in Rechtsprechung

Die Rechtsprechung nimmt einen Ausgleich der widerstreitenden Interessen kaum vor, wenn sie Folgendes konstatiert:

So spricht der BGH nach Gesagtem[1276] davon, dass es im Grundsatz dem „allgemeinen Lebensrisiko“[1277] entspricht, mit unberechtigten Ansprüchen konfrontiert zu werden. Ausnahmen gelten bei besonderer Schutzwürdigkeit oder der Einschlägigkeit einer entsprechenden Haftungsnorm.[1278] Letztere nimmt er in einem späteren Urteil – ohne dass sich hierdurch ein verallgemeinerungsfähiges Bild ergibt – für Fälle des unberechtigten Nacherfüllungsverlangens bei den §§ 280 I, 241 II BGB an. Dabei sei die Rechtsberühmung als solche eine Pflichtverletzung.[1279] Für den Verbraucher bestehe gleichwohl ein weiter Spielraum: Er habe zu prüfen, ob der etwaige Mangel nicht seiner Sphäre entstammt. Er muss eine Evidenzkontrolle[1280] vornehmen. Kommt er dieser nach, haftet er nicht. Der BGH sieht deshalb die Auflösung des Spannungsfeldes wohl auf der Ebene des Vertretenmüssens[1281] verortet. Anders soll dies aber bei einem unberechtigten Rücktrittsverlangen sein. Hier bezeichnet er die Rechtsberühmung als solche noch nicht als Pflichtverletzung. Vielmehr bedarf es einer „darüber hinausgehenden“ Pflichtverletzung.[1282]

[1275] Dazu auch *Seidl*, Anspruchsberühmung, S. 144.

[1276] Siehe hierzu im Einzelnen schon die Ausführungen in Kapitel 2 (S. 102 ff.) bezüglich der Problematik der Schutzlücke bei einem Identitätsdiebstahl und dadurch entstandenen Rechtsverfolgungskosten.

[1277] BGH NJW 2007, 1458 Rn. 19.

[1278] BGH NJW 2007, 1458 Rn. 19.

[1279] BGH NJW 2009, 1262 Rn. 17.

[1280] Etwa BGH NJW 2009, 1262 Rn. 20; dazu auch *Kaiser*, NJW 2008, 1709 (1712). Das verwundert, da die Rechtsprechung auch schon deutlich strengere Tendenzen aufwies und eine Fahrlässigkeitshaftung schnell bejahte, dazu *Thole* AcP 209 (2009), S.498, 520 m. w. N.

[1281] BGH NJW 2009, 1262 Rn. 20 ff.

[1282] Etwa BGH NJW 2009, 238 Rn. 16.

Unterschiedlich beurteilt er dies zudem bei Dauerschuldverhältnissen.[1283] Es ergibt sich daher keine klare Linie. Für das Deliktsrecht erkennt er § 826 BGB an, der aufgrund des Vorsatzerfordernisses nur in absoluten Ausnahmekonstellationen greift.[1284] Für das Immaterialgüterrecht greifen als Ausnahme die Grundsätze der unberechtigten Schutzrechtsverwarnung, die nach umstrittener,[1285] aber gefestigter BGH-Rechtsprechung eine Haftung aus § 823 I BGB ermöglichen.[1286]

3 Tendenzbestimmung für Verteidigung gegen Anspruchsberühmung

Die Rechtsprechung ergibt daher kein einheitliches Bild.[1287] So wird schon im vertraglichen Bereich nicht recht klar, ob das Spannungsfeld auf Ebene der Pflichtverletzung oder des Vertretenmüssens zu lösen ist. Es ergibt sich auch nicht, ob eine Anspruchsberechtigung außerhalb bestehender Schuldverhältnisse[1288] vorliegen kann. Man wird der Rechtsprechung daher allenfalls die Tendenz entnehmen können, dass das oben genannte Spannungsfeld in der Regel einseitig zulasten des zu Unrecht in Anspruch Genommenen aufgelöst wird, wenn man den Ausgangspunkt weiterhin in dem Grundsatzurteil des im Übrigen bestehenden „allgemeinen Lebensrisikos" sieht.

4 Sachgerechter Ausgleich des Spannungsfeldes bei § 9 II UWG

Letztlich wird man bei absoluter Gewährung oder Nichtgewährung entsprechender denkbarer Ansprüche immer zu einem wenig sachgerechten Ausgleich des Spannungsfeldes kommen.

Sinnvollerweise sollten im Rahmen des § 9 II UWG dann Gegenansprüche denkbar sein, wenn die Interessen im Ausgleich des Spannungsfeldes zugunsten des Unternehmers ausschlagen. Unterschieden werden soll insbesondere

---

1283 Dazu insgesamt auch *Hofmann*, ZfPW 2018, 152 (159) m. w. N.

1284 Etwa BGH GRUR 2007, 1458 Rn. 12, 23.

1285 Dazu im Einzelnen *Sack*, Unbegründete Schutzrechtsverwarnungen, S. 21 m. w. N.

1286 Dazu statt aller *Sack*, Unbegründete Schutzrechtsverwarnungen, S. 21 ff.

1287 Ebenso *Hofmann*, ZfPW 2018, 152 (162).

1288 Gesprochen wird neben dem Vorhandensein einer entsprechenden Haftungsnorm eben auch von der Haftung bei besonderer Schutzwürdigkeit der anderen Partei im Einzelfall, dazu BGH GRUR 2007, 1458 Rn. 18 ff.

die Frage denkbarer Schadensersatzansprüche und Kosten für die anwaltliche Verteidigung.

a Für Schadensersatzansprüche

Erstere Unterscheidung resultiert aus dem Umstand, dass die Rechtsberühmung als solche nicht als unzulässig beurteilt werden sollte. Fälle der Rechtsberühmung als Vorbilder gibt es in einzelnen Spezialgesetzen, so etwa § 13 V UWG oder § 97a IV UrhG. Beide Normen gewähren aber durch die Berühmung selbst allenfalls den Ersatz von Rechtsverteidigungskosten, erlauben aber noch keinen Schadensersatzanspruch. Diese Wertung erscheint ohne Weiteres übertragbar und sachgerecht. Denn letztlich ist es einem Rechtsstreit immanent, dass die jeweilige Partei ihre Interessen geltend macht. Ein „Kampf ums Recht" sollte daher im Grundsatz zulässig sein.[1289] Insbesondere ist der Anspruchsdurchsetzung bei § 9 II UWG durch die Neuheit der Norm eine gewisse Rechtsunsicherheit im Hinblick auf die „Berechtigung" immanent. Die Verhaltensnormen und die Anspruchsgrundlage aus § 9 II UWG sind auslegungsbedürftig. Die amtsgerichtliche Zuständigkeit erschwert nach Gesagtem[1290] die Rechtsfindung weiter. Da Art. 11a UGP-RL „wirksame" Ansprüche fordert und ein dahingehendes Risiko bei bestehender Unsicherheit unvermeidlich ist, schlägt die Beurteilung der Anspruchsberühmung als solcher im Ausgangspunkt zugunsten des Verbrauchers in diesen Fällen aus. Ein Schadensersatzanspruch muss daher als Verteidigung gegen unberechtigte Ansprüche aus § 9 II UWG regelmäßig ausscheiden. Zwar erscheint ein solcher bei der Verletzung von entsprechenden Sorgfaltspflichten schon denkbar. Ein solcher soll dann bejaht werden, wenn der Verbraucher „situative Sorgfaltspflichten"[1291] oder im Terminus des

---

[1289] Dazu auch *Sutschet*, JZ 2008, 637 (639); ebenso *Hofmann*, ZfPW 2018, 152 (167).

[1290] Kapitel 3 (S. 221).

[1291] Zu diesem Begriff etwa *Thole*, AcP 209 (2009), S. 498, 526 ff., 529 ff. m. w. N.; er fordert ein flexibles Instrumentarium, das je nach erwartbarem Schadensumfang ein höheres oder geringeres Maß an Sorgfaltserwartungen stellt. Befindet sich eine etwaig mangelhafte Sache in der Sphäre des Verbrauchers, muss er auf Offensichtlichkeit hin prüfen, ob diese bei Gefahrenübergang schon mangelhaft war. Kann der Verbraucher sich beispielsweise aber nicht mehr an die Werbung erinnern, wird man ein Nachfragen im Hinblick auf deren Inhalt beim entsprechenden Unternehmer im Rahmen einer Evidenzkontrolle erwarten dürfen. Er ist insoweit der „cheapest cost avoider". Nimmt er eine solche nicht vor, liegt eine Pflichtverletzung

Deliktsrechts „Verkehrspflichten“[1292] verletzt. Es kommt damit darauf an, ob der Verbraucher bei Anwendung der im Verkehr erforderlichen Sorgfalt die etwaige Einschlägigkeit einer zu bestimmenden Pflichtverletzung erkennen konnte und diese hätte vermeiden können.[1293] Im Hinblick auf Art. 11a UGP-RL, dass die „Wirksamkeit“ des Anspruchs auch bei berechtigten Ansprüchen leidet, wird man hier in unionsrechtskonformer Auslegung aber sehr enge Grenzen ziehen müssen.

b Für Rechtsverfolgungskosten

Mit der Wertung der genannten Spezialgesetze (§ 13 V UWG, § 97 UrhG) ist auch die zweite Überlegung, Rechtsverfolgungskosten bei schon fahrlässiger Rechtsberühmung ersatzfähig zu stellen,[1294] verbunden. So ließe sich ein Ausgleich auf Rechtsfolgenseite schaffen. Zwar soll der Kampf ums Recht nach Gesagtem zulässig sein. Das Spannungsfeld verschiebt sich bei fahrlässiger Rechtsberühmung aber leicht zulasten des Verbrauchers.

c Zwischenergebnis zur Auflösung des Spannungsfeldes

Letztlich wird so das Gebot der „Waffengleichheit“ gewahrt, indem beide Interessen berücksichtigt werden. Ebenso wird ein Widerspruch zu den § 280 I, II, 286 BGB[1295] und jetzt auch § 9 II UWG[1296] im Hinblick auf Rechtsanwaltskosten bei unberechtigter Aufforderung der Zahlung vermieden. Auch dort handelt es sich schlicht um Rechts- bzw. Tatsachenirrtümer, die unter den

---

vor, im Rahmen derer er sich schadensersatzpflichtig machen könnte; ebenso *Seidl*, Anspruchsberühmung, S. 147.

1292 *Hofmann*, ZfPW 2018, 152 (169).

1293 Statt einiger *Thole*, AcP 209 (2009), S. 498, 529 ff. m. w. N. Der Maßstab ist denkbar unbestimmt, lässt sich aber kaum abstrakt konkretisieren. Denn je nach Intensität, Dauer des Schuldverhältnisses, Kenntnisse der Parteien verschiebt sich der Maßstab der Sorgfaltsanforderungen, insoweit auch *Thole*, AcP 209 (2009), S. 498, 532; ebenso *Seidl*, Anspruchsberühmung, S. 149 ff. mit denkbaren Fällen und Tendenzen.

1294 Für einen Ausgleich auf Rechtsfolgenebene auch *Hofmann*, ZfPW 2018, 152 (171).

1295 In diesem Sinne auch *Thole*, AcP 209 (2009), S. 498, 519, 522.

1296 Dazu siehe Kapitel 2 (S. 102 ff.). Insoweit kann der Verbraucher seine Rechtsanwaltskosten ersetzt verlangen und damit im umgekehrten Fall gegen die Rechtsberühmung außergerichtlich vorgehen.

Voraussetzungen der genannten Normen den Ersatz der außergerichtlichen Rechtsverteidigungskosten umfassen.[1297]

5 Denkbare Anspruchsgrundlagen für Ersatz der Verteidigungskosten gegen Ansprüche aus § 9 II UWG

Hat man nun herausgearbeitet, dass Verteidigungsmöglichkeiten als Rollenbegrenzung bestehen sollen, stellt sich die Frage, worauf man diese stützen kann.

a §§ 280 I, 241 II BGB

Für Fälle, in denen der Unternehmer einen Vertrag mit dem Verbraucher geschlossen hat, können Schäden und Rechtsverfolgungskosten über die §§ 280 I, 241 II BGB ersatzfähig sein.

Dies etwa dann, wenn der Verbraucher unberechtigt eine Vertragsaufhebung[1298] nach § 9 II UWG bei nicht bestehender Irreführung verlangt. Nimmt der Unternehmer daraufhin außergerichtliche Rechtsanwaltskosten auf sich oder entstehen ihm Schäden, kann er diese unter den genannten Voraussetzungen ersetzt verlangen. Nicht überzeugend ist die auf § 9 II UWG übertragbare[1299] Äußerung des BGH[1300] und Teilen der Literatur,[1301] dass jede unwirksame Ausübung eines Gestaltungsrechts – und damit die

---

[1297] Offener aber *Bergmann*, AcP 211 (2011), S. 803, 842 f., der dieses Ungleichgewicht zwar sieht, es indessen für weniger bedenklich als viele sieht, weil es einmal um die Nichtleistung als Verletzung eines schuldrechtlich zugewiesenen Rechts geht und einmal um die Rechtsberühmung, die nach seinem Dafürhalten die Güterzuordnung noch gar nicht tangiert, sondern allenfalls Rücksichtnahmepflichten erzeugen kann.

[1298] Zu der Möglichkeit Kapitel 1 (S. 42 ff.).

[1299] Insoweit adressiert der BGH zwar etwaige Anfechtungsrechte, Rücktrittsrechte oder dergleichen und keinen (sonder-)deliktischen Anspruch aus § 9 II UWG. Dahinter verbirgt sich aber freilich die Wertung, dass, wenn solche – z. B. im Rahmen des Wunsches nach Vertragsaufhebung – unberechtigt geltend gemacht werden, der Unternehmer die gegen diese entstehenden Kosten für eine Verteidigung ersetzt verlangen kann, es geht daher vielmehr um Situationen der Verteidigung gegen Vertragsauflösungsrechte, die auch für § 9 II UWG selbst denkbar sind, als um sonstige Spezifika von Rechtsbehelfen im BGB.

[1300] Dazu etwa BGH NJW 2009, 1262 Rn. 17 m. w. N.

[1301] Ohne wirklichen Einbezug des widerstreitenden Interesses *Hösl*, Kostenerstattung, S. 86.

Rechtsberühmung als solche[1302] – eine vertragliche Pflichtverletzung darstellt. Das ist nach Gesagtem gerade nicht der Fall. Es bedarf vielmehr eines weiteren eng auszulegenden Pflichtverstoßes.[1303] Ansprüche aus den §§ 280 I, 241 II BGB werden in den Konstellationen des § 9 II UWG regelmäßig nicht bestehen.

b §§ 280 I, 311 II, 241 II BGB

In Ausnahmesituationen[1304] lässt sich zwar eine Haftung aus culpa in contrahendo für die Erstattung von Rechtsanwaltskosten heranziehen. Dafür bedarf es aber eines gegenseitigen Vertrauensverhältnisses, z. B. durch eine Vertragsanbahnung. Durch eine einseitige Geltendmachung unberechtigter Ansprüche ist dies nicht gegeben.[1305] Vereinzelt[1306] wird ein Vertrauensverhältnis zwar im Rahmen des Abschlussangebots eines Unterlassungsvertrages mit dem Abmahnenden gesehen. Selbst wenn man dies für überzeugend hält, hilft es für Fälle des § 9 II UWG nicht weiter. Der Verbraucher ist nicht Adressat des § 13 UWG.

c §§ 683 S. 1, 670 BGB oder § 678 BGB

Denkbar wären für diese Konstellationen auch Ansprüche aus den §§ 683 S. 1, 670 BGB oder § 678 BGB. Zwar erscheint es auf den ersten Blick widersprüchlich, dass gleichzeitig eine berechtigte und eine unberechtigte Geschäftsführung ohne Auftrag vorliegen soll. Eine Erklärung hierfür ergibt sich aber aus der jeweils einzunehmenden Perspektive: So könnten die Aufwendungen bei den Rechtsanwaltskosten ein Geschäft auch des Verbrauchers sein, weil es seinem Interesse und mutmaßlichem Willen entsprechen könnte, sich

---

1302 Zur Allgemeingültigkeit der Wertung nach den BGH-Grundsätzen auch *Seidl*, Anspruchsberühmung, S. 86 ff.

1303 Statt einiger *Hofmann*, ZfPW 2018, 152 (166 ff.).

1304 So bei den Identitätsdiebstahlsfällen im Hinblick auf die Schutzlücken des § 9 II UWG, siehe hierzu Kapitel 2 (S. 102 ff.). Die Ansprüche des Unternehmers sind hier aber teleologisch reduziert und es geht um eine unlautere Handlung des Unternehmers und nicht umgekehrt um ein Fehlverhalten des Verbrauchers; die Situation ist hier daher in doppelter Hinsicht schon nicht vergleichbar; zu weiteren denkbaren Fällen im vorvertraglichen Bereich auch *Seidl*, Anspruchsberühmung, S. 100 ff., wobei gerade im Rahmen des § 241a BGB zu berücksichtigen ist, dass solche des Unternehmers gerade nicht bestehen können.

1305 Dazu auch *Hofmann*, ZfPW 2018, 152 (158) m. w. N.; zu der Situation bei Hinzutreten weiterer Umstände Kapitel 2 (S. 102 ff.).

1306 Etwa *Chudziak*, GRUR 2012, 133 (137 ff.).

rechtskonform zu verhalten. Eine unberechtigte Geschäftsführung könnte gleichwohl aus der Perspektive des Unternehmers vorliegen. Die unberechtigte Geltendmachung könnte ein Geschäft des Unternehmers sein, weil er hiermit auf eine etwaig bestehende lauterkeitsrechtliche Unterlassungspflicht hingewiesen wird. Da diese aber nicht besteht, könnte es sich um ein Geschäft handeln, das seinem mutmaßlichen Willen nicht entspricht.[1307] Für beide Möglichkeiten ist aber zweifelhaft, ob ein fremdes Geschäft zugunsten des Unternehmers vorliegt, wenn der Verbraucher seine eigenen Rechte verteidigt. Bei den Inkassodienstfällen konnte man ein solches im Rahmen eines „auch fremden" Geschäfts noch annehmen. Dort besteht eine Pflicht nach § 8 UWG, auf die der Verbraucher den Unternehmer hinweisen kann.[1308] Für hiesige Konstellation greift das nicht. Der Verbraucher ist insoweit nicht Adressat des UWG. Eine Vergleichbarkeit des in Kapitel 2 Gesagten scheidet daher aus. Vielmehr gestalten sich solche Situationen so, dass der Verbraucher mit der Geltendmachung eines (unberechtigten) Anspruchs lediglich ein eigenes Geschäft führt.[1309] Er versucht, sich gegen eine unlautere Handlung zu verteidigen,[1310] die nicht besteht. Es gibt daher schon keinen Lauterkeitsverstoß, für den eine Unterlassungspflicht im Rahmen des § 8 UWG besteht, die im Interessenkreis des Unternehmers liegen könnte.

Selbst wenn man dies anders sähe, würde ein entsprechender Anspruch beispielsweise nach § 678 BGB nur wenig helfen. Denn sowohl Literatur[1311] als auch Rechtsprechung[1312] stellen hohe Anforderungen an die Einschlägigkeit des Übernahmeverschuldens. Dabei sollen insbesondere rechtliche Zweifel noch nicht genügen.[1313] Dass der Verbraucher aber einmal nicht nur Zweifel hat, sondern weiß, dass ein Verstoß nicht vorliegt, *dürfte* seltener[1314]

1307 Ähnlich *Seidl*, Anspruchsberühmung, S. 136; zu der Situation, dass der Hinweis des Verbrauchers auch ein Geschäft des Unternehmers sein kann, siehe die Ausführungen zum Identitätsdiebstahl als Fall der Schutzlücke, Kapitel 2 (S. 102 ff.).

1308 Kapitel 2 (109 ff.).

1309 Sehr deutlich *Seidl*, Anspruchsberühmung, S. 136, wenn sie konstatiert, dass dies unter keinen denkbaren Umständen vorliegen kann. Eine inhaltliche Begründung bleibt gleichwohl aus; etwas offener aber *Hösl*, Kostenerstattung, S. 137 f.

1310 Insoweit zutreffend statt einiger *Bergmann*, Die Geschäftsführung, S. 377.

1311 Dies denkt *Seidl, Anspruchsberühmung*, S. 163 ff. an, lehnt es indessen selbst ab.

1312 Siehe hierzu etwa OLG München GRUR-RR 2008, 461 Rn. 30 m. w. N.

1313 Dazu statt einiger *Hösl*, Kostenerstattung, S. 138.

1314 *Thole*, AcP 209 (2009), S. 498, 529 f.

gegeben sein. Sollte dies doch der Fall sein, ergibt sich kaum ein Mehrwert zu § 826 BGB.

d § 91 ZPO analog

Denkbar wäre noch eine analoge Anwendung der Vorschriften der Kostentragungspflicht im Prozess.[1315] Das hängt nach allgemeinen Grundsätzen davon ab, ob eine vergleichbare Interessenlage und planwidrige Regelungslücke auszumachen sind.

Für eine vergleichbare Interessenlage streitet, dass es in beiden Situationen um die Kostenerstattung der „unterliegenden[1316] Partei" trotz Rechtmäßigkeit der entsprechenden Anspruchsberühmung als solcher geht.[1317] Ob schon Klage erhoben worden ist oder nicht, beseitigt die Vergleichbarkeit nicht.[1318] Zwar wird zum Teil angeführt, dass man sich nur vor Gericht in einer Zwangslage[1319] befinde und Kosten entstehen. Das ändert aber nichts an einer vergleichbaren Situation. Das führt allenfalls dazu, dass diese eben nur im beschriebenen Umfang vergleichbar, nicht aber gleich sind.

Das Vorliegen einer planwidrigen Regelungslücke gestaltet sich schwieriger. Der BGH[1320] äußerte sich, dass eine Übertragung ausscheidet. Es handle sich um eine prozessuale Kostentragungspflicht, die verschuldensunabhängig und nicht analogiefähig sei. Eine verschuldensunabhängige Gefährdungshaftung soll vermieden werden. Das materielle Recht gewähre

---

1315 Dazu *Hösl*, Kostenerstattung, S. 155 ff. m. w. N, der eine Analogie aber schon deshalb verneint, weil er eine Geschäftsführung ohne Auftrag annimmt; so schon *Friedlaender*, JW 1932, 1160 (1160 ff.).

1316 Für die außergerichtliche Geltendmachung stellt *Bergmann* auf die Partei ab, die von der weiteren Geltendmachung der ihr nicht zustehenden Ansprüche Abstand nimmt und dies justiziabel anerkennt (z. B. durch negatives Schuldanerkenntnis), dazu *Bergmann* AcP 211 (2011), S. 803, S. 832 f.; dazu kritisch aber BGH NJW 1988, 2032 Rn. 18, wenn er anführt, dass es außergerichtlich an einem „Unterliegen" fehlen würde. Das lässt sich nach dem Gesagten von *Bergmann* aber noch sinnvoll konstruieren.

1317 Dazu statt einiger *Hofmann*, ZfPW 2018, 152 (154 ff.) für die fehlende Unzulässigkeit der Anspruchsberühmung als solcher.

1318 Interessanterweise ebenso *Seidl*, Anspruchsberühmung, S. 151, wenngleich auch gewisse Unterschiede gesehen werden, die auf S. 137 ff. gleichwohl einen Anspruch aus § 91 ZPO analog ablehnt.

1319 *Becker-Eberhard*, Grundlagen der Kostenerstattung, S. 128 ff.

1320 Grundlegend BGH NJW 1970, 243 – *Fotowettbewerb*.

keinen lückenlosen Ausgleich von Vermögensnachteilen um jeden Preis.[1321] Das überzeugt so kaum. Insbesondere das Argument, dass anderswo auch nicht lückenlos ausgeglichen wird, kann kein tragfähiges Argument sein. Denn damit ist noch nicht gesagt, ob das an anderen Stellen nicht auch sinnvoll wäre oder es einen Grund gibt, warum man es dort nicht macht. Nach hiesigem Dafürhalten ist es in den hier genannten Situationen geboten, derartige Ansprüche zu schaffen. Freilich darf dabei aber die Praktikabilität einer solchen Lösung nicht ausgeblendet werden. Denn die ganz h. M. sowohl in Literatur[1322] als auch Rechtsprechung[1323] wendet sich im Kern mit oben genannten Argumenten gegen eine Ersatzfähigkeit. Es verhält sich hier situativ wie bei der Konstellation der fahrlässigen Herstellerhaftung. Auch hier ist ein Ersatz wünschenswert und nach hiesigem Dafürhalten (schon vor § 9 II UWG) subsumierbar, in der Rechtspraxis aber nicht gangbar. Eine praktische Möglichkeit des Unternehmers, sich gegen unberechtigte Ansprüche aus § 9 II UWG zu wehren, bietet § 91 ZPO analog daher nicht. Bestärkt wird dadurch aber gleichwohl wieder die Wertung,[1324] dass derartige Kostentragungen durchaus demjenigen zuzuschreiben sind, der sich unberechtigt eines Anspruchs berühmt.

e § 242 BGB

Angedacht wird noch eine Anwendung des § 242 BGB für die Verteidigung gegen unberechtigte Ansprüche.[1325] Abgesehen davon, dass die Norm rechtsunsicher ist, ist eine Missbräuchlichkeit hierdurch kaum gegeben. Das mag in den Fällen der vorsätzlichen Anspruchsberühmung einmal der Fall sein. Hier greift aber ohnehin § 826 BGB. Für rein unberechtigte Ansprüche kann dieser schon im Ausgangspunkt keine hinreichende Grundlage liefern.

1321 Dazu BGH NJW 2007, 1458 Rn. 22.

1322 Dazu *Hösl*, Kostenerstattung, S. 155 m. w. N., der dazu aber kaum Stellung bezieht.

1323 Grundlegend BGH NJW 1970, 243 – *Fotowettbewerb*; in diesem Sinne auch BGH NJW 2007, 1458 Rn. 7, 19 ff.

1324 Dazu auch *Hofmann*, ZfPW 2018, 152 (174).

1325 Ausf. hierzu *Seidl*, Anspruchsberühmung, S. 163 – 170 m. w. N., die dies i. E. aber ablehnt.

6 Ergebnis zur Verteidigungsmöglichkeit de lege lata

Bei bestehenden Schuldverhältnissen lassen sich Ansprüche in engen Grenzen konstruieren. So kann innerhalb der bestehenden Sonderverbindung eine Pflichtverletzung dann vorliegen, wenn der Verbraucher seine situativen Sorgfaltspflichten im Einzelfall nicht erfüllt und er dies zu vertreten hat. In diesen absoluten Ausnahmefällen erscheinen Schadensersatzansprüche gerechtfertigt, die entsprechende Rechtsverfolgungskosten umfassen. Außerhalb bestehender Sonderverbindungen lassen sich Schadensersatzansprüche und Rechtsverfolgungskosten für die Verteidigung gegen § 9 II UWG nur selten herleiten. Das ist im Hinblick auf das eingangs genannte Spannungsfeld im Grundsatz auch legitim: So sollen Ansprüche aus § 9 II UWG unionsrechtlich determiniert „wirksam" sein. Zudem ist der „Kampf ums Recht" zulässig. Insbesondere im Hinblick auf Rechtsanwaltskosten wird man aber eine leichte Verschiebung des Spannungsfeldes annehmen können. Das gilt in engen Grenzen auch für Schadensersatzansprüche bei situativen Sorgfaltspflichten. Eine Gewährung von Ansprüchen als Verteidigung gegen unberechtigte Ansprüche erscheint hier legitim. Das kann das Recht de lege lata nicht abbilden.

F Zusammenfassung der Ergebnisse aus Kapitel 3

Herkömmlich war der Verbraucher im UWG *„Schiedsrichter"*. Dem Verbraucher könnte durch § 9 II UWG eine neue Doppelrolle zukommen. Er könnte *Verteidiger seines subjektiven Privatrechts* und *Funktionär der Lauterkeit des Marktes* sein. Wie in Kapitel 1 herausgearbeitet, weist das Lauterkeitsrecht dem Verbraucher dabei abstrakt beide Rollen zu. Es geht also nicht nur um sein subjektives Privatrecht. Es geht aber auch nicht nur um die Lauterkeit des Marktes. Es geht dem Lauterkeitsrecht um beides. Exemplarisch wird man eine Vertragsaufhebung daher nicht nur unter dem Blickwinkel seines subjektiven Privatrechts verstehen dürfen. Man wird vielmehr auch die Möglichkeit der Mitbewerber, wieder um den Verbraucher zu werben, und den dadurch gewährleisteten Schutz der Lauterkeit des Marktes als Aufgabe des Verbrauchers verstehen müssen.

Grundlage für die Rollenmodifikation sind die für § 9 II UWG denkbaren Schadenspositionen und die rechtstatsächliche Tendenz des Verbraucherverhaltens in diesen Fällen. Kapitel 1 legt dabei mit seiner Umfangsbestimmung das Fundament. Auf dieses baut Kapitel 2 auf. Es bestimmt das Erfordernis einer Begrenzung des Umfangs und damit nicht mehr durchsetzbare Fälle für Kapitel 3.

Für § 9 II UWG in den genannten „Anlockfällen" im Zwei-Personen-Verhältnis wird es sich regelmäßig um Streuschäden handeln. Für Fälle mit Bezug zum Mängelgewährleistungsrecht findet eine Rollenbegrenzung über § 9 II S. 3 UWG n. F. statt. Im Rahmen einer fahrlässigen Herstellerhaftung erscheinen aber auch den Dieselkonstellationen vergleichbare Schäden denkbar. Es kann sich in Ausnahmefällen daher auch um größere Massenschäden handeln. Unterlassungsansprüche aus §§ 9 II UWG, 1004 BGB analog stehen dem Verbraucher nach der Untersuchung in Kapitel 1 nicht zu.

Die Streuschäden werden aufgrund der rationalen Apathie und dieser zugrunde liegenden Gründen kaum individuell durchgesetzt werden. Gesetzgeberische Vorkehrungen für § 9 II UWG durch § 14 IV UWG verbessern die Situation nicht. Vielmehr wird die Situation dadurch noch schwieriger: Amtsgerichten fehlt aufgrund bis dato landgerichtlicher Zuständigkeit die Expertise im Hinblick auf im Einzelfall diffizile lauterkeitsrechtliche Streitigkeiten. Eine Hierarchisierung von Lauterkeitsverstößen und eine damit verbundene Rechtsprechungsübertragung ändern die Situation zwar nicht in Gänze. Ein Grund der rationalen Apathie („Beweislast") kann damit aber abgemildert werden. Für die Individualdurchsetzung wird es oft dennoch dabei bleiben, dass Streuschäden nicht durchgesetzt werden. Bei Massenschäden mit höheren Beträgen – die aber die Ausnahme sein werden – erscheint eine Durchsetzung wahrscheinlicher.

Der Verbraucher bleibt im Hinblick auf die Möglichkeit einer Individualdurchsetzung daher regelmäßig „*Schiedsrichter*". In Ausnahmefällen kommt ihm die neue Doppelrolle zu: Dann ist er Verteidiger seines subjektiven Privatrechts und Funktionär der Lauterkeit des Marktes.

Kollektivmechanismen ändern die oft fehlende Rollenmodifizierung nur bedingt. Dabei gilt es vorab insbesondere zu beachten, dass es sich gleichwohl um eine Rolle gerade des Verbrauchers handeln wird. Daran könnte man zwar deshalb zweifeln, weil die Ansprüche von den Legal Tech Anbietern oder den entsprechenden Verbraucherverbänden durchgesetzt werden. Dabei würde aber übersehen, dass es sich im Kern immer noch um die Durchsetzung des § 9 II UWG handelt, der den Verbraucher als solchen aktivlegitimiert. Da die Verbände den Anspruch zudem nicht unabhängig von dem Verbraucher durchsetzen dürfen, sondern dieser vielmehr Initiator sein muss, bleibt es bei einer Rolle des Verbrauchers. Die Verbände und Legal-Tech Anbieter treten hier vielmehr als *„verlängerter Arm“* des Verbrauchers zur Durchsetzung *seiner* Rolle auf.

Die Musterfeststellungsklage und lauterkeitsrechtliche Kollektivmechanismen eignen sich dabei kaum. Sie erfordern einerseits ein weiteres Tätigwerden des Verbrauchers (§ 41 VDuG), führen zu keiner Kompensation für den Verbraucher (§ 10 UWG) oder sind dogmatischen Bedenken ausgesetzt (§ 8 I UWG als Zahlungsanspruch). Hilfreicher ist das im Kern als zulässig zu bezeichnende Tätigwerden von Inkassodienstleistern bei treuhänderischer Abtretung von § 9 II UWG. Zwar wird hier eine der beiden Rollen geschwächt. Der Verbraucher muss 25 – 35 % seiner Forderung an den Inkassodienstleister zahlen. Seine Rolle als Verteidiger seines subjektiven Privatrechts wird damit eingeschränkt. Ganz überzeugt diese im Kern nachvollziehbare Aussage dann aber auch nicht: Da einige Gründe der rationalen Apathie entfallen, wird man eher die Situation der fehlenden Geltendmachung mit der der Geltendmachung über Legal-Tech-Anbieter vergleichen müssen. Es kommt daher oft überhaupt erst zu einer Verteidigung des subjektiven Privatrechts. Jedenfalls die Rolle des Verteidigers der Lauterkeit des Marktes wird dann aber komplett gewährt. Die „Schlagkraft“ des Anspruchs trifft den Unternehmer auch bei Abtretung voll. Etwaige Abzüge für den Verbraucher haben hierauf keine Auswirkung. Es kommt daher insgesamt zu einer Tendenzverstärkung für die neuen Rollen des Verbrauchers. Defizite bleiben aber freilich nicht aus: Das ergibt sich einerseits dadurch, dass nicht sämtliche Fallkonstellationen durch Legal-Tech-Anbieter durchgesetzt werden und es diesen gegebenenfalls an Expertise fehlt. Andererseits ergibt sich bei heterogenen Massenschäden und einer Bündelung nach § 260 ZPO eine Justiz- und Schädigerbelastung. Diese steht im Ergebnis auch der effektiven Durchsetzung des materiellen Rechts entgegen. Die Abtretungslösung führt daher zu einer Stärkung der neuen Rolle des Verbrauchers. Sie bringt aber auch Defizite mit sich, die die Rolle für diese Fälle wieder einschränken kann.

Abhilfe wird durch das VDuG de lege lata kaum geschaffen. Es werden vielmehr identische Streuschäden in den Blick genommen. Für diese wird eine Abtretung an Legal-Tech-Anbieter aber attraktiver sein als ein mehrstufiges unerprobtes Kollektivverfahren.[1326] Für komplexe Massenschäden, die über Legal-Tech-Anbieter kaum sinnvoll durchgesetzt werden können, ergibt sich ein weiteres Problem: Aufgrund der Anforderungen des Gleichartigkeitsbegriffs ist zweifelhaft, ob § 9 II UWG überhaupt durch das VDuG durchsetzbar ist. § 9 II UWG fordert eine *tatsächliche* Irreführung. Das VDuG legt den Anschein nahe, dass das Erfordernis der Prüfung solcher Individualtatsachen eine Anwendung des VDuG ausscheiden lässt. Kommt man – entgegen dem Gesetzgeber – über diese Hürde im Rahmen genannter Beweiserleichterungen hinweg, verschwindet das Problem der „Gleichartigkeit" des Anspruchs aber nicht. Für Streuschäden in Anlockfällen wird man eine solche noch bejahen können. Komplizierter wird es aber für Massenschäden wie denen in den Dieselkonstellationen. Hier besteht Rechtsunsicherheit bezüglich einer denkbaren Ersatzfähigkeit: Wann sind Ansprüche noch „gleichartig" genug? Die Gesetzesbegründung äußert sich hierzu nur vage. Eine Konturierung der Ausführungen offenbart allenfalls, dass es sich um einen tendenziell engen Gleichartigkeitsbegriff handeln wird. In einer Gesamtschau mit den nun zu nennenden Punkten spricht dies eher gegen eine Durchsetzung durch Verbände. Weitere Defizite ergeben sich aufgrund der Engführung der Prozessfinanzierung, die im Vergleich zu § 10 VI UWG nicht einleuchten mag. Ebendies gilt auch für Unklarheiten bei der Schadenbestimmung: Es ist schon unklar, wie der Verband einen etwaigen Schaden überhaupt schätzen soll. Letztlich führt das VDuG in seiner Tendenz dazu, dass es einerseits dort Hilfe schafft, wo sie nicht gebraucht wird: in den Anlockfällen. Hier dürften Legal-Tech-Anbieter attraktiver sein. Und es andererseits dort nicht helfen kann, wo Bedarf besteht: in Fällen komplexerer Massenschäden wie denen der Dieselkonstellationen. Das ist sehr misslich, sieht man sich an, dass die Richtlinie den Verbraucherschutz und den fairen Wettbewerb in den Blick nimmt und § 9 II UWG der Anspruch ist, der diese Ziele in sich vereint.

Der Verbraucher wird daher für die meisten Fälle des § 9 II UWG auch im Hinblick auf denkbare Kollektivmechanismen *„Schiedsrichter"* bleiben.

Anders kann dies einmal sein, wenn er bei Streuschäden doch auf Legal-Tech-Anbieter zurückgreift. Insoweit entfallen einige Ursachen der rationalen Apathie, die eine Durchsetzung wahrscheinlicher machen. Dann ist er

---

[1326] In diese Richtung für die Eignung der Verfahren für Verbraucher ähnlich *Scherer*, VuR 2022, 443 (448 f.); ebenso *Janal*, GRUR 2023, 985 (992).

Funktionär der Lauterkeit des Marktes. Seine Rolle als Verteidiger seines subjektiven Privatrechts wird zwar eingeschränkt, weil er 25 – 35 % seiner Forderung „verliert“. Oft dürfte die Abtretung die Durchsetzung bei Streuschäden aber erst möglich machen. Es kommt daher vielmehr erst zu einer Gewährung, auch wenn die „volle“ Rollengewährung für den Verbraucher insoweit etwas eingeschränkt wird. Dass er für diese Fälle das VDuG als mehrstufiges und unerprobtes Verfahren in Anspruch nimmt, erscheint unwahrscheinlich. Durch dieses wird es daher kaum zu einer Rollenmodifikation für den Verbraucher kommen. Das ist bedauerlich, so hätte man dem Problem der nicht „vollen“ Rolle des Verteidigers seines subjektiven Privatrechts begegnen können.

Für Fälle mit höheren Massenschäden erscheint eine Durchsetzung über Kollektivmechanismen zwar deutlich wahrscheinlicher. Hier entfallen einige Aspekte der rationalen Apathie und der Aspekt der zu geringen Forderungshöhe bestand von Anfang an nicht. In diesen Fällen erscheint die neue Doppelrolle wahrscheinlich. Hier legen die Inkassodienstleister aber die Justiz lahm. Im Hinblick auf das VDuG ist schon nicht sicher, ob diese Fälle überhaupt bündelbar sind. Es kommt daher de lege lata nur partiell zu einer anderen Tendenz wie bei der Individualdurchsetzung. Streuschäden werden etwas wahrscheinlicher durchgesetzt. Auch hier finden sich aber noch deutliche Anhaltspunkte, die gegen eine Durchsetzung sprechen. Massenschäden mit höheren Summen werden – wie aber auch schon im Individualverfahren denkbar – eher durchgesetzt. Letztere sind aber Ausnahmefälle. Im Rahmen einer Gesamtbetrachtung werden die denkbaren Rollen etwas gestärkt. Oft wird der Verbraucher aber in seiner Schiedsrichterrolle bleiben.

Eine Rollenbegrenzung sollte über die Möglichkeit des Unternehmers, gegen missbräuchliche und unberechtigte Ansprüche aus § 9 II UWG vorzugehen, vorgenommen werden. Die generellen Ausführungen des Gesetzgebers, dass eine „Klageindustrie“ vermieden werden soll, kann daher nicht in Gänze überzeugen. Für berechtigte Ansprüche bedarf es daher keiner Verteidigungsmöglichkeit. Will man den Schutz des § 9 II UWG nicht, muss man seinen Umfang als Stellschraube fruchtbar machen. Wenig sinnvoll erscheint es, materiell-rechtliche Rechtspositionen zu gewähren, dann aber deren Durchsetzung als wenig wünschenswert zu beurteilen.

Vorgelagert ist im Hinblick auf eine Rollenbegrenzung in den Blick zu nehmen, dass es eine Begrenzung dann nicht braucht, wenn schon eine

Gewährung ausscheidet. Bei Streuschäden im Individualverfahren ist eine solche Gefahr kaum gegeben. Ein Rollenbegrenzungserfordernis wird dort meistens nicht erforderlich sein, weil der Verbraucher oft schon keine Rolle einnimmt. Wahrscheinlicher wird eine Durchsetzung aber dann für bestehende Kollektivmechanismen, z. B. bei gebündelter treuhänderischer Abtretung an Inkassodienstleister. Hier ist eine Rollenbegrenzungsmöglichkeit im Hinblick auf missbräuchliche und unberechtigte Ansprüche auszuloten. Bei den genannten Massenschadensfällen mit höheren Beträgen erscheint dies generell angezeigt. Insbesondere auch hier werben Legal-Tech-Anbieter mit dem Ersatz hoher Schadenssummen,[1327] die zur Geltendmachung unberechtigter oder missbräuchlicher Ansprüche anregen können.[1328]

Für missbräuchliche Ansprüche besteht lauterkeitsrechtlich die antizipierte Möglichkeit von Abmahnungen, insbesondere bei irreführender Werbung von Legal-Tech-Anbietern. Nachgelagert besteht die Möglichkeit von Unterlassungsansprüchen, damit Verbraucher durch entsprechende Werbung nicht weiter provoziert werden. Ansonsten gibt es noch enge Möglichkeiten im Rahmen des § 826 BGB. Eine Verteidigung gegen unberechtigte Ansprüche besteht dagegen bei Situationen des § 9 II UWG nur in sehr engen Grenzen. Bei der Frage nach einer gerichtlichen Verteidigung besteht das Verfahrensprivileg. Im Hinblick auf die außergerichtliche Verteidigung erscheinen Ansprüche zwar sinnvoll. Nach dem Stand de lege lata wird für Fälle der Anspruchsberühmung bei § 9 II UWG aber nur in einigen wenigen Konstellationen Schutz gewährt. Ansprüche aus den §§ 280 I, 241 II BGB scheiden regelmäßig aus. Gleiches gilt für solche aus den §§ 280 I, 311 II, 241 II BGB oder solche aus der Geschäftsführung ohne Auftrag. Sinnvoll, aber für die Praxis nicht gangbar, wäre ein Anspruch aus § 91 ZPO analog. Ein Anspruch aus § 242 BGB erscheint zu rechtsunischer und hätte wenig Mehrwert gegenüber § 826 BGB.

[1327] Dazu auch die Mitteilung in beck-aktuell im Hinblick auf Aussagen wie „Bis zu 10.000 € Schadensersatz“ oder „sehr gute Erfolgsaussichten“: Heute im Recht, abrufbar unter: https://rsw.beck.de/aktuell/daily/meldung/detail/ueber-25.000-diesel-einzelklagen-gegen-vw-mit-vergleich-beendet (zuletzt aufgerufen am: 16.04.2025).

[1328] Ebenso die Mitteilung in beck-aktuell für das Manipulieren von Kaufzeitpunkten der Kläger, https://rsw.beck.de/aktuell/daily/meldung/detail/ueber-25.000-diesel-einzelklagen-gegen-vw-mit-vergleich-beendet (zuletzt aufgerufen am: 16.04.2025).

Ausbalancierung der Rollengewährung und Rollenbegrenzung

Ziel des 4. Kapitels ist es, die Rollengewährung und Rollenbegrenzung des Verbrauchers und seiner Aktivlegitimation sinnvoll auszubalancieren.

Für die Verbraucheraktivlegitimation soll dabei folgendes Ziel erreicht werden: Die Rollengewährung bei der Schutzlückenschließung soll beibehalten werden. Ein Vorschlag für eine Rollenbegrenzung bei der Friktion zum Nacherfüllungsrecht darf sich deshalb nicht negativ auf die Rollengewährung auswirken. Konkret soll es darum gehen, dass die bestehenden Schutzlücken[1329] auch bei Modifizierung des § 9 II UWG, um Friktionen[1330] zu vermeiden, weiterhin von diesem umfasst werden. Andernfalls würde man durch die Rollenbegrenzung wiederum die sinnvolle Rollengewährung unterlaufen. Außerdem geht es darum, den Tatbestand des § 9 II UWG so zu modifizieren, dass es zu einer vollständigen Rollengewährung bei der Schutzlückenschließung kommt. Bei der Rolle für den Schutzzweck des UWG findet eine Ausbalancierung in Form eines Systematisierungsvorschlags statt.

Für die Rolle des Verbrauchers bei der Durchsetzung von § 9 II UWG wird eine Ausbalancierung des Spannungsfeldes der Interessen der Verbraucher, der (etwaigen)[1331] Schädiger und der Justizeffizienz in den Blick

---

[1329] Kapitel 2 (S. 73 ff.).
[1330] Kapitel 2 (S. 144 ff.).
[1331] Kapitel 3 (S. 205 ff.).

genommen. Hier sollen bei der Gewährung Möglichkeiten de lege ferenda für die schwache neue „Doppelrolle“ ausgelotet werden. Gleichwohl ist die Rollenbegrenzung de lege ferenda bei unberechtigten Ansprüchen adressiert.

A Ausbalancierung der Rolle von Verbraucheraktivlegitimation

Zunächst gilt es daher, die genannten Wertungswidersprüche zu vermeiden und dabei in den Blick zu nehmen, dass die Rolle der Schutzlückenschließung dadurch nicht ausgehöhlt wird.

I Modifizierungsmöglichkeit, Art. 11a UGP-RL

Unionsrechtlich besteht durch Art. 11a UGP-RL ein enormer Spielraum, weil die Mitgliedsstaaten die Voraussetzungen und Rechtsfolgen des Anspruchs, soweit mit dem Schadensersatzunionsprivatrecht vereinbar,[1332] selbst festlegen dürfen. Art. 11a I S. 2 UGP-RL bezieht dabei expressis verbis „weitere“ Umstände mit ein. Solche sind konkretisiert durch ErwGr. 16 S. 5 OB-RL, auch das Fehlverhalten des Unternehmers. Wiederum eine „Begrenzung der Begrenzung“ findet sich durch die Anforderung des Zugangs zu „angemessenen“ und „wirksamen“ Ansprüchen.

II Teleologische Extension in Fällen fehlender Zahlung bei Inkassodienstleisterfällen

Für die Rollengewährung ist zuvorderst eine teleologische Extension des § 9 II UWG erforderlich. Gemeint sind die Fälle der fehlenden Zahlung des Verbrauchers nach Aufforderung eines Inkassodienstleisters hierzu. Nimmt der Verbraucher zur Verteidigung Rechtsanwaltskosten auf, kann er diese nach Gesagtem nur partiell mit § 9 II UWG ersetzt verlangen.[1333] § 9 II UWG kann diese Schutzlücke de lege lata deshalb nicht schließen, weil er für das UWG untypisch eine tatsächlich erfolgte geschäftliche Entscheidung des Verbrauchers fordert. Für die meisten Fälle des § 9 II UWG wird dies

---

[1332] Kapitel 1 (S. 31 ff.).
[1333] Kapitel 2 (S. 102 ff.).

sachgerecht und nach Gesagtem auch unionsrechtskonform[1334] sein. Für den genannten Fall als Ausnahme, bei dem unter keinem Gesichtspunkt[1335] ein Ersatz denkbar erscheint, ist ein Abstellen auf die tatsächliche Veranlassung aber nicht sachgerecht. Da die UGP-RL sowohl die „Eignung“ als auch die „tatsächliche Veranlassung“ nennt,[1336] erscheint es sinnvoll, für diesen Fall de lege ferenda nicht mehr die „tatsächliche Veranlassung“ zu fordern. Es soll die „Eignung zur Veranlassung“ genügen. So kommt es zu einer sachgerechten Rollengewährung.

III Friktionsvermeidung zum Mängelgewährleistungsrecht

Im Übrigen ergeben sich Wertungswidersprüche nur bei parallelen Ansprüchen im Mängelgewährleistungsrecht,[1337] die bei der Ausbalancierung beseitigt werden müssen. Wichtig ist dabei insbesondere, dass Lösungsvorschläge, die bei der Vermeidung zudem die Rollengewährung einschränken, ausscheiden müssen.

Für den Zugriff der Arbeit müssen schon im Ausgangspunkt folgende Möglichkeiten der Friktionsvermeidung ausscheiden: Beinahe[1338] alle Schutzlücken könnte man nach Gesagtem über die §§ 280 I, 241 II, 311 II BGB schließen. Dafür könnte man die culpa in contrahendo im Lichte des Art. 11a UGP-RL auslegen. Diese Konkurrenzfrage[1339] zum Mängelgewährleistungsrecht wäre dann schon höchstrichterlich geklärt. Gleiches könnte man für

---

[1334] Kapitel 1 (S. 38).

[1335] Überlegt wurde in Kapitel 1 zwar noch eine Anknüpfung nicht an die Zahlung, sondern an die Inanspruchnahme eines Rechtsanwalts. Diese Konstruktion funktioniert aber nicht, dazu Kapitel 1 (S. 54 f.).

[1336] Siehe hierzu insgesamt m. w. N. Kapitel 1 (S. 38 f.).

[1337] Zu der fehlenden Friktion bei sonstigen Ansprüchen Kapitel 2 (S. 144 ff.).

[1338] Probleme hätte man in einigen Fällen der Inkassodienstleisterkonstellationen, bezogen auf die Zweiseitigkeit der culpa in contrahendo. Da eine Wertungsübertragung nur für § 241 II BGB stattfinden wird, kann man die Wechselbezüglichkeit über das Lauterkeitsrecht kaum konstruieren. Man kann allenfalls das in der Rechtsprechung genannte Argument der „besonderen Schutzwürdigkeit“ heranziehen und gleichwohl Ansprüche gewähren. Das ist freilich rechtsunsicher, dazu Kapitel 2 (S. 102 ff.).

[1339] Statt aller BeckOGK/*Herresthal*, Stand: 15.05.2023, § 311 Rn. 259 m. w. N; *Havlik*, Täuschung und Irreführung, S. 199 ff.

ein neues Verständnis des § 823 II BGB i. V. m. den Verhaltensnormen[1340] als Schutzgesetze andenken. So käme man über § 823 II S. 2 BGB auch zu einer deliktischen Haftung für Fahrlässigkeit. Insbesondere trägt das vielfach vorgebrachte Argument, dass die Verhaltensnormen keine Schutzgesetze sind und dem UWG eine Abschlussfunktion innewohnt,[1341] so jedenfalls inhaltlich – wenngleich nach wie vor formal[1342] – nicht mehr. Denn § 9 II UWG ist strukturell ein lauterkeitsrechtlicher § 823 II BGB,[1343] der die Verhaltensnormen als Schutzgesetze heranzieht.

Letztlich scheidet eine Berücksichtigung dieser Alternativen aber deswegen aus, weil es dort weniger um einen Zuschnitt der Rolle des § 9 II UWG geht. Es geht vielmehr um eine Streichung von § 9 II UWG. Im Übrigen gibt es in der Literatur aber Ideen für die in Rede stehende Forschungsfrage, die fruchtbar gemacht werden könnten. Diese sollen zunächst erwähnt und um einen eigenen Vorschlag erweitert werden. Abschließend werden die Möglichkeiten auf ihre Tauglichkeit für die obige Zielbestimmung untersucht.

1 Subsidiarität

Eine Ausbalancierung könnte für § 9 II UWG über eine Subsidiarität[1344] erfolgen. Das ist de lege lata nicht rechtssicher gangbar, weil der Normtext dies nicht hergibt. Vielmehr ist die Tendenz umgekehrt: Die Gesetzesbegründung[1345] spricht von einer freien Anspruchskonkurrenz. Es bedürfte daher einer Gesetzesänderung. Man könnte in einem Satz 3 normieren, dass

1340 Eine dahingehende Ausgestaltung wurde schon vor § 9 II UWG seit jeher diskutiert, dazu etwa *Albrecht*, Die Aktivlegitimation, S. 253 ff. Sie sieht dies nach der Untersuchung, ob es eines lauterkeitsrechtlichen Individualrechtsbehelfs bedarf, als die beste Lösung. Die ganz h. M. lehnt diese Lösung ab, dazu statt einiger *Kalski*, Individualansprüche, S. 261, der sich insbesondere auf den Ausschluss durch die Gesetzesbegründung bezieht.

1341 Dazu statt vieler *Kalski*, Individualansprüche, S. 261.

1342 BT-Drs. 19/27873, S. 20.

1343 Ebenso *Köhler*, WRP 2021, 129 (133 f.).

1344 So etwa die Stellungnahme des MPI für Innovation und Wettbewerb zum UWG-RefE, S. 11, abrufbar unter: https://www.ip.mpg.de/fileadmin/ipmpg/content/stellungnahmen/2020-12-08_Stellungnahme_Staerkung-Verbraucherschutz.pdf (zuletzt aufgerufen am: 17.04.2025); *Alexander*, WRP 2021, 136 (141 ff.); auch *Büscher*, WRP 2022, 132, (136); so für das Mängelgewährleistungsrecht bei konkreter Normkollision auch *Heinze/Engel*, NJW 2021, 2609 (2612 f.).

1345 BT-Drs. 19/27873, S. 40.

in Fällen der Normkollision eine subsidiäre Anwendung des § 9 II UWG stattfinden soll.

Vorgeschlagen[1346] wurde hierfür Folgendes:

> *[3]Der Anspruch besteht nicht, wenn Verbraucher nach anderen gesetzlichen Vorschriften den Ersatz des durch die unzulässige geschäftliche Handlung erlittenen Schadens verlangen können oder diese Vorschriften einen Ersatz des Schadens ausschließen.*

2 Rechtsgrundverweisung in § 9 II UWG auf Vorschriften des BGB

Nachdenken könnte man zudem über eine Rechtsgrundverweisung in § 9 II UWG auf Vorschriften des Bürgerlichen Gesetzbuches.

a Der Vorschlag von Glöckner

Glöckner[1347] schlägt hierzu eine Modifikation des S. 1 und S. 2 dahingehend vor, dass eine Rechtsgrundverweisung in das BGB erfolgen soll. Die geschäftliche Handlung des Unternehmers soll einen „ähnlichen geschäftlichen Kontakt" nach § 311 II Nr. 3 BGB begründen.

b Schon im Ausgangspunkt erforderliche Modifizierung

Dieser Vorschlag ist eine denkbare Ausgestaltungsmöglichkeit, muss aber schon vor der Bewertung der Alternativen in zweierlei Hinsicht modifiziert werden:

Zunächst wird man in den Anlockfällen, wenn man diese über die culpa in contrahendo umfasst wissen will, schon zu einer Vertragsanbahnung nach § 311 II Nr. 2 BGB kommen.[1348] Den Rückgriff auf den Auffangtatbestand des „ähnlichen geschäftlichen Kontakts" braucht es nicht.

Zudem müsste neben der Anbahnung ein weiterer Verweis auf § 311 III BGB und eine Kategorisierung für denkbare Drei-Personen-Verhältnisse folgen. Denn im Hinblick auf die Dogmatik des § 311 II, III BGB wird man in Herstellerfällen auf den „ähnlichen geschäftlichen Kontakt" nicht zurückgreifen können.[1349]

1346 *Keller*, GRUR 2021, 456 (460).

1347 *Glöckner*, GRUR 2021, 919 (928).

1348 Siehe hierzu im Einzelnen Kapitel 2 (S. 73 ff.).

1349 Dazu etwa auch *Harke*, VuR 2017, 83 (86 f.); zur bestehenden Haftungsmöglichkeit des Herstellers aus § 311 III BGB, Kapitel 2 (S. 90 ff.).

3 Eigener Vorschlag: § 9 II S. 3 UWG n. F.

Möglich wäre aber auch ein § 9 II S. 3 UWG n. F., der das Problem der Friktion begrifflich direkt an das Mängelgewährleistungsrecht knüpft.

a Hintergrund der zu ergänzenden Punkte in § 9 II S. 3 UWG n. F.

So könnte man § 9 II UWG bei einer Kollision mit dem Mängelgewährleistungsrecht durchaus weiter anwenden, aber auf vorsätzliches[1350] Verhalten beschränken. So ergibt sich einerseits eine weitere Anwendung des § 9 II UWG, die den gewünschten „klaren Rechtsrahmen“[1351] beibehält. Zudem wird man bei vorsätzlichem Verhalten zu einer gewollten Regelungskollision[1352] zulasten des Nacherfüllungsrechts kommen. Insoweit ergibt sich eine – oben[1353] noch fehlende, aber nun bestehende – Vergleichbarkeit zu § 823 II BGB und dem Mängelgewährleistungsrecht. Modifikationen sind auch bei der Verjährung vorzunehmen. Zwar verjährt der Anspruch aus § 9 II UWG nach § 11 I Hs. 2 UWG schneller, als das im Kaufrecht der Fall ist, § 438 II BGB. Gleichwohl ergeben sich verschiedene Bezugspunkte bezüglich des Fristbeginns, sodass nach Gesagtem[1354] die lauterkeitsrechtliche Frist dennoch länger sein kann. Aufgrund des abschließenden Regelungssystems[1355] ist die Frist daher, wie auch sonst im Deliktsrecht,[1356] zu übertragen. Für § 9 II UWG gilt daher exemplarisch für das Kaufrecht § 438 II BGB analog.

b Gesetzesvorschlag

§ 9 II UWG n. F. könnte daher wie folgt aussehen:

[1350] Zu dieser Möglichkeit generell, ohne hieraus eine konkrete Ausgestaltung für § 9 II UWG herzuleiten, auch BeckOKUWG *Eichelberger*, 27. Edition (Stand 01.01.2025), § 9 Rn. 126 ff.; erst kürzlich hierzu auch *Havlik*, Täuschung und Irreführung, S. 398, der aber keinen entsprechenden Gesetzesvorschlag hieraus ableitet.

[1351] So die Forderung der Gesetzesbegründung im Hinblick auf Schadensersatzansprüche bei Verstößen gegen lauterkeitsrechtliche Verhaltensnormen. Diese sollen sich direkt aus dem entsprechenden Gesetz ergeben, dazu BT-Drs. 19/27873, S. 20.

[1352] Siehe hierzu die Ausführungen in Kapitel 2 (S. 177 ff.); dazu auch *Havlik*, Täuschung und Irreführung, S. 398, der dies insbesondere mit einem Vergleich von § 826 BGB zu § 9 II UWG begründet.

[1353] Hierzu die Ausführungen zur Wertungsübertragung mit § 823 II BGB, Kapitel 2 (S. 177 ff.).

[1354] Kapitel 2 (S. 157 f.).

[1355] Kapitel 2 (S. 182 f.).

[1356] Kapitel 2 (S. 175 f.).

[1]Wer vorsätzlich oder fahrlässig eine nach § 3 unzulässige geschäftliche Handlung vornimmt und hierdurch Verbraucher zu einer geschäftlichen Entscheidung veranlasst, die sie andernfalls nicht getroffen hätten, ist ihnen zum Ersatz des daraus entstehenden Schadens verpflichtet.[2] Dies gilt nicht für unlautere geschäftliche Handlungen nach den §§ 3a, 4 und 6 sowie nach Nummer 32 des Anhangs.[3] Im Anwendungsbereich des Mängelgewährleistungsrechts bedarf es einer vorsätzlichen nach § 3 UWG unzulässig vorgenommenen geschäftlichen Handlung.

c Unionsrechtswidrigkeit des eigenen Vorschlags?

Zuzugeben ist dem eigens vorgeschlagenen Ansatz, dass man diesem einen Verstoß gegen Art. 11a UGP-RL vorwerfen könnte. Denn die UGP-RL fordert, dass „wirksame" und „angemessene" Ansprüche bestehen. Die Forderung nach einer vorsätzlichen unlauteren geschäftlichen Handlung erschwert die Durchsetzung für den Verbraucher dabei enorm. Wirklich „wirksam" und „angemessen" werden diese Ansprüche für sich kaum sein.

Nach hiesigem Dafürhalten würde dabei aber der „Rahmen", in dem sich die Forderung des Art. 11a UGP-RL bewegt, zu eng gezogen:

Art. 11a UGP-RL fordert nicht, dass durch § 9 II UWG wirksame Ansprüche bestehen. Er fordert vielmehr, dass bei unlauteren geschäftlichen Handlungen überhaupt[1357] wirksame Ansprüche bestehen. Der Verbraucher hat bei Einschlägigkeit des Mängelrechts aber schlicht einen wirksamen – verschuldensunabhängigen – Anspruch auf Nacherfüllung[1358] und nach Setzung einer Frist entsprechende Rücktrittsrechte, Minderungsrechte und einen Schadensersatzanspruch. Dem Verbraucher stehen bei unlauterer geschäftlicher Handlung im Anwendungsbereich des Mängelgewährleistungsrechts daher sehr wohl wirksame Ansprüche und Rechte zur Verfügung. Dass diese dann nicht aus § 9 II UWG selbst resultieren, ist unschädlich. Man wird eine Rollenbegrenzung für § 9 II UWG daher auch so vornehmen können, dass dieser für sich in diesen Fällen nicht mehr „wirksam" ist.

§ 9 II S. 3 UWG n. F. fungiert daher insoweit weniger als eigener „wirksamer" Anspruch. Er sorgt vielmehr dafür, dass sich § 9 II S. 1, 2 UWG friktionsfrei in das System schon bestehender wirksamer Ansprüche einfügt.

[1357] Hierzu Kapitel 1 (S. 28 ff.); in diesem Sinne auch aktuell *Havlik*, Täuschung und Irreführung, S. 454.

[1358] Dazu etwa auch *Havlik*, Täuschung und Irreführung, S. 438 f., wenn er anführt, dass der Verbraucher gerade in diesen Situationen nicht schutzlos gestellt ist.

4 Bewertung der Möglichkeiten

Alle genannten Möglichkeiten sind – wenn auch zum Teil modifizierungsbedürftig – denkbar. Für die Zielbestimmung soll die geeignetste herausgearbeitet werden.

Der Vorschlag von *Keller* überzeugt dabei für hiesiges Ziel kaum. Alt. 1 seines Vorschlages verfängt für eine Abgrenzung nicht, weil der Verbraucher durch den Vorrang des Nacherfüllungsrechts jedenfalls nicht unmittelbar „den Ersatz des durch die unzulässige geschäftliche Handlung erlittenen Schadens" verlangen kann. Er wird vielmehr auf das Recht zur zweiten Andienung verwiesen. Auch Alt. 2 kann das nicht überwinden. Denn diese spricht davon, dass „diese Vorschriften den Ersatz des Schadens ausschließen" müssen. Damit wird aber weniger eine Antwort gegeben, wie das Verhältnis zum Mängelgewährleistungsrecht aufzulösen ist. Es wird vielmehr die Frage, die das Problem aufwirft, in Gesetzestext gegossen: Schließt das Mängelgewährleistungsrecht dies aus? Gerade für diejenigen, die ein Nebeneinander für sinnvoll erachten,[1359] wäre dies ein Einfallstor dafür, dass ein Ausschluss damit nicht verbunden ist. Umgekehrt birgt dies sogar die Gefahr der Berührung der sinnvollen Rollengewährung: Wie in Kapitel 2 herausgearbeitet, werden diese Fälle partiell als „allgemeines Lebensrisiko"[1360] beschrieben, die gerade nicht mehr von der culpa in contrahendo umfasst sein sollen. Das könnte dann als Argument herangezogen werden, Alt. 2 für einen Ausschluss von Schutzlücken fruchtbar zu machen: Aufgrund der Wertung der culpa in contrahendo, dass dies nicht umfasst ist, sondern vielmehr dem allgemeinen Lebensrisiko entspricht, ist im Rahmen dieser ein Ersatz z. B. der Anlockfälle ausgeschlossen. Das würde wiederum einen Konflikt mit Art. 11a UGP-RL herbeiführen. Diese Abgrenzung bringt für einen rechtsklaren Umgang mit § 9 II UWG de lege ferenda daher wenig. Sie ist umgekehrt sogar gefährlich für das Nichttangieren von etwaigen Schutzlücken.

Gleiches gilt für die Einführung einer generellen Subsidiarität zum Mängelgewährleistungsrecht. Denn bei dieser Formulierung werden auch ohne Not Fälle der Unmöglichkeit komplett ausgeklammert und ebenso solche, bei denen die Erheblichkeit im Einzelfall, z. B. wegen Vorsatzes, vorliegt. Dann aber macht jedenfalls der Ausschluss des § 9 II UWG generell wenig

[1359] Im Einzelnen m. w. N. Kapitel 2 (S. 174 ff.).
[1360] Dazu Kapitel 2 (S. 73 ff.).

Sinn, weil keine Wertungswidersprüche vorliegen. Insbesondere gilt dies für die vorsätzliche Geltendmachung, die sich ohnehin immer friktionsfrei einfügen könnte.

Auch der Vorschlag einer Rechtsgrundverweisung wäre jedenfalls mit einer zwingenden Rechtsprechungsänderung des BGH verbunden, die es für eine Zielerreichung nicht braucht. Das Problem stellt sich zwar nach den Ausführungen von *Glöckner* im Rahmen des § 311 II Nr. 3 BGB nicht. Durch das Modifizierungserfordernis muss sich das Problem aber stellen, weil es für Hersteller auf § 311 III BGB ankommen muss. Die Rechtsprechung geht hier expressis verbis davon aus, dass Herstellerverhalten im Hinblick auf die Relativität der Schuldverhältnisse nicht umfasst ist.[1361] Man müsste daher ohne Not ein Gesetz einführen, das jahrzehntelanger Rechtsprechung widerspricht. Da eine Zielerreichung auch ohne einen solchen Konflikt möglich ist, ist auch diese Alternative abzulehnen. Zuletzt wird man in den genannten Inkassodienstleisterfällen mit der culpa in contrahendo aufgrund fehlender Zweiseitigkeit nicht immer (rechtssicher) weiterkommen.[1362] Es ergäbe sich nach dieser Auslegung daher wieder ein Defizit für die sinnvolle Rollengewährung.

Letztlich soll dem eigens vorgeschlagenen § 9 II S. 3 UWG n. F. der Vorrang für die dogmatische Ausbalancierung eingeräumt werden. Die genannten Defizite der Alternativen ergeben sich hier nicht. Denn es wird sich konkret auf das Regelungsgefüge bezogen, durch das der Wertungswiderspruch hervorgerufen wird. Dabei wird ein klarer Haftungsmaßstab festgelegt. Es kann daher nicht zu den genannten Auslegungsfragen kommen, die nicht nur eine Begrenzung rechtsunsicher machen, sondern auch die Rollengewährung negativ tangieren können.

IV Systematische Ausbalancierung durch Rolle beim Schutzzweck des UWG

Die genannte Rolle beim Schutzzweck des UWG kann im Hinblick auf einen Systematisierungsvorschlag ausbalanciert werden. Diese hat aber nur einen formalen Mehrwert.

[1361] Im Einzelnen Kapitel 2 (S. 90 ff.).

[1362] Dazu die Ausführungen zum fehlenden Erhalt der Ware zu den Inkassodienstleisterfällen (S. 63 ff.).

1 Trennung des UWG in verschiedene Abschnitte

Denkbare Konsequenz der Rolle von Verbraucheraktivlegitimation für den Schutzzweck des UWG könnte eine Trennung von Verbraucherschutz und Mitbewerberschutz in verschiedene Abschnitte oder Gesetze sein.

a Auseinanderfallen von Schutzzwecken als Problem

Im Hinblick darauf, dass das UWG im Bereich des Mitbewerberschutzes noch überwiegend Marktverhaltensrecht ist, es sich aber für den Verbraucherschutz insbesondere durch § 9 II UWG immer mehr auch[1363] als Verbraucherschutzgesetz darstellt, könnte man das UWG durch eine neue Systematisierung schutzzweckbezogen ausbalancieren. § 9 II UWG provoziert deshalb abermals[1364] die Frage, ob das UWG neu zu systematisieren[1365] ist. Denkbar wäre eine neue Systematisierung innerhalb des UWG oder eine Teilung in verschiedene Gesetze. Letzteres ist im Hinblick auf den mehrdimensionalen Schutzzweck in § 1 UWG und der Durchsetzung von verbraucherschützenden Vorschriften durch Mitbewerber nach hiesigem Dafürhalten nicht recht gangbar. Die erstere Alternative scheint aber im Ausgangspunkt möglich und ist daher auf ihren Mehrwert hin zu untersuchen.

b Trennungsmöglichkeiten als Umgangsart

Anzudenken wäre daher eine Trennung in verschiedene Abschnitte, die durch allgemeine Normen verbunden sind.[1366]

Denkbar wäre ein erstes Kapitel der allgemeinen Vorschriften, in dem die aktuellen §§ 1 – 3 UWG stehen. In einem zweiten Kapitel könnte man jedenfalls die den Mitbewerber schützenden Vorschriften der §§ 4, 6 UWG

[1363] Zu den auch mitverfolgten, aber in den Hintergrund tretenden überindividuellen Interessen auch Kapitel 1 (S. 59 ff.).

[1364] Hier soll es der Forschungsfrage entsprechend schlicht um den Umgang mit den Auswirkungen des § 9 II UWG und einem dahingehenden Erfordernis einer neuen Systematisierung des UWG im Hinblick auf einen Schutzzweckunterschied zwischen Marktverhaltensrecht und (fast) reinem Verbraucherschutzrecht gehen. Die wichtige und richtige Frage der neuen Systematisierung im Hinblick auf die Komplexität des UWG im Übrigen ist damit nicht adressiert. Dazu aber ausführlich vor § 9 II UWG *Klagge*, Normative Kohärenz, S. 270 ff.; zu einzelnen Änderungen innerhalb desselben und einem neuen Zugang im Hinblick auf den Unrechtsgehalt der geschäftlichen Handlung insgesamt *Peukert*, WRP 2019, 546 (552 ff.).

[1365] *Ohly*, GRUR 2022, 763 (772).

[1366] Dazu *Ohly* GRUR 2022, 763 (772); *ders.* auch in WRP 2015, 1443 (1443 ff.).

regeln. Zwar ergeben sich hier schon erste Probleme, da auch diese Verbraucherschutz[1367] mitverwirklichen. Im Kern geht es aber freilich ganz primär um Mitbewerberschutz,[1368] sodass eine dahingehende Aufteilung insoweit friktionsfrei erfolgen kann.

Für den Verbraucherschutz als dritten Abschnitt wären die §§ 4a, 5 – 5c UWG aufzunehmen. Die Rechtsfolgen könnte man wie gehabt in einem gesonderten Abschnitt normieren.

Im Übrigen wird es schwieriger. Das beginnt bei § 3a UWG, der sowohl Verbraucherschutz als auch Mitbewerberschutz garantieren kann. Es bietet sich für § 3a UWG an, ein weiteres allgemeines Kapitel[1369] zu schaffen. Damit wird deutlich, dass er sich auf beide Interessen gleichermaßen beziehen kann.

Ein zweites Problem ergibt sich dann aber für § 7 UWG. Auch diese Norm bezieht sich im Kern zwar ganz auf den Verbraucher.[1370] Eine Normierung beim Verbraucherschutz passt aber auch hier nicht immer. Zuweilen kann auch der Mitbewerber innerhalb des § 7 UWG[1371] in den Mittelpunkt rücken. Normiert man die Norm in den verbraucherschützenden Vorschriften, ergibt sich für diese Fälle ein Widerspruch. Insoweit ist die Situation auch nicht mit der der §§ 4, 6 UWG vergleichbar. Denn hier geht es inhaltlich um den Mitbewerber, womit die Interessen des Verbrauchers mitverwirklicht werden können. Bei § 7 UWG geht es in genannten Fällen dann aber schon im Kern um den Mitbewerber. Auch hier wird ein allgemeines Kapitel sinnvoll sein.

1367 Insoweit auch *Glöckner*, GRUR 2021, 919 (925), wenn er davon spricht, dass sich auch verbraucherschützende Aspekte in den mitbewerberschützenden Vorschriften verbergen; ähnlich *Scherer*, WRP 2021, 561 (563). Gemeint dürften insbesondere die § 4 Nr. 3a) UWG: „Täuschung der Abnehmer“ und § 6 II Nr. 3 UWG: „Verwechslungsgefahr gegenüber Verbrauchern“ sein; dazu kritisch auch *Peukert*, WRP 2019, 546 (552), der hierin einen nicht zu unterschätzenden Verbraucherschutz sehen will.

1368 Dazu auch Kapitel 1 (S. 31 ff.).

1369 Das schlägt *Ohly*, WRP 2015, 1443 (1443 ff.) vor.

1370 Dazu statt vieler etwa *Glöckner*, GRUR 2021, 919 (925) m. w. N.

1371 Denkbar wäre das z. B. bei belästigenden Anrufen bei Konkurrenten, um Mitarbeiter abzuwerben, dazu *Peukert*, WRP 2019, 546 (552); diese Fälle dürften aber deutlich weniger auftreten, dazu *Köhler*, in: FS Harte-Bavendamm (2020), S. 355, 364 f.

Denkbar wäre daher insgesamt Folgendes:[1372]
Kapitel 1: Unlautere Handlung
Abschnitt 1: Allgemeine Bestimmungen: §§ 1 – 3 I UWG unverändert
Abschnitt 2: Schutz der Mitbewerber: §§ 4, 6 UWG
Abschnitt 3: Schutz der Verbraucher: §§ 3 II – IV, 4a, 5a – 5c UWG
Abschnitt 4: Rechtsbruch und Unzumutbare Belästigung, §§ 3a, 7 UWG
Kapitel 2. Rechtsfolgen: §§ 8 ff. unverändert

2 Nur formaler Mehrwert einer Trennung

Der Mehrwert einer Trennung erschöpft sich gleichwohl eher in einer formal möglichen Trennung des historischen Mitbewerberschutzes und des hinzugetretenen Verbraucherschutzes. Insoweit ist die verschiedene Entwicklung des UWG, die durch § 9 II UWG in ihrer Intensität verstärkt wird, rechtsklarer dargestellt. Im Übrigen wäre aber auch hier jeweils § 1 UWG in seiner Mehrdimensionalität zu berücksichtigen. Die §§ 3a, 7 UWG zeigen darüber hinaus, dass es schon innerhalb der Verhaltensnormen zu einer Überlappung der Schutzzwecke kommen kann.[1373] Eine Trennung wird daher nur formal, nicht aber inhaltlich möglich sein.

Eine Trennung de lege ferenda gerade im Hinblick auf § 9 II UWG ist gleichwohl wie vorgeschlagen zu begrüßen. Denn sie schafft einerseits etwas mehr Klarheit und schadet jedenfalls mit hiesigem Ausgestaltungsvorschlag nicht. Einen Mehrwert im Übrigen hat sie aber nicht und ist daher eher eine Möglichkeit zur Ausbalancierung für die Rolle, die § 9 II UWG im Lauterkeitsrecht spielt. Zwingend wird sie nicht sein.

B Ausbalancierung der Rolle des Verbrauchers im UWG

Ziel der Ausbalancierung der Rolle des Verbrauchers ist es, zu bestimmen, ob es de lege ferenda Wege zu der denkbaren neuen „Doppelrolle" des Verbrauchers gibt, die das genannte Spannungsfeld sinnvoll ausbalancieren. Für

---

[1372] Anders im Hinblick auf § 7 UWG aber im Übrigen – freilich aktuelle Änderungen nicht berücksichtigend – ähnlich *Ohly*, WRP 2015, 1443 (1444, 1446).

[1373] Ähnlich auch *Leistner*, Richtiger Vertrag, S. 646 f., wenn er anführt, dass sich im Hinblick auf den institutionellen Schutz des Lauterkeitsrechts vor irreführenden und aggressiven Geschäftspraktiken die Interessen der Verbraucher, Mitbewerber und der Allgemeinheit nicht sinnvoll trennen lassen.

die Individualdurchsetzung besteht dabei nach hiesigem Dafürhalten wenig Potenzial. Für die Abtretung an Inkassodienstleister sollten einige Situationen bei dem Stand de lege lata verbleiben. Für andere sollte die Zulässigkeit einer Geltendmachung ausgeschlossen werden. Für die Verbandsklage nach VDuG bietet sich bei Situationen, die für Inkassodienstleister im Rahmen der Zulässigkeit ausgeschlossen werden sollten, eine andere – wie der Tendenz des Gesetzgebers zu entnehmende – Beurteilung der Voraussetzungen desselben an. So könnten genannte Schwächen[1374] im Hinblick auf das Spannungsfeld sachgerechter ausgeglichen werden.

I Bewertung des Spannungsfeldes als Ausbalancierungsgrundlage

Bei der Individualdurchsetzung von § 9 II UWG wird der Verbraucher in den Fällen der Schutzlückenschließung trotz denkbarer Beweiserleichterungen und der Zuständigkeit nach § 14 IV UWG regelmäßig rational apathisch sein. Die „doppelte" Rolle des Verbrauchers wird dabei kaum gegeben sein. Einer Ausbalancierung der Rollengewährung durch eine Rollenbegrenzung bedarf es dann nicht. Dass derartige Ansprüche nicht durchgesetzt werden und eine Rolle in diesen Fällen ausscheidet, ist dabei auch nicht zwingend ungewollt.[1375] Das gilt jedenfalls für die Rolle seines subjektiven Privatrechts. Denn es besteht kein rechtsstaatliches Ziel, den Verbraucher zur Geltendmachung seiner Ansprüche zu zwingen.[1376] Zwar soll die Geltendmachung

---

[1374] Kapitel 3 (S. 251 ff.).

[1375] In diese Richtung *Fries*, Verbraucherrechtsdurchsetzung, S. 58 m. w. N.; ähnlich *Basedow*, JZ 2018, 1 (10, 12), der zwar davon spricht, dass die Durchsetzung weltweit immer mehr das objektive Recht im Blick hat als die Verwirklichung subjektiver Rechte, was für eine Durchsetzung desselben unabhängig von dem durch den Verbraucher geäußerten Willen sprechen könnte. Gleichwohl wirft er auf, dass man Ansprüche in Bagatellbereichen als zwar verbindlichen, aber eher symbolischen Schutz verstehen könnte. Letztlich kann auch ersterer Ansatz nicht ohne Weiteres überzeugen, weil es bei § 9 II UWG nach Gesagtem schon im Kern um die Gewährung subjektiver Rechte geht.

[1376] *Fries*, Verbraucherrechtsdurchsetzung, S. 58, wenn er anführt, dass gleichwohl die Schaffung günstiger Rahmenbedingungen unter dem Begriff *access to justice* ungeachtet eines nicht bestehenden Zwangs denkbar erscheint; in diesem Sinne auch allgemein *Bernhard*, Kartellrechtlicher Individualschutz, S. 122 ff., der hierin vielmehr eine sinnvolle Barriere sehen will; anders noch *von Jhering*, Kampf ums Recht,

des Anspruchs aus § 9 II UWG nach Art. 11a UGP-RL praktisch möglich sein. Das ist in diesen Fällen zwar kaum der Fall. Das liegt aber maßgeblich an der Höhe der Forderung. Man wird keine Möglichkeit finden, die das in Kapitel 3 genannte Spannungsfeld sinnvoll berücksichtigt und ausbalanciert, die dieses Problem beseitigt. Eine fehlende Durchsetzung ist vielmehr hinzunehmen. Wenn der Verbraucher die Ansprüche doch durchsetzen möchte, hat er über die genannten Beweislastmodifikationen[1377] und Bündelungsmöglichkeiten[1378] Wege, die ihm seine Durchsetzung erleichtern. Dann kann er die neue Doppelrolle im Einzelfall in sachgerechter Ausbalancierung des Spannungsfeldes verwirklichen.

Misslich ist dieser Befund aber für die Rolle des Funktionärs der Lauterkeit des Marktes. Hier wird man zwar auch keinen Zwang herleiten können, die Lauterkeit des Marktes zu verteidigen. Da der Verbraucher bei § 9 II UWG aber nicht nur über seine Interessen disponiert, fällt die fehlende Durchsetzung hier mehr ins Gewicht.

Umgekehrt erscheint eine „Doppelrolle“ in Ausnahmekonstellationen bei Drei-Personen-Verhältnissen[1379] durchaus denkbar. Dabei kommt es durch eine Individualklage aber zu keiner sachgerechten Auflösung des Spannungsfeldes von Unternehmer- und Verbraucherschutz. Vielmehr wird die Justiz lahmgelegt.

Kollektivmechanismen wären für einen Ausgleich theoretisch gewinnbringend. Zwar schaffen Legal-Tech-Anbieter und das VDuG partiell Abhilfe, sind nach Gesagtem in vielen Fällen aber noch nicht hinreichend effektiv oder rechtsunsicher.[1380] Es stellt sich daher die Frage, wie eine Rollengewährung de lege ferenda besser erreicht werden kann und wie diese stärkere Rollengewährung durch eine Rollenbegrenzung ihrerseits wieder eingeschränkt werden muss.

S. 56 ff., der verlangt, dass sich der betroffene Verbraucher schon im Interesse der Allgemeinheit wehren muss.

1377 Kapitel 3 (S. 224 ff.).

1378 Kapitel 3 (S. 230 ff.).

1379 Kapitel 3 (S. 205 ff.).

1380 Für die fehlende Effektivität der Bündelung durch Inkassodienstleister im Rahmen des § 260 ZPO und der Rechtsunsicherheit bezüglich Massenschäden bei der Verbandsklage insgesamt die Ausführungen zur kollektiven Durchsetzung von § 9 II UWG, Kapitel 3 (S. 230 ff.).

II Abtretung von § 9 II UWG an Inkassodienstleister

Für die Abtretung an Inkassodienstleister ist im Rahmen des Umgangs mit den „Anlockfällen" und vergleichbaren Streuschäden keine Modifizierung angezeigt. Die bestehende Geltendmachung ist soweit möglich effektiv. Die Verluste durch die Zahlung der Provision sind im Hinblick auf Anreize, dass derartige Schäden überhaupt außergerichtlich oder gerichtlich geltend gemacht werden, zu akzeptieren. Zwar wird die Doppelrolle für die Verteidigung des subjektiven Privatrechts durch die Zahlung einseitig geschwächt. Die „geringere" Durchsetzung beim originären Rechteinhaber ist aber besser als die fehlende Durchsetzung.[1381] Insbesondere verbleibt dem Verbraucher dabei auch eine Wahlmöglichkeit. Möchte er seines vollständigen Anspruchs nicht verlustig gehen, muss er ihn nicht abtreten.

Zu überdenken ist aber die Bündelung von denkbar heterogeneren und komplexen Ansprüchen aus § 9 II UWG z. B. bei Irreführung des Herstellers und darauffolgender Vertragsaufhebung nach § 9 II UWG, § 249 I BGB im Rahmen des § 260 ZPO. Dabei ist keinem am Spannungsfeld Betroffenen geholfen. Insoweit kommt es, wie die Dieselfälle eindrucksvoll gezeigt haben, allenfalls zu einer Justizlähmung. Es muss im Grundsatz über die einzelnen Ansprüche erkannt[1382] werden. Bei § 9 II UWG droht das Gleiche. Mangels Aktivlegitimation im VDuG ist die Erhebung einer einzelnen Verbandsklage mit einem Streitgegenstand[1383] aus § 9 II UWG auch nicht möglich. Nimmt man hinzu, dass nach Gesagtem insbesondere die Qualität juristischer Arbeit in diesen Fällen leiden kann,[1384] verdichtet sich das Bild. Es verdichtet sich noch weiter, weil neben den genannten Defiziten auch die gerichtliche Zuständigkeit für § 9 II UWG Probleme aufwirft. Nimmt man eine denkbar fehlende Expertise der Legal-Tech-Abtreter in den Blick, kann auch das Amtsgericht bei denkbaren Fällen eine solche weniger gut korrigieren, wie das durch Landgerichte der Fall wäre.[1385]

1381 Dazu Kapitel 3 (S. 233 ff.).

1382 Dazu *Thönissen*, r+s 2023, 749 (750); auch *Scherer*, VuR 2022, 443 (446 f.).

1383 Zu diesem Unterschied der unechten Sammelklage im Rahmen der objektiven Klagehäufung nach § 260 ZPO etwa *Thönissen*, r+s 2023, 749 (750).

1384 Kapitel 3 (S. 240).

1385 Kapitel 3 (S. 221).

Es wäre daher – trotz konstruierbarer Zulässigkeit[1386] – in diesen Fällen sinnvoller, eine Inkassodienstleistungsbefugnis im Rahmen der Bündelung heterogenerer und komplexerer Fälle von § 9 II UWG für § 260 ZPO zu verneinen. Da im Gesetz angeklungen ist,[1387] dass dies bei hinreichender Komplexität zum Ausschluss einer entsprechenden Befugnis führt, sollte man für komplexere Fälle des § 9 II UWG – wie etwa den Dieselkonstellationen vergleichbare Fälle – einen Ausschluss der Inkassobefugnis schon im Ausgangspunkt annehmen.

Letztlich sollte man die Bündelung solcher komplexer Fälle eher Verbraucherverbänden nach VDuG überlassen, die dies zwar nach gesetzgeberischer Tendenz[1388] de lege lata auch nicht rechtssicher können. Hier bestehen aber – anders als bei den Inkassodienstleistern – de lege ferenda Möglichkeiten.

III Kollektivgeltendmachung von § 9 II UWG im Rahmen des VDuG

Im Hinblick auf die Umgangsmöglichkeiten des § 9 II UWG im Rahmen des VDuG bietet sich eine funktionale Konturierung des „Gleichartigkeitsbegriffs" an.

1 Funktionale Auslegung der „Gleichartigkeit" von Verbraucheransprüchen

Sinnvollerweise wird man die „Gleichartigkeit" de lege ferenda funktional auslegen müssen, um der Verbandsklage für § 9 II UWG Geltung zu verschaffen.

a Hintergrund

Das ergibt sich nach Gesagtem einerseits daraus, dass die Verbände ohnehin einem gewissen Finanzierungsdefizit unterliegen[1389] und die Ausgestaltung de lege lata ein Unterbleiben einer Klage bei engem Verständnis weiter provoziert.

Andererseits ist ein tendenziell weites Verständnis der „Gleichartigkeit" für Fälle des § 9 II UWG schon im Hinblick auf Art. 11a UGP-RL angezeigt. Denn

[1386] Kapitel 3 (S. 233 ff.).
[1387] BT-Drs. 19/27673, S. 42.
[1388] Kapitel 3 (S. 251 ff.).
[1389] Kapitel 3 (S. 315).

Verbraucheransprüche müssen wirksam sein. Nach Gesagtem sind sie das bei § 9 II UWG oft noch nicht. Kollektivmechanismen und dabei insbesondere die Verbandsklage könnten hier Abhilfe schaffen und die Ansprüche „wirksamer“ werden lassen. Legt man den ohnehin schon einem Finanzierungsdefizit unterliegenden Verbänden aber nun auf, für jeden denkbaren Unterschied eine neue Klage zu erheben, entsteht einerseits die Gefahr, dass der Aufwand für Verbände hier zu hoch ist und keine Klage erhoben wird. Selbst wenn Verbände dann doch verschiedene Klagen erheben, besteht andererseits die Gefahr, dass gewisse wiederum denkbar geringfügig unterschiedliche Aspekte nicht miteinbezogen werden. Sprechen diese aber dann gegen eine Gleichartigkeit, wird die Situation provoziert, dass sich Verbraucher einer Klage anschließen wollen, der sie nicht beitreten können.[1390] Die Praxis[1391] legt diese Gefahr nahe. Erhebt der Verband eine Vielzahl unterschiedlicher Klagen, ist dem Verbraucher im Einzelfall gar nicht mehr klar, welcher er nun beitreten soll. Da eine inhaltliche Prüfung der Berechtigung des Verbrauchers bei der Anmeldung nicht erfolgt,[1392] kann der Eindruck einer Verjährungshemmung aufkommen, die nicht besteht. Für die Verbraucher droht dann ein Rechtsverlust.[1393] Gleiches gilt für das erforderliche Verbraucherquorum als Zulässigkeitsvoraussetzung. Hier muss die Betroffenheit von 50 Verbrauchern nachgewiesen werden, § 4 I VDuG. Muss man für jeden denkbaren Unterschied eine neue Klage erheben, kann dies dazu führen, dass das jeweilige Quorum nicht mehr erreicht wird.[1394]

b Umsetzung

Gleichwohl muss im Hinblick auf das in Kapitel 3 Diskutierte klar sein, dass es sich um ein für die deutsche Rechtsordnung völlig neues Verfahren handelt

---

1390 Eine Prüfung der inhaltlichen Berechtigung erfolgt bei Anmeldung gerade nicht, § 46 III VDuG; dazu auch *Janal*, GRUR 2023, 985 (988 f.).

1391 Stellungnahme des Deutschen Anwaltsvereins zum Entwurf eines Gesetzes zur Umsetzung der Richtlinie (EU) 2020/1828 über Verbandsklagen zum Schutz der Kollektivinteressen der Verbraucher, die Stellungnahme ist durch einen Download auf folgender Website abrufbar: https://anwaltverein.de/de/newsroom/sn-15-23-verbandsklage (zuletzt aufgerufen am 18.04.2025).

1392 *Janal*, GRUR 2023, 985 (988 f.).

1393 Dazu *Janal*, GRUR 2023, 985 (994).

1394 In diesem Sinne schon für das Finden eines Quorums an sich kritisch *Meller-Hannich*, VersR 2023, 1321 (1325).

und der Umgang mit kollektivrechtlichen Leistungsklagen erst erprobt werden muss.[1395] Daher darf auf der anderen Seite nicht ohne Überlegung alles Ähnlichkeiten Aufweisende als „gleichartig" beurteilt werden. Andernfalls wäre man wieder bei einer ähnlichen Situation wie der der Inkassodienstleisterfälle bei § 260 ZPO. Bündelt man Situationen, die sich nicht sinnvoll bündeln lassen, kommt es allenfalls zu einer Überlastung der Justiz. Das hilft keinem der am Spannungsfeld Beteiligten. Das eigentliche Ziel der Prozessökonomie des VDuG wäre dann auch nicht erreicht.

Vielmehr erscheint ein funktionales Verständnis[1396] überzeugend.

Im Ausgangspunkt sollten daher Fälle, die hinreichende Überschneidungen aufweisen, zusammen zu beurteilen sein. Im Hinblick auf sich gleichwohl ergebende Unterschiede sollten die Fälle in verschiedene Untergruppen innerhalb derselben Klage eingeteilt werden.[1397] Kommt ein Gericht bei einer Prüfung aber zu dem Ergebnis, dass sich Gruppen nicht prozessökonomisch bilden lassen, wird man eine Gleichartigkeit ablehnen müssen. Freilich muss sich dieser Ansatz die Kritik gefallen lassen, dass er keine festen Maßstäbe festlegt, sondern eine Abwägung der Gerichte ermöglichen soll. Betrachtet man aber die Vielfalt denkbarer Sachverhalte und den Zweck der Erleichterung der Geltendmachung durch das VDuG, wäre eine starre Bestimmung der Vergleichbarkeit in einem engen Sinne kaum sinnvoll. Andernfalls würden hierunter auch Fälle aus dem Anwendungsbereich fallen, die kollektivrechtlich effizienter als die vielfache Geltendmachung von Individualklagen durchgesetzt werden könnten. Richtig ist auf der anderen Seite aber auch, dass eine zu extensive Ausgestaltung nach Gesagtem ebenso zu Problemen führt.

Maßgeblich soll daher Folgendes sein:

Das Gericht muss sich bei Prüfung der Gleichartigkeit funktional die Frage stellen, ob das entsprechende Verfahren trotz etwaiger Unterschiede in seiner Gesamtschau mit vergleichbaren Aspekten eine sinnvolle Beurteilung

---

1395 Dazu etwa *Janal*, GRUR 2023, 985 (993 f.), die prognostiziert, dass es eines mehrjährigen Trial-and-error-Vorgangs bedürfen könnte, um eine adäquate kollektive Rechtsdurchsetzung durch das VDuG möglich zu machen.

1396 Dieses wollen auch *Mayrhofer/Koller*, ZIP 2023, 1065 (1072) zugrunde legen; ähnlich *Waßmuth/von Rummel*, ZIP 2023, 1515 (1517); in eine ähnliche Richtung gehen auch *Dittmann/Gollnast*, VuR 2023, 135 (140 f.).

1397 So im Kern auch *Thönissen*, r+s 2023, 749 (752); ebenso *Kern/Uhlmann*, ZEuP 2022, 849 (882).

im Rahmen einer Bündelung zulässt. Es ist m. a. W. entscheidungserheblich, ob das Kollektivverfahren im Vergleich zu einem Individualverfahren[1398] eine Verfahrenserleichterung verspricht oder ob die alternative individualklageweise Geltendmachung sinnvoller ist. Dabei kann auch ein Mittelweg gefunden werden, dass gewisse Sachverhalte zu unterschiedlich sind, um sie in die Verbandsklage aufzunehmen, andere aber noch vergleichbar genug.

Wichtig ist nach hiesigem Dafürhalten dabei insbesondere – und insoweit wird sich kollektiv schon einer gewissen Individualisierbarkeit angenähert – eine sinnvolle Untergruppenbestimmung.[1399] Gemeinsame Gesichtspunkte werden dann zusammen behandelt, ansonsten Formeln für etwaige Schadensersatzansprüche in der Klage in Untergruppen jeweils festgelegt. Wiederum wird man auch hier im Hinblick auf die Effizienz eines Kollektivverfahrens Vorsicht walten lassen müssen, dass es nicht zu so vielen Untergruppen kommt, dass es sich praktisch wieder nur um Einzelbetrachtungen handelt, die dem Ziel des VDuG zuwiderlaufen. Insoweit wäre beispielshaft eine Untergruppe 1: Autoreihe A mit Abschalteinrichtung A, unfallfrei, Untergruppe 2: Autoreihe A mit Abschalteinrichtung A mit Unfall; Untergruppe 3: Autoreihe B (…) usw. denkbar. Man wird hier sehen müssen, dass man übergeordnet gleiche Situationen (z. B. irreführende Werbung) gemeinsam betrachtet und die insoweit wesentlichen gleichen Tatsachen- und Rechtsfragen übergeordnet für die jeweiligen Untergruppen klärt. Soweit sich dann Unterschiede ergeben, die zur Untergruppenbildung geführt haben, müssen diese für die jeweilige Untergruppe dann wieder gesondert festgestellt werden. Dann lassen sich jeweils Formeln für die Berechnung des Schadensersatzes aufstellen, die für die jeweilige Untergruppe maßgeblich sind.

1398 Denkbare Maßstäbe zu einer dahingehenden Konturierung finden sich bei *Mayrhofer/Koller*, ZIP 2023, 1065 (1072), die insbesondere in Fn. 74 einen Vergleich mit der US-amerikanischen und schwedischen Rechtslage vornehmen, bei denen eine solche Abwägung bei der Anstrengung von Kollektivverfahren miteinbezogen wird; in diese Richtung auch für die Überlegenheit insoweit gegenüber sonstigen gerichtlichen oder außergerichtlichenVerfahren *Woopen*, VersR 2023, 886 (887).

1399 Dazu etwa *Thönissen*, r+s 2023, 749 (752 f.); ebenso *Dittmann/Gollnast*, VuR 2023, 135 (140) für die Bildung von Untergruppen nach Fahrzeugklassen mit durchschnittlichen Verkaufspreisen unter Abzug von durchschnittlichem Nutzungsersatz.

Auch hier zeichnet sich freilich ein gewisser Aufwand[1400] ab. Dieser dürfte aber geringer sein als derjenige, wenn nur jeder denkbare Unterschied in einem gesonderten Individualverfahren geprüft wird oder zahllose Verbandsklagen mit geringfügigen Unterschieden erhoben werden müssen. Auch insoweit wird man sich die Kritik gefallen lassen müssen, wie man bestimmen soll, ob zahllose Individualverfahren eine größere Belastung darstellen als ein Kollektivverfahren mit Untergruppenbildung und nachgelagerter Verteilung. Die Gefahr einer Fehleinschätzung bzw. Gleichbelastung im Vergleich zu verschiedenen Individualverfahren besteht. Indessen besteht auch die Möglichkeit, durch Pauschalierungen ohne Individualprüfung eine Entlastung zu erreichen, die durch Trial and Error[1401] über die Zeit Tendenzen für eine Bündelungsmöglichkeit von Fällen hervorbringen wird.

Andererseits besteht schon im Ausgangspunkt keine Entlastungsmöglichkeit, wenn man jeden denkbaren Unterschied von vornherein gegen die „Gleichartigkeit" sprechen lässt. Insofern ergibt sich durch diesen Ansatz eine Entlastungsmöglichkeit und Stärkung der Rolle des Verbrauchers im UWG, die durch ein enges Verständnis schon von vornherein nicht besteht. Eine funktionale Betrachtung erscheint daher vorzugswürdig. Das ergibt sich daraus, dass sie flexibel auf zu machende Erfahrungen reagieren kann und so jedenfalls Chancen bietet, die durch ein streng restriktives[1402] oder streng extensives[1403] Verständnis schon im Ausgangspunkt nicht bestehen.

2 Bestimmtheitslockerung und Schadensschätzung

Bei der Schadensbestimmung und -schätzung sollte mehr Klarheit geschaffen werden. So sollte klar festgelegt werden, *dass* und *woraus* Verbände einen Auskunftsanspruch haben und *wie* sie auf dieser Grundlage eine Schadensschätzung vornehmen dürfen. Damit verbunden ist zwar die genannte Friktion

---

1400 Zu einem solchen im Hinblick auf die Bestimmung von Untergruppen generell auch *Thönissen*, r+s 2023, 749 (752); *Janal*, GRUR 2023, 985 (992).

1401 Dazu auch *Janal*, GRUR 2023, 985 (993 f.).

1402 Dann kommt es nach in Kapitel 3 Gesagtem zu keiner Bündelung und das VDuG ist ein Papiertiger, weil es lauterkeitsrechtlichen Fallkonstellationen immanent sein wird, dass diese nicht komplett identisch sind.

1403 Dann kommt es zu keiner Verbesserung zu § 260 ZPO bei Inkassodienstleistern. Man wird daher nur eine enorme Justizbelastung feststellen, die gegebenenfalls zu einer Verfahrenstrennung führt.

mit der Individualbetrachtung im Rahmen der §§ 249 ff. BGB. Das ist der Kollektivklage aber immanent. Das bestehende Wahlrecht des Verbrauchers, sich nicht anzuschließen und individuell zu klagen, sorgt dafür, dass ein Verlust[1404] einer etwaigen Individualbetrachtung in seinem Ermessen steht. Will er einer solchen nicht verlustig gehen, muss er sich der Klage nicht anschließen.

3 Prozessfinanzierung

Bezogen auf die im Vergleich zu § 10 VI UWG n. F[1405] widersprüchliche Situation der wenig sinnvollen Prozessfinanzierung[1406] einer Kollektivklage von § 9 II UWG im VDuG sollte erwogen werden,[1407] einen Gewinn bei § 10 UWG den Verbänden zugutekommen zu lassen.[1408] Die dadurch gewonnenen Ressourcen könnten so auch für eine Kollektivklage nach VDuG für § 9 II UWG fruchtbar gemacht werden. Insbesondere sollten auch die Drittfinanzierungsmöglichkeiten des § 4 III VDuG aufgeweicht werden. Bezieht man ein, dass bei kommerzieller Finanzierung Anteile von 20 – 30 % üblich

---

1404 Wobei es nach Gesagtem oftmals gar nicht zu einem Verlust von Rechten kommt, sondern im Hinblick auf die rationale Apathie zur Gewährung derselben, dazu Kapitel 3 (S. 240).

1405 Der eine solche nun expressis verbis zulässt. Zuvor hatte sich der BGH noch dahingehend geäußert, dass eine solche nicht möglich sei, dazu *Thönissen*, ZIP 2023, 1834 (1836); *Köhler*, WRP 2019, 139 (140).

1406 Hierzu insgesamt die Ausführungen in Kapitel 3 (S. 269).

1407 Zu diesem Problem im Hinblick auf die Frage, wo der abgeschöpfte Gewinn am Ende landet, *Janal*, GRUR 2023, 985 (987).

1408 Dazu überzeugend für die Effektuierung des § 10 UWG im Allgemeinen etwa *Meier*, Täuschung und Manipulation, S. 285 m. w. N. Gesetzt den Fall, es kommt zu einer solcher Gewinnzuschreibung an den Verband, stellt sich gleichwohl die Frage, ob es dadurch wirklich zu mehr Fällen des § 10 UWG kommt und sich insoweit Chancen für § 9 II UWG ergeben: Der Anwendungsbereich ist zwar der Sache nach erweitert, der Referentenentwurf lässt aber gleichwohl eine relativ restriktive Anwendung erkennen, wenn er davon spricht, dass „Fälle im offensichtlich erkennbaren lauterkeitsrechtlichen Grenzbereich" gemeint sind, RegE, BT-Drs. 20/6520, S. 125; zweifelnd auch *Freischem/Würtenberger*, GRUR 2023, 626 (627); offener *Thönissen*, ZIP 2023, 1834 (1836); eine denkbare Stellschraube für § 9 II UWG im Rahmen kollektiver Rechtsdurchsetzung ist dies gleichwohl und unabhängig von der tatsächlichen Wirksamkeit bietet es eine Möglichkeit, ohne dass hiermit wirkliche Nachteile verbunden sind.

sind,[1409] erscheint eine Erweiterung erforderlich. Insbesondere sollte festgelegt werden, wodurch diese finanziert werden soll.

Berücksichtigt man dies, erscheint eine Stärkung der Rolle des Verbrauchers hin zu einem Verteidiger seines subjektiven Privatrechts und Funktionärs der Lauterkeit des Marktes möglich.

IV Schaffung einer Verteidigungsmöglichkeit gegen unberechtigte Ansprüche

Die bei der Rechtsdurchsetzung für § 9 II UWG eingeführte Stellschraube der Verteidigungsmöglichkeiten gegen unberechtigte und missbräuchliche Ansprüche aus § 9 II UWG hat gezeigt, dass das entsprechende Spannungsfeld[1410] hier de lege lata einseitig zulasten des Unternehmers[1411] verschoben wird.

1 Denkbare Lösungsvorschläge für Spannungsfeld de lege ferenda in der Literatur

Es stellt sich daher die Frage, wie man im Hinblick auf einen sachgerechten Ausgleich entweder Wertungen aus anderen Gesetzen für die Verteidigungsmöglichkeit fruchtbar machen kann, oder, sollte dies nicht der Fall sein, entsprechende Normen schaffen kann.

Seidl[1412] sieht de lege lata keine denkbaren Ansprüche im Rahmen der Rechtsberühmung, wenn nicht im Einzelfall ein Vertrag oder sonstiges Schuldverhältnis besteht. Diskutiert, ob man de lege ferenda solche bräuchte, wird nicht. Man wird dem implizit ableiten können, dass es solche im Übrigen nicht geben soll.

Verschieden ist der Ansatz von *Hofmann*,[1413] der jedenfalls bei außergerichtlicher Verteidigung gegen eine Anspruchsberühmung Verteidigungsmöglichkeiten durch den Ersatz von Rechtsanwaltskosten zulassen will. Es stellt

---

1409 Dazu etwa *Röthemeyer*, VuR 2023, 332 (334 f.) m. w. N.; ebenso *Meller-Hannich*, VersR 2023, 1321 (1327).

1410 Hierzu insgesamt Kapitel 3 (S. 205 f.).

1411 Das gilt jedenfalls dann, wenn nicht im Einzelfall ein Schuldverhältnis besteht, das entsprechende Ansprüche ermöglicht, dazu Kapitel 3.

1412 *Seidl*, Anspruchsberühmung, S. 152 ff., 199.

1413 *Hofmann*, ZfPW 2018, 152 (174 f.).

sich dabei nachgelagert die Frage, worauf diese zu stützen wären. Er erwägt die Schaffung einer neuen Norm, die die zur Verteidigung erforderlichen Aufwendungen ersatzfähig stellt.

2 Bewertung der Lösungsvorschläge

Der Ansatz von *Seidl* ist nach den in Kapitel 3 genannten Ausführungen zum Spannungsfeld nicht sachgerecht. Die Überlegungen von *Hofmann* überzeugen, sollen gleichwohl noch um zwei weitere Gesichtspunkte ergänzt werden:

1. Zu erwägen ist einerseits, ob die Schaffung einer neuen Norm hierfür erforderlich ist.
2. Sollte dies der Fall sein, stellt sich die Folgefrage, wo entsprechende Ansprüche zu normieren wären.

a Keine Übertragung der Grundsätze der unberechtigten Schutzrechtsverwarnung

Für denkbare Schadensersatzansprüche des Unternehmers bei unberechtigter Geltendmachung des § 9 II UWG könnte die Wertung der unberechtigten Schutzrechtsverwarnung übertragbar sein. Klar ist nach Gesagtem schon im Ausgangspunkt, dass es sich jedenfalls für die Individualdurchsetzung um absolute Ausnahmekonstellationen handeln wird. Anders mag dies einmal sein, wenn Legal-Tech-Anbieter irreführend[1414] Verbraucher anwerben und daher eine Mehrbelastung für Unternehmer droht. Das gilt insgesamt freilich nur dann, soweit zusätzliche, zur reinen Rechtsberühmung hinzutretende Pflichtwidrigkeitsmomente auftreten.[1415]

aa Situation bei unberechtigter Schutzrechtsverwarnung

Die unberechtigte Schutzrechtsverwarnung umfasst Situationen, in denen der Inhaber eines Immaterialgüterrechts dessen Schutzumfang durch das Verhalten eines anderen verletzt sieht. In hiesigen Fällen liegt eine Verletzung aber nicht vor. Die Geltendmachung erfolgt daher unberechtigt.[1416]

[1414] Kapitel 3 (S. 272 ff.).
[1415] Kapitel 3 (S. 272 ff.).
[1416] Eine Übersicht liefert MüKoBGB/*Wagner*, 8. Aufl. (2020), § 823 Rn. 374 ff.

bb Rechtsgrundlage für Verteidigung gegen § 9 II UWG

Eine Rechtsgrundlage für die Verteidigung gegen Ansprüche aus § 9 II UWG würde bei Übertragungsmöglichkeit § 823 I BGB im Rahmen des eingerichteten und ausgeübten Gewerbebetriebs liefern. Da der Verbraucher in seiner Rolle keine geschäftliche Handlung im Sinne des UWG vornehmen kann, stellt sich ein etwaiger Streit[1417] der Anwendung des § 4 UWG oder § 823 I BGB und deren Verhältnis nicht.

cc Interessenlage als Grundlage für Vergleichbarkeit

Ausgangspunkt einer Übertragung ist die Vergleichbarkeit der zugrunde liegenden Interessenlagen. Begründet wird die besondere Interessenlage bei der unberechtigten Schutzrechtsverwarnung mit dem Ausschließlichkeitsrecht des Schutzrechtsinhabers. Diese „die Freiheit des Wettbewerbs einschneidende Wirkung verlange nach einem Korrelat, das sicherstellt, dass der Wettbewerb nicht über die objektiven Grenzen hinaus eingeschränkt wird".[1418] Maßgeblicher Gesichtspunkt ist daher das (vermeintlich) bestehende Monopolrecht, das eine unberechtigte Vermögensschädigung des Verwarnten verursacht.[1419] Weiteres Argument sind darauf beruhende Wirkungen für den verwarnten Unternehmer, weil er unter Umständen seine gesamte Produktion einstellen muss.[1420]

aaa Keine Auswirkungsvergleichbarkeit

Die Situationen werden dabei, bezogen auf die Auswirkungen für den Unternehmer durch Geltendmachung von Ansprüchen aus § 9 II UWG, kaum vergleichbar sein. Denn wird der Unternehmer im Hinblick auf ein Schutzrecht verwarnt, kann dies dazu führen, dass er neben seiner kompletten Werbung auch den Betrieb und die Produktion einstellen muss.[1421] Dieses enorme Risiko[1422] soll die unberechtigte Schutzrechtsverwarnung und darauf

---

[1417] Zur bestehenden Diskussion statt einiger *Sack*, Unbegründete Schutzrechtsverwarnungen, S. 21 m. w. N.

[1418] BGH GRUR 2005, 882 Rn. 17 – *Unberechtigte Schutzrechtsverwarnung.*

[1419] Dazu O/S/*Ohly*, 8. Aufl. (2023), § 4 Rn. 4/35.

[1420] Krit. zu dieser m. w. N. *Sack*, Unbegründete Schutzrechtsverwarnung, S. 75 ff.

[1421] Dazu auch *Hösl*, Kostenerstattung, S. 124 ff.; O/S/*Ohly*, 8. Aufl. (2023), § 4 Rn. 4/34.

[1422] Statt einiger auch *Seidl*, Anspruchsberühmung, S. 174; anders aber *Ullmann*, GRUR 2001, 1027 (1029), der dies als eigenes Risiko des Unternehmers bezeichnet, da er der Verwarnung nicht nachgeben müsste. Das ist nach hiesigem Dafürhalten etwas zu

beruhende Ansprüche ausgleichen. Eine für § 9 II UWG insoweit vergleichbare Situation lässt sich auf den ersten Blick nach Gesagtem kaum herleiten. Denn es geht schon nicht um Unterlassungsansprüche. Es kommt daher regelmäßig nur zur Kompensation einzelner Streuschäden[1423]. Anderes scheint zwar für wettbewerbsrechtliche Konstellationen[1424] und damit auch bei § 9 II UWG theoretisch möglich. Man denke an eine etwaige Herstellerwerbung wie in den den Dieselkonstellationen vergleichbaren Fällen. Geht es hierbei um größere Summen und machen viele Verbraucher ihre Ansprüche geltend, gegebenenfalls auch unberechtigt,[1425] kann dies den Unternehmer dazu veranlassen, die Werbung einzustellen. Gerade durch Werbung von Legal-Tech-Anbietern können mehrere Verbraucher erreicht werden, die ihre Ansprüche entweder bündeln oder individuell durchsetzen. Theoretisch denkbar erscheint dies. Selbst wenn man davon ausgeht, dass der Unternehmer nicht seine ganze Werbung einstellen muss, sondern nur sicherheitshalber umstellt, gilt nichts anderes. Derartige Fälle sind auch für das Kennzeichenrecht als Konstellationen[1426] der unberechtigten Schutzrechtsverwarnung anerkannt. Zuzugeben ist aber, dass diese Fälle – wenn sie denn überhaupt eintreten – die absolute Ausnahme sein werden. Die Tendenz spricht eher gegen eine Vergleichbarkeit bei denkbaren Auswirkungen für Unternehmen.

bbb Keine Vergleichbarkeit bei „Informationsgefälle“

Auch eine Vergleichbarkeit bei einem „Informationsgefälle“ wird man nicht annehmen können: Der Schutzrechtsberechtigte könnte viel mehr Wissen

---

kurz gedacht, weil der Unternehmer sich bei fehlendem Nachgeben der Gefahr der Anspruchsgeltendmachung durch den Verwarner aussetzt und so gleichermaßen im Risiko ist. Ihm bei einer falsch beurteilten Schutzrechtslage durch den Verwarner das komplette Risiko aufzulasten ist insoweit nicht erklärbar, zu der Konfliktlage generell *Hösl*, Kostenerstattung, S. 125 m. w. N.

1423 Kapitel 3 (S. 205 ff.).

1424 Dazu *Waschmann*, Die unberechtigte Verwarnung, S. 68 ff.; *Sack*, Unbegründete Schutzrechtsverwarnung, S. 60 f.; in diesem Sinne auch allgemein *Hofmann*, ZfPW 2018, 152 (170), wenn er davon spricht, dass „hohe Schäden auch anderswo“ drohen.

1425 Dass dies auch ein tatsächliches Problem ist, zeigen wieder die Dieselfälle, in denen einige Verbraucher das Kaufpreisdatum manipuliert hatten, um unter den Mustervergleich zu fallen, dazu https://rsw.beck.de/aktuell/daily/meldung/detail/ueber-25.000-diesel-einzelklagen-gegen-vw-mit-vergleich-beendet (zuletzt aufgerufen am: 20.04.2025).

1426 Dazu *Waschmann*, Die unberechtigte Verwarnung, S. 68 f. m. w. N.

um den Umfang seines Schutzrechts haben als der Unternehmer,[1427] der sich grundsätzlich im freien Wettbewerb bewegt.[1428] Der bessere Wissenszugriff bezüglich seines eigenen Schutzrechts könnte es daher rechtfertigen, das Risiko einer unberechtigten Geltendmachung dem Schutzrechtsinhaber aufzubürden, weil er in diesen Konstellationen „näher dran ist".[1429]

Für § 9 II UWG im Rahmen des Verstoßes gegen relative Verhaltensnormen gilt das nicht. Beide Parteien haben gleichermaßen Zugriff auf das Gesetz. Mehr eigentlich noch: Versierte Unternehmen mit Compliance-Abteilungen werden oft deutlich mehr Expertise bei der Beurteilung der Unlauterkeit haben[1430] als der durchschnittlich informierte Verbraucher. Letztlich wird das Argument des Informationsgefälles zwar auch schon für die Schutzrechtsverwarnung selbst nicht[1431] überzeugen. Selbst wenn man dies aber als Grundlage der Haftung verstehen will, ist sie bei § 9 II UWG jedenfalls nicht gegeben.

1427 So die grundlegend BGH WRP 1965, 97, 99; dazu auch *Rubusch*, Die Berechtigungsanfrage, S. 29 m. w. N.

1428 In diesem Sinne MAH/*Gregor*, 6. Aufl. (2022), § 18 Rn. 99; ebenso O/S/*Ohly*, 8. Aufl. (2023), § 4 Rn. 4/43, der – hier in Bezug auf Abmahnungen bezüglich der §§ 3 ff. UWG – von einem fehlenden Informationsvorsprung insoweit im Vergleich zu Schutzrechtsverwarnungen spricht.

1429 BGH GRUR 2005, 882, 885 – Unberechtigte Schutzrechtsverwarnung.

1430 Das mag einmal dann nicht der Fall sein, wenn eine Irreführung denkbar erscheint, diese aber davon abhängt, ob das Produkt im Einzelfall mangelhaft ist. Hier könnte ein Informationsvorsprung gleichwohl des Verbrauchers denkbar erscheinen, weil er das Produkt, das vielleicht einen Ausreißer darstellt, vor sich hat und damit besser beurteilen kann, ob eine solche vorliegt; zu der stärkeren Routine des Unternehmers siehe nur Kapitel 3 (S. 216 f.).

1431 Solche Fälle der überschießenden Schutzwürdigkeit bei der unberechtigten Schutzrechtsverwarnung mögen denkbar sein, wenn ein großes Unternehmen von einem kleinen – das entsprechende Kapazitäten zur Überprüfung nicht hat – in Anspruch genommen wird. Das mag insbesondere in den Konstellationen der Abnehmerverwarnung der Fall sein, die freilich schon im Ausgangspunkt weniger prüfwillig sind und ohne Weiteres auf Alternativprodukte umsteigen können, dazu etwa *Hofmann*, ZfPW 2018, 152 (165) m. w. N. Denkbar ist aber auch der umgekehrte Fall. Handelt es sich um Mitbewerber, wird der in Anspruch Genommene sich schon auch mit dem am Markt befindlichen Schutzrechten auskennen, so auch *Rubusch*, Die Berechtigungsanfrage, S. 38 f.; *Sack*, Unbegründete Schutzrechtsverwarnung, S. 60 ff. m. w. N.; insoweit besteht kein Machtgefälle, sodass auch im Rahmen der unberechtigten Schutzrechtsverwarnung Schutzwürdigkeit angenommen wird, auch wenn eine entsprechende Expertise denkbar ist.

dd Abschließende Bewertung: Keine Übertragbarkeit

Die Wertung der unberechtigten Schutzrechtsverwarnung ist in Fällen des § 9 II UWG ganz regelmäßig nicht gegeben. Eine Wertungsübertragung muss ausscheiden. Das mag zwar in engen Ausnahmefällen einmal anders sein. Von der Ausnahme aber auf eine generelle Wertungsübertragung zu schließen, überzeugt nicht. Gestützt wird dies durch bisherige[1432] und auch aktuellere Rechtsprechungslinien,[1433] die Ansprüche aus unberechtigter Schutzrechtsverwarnung dann nicht als gegeben sehen wollen, wenn diese die Geschäftstätigkeit nicht beeinträchtigen können. Das wird man bei den Fällen des § 9 II UWG in der Regel annehmen können.

b Erfordernis einer neuen Norm?

Rechtssicherer und erforderlich scheint die von *Hofmann* eingangs genannte These, dass es der Einführung einer neuen Norm bedarf. Hierfür ist zwischen den Rechtsanwaltskosten und Schadensersatzansprüchen zu differenzieren.

Will man eine neue Norm schaffen, würde sich folgender Wortlaut anbieten:

> (1) *Derjenige, der einen Anspruch geltend macht, der nicht besteht, hat, wenn er hierbei rechtswidrig eine situativ zu bestimmende Verkehrspflicht verletzt und dies zu verschulden hat, dem vermeintlichen Anspruchsgegner den hieraus entstandenen Schaden zu ersetzen.*
>
> (2) *Besteht ein solcher Verstoß gegen eine Verkehrspflicht nicht, hat er ihm gleichwohl die für eine Rechtsverteidigung erforderlichen Aufwendungen zu ersetzen, soweit er das Fehlen seiner Anspruchsberechtigung fahrlässig verkannt hat.*[1434]

1432 Etwa BGH GRUR 2011, 152 Rn. 72 – *Kinderhochstühle im Internet I.* So sind nach BGH die Grundsätze der unberechtigten Schutzrechtsverwarnung nicht auf Abmahnungen wegen unlauterer geschäftlicher Handlungen übertragbar. Insoweit sind zwar Abmahnungen adressiert. Die unberechtigte Geltendmachung von Ansprüchen ähnelt diesen aber, sodass eine Vergleichbarkeit gegeben ist, für die Vergleichbarkeit der Anspruchsberühmung und lauterkeitsrechtliche Abmahnung auch *Bergmann*, Die Geschäftsführung, S. 377, wenn er davon spricht, dass man den zu Unrecht Abgemahnten mit dem vergleichen kann, der zu Unrecht mit einer Forderung konfrontiert wird.

1433 BGH GRUR 2020, 1116 Rn. 7 ff. – *Unberechtigte Schutzrechtsverwarnung III.*

1434 Absatz 2 angelehnt an *Hofmann*, ZfPW 2018, 152 (175), der sich insoweit auf Unternehmer bezieht. Hier erfolgt eine generalisierte Betrachtung.

Zu fragen wäre dann aber, wo man diesen systematisch verortet. § 823a BGB passt nicht recht. Absatz 1 geht zwar in diese Richtung, für Absatz 2 erscheint eine Normierung aber systemwidrig. Da es sich im letzteren Fall zudem um Aufwendungsersatzansprüche handelt, könnte man an die Vorschriften der §§ 662 ff. BGB, 677 ff. BGB denken. Erstere Vorschriften passen aber im Hinblick auf Absatz 1 schon nicht recht. Der Blick lenkt sich sodann auf die §§ 677 ff. BGB, die nach Gesagtem aber nur für die umgekehrte Ausnahmekonstellation und im Ergebnis auch nur durch die Rechtsprechungspraxis im Hinblick auf Vermutungen[1435] Geltung beanspruchen können. Eine Normierung in diesen scheidet daher auch aus.

aa Aufwendungsersatz für Rechtsanwaltskosten

Gewinnbringend für Rechtsanwaltskosten könnte das UWG selbst sein. Für den Zugang der Arbeit[1436] wäre das Einfügen eines § 9 II S. 4 UWG n. F. oder § 13 V S. 5 UWG n. F. denkbar.

Eine Normierung in § 9 II UWG überzeugt weniger, da es sich um eine generelle Frage[1437] handelt, die nicht nur § 9 II UWG betrifft.

Für § 13 V S. 5 n. F. UWG bedürfte es in Anlehnung an die Analogievoraussetzung jedenfalls einer planwidrigen Regelungslücke und einer vergleichbaren Interessenlage, um eine entsprechend systemkonforme Normierung innerhalb dieses Regelungsgefüges zu rechtfertigen.

Eine planwidrige Regelungslücke lässt sich durch die Ausführungen, die schon im Hinblick auf die analoge Anwendung des § 91 ZPO angeführt wurden,[1438] herleiten.

Zudem bräuchte es eine vergleichbare Interessenlage. Zuzugeben ist, dass es hier freilich um die Konfrontation mit unberechtigten Ansprüchen geht, § 13 V UWG aber die Verteidigung gegen eine unberechtigte Abmahnung in den Blick nimmt. Identisch sind die Situationen insoweit nicht, weil der

---

1435 Kapitel 2 (S. 109 ff.).

1436 Es geht insoweit um Ansprüche aus dem UWG, sodass eine Verteidigung gegen diese systemkonform im UWG geregelt werden könnte. Richtig ist aber sicherlich, dass es sich hier unter dem „Deckmantel“ des § 9 II UWG am Ende um eine das gesamte Zivilrecht betreffende Frage handelt, die hier spezialgesetzlich normiert ist. Zur übergeordneten Relevanz auch *Hofmann*, ZfPW 2018, 152 (175).

1437 *Hofmann*, ZfPW 2018, 152 (175).

1438 Dazu Kapitel 3 (S. 285 f.).

Verbraucher nicht im Rahmen des § 8 UWG aktivlegitimiert ist und eine Abmahnung schon nicht aussprechen kann. Gleichwohl ergeben sich in der Sache kaum Unterschiede:[1439] In beiden Situationen wird man mit einem unberechtigten Begehren konfrontiert, gegen das man sich verteidigen will. Auch die Streitvermeidungs- und Entlastungsfunktion der Abmahnung im Hinblick auf die Gerichte[1440] wird hier gleichermaßen vorliegen. Eine Normierung in § 13 V S. 5 n. F. UWG scheint daher sinnvoll.

Dabei muss mit der Wertung des § 13 V S. 3 UWG und § 97a IV S. 1 Hs. 2 UrhG aber berücksicht werden, dass ein solcher Aufwendungsersatz auch dann ausscheiden muss, wenn die fehlende Berechtigung für den Verbraucher nicht erkennbar war.[1441] Das gebietet letztendlich schon Art.11a UGP-RL im Hinblick auf wirksame Ansprüche des Verbrauchers. Ansonsten würde durch die Ersatzfähigkeit von Anwaltskosten bei unberechtigten Ansprüchen der Anreiz zur Geltendmachung berechtigter Ansprüche unterlaufen werden.

Das kann etwa deshalb der Fall sein, weil durch ein entsprechendes Urteil medial bekannt wurde, dass keine Ansprüche des Unternehmers für die entsprechende Verhaltensweise bestehen und der Verbraucher gleichwohl Ansprüche gegen den Unternehmer versucht geltend zu machen, weil er von einer Anspruchsberechtigung ausgeht. Leichte Zweifel genügen dafür freilich nicht,[1442] sodass die reine Kenntnis von einem entsprechenden Gerichtsverfahren, das noch zu keiner Entscheidung gelangt ist, nicht genügt. Auch das gebietet letztlich schon Art. 11a UGP-RL im Rahmen der praktischen Wirksamkeit der Ansprüche.

bb Für Schadensersatzansprüche

Am ehesten geeignet für Schadensersatzansprüche dürfte unter Heranziehung der genannten situativen Sorgfaltspflichten § 823 I BGB sein. Insoweit müsste man die „Verteidigung gegen Anspruchsberühmungen" als „sonstiges

---

1439 In diese Richtung abstrakt für die Anspruchsberühmung und lauterkeitsrechtliche Abmahnung auch *Bergmann*, Die Geschäftsführung, S. 377, wenn er davon spricht, dass man den zu Unrecht Abgemahnten mit dem vergleichen kann, der zu Unrecht mit einer Forderung konfrontiert wird.

1440 Statt vieler etwa *Frey*, JuS 2014, 968 (968 f.).

1441 Dazu statt vieler etwa O/S/*Ohly*, 8. Aufl. (2023), § 13 Rn. 63 m. w. N. für Fälle der fehlenden Erkennbarkeit.

1442 Abstrakt für diese Fälle im Rahmen des § 13 V UWG etwa O/S/*Ohly*, 8. Aufl. (2023), § 13 Rn. 63. m. w. N.

Recht“ anerkennen. Wirklich überzeugend und rechtspraktisch wird eine dahingehende Ausgestaltung aber kaum sein. Nach Gesagtem scheidet eine unberechtigte Schutzrechtsverwarnung über § 823 I BGB gerade dann aus, wenn die Geschäftsfähigkeit nicht beeinträchtigt wird. Wenig sinnvoll ist es, eine Wertungsübertragung zu § 9 II UWG abzulehnen, danach aber § 823 I BGB anzunehmen. Am Ende wird man sagen müssen, dass eine dahingehende Gefahr im Hinblick auf Art. 11a UGP-RL für den Verbraucher ohnehin vermieden werden soll. Nimmt man an, dass an die situativen Sorgfaltspflichten hohe Anforderungen zu stellen sind, bietet es sich an, diese Fälle über § 826 BGB zu lösen. Berücksichtigen könnte man hier etwa die Wertung des § 8c UWG. Dann erscheint nach Gesagtem für das Spannungsfeld eine Schadensersatzpflicht auch im Lichte des Art. 11a UGP-RL angezeigt. Ansonsten müssen solche ausscheiden.

C Zusammenfassung der Ergebnisse aus Kapitel 4

§ 9 II UWG muss für die Rolle der Verbraucheraktivlegitimation einmal bei der Rollengewährung und einmal bei der Rollenbegrenzung modifiziert werden. Für die Rollengewährung gilt Folgendes: Bei Zahlungsaufforderung durch einen Inkassodienstleister bietet sich für die Schutzlückenschließung eine teleologische Extension an. Eine „Eignung zur Veranlassung“ genügt. Für die Rollenbegrenzung gilt Folgendes: Eine solche wird am sinnvollsten durch einen § 9 II S. 3 UWG n. F. erreicht, der den Anspruch im Anwendungsbereich des Mängelgewährleistungsrechts auf Vorsatz beschränkt. So wird die Rolle der Verbraucheraktivlegitimation sinnvoll gewährt und begrenzt, ohne dass die Möglichkeit, denkbare Schutzlücken zu schließen, dadurch beeinträchtigt wird. Für die Rolle des § 9 II UWG bei dem Schutzzweck des UWG bietet sich eine neue Systematisierung des UWG an. Diese hat aber nur einen formalen Mehrwert.

Bei der Rolle des Verbrauchers wird man nach Gesagtem oft bei einer Schiedsrichterrolle bleiben. In Ausnahmekonstellationen erscheint eine Rolle als Verteidiger seines subjektiven Privatrechts und Funktionär der Lauterkeit des Marktes denkbar. Im Ausgleich des genannten Spannungsfeldes galt es auszuloten, wie man die neue denkbare Rolle des Verbrauchers stärkt, gleichermaßen aber auch, wo diese im Spannungsfeld zu (etwaigem) Schädigerschutz und der Justizbelastung begrenzt werden muss. Für eine sachgerechte

Ausbalancierung soll ein Ausschluss der Inkassobefugnis bei wenig sinnvoller Bündelung des § 9 II UWG über § 260 ZPO vorgenommen werden. Diese Fälle sind für eine Verbandsklage nach VDuG besser geeignet, wobei Letztere durch das restriktive Verständnis des Gesetzgebers noch ineffektiv ist. Diese sollte daher funktional ausgelegt werden. Ebenso sind die Finanzierung und die Bestimmtheit des Klageantrags als Stellschrauben in den Blick zu nehmen. Hier besteht Verbesserungsbedarf und -potenzial bei der Prozessfinanzierung und der Erleichterung der Handhabbarkeit des Klageantrags. So soll klar sein, dass und woraus Verbände einen Auskunftsanspruch haben. Die Prozessfinanzierung muss gestärkt werden. Eine Verteidigung gegen missbräuchliche Ansprüche soll Schadensersatzansprüche nur für die engen Fälle des § 826 BGB möglich machen. Für Rechtsanwaltskosten, die aufgrund der Verteidigung gegen unberechtigte Ansprüche entstanden sind, bietet sich eine Einbettung in § 13 V S. 5 UWG n. F. an. Das gilt wiederum aber nur, wenn die fehlende Berechtigung für den Verbraucher erkennbar war.

Ziel und Inhalt der jeweiligen Kapitel in Thesen und Ausblick

Ziel der Arbeit war es, zu zeigen, dass sich weniger im Lauterkeitsrecht getan hat, als man vermuten könnte. Die Verbraucheraktivlegitimation spielt nur eine geringe Rolle. Der Verbraucher wird dabei regelmäßig die Rolle als Schiedsrichter beibehalten. Der Weg zu dieser Erkenntnis wird nun resümiert. Zum Schluss wird ein Ausblick für die Rolle des Verbrauchers und seiner Aktivlegitimation im Lauterkeitsrecht gegeben.

A Kapitel 1

Das erste Kapitel hat zwei Ziele. Erstes Ziel ist es, das herkömmliche Verständnis der Rolle des Verbrauchers und seiner Aktivlegitimation im Lauterkeitsrecht herauszuarbeiten. Dieses Verständnis ist Ausgangspunkt einer Modifikation durch § 9 II UWG. Zweites Ziel ist es, eine Bestimmung des Umfangs von § 9 II UWG vorzunehmen, soweit dieser Relevanz für die Forschungsfrage hat.

Dem Verbraucher kam vor der Einführung des § 9 II UWG die Rolle des „Schiedsrichters" zu. Eine Verbraucheraktivlegitimation spielte ab 2004 keine Rolle mehr. Begründungsansätze für diese Rollengewährung waren einerseits die Funktion des Lauterkeitsrechts: Marktverhaltensrecht und subjektive Rechtspositionen passen nicht zusammen. Andererseits stand die Befürchtung von Friktionen im Raum: Unterläuft ein Individualanspruch die Wertungen des Bürgerlichen Gesetzbuches? Zuletzt waren rechtstatsächliche

Gefahren ein Grund für die Ablehnung: Es wurde eine „Klageindustrie“ befürchtet.

Die daraus abgeleitete Ablehnung einer Verbraucheraktivlegitimation ist zwar legitim. Die hierauf gestützten Argumente können im Hinblick auf den Zwang einer Ablehnung gleichwohl nicht überzeugen. Sie sind vielmehr rechtspolitisch motiviert. Denn man könnte die Verbraucheraktivlegitimation auch marktfunktional verstehen. Friktionen sind nicht zwingend, sondern müssten erst herausgearbeitet werden. Sollten sie bestehen, könnte man sie beseitigen. Auch die Angst vor einer „Klageindustrie“ überzeugt nicht. Gewährt das Recht Rechtspositionen, scheint eine Vermeidung von deren Durchsetzung widersprüchlich. Zudem zeigen die Erfahrungen mit § 13a UWG a. F., dass der Verbraucher seine Ansprüche nicht durchgesetzt hat. Das könnte bei § 9 II UWG ebenfalls der Fall sein.

Damit verbunden ist die erste Erkenntnis, dass sich die Rolle des Verbrauchers und seiner Aktivlegitimation im Lauterkeitsrecht nicht zwingend ändern muss. Es kann vielmehr sein, dass der Verbraucher nach wie vor „Schiedsrichter“ bleibt und seine Aktivlegitimation keine Rolle spielt. Das ergibt sich für die Aktivlegitimation daraus, dass diese für etwaige Schutzlücken und den Schutzzweck des UWG nach wie vor keine Rolle spielen könnte, wenn sie keine Schutzlücken schließt und den Schutzzweck nicht ändert. Für die Rolle des Verbrauchers ergibt sich dies daraus, dass dieser „Schiedsrichter“ bleibt, wenn er seine Rechte nicht durchsetzt.

Für § 9 II UWG ist eine Auslegung als Ausgangspunkt der Rollenbestimmung nur insoweit vorzunehmen, als diese für die Rollengewährung und Rollenbegrenzung Relevanz entfaltet. Für die Rollengewährung ist die Schutzlückenschließungsfrage und die Schutzzweckmodifizierungsfrage adressiert. Für die Rollenbegrenzung die Friktionsfrage.

Für die Rolle des Verbrauchers findet eine Auslegung insoweit statt, als es um seine denkbare neue Doppelrolle als Verteidiger seines subjektiven Privatrechts und Funktionärs der Lauterkeit des Marktes geht.

Auslegungsgrundlage ist, dass § 9 II UWG ein halbautonomer Schadensbegriff zugrunde liegt. Anhand dieses Schadensbegriffs ist § 9 II UWG zu konturieren.

Zentral für die Forschungsfrage ist im Hinblick auf die jeweils herausgearbeitete Relevanz Folgendes: Der nationalrechtlich gewählte tatbestandliche Umfang ist unionsrechtskonform. Das gilt insbesondere für das

UWG-untypische Kriterium der „tatsächlichen Veranlassung“ und den Haftungsmaßstab. § 9 II UWG kann in Anwendung übertragbarer Grundsätze des Schadensersatzunionsprivatrechts zu einer Vertragsaufhebung führen. Dabei ist der Vertrag als solcher der Schaden. Denkbar ist in engen Grenzen ebenso ein Ersatz des Erfüllungsinteresses, weil dem Unionsrecht diese nationalrechtliche Differenzierung nicht bekannt ist. Ersatzfähig ist auch der „kleine Schadensersatz“, der auf das negative Interesse gerichtet ist. Der Verbraucher hat keinen Unterlassungsanspruch. § 9 II UWG schützt im Kern den Verbraucher im Hinblick auf seine freie und informierte geschäftliche Entscheidung. Es geht daher einerseits um das subjektive Privatrecht des Verbrauchers. Er vermittelt andererseits über ErwGr. 6 S. 3, 8 UWG und § 1 UWG auch einen mitintendierten Mitbewerberschutz und einen Schutz der Lauterkeit des Marktes. Diese Funktion lässt sich insbesondere für die Vertragsaufhebung, die Anknüpfung an die abstrakten Verhaltensnormen und den intendierten Präventivzweck nachweisen.§ 9 II UWG hat daher auch eine Regulierungsfunktion.

B Kapitel 2

Das zweite Kapitel hat drei Ziele. Das erste ist es, herauszufinden, ob Verbraucheraktivlegitimation eine Rolle dahingehend spielt, dass sie Schutzlücken im Bürgerlichen Gesetzbuch schließt. Das zweite besteht darin, herauszufinden, welche Rolle die Verbraucheraktivlegitimation für den Schutzzweck des UWG spielt. Das dritte Ziel besteht in der Frage, ob die denkbare neue Rolle ihrerseits nicht wieder begrenzt werden muss, soweit es zu Wertungswidersprüchen kommt.

Für die Rolle der Schutzlückenschließung gilt Folgendes:

In den Anlockfällen wird eine Schutzlücke nur im Hinblick auf eine bestehende Rechtsunsicherheit geschlossen. Eine Rechtsprechungsanalyse zum UWG und BGB lässt nicht belastbar erkennen, ob für entsprechende Situationen schon vor § 9 II UWG Ansprüche bestanden haben. Letztlich wird man aber § 311 II Nr. 2 BGB in einer Gesamtschau zu § 434 III Nr. 2b) BGB als Argument für eine Subsumtion unter die culpa in contrahendo bemühen können.

Gleiches gilt für die fahrlässige Herstellerhaftung. Hier spricht sich die Rechtsprechung zwar expressis verbis gegen die Anwendung des § 311 III BGB aus. Dogmatisch lässt sich dieser aber subsumieren. Denkbar wäre auch § 823 II BGB durch eine Tendenz der aktuellen EuGH-Rechtsprechung und eine Umsetzung derjenigen durch den BGH. Auch hier besteht aber für einige Situationen im UWG weiterhin Rechtsunsicherheit.

Bei der Zahlungsaufforderung durch Inkassodienstleister und darauffolgenden Verteidigungskosten des Verbrauchers durch Heranziehen eines Rechtsanwalts gilt Folgendes: Für Fälle des Erhalts einer unbestellten Ware wird man unter teleologischer Reduktion der Ansprüche des Unternehmers eine culpa in contrahendo konstruieren können. Für den fehlenden Erhalt der Ware aber nicht. Grenzwertig, aber denkbar subsumierbar, erscheinen auch Ansprüche aus echter, berechtigter Geschäftsführung ohne Auftrag. Für den Erhalt sind auch noch Ansprüche aus § 823 II BGB i. V. m. § 241a BGB denkbar. Sonstige Ansprüche für diesen Sonderfall der Rechtsberühmung scheiden aus. § 9 II UWG schließt daher nur eine Schutzlücke bei fehlendem Erhalt der Ware, wenn an den Inkassodienstleister schon gezahlt wurde. Hat der Verbraucher noch nicht gezahlt, fehlt es an einer geschäftlichen Entscheidung und § 9 II UWG ist selbst lückenhaft.

Für Fälle von psychischem Zwang, Überrumpelung, Notlagen und gefühlsbetonter Werbung bestehen keine Schutzlücken. Hier greifen regelmäßig die §§ 280 I, 241 II, 311 BGB.

Die Rolle der Verbraucheraktivlegitimation für den Schutzzweck des Lauterkeitsrechts ist gering:

Eine Schutzzweckmodifizierung des UWG ist mit § 9 II UWG nicht verbunden. Das UWG war auch schon vor § 9 II UWG Marktverhaltensrecht und Verbraucherschutzgesetz. § 9 II UWG bildet diesen Dualismus sogar durch sich selbst ab, wenngleich die Tendenz hin zu einem Verbraucherschutzgesetz geht. § 9 II UWG führt daher zwar zu einer Tendenzverstärkung der verbraucherschützenden Komponente des UWG. Er ändert den Schutzzweck des Lauterkeitsrechts aber nicht.

Eine Schutzzweckerfüllung – wie vom Gesetzgeber konstatiert – ist mit § 9 II UWG nicht verbunden. Diese Annahme beruht auf der falschen – nicht vom Gesetzgeber untersuchten – Prämisse, dass Aktivlegitimation und Schutzzweck denknotwendigerweise miteinander verknüpft sind. Das gilt sowohl dann nicht, wenn man das UWG als Marktverhaltensrecht, Verbraucherschutzgesetz oder beides verstehen will.

Für die Begrenzung der Rolle von Verbraucheraktivlegitimation gilt:

Ein Ausschluss des § 9 II UWG in Allgemeinen Geschäftsbedingungen ist möglich. Betrachtet man den auch überindividuellen Schutzzweck, könnte man daran zweifeln. Die Lauterkeit des Marktes ist nicht disponibel. Da der Schwerpunkt des Schutzes gleichwohl auf dem Verbraucher liegt, wird man den überindividuellen Schutzzweck innerkonkurrenzrechtlich zurückstellen müssen. Es lässt sich vielmehr eine Wertungsübertragung zum BGB vornehmen, die zu einer Ausschlussmöglichkeit führt.

Eine übergeordnete Abgrenzung von UWG und BGB als Argument für eine fehlende Friktion im Ausgangspunkt lässt sich nicht vornehmen. Abgrenzungsmethoden nach dem Vertragsschluss als Wendepunkt sind veraltet. Auch ein Vergleich von kollektivem Marktverhaltensrecht zu individuellem Verbraucherschutzrecht kann nicht (mehr) überzeugen. Daran könnte man zwar zweifeln, wenn man den Individualschutz im UWG letztlich als Kollektivschutz über Individualschutz versteht. § 9 II UWG geht es ganz im Kern aber um den Verbraucher. Diese Abgrenzungsmethode überzeugt daher nicht. Auch die mitintendierten überindividuellen Schutzzwecke bedingen keine Änderung, da diese dem Bürgerlichen Gesetzbuch ebenso immanent sind. Ebenso wenig ergiebig hierfür ist eine funktionale Auslegung des UWG, da diese unscharf ist und selbst bei denkbarer Schärfung Überschneidungen verbleiben.

§ 9 II UWG führt zu Wertungswidersprüchen mit dem Nacherfüllungsrecht. Maßstab der Bewertung sollte das Unionsrecht sein. Unionsrechtlich lässt sich eine Friktion durch die Wertung des Art. 3 II, IV UGP-RL herleiten. Für diejenigen, die aufgrund bestehender Zweifel von einem nationalrechtlichen Spielraum im Rahmen des Art. 11a I UGP-RL ausgehen, darf sich nichts anderes ergeben. Vergleicht man das deutsche Recht im Hinblick auf Ausnahmen von der Abschlussfunktion des Nacherfüllungsrechts, lässt sich eine Wertungsübertragung zu denkbaren Ausnahmen nicht vornehmen. Insbesondere überzeugt eine Wertungsübertragung zu § 823 I BGB bezüglich der Stoffgleichheit und § 823 II BGB im Hinblick auf die aktuelle EuGH-Rechtsprechung in den Thermofensterfällen nicht. Ein anderes Ergebnis könnte sich zwar durch eine folgenorientierte Betrachtung ergeben. Diese gilt es gleichwohl im Verhältnis zu einer prinzipienorientierten Auslegung zu modifizieren, sodass es im Ergebnis bei einer Friktion zum Nacherfüllungsrecht bleibt.

Ein Wertungswiderspruch zum Anfechtungsrecht besteht nicht. Eine freie Anspruchskonkurrenz lässt sich zwar nicht durch das vorgebrachte

Argument der unterschiedlichen Schutzzwecke stützen. Auch ein Vergleich der Regelungsstruktur des allgemeinen Deliktsrechts zum Anfechtungsrecht kann aufgrund unterschiedlicher Wertungsgrundlage nicht herangezogen werden. Das Gleiche gilt für eine Wertung aus Art. 11a UGP-RL oder die Abgrenzung nach mitverwirklichter Überindividualität. Letztlich wird man aber eine Wertung der Konkurrenz des Anfechtungsrechts zur culpa in contrahendo aufgrund vergleichbarer Konkurrenzlage als Argument für eine fehlende Friktion bemühen können.

Friktionen zum Widerrufsrecht und dem allgemeinen Deliktsrecht bestehen nicht. Auch hier leuchtet das Argument der unterschiedlichen Schutzzwecke nicht ein. Für das Widerrufsrecht lässt sich erneut ein Vergleich desselben zu der culpa in contrahendo als Argument nennen. Für das Deliktsrecht ergibt sich eine freie Anspruchskonkurrenz aus der Normhierarchie, nicht aber aus einer unterschiedlichen Zielrichtung.

C Kapitel 3

Das dritte Kapitel hat zwei Ziele. Einerseits ist die Rolle des Verbrauchers durch § 9 II UWG im Lauterkeitsrecht herauszuarbeiten: Bleibt dieser „Schiedsrichter“ oder ist er nun Verteidiger seines subjektiven Privatrechts, Funktionär der Lauterkeit des Marktes oder gar beides? Andererseits findet sich im Hinblick auf eine etwaige Schädigerbelastung das Erfordernis einer Rollenbegrenzung über die Verteidigungsmöglichkeit gegen missbräuchliche und unberechtigte Ansprüche.

Als neue Rolle des Verbrauchers ist einerseits die Rolle eines Verteidigers seines subjektiven Privatrechts denkbar. Andererseits erscheint auch eine weitere Rolle als Funktionär der Lauterkeit des Marktes denkbar. Der Verbraucher könnte daher eine Doppelrolle einnehmen. Wie in Kapitel 1 herausgearbeitet, weist das Lauterkeitsrecht dem Verbraucher beide Rollen zu. Es geht nicht nur um sein subjektives Privatrecht. Es geht aber auch nicht nur um die Lauterkeit des Marktes. Es geht dem Lauterkeitsrecht um beides.

Grundlage für die Rollenmodifikation sind die für § 9 II UWG denkbaren Schadenspositionen und die rechtstatsächliche Tendenz des Verbraucherverhaltens im Rahmen dieser. Kapitel 1 legt dabei mit seiner Umfangsbestimmung das Fundament für diese Bestimmung. Gleiches gilt für Kapitel 2, das eine Begrenzung des Umfangs und damit nicht mehr durchsetzbare Fälle durch die Frage der Rollenbegrenzung festlegt.

Für § 9 II UWG in den genannten „Anlockfällen" im Zwei-Personen-Verhältnis wird es sich regelmäßig um Streuschäden handeln. Für Fälle mit Bezug zum Mängelgewährleistungsrecht findet eine Rollenbegrenzung über § 9 II S. 3 UWG n. F. statt. Im Rahmen einer fahrlässigen Herstellerhaftung erscheinen aber auch den Dieselkonstellationen vergleichbare Schäden denkbar, sodass es sich hier durchaus um größere Massenschäden handeln kann.

Erstere werden aufgrund der rationalen Apathie und dieser zugrunde liegenden Gründe kaum individuell durchgesetzt werden. Gesetzgeberische Vorkehrungen für § 9 II UWG im Rahmen des § 14 IV UWG, eine denkbare Hierarchisierung von Lauterkeitsverstößen und eine damit verbundene lauterkeitsrechtliche Rechtsprechungsübertragung ändern die fehlende Durchsetzung bei Streuschäden kaum. Bei Massenschäden mit höheren Beträgen erscheint eine Durchsetzung wahrscheinlicher. Diese ist im Hinblick auf die Justizbelastung für den Verbraucher- und Unternehmerschutz aber wenig effektiv.

Die Musterfeststellungsklage und lauterkeitsrechtliche Kollektivmechanismen schaffen insoweit wenig Abhilfe. Die Musterfeststellungsklage erfordert ein weiteres Tätigwerden des Verbrauchers. Die Gründe der rationalen Apathie, die beseitigt werden sollen, leben so wieder auf. § 10 UWG nimmt die falsche Zielrichtung ein, da die etwaigen Schäden an den Bundeshaushalt gehen. § 8 I UWG als Beseitigungsanspruch, der auf Zahlung gerichtet ist, könnte hier Abhilfe schaffen. Diesem stehen indessen dogmatische Bedenken entgegen. Eine Zahlung wird man über diesen nicht annehmen dürfen.

Hilfreich erweist sich hier partiell das im Kern als zulässig zu bezeichnende Tätigwerden von Inkassodienstleistern bei treuhänderischer Abtretung der Forderung aus § 9 II UWG. Für Streuschäden kommt es dabei zwar zu einer Mehrbelastung der Justiz und des Schädigers. Diese ist im Hinblick auf die Durchsetzung des materiellen Rechts aber hinzunehmen. Da der Verbraucher eine Summe an den Inkassodienstleister zahlen muss, wird seine Rolle des Verteidigers seines subjektiven Privatrechts eingeschränkt. Das wird aber deshalb unschädlich sein, weil er sonst seine Rolle oft schon gar nicht ausüben wird. Die Rolle des Verteidigers der Lauterkeit des Marktes wird dann voll gewährt, weil die Höhe des Anspruchs den Unternehmer voll trifft. Zwar werden auch hier viele Verbraucher denkbar von einer Durchsetzung absehen. Ein rechtsstaatliches Gebot, diese zu zwingen, besteht gleichwohl nicht. Vielmehr ist eine gleichwohl fehlende Durchsetzung hinzunehmen und die Anreizwirkung durch Abtretung zu begrüßen. Für heterogene Massenschäden ergibt sich aber erneut eine Justiz- und Schädigerbelastung. Die darauf beruhende Justizlahmlegung erschwert die Durchsetzung des materiellen Rechts und damit die Rolle des Verbrauchers. Zudem bespielen die Dienstleister nicht sämtliche denkbaren Konstellationen, sondern werden nur sichere Fälle verfolgen. Letztlich gibt es auch Zweifel bei der rechtlichen Expertise der Anbieter. Es ergeben sich daher Defizite, die die Rolle des Verbrauchers wieder einschränken.

Abhilfe hierfür wird durch das VDuG de lege lata kaum geschaffen. Es werden eher identische Streuschäden in den Blick genommen, für die Inkassodienstleister oft attraktiver sein werden. Eine Abtretung unter Angabe einiger Nachweise erscheint einfacher, als ein mehrstufiges unerprobtes Verfahren mit einer Reihe von Unsicherheiten zu durchlaufen. Für komplexe Massenschäden, die bei Inkassodienstleistern kaum sinnvoll durchgesetzt werden, wird das VDuG de lege lata kaum helfen. Nach der Tendenz des Gesetzgebers folgt es einem engen „Gleichartigkeitsbegriff", der die „Entscheidungserheblichkeit" von Individualtatsachen von seinem Anwendungsbereich ausnehmen will. Sieht man sich nun das Erfordernis der „tatsächlichen Irreführung" des Verbrauchers bei § 9 II UWG an, wirft das folgende Frage auf: Kann § 9 II UWG überhaupt durch das VDuG durchgesetzt werden? § 9 II UWG ist es nach dem gesetzgeberischen Verständnis immanent, dass es auf die Irreführung im Einzelfall ankommt. Das VDuG will derartige Prüfungen aber nicht vornehmen. Man könnte die Möglichkeit einer Bündelung über das VDuG daher schon im Ausgangspunkt ablehnen. Kommt man – entgegen dem Gesetzgeber – über diese Hürde im Rahmen genannter Beweiserleichterungen hinweg, verschwindet das Problem der „Gleichartigkeit" des Anspruchs aber freilich nicht. Für Streuschäden in Anlockfällen wird man eine solche noch bejahen können. Komplizierter wird es aber für Massenschäden wie diejenigen der Dieselkonstellationen: Besteht im Hinblick auf verschiedene Autoreihen, Abschalteinrichtungen, Motorentypen noch eine „Gleichartigkeit"? Hier besteht Rechtsunsicherheit bezüglich einer denkbaren Ersatzfähigkeit. In einer Gesamtschau mit den nun zu nennenden Punkten spricht dies eher gegen eine Durchsetzung durch Verbände.

Weitere Probleme ergeben sich durch eine im Vergleich zu § 10 VI UWG n. F. nicht nachvollziehbare Engführung bei der Prozessfinanzierung und Unklarheiten bei der Schadensschätzung. Eine Finanzierung durch Verbände wird nur dann sinnvoll möglich sein, wenn Drittfinanzierungsmöglichkeiten bestehen. § 4 II VDuG lässt eine solche aber nur zu, wenn der vom Verband versprochene Anteil für den Finanzierer nicht mehr als 10 % der vom beklagten Unternehmer zu erbringenden Leistung beträgt. Das macht die Drittfinanzierung im Hinblick darauf, dass bei kommerzieller Finanzierung Anteile von 20 – 30 % üblich sind, unattraktiv. Bei der Schadensschätzung ist schon nicht klar, wie diese überhaupt vorgenommen werden kann und soll.

Letztlich kommt es bei dem VDuG dazu, dass es dort helfen kann, wo keine Hilfe gebraucht wird: in den Anlockfällen. Es kann aber dort nicht helfen, wo sie gebraucht wird: bei komplexeren Massenschäden im Rahmen des § 9 II UWG. Das ist sehr misslich, sieht man sich an, dass die Richtlinie den Verbraucherschutz und den fairen Wettbewerb in den Blick nimmt und § 9 II UWG der Anspruch ist, der diese Ziele in sich vereint.

Der Verbraucher wird daher für die meisten Fälle des § 9 II UWG auch im Hinblick auf denkbare Kollektivmechanismen „*Schiedsrichter*“ bleiben.

Anders kann dies einmal sein, wenn er bei Streuschäden doch auf Legal-Tech-Anbieter zurückgreift. Insoweit entfallen einige Ursachen der rationalen Apathie, die eine Durchsetzung wahrscheinlicher machen. Dann ist er Funktionär der Lauterkeit des Marktes. Seine Rolle als Verteidiger seines subjektiven Privatrechts wird zwar eingeschränkt, weil er 25 – 35 % seiner Forderung „verliert“. Oft dürfte die Abtretung die Durchsetzung bei Streuschäden aber erst möglich machen. Es kommt daher vielmehr erst zu einer Gewährung, auch wenn die „volle“ Rollengewährung für den Verbraucher insoweit etwas eingeschränkt wird. Dass er für diese Fälle das VDuG als mehrstufiges und unerprobtes Verfahren in Anspruch nimmt, erscheint unwahrscheinlich. Durch dieses wird es daher kaum zu einer Rollenmodifikation für den Verbraucher kommen. Das ist bedauerlich, so hätte man dem Problem der nicht „vollen“ Rolle des Verteidigers seines subjektiven Privatrechts begegnen können.

Für Fälle mit höheren Massenschäden erscheint eine Durchsetzung über Kollektivmechanismen zwar deutlich wahrscheinlicher. Hier entfallen einige Aspekte der rationalen Apathie und der Aspekt der zu geringen Forderungshöhe bestand von Anfang an nicht. In diesen Fällen erscheint die neue Doppelrolle wahrscheinlich. Hier legen die Inkassodienstleister aber die

Justiz lahm. Im Hinblick auf das VDuG ist schon nicht sicher, ob diese Fälle überhaupt bündelbar sind.

Es kommt daher de lege lata nur partiell zu einer anderen Tendenz wie bei der Individualdurchsetzung. Streuschäden werden etwas wahrscheinlicher durchgesetzt. Auch hier finden sich aber noch deutliche Anhaltspunkte, die gegen eine Durchsetzung sprechen. Massenschäden mit höheren Summen werden – wie aber auch schon im Individualverfahren denkbar – eher durchgesetzt. Letztere sind aber Ausnahmefälle. Im Rahmen einer Gesamtbetrachtung werden die denkbaren Rollen etwas gestärkt. Oft wird der Verbraucher aber in seiner Schiedsrichterrolle bleiben.

Eine Rollenbegrenzung sollte über die Möglichkeit (des Unternehmers), gegen missbräuchliche und unberechtigte Ansprüche aus § 9 II UWG vorzugehen, vorgenommen werden. Vorgelagert ist in den Blick zu nehmen, dass es eine Begrenzung dann nicht braucht, wenn eine Gewährung ausscheidet. Bei Streuschäden im Individualverfahren ist eine solche Gefahr kaum gegeben. Ein Rollenbegrenzungserfordernis wird dort meistens nicht erforderlich sein, weil der Verbraucher oft schon keine Rolle einnimmt. Wahrscheinlicher wird eine Durchsetzung aber dann für bestehende Kollektivmechanismen, z. B. bei gebündelter treuhänderischer Abtretung an Inkassodienstleister. Hier ist eine Rollenbegrenzungsmöglichkeit im Hinblick auf missbräuchliche und unberechtigte Ansprüche auszuloten. Bei den genannten Massenschadensfällen mit höheren Beträgen erscheint dies generell angezeigt. Insbesondere auch hier werben Legal-Tech-Anbieter mit dem Ersatz hoher Schadenssummen, die zur Geltendmachung unberechtigter oder missbräuchlicher Ansprüche anregen können. Für missbräuchliche Ansprüche besteht lauterkeitsrechtlich die antizipierte Möglichkeit von Abmahnungen, insbesondere bei irreführender Werbung von Legal-Tech-Anbietern. Nachgelagert besteht die Möglichkeit von Unterlassungsansprüchen, damit Verbraucher durch entsprechende Werbung nicht weiter provoziert werden. Ansonsten gibt es noch enge Möglichkeiten im Rahmen des § 826 BGB. Eine Verteidigung gegen unberechtigte Ansprüche besteht dagegen bei Situationen des § 9 II UWG nur in sehr engen Grenzen. Bei der Frage nach einer gerichtlichen Verteidigung besteht das Verfahrensprivileg. Im Hinblick auf die außergerichtliche Verteidigung erscheinen Ansprüche zwar sinnvoll, nach dem Stand de lege lata wird für Fälle der Anspruchsberühmung bei § 9 II UWG aber nur in einigen wenigen Konstellationen Schutz gewährt. Ansprüche aus den §§ 280 I, 241 II

BGB scheiden regelmäßig aus. Gleiches gilt für solche aus den §§ 280 I, 311 II, 241 II BGB oder solche aus der Geschäftsführung ohne Auftrag. Sinnvoll, aber für die Praxis nicht gangbar wäre ein Anspruch aus § 91 ZPO analog. Ein Anspruch aus § 242 BGB erscheint zu rechtsunsicher und hätte wenig Mehrwert gegenüber § 826 BGB.

D Kapitel 4

Ziel des 4. Kapitels ist es, die Untersuchung der Rollengewährung und Rollenbegrenzung bei § 9 II UWG sowohl im Hinblick auf die Rolle der Verbraucheraktivlegitimation als auch der des Verbrauchers auszubalancieren.

Für die Rolle der Verbraucheraktivlegitimation gilt:

Um der Rolle der Schutzlückenschließung im Rahmen der Rollengewährung gerecht zu werden, soll in Fällen des Identitätsdiebstahls und der Aufwendung von Rechtsanwaltskosten gegenüber einem Inkassounternehmen eine teleologische Extension der „tatsächlichen Veranlassung“ stattfinden. Insoweit muss ausnahmsweise – wie im UWG sonst typisch – eine „Eignung zur Veranlassung“ genügen. Im Spielraum des Art. 11a UGP-RL bietet sich für die Rollenbegrenzung eine Subsidiarität des § 9 II UWG bei der Friktion zum Nacherfüllungsrecht an. Denkbar wäre auch eine Rechtsgrundverweisung in § 9 II UWG auf das BGB. Vorzugswürdig erscheint es, einen § 9 II S. 3 UWG n. F. einzufügen. Satz 3 beschränkt den Verbraucherindividualanspruch in Fällen der Friktion auf Vorsatz. Insoweit lässt das Nacherfüllungsrecht eine Ausnahme seiner Abschlussfunktion zu. So wird eine sachgerechte Rollenbegrenzung erreicht, ohne die Rollengewährung negativ zu tangieren.

Für die schutzzweckbezogene Ausbalancierung gilt Folgendes: Gedanken könnte man sich über eine Trennung des UWG in verschiedene Abschnitte im Hinblick auf den divergierenden Mitbewerber- und Verbraucherschutz machen. Dabei zeigt sich aber, dass eine Trennung aufgrund der Verwobenheit der Schutzzwecke Probleme bereitet. Man müsste in vorrangig den Mitbewerber, vorrangig den Verbraucher und denkbar beide jeweils vorrangig schützende Vorschriften unterteilen. Ob das einen inhaltlichen Mehrwert hat, ist mehr als fraglich. Es schadet aber nicht und macht die Ausgestaltung des UWG jedenfalls formal klarer.

Um die denkbare neue „Doppelrolle“ des Verbrauchers unter Berücksichtigung des Spannungsfeldes zu stärken, bietet sich Folgendes an:

Bei der Kollektivdurchsetzung soll ein Ausschluss der Inkassobefugnis bei komplexen heterogenen Massenschäden stattfinden. Diese Art der Bündelung legt die Justiz lahm, belastet den Unternehmer und führt zu einer schwerfälligen Durchsetzung für den Verbraucher. Insoweit ist keinem der am Spannungsfeld Beteiligten geholfen. Für die Verbandsklage nach VDuG sollte auf eine funktionale Betrachtung bezüglich des Gleichartigkeitsbegriffs abstellt werden, der durch die Rechtsprechung konturiert werden muss. Im Ausgangspunkt sollten daher Fälle, die hinreichende Überschneidungen aufweisen, zusammen zu beurteilen sein. Im Hinblick auf sich gleichwohl ergebende Unterschiede sollten die Fälle in verschiedene Untergruppen innerhalb derselben Klage eingeteilt werden. Kommt ein Gericht bei einer Prüfung aber zu dem Ergebnis, dass sich Gruppen nicht prozessökonomisch bilden lassen, wird man eine Gleichartigkeit ablehnen müssen. Freilich muss sich dieser Ansatz die Kritik gefallen lassen, dass er keine festen Maßstäbe festlegt, sondern eine Abwägung der Gerichte ermöglichen soll. Betrachtet man aber die Vielfalt denkbarer Sachverhalte und den Zweck der Erleichterung der Geltendmachung durch das VDuG, wäre eine starre Bestimmung der Vergleichbarkeit in einem engen Sinne kaum sinnvoll. Andernfalls würden hier auch Fälle aus dem Anwendungsbereich fallen, die kollektivrechtlich effizienter als die vielfache Geltendmachung von Individualklagen durchgesetzt werden könnten. Richtig ist auf der anderen Seite aber auch, dass eine zu extensive Ausgestaltung zu den gleichen Problemen wie bei der Abtretungslösung mit § 260 ZPO führen wird.

Maßgeblich soll daher Folgendes sein: Das Gericht muss sich bei Prüfung der Gleichartigkeit funktional die Frage stellen, ob das entsprechende Verfahren trotz etwaiger Unterschiede in seiner Gesamtschau mit vergleichbaren Aspekten eine sinnvolle Beurteilung im Rahmen einer Bündelung zulässt. Es ist m. a. W. entscheidungserheblich, ob das Kollektivverfahren im Vergleich zu einem Individualverfahren eine Verfahrenserleichterung verspricht oder ob die alternative individualklageweise Geltendmachung sinnvoller ist. Auch hier zeichnet sich freilich ein gewisser Aufwand ab. Dieser dürfte aber geringer sein als derjenige, wenn nur jeder denkbare Unterschied in einem gesonderten Individualverfahren geprüft wird oder zahllose Verbandsklagen mit geringfügigen Unterschieden erhoben werden müssen. Auch insoweit wird man sich die Kritik gefallen lassen müssen, wie man bestimmen soll, ob zahllose Individualverfahren eine größere Belastung darstellen als ein

Kollektivverfahren mit Untergruppenbildung und nachgelagerter Verteilung. Die Gefahr einer Fehleinschätzung bzw. Gleichbelastung im Vergleich zu verschiedenen Individualverfahren besteht. Indessen besteht auch die Möglichkeit, durch Pauschalierungen ohne Individualprüfung eine Entlastung zu erreichen, die durch Trial and Error über die Zeit Tendenzen für eine Bündelungsmöglichkeit von Fällen hervorbringen wird. Andererseits besteht schon im Ausgangspunkt keine Entlastungsmöglichkeit, wenn man jeden denkbaren Unterschied von vornherein gegen die „Gleichartigkeit" sprechen lässt. Insofern ergibt sich durch diesen Ansatz eine Entlastungsmöglichkeit und Stärkung der Rolle des Verbrauchers im UWG, die durch ein enges Verständnis schon von vornherein nicht besteht. Eine funktionale Betrachtung erscheint daher vorzugswürdig. Das ergibt sich daraus, dass sie flexibel auf zu machende Erfahrungen reagieren kann und so jedenfalls Chancen bietet, die durch ein streng restriktives oder streng extensives Verständnis schon im Ausgangspunkt nicht bestehen. Für die Rolle des Verbrauchers im UWG hierdurch zeichnet sich aber schon dadurch ab, dass es zu einer Stärkung ohne Weiteres nicht kommen wird. Vielmehr hat diese nur Potenzial, zu einer stärkeren Durchsetzung für den Verbraucher zu führen und damit seine Rolle zu stärken. Eine weitere Stellschraube muss die Prozessfinanzierung sein, die im Hinblick auf die genannten Finanzierungsmöglichkeiten gestärkt werden muss, weil es sonst bei dem altbekannten Problem des Finanzierungsdefizits der Verbände bleiben wird. Klar muss auch sein, worauf beruhend und wie Verbände den Schaden schätzen können. Es braucht einen Auskunftsanspruch.

Das Spannungsfeld erfordert für enge Fälle eine Rollenbegrenzung durch Verteidigungsmöglichkeiten gegen unberechtigte und missbräuchliche Ansprüche aus § 9 II UWG. Vorbilder hierfür gibt es insbesondere im UWG und im UrhG sowie für die unberechtigte Schutzrechtsverwarnung als Fallgruppe des § 823 I BGB. Letztere Konstellation lässt sich zwar mangels Vergleichbarkeit nicht auf die Verteidigung gegen § 9 II UWG übertragen. Auch für situativ zu bestimmende Verhaltenspflichten überzeugt eine neue Fallgruppe des § 823 I BGB für die „Verteidigung gegen Anspruchsberühmungen" als sonstiges Recht nicht. Im Spannungsfeld – insbesondere im Hinblick auf Art. 11a UGP-RL – muss § 826 BGB genügen. Für Rechtsanwaltskosten bietet sich eine Einbettung in § 13 V S. 5 UWG n. F. an. Hierbei handelt es sich systematisch zwar um Abmahnungen, inhaltlich sind die Situationen aber durchaus vergleichbar.

E Gesamtergebnis und Ausblick

Es hat sich daher weniger getan, als man auf den ersten Blick vermuten könnte. Die Verbraucheraktivlegitimation spielt für die Schutzlückenschließung nur eine geringe Rolle. Nur bezogen auf die genannte Rechtsunsicherheit hat sie einen Mehrwert und muss dabei inhaltlich modifiziert werden, um die vom Gesetzgeber gewollten Schutzlücken zu schließen. Sie bringt einen Mehraufwand mit sich, weil es für die Friktionsvermeidung einer Rollenbegrenzung bedarf. Den Schutzzweck des UWG ändert sie nicht. Sie verstärkt nur die Tendenz des UWG als Verbraucherschutzgesetz. Sie führt auch zu keiner Schutzzweckerfüllung.

Ähnliches gilt für die darauf aufbauende Rolle des Verbrauchers. Dieser wird oft „Schiedsrichter" bleiben. Nur in Ausnahmekonstellationen hat er eine Doppelrolle und ist Verteidiger seines subjektiven Privatrechts und Funktionär der Lauterkeit des Marktes. In diesen Fällen bedarf es einer Rollenbegrenzung durch Verteidigungsmöglichkeiten des Unternehmers bei unberechtigten und missbräuchlichen Anspruchen.

Der Mai macht also doch nicht alles neu:[1443] Verbraucheraktivlegitimation spielt ganz regelmäßig keine Rolle. Der Verbraucher bleibt „Schiedsrichter".

Als Ausblick lässt sich gleichwohl erkennen, dass die damaligen und auch heutigen Versuche der Trennung der Anwendungsbereiche von UWG und BGB immer weniger überzeugen. Vielmehr handelt es sich bei § 9 II UWG um einen lauterkeitsrechtlichen § 823 II BGB, der in einem komplementären Verhältnis zum Bürgerlichen Gesetzbuch steht. Beide verfolgen nach Gesagtem auch überindividuelle Zwecke und schützen – wenn man so will – die freie und informierte geschäftliche Entscheidung des Verbrauchers. Das gilt nach Gesagtem auch für die Anfechtung, das Vertragsrecht im Allgemeinen und sonstige Rechtsbehelfe, auch wenn sich vielfach noch Begründungen finden, die von einem „unterschiedlichen Schutzzweck" sprechen. Damit verbunden ist aber weniger eine Revolution für das Recht gegen den unlauteren Wettbewerb. Es handelt sich vielmehr um eine Fortentwicklung des komplementären Verständnisses von UWG und BGB.

1443 So aber die Ausführungen von *Ohly*, GRUR 2022, 763 (763 ff.) durch die Änderungen im Hinblick auf die Omnibusrichtlinie.

Literaturverzeichnis

Ahrens, Hans-Jürgen, Das Vertragsauflösungsrecht nach der geplanten UWG-Novelle, Wettbewerb in Recht und Praxis, 1978, S. 677 ff., zitiert als: *Ahrens*, WRP 1978, 677 (Fundstelle).

Alber, Michael, Stärkung des Verbraucherschutzes im UWG – Abkehr des deutschen Lauterkeitsrechts vom reinen Kollektivschutz, Der IP-Rechtsberater, 2021, S. 283 ff., zitiert als: *Alber*, IPRB 2021 (Fundstelle).

Albrecht, Rolf, Anspruch auf Gewinnabschöpfung nach § 10 UWG – Haftungserweiterungen für Unternehmensleitungen sind in absehbarer Zukunft erwartbar, Gesellschafts- und Wirtschaftsrecht, 2023, S. 193 ff., zitiert als: *Albrecht*, GWR 2023, 193 (Fundstelle).

Albrecht, Rolf, Herausforderungen für Unternehmer – Neue Rechte für Verbraucher und Bußgeldmöglichkeiten aus dem UWG ab Mai 2022, Gesellschafts- und Wirtschaftsrecht, 2021, S. 273 ff., zitiert als: *Albrecht*, GWR 2021, 273 (Fundstelle).

Albrecht, Stefanie, Die Aktivlegitimation der Verbraucher nach Wettbewerbsverstößen, Göttingen, 2011, zitiert als: *Albrecht*, Die Aktivlegitimation, Fundstelle.

Alexander, Christian, Die geschäftliche Entscheidung des Verbrauchers, in: Rechtsdurchsetzung: Rechtsverwirklichung durch materielles Recht und Verfahrensrecht: Festschrift für Hans-Jürgen Ahrens zum 70. Geburtstag, Köln, 2016, zitiert als: *Alexander*, in: FS Ahrens, S. 17, Fundstelle.

Alexander, Christian, Die Sanktions- und Verfahrensvorschriften der Richtlinie 2005/29/EG über unlautere Geschäftspraktiken im Binnenmarkt – Umsetzungsbedarf in Deutschland?, Gewerblicher Rechtsschutz und Urheberrecht, Internationaler Teil, 2005, S. 809 ff., zitiert als: *Alexander*, GRUR Int. 2005, 809 (Fundstelle).

Alexander, Christian, Grundlagen, Auslegung und Auswirkung des § 1 Abs. 2 UWG, Wettbewerb in Recht und Praxis, 2022, S. 394 ff., zitiert als: *Alexander*, WRP 2022, 394 (Fundstelle).

Alexander, Christian, Schadensersatz und Abschöpfung im Lauterkeits- und Kartellrecht, Tübingen, 2010, zitiert als: *Alexander*, Schadensersatz, Fundstelle.

Alexander, Christian, Überblick und Anmerkungen zum Referentenentwurf eines Gesetzes zur Stärkung des Verbraucherschutzes im Wettbewerbs- und Gewerberecht, Wettbewerb in Recht und Praxis, 2021, S. 136 ff., zitiert als: *Alexander*, WRP 2021, 136 (Fundstelle).

Alexander, Christian, Unfair Commercial Practices and Individual Consumer Claims for Damages – The Transposition of Art. 11a UCP Directive in Germany and Austria, Gewerblicher Rechtsschutz und Urheberrecht, Internationaler Teil, 2023, S. 327 ff., zitiert als: *Alexander*, GRUR Int. 2023, 327 (Fundstelle).

Alexander, Christian, Kommentar zu OGH Wien, 16.12.2021, Az: 4 Ob 49/21s, Wettbewerb in Recht und Praxis, 2022, S. 337 ff., zitiert als: *Alexander*, WRP 2022, 337 (Fundstelle).

Alexander, Christian, Verhältnis des UWG n. F. zu spezialgesetzlichen Regelungen und individueller Schadensersatz für Verbraucher, Gewerblicher Rechtsschutz und Urheberrecht, 2021, S. 1445 ff., zitiert als: *Alexander*, GRUR 2021, 1445 (Fundstelle).

Alexander, Christian, Vertrag und unlauterer Wettbewerb, Berlin, 2001, zitiert als: *Alexander*, Vertrag, Fundstelle.

Alexander, Christian, Vertragsrecht und Lauterkeitsrecht unter dem Einfluss der Richtlinie 2005/29/EG über unlautere Geschäftspraktiken, Wettbewerb in Recht und Praxis, 2012, S. 515 ff., zitiert als: *Alexander*, WRP 2012, 515 (Fundstelle).

Alt, Wilfried, Neuerungen im Lauterkeitsrecht durch das Gesetz zur Stärkung des Verbraucherschutzes im Wettbewerbs- und Gewerberecht, Zeitschrift für die anwaltliche Praxis, 2022, S. 681 ff., zitiert als: *Alt*, ZAP 2022, 681 (Fundstelle).

Apetz, Martin, Das Verbot aggressiver Geschäftspraktiken, Köln, 2011, zitiert als: *Apetz*, Das Verbot aggressiver Geschäftspraktiken, Fundstelle.

Arens, Peter, Zur Anspruchskonkurrenz bei mehreren Haftungsgründen, Archiv für die civilistische Praxis (AcP), 170, 1970, S. 392 ff., zitiert als: *Arens*, AcP 170 (1970), S. 392, Fundstelle.

Artz, Markus/Harke, Jan Dirk, EU-Übereinstimmungsbescheinigung als Auskunfts- und Garantievertrag, Neue Juristische Wochenschrift, 2017, S. 3409 ff., zitiert als: *Artz/Harke*, NJW 2017, 3409 (Fundstelle).

Augenhofer, Susanne, Die Reform des Verbraucherrechts durch den „New Deal" – ein Schritt zu einer effektiven Rechtsdurchsetzung?, Europäische Zeitschrift für Wirtschaftsrecht, 2019, S. 5 ff., zitiert als: *Augenhofer*, EuZW 2019, 5 (Fundstelle).

Augenhofer, Susanne, Individualrechtliche Ansprüche des Verbrauchers bei unlauterem Wettbewerbsverhalten des Unternehmers, Wettbewerb in Recht und Praxis, 2006, S. 169 ff., zitiert als: *Augenhofer*, WRP 2006, 169 (Fundstelle).

Baldus, Bianca/Siedler, Rainer, Kompensation von „Streuschäden" im Bankgeschäft nach § 8 UWG, Zeitschrift für Bank- und Kapitalmarktrecht, 2018, S. 412 ff., zitiert als: *Baldus/Siedler*, BKR 2018, 412 (Fundstelle).

Ballerstedt, Kurt, Zur Haftung für culpa in contrahendo bei Geschäftsabschluss durch Stellvertreter, Archiv für die civilistische Praxis (AcP), 151, 1950/1951, S. 501 ff., zitiert als: *Ballerstedt*, AcP 151 (1950/1951), S. 501, Fundstelle.

Bamberger, Heinz Georg/Roth, Herbert (Begr.), Bürgerliches Gesetzbuch Kommentar, 5. Auflage, 2023, München, zitiert als: BR/*Bearbeiter*, 5. Aufl. (2023), Fundstelle.

Barczak, Tristan, Normenkonkurrenz und Normenkollision, Juristische Schulung, 2015, S. 969 ff., zitiert als: *Barczak*, JuS 2015, 969 (Fundstelle).

Basedow, Jürgen, Perspektiven des Kartelldeliktsrechts, Zeitschrift für Wettbewerbsrecht, 2006, S. 294 ff., zitiert als: *Basedow*, ZWeR 2006, 294 (Fundstelle).

Basedow, Jürgen, Rechtsdurchsetzung und Streitbeilegung, JuristenZeitung, 2018, S. 1 ff., zitiert als: *Basedow*, JZ 2018, 1 (Fundstelle).

Baudenbacher, Carl, Probleme der Rechtsverfolgung im schweizerischen Recht des unlauteren Wettbewerbs, Gewerblicher Rechtsschutz und Urheberrecht Internationaler Teil, 1980, S. 344 ff., zitiert als: *Baudenbacher*, GRUR Int. 1980, 344 (Fundstelle).

Bauermeister, Tabea, 2 zu 0 für die Legal Tech-Abtretungsmodelle, Zeitschrift für Wirtschaftsrecht, 2021, S. 2625 ff., zitiert als: *Bauermeister*, ZIP 2021, 2625 (Fundstelle).

Baumbach, Adolf, Kommentar zum Wettbewerbsrecht, Berlin, 1929, zitiert als: *Baumbach*, Kommentar zum Wettbewerbsrecht (1929), Fundstelle.

Beater Axel, Unlauterer Wettbewerb, München, 2. Auflage, 2011, zitiert als: *Beater*, Unlauterer Wettbewerb, 2. Aufl. (2011), Fundstelle.

Beater Axel, Zur Deregulierung des Wettbewerbsrechts, in: Zeitschrift für das gesamte Handelsrecht und Wirtschaftsrecht, 159, 1995, S. 217 ff., zitiert als: *Beater*, ZHR 159 (1995), S. 217, Fundstelle.

Beater, Axel, Unlauterer Wettbewerb, München, 1. Auflage, 2002, zitiert als: *Beater*, Unlauterer Wettbewerb, 1. Aufl. (2002), Fundstelle.

Beaucamp, Bernd, Das Bewerbungsschuldverhältnis nach § 311 II BGB als rechtlicher Kernbereich des Wettbewerbs, Neue Juristische Wochenschrift, 2003, S. 3096 ff., zitiert als: *Beaucamp*, NJW 2003, 3096 (Fundstelle).

Becker-Eberhard, Ekkehard, Grundlagen der Kostenerstattung bei der Verfolgung zivilrechtlicher Ansprüche, Bielefeld, 1985, zitiert als: *Becker-Eberhard*, Grundlagen der Kostenerstattung, Fundstelle.

Bender, Rolf, Vollendung von Wirtschaftsdelikten durch gutgläubige Zivilgerichte – Erfahrungen und Folgerungen aus zwölf Jahren Vorsitz im Senat für Verbraucherrecht am Oberlandesgericht Stuttgart, in: Bender, Rolf (Hrsg.), Rechtstatsachen zum Verbraucherschutz, Konstanz, 1988, S. 85 ff., zitiert als: *Bender*, in: Bender, Rechtstatsachen zum Verbraucherschutz, S. 85, Fundstelle.

Berens, Ralph, Fremdbestimmung des Konsumenten bei der Vertragsanbahnung, insbesondere durch Irreführung, Frankfurt am Main, 1998, zitiert als: *Berens*, Fremdbestimmung, Fundstelle.

Berger, Christian, Der Ausschluss gesetzlicher Rückgewähransprüche bei der Erbringung unbestellter Leistungen nach § 241a BGB, Juristische Schulung, 2001. S. 649 ff., zitiert als: *Berger*, JuS 2001, 649 (Fundstelle).

Bergmann, Andreas, Der allgemeine materiellrechtliche Kostenerstattungsanspruch: Die Begründung eines allgemeinen materiellrechtlichen Kostenerstattungsanspruchs bei außergerichtlicher Rechtsdurchsetzung, Archiv für die civilistische Praxis (AcP), 211, 2011, S. 803 ff., zitiert als: *Bergmann*, AcP 211 (2011), (Fundstelle).

Bergmann, Andreas, Die Geschäftsführung ohne Auftrag als Subordinationsverhältnis, Tübingen, 2010, zitiert als: *Bergmann*, Die Geschäftsführung, Fundstelle.

Bernhard, Jochen, Kartellrechtlicher Individualschutz durch Sammelklagen, Tübingen, 2010, zitiert als: *Bernhard*, Kartellrechtlicher Individualschutz, Fundstelle.

Bien, Florian, Erleichterungen des privaten Rechtsschutzes im Kartellrecht durch die 8. GWB-Novelle, Zeitschrift für Wettbewerbsrecht, 2013, S. 448 ff., zitiert als: *Bien*, ZWeR 2013, 448 (Fundstelle).

Birk, Axel, Fehler in der Nachhaltigkeitsberichtserstattung und in „Umweltzertifikaten" – ein Fall für das UWG?, Gewerblicher Rechtsschutz in Recht und Praxis, 2022, S. 1791 ff., zitiert als: *Birk*, GRUR 2022, 1791 (Fundstelle).

Birk, Axel, UWG-Novelle 2022 – Klagerechte für Verbraucher!, Gewerblicher Rechtsschutz und Urheberrecht in der Praxis, zitiert als: *Birk*, GRUR-Prax 2020, 605 (Fundstelle).

Braun, Johann, Wahrheit im Zivilprozess, JuristenZeitung, 2021, S. 53 ff., zitiert als: *Braun*, JZ 2021, 53 (Fundstelle).

Brechmann, Bernhard, Legal Tech und das Anwaltsmonopol, Tübingen, 2021, zitiert als: *Brechmann*, Legal Tech und das Anwaltsmonopol, Fundstelle.

Breiter, Marcel, Darlegung und Beweis in „Diesel-Fällen", Neue Juristische Wochenschrift, 2025, S. 118 ff., zitiert als: *Breiter*, NJW 2025, 118 (Fundstelle).

Bruns, Alexander, Umsetzung der EU-Verbandsklagenrichtlinie in deutsches Recht, Tübingen, 2022, zitiert als: *Bruns*, Umsetzung der EU-Verbandsklagenrichtlinie in deutsches Recht, Fundstelle.

Buck-Heeb, Petra, Haftung bei Falschberatung über nachhaltige Kapitalanlagen, Zeitschrift für Bank- und Kapitalmarktrecht, 2022, S. 747 ff., zitiert als: *Buck-Heeb*, BKR 2022, 747 (Fundstelle).

Büscher, Wolfang, Neue Unlauterkeitstatbestände und Sanktionen im Gesetz zur Stärkung des Verbraucherschutzes im Wettbewerbs- und Gewerberecht (Teil 2), Wettbewerb in Recht und Praxis, 2022, S. 132 ff., zitiert als: *Büscher*, WRP 2022, 132 (Fundstelle).

Büscher, Wolfgang, Zur Streitfrage eines auf Entgeltrückzahlung gerichteten Beseitigungsanspruchs gemäß § 8 Abs. 1 S. 1 UWG (Teil 1), Wettbewerb in Recht und Praxis, 2023, S. 513 ff., zitiert als: *Büscher*, WRP 2023, 513 (Fundstelle).

Büscher, Wolfgang, Zur Streitfrage eines auf Entgeltrückzahlung gerichteten Beseitigungsanspruchs gemäß § 8 Abs. 1 S. 1 UWG (Teil 2), Wettbewerb in Recht und Praxis, 2023, S. 639 ff., zitiert als: *Büscher*, WRP 2023, 639 (Fundstelle).

Bydlinski, Franz, System und Prinzipien des Privatrechts, Wien, 2013, zitiert als: *Bydlinski*, System und Prinzipien des Privatrechts, Fundstelle.

Caemmerer, Ernst von, Wandlungen des Deliktsrechts, Karlsruhe, 1964, zitiert als: *Caemmerer*, Wandlungen des Deliktsrechts, Fundstelle.

Chudziak, John, Die Erstattung der Rechtsanwaltskosten des unbegründet Abgemahnten, Gewerblicher Rechtsschutz in Recht und Praxis, 2012, S. 133 ff., zitiert als: *Chudziak*, GRUR 2012, 133 (Fundstelle).

Czeguhn, Igancio/Dickmann, Roman, Die Fortwirkung des § 241a BGB nach Zusendung unbestellter, mangelhafter Ware, Juristische Arbeitsblätter, 2005, S. 587 ff., zitiert als: *Czeguhn/Dickmann*, JA 2005, 587 (Fundstelle).

Dauner-Lieb, Barbara/Langen, Werner, Nomos Kommentar BGB Schuldrecht, Band 2/1: §§ 241 – 487, 4. Auflage, Baden-Baden, 2021, zitiert als: NK/*Bearbeiter*, 4. Aufl. (2021), Fundstelle.

Dittmann, Rhea/Gollnast, Paul, Anforderungen an den Klageantrag bei Abhilfeverlangen nach dem VDuG-E: Zulässig oder unzulässig – das ist hier die Frage, Verbraucher und Recht, 2023, S. 135 ff., zitiert als: *Dittmann/Gollnast*, VuR 2023, 135 (Fundstelle).

Domej, Tanja/Honegger-Müntener, Patrick, ENFORCING CONSUMER LAW IN EUROPE AND BEYOND: Similarities and Differences, in: Gsell/Möllers (Hrsg.), Enforcing Consumer and Capital Markets Law. The Diesel Emissions Scandal, Cambridge, 2020, S. 365 ff., zitiert als: *Domej/Honegger-Müntener*, Enforcing Consumer Law, S. 365, Fundstelle.

Downs, Anthony, An Economic Theory of Democracy, New York, 1957, zitiert als: *Downs*, An Economic Theory of Democracy.

Drexl, Josef, Die wirtschaftliche Selbstbestimmung des Verbrauchers, Tübingen, 1998, zitiert als: *Drexl*, Die wirtschaftliche Selbstbestimmung, Fundstelle.

Dröge, Alexander, Der „New Deal for Consumers" – ein Paradigmenwechsel im deutschen UWG, Wettbewerb in Recht und Praxis, 2019, S. 160 ff., zitiert als: *Dröge*, WRP 2019, 160 (Fundstelle).

Engeler, Katharina, Kollektives Legal Tech in Zeiten der Abhilfe-Verbandsklage, LegalTech – Zeitschrift für die digitale Rechtsanwendung, 2023, S. 15 ff., zitiert als: *Engeler*, LTZ 2023, 15 (Fundstelle).

Engels, Stefan/Salomon, Thomas, Vom Lauterkeitsrecht zum Verbraucherschutz: UWG Reform 2003, Wettbewerb in Recht und Praxis, 2004, S. 32 ff., zitiert als: *Engels/Salomon*, WRP 2004, 32 (Fundstelle).

Europäische Kommission, Consumer Attitudes Towards Cross-Border Trade and Consumer Protection: Flash Eurobarometer 358, Brüssel, 2013, zitiert als: *Europäische Kommission,* Flash Eurobarometer 358, Fundstelle.

Europäische Kommission, Consumer Conditions Scoreboard, Consumers at home in the Single Market, 2015 edition, Brüssel, 2015, zitiert als: *Europäische Kommission*, Consumers Conditions Scoreboard: Consumers at home in the Single Market, 2015, Fundstelle.

v. Falckenstein, Roland, Schäden der Verbraucher durch unlauteren Wettbewerb, Köln, 1979, zitiert als: *Falkenstein*, Schäden der Verbraucher durch unlauteren Wettbewerb, Fundstelle.

v. Falckenstein, Roland, Verbraucherverbandsklage, Schädigung der Konsumenten und UWG-Novelle, Wettbewerb in Recht und Praxis, 1978, S. 502 ff., zitiert als: *Falckenstein*, WRP 1978, 502 (Fundstelle).

Fechner, Claudia, Schutzlücken im System effektiven Rechtsschutzes bei der Durchsetzung von Schadensersatzansprüchen, Frankfurt am Main, 2016, zitiert als: *Fechner*, Schutzlücken im System effektiven Rechtsschutzes, Fundstelle.

Fezer, Karl-Heinz, Das wettbewerbsrechtliche Vertragsauflösungsrecht in der UWG-Reform, Wettbewerb in Recht und Praxis, 2003, S. 127 ff., zitiert als: *Fezer*, WRP 2003, 127 (Fundstelle).

Fezer, Karl-Heinz, Objektive Theorie der Lauterkeit im Wettbewerb, in: Ohly, Ansgar (Hrsg.) Perspektiven des Geistigen Eigentums und des Wettbewerbsrechts, Festschrift für Gerhard Schricker zum 70. Geburtstag, München, 2005, zitiert als: *Fezer*, in: FS Schricker, S. 671, Fundstelle.

Fezer, Karl-Heinz/Büscher, Wolfgang/Obergfell, Eva Inés (Hrsg.), Lauterkeitsrecht, Kommentar zum Gesetz gegen den unlauteren Wettbewerb, München, Band 1: Internationales Lauterkeitsrecht, Lauterkeitsrechtliche Spezialthemen, Geschichte – Systematik – Grundlagen, §§ 1 bis 3 UWG, 3. Auflage, 2016; Band 2: §§ 3a bis 20 UWG, Anhang zu § 3 Abs. 3 UWG, 3. Auflage, 2016, zitiert als: F/B/O/*Bearbeiter*, 3. Aufl. (2016), Fundstelle.

Franck, Jens-Uwe, Marktordnung durch Haftung, Tübingen, 2016, zitiert als: *Franck*, Marktordnung durch Haftung, Fundstelle.

Freischem, Stephan/Würtenberger, Gert, Stellungnahme des GRUR-Fachausschusses Wettbewerbs- und Markenrecht zum Referentenentwurf eines Gesetzes zur Umsetzung der RL (EU) 2020/1828 über Verbandsklagen zum Schutz der Kollektivinteressen der Verbraucher und zur Aufhebung der RL 2009/22/EG des BMJ, Zeitschrift für Gewerblichen Rechtsschutz und Urheberrecht, 2023, S. 626 ff., zitiert als: *Freischem/Würtenberger*, GRUR 2023, 626 (Fundstelle).

Frey, Harald, Der Schadensersatzanspruch für Verbraucher im neuen UWG, Verbraucher und Recht, 2022, S. 174 ff., zitiert als: Frey, VuR 2022, 174 (Fundstelle).

Frey, Harald, Die wettbewerbsrechtliche Abmahnung, Juristische Schulung, 2014, S. 968 ff., zitiert als: *Frey*, JuS 2014, 968 (Fundstelle).

Friedlaender, […], Anmerkungen zum OLG Königsberg, Urteil vom 30.11.1931 – 5 U 399/31, Juristische Wochenschrift, 1932, Leipzig, zitiert als: *Friedlaender*, JW 1932, 1160 (Fundstelle).

Fries, Martin, De minimis curat marcator: Legal Tech wird Gesetz, Neue Juristische Wochenschrift, 2021, S. 2537 ff., zitiert als: *Fries*, NJW 2021, 2537 (Fundstelle).

Fries, Martin, Verbraucherrechtsdurchsetzung, München, 2016, zitiert als: *Fries*, Verbraucherrechtsdurchsetzung, Fundstelle.

Fritzsche, Jörg, Endlich: Das Gesetz zur Stärkung des fairen Wettbewerbs, Wettbewerb in Recht und Praxis, 2020, S. 1367 ff., zitiert als: *Fritzsche*, WRP 2020, 1367 (Fundstelle).

Fritzsche, Jörg/Münker, Reiner/Stollwerck, Christoph (Hrsg.), Beck'scher Online-Kommentar UWG, 23./27, Edition, Stand: 01.01.02024/01.01.2025, München, zitiert als: BeckOKUWG/*Bearbeiter*, 23. Ed. (Stand: 01.01.2024), Fundstelle.

Gaier, Reinhard, Strukturiertes Parteivorbringen im Zivilprozess, Zeitschrift für Rechtspolitik, 2015, S. 101 ff., zitiert als: *Gaier*, ZRP 205, 101 (Fundstelle).

Galanter, Marc, Why the „Haves“ Come out Ahead: Speculations on the Limits of Legal Change, 9 Law & Society Review, 1974, S. 95 ff., zit: *Galanter*, 9. L. Soc. Rev. 1974, (Fundstelle).

Glöckner, Jochen, Ausgestaltung der Individualansprüche von Verbrauchern bei Lauterkeitsverstößen, Gewerblicher Rechtsschutz und Urheberrecht, 2021, S. 919 ff., zitiert als: *Glöckner*, GRUR 2021, 919 (Fundstelle).

Glöckner, Jochen, Der gegenständliche Anwendungsbereich des Lauterkeitsrechts nach der UWG-Novelle 2008 – ein Paradigmenwechsel mit Folgen, Wettbewerb in Recht und Praxis, 2009, S. 1175 ff., zitiert als: *Glöckner*, WRP 2009, 1175 (Fundstelle).

Glöckner, Jochen, Der neue Individualanspruch der Verbraucher bei unlauteren geschäftlichen Handlungen, Wettbewerb in Recht und Praxis, 2022, S. 383 ff., zitiert als: *Glöckner*, WRP 2022, 383 (Fundstelle).

Glöckner, Jochen, Europäisches Lauterkeitsrecht, München, 2006, zitiert als *Glöckner*, Europäisches Lauterkeitsrecht, Fundstelle.

Glöckner, Jochen, Rechtsbruchtatbestand oder …The Saga Continues!, Gewerblicher Rechtsschutz und Urheberrecht, 2013, S. 568 ff., zitiert als: *Glöckner*, GRUR 2013, 568 (Fundstelle).

Grewe, Max, Missbrauchsverbot als Durchsetzungsinstrument, Baden-Baden, 2020, zitiert als: *Grewe*, Missbrauchsverbot, Fundstelle.

Grigoleit, Hans Christoph, Perspektiven der Schutzgesetzhaftung im Kontext des unionsrechtlichen Effektivitätsgebots – am Beispiel von Dieselklagen, Zeitschrift für Wirtschaftsrecht, 2023, S. 221 ff., zitiert als: *Grigoleit*, ZIP 2023, 221 (Fundstelle).

Grüneberg, Christian (Hrsg.), Bürgerliches Gesetzbuch, 84. Auflage, München, 2025, zitiert als: Grüneberg/*Bearbeiter*, 84. Aufl. (2025), Fundstelle.

Gsell, Beate, Kollektiver Rechtsschutz im deutschen Zivilprozessrecht und gebündelte treuhänderische Einziehung von Schadensersatzforderungen durch Dritte, in; Schulze/Götz (Hrsg.), Europäisches Privatrecht in Vielfalt geeint: Der modernisierte Zivilprozess in Europa, München, 2014, zitiert als: *Gsell*, in: Schulze/Götz, S. 179, Fundstelle.

Gsell, Beate, Europäische Verbandsklagen zum Schutz kollektiver Verbraucherinteressen – Königs- oder Holzweg?, Zeitschrift für Bank- und Kapitalmarktrecht, 2021, S. 521 ff., zitiert als: *Gsell*, BKR 2021, 521 (Fundstelle).

Gsell, Beate/Krüger, Wolfgang/Lorenz, Stephan/Reymann, Christoph (Hrsg.), beck-online. GROSSKOMMENTAR, Stand: 15.02.2024, München, zitiert als: BeckOGK/*Bearbeiter*, Stand: 15.02.2024, Fundstelle.

Gsell, Beate/Mehring, Thomas, Neue Vorzeichen für die deliktrechtliche Herstellerhaftung für Thermofenster, Neue Juristische Wochenschrift, 2023, S. 1099 ff., zitiert als: *Gsell/Mehring*, NJW 2023, 1099 (Fundstelle).

Gsell, Beate/Meller-Hannich, Caroline, Die Umsetzung der Verbandsklagen-Richtlinie als Chance für eine Bewältigung von Streu- und Massenschadensereignissen, JuristenZeitung, 2022, S. 421 ff., zitiert als: *Gsell/Meller-Hannich*, JZ 2022, 421 (Fundstelle).

Gsell, Beate/Rübbeck, Johannes, Beseitigung als Folgenbeseitigung? – Kollektivklagen der Verbraucherverbände auf Rückzahlung unrechtmäßig erzielter Gewinne, Zeitschrift für die gesamte Privatrechtswissenschaft, 2018, S. 409 ff., zitiert als: *Gsell/Rübbeck*, ZfPW 2018, 409 (Fundstelle).

Hagenmeier, Daniel, Lauterkeitsrechtlicher Schutz des Verbrauchers nach Vertragsschluss, Berlin, 2019, zitiert als: *Hagenmeier*, Lauterkeitsrechtlicher Schutz, Fundstelle.

Hähnchen, Susanne/Bommel, Robert, Digitalisierung und Rechtsanwendung, JuristenZeitung, 2018, S. 334 ff., zitiert als: *Hähnchen/Bommel*, JZ 2018, 334 (Fundstelle).

Hähnchen, Susanne/Schrader, Paul T./Weiler, Frank/Wischmeyer, Thomas, Legal Tech Rechtsanwendung durch Menschen als Auslaufmodell?, Juristische Schulung 2020, S. 625 ff., zitiert als: *Hähnchen et al.*, 2020, 625 (Fundstelle).

Halfmeier, Axel, Musterfeststellungsklage: Nicht gut, aber besser als nichts, Zeitschrift für Rechtspolitik, 2017, S. 201 ff., zitiert als: *Halfmeier*, ZRP 2017, 201 (Fundstelle).

Harke, Jan Dirk, Herstellerhaftung im Abgasskandal, Verbraucher und Recht, 2017, S. 83 ff., zitiert als: *Harke*, VuR 2017, 83 (Fundstelle).

Harte-Bavendamm, Henning/Henning-Bodewig, Frauke, Gesetz gegen den unlauteren Wettbewerb (UWG), 5. Auflage, München, 2021, zitiert als: H-B/H-B/*Bearbeiter*, 5. Aufl. (2021), Fundstelle.

Hasselblatt, Gordian N. (Hrsg.), Münchener Anwalts Handbuch Gewerblicher Rechtsschutz, 6. Auflage München, 2022, zitiert als: MAH/*Bearbeiter*, 6. Aufl. (2022), Fundstelle.

Hau, Wolfgang/Poseck, Roman (Hrsg.), Beck'scher Online-Kommentar, 69. Edition, Stand: 01.02.2024, München, zitiert: BeckOKBGB/*Bearbeiter*, 69. Ed. (Stand: 01.02.2024), Fundstelle.

Hau, Wolfgang, Geschäftsführung ohne Verbraucherauftrag, Neue Juristische Wochenschrift, 2001, S. 2863 ff., zitiert als: *Hau*, NJW 2001, 2863 (Fundstelle).

Havlik, Laurin, Täuschung und Irreführung – Das Verhältnis der individuellen und kollektiven Rechtsdurchsetzung bei irreführender Werbung gegenüber Verbrauchern, Berlin, 2024, zitiert als: *Havlik*, Täuschung und Irreführung, Fundstelle.

v. Heermann, Peter W./Schlingloff, Jochen (Hrsg.), Münchener Kommentar zum Lauterkeitsrecht, Band 1, 3. Auflage, §§ 1 – 7, München, 2020; Band 2, 3. Auflage, §§ 7a – 20, München, 2020, zitiert als: MükoUWG/*Bearbeiter*, 3. Aufl. (2020), Fundstelle.

Heese, Michael, Die Musterfeststellungsklage und der Dieselskandal, JuristenZeitung, 2019, S. 429 ff., zitiert als: *Heese*, JZ 2019, 429 (Fundstelle).

Hefendehl, Roland (Hrsg.), Münchener Kommentar zum Strafgesetzbuch, Band 5, §§ 263 – 297, 4. Auflage, München, 2022, zitiert als: MüKoStGB/*Bearbeiter*, 4, Aufl. (2022), Fundstelle.

Heidenreich, Jan Peter, Zum Kostenerstattungsanspruch für eine wettbewerbsrechtliche Gegenabmahnung, Wettbewerb in Recht und Praxis 2004, S. 660 ff., zitiert als: *Heidenreich*, WRP 2004, 660 (Fundstelle).

Heinze, Christian, Schadensersatz im Unionsprivatrecht, Tübingen, 2017, zitiert als: *Heinze*, Schadensersatz, Fundstelle.

Heinze, Christian/Engel, Andreas, Der neue Schadensersatzanspruch für Verbraucher bei UWG-Verstößen, Neue Juristische Wochenschrift, 2021, S. 2609 ff., zitiert als: *Heinze/Engel*, NJW 2021, 2609 (Fundstelle).

Hellgardt, Alexander, Regulierung und Privatrecht, Tübingen, 2016, zitiert als: *Hellgardt*, Regulierung und Privatrecht, Fundstelle.

Henning-Bodewig, Frauke, Neue Aufgaben für die Generalklausel des UWG? – Von »Benetton« zu »Busengrapscher«, Gewerblicher Rechtsschutz und Urheberrecht, 1997, S. 180 ff., zitiert als: *Henning-Bodewig*, GRUR 1997, 180 (Fundstelle).

Henning-Bodewig, Frauke, Paradigmenwechsel im Lauterkeitsrecht? Neue Herausforderungen für das UWG, in: Praxis des Geistigen Eigentums: Festschrift für Henning Harte-Bavendamm zum 70. Geburtstag, München, 2020, S. 319 ff., zitiert als: *Henning-Bodewig*, in: FS Harte-Bavendamm, 2020, S. 319, Fundstelle.

Hetmank, Sven, Wettbewerbsfunktionales Verständnis des Lauterkeitsrechts, Zeitschrift für Gewerblichen Rechtsschutz und Urheberrecht, 2014, S. 437 ff., zitiert als: *Hetmank*, GRUR 2014, 437 (Fundstelle).

Hoch, Veronica/Hendricks, Jan, Das RDG und die Legal Tech-Debatte: Und wo bleibt das Unionsrecht?, Verbraucher und Recht, 2020, S. 254 ff., zitiert als: *Hoch/Hendricks*, VuR 2020, 254 (Fundstelle).

Hofmann, Franz, Der Unterlassungsanspruch als Rechtsbehelf, Tübingen, 2017, zitiert als: *Hofmann*, Der Unterlassungsanspruch als Rechtsbehelf, Fundstelle.

Hofmann, Franz, Die Anspruchsberühmung, Zeitschrift für die gesamte Privatrechtswissenschaft, 2018, S. 152 ff., zitiert als: *Hofmann*, ZfPW 2018, 152 (Fundstelle).

Höhle, Niclas, Zweck und Funktion der Geschäftsführung ohne Auftrag, Hamburg, 2022, zitiert als: *Höhle*, Zweck und Funktion, Fundstelle.

Hoom, Machteld/Mak, Vanessa, Consumer Empowerment Strategies – A Rights-Oriented Approach Versus a Needs-Oriented Approach, Zeitschrift für Europäisches Privatrecht, 2011, S. 518 ff., zitiert als: *Hoom/Mak*, ZeuP 2011, 518 (Fundstelle).

Hösl, Thomas, Kostenerstattung bei außerprozessualer Verteidigung gegen unberechtigte Rechtsverfolgung, Köln, 2004, zitiert als: *Hösl*, Kostenerstattung, (Fundstelle).

Janal, Ruth, Die Umsetzung der Verbandsklagenrichtlinie, Gewerblicher Rechtsschutz und Urheberrecht, 2023, S. 985 ff., zitiert als: *Janal*, GRUR 2023, 985 (Fundstelle).

Janal, Ruth, Sanktionen und Rechtsbehelfe bei der Verletzung verbraucherschützender Informations- und Dokumentationspflichten im elektronischen Geschäftsverkehr, Berlin, 2003, zitiert als: *Janal*, Sanktionen und Rechtsbehelfe, Fundstelle.

v. Jhering, Rudolf, Der Kampf ums Recht, Wien, 1872, zitiert als: *von Jhering*, Kampf ums Recht, Fundstelle.

Kaiser, Dagmar, Pflichtwidriges Mängelbeseitigungsverlangen, Neue Juristische Wochenschrift, 2008, S. 1709 ff., zitiert als: *Kaiser*, NJW 2008, 1709 (Fundstelle).

Kalbfuß, Björn/Uhlenhut, Theresa/Feilke, Michael, Umwälzung im Wettbewerbsrecht: Kommen jetzt Massenverfahren für Bußgelder?, Corporate Compliance Zeitschrift, 2022, S. 99 ff., zitiert als: *Kalbfuß/Uhlenhut/Feilke*, CCZ 2022, 99 (Fundstelle).

Kalski, Wito, Individualansprüche des Verbrauchers bei Lauterkeitsverstößen, Frankfurt am Main, 2009, zitiert als: *Kalski*, Individualansprüche des Verbrauchers, Fundstelle.

Kamlah, Dietrich, Zum Konkurrenzverhältnis des UWG zum UKlaG, Wettbewerb in Recht und Praxis, 2006, S. 33 ff., zitiert als: *Kamlah*, WRP 2006, 33 (Fundstelle).

Keller, Erhard, Stellungnahme des Fachausschusses für Wettbewerbs- und Markenrecht der GRUR zum Referentenentwurf des Bundesministeriums der Justiz und für Verbraucherschutz zum Entwurf eines Gesetzes zur Stärkung des Verbraucherschutzes im Wettbewerbs- und Gewerberecht, Gewerblicher Rechtsschutz und Urheberrecht, 2021, S. 456 ff., zitiert als: *Keller*, GRUR 2021, 456 (Fundstelle).

Kemper, Rainer, Verbraucherschutzinstrumente, Baden-Baden, 1994, zitiert als: *Kemper*, Verbraucherschutzinstrumente, Fundstelle.

Kern, Christoph/Uhlmann, Christian, Kollektiver Rechtsschutz 2.0? Möglichkeiten und Chancen vor dem Hintergrund der Verbandsklagen-RL, Zeitschrift für Europäisches Privatrecht, 2022, S. 849 ff., zitiert als: *Kern/Uhlmann*, ZEuP 2022, 849 (Fundstelle).

Kersting, Christian, Die Dritthaftung für Informationen im Bürgerlichen Recht, München, 2007, *Kersting*, Die Dritthaftung, Fundstelle.

Keßler, Jürgen, Recht haben und Recht bekommen – UWG reloaded, Verbraucher und Recht, 2018, S. 241 ff., zitiert als: *Keßler*, VuR 2018, 241 (Fundstelle).

Keßler, Jürgen, UWG und Verbraucherschutz – Wege und Umwege zum Recht der Marktkommunikation, Wettbewerb in Recht und Praxis, 2005, S. 264 ff., zitiert als: *Keßler*, WRP 2005, 264 (Fundstelle).

Kilian, Matthias, Trojanische Pferde im Rechtsdienstleistungsrecht, Neue Juristische Wochenschrift, 2019, S. 1401 ff., zitiert als: *Kilian*, NJW 2019, 1401 (Fundstelle).

Klagge, Julian, Normative Kohärenz des deutschen Lauterkeitsrechts, Berlin/Boston, 2017, zitiert als: *Klagge*, Normative Kohärenz, Fundstelle.

Kloepfer, Michael, Umweltschutz als Aufgabe des Zivilrechts – aus öffentlich-rechtlicher Sicht, Natur und Recht, 1990, S. 337 ff., zitiert als: *Kloepfer*, NuR 1990, 337 (Fundstelle).

Koch, Harald, Alternativen zum Zweiparteiensystem im Zivilprozeß: Parteiübergreifende Interessen und objektive Prozeßführungsrechte, Kritische Vierteljahresschrift für Gesetzgebung und Rechtswissenschaft, 1989, S. 323 ff., zitiert als: *Koch*, KritV 1989, 323 (Fundstelle).

Koch, Harald, Verbraucherprozessrecht, Heidelberg, 1990, zitiert als: *Koch*, Verbraucherprozessrecht, Fundstelle.

Koch, Harald, Europäischer kollektiver Rechtsschutz vs. amerikanische „class action“: Die gebändigte Sammelklage in Europa?, Wirtschaft und Wettbewerb, 2013, S. 1059 ff., zitiert als: *Koch*, WuW 2013, 1059 (Fundstelle).

Koch, Harald/Zekoll Joachim, Europäisierung der Sammelklage mit Hindernissen, Zeitschrift für Europäisches Privatrecht, 2010, S. 107 ff., zitiert als: *Koch/Zekoll*, ZEuP 2010, 107 (Fundstelle).

Koch, Jens, § 311 Abs. 3 BGB als Grundlage einer vertrauensrechtlichen Auskunftshaftung, in: Archiv für die civilistische Praxis (AcP), 204, 2004, S. 59 ff., zitiert als: Koch, AcP 204 (2004), S. 59, Fundstelle.

Koch, Thomas, Kann die Äußerung unrichtiger Rechtsansichten wettbewerbsrechtlich verboten werden?, Wettbewerb in Recht und Praxis, 2019, S. 1259 ff., zitiert als: *Koch*, WRP 2019, 1259 (Fundstelle).

Kocher, Eva, Funktionen der Rechtsprechung, Tübingen, 2007, zitiert als: *Kocher*, Funktionen der Rechtsprechung, Fundstelle.

Kodek, Georg/Leupold, Petra, Modernisierung des Verbraucherrechts. Wien, 2020, zitiert als: *Kodek/Leupold*, Modernisierung, Fundstelle.

Köhler, Helmut, Der Schadensersatzanspruch der Verbraucher im künftigen UWG, Wettbewerb in Recht und Praxis, 2021, S. 129 ff., zitiert als: *Köhler*, WRP 2021, 129 (Fundstelle).

Köhler, Helmut, Der Schadensersatzanspruch für Verbraucher im UWG und seine Realisierung, Gewerblicher Rechtsschutz und Urheberrecht, 2022, S. 435 ff., zitiert als: *Köhler*, GRUR 2022, 435 (Fundstelle).

Köhler, Helmut, Der wettbewerbsrechtliche Beseitigungsanspruch – ein Folgenbeseitigungsanspruch?, Wettbewerb in Recht und Praxis, 2019, S. 269 ff., zitiert als: *Köhler*, WRP 2019, 269 (Fundstelle).

Köhler, Helmut, Gewerblich finanzierte Gewinnabschöpfungsprozesse: Ende eines Geschäftsmodells, Wettbewerb in Recht und Praxis, 2019, S. 139 ff., zitiert als: *Köhler*, WRP 2019, 139 (Fundstelle).

Köhler, Helmut, Unzulässige geschäftliche Handlungen bei Abschluss und Durchführung eines Vertrages, Wettbewerb in Recht und Praxis, 2009, S. 898 ff., zitiert als: *Köhler*, WRP 2009, 898 (Fundstelle).

Köhler, Helmut, UWG-Reform und Verbraucherschutz, Gewerblicher Rechtsschutz und Urheberrecht, 2003, S. 265 ff., zitiert als: *Köhler*, GRUR 2003, 265 (Fundstelle).

Köhler, Helmut, Zur „geschäftlichen Relevanz" unlauterer geschäftlicher Handlungen gegenüber Verbrauchern, Wettbewerb in Recht und Praxis, 2014, S. 259 ff., zitiert als: *Köhler*, WRP 2014, 259 (Fundstelle).

Köhler, Helmut, Zur Begrenzung wettbewerbsrechtlicher Schadensersatzansprüche durch den „Schutzzweck der Norm", in: Ahrens/Büscher/Goldmann/McGuire (Hrsg.), Festschrift für Henning Harte-Bavendamm zum 70. Geburtstag, Paradigmenwechsel im Lauterkeitsrecht? Neue Herausforderungen für das UWG, München, 2020, zitiert als: *Köhler*, in: FS Harte-Bavendamm, 2020, S. 355, Fundstelle.

Köhler, Helmut/(Bornkamm, Joachim)/Feddersen, Jörn (Hrsg.), Gesetz gegen den unlauteren Wettbewerb, 39./42./43. Auflage, München, 2021/2024/2025, zitiert als: KBF/*Bearbeiter*, 39./42. Aufl. (2021/2024), Fundstelle bzw. KF/*Bearbeiter*, 43. Aufl. (2025), Fundstelle.

Köhler. Helmut/Piper, Henning, Gesetz gegen den unlauteren Wettbewerb, 3. Auflage, 2002, München, zitiert als: K/P/*Bearbeiter*, 3. Aufl. (2002), Fundstelle.

Koos, Stefan, Grundsätze des Lauterkeitskollisionsrechts im Lichte der Schutzzwecke des UWG, Wettbewerb in Recht und Praxis 2006, S. 499 ff., zitiert als: *Koos*, WRP 2006, 499 (Fundstelle).

Koziol, Helmut, Rechtsvergleichende Schlussbemerkungen, in: Koziol (Hrsg.), Grundfragen des Schadenersatzrechts aus rechtsvergleichender Sicht, Wien/Graz, 2014, zitiert als: *Koziol*, in: Koziol, Grundfragen des Schadenersatzrechts, S. 819, Fundstelle.

Kramer, Ernst, Juristische Methodenlehre, München, 2019, zitiert als: *Kramer*, Juristische Methodenlehre, Fundstelle.

Kranz, Dagmar, Der Diskussionsentwurf zur Muster-Feststellungsklage – ein stumpfes Schwert?, Neue Zeitschrift für Gesellschaftsrecht, 2017, S. 1099 ff., zitiert als: *Kranz*, NZG 2017, 1099 (Fundstelle).

Krebs, Peter, Sonderverbindung und außerdeliktische Schutzpflichten, München, 2000, zitiert als: *Krebs*, Sonderverbindung, Fundstelle.

Kreitz, Benedict, Erweiterte Haftungsrisiken für Datenschutzverstöße durch den Individualanspruch des Verbrauchers gem. § 9 II UWG?, Wettbewerb in Recht und Praxis, 2023, S. 156 ff., zitiert als: *Kreitz*, WRP 2023, 156 (Fundstelle).

Kühner, Christopher/Singbartl, Jan, Kein Anspruch einer Bank auf pauschale Aufwandsgebühr für die Durchführung einer Kontopfändung, Entscheidungen zum Wirtschaftsrecht und Kurzkommentare, 2019, S. 5 f., zitiert als: *Kühner/Singbartl*, EWiR 2019, 5 (Fundstelle).

Lange, Linus, Zwei Jahre individueller Schadensersatzanspruch aus dem UWG – ein Misserfolg mit Ansage?, Verbraucher und Recht, 2024, S. 334 ff., zitiert als: *Lange*, VuR 2024, 334 (Fundstelle).

Larenz, Karl, Culpa in contrahendo, Verkehrssicherungspflicht und „sozialer Kontakt", Monatsschrift für Deutsches Recht, 1954, S. 515 ff., zitiert als: *Larenz*, MDR 1954, 515 (Fundstelle).

Larenz,Karl/Wolf, Manfred, Allgemeiner Teil des Bürgerlichen Rechts, 9. Auflage, München, 2004, zitiert als: *Larenz/Wolf*, BGB AT, Fundstelle.

Lehmann, Michael, Präventive Schadensersatzansprüche bei Verletzungen des geistigen und gewerblichen Eigentums, Gewerblicher Rechtsschutz und Urheberrecht, Internationaler Teil, S. 762 ff., zitiert als: *Lehmann*, GRUR Int. 2004, 762 (Fundstelle).

Lehmann, Michael, Vertragsanbahnung durch Werbung, München, 1981, zitiert als: *Lehmann*, Vertragsanbahnung, Fundstelle.

Leistner, Matthias, Richtiger Vertrag und lauterer Wettbewerb, Tübingen, 2007, zitiert als: *Leistner*, Richtiger Vertrag, Fundstelle.

Lerch, Markus/Valdini, Christina, Herausforderungen an den Zivilprozess bei Massenverfahren, Neue Juristische Wochenschrift, 2023, S. 420 ff., zitiert als: *Lerch/Valdini*, NJW 2023, 420 (Fundstelle).

Lettl, Tobias, Der Schutz der Verbraucher nach der UWG-Reform, Gewerblicher Rechtsschutz und Urheberrecht, 2004, S. 449 ff., zitiert als: *Lettl*, GRUR 2004, 449 (Fundstelle).

Lieder, Jan/Berneith, Daniel, Echte und unechte Ausnahmen vom Abstraktionsprinzip, Juristische Schulung, 2016, S. 673 ff., zitiert als: *Lieder/Berneith*, JuS 2016, 673 (Fundstelle).

Lorenz, Stephan, Arbeitsrechtlicher Aufhebungsvertrag, Haustürwiderrufsgesetz und undue influence, JuristenZeitung, 1997, S. 277 ff., zitiert als: *Lorenz*, JZ 1997, 277 (Fundstelle).

Lorenz, Stephan, Arglist und Sachmangel – Zum Begriff der Pflichtverletzung in § 323 V 2 BGB, Neue Juristische Wochenschrift, 2006, S. 1925 ff., zitiert als: *Lorenz*, NJW 2006, 1925 (Fundstelle).

Lorenz, Stephan, Der Schutz vor dem unerwünschten Vertrag, München, 1997, zitiert als: *Lorenz*, Schutz vor dem unerwünschten Vertrag, Fundstelle.

Lorenz, Stephan, Diagnoserisiko und Aufwendungsersatz bei nicht geschuldeter Nacherfüllung, in: Beuthien (Hrsg.), Perspektiven des Privatrechts am Anfang des

21. Jahrhunderts: Festschrift für Dieter Medicus zum 80. Geburtstag am 9. Mai 2009, S. 265 ff., Köln, 2009, zitiert als: *Lorenz*, Diagnoserisiko und Aufwendungsersatz bei nicht geschuldeter Nacherfüllung, in: FS Medicus, S. 265, Fundstelle.

Lorenz, Stephan, Vertragsaufhebung wegen culpa in contrahendo: Schutz der Entscheidungsfreiheit oder des Vermögens?, Zeitschrift für Wirtschaftsrecht, 1998, 1053 ff., zitiert als: *Lorenz*, ZIP 1998, 1053 (Fundstelle).

Loritz, Karl-Georg, Die Konkurrenz materiellrechtlicher Ersatzansprüche und prozessualer Kostenerstattungsansprüche und -normen bei Anspruchsentstehung und -durchsetzung, Konstanz, 1979, zitiert als: *Loritz,* Die Konkurrenz, Fundstelle.

Lühmann, Tobias, Anforderungen und Herausforderungen der RL (EU) 2020/1828 über Verbandsklagen zum Schutz der Kollektivinteressen von Verbrauchern, Zeitschrift für Wirtschaftsrecht, 2021, S. 824 ff., zitiert als: *Lühmann*, ZIP 2021, 824 (Fundstelle).

Lühmann, Tobias, Kollektiver Rechtsschutz – Ein aktueller Überblick, Neue Juristische Wochenschrift, 2020, S. 1706 ff., zitiert als: *Lühmann*, NJW 2020, 1706 (Fundstelle).

Maaßen, Stefan, UWG-Ansprüche für Verbraucher – zu § 9 II UWG-E, Gewerblicher Rechtsschutz und Urheberrecht in der Praxis, 2021, S. 7 ff., zitiert als: *Maaßen*, GRUR-Prax 2021, 7 (Fundstelle).

Mayrhofer, Ann-Kristin/Koller, Tonio, Die „Gleichartigkeit" als Nadelöhr der Abhilfeklage: Zur Bedeutung des Gleichartigkeitserfordernisses im Regierungsentwurf eines Gesetzes zur Umsetzung der Verbandsklagenrichtlinie, Zeitschrift für Wirtschaftsrecht, 2023, S. 1065 ff., zitiert als: *Mayrhofer/Koller*, ZIP 2023, 1065 (Fundstelle).

Meier, Dominik, Täuschung und Manipulation im Privatrecht, Tübingen, 2022, zitiert als: *Meier*, Täuschung und Manipulation, Fundstelle.

Meller-Hannich, Caroline, Kollektiver Rechtsschutz im Privatrecht und die Umsetzung der Verbandsklagenrichtlinie, Versicherungsrecht, 2023, S. 1321 ff., zitiert als: *Meller-Hannich*, VersR 2023, 1321 (Fundstelle).

Meller-Hannich, Caroline, Wenn die Klage sich nicht lohnt – Effektiver Rechtsschutz bei geringen Streitwerten, Neue Zeitschrift für Miet- und Wohnungsrecht, 2022, S. 353 ff., zitiert als: *Meller-Hannich*, NZM 2022, 353 (Fundstelle).

Meller-Hannich, Caroline/Höland, Armin/Nähre, Monika, Abschlussbericht zum Forschungsvorhaben „Erforschung der Ursachen des Rückgangs der Eingangszahlen bei den Zivilgerichten", Berlin, 2023, zitiert als: *Meller-Hannich/Höland/Nöhre*, Bericht zur Untersuchung des Rückgangs der Eingangszahlen bei den Zivilgerichten, Fundstelle.

Menke, Simon, Wettbewerbsrechtlicher Verbraucherschutz, Bedarf es einer Aktivlegitimierung des Verbrauchers im UWG?, Frankfurt am Main, 2011, zitiert als: *Menke*, Wettbewerbsrechtlicher Verbraucherschutz, Fundstelle.

Möllers, Thomas, Juristische Methodenlehre, 2. Auflage, Augsburg, 2019, zitiert als: *Möllers*, Juristische Methodenlehre, Fundstelle.

Nuys, Marcel/Gleitsmann, Mirko, Ready for Landing? – Die AirDeal-Entscheidung des BGH und ihre allenfalls begrenzten Auswirkungen für die Praxis, Betriebs-Berater, 2022, S. 259 ff., zitiert als: *Nuys/Gleitsmann*, BB 2022, 259 (Fundstelle).

Ohly, Ansgar, Die ab 28.5.2022 geltenden Änderungen des UWG im Überblick, Gewerblicher Rechtsschutz und Urheberrecht, 2022, S. 763 ff., zitiert als: *Ohly*, GRUR 2022, 763 (Fundstelle).

Ohly, Ansgar, Alternativentwurf („Große Lösung") zum Regierungsentwurf eines 2. Gesetzes zur Änderung des Gesetzes gegen den unlauteren Wettbewerb, Wettbewerb in Recht und Praxis, 2015, S. 1443 ff., zitiert als: *Ohly*, WRP 2015, 1443 (Fundstelle).

Ohly, Ansgar/Sosnitza, Olaf, Gesetz gegen den unlauteren Wettbewerb: UWG, 8. Auflage, 2023, zitiert als: O/S/*Bearbeiter*, 8. Aufl. (2023) Fundstelle.

Oppermann, Bernd/Müller, Sandra, Wie verbraucherfreundlich muss das neue UWG sein? Eine Synopse lauterkeitsrechtlicher Instrumente, Gewerblicher Rechtsschutz in Recht und Praxis, 2005, S. 280 ff., zitiert als: *Oppermann/Müller*, GRUR 2005, 280 (Fundstelle).

Peifer, Karl-Nikolaus, Der Schadensersatz der Verbraucher, seine Grenzen und seine Durchsetzung (§ 9 Abs. 2 UWG), Wettbewerb in Recht und Praxis, 2022, S. 794 ff., zitiert als: *Peifer*, WRP 2022, 794 (Fundstelle).

Peifer, Karl-Nikolaus, Gesetz gegen den unlauteren Wettbewerb (UWG), I. Band, §§ 1 – 3, 3. Auflage, Berlin, 2021, zitiert als: GroKoUWG/*Bearbeiter*, 3. Aufl. (2021), Fundstelle.

Peukert, Alexander, Aufbau und innere Logik des UWG – Bestandsaufnahme und Alternativvorschlag, Wettbewerb in Recht und Praxis, 2019, S. 546 ff., zitiert als: *Peukert*, WRP 2019, 546 (Fundstelle).

Picker, Eduard, Privatrechtssystem und negatorischer Rechtsschutz, Tübingen, 2019, zitiert als: *Picker*, Privatrechtssystem, Fundstelle.

Plager, Anton, Schutzzwecke des Lauterkeitsrechts, Frankfurt am Main, 2010, zitiert als: *Plager*, Schutzzwecke, Fundstelle.

Plum, Martin, Das Gebot fairen Verhandelns bei Vertragsverhandlungen, Monatsschrift für Deutsches Recht, S. 69 ff., zitiert als: *Plum*, MDR 2020, 69 (Fundstelle).

Podszun Rupprecht/Deuschle, Adrian, Zur dogmatischen und systematischen Einordnung von § 9 UWG, Wettbewerb in Recht und Praxis, 2019, S. 1102 ff., zitiert als: *Podszun/Deuschle*, WRP 2019, 1102 (Fundstelle).

Poelzig, Dörte, Normdurchsetzung durch Privatrecht, Tübingen, 2012, zitiert als: *Poelzig*, Normdurchsetzung, Fundstelle.

Prütting, Hans, Das Drama um das Legal-Tech-Inkasso, Zeitschrift für Wirtschaftsrecht, 2020, S. 1434 ff., zitiert als: *Prütting*, ZIP 2020, 1434 (Fundstelle).

Prütting, Hans, Legal Tech vor den Toren der Anwaltschaft – Die Digitalisierung der Rechtsdienstleistungen, Zeitschrift für Wirtschaftsrecht, 2020, S. 49 ff., zitiert als: *Prütting*, ZIP 2020, 49 (Fundstelle).

Raue, Benjamin, Die dreifache Schadensberechnung – Eine Untersuchung zum deutschen und europäischen Immaterialgüter-, Lauterkeits- und Bürgerlichen Recht, Baden-Baden, 2017, zitiert als: *Raue*, Die dreifache Schadensberechnung, Fundstelle.

Rauer, Nils/Shchavelev, Alexander, Der neue Verbraucherschadensersatz, Gewerblicher Rechtsschutz und Urheberrecht in der Praxis, 2022, S.35 ff., zitiert als: *Rauer/Shchavelev*, GRUR-Prax 2022, 35 (Fundstelle).

Reich, Norbert/Wegener, Hartmut, Verbraucherschutz und Wettbewerb – BGH, NJW 1973, 1371 und 1974, 140, Juristische Schulung, 1974, S. 561 ff., zitiert als: *Reich/ Wegener,* JuS 1974, 561 (Fundstelle).

Remien, Oliver, Schlusswort: Aspekte des Schadensersatzes im europäischen Privat- und Wirtschaftsrecht – Versuch einer Synthese, in: Remien (Hrsg.), Schadensersatz im europäischen Privat- und Wirtschaftsrecht: Würzburger Tagung vom 11. und 12.6.2010, Tübingen, 2012, S. 359 ff., zitiert als: *Remien,* in: Remien, Schadenersatz, S. 359, Fundstelle.

Riehm, Thomas, Die deliktische Haftung des Herstellers in den „Abgas-Fällen", Deutsches Autorecht, 2019, S. 247 ff., zitiert als: *Riehm,* DaR 2019, 247 (Fundstelle).

Röhl, Klaus, Rechtssoziologie, Köln, 1987, zitiert als: *Röhl,* Rechtssoziologie, Fundstelle.

ROLAND Rechtsschutz-Versicherungs-AG, Roland Rechtsreport 2014, Köln, 2014, zitiert: *ROLAND Rechtsschutz-Versicherungs-AG,* Roland Rechtsreport 2014, Fundstelle.

Rosenow, Jörg/Staiger, Cynthia, Entstehungsgeschichte, Zweck und wesentlicher Inhalt des Gesetzes zur Stärkung des Verbraucherschutzes im Wettbewerbs- und Gewerberecht, Gewerblicher Rechtsschutz und Urheberrecht, 2022, S. 773 ff., zitiert als: *Rosenow/Staiger,* GRUR 2022, 773 (Fundstelle).

Röthemeyer, Peter, Das Verbraucherrechtedurchsetzungsgesetz (VDuG) zur Umsetzung der Verbandsklagen-Richtlinie – Die neue Abhilfeklage, Verbraucher und Recht, 2023, S. 332 ff., zitiert als: *Röthemeyer,* VuR 2023, 332 (Fundstelle).

Rubusch, Alexander, Die Berechtigungsanfrage, Tübingen, 2018, zitiert als: *Rubusch,* Die Berechtigungsanfrage, Fundstelle.

Sack, Rolf, Regierungsentwurf einer UWG-Novelle – ausgewählte Probleme, Betriebs-Berater, 2003, S. 1073 ff., zitiert als: *Sack,* BB 2003, 1073 (Fundstelle).

Sack, Rolf, Unbegründete Schutzrechtsverwarnungen, Köln, 2006, zitiert als: *Sack,* Unbegründete Schutzrechtsverwarnungen, Fundstelle.

Sack, Rolf, Neue Entwicklungen der Individualklagebefugnis im Wettbewerbsrecht, Gewerblicher Rechtsschutz und Urheberrecht, 2011, S. 953 ff., zitiert als: Sack, GRUR 2011, 953 (Fundstelle).

Säcker, Franz Jürgen, Das UWG zwischen den Mühlsteinen europäischer Harmonisierung und grundrechtsgebotener Liberalisierung, Wettbewerb in Recht und Praxis, 2004, S. 1199 ff., zitiert als: *Säcker,* WRP 2004, 1199 (Fundstelle).

Säcker, Jürgen/Rixecker, Roland/Oetker, Hartmut/Limperg, Bettina (Hrsg.), Münchener Kommentar zum Bürgerlichen Gesetzbuch, Band 2, 9. Auflage, 2022, §§ 241 – 310 BGB; Band 3, 9. Auflage, 2022, §§ 311 – 432 BGB; Band 7, 9. Auflage, 2024, §§ 705 – 823 BGB, PartGG, ProdHaftG, zitiert als: MüKoBGB/*Bearbeiter,* 9. Aufl. (Jahr), Fundstelle.

v. Savigny, Carl Friedrich, Vom Beruf unsrer Zeit für Gesetzgebung und Rechtswissenschaft, Heidelberg, 3. Auflage, 1840, zitiert als: *von Savigny,* Vom Beruf unsrer Zeit (1840), Fundstelle.

Schäfer, Hans-Bernd, Anreizwirkung bei der Class Action und der Verbandsklage, in: Basedow, Jürgen/Hopt, Klaus J./Kötz, Hein/Baetge, Dietmar (Hrsg), Die Bündelung gleichgerichteter Interessen im Prozeß, Tübingen, 1999, S. 67 ff., zitiert als: *Schäfer,* in: Basedow et al., Die Bündelung gleichgerichteter Interessen im Prozeß, S. 67, Fundstelle.

Schaffernak, Ingo, Das wettbewerbsrechtliche Vertragslösungsrecht nach § 13a UWG, München, 1991, zitiert als: *Schaffernak*, Das wettbewerbsrechtliche Vertragslösungsrecht, Fundstelle.

Scherer, Inge, Das Ende des Verdikts der „gefühlsbetonten" Werbung – Aufgabe der „Sachlichkeits"-Doktrin?, Gewerblicher Rechtsschutz und Urheberrecht, 2008, S. 490 ff., zitiert als: *Scherer*, GRUR 2008, 490 (Fundstelle).

Scherer, Inge, Irreführung durch Rechtsverfolgung bei nicht bestehender Forderung, Wettbewerb in Recht und Praxis, 2021, S. 1400 ff., zitiert als: *Scherer*, WRP 2021, 1400 (Fundstelle).

Scherer, Inge, Verbraucherschadensersatz durch § 9 Abs. 2 UWG-RegE als Umsetzung, von Art. 3 Nr. 5 Omnibus-RL – eine Revolution im Lauterkeitsrecht, Wettbewerb in Recht und Praxis, 2021, S. 561 ff., zitiert als: *Scherer*, WRP 2021, 561 (Fundstelle).

Scherer, Inge, Zahnloser Tiger oder schlagkräftiges Rechtsinstitut? – Anspruchskonkurrenzen des Verbraucherschadensersatzes gemäß § 9 II UWG, Gewerblicher Rechtsschutz und Urheberrecht, 2022, S. 787 ff., zitiert als: *Scherer*, GRUR 2022, 787 (Fundstelle).

Scherer, Inge, Abhilfeanspruch gem. Art. 9 Abs. 1 VerbandsKl-RL/§ 1 Nr. 1 VDuG-E und Verbraucherschadensersatzanspruch gem. § 9 Abs. 2 UWG – Kollektivrechtsschutz contra Individualrechtsschutz, Verbraucher und Recht, 2022, S. 443 ff., zitiert als: *Scherer*, VuR 2022, 443 (Fundstelle).

Schläfke, Henner/Lühmann, Tobias, Kollektiver Rechtsschutz nach der Umsetzung der EU-Verbandsklagen-RL, Neue Juristische Wochenschrift, 2023, S. 3385 ff., zitiert als: *Schläfke/Lühmann*, NJW 2023, 3385 (Fundstelle).

Schlussas, Martin, Die Möglichkeiten und Grenzen der Vertragsaufhebung bei irreführender Werbung, Mainz, 1985, zitiert als: *Schlussas*, Vertragsaufhebung, Fundstelle.

Schmidt, Karsten, Wirtschaftsrecht: Nagelprobe des Zivilrechts – Das Kartellrecht als Beispiel, in: Archiv für die civilistische Praxis (AcP), 206, 2006, S. 169 ff., zitiert als: *K. Schmidt*, AcP 206 (2006), S. 169, Fundstelle.

Schmidt-Kessel, Martin, Paradigmenwechsel im UWG – Individualschutz für Verbraucher, Verbraucher und Recht, 2021, S. 121 ff., zitiert als: *Schmidt-Kessel*, VuR 2021, 121 (Fundstelle).

Schmieder, Gregor, Der verbraucherschützende Beseitigungsanspruch des Lauterkeitsrechts im System zivilrechtlicher Beseitigungshaftung, Wiesbaden, 2022, zitiert als: *Schmieder*, Der verbraucherschützende Beseitigungsanspruch, Fundstelle.

Schrader, Paul, Neue Gewährleistungsregeln für „smarte Produkte" als lauterkeitsrechtliche Herausforderung, Wettbewerb in Recht und Praxis, 2022, S. 138 ff., zitiert als: *Schrader*, WRP 2022, 138 (Fundstelle).

Schricker, Gerhard, Rechtsvergleichende Bemerkungen zum strafrechtlichen Schutz gegen den unlauteren Wettbewerb, Ein Betrag zur Reform des § 4 UWG, Gewerblicher Rechtsschutz und Urheberrecht Internationaler Teil, 1975, S. 33 ff., zitiert als: *Schricker*, GRUR Int. 1975, 33 (Fundstelle).

Schulze, Reiner (Hrsg.), Bürgerliches Gesetzbuch, 12. Auflage, 2023, Baden-Baden, zitiert als: Schulze/*Bearbeiter*, 12. Aufl. (2023), Fundstelle.

Schuschnigg, Artur, Die Verbandsklagen-Richtlinie – Umsetzungsbreite und ihre Grenzen, Europäische Zeitschrift für Wirtschaftsrecht, 2022, S. 1043 ff., zitiert als: *Schuschnigg*, EuZW 2022, 1043 (Fundstelle).

Schwarze, Roland, Überrumpelung beim Aufhebungsvertrag, Juristische Arbeitsblätter, 2019, S. 789 ff., zitiert als: *Schwarze*, JA 2019, 789 (Fundstelle).

Seidl, Barbara, Anspruchsberühmung, München, 2014, zitiert als: *Seidl*, Anspruchsberühmung, Fundstelle.

Spengler, Achim Georg, Die Verbrauchergeneralklausel des UWG, Köln, 2016, zitiert als: *Spengler*, Die Verbrauchergeneralklausel, Fundstelle.

Stadler, Astrid, Die Bündelung von gleichgerichteten Ansprüchen durch Inkassozession – Geschäftsmodelle zur Prozessfinanzierung auf dem Prüfstand, JuristenZeitung, 2014, S. 613 ff., zitiert als: *Stadler*, JZ 2014, 613 (Fundstelle).

Stadler, Astrid, Die Durchsetzung von Fluggastentschädigungen – insbesondere durch Legal – Tech Unternehmer, in: Tamm (Hrsg.), Zentrifugalkräfte in Europa und im sozialen Rechtsstaat, Festschrift für Klaus Tonner, 2022, Baden-Baden, zitiert als: *Stadler*, in: FS Tonner, S. 113 (Fundstelle).

Stadler, Astrid, Die neue Verbands(abhilfe)klage – Umsetzung der Richtlinie 2020/1828, in: Zeitschrift für Zivilprozess, 2023, S. 129 ff., zitiert als: *Stadler*, ZZP 136 (2023), 129 (Fundstelle).

Stadler, Astrid, Musterfeststellungsklagen im deutschen Verbraucherrecht?, Verbraucher und Recht, 2018, S. 83 ff., zitiert als: *Stadler*, VuR 2018, 83 (Fundstelle).

Stadler, Astrid, Pyrrhussieg für den Verbraucherschutz – vzbv umgeht durch Vereinbarung mit VW gesetzliche Sicherungsmechanismen, Verbraucher und Recht, 2020, S. 163 ff., zitiert als: *Stadler*, VuR 2020, 163 (Fundstelle).

Stadler, Astrid, Verbraucherschutz durch die erneute Reform des Rechtsdienstleistungsgesetzes, Verbraucher und Recht, 2021, S. 123 ff., zitiert als: *Stadler*, VuR 2021, 123 (Fundstelle).

v. Staudinger, Julius (Begr.), Eckpfeiler des Zivilrechts, 8. Auflage, 2022, Berlin, zitiert als: Staudinger/*Bearbeiter*, 8. Aufl. (2022), Fundstelle.

v. Staudinger, Julius (Begr.), Kommentar zum Bürgerlichen Gesetzbuch mit Einführungsgesetz und Nebengesetzen. Zweites Buch. Recht der Schuldverhältnisse. §§ 826 – 829, ProdHaftG (Vorsätzliche sittenwidrige Schädigung, Unzurechnungsfähigkeit und Produkthaftung), Neubearbeitung 2021, zitiert als: Staudinger/*Bearbeiter*, (2021), Fundstelle.

Stürner, Rolf (Hrsg.), Jauernig Bürgerliches Gesetzbuch, 19. Auflage, 2023, München, zitiert als: Jauernig/*Bearbeiter*, 19. Aufl. (2023), Fundstelle.

Sutschet, Holger, Zur Frage einer Schadensersatzpflicht des Käufers aufgrund seines unberechtigten Mängelbeseitigungsanspruchs, JuristenZeitung, 2008, S. 637 ff., zitiert als: *Sutschet*, JZ 2008, 637 (Fundstelle).

Theisen, Frank, Rechtsfolgen eines Schadensersatzanspruchs aus culpa in contrahendo, Neue Juristische Wochenschrift, 2006, S. 3102 ff., zitiert als: *Theisen*, NJW 2006, 3102 (Fundstelle).

Thole, Christoph, Die Haftung bei unberechtigten Nacherfüllungsverlangen und sonstigen Fällen von schädigender Rechtsverfolgung, in: Archiv für die civilistische Praxis (AcP), 209, 2009, S. 498 ff., zitiert als: *Thole*, AcP 209 (2009), S. 498, Fundstelle.

Thole, Christoph, Sammelklage-Inkasso bei der Insolvenzverschleppungshaftung, Betriebs Berater, 2021. S. 2382 ff., zitiert als: *Thole*, BB 2021, 2382 (Fundstelle).

Thomale, Chris, Der verdrängte Anspruch – Freie Anspruchskonkurrenz, Spezialität und Subsidiarität im Privatrecht, Juristische Schulung, 2013, S. 296 ff., zitiert als: *Thomale*, JuS 2013, 296 (Fundstelle).

Thönissen, Stefan, Gewinnabschöpfung in der Insolvenz, Zeitschrift für Wirtschaftsrecht, 2023, S. 1834 ff., zitiert als: *Thönissen*, ZIP 2023, 1834 (Fundstelle).

Thönissen, Stefan, Schadensersatz in der Verbandsabhilfeklage, recht und schaden, 2023, S. 749 ff., zitiert als: *Thönissen*, r+s 2023, 749 (Fundstelle).

Thönissen, Stefan, Subjektive Privatrechte und Normvollzug, Tübingen, 2022, zitiert als: *Thönissen*, Subjektive Privatrechte, Fundstelle.

Thönissen, Stefan, Verbandsklagenrichtlinie und Haftungsrecht. JuristenZeitung, 2022, S. 430 ff., zitiert als: *Thönissen*, JZ 2022, 430 (Fundstelle).

Tiller, Sebastian, Gewährleistung und Irreführung, München, 2005, zitiert als: *Tiller*, Gewährleistung, Fundstelle.

Timmermann, Daniel, Legal Tech Anwendungen, Baden-Baden, 2020, zitiert als: *Timmermann*, Legal Tech Anwendungen, Fundstelle.

Ullmann, Elke, Die Verwarnung aus Schutzrechten – mehr als eine Meinungsäußerung?, Gewerblicher Rechtsschutz und Urheberrecht, 2001, S. 1027 ff., zitiert als:: *Ullmann*, GRUR 2001, 1027 (Fundstelle).

Ulmer, Eugen, Wandlungen und Aufgaben im Wettbewerbsrecht, Gewerblicher Rechtsschutz und Urheberrecht, 1937, S. 769 ff., zitiert als: *Ulmer*, GRUR 1937, 769 (Fundstelle).

Veelken, Winfried, Kundenfang gegenüber dem Verbraucher – Bemerkungen zum EG-Richtlinienentwurf über unlautere Geschäftspraktiken, Wettbewerb in Recht und Praxis, 2004, S. 1 ff., zitiert als: *Veelken*, WRP 2004, 1 (Fundstelle).

Voit, Moritz, Sammelklagen und ihre Finanzierung, Baden-Baden, 2021, zitiert als: *Voit*, Sammelklagen, Fundstelle.

Vollkommer, Gregor, Die neue Abhilfeklage nach dem VDuG: Strukturen und erste Anwendungsprobleme, Monatsschrift für Deutsches Recht, 2023, S. 1349 ff., zitiert als: *Vollkommer*, MDR 2023, 1349 (Fundstelle).

Vuattoux-Bock, Samuel, EuGH: Schadensersatzpflicht von Kfz-Herstellern wegen Thermofenster in Dieselfahrzeugen – Beweislast. Kommentar, Recht der Internationalen Wirtschaft, 2023, S. 297 ff., zitiert als: *Vuattoux-Bock*, RIW 2023, 279 (Fundstelle).

Wagner, Gerhard, Prävention und Verhaltenssteuerung durch Privatrecht – Anmaßung oder legitime Aufgabe?, in: Archiv für die civilistische Praxis (AcP) 206. 2006, S. 352 ff., zitiert als: *Wagner*, AcP 206 (2006), S. 352, Fundstelle.

Wagner, Jens, Legal Tech und Legal Robots in Unternehmen und den diese beratenden Kanzleien, Betriebs Berater, 2017, S. 898 ff., zitiert als: *Wagner*, BB 2017, 898 (Fundstelle).

Waschmann, Katharina, Die unberechtigte Verwarnung aus Kennzeichenrecht, Baden-Baden, 2010, zitiert als: *Waschmann*, Die unberechtigte Verwarnung, Fundstelle.

Waßmuth, Guido/von Rummel, Alexander, Das Gesetz zur Umsetzung der EU-Verbandsklagenrichtlinie, Zeitschrift für Wirtschaftsrecht, 2023, S. 1515 ff., zitiert als: *Waßmuth/von Rummel*, ZIP 2023, 1515 (Fundstelle).

Weber, Franziska, Gegenwärtige Verbraucherrechtsfälle und Bedarf an staatlicher Rechtsdurchsetzung, Verbraucher und Recht, 2013, S. 323 ff., zitiert als: *Weber*, VuR 2013, 323 (Fundstelle).

Weber, Klaus (Hrsg.), Rechtswörterbuch, 32. Edition, München, 2024, zitiert als: Weber/*Bearbeiter*, Rechtswörterbuch, 32. Ed. (2024), Fundstelle.

Weiler, Frank, Ein lauterkeitsrechtliches Vertragslösungsrecht des Verbrauchers, Wettbewerb in Recht und Praxis, 2003, S. 423 ff., zitiert als: *Weiler*, WRP 2003, 423 (Fundstelle).

Westermann, Harm Peter, Drittinteressen und öffentliches Wohl als Elemente der Bewertung privater Rechtsverhältnisse, in: Archiv für die civilistische Praxis (AcP), 208, 2008, S. 141 ff., zitiert als: *Westermann*, AcP 208 (2008), S. 141, Fundstelle.

Wilhelmi, Rüdiger, Risikoschutz durch Privatrecht, Tübingen, 2009, zitiert als: *Wilhelmi*, Risikoschutz durch Privatrecht, Fundstelle.

Wilman, Folkert, Private Enforcement OF EU LAW BEFORE NATIONAL COURTS, Chelternham (UK), Northampton, MA (USA), 2015, zitiert als: *Wilmann*, Private Enforcement, Fundstelle.

Wolf, Manfred, Rechtsgeschäftliche Entscheidungsfreiheit und vertraglicher Interessenausgleich, Tübingen, 1970, zitiert als: *Wolf*, Rechtsgeschäftliche Entscheidungsfreiheit, Fundstelle.

Wolff, Christopher, Untersuchungen zur irreführenden Werbung in § 3 UWG sowie sections 5 FTCA und ihre Rechtsfolgen im Hinblick auf den Verbraucherschutz, Frankfurt am Main, 2001, zitiert als: *Wolff*, Untersuchungen zur irreführenden Werbung, Fundstelle.

Woopen, Herbert, Kollektiver Rechtsschutz und Verbandsklagenrichtlinie: Recht ist keine Assetklasse, Rechtsbruch kein Geschäftsmodell, Versicherungsrecht, 2023, S. 886 ff., zitiert als: *Woopen*, VersR 2023, 886 (Fundstelle).

Wurmnest, Wolfgang, Grundzüge eines europäischen Haftungsrechts, Tübingen, 2003, zitiert als: *Wurmnest*, Grundzüge eines europäischen Haftungsrechts, Fundstelle.

Würtenberger, Gert/Freischem, Stephan, Stellungnahme der GRUR zum Diskussionsentwurf eines Gesetzes zur Einführung einer Musterfeststellungsklage, Gewerblicher Rechtsschutz und Urheberrecht, 2017, S. 1101 ff., zitiert als: *Würtenberger/Freischem*, GRUR 2017, 1101 (Fundstelle).

www.ingramcontent.com/pod-product-compliance
Ingram Content Group UK Ltd.
Pitfield, Milton Keynes, MK11 3LW, UK
UKHW021832290926
8980IPUK00004B/401

9 783631 940129